레시피로 배우는

아두이노 쿡북
Arduino Cookbook 제3판

KB139614

Arduino Cookbook
by Michael Margolis, Brian Jepson, and Nicholas Robert Weldin

Copyright © 2021 J-Pub Co., Ltd

Authorized Korean translation of the English edition of Arduino Cookbook, 3rd Edition,
ISBN 9781491903520 © 2020 Michael Margolis, Nicholas Robert Weldin, and Brian Jepson
This translation is published and sold by permission of O'Reilly Media, Inc.,
which owns or controls all rights to publish and sell the same.

레시피로 배우는 아두이노 쿡북(제3판)

1쇄 발행 2021년 9월 14일

지은이 마이클 마골리스, 브라이언 젭슨, 니콜라스 로버트 웰딘
옮긴이 박진수
펴낸이 장성두
펴낸곳 주식회사 제이펍

출판신고 2009년 11월 10일 제406-2009-000087호
주소 경기도 파주시 회동길 159 3층 3-B호 / **전화** 070-8201-9010 / **팩스** 02-6280-0405
홈페이지 www.jpub.kr / **원고투고** submit@jpub.kr / **독자문의** help@jpub.kr / **교재문의** textbook@jpub.kr

편집부 김정준, 이민숙, 최병찬, 이주원 / **소통기획부** 송찬수, 강민철 / **소통지원부** 민지환, 김유미, 김수연
진행 및 교정·교열 장성두 / **내지디자인 및 편집** 최병찬
용지 에스에이치페이퍼 / **인쇄** 한승문화 / **제본** 장항피엔비

ISBN 979-11-91600-09-4 (93000)
값 40,000원

제이펍은 독자 여러분의 아이디어와 원고 투고를 기다리고 있습니다. 책으로 펴내고자 하는 아이디어나 원고가 있는
분께서는 책의 간단한 개요와 차례, 구성과 저(역)자 약력 등을 메일(submit@jpub.kr)로 보내 주세요.

레시피로 배우는
아두이노 쿡북
Arduino Cookbook 제3판

마이클 마골리스, 브라이언 젭슨, 니콜라스 로버트 웰딘 지음

박진수 옮김

Jpub
제이펍

차례

옮긴이 머리말

제가 '사물인터넷과 인공지능을 어떻게 접목해야 할까?'를 생각하던 때에 고민했던 문제들에 대한 해법이 이 책에는 레시피recipe 형태로 실려 있습니다. 레시피는 우리말로 요리법에 해당하는데, 그래서 이 책의 제목에도 쿡북cookbook(요리책)이라는 낱말이 들어갑니다. 그런데 레시피라는 말에는 '처방전'이라는 뜻도 있습니다. 어떤 증상에 대해 내리는 일종의 해법인 것입니다. 그러므로 이 책에는 아두이노를 다루면서 한 번쯤 생각해 볼 만한 고민에 대한 처방전들이 실려 있는 셈입니다. 이런 처방전식 구성이 여러모로 도움이 될 것으로 보입니다. 아무쪼록 풍부한 해법을 제시하는 이 책을 통해서 아두이노를 더 잘 활용할 수 있게 되기를 바랍니다.

언제나 그랬듯이 이 책이 나오기까지 애써 주신 분들이 많습니다. 날이 갈수록 그런 생각이 짙어집니다. 일일이 이름을 나열하기보다는 책이 나온 기쁨을 함께 누림으로써 이 영광을 나누려 합니다.

덧붙이는 말: 이 책을 번역하면서 메뉴 이름이나 화면에 출력되는 메시지 이름을 영문 그대로 두었습니다(한글이 담긴 화면을 바탕으로 설명해 나가는 문장에서도 그렇게 했습니다). 독자의 양해를 구합니다. 그 이유는 여러 가지입니다(역자가 게으른 면, 한글 메뉴 이름이 완성되지 않은 면, 본문에서 메뉴 이름과 본문 내용이 겹치게 하지 않으려는 면 등). 그러므로 독자가 이 책을 편하게 읽으려면 메뉴 이름들이 영문으로 나오게 해야 합니다. 아두이노를 설치하면 우리말로 된 메뉴 이름이 나오므로, 일단 '파일' 메뉴의 '환경 설정' 항목을 선택하면 창이 하나 뜨는데, 해당 창에서 '에디터 언어' 부분을 'English(English)'로 바꾼 후에 아두이노 소프트웨어를 다시 실행하여 영어로 된 메뉴 이름을 나오

게 하면 됩니다. 한편, 이 책에 나오는 코드를 일일이 테스트해 주고 일부 화면을 한글 화면으로 바꿔 준 베타리너 분께 삼사의 마음을 전합니다. 그 밖에 이 책의 내용을 읽고 의견을 내어 준 모든 베타리더 분께도 감사를 드립니다.

박진수(arigaram@daum.net)

이 책에 대하여

이 책은 마이클 마골리스Michael Margolis와 브라이언 젭슨Brian Jepson이 닉 웰딘Nick Weldin과 함께 작성해 아두이노로 할 수 있는 멋진 일을 찾아볼 수 있게 돕는 책이다.

아두이노는 마이크로컨트롤러(즉, 초소형 컴퓨터)이자 소프트웨어 제작 환경으로서, 여러분은 이를 사용해 물리적인 세계와 상호작용하는 프로그램, 즉 **스케치**sketch라고 부르는 것들을 쉽게 작성할 수 있다. 아두이노로 만든 작품들은 접촉, 소리, 위치, 열, 빛 등을 감지해 반응할 수 있다. 이러한 유형의 기술을 흔히 **물리적 컴퓨팅**physical computing이라고 부르며, 스마트폰에서부터 자동차 전장 시스템에 이르는 모든 사물에 응용된다. 아두이노를 사용하는 일에 관심이 있다면, 프로그램을 작성해 본 경험이나 전자기기를 다뤄 본 경험이 없어도 누구나 이처럼 풍부하고 복잡한 기술을 사용할 수 있다.

이 책의 대상 독자

이 책은 컴퓨터 기술을 사용해 환경과 상호작용을 하는 데 관심이 있는 독자를 대상으로 하는 책이다. 하드웨어 및 소프트웨어 문제에 대한 해법을 빠르게 찾으려는 사람에게도 적합하다. 이 책에 나오는 레시피(즉, 처방전들)는 광범위한 작업을 수행하는 데 필요한 정보를 제공한다. 또한, 사용자의 특별한 요구에 맞게 해법을 정의하는 데 도움이 되는 세부 정보가 있다. 이 책에서 이론의 배경을 이루는 일반적인 내용까지 모두 다루기에는 지면이 부족하므로 이 책에서는 참고할 사이트 주소를 전반적으로 제공한다. 프로그래밍이나 전자공학에 경험이 없는 사용자를 위한 일반적인 추가 자료는 xvii쪽에 나오는 '참고 서적' 부분을 참고하자.

대화형 프로젝트에 대한 좋은 아이디어가 있지만 개발 기술이 없는 경우처럼, 프로그래밍 경험이 없을지라도 이 책에 나오는 200여 개의 흔한 예제를 사용해 동작 가능한 코드를 작성하는 방법을 배울 수 있다.

프로그래밍 경험이 있지만 아두이노를 처음 사용해 본다면, 이 책이 프로젝트에 특정 아두이노 기능을 구현하는 방법을 보여 주기 때문에 생산성을 빠르게 높일 수 있을 것이다.

아두이노를 이미 사용하는 사람이라면 새로운 기술을 빠르게 학습하는 데 도움이 되는 내용을 실제 사례로 설명할 수 있을 것이다. 이를 통해 문제를 해결하고 새로운 기능을 사용할 수 있는 방법을 보여줌으로써 여러분이 이전보다 복잡한 프로젝트를 시작하는 데 도움이 될 것이다.

숙련된 C/C++ 프로그래머라면 하위 레벨 AVR 리소스(인터럽트, 타이머, I2C, 이더넷 등)를 아두이노 환경에서 사용해 애플리케이션을 구축하는 방법을 다룬 사례들을 이 책에서 찾아볼 수 있다.

이 책의 구성

이 책에는 기본 개념이 들어 있을 뿐만 아니라 일반적인 작업부터 고급 기술까지 모두 아우르는 데 필요한 아두이노의 거의 모든 정보가 들어 있다. 이 책에서는 각 기술을 레시피 형식으로 설명하며, 이를 통해 여러분은 특정 기능을 어떤 식으로 구현하는지 알 수 있다. 이 책에 나오는 내용을 순서대로 읽을 필요는 없다. 물론, 어느 한 레시피가 그 밖의 레시피에서 다루는 기술을 사용하는 경우도 있는데, 이럴 때면 동일한 세부 내용을 반복해서 기재하지 않고 참고할 부분만 기재하였다.

1장, 출발선에 서기

아두이노 환경을 소개하고 아두이노 개발 환경을 구성하여 하드웨어를 설치하고 동작하게 하는 일에 필요한 도움말을 제공한다. 또한, 가장 인기 있는 신형 보드 몇 가지를 소개한다. 이후에 나오는 몇 개의 장에서는 아두이노에서 소프트웨어를 개발하는 방법을 소개한다.

2장, 아두이노 프로그래밍

필수 소프트웨어 개념과 소프트웨어 과업들을 다룬다.

3장, 수학적 연산자

가장 흔하게 쓰는 수학적 함수를 사용하는 방법을 보여 준다.

4장, 직렬 통신

아두이노를 컴퓨터나 그 밖의 장치와 연결해 통신하기 위한 방법을 설명한다. 직렬serial(시리얼)은 아두이노 입출력에 가장 널리 쓰이는 통신 방식이며, 이 책의 여러 레시피에서 이 방식을 사용한다.

5장, 간단한 디지털/아날로그 입력

디지털 신호와 아날로그 신호를 읽는 데 필요한 기본적인 기술 여러 개를 소개한다.

6장, 센서 입력 수신

5장에서는 접촉, 소리, 위치, 열, 빛 등을 감지해 내는 센서 장치를 사용하는 방법을 레시피별로 설명했는데, 이번 장에서는 그러한 레시피들에 나온 여러 가지 개념을 토대로 삼아 논의를 전개한다.

7장, 시각적 출력

조명 장치를 제어하는 방법을 다룬다. 레시피에서는 LED 여러 개를 켜고 휘도brightness(밝기)와 색을 제어하는 방법을 다룬다. 이번 장에서는 막대그래프와 수치형 LED 장치를 구동하는 방법과 LED 어레이로 패턴과 애니메이션을 만드는 방법을 설명한다. 또한, 이러한 기능을 처음 사용해 보는 사람을 위해 디지털 출력에 아날로그 출력에 관련된 일반 지식을 소개한다.

8장, 물리적 출력

아두이노로 모터를 제어해 물체를 움직이는 방법을 설명한다. 솔레노이드나 서보 모터 또는 DC 모터나 스테퍼 모터 같은, 광범위한 모터 유형을 다룬다.

9장, 오디오 출력

스피커 같은 출력 장치를 통해 아두이노에서 소리를 만들어 내는 방법을 보여 준다. 간단한 음tone (음색)과 선율melody을 연주하는 일과 WAV 파일이나 MIDI 파일을 연주하게 하는 일을 다룬다.

10장, 외부 장치 원격 제어

TV, 오디오 장비, 카메라, 차고 문, 가전제품, 장난감을 포함해 특정 형태로 된 리모컨을 사용하는 거의 모든 장치와 상호작용을 하는 데 사용할 수 있는 기술을 설명한다. 이전 장에서 사용한 기술을 기반으로 아두이노를 장치나 모듈에 연결하는 데 필요한 내용을 설명한다.

11장, 디스플레이 장치 사용

텍스트와 그래픽 LCD 간에 인터페이스를 하는 방법을 다룬다. 이번 장에서는 이러한 장치를 연결해 텍스트를 표시하고 단어를 이리저리 스크롤하여(즉, 말아서) 보여 주거나, 강조해서 표시하거나, 특수 기호나 문자를 만들어 표시하는 방법을 보여 준다.

12장, 시간과 날짜 사용

내장된 아두이노 시간 관련 함수들을 다루고, 시간 지연, 시간 측정, 실제 시간 및 날짜 처리 등에 쓰이는 여러 부가 기술을 소개한다.

13장, I2C와 SPI를 사용한 통신

I2C_{Inter-Integrated Circuit} 표준과 SPI_{Serial Peripheral Interface} 표준을 다룬다. 이 표준들은 센서와 아두이노 간에 간단히 디지털 정보를 전송하는 방법을 제공한다. 그리고 I2C 및 SPI를 사용해 일반 장치에 연결하는 방법을 보여 준다. 또한, 멀티보드 애플리케이션에서 I2C를 사용함으로써 아두이노 보드를 두 개 이상 연결하는 방법도 보여 준다.

14장, 간단한 무선 통신

XBee나 블루투스 또는 그 밖의 무선 모듈과의 무선 통신을 다룬다. 이번 장에서는 간단한 무선 직렬 포트를 대체하는 일부터 시작해서, 여러 보드를 여러 센서에 연결해 메시 네트워크_{mesh network}(그물형 망)를 형성하는 일에 이르기까지 다양한 예제를 제공한다.

15장, 와이파이와 이더넷

인터넷에서 아두이노를 사용하는 다양한 방법을 설명한다. 웹 클라이언트와 서버를 구축하고 사용하는 방법을 보여 주며, 아두이노에서 가장 일반적인 인터넷 통신 프로토콜을 사용하는 방법도 보여 준다. 이번 장에는 아두이노를 사물인터넷에 연결하는 데 도움이 되는 레시피도 들어 있다.

16장, 라이브러리의 사용, 수정, 작성

아두이노 소프트웨어 라이브러리는 아두이노 환경에 기능성을 추가하기 위해 표준적으로 사용하는 방법이다. 이번 장에서는 소프트웨어 라이브러리를 사용하고 수정하는 방법을 설명한다. 또한, 자신만의 라이브러리를 만드는 방법도 안내한다.

17장, 고수준 코딩 및 메모리 처리

이번 장에서는 고급 프로그래밍 기술을 다룰 텐데, 이러한 기술과 관련된 주제를 다루려면 일반적으로 사람에게 더 친숙한 아두이노 래퍼_{wrapper}에 나오는 내용부터 다루어야 한다. 따라서 이 책에 나오는 그 밖의 레시피보다 더 기술적인 내용이 나온다. 이번 장에 나오는 기술을 활용하면 스케치를 이전보다 더 효율적으로 만들 수 있다. 이를 통해 스케치의 성능을 높이고 스케치의 코드 크기를 줄일 수 있다.

18장, 컨트롤러 칩 하드웨어 사용

문서화된 아두이노 언어를 통해 완전히 노출되지 않은 하드웨어 함수에 액세스하고 사용하는 방법을 보여 준다. 하드웨어 입출력 레지스터나 타이머 또는 인터럽트를 저수준에서 사용하는 방법을 다룬다.

부록 A, 전자 부품

책에서 전반적으로 사용하는 부품들을 훑어본다.

부록 B, 계통도와 데이터시트 사용

계통도와 데이터시트 사용 방법을 설명한다.

부록 C, 회로 구축 및 연결

브레드보드를 사용하는 방법, 외부에 놓인 전력 공급장치power supply를 사용하는 방법, 배터리를 연결하고 사용하는 방법, 커패시터를 이용해 디커플링을 하는 방법을 간략히 소개한다.

부록 D, 소프트웨어 문제 해결

컴파일타임 및 런타임 시에 생기는 문제를 해결하는 데 필요한 요령을 다룬다.

부록 E, 하드웨어 문제 해결

전자 회로와 관련한 문제를 다룬다.

부록 F, 디지털 핀과 아날로그 핀

표준 아두이노 보드에 있는 핀이 제공하는 기능을 나타내는 표를 제공한다.

부록 G, 아스키와 확장 문자 세트

아스키 문자를 보여 주는 표를 제공한다.

참고 서적

이 책에는 레시피에 사용되는 회로를 구축하기 위한 지침이 나오기는 하지만, 전자공학에 관한 이론과 실무까지 다룰 공간은 없다. 그러므로 전자공학 이론이나 실무에 대해서 더 알고 싶다면 인터넷이나 다음에 나오는 책들 중에서 널리 사용할 수 있는 자료를 참고하면 된다.

- 《Make: Electronics, Second Edition》(Charles Platt 지음, Make Community)
- 《Getting Started in Electronics》(Forrest M. Mims III 지음, Master Publishing)
- 《Physical Computing》(Tom Igoe 지음, Cengage)(《피지컬 컴퓨팅》 지구문화사)
- 《Practical Electronics for Inventors, Fourth Edition》(Paul Scherz와 Simon Monk 지음, McGraw-Hill)(《모두를 위한 실용 전자공학(제4판)》 제이펍)
- 《The Art of Electronics》(Paul Horowitz와 Winfield Hill 지음, Cambridge University Press)

이 책에서는 특정 업무를 수행하는 데 필요한 코드를 작성하는 방법은 설명하지만, C나 C++(아두이노 개발 환경이 구축된 언어) 언어로 프로그램을 작성하는 방법까지 소개하지는 않는다. 관련 프로그래밍 개념에 대해 간략히 설명하기는 했지만, 세부 사항까지 다 다루기에는 지면이 부족하다. 그러므로 C 및 C++에 관해 더 배우려면 다음에 실린 책들 중 한 권을 참고하자.

- 《Head First C: A Brain-Friendly Guide》(David Griffiths와 Dawn Griffiths 지음, O'Reilly)(《Head First C: 내공 있는 C 언어 프로그래머로 이끌어주는 착한 안내서》한빛미디어)
- 《A Book on C》(Al Kelley와 Ira Pohl 지음, Addison-Wesley)(《A Book on C(4판)》홍릉과학출판사)
- 《The C Programming Language》(Brian W. Kernighan과 Dennis M. Ritchie 지음, Prentice Hall)(《C 언어 프로그래밍(2판)》대영사) _ 내가 좋아하는 책이며, 초보자용 책은 아니지만 많은 사람에게 C 프로그래밍을 가르쳐 준 책이다.
- 《Expert C Programming: Deep C Secrets》(Peter van der Linden 지음, Prentice Hall) _ 고급 수준을 다루는 책으로, 다소 오래되었지만 이 책은 C가 왜 그렇게 생겼는지에 대한 통찰력을 제공함과 동시에 재미있다.

코드 스타일(코드에 대하여)

이 책에서 사용한 코드는 각 레시피에서 다루는 주제를 명확하게 설명할 목적으로 이리저리 오리거나 붙인 것이다. 결과적으로, 흔한 단축형 코드 표현을 하지 않으려고 했는데, 앞부분에 해당하는 여러 장에서는 더욱 그랬다. 숙련된 C 프로그래머는 종종 효율적이지만 초보자가 읽기에는 다소 어려운, 간결한 표현을 많이 사용한다. 예를 들어, 초기에 나오는 여러 장에서는 프로그래머가 아닌 사람도 쉽게 읽을 수 있게, 변숫값을 늘릴 때조차도 명시적인 표현식을 썼다.

```
result = result + 1; // 카운트를 늘린다.
```

동일한 기능을 수행하는 작업이지만, 숙련된 프로그래머라면 다음과 같은 식으로 표현을 한다.

```
result++; // 후치 증가 연산자를 사용해 카운트를 늘리고 있다.
```

하지만 우리는 이런 방식을 지양했다. 그러므로 여러분이 선호하는 방식으로 알아서 바꾸면 된다. 초보자라면 간결한 형식을 사용할지라도 성능이 좋아지거나 코드 크기가 줄어들지 않는다는 점을 염두에 두는 게 좋다.

일부 프로그래밍 표현식은 너무 일반적이기 때문에 간결한 형태로 사용된다. 예를 들어, 루프 표현식을 다음처럼 작성했다.

```
for(int i=0; i < 4; i++)
```

이는 다음에 보이는 코드와 똑같은 일을 한다.

```
int i;
for(i=0; i < 4; i = i+1)
```

이 책에서 전반적으로 사용하는 이러한 표현 방식과 그 밖의 표현 방식에 관해 더 알고 싶다면 2장을 참고하자.

여러분이 사용하는 어떤 값을 계산에 사용하기 전, 먼저 값을 확인해 보면서 그 값이 유효한 것인지를 확인하는 습관을 들이는 게 바람직하다(쓰레깃값이 입력되면 쓰레깃값이 출력되기 때문이다). 그러나 우리는 레시피에서 다루는 주제에 초점을 맞춰 코드를 작성하려고 거의 모든 레시피용 코드에 에러error(오류) 검사 코드를 따로 넣지 않았다.

아두이노 플랫폼 릴리스에 관한 언급

이 책의 이번 판(즉, 제3판)에서는 아두이노 1.8.x에 맞춰 내용을 보강하고 검증했다. 이번 3판용으로 내려받을 수 있는 코드를 개정해 두 개의 저장소에 올려 두었다. 그중 한 곳에는 아두이노 스케치(https://github.com/bjepson/Arduino-Cookbook-3ed-INO)를 모두 올려 두었고, 다른 한 곳에서는 프로세싱 스케치를 모두 올려 두었다(https://github.com/bjepson/Arduino-Cookbook-3ed-PDE).

이 책의 웹 사이트(https://oreil.ly/Arduino_Cookbook_3)에는 정오표 페이지로 연결하는 주소가 있다. 정오표를 통해 오타나 오류 및 그 밖의 다른 문제를 알 수 있다. 정오표에 실을 내용이 생기면 이는 홈페이지에 즉시 게시되며, 우리는 해당 내용을 검증한 후에 정오표에 실어 둘 것이다. 또한, 오라일리는 향후에도 정오표에 맞게, 책과 오라일리 학습 플랫폼에 실린 내용을 수정함으로써 여러분이 더 정확한 정보를 알 수 있게 하겠다.[1] 예제가 잘 실행되지 않는다면 소프트웨어 문제 해결을 다루는 부록 D를 참고하자. 더 많은 도움이 필요하다면 아두이노 포럼에 질문을 올려 보자(https://forum.arduino.cc).

---

1   옮긴이 번역서의 정오표는 www.jpub.kr에서 이 책 제목으로 검색하면 확인할 수 있다.

이 책이 마음에 드는지 여부에 상관없이 이 책을 여러 사람이 알게 해주면 좋겠다. 여러분의 만족 간이나 그 밖의 의견을 다른 사람과 나누기에 좋은 방법들 중의 하나는 서평을 올리는 일이다.

제3판에 대한 언급

제2판을 펴낸 이후로 새로운 보드가 널리 보급되었고, 처리 성능이 커졌으며, 그 밖에도 메모리나 통신 기능과 폼팩터 등의 많은 부분이 변경되었다. 판을 거듭해 출판하면서 이 책의 분량이 많아지기는 했지만, 그래도 독자가 원하는 것을 모두 깊이 있게 다룰 수는 없었다. 이번 판에서는 최신 정보를 유지하면서도 제2판 이후로 나온 놀라운 기술과 풍부한 기능을 아두이노 커뮤니티가 살펴볼 수 있게 하는 것을 목적으로 삼았다.

이 책에서 다루는 아두이노보다 더 먼저 나온 아두이노 버전을 사용한다면, 이 책의 제1판과 제2판에 해당하는 코드를 내려받아 사용하면 된다. 이러한 예제 코드를 http://examples.oreilly.com/9780596802486과 http://examples.oreilly.com/0636920022244에서 내려받을 수 있다.

이 책의 표기 규칙

이 책에서는 인쇄 규칙을 다음과 같이 정해 출력했다.

고딕 볼드체
새로운 용어, 파일 이름, 파일 확장자를 나타낸다.

고정폭 서체(constant width)
프로그램 목록뿐만 아니라 변수 이름이나 함수 이름, 데이터베이스, 데이터 형식, 환경 변수, 명령문, 키워드 같은 프로그램 요소를 참조하는 단락 내에서 사용된다.

고정폭 볼드체(constant width bold)
문자 그대로 사용자가 입력해야 하는 명령이나 그 밖의 텍스트를 표시한다.

고정폭 이탤릭체(constant width italic)
사용자가 제공해야 하는 값이나 맥락에 따라 결정되는 값으로 대체되어야 하는 본문 부분을 표시한다.

이 모양은 요령(tip)이나 권고사항(suggestion)을 나타낸다.

 이 모양은 일반적인 참고 사항을 나타낸다.

이 모양은 경고나 주의할 사항을 나타낸다.

코드 예제 사용

코드 예제를 사용하면서 문제에 봉착했거나 기술적으로 질문할 게 생겼다면 bookquestions@oreilly.com으로 이메일을 보내자.[2]

이 책의 목적은 여러분이 하는 일을 돕는 데 있다. 일반적으로 이 책에서 제공하는 예제 코드를 여러분의 프로그램과 문서에서 사용할 수 있을 것이다. 코드의 상당 부분을 복제하지 않는 한 우리에게 따로 허가를 받지 않아도 된다. 예를 들어, 이 책에 나오는 코드 부분 중 대여섯 개 정도를 사용하는 프로그램을 작성하는 데는 권한이 필요하지 않다. 그렇지만 이 책에 나오는 예제를 판매하거나 배포하려면 허가를 받아야 한다. 이 책을 인용하거나 예제 코드를 인용해 질문에 응답할 때는 따로 허락을 받지 않아도 된다. 하지만 이 책의 예제 코드를 제품 설명서에 첨부하려면 허락을 받아야 한다.

'저작자 표시'를 해주면 고맙겠지만, 반드시 그래야 하는 것은 아니다. 저작자 표시에는 일반적으로 책 제목, 저자, ISBN이 포함되어야 한다. 예를 들면, 다음과 같이 작성할 수 있을 것이다.

《Arduino Cookbook, Third Edition》 by Michael Margolis, Brian Jepson, and Nicholas Robert Weldin(O'Reilly). Copyright 2020 Michael Margolis, Nicholas Robert Weldin, and Brian Jepson, 978-1-491-90352-0.[3]

코드 예제를 공정한 사용 범위나 위에 명시한 사용 범위를 벗어나 사용하고 있다고 판단되면 permissions@oreilly.com으로 연락해 언제든지 문의하기 바란다.

---

2 [옮긴이] 번역서인 경우는 arigaram@daum.net(옮긴이) 또는 help@jpub.kr(출판사)로 연락하기 바란다.

3 [옮긴이] 번역서를 언급할 때는 다음과 같이 하면 된다. 《레시피로 배우는 아두이노 쿡북(제3판)》(박진수 옮김, 2021, 제이펍)

제2판에 대해 마이클 마골리스가 썼던 헌사

이 책을 완성하는 데는 닉 웰딘Nick Weldin이 크게 기여했다. 닉이 합류했을 때는 전체 글 내용 중 90%를 써 내려간 시점이었는데, 그의 기술과 열정이 없었다면 90%에서 그대로 머물렀을 것이다. 사용자 대상 아두이노 워크숍에서 닉의 실습 경험을 살려 많은 독자에게 전할 실용적인 조언을 이 책에 실을 수 있었다. 넓은 지식을 지니고 있을 뿐만 아니라 온화하고 협동심이 강한 닉에게 고마움을 전한다.

사이먼 로랑Simon St. Laurent은 이 책에 처음으로 관심을 보인, 오라일리의 편집자였다. 그리고 결국 그가 이 책을 이끌어 냈다. 그의 지지와 격려 덕분에 힘을 얻은 우리는 주제를 정의하는 데 필요한 자료를 아주 많이 모을 수 있게 되었다.

브라이언 젭슨Brian Jepson은 우리가 이 책을 쓰는 데 필요한 동기를 제공해 주었다. 그는 모든 아두이노 분야에 걸쳐 광범위한 지식을 갖추었을 뿐만 아니라 기술적인 내용을 평범한 말로 쉽게 설명하는 일, 즉 '기술 소통'에 관심을 기울이면서 전문성을 발휘해 주었는데, 그러한 면이 이 책의 수준을 한층 더 높여 주었다. 그가 잘 이끌어 준 덕분에 우리는 책을 잘 다듬을 수 있었고, 독자가 이해하기 쉽게 설명할 수 있었다. 또한, 14장에 새로 넣은 XBee에 관한 내용에 대해서도 브라이언에게 감사를 표한다.

브라이언 젭슨과 숀 월리스Shawn Wallace는 이 제2판의 기술 편집자로서, 정확한 내용을 책에 담는 것뿐만 아니라 그 내용의 의미가 잘 전달될 수 있도록 자문해 주었다.

오드리 도일Audrey Doyle은 초고에서 오타와 비문을 찾는 일과 난해한 표현을 알기 쉬운 문장으로 바꾸는 일을 쉬지 않고 해주었다.

필립 린지Philip Lindsay는 초판의 15장에 나오는 내용을 함께 썼다. 이더넷 1.0 릴리스release를 개선하는 일에 수석 개발자로 활동한 아드리안 맥윈Adrian McEwen은 해당 릴리스의 변경 사항을 모두 반영하는 데 유용한 조언을 해주었다.

마이칼 하트Mikal Hart는 GPS와 소프트웨어를 사용해 직렬 데이터를 처리하는 레시피를 작성했으며, 라이브러리도 만들었다. 의사소통에 능한 아두이노 애호가인 그와 우리가 즐거운 마음으로 함께 일할 수 있었기 때문에, 어찌 보면 그를 선택한 게 당연한 일이었다.

아두이노의 핵심 부분을 개발한 개발 조직이 창의성을 발휘했기 때문에 아두이노라는 것이 존재할 수 있었을 것이다. 해당 조직에 속했던 마시모 벤지Massimo Banzi, 데이비드 쿠아리엘스David Cuartielles, 톰 이고에Tom Igoe, 지안루카 마르티노Gianluca Martino, 데이비드 멜리스David Mellis에게 감사를 전한다. 이 매혹적인 기술을 간단하게 만들어 자유롭게 사용해 볼 수 있게 한 그들의 관대함에 모든 아두이노 사용자를 대신하여 고마움을 전한다.

팅커 런던Tinker London 워크숍에서 사용자가 필요로 하는 점을 잘 이해할 수 있게 해준 알렉산드라 데샹 손시노Alexandra Deschamps-Sonsino에게 특별한 감사를 전한다. 또한, 이 책에 나오는 여러 레시피의 토대를 제공하면서 온갖 기발한 아두이노 해법을 제공해 준 피터 나이트Peter Knight에게도 고마움을 표한다.

사용자 제공 아두이노 라이브러리를 내려받은 모든 사람을 대신해 지식을 아낌없이 공유한 해당 저작자들에게도 고마움을 전한다.

광범위한 하드웨어를 사용할 수 있다는 점 덕분에 사람들이 아두이노에 흥미를 크게 느끼는 면이 있다. 그러므로 다양하면서도 훌륭한 장치를 출시해 준 업체들에도 고마움을 전한다. 이 책에서 사용한 하드웨어를 제공해 준 업체로는 스파크펀Spark Fun, 메이커 쉐드Maker Shed, 그라비텍Gravitech, 엔케이씨 일렉트로닉스NKC Electronics가 있다. 모던 디바이스Modern Device, 리퀴드웨어Liquidware, 에이다 프룻Adafruit, 메이커봇 인더스트리즈MakerBot Industries, 마인드 키츠Mind-kits, 움라우트Oomlout, 에스케이 팡SK Pang도 이러한 지원 업체에 해당한다.

팅커 런던에 참여했던 사람들 중에서도 알렉산드라, 피터, 브록 크래프트Brock Craft, 다니엘 솔티스Daniel Soltis에게, 그리고 수년간 워크숍을 도와준 모든 사람에게 닉이 고마움을 전한다.

마지막으로, 닉은 여름 휴가 기간에 이 책을 집필하면서 생각보다 시간을 오래 끌었는데도 그렇게 할 수 있게 해준 사랑하는 가족, 지니Jeanie와 에밀리Emily와 핀Finn에게 고마움을 전한다. 작업에 몰입하게 해주신 부모님, 프랭크Frank와 에바Eva에게도 감사의 말씀을 전한다.

그리고 다음에 언급한 사람들에게도 고마움을 잊지 않고 전하려 한다.

조슈아 노블Joshua Noble은 내게 오라일리를 소개해 주었다. 그가 저술한 《Programming Interactivity》는 인터랙티브 컴퓨팅을 잘 알고 싶어 하는 사람에게 적극적으로 추천해 주고 싶은 책이다.

로버트 레이시 톰슨Robert Lacy-Thompson은 제1판의 집필을 시작하던 무렵에 여러 조언을 해주었다.

마크 마골리스Mark Margolis는 책을 구상하고 전개하는 일에 조력자 역할을 해주었는데, 이 점에 특히 감사한다.

창조적인 예술과 기술이 따로 떨어져 있는 것이 아니며, 이 둘이 결합할 때 놀라운 성과를 낼 수 있다는 점을 알게 해주신 부모님에게 감사한다.

그리고 마지막으로 하고 싶은 말은, 내 아내인 바바라 페이든Barbara Faden이 지원해 주지 않았다면 이 책을 쓰기 시작할 수도 끝낼 수도 없었을 것이라는 점이다. 내가 지치지 않게 해준 동시에 원고를 주의 깊게 읽으면서 도움을 준 점에 대해 진심으로 고마움을 전한다.

제3판에 대해 브라이언 젭슨이 전하는 헌사

이 책의 주 저자인 마이클 마골리스와 이번 제3판의 편집자인 제프 블레이엘Jeff Bleiel에게 진심으로 고마움을 전한다. 이들은 내가 이 책을 주도해 새 판을 여러분에게 안겨 줄 수 있도록 나를 믿어 주었다. 그들이 보내 준 믿음과 확신에 고마움을 느끼며, 그로 인한 결과에 내가 느끼는 행복만큼 그들도 행복을 느끼기를 바란다. 개인적으로 내 아내인 조안Joan에게 격려해 주고 참아 주어 고맙다는 말을 전하고 싶다. 책을 쓸 때는, 특히 수십 개의 프로젝트를 테스트하면서 책을 쓸 때는 내 삶에 관계된 모든 사람이 영향을 받게 마련인데, 그런 영향을 받는 모든 친구와 가족이 나를 이해하며 지원해 준 점에 감사한다. 크리스 메링골로Chris Meringolo와 돈 콜맨Don Coleman은 기술 검토를 통해서 내가 이 책을 올바르게 쓸 수 있게 주었는데, 나는 이 점에 큰 고마움을 전한다.

수, 숫자, 수치 관련 번역어 대조표

원어	기존 용례	번역어	설명
digit	숫자	숫자	즉, 수를 나타내는 글자.
number	숫자, 수	수	말 그대로 수(數).
numeric value	수치, 수치 값, 수 값	수치(數値)	즉, 수를 나타내는 값.

시간 관련 번역어 대조표

원어	기존 용례	번역어	설명
delay	딜레이, 지연	지연시간	
duration	듀레이션, 지속	지속시간	음악 용어일 때는 '음길이'.
timeout	타임아웃, 시간 초과, 대기 시간 초과	타임아웃	한 단어로 나타내는 개념어로 자주 쓰여서 채택.
wait	웨이트, 대기	대기시간	

데이터 처리 관련 번역어 대조표

원어	기존 용례	번역어	설명
binary	바이너리, 이진, 2진	2진	
overflow	오버플로, 넘침	오버플로	메모리의 공간이 넘칠 때는 (넘침)이라는 문구를 본문에 한 차례만 병기했음. 데이터 형식 크기를 넘어서 다시 0이 되어 버리는 경우에는 (다시 0이 되어 버림)이라는 말을 본문에 한 차례 병기했음.

---

1 옮긴이 이 대조표는 원서에는 당연히 없는 부분이며, 책의 내용을 더욱 정확하게 이해하기 위해 정리해 놓았다.

음악, 음향(사운드), 미디 관련 번역어 대조표
(여기 나오는 모든 단어는 음악 분야가 아닌 경우에는 그 밖의 번역어로 번역되었음)

원어	기존 용례	번역어	설명
beat	박, 비트	박	음악 용어로 쓰지 않을 때는 '박동'.
beats	박자, 비트	박자	음악 용어로 쓰지 않을 때는 '박동하다'.
duration	음길이, 듀레이션	음길이	음악 용어로 쓰지 않을 때는 '지속시간'.
note	음표, 노트	음표	미디 분야에서는 주로 '노트'라고 부른다.
note name	계이름, 노트 이름	계이름	
pause	쉼, 포즈	쉼	음악 용어로 쓰지 않을 때는 '일시정지'.
pentatonic	5음, 펜타토닉	5음	
period	악절, 주기	악절, 주기	9장에서 악절과 주기라는 의미로 모두 쓰이고 있음에 주의하자.
pitch	음조, 피치	음조	즉, 음의 높낮이.
play	연주하다, 플레이하다	연주하다	미디 분야에서는 주로 '플레이'라고 부른다.
poly-phonic	폴리포닉, 다성	다성	음악 용어로 대체함.
rest	쉼, 쉼표, 레스트	쉼표	
scale	음계, 스케일	음계	동의어: musical scale. 미디 분야에서는 주로 '스케일'이라고 부른다.
score	악보, 스코어	악보	음악 용어로 쓰지 않을 때는 '점수'.
string	선, 줄, 현, 현악, 스트링	선, 줄	선율을 이루는 음의 연속을 의미할 때는 '선', 기타줄을 의미할 때만 '줄'. 음악 용어로 쓰지 않을 때는 '문자열'.
tone	음, 톤	음, 음색	미디 분야에서는 주로 '톤'이라고 부른다.
velocity	강세, 속도, 벨로시티	벨로시티	강세가 건반을 두드리는 세기를 나타낸다면, 이 세기는 건반이 눌리는 벨로시티(velocity, 속도) 때문에 나타나는 현상이고, 벨로시티가 클수록 볼륨(음량)도 커지므로, 정확한 개념을 드러내기 위해 '벨로시티'로 번역했다. 또한 벨로시티라는 말을 더 많이 쓴다는 점을 고려해 음차 용어를 번역어로 채택함.
volumn	음량, 볼륨	음량	
voice	음성, 음, 보이스	음	

전기/전자 관련 번역어 대조표

원어	기존 용례	번역어	설명
resistance	저항	저항	
resistor	저항, 레지스터	저항기	'저항'과 구분하기 위함.

파싱(구문분석) 관련 번역어 대조표

원어	기존 용례	번역어	설명
header	헤더, 개시자, 개인 인자	헤더	사물인터넷 분야에서는 거의 '헤더'라고 부르고 있음을 감안했다. terminator를 참조.
linefeed	라인피드, 줄 바꿈, 줄바꿈	라인피드	줄바꿈과 구분할 수 있게 함. newline을 참조.
newline	뉴라인, 줄 바꿈, 줄바꿈	줄바꿈	linefeed를 참조.
parsing	구문 분석, 분석, 파싱	파싱	
terminator	터미네이터, 종료자, 종결자, 종결 인자	터미네이터	헤더(header, 개시자, 개시 인자)의 반대말로 쓰이고 있고, 헤더를 음차해서 표현하므로 이에 맞춰 이 용어도 음차한 용어를 채택했다. header를 참조.

각종 제어/계측 관련 번역어 대조표

원어	기존 용례	번역어	설명
dropping resitor	드롭 저항	강하 저항기	본래 뜻을 잘 나타내는 말을 번역어로 채택.
fix	고정, 픽스	픽스	GPS와 관련해 '데이터 연결 고정'이라는 걸 나타내는 전문 용어로 쓰일 때만.
gesture	제스처, 동작, 움직임	동작	
gesture sensor	제스처 센서, 동작 센서, 움직임 센서	제스처 센서	motion sensor와 비교해 볼 것.
motion	모션, 동작, 움직임	움직임	
motion sensor	모션 센서, 동작 센서, 움직임 센서	모션 센서	gesture sensor와 비교해 볼 것.
photocell	광전지, 포토셀	포토셀	광전지라는 말도 통용되나, 포토다이오드 등과 짝을 이룰 수 있도록 포토셀을 번역어로 채택.
step	단계, 스텝	스텝(단계)	스테퍼 모터 제어와 관련이 있을 때는 스텝으로, 스테퍼 모터 단원에 나와도 그런 개념이 아닐 때는 스테퍼 단원에 나오는 말이어도 단계로 번역.
tilt sensor	기울기 센서, 틸트 센서, 경사계	틸트 센서	

강찬석(LG전자)

전판과 마찬가지로, 아두이노 관련 서적 중 거의 '바이블'이라 할 수 있을 만큼 정말 방대한 내용을 담고 있습니다. 물론, 책에 있는 내용을 모두 다루기 위해서는 다양한 쉴드와 부품이 필요하지만, 그 모든 것을 갖추고 책을 즐긴다면 이 책을 통해서 뭐든 만들 수 있다는 자신감이 생길 것입니다.

공민서

아두이노의 코드를 코드 스니펫과 자세한 설명으로 알기 쉽게 서술한 책입니다. 초보자가 입문하기에도 좋은 것 같습니다.

김상훈(하이퍼테크)

이 책은 아두이노를 접하는 기본서로 손색이 없을 정도로 기본기와 깊이 있는 내용을 담았습니다. 그래서 3판까지 나올 정도로 인기가 있지 않나 싶습니다. 책을 읽어가면서 예전에는 미처 파악하지 못했던 내용을 알게 되어 이전보다 아두이노를 더 깊이 이해할 수 있는 좋은 시간이었습니다. 쿡북이라는 제목에서 기대한 바를 뛰어넘어 심도 있고 좋은 내용이 많아서 미처 생각해 보지 않았던 깊이 있는 내용을 알게 되어 좋은 경험이었습니다.

류승완(일제곱킬로미터)

코드까지 상세하게 점검을 하지는 못했고 빠른 속도로 읽어가며 부자연스러운 부분을 찾아봤는데, 번역이 틀렸을 것이라거나 잘못된 한글 사용이 있는 부분은 확인할 수 없었습니다. 다만, 특정 명사들을 한국에서 보통 사용하는 방법과 다르게 표현하여 헷갈리는 부분이 있었는데, 이는 용어 대조표를 실어주거나 기타의 방법으로 수정했으면 합니다. 하지만 한 권의 책에 낮은 난이도부터 높은 난이도까지 모두 들어 있고 내용을 파악하기 어렵지 않아서 좋았습니다.

 서태호(서버체크)

이 책은 아두이노 교과서로 불려도 손색이 없을 것 같습니다. 책 한 권에 아두이노 기초부터 중급 이상의 기술 자료가 모두 포함되어 있습니다. 기술 전문 서적으로서 학교에서 교재로 사용해도 될 만큼 꼼꼼하게 설명되어 있습니다. 기기 만지는 것을 좋아하는 학생이나 일반인에게 추천합니다. 와이파이로 연결하는 부분의 자료만으로도 충분한 가치가 있는 책입니다. 클라우드와 연계해 데이터 수집, 빅데이터 처리에 활용할 수 있는 책으로도 추천합니다.

 안선환(엠스텍)

아두이노를 교육용으로만 가치 있다고 생각해 왔었는데, 이 책에서는 다양한 분야로 확장할 수 있음을 느끼게 해주었습니다. 특히, 뒷부분에 아두이노를 웹 서버로 사용하여 센서 값을 웹 페이지로 디스플레이하는 예제를 보고 빠른 시일 내에 부품을 구입해 실행해 보고 싶어졌습니다.

이행자

아두이노를 조금 알게 되면 늘 똑같은 시작의 기본 서적보다는 깊이감 있는 책을 찾곤 했는데, 그래서인지 이 책을 읽으면서 새로운 영역으로 눈을 뜰 수 있었던 좋은 시간이었습니다. 아두이노를 실행시키면서 당황했던 오류들의 원인과 그 해결책을 찾을 수 있었습니다. 다만, 비전공자보다는 한 단계 업그레이드를 희망하는 준전문가들이 보기에 적당한 책인 것 같습니다.

정태일(삼성SDS)

이 책은 아두이노를 활용하여 만들고 싶은 기능이나 다양한 문제에 대한 해법을 제시합니다. 또한 '토의', '함께 보면 좋은 내용'으로 해당 문제와 관련된 더 많은 정보를 제공합니다. 기본적인 기능 구현부터 성능을 최적화하는 부분까지 다루는 든든한 레퍼런스 서적을 필요로 하는 분들께 추천합니다. 사실, 아두이노는 이 책을 베타리딩하며 처음 접하게 되었는데, 개발 환경 구성부터 발생할 수 있는 각종 문제와 그 해법, 그리고 다양한 참고 URL과 자료를 보면서 많은 내용을 파악할 수 있게 되었습니다. 책 전체는 방대한 분량이지만, 필요한 레시피 부분만 따로 읽어도 충분히 가치 있는 내용이었습니다.

제이펍은 책에 대한 애정과 기술에 대한 열정이 뜨거운 베타리더의 도움으로
출간되는 모든 IT 전문서에 사전 검증을 시행하고 있습니다.

1

출발선에 서기

레시피 1.0 소개

아두이노 환경은 소프트웨어나 전자 기기를 경험해 보지 못한 초보자도 사용하기 쉽게 설계되었다. 아두이노를 사용하면 빛·소리·접촉·움직임에 반응하거나 제어할 수 있는 물건을 만들 수 있다. 다양하고 놀랄 만한 물건이 아두이노를 사용해 만들어졌다. 예를 들어, 악기·로봇·소품·게임·대화형 가구뿐만 아니라 심지어 대화형 의류도 있다.

아두이노는 세계 각국의 다양한 교육 과정에 도입되었으며, 특히 상세한 제작 기술을 깊이 이해하지 못해도 시제품을 쉽게 만들어 볼 수 있게 되어 있어 디자이너와 아티스트가 사용하기에 적합하다. 아두이노는 전문가가 아닌 사람도 사용할 수 있게 설계되어 있으며, 아두이노 소프트웨어에 아두이노 보드의 다양한 기능을 보여 주는 예제 코드가 많이 들어 있어 학습하기에도 좋다.

아두이노용 기본 하드웨어들은, 그게 비록 '기본적인 것'이기는 해도 기술자가 임베디드 장치를 구축하는 데 필요한 수준의 정교함을 제공한다. 마이크로컨트롤러를 사용해 본 사람이라면 아이디어를 빠르게 구현해 볼 수 있게 하는 아두이노에 빠져들고는 한다.

아두이노 자체는 하드웨어지만 이것을 동작하게 하려면 소프트웨어도 필요하다. 우리가 그냥 아두이노라고 부를 때는 하드웨어와 소프트웨어를 모두 아우르는 말이라고 여기면 된다. 아두이노 하드웨어(즉, 아두이노 및 아두이노 호환 보드)를 싸게 구입해서 쓰면 그만이지만, 굳이 필요하다면 여러분이 직접 아두이노 호환 보드를 만들어 써도 된다(하드웨어 설계도가 누구에게나 공개되어 있기 때문이다). 아두이노에 필요한 소프트웨어는 공개되어 있고, 무료로 쓸 수 있으며, 여러 플랫폼에서 쓸 수 있다. 하드웨어와 소프트웨어를 조합하면 현실 세계를 감지해 제어하게 하는 일도 할 수 있다.

또한, 세계 어디서든 아두이노 포럼 사이트(https://forum.arduino.cc), 자습서 사이트(https://oreil.ly/eptlu), 프로젝트 허브 사이트(https://oreil.ly/1aGpz)에 접속하기만 하면 아두이노 모임에 참여할 수도 있으며, 이곳들에서 학습 자료, 프로젝트 개발 사례, 솔루션 등을 제공하므로 여러분이 프로젝트를 진행하는 데 필요한 영감을 얻을 수 있고 도움을 받을 수도 있다.

아두이노 소프트웨어와 아두이노 스케치

스케치sketch라고 부르기도 하는 아두이노 소프트웨어용 프로그램을 작성할 때는 컴퓨터에 아두이노 통합 개발 환경Integrated Development Environment, IDE을 설치해야 한다. 이 통합 개발 환경에서 여러분은 코드를 작성해 다듬은 뒤에 아두이노 하드웨어가 이해하는 명령어로 변환할 수 있다. 그러면 IDE가 이와 같은 명령들을 컴파일된(실행할 수 있는 프로그램 형태로 변환된) 코드의 형태로 아두이노 보드로 전달한다. 이 과정을 **업로드**upload(올려 싣기)라고 부른다.

여러분은 아두이노 소프트웨어용 소스 코드를 '프로그램(program)'이라고 부른다든가 간단히 '코드(code)'라고 부르는 관행에 젖어 있을지도 모르겠다. 하지만 아두이노 사용자 모임에서는 아두이노의 기능을 제어하는 데 필요한 컴퓨터 명령어가 포함된 소스 코드를 '스케치(sketch)'라고 부른다. 이 책의 전반에 걸쳐서 스케치라는 말이 나오면 여러분은 이를 아두이노 프로그램용 코드를 일컫는 말이라고 이해하면 된다.

이번 장에 나오는 여러 레시피recipe의 첫 부분에는 개발 환경을 구성하고 예제 스케치를 컴파일해 실행하는 방법이 나온다.

대부분의 아두이노 보드에 미리 설치되어 있고 어느 보드에서도 작동되는 스케치가 하나 있는데, 이를 블링크Blink라 한다. 우리는 이번 장에 나오는 레시피들의 예제로 이것을 사용하겠지만, 이번 장의 마지막에 나오는 레시피에서는 이것을 가지고 보드에 장착되어 있는 LED를 깜빡이게 하고, 소리를 내게 하고, 몇 가지 하드웨어를 통해 입력 내용을 수집하는 일까지 해볼 것이다. 2장에서는 아두이노용 스케치를 구성하고 이 프로그램을 작성하는 방법을 소개한다.

이미 아두이노의 기초를 떼었다면 주저하지 말고 3장으로 넘어가도 된다. 아두이노를 처음으로 사용해 본다면 인내심을 발휘하여 이 책의 처음에 나오는 레시피들을 잘 익혀 두면 나중에 나오는 내용을 더 쉽게 배울 수 있다.

아두이노 하드웨어

여러분이 작성한 코드는 아두이노 보드에서 실행된다. 이 보드는 전기를 제어하고 반응하는 일만 할 수 있으므로 이 보드가 현실 세계와 상호작용하게 하려면 특정 부품들을 아두이노 보드에 붙여야 한다. 이러한 부품 중에는 물리 세계의 일부 측면을 전기로 변환해 보드가 감지할 수 있게 하는 센서sensor(감지부, 감지기)도 있고, 보드에서 전기를 얻어 작동하며 무언가를 바꾸어 가는 액추에이터 actuator(구동부, 구동기)도 있다. 스위치나 가속도계 및 초음파 거리 측정기 등이 센서의 일종이다. 액추에이터로는 전구·LED·스피커·모터·디스플레이 장치를 들 수 있다.

아두이노 보드로는 아두이노 소프트웨어를 넣어 사용할 수 있는 다양한 공식 보드가 있지만, 기업과 아두이노 공동체의 개별 구성원이 생산하는 호환 보드도 많다. 시판용 보드만 있는 것은 아니고, 3D 프린터를 제어하는 데 필요한 아두이노 호환 컨트롤러도 있고, 로봇을 제어하는 데 필요한 아두이노 호환 컨트롤러도 있다. 이러한 아두이노 호환 보드 및 제품은 마이크로파이썬MicroPython이나 서킷파이썬CircuitPython 같은 프로그래밍 환경과도 호환된다.

소프트웨어를 보드에 업로드할 수 있게 전력을 공급할 뿐만 아니라 보드와 연결하는 기능을 담당하는 USB 커넥터는 가장 많이 사용되는 보드 중 하나다. 그림 1-1은 아두이노 우노Arduino Uno 보드인데, 아두이노에 입문할 때는 보통 이 보드로 시작한다. 이 보드는 8비트 프로세서인 ATmega328P로 구동되며, 프로그램 변수를 저장하는 데 사용되는 SRAMStatic Random-Access Memory(정적 임의 접근 기억장치)이 2KB(2킬로바이트)이고, 스케치를 저장하는 플래시 메모리는 32KB이며, 클록 속도는 16㎒(16메가헤르츠)다. 보드에 있는 또 다른 칩(ATmega328P가 아닌 칩)은 USB 장치를 연결하는 기능을 담당한다.

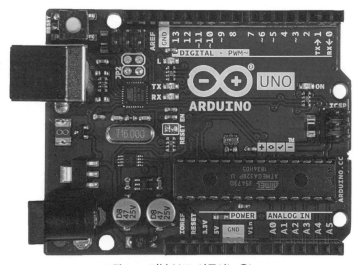

그림 1-1 기본 보드: 아두이노 우노

아두이노 레오나르도Leonardo 보드의 **폼팩터**form factor(보드의 배치 상태 및 커넥터 핀을 이르는 말)는 아두이노 우노와 같지만, 스케치를 실행하고 USB 연결을 관리하는 프로세서로는 ATmega32U4를 사용한다는 점이 다르다. 레오나르도는 우노보다 조금 더 싸며, 이 보드는 흥미롭게도 마우스나 키보드 등의 다양한 USB 장치를 에뮬레이트emulate(모방)하는 기능도 제공한다. PJRC(http://www.pjrc.com/teensy)가 만든, 아두이노 호환 장치인 틴시Teensy(또는 틴지) 및 틴시++Teensy++ 보드도 USB 장치를 에뮬레이트할 수 있다.

아두이노 제로Zero의 핀 배치는 우노와 비슷하지만, 제로 보드에 들어 있는 프로세서는 우노보다 더 빠르다. 하지만 우노나 레오나르도와 다르게 3.3V를 넘는 입력 핀 전압을 견디지 못한다. 아두이노 제로에는 48㎒로 실행되는 32비트 프로세서가 있으며, RAM 용량은 32KB이고, 플래시 스토리지의 용량은 256KB다. 에이다프룻의 메트로 M0 익스프레스Metro M0 Express와 스파크펀의 레드보드 터보 RedBoard Turbo는 아두이노 제로의 폼팩터와 같으며, 아두이노 IDE와 서킷파이썬을 포함한 여러 환경과 호환될 수 있게 한다.

아두이노와 USB

아두이노 우노에는 모든 USB 통신을 처리할 마이크로컨트롤러가 추가로 장착되어 있다. 이 작은 표면 실장 칩(surface-mount chip)은 우노 보드의 USB 소켓 근처에 자리 잡고 있다(참고로 말하면, 우노의 이전 버전에서는 이 칩의 모델명이 ATmega16U2와 ATmega8U2였다). 아두이노 레오나르도에는 ATmega32U4 칩이 하나만 있어서 코드 실행과 USB 통신을 모두 담당한다. 레오나르도용 프로그램을 다시 짜면 USB 장치를 에뮬레이트할 수 있다(레시피 18.14 참고).

구형 아두이노 보드 및 아두이노 호환 보드 중 몇 가지는 FTDI(컴퓨터의 직렬 포트에 연결하기 위한 하드웨어 형태의 USB 솔루션을 제공하는 회사)가 만든 칩을 사용한다. 이베이(eBay)나 아마존(Amazon)에서 발매하는 저렴한 클론(clone, 복제품) 중 몇 가지는 비슷한 기능을 수행하는 칩(예: CH340과 같은 것)을 사용할 수 있다. CH340 칩이 장착된 보드를 사용하려면 드라이버를 설치해야 한다.

USB 통신을 처리하기 위한 전용 칩 없이, 다른 형태로 USB를 지원하는 아두이노 호환 보드도 있다. 대신에 이러한 보드들은 USB 신호를 송수신하기 위해 보드 조작 입출력 핀에서 실행되는 소프트웨어에서 **비트뱅잉 (bit-banging)**이라는 기술을 사용한다. 인기를 끈 순정 에이다프룻 트린킷(Trinket, 소품)이 장착된 이러한 보드가 최신 컴퓨터에서는 제대로 동작하지 않을 수도 있다(어쩌면 여러분의 구식 컴퓨터에서는 동작할지도 모르지만). 에이다프룻은 추가로 이전 제품보다 훨씬 빠른 에이다프룻 트린킷인 M0를 출시했는데, 이것에는 진짜 USB가 장착되어 있다.

마지막으로 한 가지 더 언급하자면, USB 연결 기능이 없는 아두이노 호환 보드들도 있다. 대신에 이러한 보드는 직렬 핀만 제공하므로 여러분은 특수 어댑터를 사용해야만 컴퓨터에 연결할 수 있다. 사용할 수 있는 어댑터 목록 중 일부를 120쪽에 나오는 '직렬 방식 하드웨어'에 실어 두었다.

여러분이 공부하는 데 필요한 보드로 쓰기에는 우노가 제격인데, 이 보드를 쓰면 이 책에 나오는 스케치들 중 대부분을 실행해 볼 수 있기 때문이다. 우노보다 성능이 더 좋으면서도 우노와 폼팩터가 같은 보드를 사용하고 싶다면 제로를 고려해 볼 만하고, 메트로 M0 익스프레스나 레드보드 터보 같은 호환 보드도 눈여겨볼 만하다. MKR 계열 보드나 Nano 33 계열 보드도 뛰어난 성능을 제공하지만 폼팩터가 우노보다 더 작다.

3.3V 보드 사용 시 주의할 점

우노 같은 구형 보드에서는 5V를 사용하지만, 대부분의 최신형 보드는 3.3V에서 작동한다. 입력 핀이나 출력 핀이 5V를 1초라도 받으면 영구적으로 손상될 수 있으므로 핀 레벨(pin level, 핀의 전압 준위)이 3.3V보다 높을 것 같으면 배선하기 전에 보드 설명서를 보고 보드가 5V에도 견딜 수 있는지를 확인하자. 3.3V를 쓰는 보드 대부분도 5V 전원(예: USB 포트를 통해)으로 구동되기는 하지만, 사실은 전압조정기(voltage regulator)가 보드 내에 장착된 3.3V 사용 전자 기기에 도달하기 전에 전압을 3.3V로 변환해 주는 것이다. 그렇기 때문에 입력 핀과 출력 핀에 5V를 허용하지 않는 보드에서도 5V 전력 공급장치 핀을 흔히 볼 수 있다.

아두이노 보드들의 폼팩터는 서로 다르며, 이는 보드들의 핀이 서로 다르게 배치되었다는 뜻이기도 해서 우노용으로 설계된 쉴드shield가 다른 보드와 호환되지 않는다. MKR1010은 훨씬 작은 폼팩터를 사용하는 아두이노 보드다. 이 보드의 핀은 3.3V I/O용으로 설계되었으며(즉, 5V를 견디지 '못함'), 이 보드도 아두이노 제로 보드와 마찬가지로 ARM 칩을 사용한다. 그러나 MKR1010에는 와이파이 및 LIPO 배터리를 구동하고 재충전하기 위한 회로까지 들어 있다. MKR 보드 제품군은 우노용으로 설계된 쉴드와 호환되지 않지만, **캐리어**carrier라고 부르는, MKR 폼팩터용 추가 보드를 선택해 아두이노에 장착할 수 있다.

쉴드를 사용해 아두이노 확장하기

쉴드(shield)라고 부르는 애드온(add-on, 추가 장치)을 사용하면 아두이노 보드의 기능을 넓힐 수 있는데, 여러분은 아두이노의 윗면에 있는 핀에 쉴드를 꽂을 수 있고, 이 쉴드 위에 또 다른 쉴드를 꽂아 가는 식으로 아두이노 상단에 여러 쉴드를 쌓아서 연결할 수 있다. 그 밖의 아두이노 모델과 특정 아두이노 호환 모델에는, 쉴드와 비슷하게 생겼으면서도 호환은 되지 않는 자체 애드온이 있을 수 있다. 가장 일반적인 아두이노인 우노의 폼팩터와 다른 폼팩터를 일부 보드 모델이 사용하기 때문이다. 예를 들어, 아두이노 MKR은 물리적으로 우노보다 훨씬 작다. MKR 애드온 보드들의 폼팩터는 우노의 폼팩터와 호환되지 않지만, 이런 것들도 쉴드라고 부르기도 한다. 에이다프룻은 아두이노 개발 소프트웨어와 호환되는 개발용 보드인 피더(Feather)에서 쓸 수 있게 **피더윙(Featherwing)**이라는 애드온 보드 컬렉션을 내놓았다. 피더윙이라는 이름을 달고 나오는 애드온 보드들은 그 밖의 하드웨어(예: 우노, MKR 보드 등)의 폼팩터와 호환되지 않는다.

여러분은 우표 크기만큼 작은 에이다프룻 트린킷 M0 같은 보드, 아두이노 메가 및 아두이노 듀에처럼 더 많은 연결 옵션과 더 강력한 프로세서를 가진 더 큰 보드, 웨어러블 애플리케이션을 위한 아두이노 릴리패드Arduino LilyPad나 무선 프로젝트를 위한 아두이노 나노 33 IoTArduino Nano 33 IoT나 임베디드 애플리케이션(대부분 배터리로 작동되는 단독형 프로젝트)을 위한 아두이노 나노 에브리Arduino Nano Every처럼 특정 애플리케이션에 맞게 조정된 보드도 살 수 있다.

그 밖의 제3자가 공급하는 아두이노 호환 보드도 사용할 수 있는데, 이를 나열하면 다음과 같다.

베어 본 보드

저가형 베어 본 보드Bare Bones Board, BBB는 모던 디바이스Modern Device(https://oreil.ly/aBakM)와 에듀카토Educato(https://oreil.ly/bY5YZ)에서 공급하며, USB 기능이 있는 쉴드 호환 버전도 있고 USB 기능이 없는 쉴드 호환 버전도 있다.

에이다프룻 인더스트리즈

에이다프룻(http://www.adafruit.com)은 방대한 아두이노 및 아두이노 호환 보드와 액세서리(모듈이나 부품)를 공급한다.

스파크펀

스파크펀(https://oreil.ly/rr5Ry)은 아두이노 및 아두이노 호환 액세서리를 다양하게 공급한다.

시드 스튜디오

시드 스튜디오(http://www.seeedstudio.com)는 아두이노 및 아두이노 호환 보드와 그 밖의 많은 보조기기를 판매한다. 또한 아두이노, 센서, 액추에이터에 모듈식 커넥터 시스템을 사용하는 그로브Grove(https://oreil.ly/pSKC8)라는, 그 밖의 임베디드용 보드에서 쓸 수 있는 유연한 확장 시스템을 제공한다.

틴시, 틴시++

이 작지만 매우 다양한 보드를 PJRC(http://www.pjrc.com/teensy)에서 구입할 수 있다.

위키백과에는 아두이노 호환 보드(https://oreil.ly/uyFoP) 목록이 전부 실려 있다. 아두이노 사이트(https://oreil.ly/yay5b)에서 아두이노 보드를 간략하게 설명한 내용을 볼 수 있다.

레시피 1.1 통합 개발 환경(IDE) 설치

문제

컴퓨터에 아두이노 개발 환경을 설치하고 싶다.

해법

윈도우·macOS·리눅스에서 쓸 아두이노 소프트웨어(http://arduino.cc/download)를 내려받는다. 이러한 플랫폼에 소프트웨어를 설치할 때 참고할 내용은 다음과 같다.

윈도우

윈도우 10을 쓴다면 마이크로소프트 스토어를 사용해 관리자 권한이 없이도 아두이노를 설치할 수 있다. 그러나 윈도우 10 이전 운영체제를 사용하고 있다면 아두이노 소프트웨어를 내려받을 때 관리자 권한으로 윈도우 설치기_{Windows Installer}를 더블클릭해서 실행하면 된다. 또는 윈도우 ZIP 파일을 내려받아 여러분에게 쓰기 권한이 있고 여러분에게 편리한 디렉터리에 놓고 압축을 풀면 된다.

파일 압축을 풀면 **Arduino-\<nn>**이라는 폴더가 생성된다(여기서 **\<nn>**은 내려받은 아두이노 릴리스의 버전 번호다). 이 디렉터리에는 다른 파일이나 다른 폴더와 함께 실행 파일, 즉 **Arduino.exe**라는 파일이 들어 있다.

윈도우에서 처음으로 아두이노를 실행하면 대화 상자가 나타나는데, 이 대화 상자를 보면 경고를 내는 곳이 **javaw.exe**라는 점을 알리면서 'Windows Defender Firewall has blocked some features of this app(윈도우 디펜더라고 부르는 방화벽이 이 앱의 일부 기능을 차단했다)'는 문구가 나타날 수 있다. 아두이노 IDE는 자바 기반 애플리케이션이므로 **Arduino.exe** 대신에 자바 프로그램에서 경고가 발생한다. 로컬 네트워크를 통해 스케치를 업로드하는 기능을 지원하는 보드에서 이러한 자바 프로그램을 사용한다. 이러한 종류의 보드를 사용하려고 한다면 이 대화 상자를 사용해 **javaw.exe**가 네트워크에 액세스할 수 있게 해야 한다.

보드를 연결하면 설치된 드라이버가 보드와 자동으로 연결된다(시간이 조금 걸릴 수 있다). 이렇게 하는 데 실패하거나 ZIP 파일을 사용해 아두이노를 설치했다면 아두이노 안내서_{Arduino Guide}(https://oreil.ly/ELrle)에 나와 있는 목록에서 여러분의 보드 이름이 나와 있는 링크를 클릭하고 지침을 따르자.

여러분이 오래전에 나온 보드(FTDI 드라이버를 사용하는 모든 보드)를 사용하고 있으면서 이 보드를 인터넷에 연결해 둔 상태라면, 윈도우에서 드라이버를 검색할 때 드라이버가 자동으로 설치된다. 인터넷에 접속할 수 없거나 윈도우 XP를 사용한다면 드라이버가 있는 곳을 지정해야 한다. 파일 선택기를 사용해 아두이노 파일의 압축을 푼 디렉터리에 있는 **drivers\FTDI USB Drivers** 디렉터리로 이동하자. 이 드라이버가 설치되면 새 직렬 포트가 발견되었다는 새 하드웨어 발견 마법사가 나타난다. 그러면 다시 같은 과정을 반복하면 된다.

소프트웨어가 보드와 통신할 수 있도록 드라이버를 두 번 설치하기 위해 이 과정을 순서대로 다시 밟아야 할 수도 있다.

macOS

맥용 아두이노 다운로드 파일의 형식은 ZIP이다. ZIP 파일을 내려받은 후에 이 파일이 자동으로 풀리지 않으면 내려받은 파일을 찾아 더블클릭해 애플리케이션을 풀자. 애플리케이션을 여러분에게 편리한 곳으로 옮겨 두면 되는데, 그중에서도 **Applications** 이름으로 된 폴더로 옮겨 두면 더 좋다. 애플리케이션을 더블클릭하자. 시작 화면이 나타난 후에 메인 프로그램 창이 나타난다.

우노 같은 최신형 아두이노 보드는 드라이버를 추가해서 설치하지 않아도 사용할 수 있다. 보드를 처음 연결하면 새 네트워크 포트가 발견되었다는 알림이 표시될 수 있는데, 이 알림을 무시해도 된다. FTDI 드라이버가 필요한 구형 보드를 사용하는 경우라면 FTDI(https://oreil.ly/w7_YM)에서 얻을 수 있다.

리눅스

배포판의 패키지 관리자를 통해 사용할 수 있는 리눅스 버전이 점점 많아지고 있지만, 이러한 버전은 최신 릴리스가 아닌 경우가 많으므로 http://arduino.cc/download에서 새 버전을 내려받는 편이 제일 좋다. 리눅스는 32비트용이나 64비트용으로 제공되며, 라즈베리 파이나 그 밖의 리눅스 ARM 보드에서 사용할 수 있는 ARM 버전을 제공한다. 배포판 대부분에는 표준 드라이버가 미리 설치되어 있으며, 대개는 FTDI도 지원한다. 아두이노를 리눅스에 설치하는 방법을 아두이노 리눅스 페이지(https://www.arduino.cc/en/guide/linux)에서 안내받을 수 있다. 설치 스크립트를 실행하려면 이 지시 사항을 따라야 하며, 이렇게 해야 여러분의 사용자 계정으로 직렬 포트에 액세스할 수 있다.

아두이노 재단에서 만들지 않은 아두이노 호환 보드를 사용한다면 보드 매니저_{Boards Manager}를 사용해 지원 파일을 설치해야 할 수도 있다(레시피 1.7). 또한, 필요한 추가 단계에 대해서는 해당 보드의 설명서를 확인해야 한다.

아두이노를 설치한 다음에 아이콘을 더블클릭하면 시작 화면이 나타난다(그림 1-2 참고).

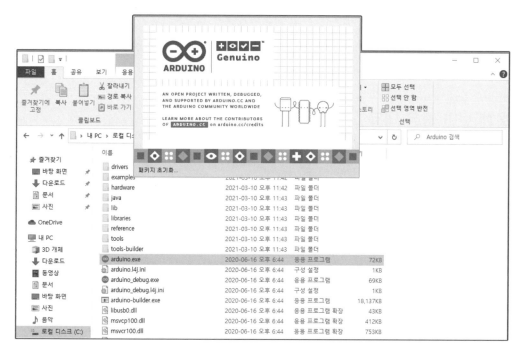

그림 1-2 아두이노의 스플래시 화면(윈도우 10에서 아두이노 1.8.13을 실행한 경우)

초기 스플래시 화면이 나오고 나서 기본 프로그램 창이 뜬다(그림 1-3 참고). 소프트웨어를 로드하는 데 시간이 걸릴 수 있으므로 참고 기다리자. 아두이노 아이콘을 시작 메뉴(윈도우)나 애플리케이션 폴더(macOS)나 바탕 화면에서 찾을 수 있다. 리눅스에서는 아두이노 실행 파일을 터미널 쉘에서 실행해야 할 수도 있다.

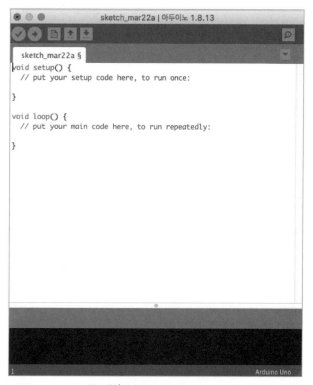

그림 1-3 IDE 기본 창(맥에서 아두이노 1.8.13을 실행한 경우)

토의

소프트웨어가 시동되지 않으면 아두이노 웹 사이트(https://oreil.ly/sllus)의 문제 해결 부분에서 설치 문제 해결 방법을 제시하는 도움말을 찾아보자.

함께 보면 좋은 내용

아두이노 입문을 위한 온라인 안내서가 윈도우용(https://oreil.ly/ufBhk), macOS용(https://oreil.ly/GL4uk), 리눅스용(https://oreil.ly/TW6si)으로 제공된다.

아두이노 프로Arduino Pro라는 IDE는 전문 사용자의 요구에 맞게 만든 아두이노 개발 환경이다. 이 글을 쓰는 시점에서 이 IDE는 이제 막 출시된 상태다. 아두이노 프로라는 IDE의 깃허브 저장소(https://oreil.ly/tKGNk)를 참고하자.

아두이노 CLICommand Line Interface(명령줄 인터페이스)는 스케치를 컴파일하고 업로드하기 위한 명령줄 도구다. 여러분은 라이브러리 매니저Library Manager나 보드 매니저 대신에 아두이노 CLI를 사용할 수도 있다. 자세한 내용을 알고 싶다면 아두이노 CLI 깃허브 저장소(https://oreil.ly/yaOph)를 참고하자.

아두이노 크리에이트Arduino Create라는 온라인 편집 환경이 있다. 이것을 사용하려면 계정을 생성해 플러그인을 내려받아야 하며, 이렇게 하면 웹 사이트가 보드와 통신해 코드를 업로드할 수 있다. 이 환경에는 스케치를 저장하는 클라우드 스토리지가 포함되어 있으며, 이 스토리지를 통해 코드를 공유할 수 있다. 이 책을 쓰는 시점에서 아두이노 크리에이트는 상당히 새롭게 발전된 서비스였다. 컴퓨터에 개발 환경을 설치하지 않고 아두이노 스케치를 만들려면 아두이노 크리에이트(https://create.arduino.cc)를 살펴보자.[1]

아두이노 크리에이트의 크롬 앱을 크롬 북에서 사용하려면 구독료로 매달 1달러를 내야 한다. 일정 기간 동안 시험 삼아 사용해 볼 수도 있다. 크롬 북에서 아두이노 코드를 컴파일하고 업로드하는 방법이 또 있다. 코드 벤더Code-bender도 아두이노 크리에이트와 마찬가지로 웹 기반 IDE지만, 다수의 제3자 아두이노 호환 보드도 지원한다. 학원이나 학교에서 쓰기에 알맞은 요금제도 있다. 이에 대해서는 코드벤더 페이지(https://edu.codebender.cc)를 참고하자.

---

1 옮긴이 아두이노 크리에이트를 크롬 브라우저에서 실행해야 한다는 베타리더의 의견이 있었다.

아두이노 보드 구성

문제

새로 산 보드에 전력을 공급해 보드가 제대로 작동하는지를 알고 싶다.

해법

컴퓨터의 USB 포트에 보드를 꽂은 다음에 보드의 LED 전원 표시기가 켜져 있는지를 확인해 보자. 대부분의 아두이노 보드에는 보드에 전력이 공급될 때마다 켜지는 LED 전원 표시기가 있다.

보드에 전력이 들어가면 온보드 LED(그림 1-4)가 깜박거려야 한다(대부분의 보드에는 공장에서 미리 넣어 둔 LED 점멸 소프트웨어가 있어서 사용자는 보드의 정상 작동 여부를 간단히 점검해 볼 수 있다).

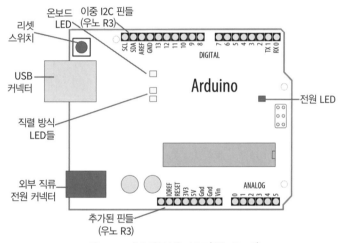

그림 1-4 기본 아두이노 보드(우노 Rev3)

 아두이노 우노 폼팩터에 맞게 만들어진 시판용 보드들에는 구형 보드에 존재하지 않는 핀이 몇 개 있는데, 여러분은 이러한 핀이 없는 구형 아두이노 쉴드를 보게 될 수도 있다. 다행스럽게도 이러한 핀들이 있어도 일반적으로 구형 쉴드를 사용하는 데 문제가 없다. 대부분의 쉴드는 구형 보드에서 작동하듯이 신형 보드에서도 계속 작동한다(다만, 일을 해 나가는 속도가 달라질 수 있을 것이다).

쉴드가 아날로그 기준 전압(아날로그 입력값이 공급 전압과 상관될 수 있음)을 감지하는 데 필요한 IOREF 핀과, I2C 장치에 대한 핀 위치에 일관성이 있게 하는 SCL 핀 및 SDA 핀이 새로 추가되어 연결부로 쓰인다. 이전에 시판되었던 일부 보드(예를 들면 메가)에서는 칩 구성이 서로 달라서 I2C 핀의 위치 또한 다양했으며, 이에 따라서 특정 쉴드를 보드에 장착해 쓰면서 해당 쉴드의 I2C 핀을 아두이노 메가(Arduino Mega)의 핀에 연결하려면 점퍼선을 사용해야만 했다. 새로운 핀 배치에 맞춰 설계한 쉴드라면 새롭게 핀을 배치한 보드에서는 다 동작해야 한다. 추가 핀(IOREF 핀 옆에 있는 핀) 한 개는 현재 사용되고 있지는 않지만, 이게 있기 때문에 나중에라도 핀 배치를 바꾸지 않은 채로 새로운 기능을 구현할 수 있다.

토의

보드가 컴퓨터에 연결되어 있어도 전원 LED가 켜지지 않았다면 이는 보드에 전력이 공급되지 않고 있기 때문이다(이럴 때는 다른 USB 소켓이나 케이블을 사용해 보자).

보드에서 실행되는 코드가 깜박이는 LED를 제어한다(새 보드에서는 Blink 예제 스케치를 사용해 이 코드를 미리 로드한다). 온보드 LED(onboard LED, 보드에 장착되어 나온 LED)가 깜박이면 스케치가 올바르게 실행되고 있다는 뜻이며, 또한 보드의 칩이 작동 중이라는 뜻이다. 전원 LED[2]는 켜져 있지만 온보드 LED(일반적으로 L자가 표시되어 있는 LED)가 깜박이지 않는다면, 공장에서 심어 두었어야 할 코드가 칩에 없어서 그럴 수 있다. 보드가 작동하는지를 확인하기 위해 Blink 스케치를 보드에 로드하려면 레시피 1.3의 지침을 따르자. 여러분이 표준 보드를 사용하고 있지 않다면 온보드 LED가 없을 수 있으므로 설명서를 보며 보드에 대해 자세히 다룬 내용을 확인하자.

레오나르도와 제로급 보드(아두이노 제로, 에이다프룻 메트로 M0, 스파크펀 레드보드 터보 등)의 풋프린트footprint는 우노의 것과 같다(이러한 보드들의 헤더가 같은 곳에 놓여 있으므로 쉴드를 부착할 수 있다). 하지만 그 밖의 측면에서 보면 이 보드들은 서로 많이 다르다. 우노와 마찬가지로 레오나르도에도 8비트 칩이 있지만, USB 통신을 처리하기 위한 별도의 칩이 없기 때문에 레오나르도에서는 보드를 리셋reset(재설정)해야만 프로그램을 업로드할 수 있다. 업로드되는 동안에는 레오나르도의 온보드 LED가 부드럽게 깜박인다. 레오나르도는 5V를 견딜 수 있다. 제로에는 32비트 ARM 칩이 있으며, 프로그램을 저장하고 실행하는 데 쓸 수 있는 메모리가 더 많다. 제로에는 DACDigital-to-Analog Converter(디지털 아날로그 변환기)를 제공하는 핀도 한 개 있으므로 다양한 아날로그 전압을 얻을 수 있다. 이 핀을 사용하면 소리신호audio signal(음성신호)의 품질을 우노보다 훨씬 더 좋게 할 수 있다. 제로는 5V를 견딜 수 없을 뿐만 아니라 에이다프룻이 내놓은 보드(Metro M0 Express)나 스파크펀이 내놓은 보드(RedBoard Turbo)와 비슷하지도 않다.

MKR1010은 제로와 동일한 칩을 사용하며(그리고 5V를 견뎌내지 못하는 건 제로와 마찬가지다), 더 작은 폼팩터가 필요할 때 사용된다. 이 보드에는 와이파이도 포함되어 있어서 와이파이 통신망을 통해 인터넷에 연결할 수 있다. MKR 폼팩터는 우노 핀에 맞게 설계된 쉴드를 지원하지 않는다.

모든 32비트형 보드에는 인터럽트를 지원하는 핀이 대부분의 8비트형 보드보다 더 많기 때문에 신호 변화를 신속하게 감지해야 하는 분야에 응용하기에 알맞다(레시피 18.2 참고). 이러한 점에서 예외가 되는 8비트형 보드 중 하나는 아두이노 우노 와이파이 Rev2인데, 이 보드는 디지털 핀의 인터럽트를 지원한다.

---

2 옮긴이 앞에서 말한 온보드 LED가 아닌, 녹색 불이 켜지는 LED를 말한다.

함께 보면 좋은 내용

아두이노에 입문하기 위한 온라인 지침서를 윈도우용(https://oreil.ly/ufBhk), macOS용(https://oreil.ly/GL4uk) 및 리눅스용(https://oreil.ly/TW6si)에 맞춰 따로 볼 수 있다. 보드별 지침은 아두이노 안내서 (https://oreil.ly/MHLdN)에서 볼 수 있다.

문제 해결 지침을 아두이노 사이트(https://oreil.ly/lYeR0)에서 찾을 수 있다.

레시피 1.3 통합 개발 환경에서 아두이노 스케치를 준비하기

문제

아두이노의 컴파일 과정에 익숙해지고 싶고, 컴파일 과정에서 생성되는 상태와 에러 메시지를 모두 이해하고 싶다.

해법

아두이노의 소스 코드를 **스케치**sketch라고 부른다. 스케치를 가져와서 테스트해 본 다음에 보드에서 작동할 수 있는 형태로 만드는 과정을 **컴파일**compilation이라고 한다. 아두이노 IDE를 사용해 보드가 수행할 작업을 정의하는 스케치를 작성한 다음에 그것을 다시 열어 수정해 보자. 메뉴나 키보드 단축키(그림 1-5)를 쓰거나 IDE 상단에 보이는 버튼을 사용해 이러한 작업을 수행(그림 1-6)할 수 있다.

스케치 에디터sketch Editor 부분에서 스케치 코드를 보면서 편집할 수 있다. 에디터에서 일반적인 단축키를 사용할 수 있는데, 무언가를 찾을 때는 Ctrl+F(맥에서는 ⌘+F), 실행을 취소할 때는 Ctrl+Z(맥에서는 ⌘+Z), 복사할 때는 Ctrl+C(맥에서는 ⌘+C), 강조 표시를 한 텍스트를 붙여 넣을 때는 Ctrl+V(맥에서는 ⌘+V)를 사용하면 된다.

그림 1-5는 Blink 스케치(아두이노 IDE에 내장되어서 나오는 스케치 예제)를 로드하는 방법을 보여 준다.

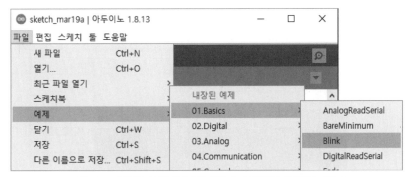

그림 1-5 윈도우 10의 IDE 메뉴(Blink 스케치를 선택하는 메뉴)

IDE를 시작한 다음에 File(파일) ➡ Examples(예제) 메뉴로 이동하여 그림 1-5에 보이는 것처럼 01.Basics ➡ Blink를 선택한다. 내장형 LED를 깜박이게 하는 코드가 스케치 에디터 창에 표시된다(그림 1-6 참고).

여러분은 코드를 보드로 송신하기 전에 아두이노 컨트롤러 칩에 의해 읽고 실행할 수 있는 명령으로 변환해야 하는데, 이 작업을 **컴파일하기**compiling라고 한다. 이렇게 하려면 컴파일 버튼을 클릭하거나(체크 표시가 있는 왼쪽 상단 버튼), Sketch(스케치) ➡ Verify/Compile(확인/컴파일)을 선택한다 (⎡Ctrl⎤+⎡R⎤, 맥에서는 ⎡⌘⎤+⎡R⎤).

텍스트 편집 창 아래의 메시지 영역에 'Compiling sketch...(스케치를 컴파일하는 중)'라는 문구가 있는 진행률 표시 줄이 나타난다. 1~2초 후에 'Done Compiling(컴파일 완료)'이라는 문구가 나타난다. 검은색 콘솔 영역에는 다음과 같은 추가 문구가 나온다.

```
Sketch uses 930 bytes (2%) of program storage space. Maximum is 32256 bytes. Global
variables use 9 bytes (0%) of dynamic memory, leaving 2039 bytes for local variables.
Maximum is 2048 bytes.
```

정확한 문구는 여러분이 사용하는 보드나 아두이노 버전이 무엇인가에 따라 달라질 수 있지만, 여기 나오는 문구의 경우에는 스케치의 크기와 보드가 받아들일 수 있는 최대 크기를 알려 주고 있다.

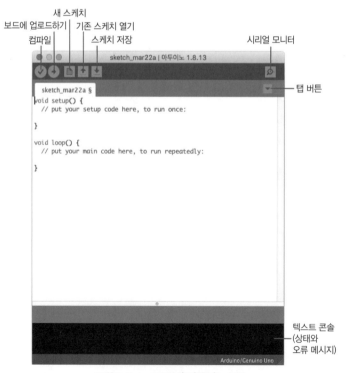

그림 1-6 macOS의 아두이노 IDE

토의

IDE에서 여러분은 다양한 명령줄 도구를 사용해 스케치를 컴파일할 수 있다. 이에 대한 자세한 정보를 알고 싶다면 레시피 17.1을 참고하자.

여러분은 직전에 나왔던 메시지를 보고 스케치의 크기를 알 수 있을 텐데, 스케치의 크기는 컨트롤러 명령들을 보드에 저장하는 데 필요한 프로그램 공간을 나타낸다. 컴파일된 스케치의 크기가 보드에서 사용할 수 있는 메모리보다 크다면 다음과 같은 에러 메시지가 표시된다.

```
Sketch too big; see
http://www.arduino.cc/en/Guide/Troubleshooting#size for tips on reducing it.
```

이런 경우라면 스케치를 더 작게 해서 보드에 올려 둘 수 있게 하거나, 아니면 아예 플래시 메모리 용량이 더 큰 보드를 사용해야 한다. 전역 변수가 너무 많아서 메모리가 부족해진 경우에는 에러 메시지가 다르게 표시된다.

```
Not enough memory; see http://www.arduino.cc/en/Guide/Troubleshooting#size
for tips on reducing your footprint.
```

이런 경우라면 코드를 살펴보며 전역 변수에 할당하는 메모리 용량을 줄이거나, SRAM(동적 메모리) 용량이 더 큰 보드를 확보해야 한다.

 아두이노 IDE에서는 자체적으로 내장된 예제용 스케치의 변경 사항을 저장할 수 없게 해서 여러분이 실수로 예제 코드를 덮어쓰지 못하게 했다. 이름을 바꿀 때는 File ➡ Save As 메뉴 옵션을 사용해야 한다. 자신이 작성한 스케치를 저장하려면 Save 버튼을 사용한다(레시피 1.5 참고).

코드에 오류가 있다면 컴파일러는 콘솔 창에 하나 이상의 에러 메시지를 프린트한다. 이러한 문구를 보고 어떤 오류인지를 구별할 수 있다. 문제 해결에 관한 정보를 더 자세하게 알고 싶다면 소프트웨어 오류를 다룬 부록 D를 참고하자.

컴파일러가 문제 발생 여지가 스케치 안에 있다고 판단하면 경고 문구warning를 만들어 낸다. 이런 경고 문구는 나중에라도 여러분을 괴롭힐 만한 문제를 피하는 데 도움이 될 수 있다. File ➡ Preferences(윈도우 또는 리눅스인 경우) 또는 Arduino ➡ Preferences(macOS인 경우)를 선택한 다음, 컴파일러 경고 문구를 얼마나 자세히 표시하게 할지를 None(표시하지 않음), Default(기본), More(자세히) 또는 All(전부) 중 하나로 지정할 수 있다. 유력한 친구Arduino(즉, 이탈리아 발음으로는 아르두이노 또는 아르뒤노)라는 이름에 걸맞지 않게 아두이노의 기본 설정값은 None이지만, 기본 설정값인 None보다는 Default나 그 이상을 추천한다.

보드에 업로드된 코드를 컴퓨터에 다시 내려받을 수 없다. 스케치 코드를 컴퓨터에 저장하자. 예제 파일의 변경 사항을 저장할 수 없으며, 'Save As'를 사용해 변경된 파일에 다른 이름을 지정해야 한다.

함께 보면 좋은 내용

레시피 1.5는 스케치 예제 하나를 보여 준다. 부록 D에는 소프트웨어 문제를 해결하는 데 필요한 팁이 있다.

레시피 1.4 Blink 스케치를 보드에 올려 실행해 보기

문제

컴파일을 한 스케치를 아두이노 보드로 전송한 다음에 해당 스케치가 제대로 작동하는지를 확인하고 싶다.

해법

USB 케이블을 사용해 아두이노 보드를 컴퓨터에 연결하자. File ➡ Examples를 선택하고, 01. Basics ➡ Blink를 선택해 Blink 스케치를 IDE로 로드하자.

그러고 나서 드롭다운 메뉴에서 Tools ➡ Board를 선택하고 연결한 보드의 이름을 선택한다(표준 우노 보드라면 보드 목록의 첫 번째 항목 중 하나일 수 있음).

이제 Tools ➡ Serial Port를 선택하자. 컴퓨터에서 사용할 수 있는 직렬 포트가 드롭다운 목록에 나타난다. 컴퓨터와 함께 사용한 기타 장치가 무엇인가에 따라 각 컴퓨터의 직렬 포트 조합이 서로 다르다.

윈도우에서는 번호가 지정된 COM 항목으로 표시된다. 항목이 하나만 있으면 해당 항목을 선택하자. 항목이 여러 개라면 여러분의 보드가 마지막 항목으로 나타날 것이다.

여러분이 우노 보드를 가지고 있다면 맥에서는 다음과 같이 표시된다.

```
/dev/cu.usbmodem-XXXXXXX(Arduino/Genuino Uno)
```

구형 보드를 쓰고 있다면 다음과 같이 나열된다.

```
/dev/tty.usbserial-XXXXXXX
/dev/cu.usbserial-XXXXXXX
```

각 보드의 *XXXXXXX* 값은 서로 다르다. 두 항목 중 하나를 선택하자. 여러분이 지닌 보드가 우노라면 리눅스에서는 다음과 같이 표시된다.

```
/dev/ttyACMX(Arduino/Genuino Uno)
```

구형 보드가 있다면 다음과 같이 표시될 수 있다.

```
/dev/ttyUSB-X
```

*X*의 값이 일반적으로 0이지만, 한 번에 여러 보드가 연결된 경우에는 1이나 2 같은 식으로 표시된다. 아두이노에 해당하는 항목을 선택하자.

 Port 메뉴에 나오는 항목이 너무 많아 어떤 항목이 아두이노로 갈지를 알 수 없다면 컴퓨터에서 아두이노를 분리한 상태에서 메뉴를 살펴보고 나서 아두이노를 연결하고 이전에 없었던 메뉴 옵션을 찾자. 또 다른 접근 방법은 포트를 하나씩 선택하고 보드의 불이 깜박거릴 때까지 업로드함으로써 업로드 중이라는 점을 코드가 표시하게 하는 것이다.

업로드 버튼(⏺)을 클릭하거나 Sketch ➡ Upload(Ctrl+U, 맥의 경우에는 ⌘+U)를 선택하자.

IDE는 레시피 1.3에서와 같이 코드를 컴파일한다. 소프트웨어가 컴파일된 다음에 보드에 업로드된다. 이것이 Blink 스케치가 미리 탑재되어 있는, 상자에서 막 꺼낸 아두이노라면 온보드 LED(그림 1-4에서는 온보드 LED로 표시됨)가 깜박거리지 않는 것을 볼 수 있을 것이다. 업로드가 시작되면 온보드 LED 부근에 있는 두 개의 LED(그림 1-4에서는 직렬 LED로 표시됨)는 코드가 업로드될 때 몇 초간 깜박여야 한다. 코드가 실행되면 온보드 LED가 깜박이기 시작한다. 레오나르도, MKR 보드 및 제 3자 아두이노 클론과 같은 일부 아두이노 모델에서는 온보드 LED가 놓인 자리가 다르다.

토의

IDE에서 컴파일한 코드를 보드로 송신하려면 보드를 컴퓨터에 연결해야 하며, 사용 중인 보드와 직렬 포트를 IDE에 알려야 한다.

업로드가 시작되면 보드에서 실행 중이던 스케치는 중단된다(여러분이 Blink 스케치를 실행 중이었다면 LED가 깜박임을 멈춘다). 새로운 스케치가 보드에 업로드되어 이전 스케치를 대체한다. 새 스케치가 잘 업로드된 후에는 이 스케치가 실행되기 시작한다.

일부 구형 아두이노 보드 및 호환 제품에서는 업로드가 시작되어도 이미 실행 중이던 스케치를 자동으로 중단하지 않는다. 이런 경우라면 컴파일이 다 되었다는 것을 소프트웨어가 알려 준 직후에(스케치 크기에 대한 문구를 본 직후에) 보드의 리셋 버튼을 눌러 줘야 한다. 컴파일이 끝나고 리셋 버튼을 누르는 순간까지의 시간 간격을 맞추려면 몇 번에 걸쳐 다시 해야 할 수도 있다.

업로드에 실패하면 IDE에 에러 메시지가 표시된다. 대개 잘못된 보드나 직렬 포트를 선택했기 때문이거나 보드가 연결되어 있지 않아서 이런 문제가 생긴다. 아두이노 창 하단의 상태 표시줄에 현재 선택된 보드와 직렬 포트가 표시된다.

함께 보면 좋은 내용

더 알고 싶다면 아두이노 문제 해결 페이지(https://oreil.ly/lYeR0)를 참고하자.

레시피 1.5 스케치 작성 및 저장

문제

스케치를 작성해 컴퓨터에 저장하고 싶다.

해법

새로운 스케치를 작성하기 위해 에디터 창을 열려면 IDE를 실행한 다음에 File 메뉴로 이동해 New를 선택하자(레시피 1.3 참고). 스케치 에디터 창에 있는 보일러 플레이트 코드를 삭제하고 다음 코드를 그 자리에 붙여넣는다(이 코드는 Blink 스케치와 비슷하지만 깜박임이 두 배 이상 지속되게 한 코드다).

```
void setup()
{
  pinMode(LED_BUILTIN, OUTPUT);
}

void loop()
{
  digitalWrite(LED_BUILTIN, HIGH); // LED를 켠다.
  delay(2000);                     // 2초 동안 대기한다.
  digitalWrite(LED_BUILTIN, LOW);  // LED를 끈다.
  delay(2000);                     // 2초 동안 대기한다.
}
```

컴파일 버튼(◉)을 클릭해 코드를 컴파일하거나 Sketch ➡ Verify/Compile을 선택한다(레시피 1.3 참고).

업로드 버튼을 클릭해 코드를 업로드하거나 Sketch ➡ Upload를 선택한다(레시피 1.4 참고). 업로드되면 LED가 점멸해야 하는데, 한 차례 깜박거림이 2초간 지속된다.

Save 버튼을 클릭하거나 File ➡ Save를 선택해 이 스케치를 저장한다. Save As 메뉴 옵션을 선택하여 새 이름을 지정해 스케치를 저장할 수 있다. 대화 상자가 열리면 파일 이름을 입력한다.

토의

IDE에서 파일을 저장할 때는 운영체제가 제공하는 표준 대화 상자가 열린다. 스케치를 '내 문서(My Documents)' 폴더(또는 맥의 Documents 폴더) 안의 Arduino라는 폴더에 저장하는 것이 바람직하다. 여러분은 기본 스케치 이름을 스케치의 용도를 잘 알 수 있게 하는 이름으로 바꿀 수 있다. 저장(S)을 클릭해 파일을 저장하자.

sketch라는 단어 뒤에 현재 날짜가 이어서 나오는 형태로 기본 이름이 지정된다. 같은 날에 작성된 스케치라면 a자부터 시작해 순서대로 나오는 문자가 붙으므로 각 스케치를 서로 구별할 수 있다. 기본 이름을 의미 있는 이름으로 바꾸면 나중에라도 스케치의 용도를 다시 알아볼 수 있을 것이다.

IDE에서 허용하지 않는 문자(예: 공백 문자)를 사용하면 IDE는 해당 문자를 자동으로 유효한 문자로 바꾼다.

아두이노 스케치는 확장자가 .ino인 일반 텍스트 파일로 저장된다. 이전 IDE 버전들에서는 확장자로 .pde를 사용했으며, 프로세싱에서도 이 확장자를 사용했다. 이 파일들은 스케치 이름 그대로 폴더에 자동 저장된다.

스케치를 어떤 폴더에도 저장할 수 있지만, 기본 폴더(Documents 폴더의 Arduino 폴더, 리눅스의 경우에는 ~/Arduino)를 사용하면 스케치가 아두이노 소프트웨어의 Sketchbook 메뉴에 나타나므로 쉽게 찾을 수 있다.

기본적으로 들어 있는 예제 중 하나를 편집한 경우에는 변경된 파일을 예제 폴더에 저장할 수 없으므로 다른 폴더에 저장하라는 문구가 표시된다.

이름을 바꾸었다면 스케치가 닫힐 때 스케치를 저장할지를 묻는 대화 상자가 나타난다. IDE 창의 상단 막대에 있는 스케치 이름 뒤에 있는 § 기호는 스케치 코드에 아직 컴퓨터에 저장되지 않은 변경 사항이 있음을 나타낸다. 스케치를 저장하면 이 기호가 사라진다.

여러분이 스케치를 개발하고 수정할 때는 변경한 내용을 추적하는 방법이 필요하다. 깃Git이라고 부르는 버전 제어 시스템[3]을 사용하는 편이 가장 쉬운 길이다. 설치하는 방법을 알고 싶다면 애틀래시

---

3 옮긴이 즉, 소프트웨어 형상 관리 시스템.

안 깃 튜토리얼Atlassian Git Tutorial 페이지(https://oreil.ly/0wJJC)를 참고하자. 깃은 일반적으로 명령줄 인터페이스를 사용해 액세스한다(그래픽 클라이언트를 사용해 액세스할 수도 있음). 깃으로 스케치의 버전을 제어할 때의 기본적인 작업 흐름은 다음과 같다.

- 스케치가 어느 폴더에 있는지 파악한다. Sketch ➡ Show Sketch Folder를 사용해 이 폴더를 찾을 수 있다. 이렇게 하면 컴퓨터의 파일 관리자에서 스케치 폴더가 열린다.

- 명령줄을 열자(윈도우에서는 명령 프롬프트를 열면 되고, 리눅스나 macOS에서는 터미널을 열면 된다). cd 명령을 사용해 스케치가 있는 디렉터리로 변경하자. 예를 들어, 기본 스케치 폴더 위치에 Blink라는 스케치를 저장한 경우에는 각각 macOS, 리눅스 및 윈도우에서 다음처럼 명령해 해당 디렉터리로 변경할 수 있다.

```
 $ cd ~/Documents/Arduino/Blink
 $ cd ~/Arduino/Blink
> cd %USERPROFILE%\Documents\Arduino\Blink
```

- git init 명령으로 깃 저장소를 초기화한다.

- git add Blink.ino로 스케치 파일을 깃에 추가한다(Blink.ino를 여러분이 정한 스케치 이름으로 바꾸자). 스케치 폴더에 파일을 추가할 경우에 git add *filename* 명령을 사용해 파일을 추가해야 한다.

- 실질적으로 변경한 후에는 **git commit -a -m "your comment here"**를 입력하자. "your comment here" 부분을 여러분이 변경한 내용을 설명하는 문장으로 바꾼다.

여러분이 변경 내용을 깃에 커밋했다면 git log를 사용해 변경 내용을 볼 수 있다. 이러한 각 변경 사항에는 이와 관련된 **커밋 해시**commit hash 하나가 따라붙는다.

```
commit 87e962e54fe46d9e2a00575f7f0d1db6b900662a (HEAD -> master)
Author: Brian Jepson <bjepson@gmail.com>
Date: Tue Jan 14 20:58:56 2020 -0500

    made massive improvements

commit 0ae1a1bcb0cd245ca9427352fc3298d6ccb91cef (HEAD -> master)
Author: Brian Jepson <bjepson@gmail.com>
Date: Tue Jan 14 20:56:45 2020 -0500

    your comment here
```

이러한 해시를 사용해 여러분은 이전 버전의 파일을 가지고 다시 작업할 수 있는 것이다(버전을 구분하기 위해 여러분이 직접 해시값을 채울 필요가 없다). 여러분은 git checkout 0ae1 Blink.ino 같은 식으로 git checkout *해시 파일이름* 형태로 명령을 내림으로써 이전 버전을 복원할 수 있다. git diff 0ae1..7018 같은 식으로 git diff *첫_번째_해시..두_번째_해시* 형태로 명령을 내리면 버전을 서로 비교할 수 있다. Git에 대한 전체 설명서를 보고 싶다면 https://git-scm.com/doc을 참고하자.

코드를 수정하거나 추가할 때 자주 컴파일하면 오류를 제대로 확인할 수 있다. 일반적으로 방금 작성한 내용과 관련이 있는 오류가 표시될 것이기 때문에 오류를 쉽게 찾아 수정할 수 있다.

 일단 스케치가 보드에 업로드되면 다시 컴퓨터로 내려받을 방법이 없다. 보존하려는 스케치의 변경 사항을 모두 저장하자.

여러분이 어떤 스케치 파일 한 개를 저장하려고 하는데 해당 스케치와 이름이 같은 폴더가 없다면 IDE는 해당 폴더를 바로 열 수 없음을 여러분에게 알려 주며, 여러분이 OK(확인)를 클릭하여 스케치 이름과 같은 이름을 지닌 폴더를 만들라고 할 것이다.

 스케치 이름과 이름이 같은 폴더 안에 스케치가 들어 있어야 한다. 새 스케치를 저장하면 IDE가 폴더를 자동으로 만든다.

이전 버전의 아두이노 소프트웨어로 만든 스케치의 파일 확장명(.pde)이 현재 쓰이는 확장명과 다르다. IDE를 사용해 이 파일을 열고 스케치를 저장하면 새로운 확장자(.ino)를 지닌 파일이 생성된다. IDE의 예전 버전에서 작성된 코드를 1.0 버전에서는 컴파일하지 못할 수 있다. 그렇지만 다행히 오래된 코드일지라도 쉽게 고쳐서 실행할 수 있다.

레시피 1.6 처음으로 해볼 만큼 쉬운 아두이노 프로젝트

문제
쉽게 만들 수 있는 프로젝트를 시작해 보고 싶다.

해법
이 레시피에서는 이후 여러 장에서 자세히 다루는 기술을 미리 맛볼 수 있다.

이번에 작성할 스케치는 이전 레시피의 LED 깜박임 코드를 기반으로 하지만, 지연시간을 고정하지 않고 포토레지스터photoresistor(광저항기), 즉 광 의존성 저항기Light-Dependent Resistor, LDR라는 감광성 센서로 깜박이는 속도를 결정한다(레시피 6.3 참고). 그림 1-7처럼 포토레지스터를 배선하자.

계통도에 맞게 회로를 만드는 데 익숙하지 않다면 부록 B에서 이 회로를 브레드보드 위에 구축하는 방법을 단계별로 나타낸 그림을 보자.

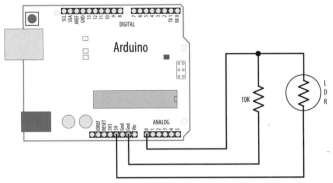

그림 1-7 포토레지스터가 장착된 아두이노

 포토레지스터에는 유해한 화합물(황화카드뮴)이 함유되어 있다. 포토레지스터를 구하기 어렵거나 사용하지 않을 생각이라면 포토레지스터 대신에 포토트랜지스터(phototransistor, 광트랜지스터)를 사용해도 된다. 포토트랜지스터에는 매우 긴 리드와 짧은 리드가 있는데, 이는 LED와 아주 비슷하다. 여러분은 그림에 보이는 것처럼 정확하게 배선해야 하는데, 반드시 긴 리드를 5V에 연결하고 짧은 리드를 저항기와 0번 핀에 연결해야 한다. 가시광선을 감지해 일반적인 광원으로 테스트할 수 있는, 에이다프룻(Adafruit)의 품번 2831(https://oreil.ly/24xzl)과 같은 포토트랜지스터를 구입하자.

다음 스케치는 0번 아날로그 핀에 연결된 포토레지스터가 내는 빛의 세기light level를 읽는다. 포토레지스터에 부딪히는 빛의 세기에 따라 내장된 온보드 LED의 깜박임의 지연시간이 바뀐다.

```
/*
 * 포토레지스터를 사용해 깜박이게 하는 스케치.
 */
const int sensorPin = A0;        // 센서를 아날로그 입력 0에 연결한다.

void setup()
{
  pinMode(LED_BUILTIN, OUTPUT); // LED 핀에 출력할 수 있게 한다.
}

void loop()
{
  int delayval = analogRead(sensorPin); // 아날로그 입력을 읽는다.
  digitalWrite(LED_BUILTIN, HIGH);      // LED를 켠다.
  delay(delayval);                      // 빛의 세기에 따라 지연시간이 정해진다.
  digitalWrite(LED_BUILTIN, LOW);       // LED를 끈다.
  delay(delayval);
}
```

이 레시피와 이 책 전반에 걸쳐 나오는 코드는 const int 표현식을 사용해 숫자(예: 0)를 쓰는 대신에 상수에 의미 있는 이름(예: sensorPin)을 부여해서 쓴다. 상수를 사용하는 방법을 자세히 알고 싶다면 레시피 17.5를 참고하자.

토의

그림 1-7에 표시된 저항기_{resistor}(저항)의 값은 포토레지스터의 범위에 따라 달라진다. 여러분은 대략적으로 포토레지스터의 최대 저항(즉, 어둡게 하기 위한 저항)이라는 저항값을 알아내기를 바랄 것이다(멀티미터에서 저항을 측정할 때 포토레지스터를 손으로 덮으면 이 값을 알아낼 수 있다). 따라서 어두운 곳에서 포토레지스터가 10㏀(10킬로옴)을 기록한다면 10K 저항기를 사용하면 된다. 포토트랜지스터를 사용할 때는 일반적으로 1K에서 10K 사이의 값이면 충분하다. 센서에 닿은 빛의 세기_{light level}(광준위)가 0번 아날로그 핀의 전압 크기_{voltage level}(전압준위, 전압등급)를 바꾼다. analogRead 명령(6장 참고)은 센서값을 어두울 때는 800에 이르는 수치로 읽어 내고 매우 밝을 때는 약 200으로 읽어 낸다(감도는 사용하는 포토레지스터 및 저항기의 유형과 이것들의 사용 여부에 따라 달라지며, 포토레지스터 대신에 포토트랜지스터를 사용해도 된다). 아날로그 판독값에 따라 LED 켜짐 및 꺼짐 시간이 결정되므로 빛의 세기에 따라 깜박임 지연시간_{delay}이 늘어난다.

다음과 같이 아두이노의 map 함수를 사용하면 깜박임 속도를 조정할 수 있다.

```
/*
 * 포토레지스터를 사용해 (빛의 세기에 맞춰) 점멸하게 하는 스케치.
 */
const int sensorPin = A0;      // 센서를 아날로그 입력 0에 연결한다.

// 센서로 읽을 값들에 대한 LOW 값과 HIGH 값; 이 값들을 맞춰야 할 것이다.
const int low = 200;
const int high = 800;

// 다음 두 줄은 최소 깜박임 사이의 최소 지연시간과 최대 지연 시간을 정한다.
const int minDuration = 100;   // 깜박임 간의 최소 대기 시간(minimum wait).
const int maxDuration = 1000;  // 깜박임 간의 최대 대기시간(maximum wait).

void setup()
{
    pinMode(LED_BUILTIN, OUTPUT); // LED 핀에 출력할 수 있게 한다.
}

void loop()
{
  int delayval = analogRead(sensorPin); // 아날로그 입력을 읽는다.

  // 다음 줄은 최솟값과 최댓값의 범위 내에서 지연시간을 조정한다.
  delayval = map(delayval, low, high, minDuration, maxDuration);
  delayval = constrain(delayval, minDuration, maxDuration);

  digitalWrite(LED_BUILTIN, HIGH); // LED를 켬(on)으로 설정한다.
  delay(delayval);                 // 지연시간(delay)은 빛의 세기에 따라 달라진다.
  digitalWrite(LED_BUILTIN, LOW);  // LED를 끔(off)으로 설정한다.
  delay(delayval);
}
```

빛의 세기를 바꿔도 값이 바뀌지 않는다면 로우(low, 저준위)값과 하이(high, 고준위)값을 가지고 놀아야 한다. 포토트랜지스터를 사용할 때 깜박임 속도가 바뀌지 않으면 로우값을 10으로 설정하자.

레시피 5.7은 map 함수를 사용해 값의 척도를 구성하는(즉, 눈금을 잡는) 방법을 자세히 알려 준다. 레시피 3.5에는 주어진 범위를 초과하지 않도록 constrain 함수를 사용하는 방법이 자세히 나와 있다. 어떤 이유로 인해 지연값이 로우와 하이 사이의 범위를 벗어나면 map 함수는 minDuration 과 maxDuration 사이의 범위를 벗어나는 값을 반환한다. 스케치에 표시한 대로 map을 호출한 뒤에 constrain을 호출하면 범위를 벗어난 값의 문제를 피할 수 있다.

컴퓨터에서 delayval 변숫값을 보려면, 수정된 루프 코드에서 보듯이 아두이노 시리얼 모니터(즉, 시리얼 모니터)에 프린트하면 된다. 이 스케치는 시리얼 모니터에 지연값을 표시한다. 상단 표시 줄의 오른쪽에 있는 아이콘(◙)을 클릭해 아두이노 IDE에서 시리얼 모니터 창을 연다(시리얼 모니터 사용 법을 자세히 알고 싶다면 4장을 참고할 것).

```
/*
 * 포토레지스터를 사용해 깜박이게 하는 스케치.
 * (직렬 출력을 사용해 속도를 조절한다)
 */
const int sensorPin = A0; // 센서를 0번 아날로그 입력에 연결한다.

// 센서 판독값에 대한 로우값과 하이값. 이 값을 조정해야 할 것이다.
const int low = 200;
const int high = 800;

// 다음 두 줄은 최소 깜박임 사이의 최소 지연시간과 최대 지연시간을 정한다.
const int minDuration = 100;  // 깜박임 간의 최소 대기시간.
const int maxDuration = 1000; // 깜박임 간의 최대 대기시간.

void setup()
{
  pinMode(LED_BUILTIN, OUTPUT); // LED 핀에 출력할 수 있게 한다.
  Serial.begin(9600);           // 직렬 포트를 초기화한다.
}

void loop()
{
  int delayval = analogRead(sensorPin); // 아날로그 입력을 읽는다.
  // 다음 줄은 최솟값과 최댓값의 범위 내에서 지연시간을 조절한다.
  delayval = map(delayval, low, high, minDuration, maxDuration);
  delayval = constrain(delayval, minDuration, maxDuration);

  Serial.println(delayval);       // 지연값을 시리얼 모니터에 출력한다.
  digitalWrite(LED_BUILTIN, HIGH); // LED를 켬으로 설정한다.
  delay(delayval);                 // 빛의 세기에 따라 지연시간이 정해진다.
  digitalWrite(LED_BUILTIN, LOW);  // LED를 끔으로 설정한다.
```

```
    delay(delayval);
}
```

그림 1-8처럼 작은 스피커를 핀에 연결하면 센서를 사용해 음의 높낮이를 제어할 수 있다.

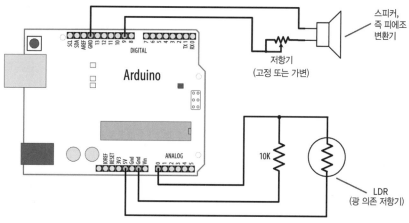

그림 1-8 포토레지스터 회로와 스피커 서로 연결하기

핀의 켬/끔on/off 속도를 오디오 스펙트럼의 주파수에 맞게 높여야 한다. 여기에 표시한 대로 최소 지
속시간min duration 및 최대 지속시간max duration을 줄임으로써 달성된다.

```
/*
 * 포토레지스터를 사용하는 스피커에 대한 스케치.
 */
const int outputPin = 9; // 스피커가 9번 디지털 핀에 연결된다.
const int sensorPin = A0; // 센서를 0번 아날로그 입력 핀에 연결한다.
const int low = 200;
const int high = 800;

const int minDuration = 1; // 1ms 켬, 1ms 끔 (500Hz).
const int maxDuration = 10; // 10ms 켬, 10ms 끔 (50Hz).

void setup()
{
  pinMode(outputPin, OUTPUT); // LED 핀상으로 출력할 수 있게 한다.
}

void loop()
{
  int sensorReading = analogRead(sensorPin); // 아날로그 입력을 읽는다.
  int delayval = map(sensorReading, low, high, minDuration, maxDuration);
  delayval = constrain(delayval, minDuration, maxDuration);

  digitalWrite(outputPin, HIGH); // 핀을 켬으로 설정한다.
  delay(delayval);               // 빛의 세기에 따라 지연시간이 달라진다.
  digitalWrite(outputPin, LOW);  // 핀을 끔으로 설정한다.
```

```
    delay(delayval);
}
```

함께 보면 좋은 내용

아두이노의 오디오 출력에 대해서 더 알고 싶다면 9장을 참고하자.

1.7 비표준 보드용 아두이노 사용

문제

아두이노 MKR 1010 같은 보드를 사용해 보고 싶지만 IDE의 보드 메뉴에 나타나지 않는다.

해법

아두이노 소프트웨어와 더불어 MKR 1010을 사용하려면 이미 내려받은 아두이노 소프트웨어에 세부 정보를 추가해야 한다. 이렇게 하려면 Tools(툴) ➡ Board(보드) ➡ Boards Manager(보드 매니저)(그림 1-9)를 선택한다.

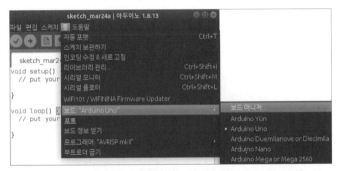

그림 1-9 보드 매니저 선택(리눅스 버전의 아두이노 IDE 표시)

이 창이 열리면 IDE는 사용할 수 있는 보드를 정의해 둔 목록을 온라인에서 얻은 후에 여러분에게 사용할 수 있는 최신 버전이 있는지를 점검한다. 그러니 이 점검 과정이 완료될 때까지 기다리자.

Board 메뉴에 그 밖의 보드를 추가하기
Board 메뉴에 여러분이 사용하고 싶어 하는 그 밖의 보드들을 추가하고 싶을 때도 여기에서 설명한 절차와 비슷한 절차를 거치면 된다. 여러분이 사용하고 싶어 하는 보드에 관해 설명하는 문서를 찾아서 해당 보드를 정의해 둔 파일들이 있는 곳을 알아내자.

창이 열리며(그림 1-10) 이미 설치된 보드를 정의한 내용과 내려받을 수 있는 보드를 정의한 내용이 표시된다.

그림 1-10 보드 매니저

MKR 1010을 찾으려면 목록을 아래로 스크롤하거나 필터 상자에 이름을 입력한다. MKR 1010의 경우에는 목록에서 Arduino SAMD Boards 항목을 선택해야 한다. 선택한 후에 Install(설치)을 클릭하면 해당 항목이 내려받아져 IDE에 추가된다. 이렇게 하는 데는 시간이 좀 걸릴 수 있다.

완료되면 다른 보드를 추가하거나 닫기를 클릭해 보드 매니저를 그만 사용할 수 있다. Tools(툴) ➡ Board(보드)를 열면 그림 1-11과 같이 MKR 1010을 선택할 수 있다.

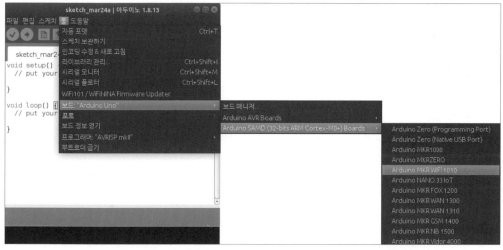

그림 1-11 MKR 1010이 설치되었으며 아두이노 IDE를 사용해 프로그래밍할 수 있다.

토의

이 작업을 수행할 때 여러분이 내려받는 파일에는 보드의 마이크로컨트롤러 칩에 있는 특정 하드웨어 비트에 연결된 아두이노 프로그래밍 개념을 특정 칩이나 칩 제품군에 위치시키는 방법이 설명되어 있다.

특정 칩에 대한 설명을 추가하면 해당 칩을 사용하는 보드 제품군으로 작업할 수 있다. 예를 들어, MKR 1010 보드에 대한 지원을 추가하면 두 보드가 동일한 마이크로컨트롤러 칩을 사용하기 때문에 아두이노 제로에 대한 지원도 제공된다.

아두이노 보드나 아두이노 호환 보드 종류가 늘어나면서 아두이노 IDE에서는 사용자 지원을 쉽게 하기 위해 1.6 릴리스에서 보드 매니저Boards Manager를 추가했다. 보드 매니저는 사람들이 아두이노를 설치할 때 보드에 관한 세부 정보를 쉽게 추가하고 제거할 수 있게 개발되었다. 또한, 최신 버전을 사용할 수 있다면 보드 지원 파일을 업데이트하거나 특정 버전을 사용해야 할 경우에는 사용하는 버전을 선택할 수 있다. 이제는 모든 아두이노 보드를 설명하는 내용을 담은 파일이 아두이노 IDE에 들어 있지 않으므로 여러분이 최신 IDE를 내려받더라도 보드를 설명하는 내용을 볼 수 없다.

또한, 보드 매니저를 사용하면 제3자일지라도 자신이 만든 보드의 세부 사항을 시스템에 추가할 수 있다. 제3자가 자신들이 제작한 보드에 대해 설명한 내용을 올바른 형식에 맞춰 온라인으로 제공한다면, 여러분은 보드 매니저가 생성한 목록을 채우는 데 사용할 곳 중 하나로 해당 사이트를 추가하면 된다. 이렇게 하면 보드 매니저가 세부 정보를 업데이트할 때마다 해당 파일을 확인할 수 있다. 그러므로 업데이트한다는 고지를 받고 나서 일단 해당 파일을 한 번만 설치해 두면, 보드 매니저는 동일한 메커니즘을 사용해 업데이트해 준다. 이렇게 하려면 Arduino ➡ Preferences로 이동해 Additional Boards Manager URLs(추가 보드 매니저 URL) 필드 오른쪽에 있는 아이콘을 클릭하면 되는데, 그러면 그림 1-12와 같이 추가 보드 매니저 URL 대화 상자가 나타난다.

보드를 만든 사람들이 아두이노에 추가할 URL을 제공한다면 이 URL을 'additional URLs(추가 URL)' 대화 상자(다른 항목이 있다면 별도의 줄)에 붙여 넣는다. 명시적인 URL이 없는 경우에 상자 아래의 텍스트를 클릭하여 비공식 아두이노 보드 설명 URL 목록(https://oreil.ly/Ceziq)을 유지하는 웹 페이지로 이동해 링크를 찾을 수 있는지를 확인하자.

틴시 보드(https://www.pjrc.com/teensy)를 사용하려면 틴시 웹 사이트에서 별도의 설치 프로그램(https://oreil.ly/J_kfi)을 내려받아야 한다. 사용 중인 IDE 버전을 지원하는 틴시 설치 프로그램을 사용해야 한다. 일반적으로 새로운 아두이노 릴리스가 나온 지 1~2주 내에 호환 버전이 생성된다.

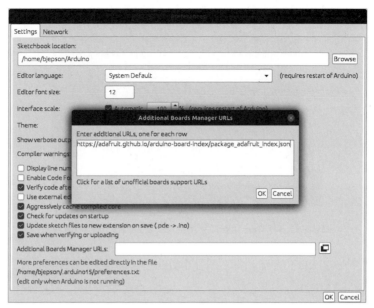

그림 1-12 Boards Maneger URLs 항목의 오른쪽에 있는 아이콘을 클릭한 다음에 표시된 Preferences(환경 설정값)

함께 보면 좋은 내용

다양한 아두이노 보드에 빠르게 입문하는 데 필요한 안내서(https://oreil.ly/KyWcO).

레시피 1.8 32비트 아두이노(또는 호환 제품) 사용

문제

우노Uno 폼팩터에서도 32비트 성능을 냈으면 한다.

해법

아두이노 제로Arduino Zero(그림 1-13)의 핀 배치는 우리에게 친숙한 우노의 핀 배치와 같지만, 아두이노 제로에는 더 빠른 프로세서와 더 많은 메모리가 있다. 제로를 구하기가 어렵다면 에이다프룻의 메트로 M0 익스프레스Metro M0 Express나 스파크펀의 레드보드 터보RedBoard Turbo를 사도 된다.

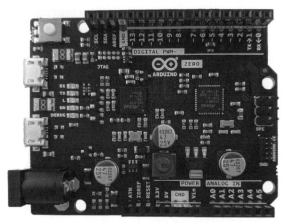

그림 1-13. 아두이노 제로 또는 제뉴이노 제로(Genuino Zero) 보드

핀의 물리적 배치는 비슷하지만 몇 가지 차이점이 있다. 이 보드와 우노의 차이점은 32비트 ARM 칩인 Microchip SAMD21을 사용한다는 것이다. 다음 스케치는 앞서 나온 레시피와 비슷한데, ARM 기반 보드와 우노의 몇 가지 중요한 차이점을 드러낸다.

센서에 비치는 빛을 밝게 했다가 어둡게 하는 식으로 빛의 세기를 조절해도, 센서값을 바탕으로 아두이 노가 내는 소리의 음량이 변하지 않는다면, 여러분은 아두이노의 로우값과 하이값을 조절한 후에 소리 를 재생해야 한다. 포토트랜지스터를 사용할 때 깜박임 속도가 바뀌지 않는다면 로우값을 10으로 설정 해 보자. 여러분의 주위를 둘러싼 빛이 형광등이나 LED 광원에서 나온 것이라면 여러분의 눈에 띄지 않 는 깜박임(광원의 깜박임)이 있을 수 있는데, 이로 인해 여러분은 확실히 뒤틀린 소리를 듣게 된다.

```
/*
 * 아두이노 제로의 파형을 보여 주는 스케치.
 */
const int outputPin = A0; // 0번 아날로그 핀에 연결된 헤드폰.
const int sensorPin = A1; // 센서를 1번 아날로그 입력에 연결한다.

const int low = 200;
const int high = 800;

const int sampleCount = 16; // 1 사이클을 렌더링하는 데 사용하는 샘플 개수.

// 500Hz에 대한 단주기(period)를 마이크로초에 맞춘 값.
const int minDur = 1000000/(sampleCount*500);

// 50Hz에 대한 단주기.
const int maxDur = 1000000/(sampleCount*50);

// 1개의 사인파에 해당하는 주기(cycle)에서 추출한 16개 샘플의 값.
static int sinewave[sampleCount] = {
  0x1FF,0x2B6,0x355,0x3C7,0x3FF,0x3C7,0x355,0x2B6,
  0x1FF,0x148,0x0A9,0x037,0x000,0x037,0x0A9,0x148
};
```

```
void setup()
{
  analogWriteResolution(10); // 아두이노 DAC 분해능을 최댓값으로 설정한다.
}

void loop()
{
  int sensorReading = analogRead(sensorPin); // 아날로그 입력을 읽는다.
  int duration = map(sensorReading, low, high, minDur, maxDur);
  duration = constrain(duration, minDur, maxDur);
  duration = constrain(duration, minDur, maxDur);

  for(int sample=0; sample < sampleCount; sample++)
  {
    analogWrite(outputPin, sinewave[sample]);
    delayMicroseconds(duration);
  }
}
```

제로나 에이다프룻 메트로 M0나 M4 또는 스파크펀 레드보드_SparkFun RedBoard_에 스케치를 로드하기 전에 아두이노 보드 매니저를 열고 적절한 패키지를 설치한다(레시피 1.7). 에이다프룻 보드나 스파크펀 보드를 사용한다면 먼저 보드 매니저 URL을 아두이노 IDE에 추가해야 한다. 더 알고 싶다면 에이다프룻(https://oreil.ly/l2paC)이나 스파크펀(https://oreil.ly/DLM0a)을 참고하자. SAMD 보드에 대한 지원 항목을 설치한 다음에 Tools(도구) 메뉴를 사용해 해당 보드를 사용할 수 있게 아두이노 IDE를 구성하고, 보드에 연결할 직렬 포트를 바르게 설정하자. 그림 1-14와 같이 저항기, 포텐쇼미터_potentiometer_(전위차계, 팟) 및 포토레지스터(광 의존성 저항기라고도 알려져 있음)를 연결하자. 다음으로 아두이노 IDE를 사용해 코드를 업로드하자.

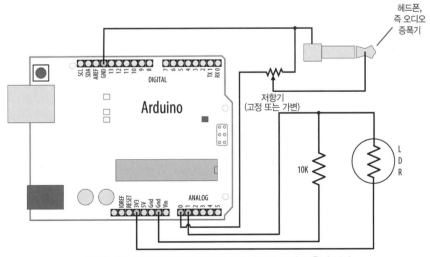

그림 1-14 제로 보드용 포토레지스터 회로와 오디오 출력 연결

이 SAMD 기반 보드들은 5V를(5볼트) 허용하지 않음
I/O 핀에 3.3V(3.3볼트) 이상을 연결해서는 안 된다. 그렇지 않으면 보드가 손상될 수 있다!

토의

배선이 언뜻 보기에 그림 1-8과 비슷하게 보일 수 있지만, 센서 입력에 사용하는 핀과 오디오 출력에 사용하는 핀이 서로 다르다. 이러한 보드에는 표준 디지털 핀의 2진 출력보다 더 현실적인 오디오를 만들 수 있는 디지털-아날로그 변환기Digital-to-Analog Converter, DAC가 있다. 그러나 DAC는 0번 아날로그 핀에서만 사용할 수 있으므로 여기서 센서 입력은 1번 아날로그 핀에 연결된다.

그림에 드러나지 않은 또 다른 점을 들자면, 우노의 40mA(40밀리암페어)와 비교해 보자면 이러한 보드는 핀에서 최대 7mA까지만 구동할 수 있게 한다는 점이다. 또한, 핀 전압의 범위는 0 ~ 3.3V인데 우노의 0 ~ 5V 범위와 비교할 때 핀에 전달되는 최대 전력이 우노보다 거의 열 배나 적다. 따라서 출력 핀이 스피커를 직접 구동하지 못하므로 출력 핀을 헤드폰이나 앰프amplifier(증폭기) 입력에 연결해야 한다.

스케치는 사인파의 1주기당 16개 샘플을 추출한 룩업 테이블lookup table(조회표)을 사용하지만, 이 보드는 훨씬 더 높은 해상도를 처리할 수 있을 정도로 빠르므로 샘플 개수를 늘려 신호의 순도를 향상할 수 있다.

함께 보면 좋은 내용

아두이노 제로 간편 입문 안내서(https://oreil.ly/JhTie).

아두이노의 오디오에 대해서는 9장에서 더 자세히 다룬다.

2

아두이노 프로그래밍

레시피 2.0 소개

아두이노 프로젝트를 진행할 때에는 아두이노 보드와 이것을 지원하는 하드웨어를 결합하는 일에 대부분의 시간을 쓰게 되지만, 프로젝트의 나머지 시간에는 여러분이 하려는 일을 보드에 알려 주어야 한다. 이번 장에서는 아두이노 프로그래밍의 핵심 요소를 소개하면서, 흔히 쓰는 언어 구성체들 constructs을 사용하는 방법을 프로그래머가 아닌 사람에게 보여 주며, 아두이노에서 사용하는 언어인 C나 C++에 익숙하지 않은 독자일지라도 언어 구문을 이해할 수 있게 하는 방식으로 살펴보려고 한다.

예제를 흥미롭게 만들려면 아두이노에서 무언가를 해봐야 하므로, 레시피들에서는 보드의 물리적 기능을 사용할 텐데, 이러한 기능들에 대해서는 나중에 나올 여러 장에서 자세히 설명한다. 이번 장의 코드를 이해하기가 쉽지 않다면 주저 없이 건너뛰면 되며, 특별히 4장에서는 직렬 출력을 자세히 다루고, 5장에서는 디지털 핀과 아날로그 핀을 자세히 다룬다. 그러나 레시피에서 초점을 맞추고 있는 특정 기능을 수행하는 방법을 보기 위해 예제의 모든 코드를 이해할 필요는 없다. 다음 몇 개 장에서 다루는 예제에 사용되는 일반적인 함수 중 일부는 다음과 같다.

```
Serial.println(value);
```
아두이노 IDE의 값을 시리얼 모니터에 표시한다. 따라서 컴퓨터에서 아두이노의 출력값을 볼 수 있다(레시피 4.1을 보자).

```
pinMode(pin, mode);
```
디지털 값을 읽거나(입력) 쓰도록(출력) 디지털 핀을 구성한다(5장의 '소개'를 참고하자).

```
digitalRead(pin);
```

   입력용으로 설정한 핀의 디지털 값(HIGH 또는 LOW)을 읽는다(레시피 5.1을 참고하자).

```
digitalWrite(pin, value);
```

   출력으로 설정한 핀에 디지털 값(HIGH 또는 LOW)을 쓴다(레시피 5.1을 참고하자).

레시피 2.1 전형적인 아두이노 스케치

문제

아두이노 프로그램의 기본 구조를 이해하고 싶다. 우리는 다음 스케치에서 이 구조를 보이고자 하는데, 해당 스케치는 아두이노가 LED를 계속 깜박이게 하는 프로그램이다.

해법

아두이노의 프로그램을 일반적으로 스케치라고 부르며, 아두이노의 초기 사용자가 주로 음악가와 디자이너였기 때문에 이렇게 부르게 된 것으로, **스케치**sketch(속사)라는 말은 아이디어를 쉽고 빠르게 실현한다는 개념을 드러내 보인다. 스케치와 **프로그램**program이라는 용어를 서로 바꿔서 사용할 수 있다. 우리가 작성한 코드가 스케치 안에 있게 되는데, 여기서 **코드**code란 보드에서 수행할 명령어들을 의미한다. 한 번만 실행되어야 하는 코드(여러분의 애플리케이션에 맞게 보드를 구성하는 경우처럼)라면 setup 함수 안에 두어야 한다. 초기 구성이 끝나고 난 후에 계속해서 실행되어야 하는 코드는 loop 함수 안으로 들어가게 된다. 전형적인 스케치는 다음과 같다.

```
// setup() 메서드는 스케치가 시작되는 시점에서 한 번만 실행된다.
void setup()
{
  pinMode(LED_BUILTIN, OUTPUT); // 보드의 LED가 출력 장치가 되게 초기화한다.
}

// loop() 메서드는 거듭해서 실행된다.
void loop()
{
  digitalWrite(LED_BUILTIN, HIGH); // LED를 켠다.
  delay(1000);                     // 1초 동안 대기한다.
  digitalWrite(LED_BUILTIN, LOW);  // LED를 끈다.
  delay(1000);                     // 1초 동안 대기한다.
}
```

아두이노 IDE에서 (보드로) 코드를 업로드하고 나면 여러분이 보드의 전원을 켤 때마다 스케치 안에 든 명령들이 상단에서부터 차례대로 실행된다. 아두이노는 먼저 setup 함수 안에 있는 코드부터 실행한 다음에 loop 함수 안에 있는 코드를 실행한다. 아두이노가 loop의 끝부분(닫는 중괄호인 '}'가 있는 부분)에 다다르면 아두이노는 loop 함수를 다시 호출해 실행하며, 여러분이 전원을 내리거나 보드를 리셋하지 않는 한 그런 식으로 해당 함수를 거듭 실행한다.

토의

이번 예제는 HIGH(하이, 고준위) 출력 및 LOW(로우, 저준위) 출력을 핀에 씀으로써 LED를 지속해서 깜박이게 한다. 아두이노에 있는 핀을 사용하는 방법을 자세히 알고 싶다면 5장을 참고하자. 스케치가 실행되기 시작하면 setup 함수에 있는 코드가 핀의 모드를 설정한다(따라서 LED를 켤 수 있게 된다). setup 함수 안에 있는 코드가 모두 실행된 다음, 아두이노 보드에 전력이 공급되는 동안에는 loop 함수가 거듭해서 호출된다(이를 통해 LED가 깜박이게 된다).

아두이노 스케치를 작성할 때는 굳이 알 필요가 없는 내용일 수도 있겠지만, C/C++을 사용해 본 프로그래머라면 main()이라고 불리고 진입점 역할을 하는 함수가 어디로 사라져 버렸는지가 궁금할 수 있다. 물론 이 함수는 존재하며, 아두이노 빌드 환경이 숨겨 놓고 있어 보이지 않을 뿐이다. 아두이노 개발 환경은 스케치를 빌드하는 과정에서 스케치 코드 외에도 다음 추가 명령문이 포함되게 중간 파일을 작성한다. 여기서는 해당 main 함수가 8비트용으로 보인다(32비트 보드용 main 함수도 비슷하다).

```
int main(void)
{
  init();

  initVariant();

#if defined(USBCON)
  USBDevice.attach();
#endif

  setup();

  for (;;)
  {
    loop();
    if (serialEventRun) serialEventRun();
  }

  return 0;
}
```

제일 먼저 init() 함수가 호출되며, 이 함수는 아두이노 하드웨어를 초기화한다. 그런 다음에 initVariant()가 호출된다. 아두이노 호환 보드 제조업체가 사용자 정의 초기화 루틴을 호출할 수 있는 메서드를 따로 제공하기는 하지만, 거의 사용되지 않는다. 보드에 놓여 있는 마이크로컨트롤러에서 전용으로 쓸 수 있게 한 USB 연결 방식 하드웨어가 있다면 main 함수는 해당 장치를 준비해(붙여) 사용할 수 있게 해준다.

다음으로 여러분이 작성한 스케치의 setup() 함수가 호출된다. 마지막으로 loop() 함수가 거듭해서 호출된다. for 루프가 결코 종료되지 않을 것이므로 return 문도 전혀 실행되지 않는다.

loop 함수가 호출될 때마다, 그 직후에 main 함수는 serialEventRun을 호출하게 된다. 물론 여러분이 사용하는 보드에서 serialEventRun을 지원해야 가능한 일이다(레오나르도처럼 ATmega32U4를 기반으로 삼은 보드에서는 serialEventRun을 사용할 수 없다). serialEventRun을 사용해 여러분은 serialEvent라고 부르는 특별한 함수를 스케치 내에서 호출할 수 있는데, 직렬 포트에서 데이터를 사용할 수 있게 될 때면 언제든지 이 serialEvent가 호출될 것이다(레시피 4.3을 보자).

함께 보면 좋은 내용

레시피 1.4에서는 아두이노 보드 쪽으로 스케치를 업로드하는 방법을 설명한다.

17장과 Arduino CLI 스케치 빌드 과정을 다룬 페이지(https://oreil.ly/c8YQW)에 이 빌드 과정이 더 자세히 나와 있다.

레시피 2.2 간단한 기본 데이터 형식(변수) 사용

문제

아두이노에는 다양한 변수 형식type(타입, 형, 유형)이 있어서 값을 효과적으로 나타낸다. 이러한 아두이노 데이터 형식data type(자료형)을 선택해 사용하는 방법을 알고 싶다.

해법

계산해 낸 수치를 애플리케이션에서 나타낼 때는 가장 흔하게 int(integer의 약어)라는 데이터 형식을 사용하지만, 기대하는 값의 범위에 맞는 데이터 형식을 애플리케이션에서 표 2-1과 표 2-2에 나와 있는 것 중에서 선택해서 사용해도 된다. 표 2-1은 8비트 보드용 데이터 형식을 나타내고, 표 2-2는 32비트 보드용 데이터 형식을 보여 준다.

표 2-1 우노 같은 8비트 보드용 아두이노 데이터 형식

수치 형식	바이트 수	범위	용도
Int	2	–32768 ~ 32767	양의 정숫값이나 음의 정숫값을 표현한다.
unsigned int	2	0 ~ 65535	양의 정숫값만 표현한다는 점을 제외하면 int와 유사하다.
long	4	–2147483648 ~ 2147483647	아주 큰 양수나 음수를 표현한다.
unsigned long	4	4294967295	아주 큰 양숫값을 표현할 때 사용한다.
float	4	3.4028235E+38 ~–3.4028235E+38	소수점이 있는 숫자를 표현하며, 실제 측정치의 근삿값을 표현하는 데 사용한다.
double	4	float와 같다.	아두이노에서 double은 float와 이름만 다를 뿐 그 역할은 같다.
bool	1	false(0) 또는 true(1)	참(true) 값이나 거짓(false) 값을 표현한다.
char	1	–128 ~ 127	단일 문자를 표현한다. 이 형식은 –128에서 127 사이의 부호 있는 값을 나타낸다.
byte	1	0 ~ 255	char와 비슷하지만, 부호 없는 값을 표현하기 위해 쓴다.

그 밖의 형식	용법
String	일반적으로 텍스트를 포함하는 데 사용되는 일련의 문자를 나타낸다.
void	값을 반환하지 않는 함수 선언부에서만 쓰인다.

표 2-2 제로 및 101 같은 32비트 보드용 아두이노 데이터 형식

수치 형식	바이트 수	범위	용법
short int	2	–32768 ~ 32767	8비트 보드에서는 int와 동일하다.
unsigned short int	2	0 ~ 65535	8비트 보드에서는 unsigned int와 같다.
int	4	–2147483648 ~ 2147483647	양의 정숫값 및 음의 정숫값을 나타낸다.
unsigned int	4	0 ~ 4294967295	양수만 나타낸다는 점을 제외하면 int와 비슷하다.
long	4	–2147483648 ~ 2147483647	int와 같다.
unsigned long	4	4294967295	unsigned int와 같다.
float	4	±3.4028235E+38	소수점 이하 자리가 있는 수치를 나타낸다. 실측값의 근사치를 나타낼 때 사용한다.
double	8	±1.7976931348623158E+308	8비트 보드보다 32비트 보드의 범위가 더 크다.
bool	1	거짓(0) 또는 참(1)	참 값이나 거짓 값을 나타낸다.
char	1	–128 ~ 127	단일 문자를 나타낸다. 또한, –128에서 127 사이의 부호 있는 값을 나타낸다.
byte	1	0 ~ 255	char와 비슷하지만, 부호 없는 값이다.

그 밖의 형식	용법
String	일반적으로 텍스트를 포함하는 데 사용되는 일련의 문자를 나타낸다.
void	값을 반환하지 않는 함수 선언부에서만 쓰인다.

토의

최대 성능이나 메모리 효율성이 필요한 상황이 아니라면 값 범위가 적당하고 소수 값으로 연산하지 않아도 될 때는(표 2-1 참고) int를 사용해 변수를 선언하는 것이 바람직하다. 공식 아두이노 예제 코드의 대부분은 숫자 변수를 int로 선언한다. 그러나 때로는 용도에 맞는 형식을 선택해야 할 수도 있다. int 이외의 값을 반환하는 라이브러리 함수를 호출하면 이런 점이 특히 중요하다. 예를 들어, 레시피 12.1과 그 밖의 레시피에서 볼 수 있는 millis 함수를 생각해 보자. 이 함수는 unsigned long 값을 한 개 반환한다. 여러분이 어떤 8비트 형식 보드에서 함수의 결괏값을 저장하기 위해 int를 사용한다면 경고 사항이 나오지는 않겠지만, int가 long 형식으로 된 데이터의 최댓값을 보존하기에 충분히 크지 않기 때문에 잘못된 결괏값을 얻게 된다. 이런 경우에 값이 32,767을 넘어서게 되면 해당 값은 −32,768로 바뀌어 버린다. 여러분이 어떤 long 형식 값을 unsigned int 형식 변수에 넣으려고 하면 unsigned int 형식의 최댓값(65,535)을 넘어서는 순간 다시 해당 값이 0으로 바뀌어 버린다.

때로는 음수가 필요할 때가 있고 때로는 그렇지 않기 때문에 수치 형식으로 signed(부호 있는 정수형)와 unsigned(부호 없는 정수형)라는 두 가지 형식이 필요하다. unsigned 값은 항상 양수다. unsigned라는 키워드로 정의한 변수에는 부호가 있으므로 음수 값과 양수 값을 나타낼 수 있다. unsigned 값을 사용하는 한 가지 이유는 signed 값의 범위가 변수의 범위에 맞지 않을 때가 있기 때문이다(부호 없는 변수는 부호 있는 변수보다 그 크기가 두 배에 이른다). 프로그래머가 unsigned 형식을 사용하는 이유 중 하나는 코드를 읽을 사람에게 예상되는 값이 음수가 아닐 것이라는 점을 명확하게 알려 주기 위해서다.

int는 8비트 보드일 때보다 32비트 보드일 때 두 배 더 많은 바이트를 사용하지만, 32비트 보드의 경우에는 메모리가 충분히 크므로 대부분의 8비트용 코드가 32비트 보드에서도 실행된다. 드물기는 하지만, 그러한 int가 항상 메모리에서 2바이트만 사용해 표현된다고 가정하고 작성된 코드도 있기는 하다. 코드나 라이브러리를 잘 작성하려면 이런 식으로 가정하면 안 된다.

bool 형식boolean type(부울 형식)으로 된 변수는 true나 false 중 한 가지 값을 지니게 된다. 이런 형식의 변수는 일반적으로 '예'나 '아니오' 같은 조건을 표현하는 값을 저장하는 데 사용된다. 여러분은 또한 bool 형식이 내장 라이브러리 상수인 HIGH나 LOW를 대체하기 위해 쓰인다는 점을 볼 수 있을 텐데, 이것으로 디지털 입출력 핀 한 개의 상태를 수정하거나(digitalWrite()를 사용) 지정(digitalRead()를 사용)한다. 예를 들어, digitalWrite(LED_BUILTIN, HIGH);라는 문장은 내장형 LED

가 연결된 핀으로 전력을 보내게 한다. HIGH 대신에 LOW를 사용하면 전력이 차단될 것이다. 여러분은 HIGH(고준위)나 LOW(저준위) 대신에 true(참)나 false(거짓)를 사용할 수 있으며, 이에 대한 예제 코드를 온라인에서 찾아볼 수도 있다(1은 true와 같고 0은 false와 같다). 그러나 상수의 기본값을 가정해 두는 습관은 나쁜 것이므로 항상 HIGH나 LOW를 상수로 사용해야 한다. HIGH가 false와 동등하게 취급되는 아두이노 변형 제품을 만날 가능성은 거의 없다. 그러나 여러분은 그 밖에도 여러 상수를 보게 될 텐데, 이러한 상수들 중 대부분은 그 기본값과의 관계가 명료하지도 않고 확실하지도 않다.

함께 보면 좋은 내용
아두이노 참고문헌(https://oreil.ly/xRLxx)에 데이터 형식에 관한 정보가 자세히 나와 있다.

레시피 2.3 부동소수점 수 사용

문제
부동소수점 수라는 것은 소수점이 있는 값을 표현해야 할 때 사용하는 것이다(이는 분수 값을 나타내는 방법이기도 하다). 여러분은 이러한 값을 스케치에서 계산해 비교해 보고 싶을 것이다.

해법
다음 코드에는 부동소수점 변수를 선언하는 방법, 그리고 부동소수점 값을 비교할 때 발생할 수 있는 문제와 이를 극복하는 방법이 나와 있다.

```
/*
 * 부동소수점 예제.
 * 이 스케치에서는 부동소수점 값을 1.1로 지정해 초기화했다.
 * 이번 예제는 해당 값이 0이 될 때까지 값을 0.1씩 반복해서 줄여 나간다.
 */

float value = 1.1;
void setup()
{
  Serial.begin(9600);
}

void loop()
{
  value = value - 0.1; // 루프를 한 번 돌 때마다 값을 0.1씩 줄여 나간다.
  if(value == 0)
  {
    Serial.println("The value is exactly zero");
```

```
  }
  else if(almostEqual(value, 0))
  {
    Serial.print("The value ");
    Serial.print(value,7); // 소수점 이하 일곱 자리까지 프린트한다.
    Serial.println(" is almost equal to zero, restarting countdown");
    value = 1.1;
  }
  else
  {
    Serial.println(value);
  }
  delay(250);
}

// a 값과 b 값 간의 차이가 적다면 true를 반환한다.
bool almostEqual(float a, float b)
{
  const float DELTA = .00001; // 두 값이 거의 같다고 여겨질 때 적용하는 최대 차이.
  if (a == 0) return fabs(b) <= DELTA;
  if (b == 0) return fabs(a) <= DELTA;
  return fabs((a - b) / max(fabs(a), fabs(b))) <= DELTA;
}
```

토의

부동소수점 수를 계산하면 정확한 값이 나오지 않으므로 반환된 값에는 작은 근사 오차가 있을 수 있다. 이는 부동소수점 값의 범위가 너무 넓어서 생기는 오차이므로 결국 내부적으로 표현되는 값이 근사치일 수밖에 없다. 그렇기 때문에 두 값이 정확히 같은지를 확인하기보다는 두 값의 차이가 허용 범위 안에 들어 있는지를 확인해야 한다.

이 스케치가 시리얼 모니터에 출력하는 내용은 다음과 같다.

```
1.00
0.90
0.80
0.70
0.60
0.50
0.40
0.30
0.20
0.10
The value -0.0000001 is almost equal to zero, restarting countdown
1.00
0.90
```

출력 내용이 처음에는 1부터 시작되어 계속 값이 줄어든다.

여러분은 아마도 "The value is exactly zero(값이 정확히 0이다)"라는 문구가 프린트될 것으로 기대했을 것이다. value가 0.1이라면 해당 값에서 0.1을 뺀 값이 0이기 때문이다. 그러나 value는 결코 정확한 0 값이 되지는 않으며, 0에 아주 가까워졌지만 if (value == 0) 테스트(검정)를 통과하게 되는 조건, 즉 정확히 0인 것이 아니다. 이는 부동소수점 수가 나타내야 할 값의 범위가 무척 크므로, 메모리를 절약할 수 있는 방법으로 이 부동소수점 수를 표현해야 하고, 그러기 위해서 원래 수치의 근삿값을 저장해 버리기 때문에 발생하는 현상이다.

이에 대한 해법은 이번에 다루는 레시피에서 제시하는 해법에 표시한 대로, 여러분이 바라는 값에 변숫값이 충분히 근접해 있는지를 확인하는 것이다.

almostEqual 함수는 value라는 변숫값이 여러분이 바라던 목푯값과 비교해서 허용 범위 내에 있는지를 확인한 다음에, 그렇다면 true를 반환한다. 허용할 수 있는 범위를 DELTA라는 상수로 정해 둔다. 필요하다면 여러분이 이 상수를 더 적은 값이나 더 큰 값으로 바꾸면 된다. fabs(floating-point absolute value의 약자)라는 이름을 붙인 함수는 부동소수점 변수의 절댓값을 반환하며, 주어진 두 매개변수의 차이를 테스트하는 데 사용하는 함수다.

almostEqual 함수가 a 값과 b 값 간의 차이를 DELTA와 비교하기 전에, 이 함수는 a나 b 중에서 최댓값에 맞춰 해당 차이의 척도scale(눈금)를 조절한다. 이는 부동소수점 값의 정밀도가 척도에 따라 달라진다는 사실을 반영하기 위해 필요한 일이다. 사실을 말하자면 이 코드가 어떤 값을 0과 비교하는 상황에서, 앞서 나온 두 줄의 로직이 a나 b가 0일 때 일을 떠맡는 식이므로 이 표현식은 필요하지 않다. 표 2-3은 시작 값과 비교 값으로 이뤄진 쌍에 대해 척도가 서로 달라 순위가 생겨버리는 상황을 보여 준다. 표의 항목 중에 같은 경우equal at는 시작 값에서 출발해 도달한 값이 비교 대상 값과 서로 같다고 여겨질 때의 도달 값을 보여 준다. 척도를 조절하지 않은 차분 값unscaled difference은 a와 b 간 차이를 보여 주는데, almostEqual에서 두 값이 거의 같다고 판단할 때 그렇게 한다. 척도를 조절한 차분 값scaled difference은 almostEqual 내의 마지막 줄이 그런 식으로 결정을 내리게 된 근거가 되는 차분 값을 보여 준다. 보면 알겠지만, 100에 거의 도달하면 척도를 조절하지 않은 값은 0.00001로 정해 둔 DELTA를 넘어가 버린다.

표 2-3 부동소수점 형식으로 카운트를 내려 세는 경우

시작 값	비교 대상 값	같다고 여겨지는 도달 값	척도를 조절하지 않은 차분 값	척도를 조절한 차분 값
11.1	10	9.9999962	0.0000038	0.0000004
101.1	100	100.0000153	0.0000153	0.0000002
1001.1	1000	1000.0002441	0.0002441	0.0000002

부동소수점 형식에서는 수치를 근사하게 되는데, 이는 넓은 범위에 퍼져 있는 값들을 모두 32비트 형식으로만 표현하기 때문이다. 32개 비트 중 8개 비트로는 10진 승수(즉, 지수)를 나타내며, 나머지 24개 비트로는 부호와 값을 나타내는데, 유효 10진 숫자가 일곱 자리뿐이므로 이것을 나타내기에 충분하다.

 비록 float와 double이 아두이노 우노에서는 동일한 형식으로 다뤄지지만, double 형식의 경우에는 32비트 보드와 그 밖의 다양한 플랫폼에서 더 높은 정밀도를 보여 준다. 여러분이 float 형식과 double 형식을 사용하는 코드를 그 밖의 플랫폼으로 가져와 써야 한다면 해당 플랫폼이 애플리케이션에서 쓰기에 충분한 정밀도(precision)를 제공하는지를 따져봐야 한다.

함께 보면 좋은 내용

float에 대해서는 아두이노 참고문헌(https://oreil.ly/BHmBd)을 보자.

레시피 2.4 배열(값의 모음) 활용

문제

여러분이 **배열**array이라고 부르기도 하는, 값의 모음group, 군, 群[1]을 사용하려고 한다. 배열은 간단한 리스트list 형식일 수도 있고, 그 차원이 2개 차원 이상일 수도 있다. 여러분은 배열의 크기를 결정하는 방법과 배열을 구성하는 원소에 접근하는 방법을 알고 싶다.

해법

이 스케치는 그림 2-1처럼 스위치에 연결된 핀과 관련된 정수 배열과 LED에 연결된 핀으로 구성된 배열이라는, 두 가지 배열을 만든다.

```
/*
 * 배열 스케치.
 * 스위치로 구성된 배열이 LED들로 구성된 배열을 제어한다.
 * 스위치 사용에 관해 더 알고 싶다면 5장을 참고하자.
 * LED에 대한 내용을 알고 싶다면 7장을 참고하자.
 */
int inputPins[] = {2, 3, 4, 5};    // 스위치 입력에 사용할 핀 배열을 만든다.
int ledPins[] = {10, 11, 12, 13}; // LED로 출력하는 핀의 배열을 만든다.

void setup()
{
  for (int index = 0; index < 4; index++)
  {
    pinMode(ledPins[index], OUTPUT); // LED를 출력용으로 선언한다.
```

---

1 옮긴이 수론에서 말하는 군(群, group)이라는 개념을 전달하려고 일부러 group이라는 낱말을 사용한 것으로 보인다. 저자는 나중에 이 배열을 컬렉션(collection, 모임, 집합)의 일종이라고 말한다. 그럼에도 일부러 여기서 group이라는 낱말을 사용했다.

```
      pinMode(inputPins[index], INPUT_PULLUP); // 입력용으로 선언한다.
  }
}

void loop()
{
  for (int index = 0; index < 4; index++)
  {
    int val = digitalRead(inputPins[index]); // 입력값을 읽는다.
    if (val == LOW)                           // 스위치가 눌려 있는지를 확인한다.
    {
      digitalWrite(ledPins[index], HIGH); // 스위치가 눌려 있으면 LED를 켠다.
    }
    else
    {
      digitalWrite(ledPins[index], LOW);  // LED를 끈다.
    }
  }
}
```

 여러분이 아두이노의 INPUT 모드에 친숙하다면, 입력 핀을 접지에 연결하는 풀다운 저항기(pull-down resistor)를 사용해 버튼을 배선할 수 있다. 하지만 INPUT_PULLUP 모드일 때는 여러분의 회로 내에 있는 이 저항기가 필요하지 않다. 이 모드인 경우에 아두이노의 내부 풀업 저항기(pull-up resistor)가 활성화되기 때문이다. INPUT_PULLUP 모드와 다른 점은 버튼이 눌러져 있는 경우에 디지털 Read가 (HIGH를 반환하기보다는) LOW를 반환한다는 점이다.

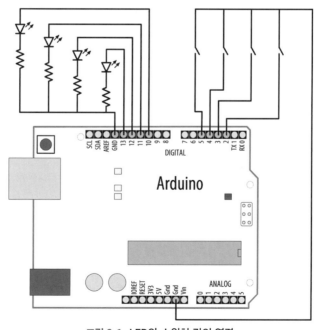

그림 2-1 LED와 스위치 간의 연결

토의

배열은 형식이 같은 변수들의 컬렉션collection(모임, 집합)이며, 이러한 컬렉션을 이루는 각 변수를 **원소**element(요소)라고 부른다. 원소 개수를 배열의 **크기**size라고 한다.

이번 해법에서는 핀 컬렉션을 저장하는 예제를 통해 아두이노 코드에서 배열을 사용하는 일반적인 방법을 볼 수 있다. 그리고 각 핀을 스위치와 LED에 연결하고 있다(이에 대해서는 5장에서 더 자세히 설명한다). 이번 예제의 경우에는 배열을 선언하는 일과 배열을 이루는 각 원소에 접근하는 방법을 중요하게 다루고 있다.

다음에 보이는 코드 줄에서는 원소가 네 개인 정수 배열을 선언하고(만들고) 각 원소를 초기화한다. 첫 번째 원소를 2로 설정하고, 두 번째 원소를 3으로 설정한다.

```
int inputPins[] = {2,3,4,5};
```

배열을 선언할 때 값을 초기화하지 않으면 (예를 들면, 스케치가 실행될 때만 값을 사용할 수 있는 경우) 각 원소를 따로따로 설정해야 한다. 다음과 같은 방식으로 배열을 선언할 수 있다.

```
int inputPins[4];
```

함수 외부에서 배열을 선언하면 각 원소의 초깃값이 0으로 설정된 네 개의 원소로 이뤄진 배열이 선언된다. setup() 함수나 loop() 함수 등의 함수 내에서 선언하면 원소가 임의의 값으로 설정된다. 대괄호([]) 안의 숫자는 배열의 크기를 나타내며, 이 값으로 원소 개수가 정해진다. 이 배열의 크기는 4이며, 정숫값을 최대 네 개까지 보유할 수 있다. 컴파일러가 이니셜라이저initializer의 개수를 계산해 배열을 얼마나 크게 만드는지를 알아내기 때문에 배열을 선언하는 부분에 이니셜라이저가 들어 있으면 크기를 생략할 수 있다.

 이는 아두이노의 프로그래밍 환경이 C나 C++ 구문을 채택했기 때문으로, 따라서 해당 언어들의 관례에 맞춰 관리된다. C나 C++에서, 전역적으로 선언했지만(즉, 함수 밖에서 선언했지만) 초기화하지 않은 배열의 원소들은 0으로 초기화된다. 배열을 함수 안에서 선언하면서 초기화하지 않은 경우라면 배열의 원소가 정의되지 않으며, 아마도 배열의 원소가 가리키는 메모리 부분 안에 무엇이 들어 있든지 간에 그 값을 갖게 될 것이다. 초기화되지 않은 변수(예: int i;)는 종종 0으로 설정되기도 하지만, 이렇게 된다는 점이 확실하지는 않으므로 어떤 값을 사용하기 전에 늘 변수를 초기화하는 일부터 해야 한다.

배열의 첫 번째 원소를 가리킬 때는 배열명[0]과 같은 꼴로 나타낸다.

```
int firstElement = inputPins[0]; // 이게 첫 번째 원소다.
inputPins[0] = 2; // 첫 번째 원소의 값이 2가 되게 한다.
```

마지막 원소를 지정하는 번호는 배열의 크기보다 1이 작아야 하므로 네 개의 원소로 구성된 배열의
마지막 원소 지정 번호는 3이다.

```
int lastElement = inputPins[3]; // 이게 마지막 원소다.
```

크기가 4인 배열의 마지막 원소를 가리킬 때 array[3]처럼 표현하는 것이 이상해 보일 수 있겠지
만, 첫 번째 원소를 array[0]으로 표현하고, 두 번째 원소를 array[1]로 표현하기로 약속했기 때
문에 생기는 현상이다. 그러므로 우리가 예로 드는 배열의 네 개의 원소들을 각기 inputPins[0],
inputPins[1], inputPins[2], inputPins[3]으로 나타낼 수 있다.

이전에 우리가 다룬 스케치에 나오는 배열을 구성하는 네 개의 원소에 for 루프를 사용해 액세스했다.

```
for (int index = 0; index < 4; index++)
{
  pinMode(ledPins[index], OUTPUT);          // LED를 출력 장치로 지정한다.
  pinMode(inputPins[index], INPUT_PULLUP); // 입력 핀을 입력 장치로 지정한다.
}
```

이 루프에서는 index 변숫값이 0에서 시작해 3으로 끝날 때까지 각 단계를 거치고 있다. 어쩌다가
실수를 하는 바람에 배열의 실제 크기를 넘어선 자리에 있는 원소에까지 접근하려는 경우가 종종
생긴다. 이로 인해 다양한 문제가 생길 수 있으므로 주의해서 실수하는 일이 없게 해야 한다. 루프
가 올바르게 제어되는 상태에 머무르게 하는 방법의 하나로, 다음 예제 코드처럼 상수를 사용해 배
열의 크기를 정하는 방법이 있다.

```
const int PIN_COUNT = 4; // 원소 개수에 해당하는 수로 상수를 정의한다.

int inputPins[PIN_COUNT] = {2,3,4,5};
int ledPins[PIN_COUNT] = {10, 11, 12, 13};

/* ... */

for(int index = 0; index < PIN_COUNT; index++)
{
  pinMode(ledPins[index], OUTPUT);
  pinMode(inputPins[index], INPUT_PULLUP);
}
```

여러분이 어쩌다가 실수를 하는 바람에 배열의 크기를 넘어선 자리에 배열 원소를 저장하거나 해당 자리에서 값을 읽어 내려고 하더라도, 컴파일러는 그게 오류라는 점을 알려 주지 않는다. 여러분이 그런 실수를 하게 된다면 여러분이 작성한 스케치는 충돌을 일으키겠지만 그 원인을 알기 어려울 것이다. 그러므로 주의를 기울여 지정한 범위 안에 있는 원소에만 접근하도록 해야 한다. 코드를 작성할 때 배열의 크기를 상수 형식으로 지정해 배열 원소들을 참조하게 하면 배열의 경계를 벗어나는 일을 방지할 수 있다.

텍스트 문자들로 이뤄진 문자열을 유지할 때도 배열을 사용한다. 아두이노 코드에서는 이러한 배열을 **문자들의 열**character string이라고 부르거나 또는 줄여서 **문자열**string이라고 부른다. 문자열은 여러 문자로 구성되며, 그 문자들의 끝에는 문자열의 끝임을 알리는 널null 문자(아스키 값으로는 0에 해당)가 따라붙는다.

문자열의 끝에 나오는 널은 0을 나타내는 문자와는 다르다. 널의 아스키 값이 0인 반면에 문자 0의 아스키 값은 48이다.

문자열을 사용하는 방법을 레시피 2.5 및 2.6에서 다룬다.

함께 보면 좋은 내용

레시피 5.2와 레시피 7.1을 참고하자.

레시피 2.5 아두이노 문자열 함수 사용

문제

텍스트를 다뤄 보고 싶다. 텍스트를 복사하고, 비트들을 함께 추가하고, 문자들이 몇 개인지를 알아내야 하는 상황이다.

해법

이전 레시피에서는 문자 배열을 사용해 텍스트를 저장하는 방법을 언급한 적이 있는데, 이러한 문자 배열을 보통 문자열이라고 한다. 아두이노에는 텍스트를 저장하고 다루는 데 필요한 다양한 기능을 추가하는 String 객체가 있다. String 객체의 이름 속에 있는 'S'라는 글자가 대문자라는 점에 유념하자.

String이라는 단어가 대문자 **S**로 시작되는데, 이는 아두이노의 String 라이브러리가 제공하는 아두이노 텍스트 기능이라는 점을 의미한다. 소문자 **s**로 시작되는 단어인 **string**은 아두이노가 제공하는 String 기능이 아니고 그저 문자들로 이뤄진 모음(group, 群)일 뿐임을 나타낸다.

이 레시피에서는 아두이노 문자열을 사용하는 방법을 보여 준다.

다음 스케치를 보드로 업로드한(실어 놓은) 다음에 시리얼 모니터를 열어 결과를 살펴보자.

```
/*
 * Basic_Strings 스케치.
 */

String text1 = "This text";
String text2 = " has more characters";
String text3; // 스케치 안에서 이 변수의 값을 지정할 생각이다.

void setup()
{
  Serial.begin(9600);
  while(!Serial); // 직렬 포트에 대해서 대기한다(레오나르도, 32비트 보드).

  Serial.print("text1 is ");
  Serial.print(text1.length());
  Serial.println(" characters long.");

  Serial.print("text2 is ");
  Serial.print(text2.length());
  Serial.println(" characters long.");

  text1.concat(text2);
  Serial.println("text1 now contains: ");
  Serial.println(text1);
}

void loop()
{
}
```

직렬이라고 해서 안 될 게 무언가?

아두이노 우노 및 대부분의 8비트 보드의 경우에는 아두이노 IDE에서 시리얼 모니터(Serial Monitor)를 열면 보드가 리셋되므로 시리얼 모니터를 연 직후에는 setup 함수에서 생성한 직렬 출력(serial output)이 표시된다. 그러나 레오나르도 보드나 SAMD 기반 보드에서 직렬 포트를 열어도 보드가 자동으로 리셋되지 않으므로 출력을 파악할 수 있을 만큼 빠르게 시리얼 모니터를 열 수 없다. 이러한 이유로 이번 장과 이 책 전체에 걸쳐 나오는 몇 가지 setup 함수에는 while(!Serial); 줄이 나온다. 자세한 내용을 122쪽에 있는 '**직렬 방식 하드웨어의 행태**'에서 참고하자.

토의

이 스케치에서는 String 형식으로 된 세 가지 변수, 즉 text1과 text2와 text3를 만든다. String 형식으로 된 변수에는 텍스트를 다루는 데 필요한 기능이 내재되어 있다. text1.length()라는 문장은 text1이라는 문자열 안에 들어 있는 길이(문자의 개수) 값을 반환(즉, 제공)한다.

text1.concat(text2)는 text1이라는 문자열과 text2라는 문자열 속에 있는 내용들을 모아서 결합하는데, 이번 사례의 경우에는 text2 속에 든 내용을 text1의 끝에 추가한다. 참고로 concat은 **concatenate(결합)**의 약어다.

그러면 시리얼 모니터에 다음 내용이 표시된다.

```
text1 is 9 characters long.
text2 is 20 characters long.
text1 now contains:
This text has more characters
```

문자열 덧셈 연산자를 사용해서도 문자열을 결합할 수 있다. setup 코드의 끝에 다음 두 줄을 추가하자.

```
text3 = text1 + " and more";
Serial.println(text3);
```

새 코드를 실행하면 시리얼 모니터의 제일 아래쪽에 아래 줄이 추가되어 나타난다.

```
This text has more characters and more
```

여러분은 indexOf와 lastIndexOf 함수를 사용해 어떤 문자열 내에서 특정 문자의 인스턴스를 찾아낼 수 있다. 배열과 마찬가지로 아두이노 문자열의 인덱스 번호는 0부터 시작된다.

 여러분은 String 형식을 쓰기보다는 문자들로 이뤄진 배열을 쓰거나 문자들로 이뤄진 어떤 시퀀스를 가리키는 포인터를 사용하는 아두이노 스케치를 보게 될 것이다. 아두이노의 String 기능을 쓰기보다는 문자 배열을 사용하는 방법을 자세히 알고 싶다면 레시피 2.6을 참고하자. 문자열 리터럴(string literal)을 아두이노의 RAM이 아닌 플래시 메모리에 저장하는 방법을 알고 싶다면 레시피 17.4를 참고하자.

여러분이 다음의 코드와 같은 줄을 본다면 이런 코드는 C 방식으로 문자 배열을 사용하고 있다는 점을 알아야 한다(레시피 2.6 참고).

```
char oldString[] = "this is a character array";
```

선언 부분이 다음 코드와 같은 경우라면 이런 코드는 아두이노의 String 객체를 사용하고 있는 경우다.

```
String newString = "this is a string object";
```

C 방식 문자 배열을 아두이노의 String 형식으로 바꾸고 싶다면 배열의 내용을 String 객체에 할당하기만 하면 된다.

```
char oldString[] = "I want this character array in a String object";
String newString = oldString;
```

표 2-4에 나열된 함수를 사용하려면 다음 예제처럼 기존 문자열 객체에서 함수를 호출해야 한다.

```
int len = myString.length();
```

표 2-4 아두이노 String 함수에 대한 개요

함수	함수가 하는 일
charAt(n)	n번째 문자(String 형식 객체 안의 n번째 문자)를 반환한다.
compareTo(S2)	String 형식 객체를 주어진 String 형식 객체 S2와 비교한다.
concat(S2)	String 형식 객체와 S2 객체를 결합해 만든 새 String 형식 객체를 반환한다.
endsWith(S2)	만약 String 형식 객체가 S2 객체의 문자들 중 하나로 끝나는 경우에 true를 반환한다.
equals(S2)	만일 String 형식 객체가 S2와 정확히 일치하면(대소문자 구분) true를 반환한다.
equalsIgnoreCase(S2)	equals와 같은 역할을 하지만 대신에 대소문자를 구분하지 않는다.
getBytes(buffer, len)	len으로 지정한 길이(length)만큼에 해당하는 문자들을 주어진 바이트 버퍼에 복사한다.
indexOf(S)	주어진 String 형식 객체(또는 문자)의 인덱스를 반환하며, 찾을 수 없으면 –1을 반환한다.
lastIndexOf(S)	indexOf와 같은 역할을 하지만 String 형식으로 된 객체의 끝에서 시작된다는 점이 다르다.
length( )	String 형식으로 된 객체의 문자 개수를 반환한다.
remove(index)	주어진 인덱스에 맞춰 String 형식 객체에서 문자를 제거한다.
remove(index, count)	String 형식 객체에서 주어진 인덱스로 시작되는 부분부터 특정 개수에 해당하는 문자들을 제거한다.
replace(A, B)	String 형식 객체(또는 문자) A의 모든 인스턴스를 B로 바꾼다.
reserve(count)	지정된 바이트 개수를 따로 설정(할당)함으로써 String 작업을 더 효율적으로 수행한다.
setCharAt(index, c)	문자 c를 String 형식 객체의 index로 주어진 자리에 반환한다.
startsWith(S2)	String 형식 객체가 S2 객체를 이루는 문자열들로 시작하면 true를 반환한다.
substring(index)	String 형식 객체의 지정된 위치(index)로부터 마지막에 이르는 문자들로 구성된 객체를 반환한다.

표 2-4 아두이노 String 함수에 대한 개요(계속)

함수	함수가 하는 일
String substring(index, to)	위와 같지만, to로 지정한 자리 앞의 문자까지만 부분 문자열에 포함되게 한다는 점이 다르다.
toCharArray(buffer, len)	len으로 지정한 문자 개수만큼 String 객체로부터 제공된 버퍼로 복사한다.
toCharArray(buffer, len)	len으로 지정한 문자 개수만큼 String 객체로부터 제공된 버퍼로 복사한다.
toFloat( )	String 객체에 들어 있는 숫자들의 부동소수점 값을 반환한다.
toInt( )	String 객체에 있는 숫자의 정숫값을 반환한다.
toLowerCase( )	모든 문자를 소문자로 바꾼 다음에 String 객체 형식으로 반환한다.
toUpperCase( )	모든 문자를 대문자로 바꾼 다음에 String 객체 형식으로 반환한다.
trim( )	모든 선행 공백과 후행 공백을 제거한 다음에 String 객체 형식으로 반환한다.

이러한 함수의 사용법과 그 변형에 대한 내용이 아두이노 참고 문서에 자세히 나온다.

아두이노 방식 문자열과 C 방식 문자 배열 중에서 선택하기

아두이노가 기본적으로 제공하는 String 데이터 형식이 C 방식 문자 배열보다 사용하기에는 더 쉽지만, 이 형식을 아두이노 방식에 맞춰 쓰려면 String 라이브러리를 이루는 복잡한 코드가 실행되어야 하므로 아두이노는 더 무거운 짐(더 많은 처리 부하)을 지는 셈이 되며, 그렇다는 것은 본질적으로 보면 문제에 더 취약해지는 경향을 띠게 한다는 의미가 된다.

String 데이터 형식은 동적 메모리 할당을 이용하기 때문에 무척 유연하다. 즉, 여러분이 어떤 String 객체를 생성하거나 수정하게 되면 아두이노는 C 라이브러리를 사용해 새로운 메모리 영역을 할당하게 되며, 여러분이 어떤 String 객체를 사용하는 일을 마치게 되면 아두이노는 해당 메모리를 해제하도록 요구한다. 이런 일이 보통은 부드럽게 이뤄지지만, 8비트 아두이노 보드의 경우에 사용할 수 있는 RAM 용량이 무척 작으므로(아두이노 우노의 경우에는 2K), 약간의 메모리 누수만 발생해도 여러분이 작성한 스케치가 큰 충격을 받을 수 있다. 라이브러리에 버그가 있다거나 잘못 사용한다거나 하는 일로 할당한 메모리가 해제되지 않으면 메모리 누수가 발생한다. 이번에 다룬 사례의 경우에는 아두이노에서 사용할 수 있는 메모리가 (아두이노를 재부팅할 때까지) 천천히 줄어든다. 이와 관련한 논쟁거리로 메모리 파편화memory fragmentation가 있는데, 메모리 파편화란 메모리를 할당하고 해제하는 일을 반복할 때 아두이노에서 자유롭게 사용할 수 있는 메모리 블록이 지속적으로 줄어드는 바람에 RAM이 충분할지라도 String 할당에 실패하는 경우를 말한다.

메모리 누수가 없는 경우일지라도, 메모리 부족으로 인해 String 요청이 실패했는지를 따져 보는 코드를 작성하기는 복잡하다(String 형식 함수들이 프로세싱에서 사용하는 것과 비슷하기는 하지만, 프로세싱과 달리 아두이노에는 실행 중 오류를 잡기 위한 예외 처리 기능이 없다). 메모리 부족으로 인해 예상하지 못한 동작이 발생하기 전까지는 여러 날이나 여러 주에 걸쳐 아무런 문제 없이 스케치가 실행될 수 있기 때문에 동적 메모리가 모두 소진되었는지 여부를 여러분이 추적하기는 무척 어렵다.

여러분이 C 방식 문자 배열을 사용한다면 메모리 사용량을 쉽게 제어할 수 있는데, 이는 지정한 크기만큼의 고정된(즉, 정적) 메모리가 컴파일 시점에서 할당되기 때문으로, 이로 인해 여러분은 메모리 누수를 겪지 않게 된다. 아두이노 스케치는 동일한 분량의 메모리를 실행 중에도 사용할 수 있다. 그리고 허용된 용량보다 더 많은 메모리를 할당하려고 할지라도, 할당한 정적 메모리 분량을 알려 주는 도구가 있기 때문에 원인을 찾기가 더 쉽다(레시피 17.1에 나오는 avr-objdump를 참고하자).

그러나 C 방식 문자 배열을 사용하면 다른 문제가 발생하기 쉽다. C에서는 배열의 한계를 넘어서는 메모리를 수정하려고 해도 이를 막지 않는다. 그러므로 myString[4]라는 식으로 배열 하나를 할당한 다음에 myString[4] = 'A' (myString[3]이 배열의 마지막 부분이라는 점을 기억하자)라는 식으로 값을 대입할지라도 이런 일을 막을 방법이 없다. 그러나 myString[4]가 메모리 중에 어떤 부분을 참조할지를 누가 알겠는가? 그리고 그 메모리 위치에 'A'를 대입했을 때 어떤 문제를 일으키게 될지를 누가 알겠는가? 이런 경우에는 스케치가 제대로 작동하지 않을 가능성이 크다.

그래서 아두이노가 기본적으로 제공하는 String 라이브러리(기본적으로 동적 메모리를 사용하는 라이브러리)를 사용한다면 여러분이 사용할 수 있는 메모리 용량이 줄어들 수 있는 위험이 뒤따른다. C 방식 문자 배열을 사용할 때는 여러분이 사용하는 배열의 한계를 넘어서지 않게 주의하는 일을 바로 여러분이 해야 한다. 따라서 풍부한 텍스트 처리 기능이 필요하고 반복해서 String 객체를 작성하거나 수정할 일이 별로 없다면 아두이노가 기본적으로 제공하는 String 라이브러리를 사용하자. 지속적으로 반복되는 루프에서 문자열을 만들고 수정해야 하는 경우라면 C 방식 문자 배열을 크게 구성해서 할당하되, 코드를 신중하게 작성해 해당 배열의 한계를 넘어서 쓰지 않게 해야 한다.

사용할 수 있는 RAM이나 플래시 메모리가 크게 필요한 스케치를 작성해야 할 때 아두이노가 제공하는 String보다 C 방식 문자 배열을 쓰는 편이 더 좋다. C 방식 문자 배열과 atoi를 사용해 int 형식으로 변환하는 코드에 비교하면, 아두이노의 StringToInt 예제 코드에서는 거의 2KB에 이르는 메모리가 더 사용된다. 또한, 아두이노가 제공하는 String 버전에는 실제 문자열 외에 할당 정보를 저장하는 일에 쓸 RAM이 더 필요하다.

String 라이브러리나 동적 할당 메모리를 사용하는 그 밖의 라이브러리에서 메모리 누수가 벌어지고 있다고 의심되면 여유롭게 쓸 수 있는 메모리 공간을 아무 때든지 확인해 보는 편이 바람직하다(레시피 17.2를 참고하자). 스케치가 처음으로 시작될 때의 RAM 용량을 확인해 둔 다음에 시간이 흐르면서 해당 용량이 줄어드는지를 살펴보자. String 라이브러리에 문제가 있다고 생각되면 알려진 버그 목록(https://oreil.ly/Adyxc)에서 'String'으로 검색해 보기 바란다.

함께 보면 좋은 내용

아두이노 배포판에서는 String 예제를 담은 스케치들을 제공한다(File ➡ Examples ➡ Strings).

String 참고문헌 페이지(https://oreil.ly/GRq1L)도 보자. String 라이브러리에 대한 자습서(https://oreil.ly/XhtcM)도 있다.

레시피 2.6 C 방식 문자열 사용

문제

원시 문자raw character들로 구성된 문자열을 사용하는 방법을 이해하려고 한다. 즉, 문자열을 작성하는 방법, 문자열의 길이를 알아내는 방법, 문자열을 비교하고 복사하고 추가하는 방법을 알고 싶다. C 언어의 본래 부분이 아두이노 방식 String 기능을 지원하지 않는다는 점을 알고 있는 여러분은 원시 문자 배열로 작동하게 작성된, 다른 플랫폼용 코드를 이해해 두고 싶어 한다.

해법

문자들의 배열을 때때로 **문자들의 열**character string이라고 부르거나 간단히 **문자열**string이라고 부른다. 레시피 2.4에서는 일반적인 아두이노 방식 배열을 설명했다. 이번 레시피에서는 문자열들을 다루는 데 사용할 함수를 설명한다. C 언어나 C++ 언어로 프로그램을 작성하면서 이러한 함수를 사용하려면 코드에 #include <string.h>를 넣어 두어야 한다는 점을 잘 알 것이다. 아두이노에서는 IDE가 이 작업을 해주므로 #include 부분이 필요하지 않다.

문자열을 다음과 같은 방식으로 선언한다.

```
char stringA[8];              // 최대 7개 문자를 포함하면서 널로 끝나는 문자열을 선언한다.
char stringB[8] = "Arduino";  // 위와 같은 문자열을 선언한 후에
                              // 문자열을 "Arduino"로 초기화한다.
char stringC[16] = "Arduino"; // 위와 같지만 문자열에 문자를 더 넣을 자리가 있다.
char stringD[ ] = "Arduino";  // 컴파일러는 문자열을 초기화한 다음에
                              // 이 문자열의 크기를 알아서 계산한다.
```

strlen은 **string length(문자열 길이)**를 줄인 말로서, 이것을 사용하면 종료 부분을 의미하는 널null 문자의 앞부분까지 나오는 문자의 개수를 알 수 있다.

```
int length = strlen(string); // 문자열을 구성하고 있는 문자들의 개수를 반환한다.
```

stringA의 경우에 length(길이)는 0이고, 앞의 코드에 표시된 다른 문자열의 경우에는 length가 7 이다. 문자열의 끝을 나타낼 때 쓰이는 널 문자를 strlen은 세지 않는다.

한 문자열을 다른 문자열로 복사해 넣으려면 strcpy를 사용하면 되는데, 이는 **string copy(문자열 복사)**를 줄인 말이다.

```
strcpy(destination, source); // 원래 문자열을 그 대상으로 복사한다.
```

strncpy(strcpy와 비슷하지만 제한이 있음)를 사용해 복사할 문자 개수를 제한하자(대상 문자열이 보유할 수 있는 것보다 많은 문자를 써넣지 못 하게 하는 데 유용하다). 레시피 2.7에서 이것을 사용하는 것을 볼 수 있다.

```
// 원래 문자열에서 대상 문자열로 최대 여섯 자를 복사한다.
strncpy(destination, source, 6);
```

strcat은 **string concatenate(문자열 결합)**를 줄인 말인데, 이것을 사용해 한 문자열을 다른 문자열의 끝에 추가하자.

```
// 대상 문자열 끝에 원래 문자열을 추가한다.
strcat(destination, source);
```

 문자열을 복사하거나 연결할 때는 여유 공간이 충분히 있는지를 늘 확인해야 한다. 종료 널(terminating null) 문자를 넣어 두는 데 필요한 공간도 있어야 한다는 점을 잊지 말자.

두 문자열을 비교할 때는 strcmp를 사용하면 되는데, 이는 **string compare(문자열 비교)**를 줄인 말이다. 레시피 2.18에서 이 함수의 사용 사례를 볼 수 있다.

```
if(strcmp(str, "Arduino") == 0)
{
  // 변수 str이 "Arduino"와 같으면 이 자리에서 무엇인가를 수행한다.
}
```

토의

아두이노 환경에서는 문자열이라고도 부르는, 문자들로 이뤄진 배열을 사용해 텍스트를 표현한다. 문자열은 여러 개의 문자와 한 개의 널(아스키 값으로는 0에 해당)로 구성된다. 널이 화면에 표시되지는 않지만 소프트웨어에서는 문자열의 끝이라는 점을 널로 표시해 두어야 한다.

함께 보면 좋은 내용

이 레시피에 설명된 str* 함수는 C 언어에서 제공하는 **string.h** 라이브러리에 들어 있다. cplusplus.com(https://oreil.ly/oYYXf)이나 C++ 레퍼런스 페이지(https://oreil.ly/T0HJ2) 같은, 많은 온라인 C/C++ 참고 페이지 중 하나를 참고하자.

레시피 2.7 쉼표 구분 텍스트의 그룹별 분리

문제

쉼표(또는 다른 구분기호)로 구분된 데이터 조각이 두 개 이상 들어 있는 문자열이 있다고 하자. 여러분은 해당 문자열의 개별 부분을 사용할 수 있게 문자열을 분리하고 싶어 한다.

해법

이 스케치는 각 쉼표 사이에 있는 텍스트를 프린트한다.

```
/*
 * SplitSplit 스케치.
 * 쉼표로 구분한 문자열을 분할한다.
 */

String text = "Peter,Paul,Mary"; // 예시로 드는 문자열.
String message = text;           // 아직 분할하지 않은 텍스트를 담고 있다.
int     commaPosition;           // 문자열에 들어 있는 다음 쉼표 자리.

void setup()
{
  Serial.begin(9600);
  while(!Serial); // 직렬 포트에 대해서 대기한다(레오나르도, 32비트 보드).

  Serial.println(message); // 원래 문자열을 보여 준다.
  do
  {
    commaPosition = message.indexOf(',');
    if(commaPosition != -1)
    {
      Serial.println(message.substring(0,commaPosition));
      message = message.substring(commaPosition+1, message.length());
    }
    else
    {
      // 마지막 쉼표가 발견된 후에는 이 부분이 실행된다.
      if(message.length() > 0)
      Serial.println(message); // 마지막 쉼표 이후에도 텍스트가 있다면
                               // 해당 텍스트를 프린트한다.
```

```
    }
  }
  while(commaPosition >=0);
}

void loop()
{
}
```

그러면 시리얼 모니터에는 다음 내용이 표시된다.

```
Peter,Paul,Mary
Peter
Paul
Mary
```

토의

이 스케치는 문자열 함수를 사용해 쉼표 사이에서 텍스트를 추출한다. 다음 코드는 변수 comma
Position 변수를 message라는 이름을 지닌 String에 있는 첫 번째 쉼표의 위치로 설정한다(쉼표가
없으면 –1로 설정됨).

```
commaPosition = message.indexOf(',');
```

쉼표가 있으면 substring 함수를 사용해 문자열의 처음부터 쉼표를 제외하고 텍스트를 프린트한
다. 그런 다음에 아래 줄에서는 프린트된 텍스트와 후행 쉼표를 message에서 제거한다.

```
message = message.substring(commaPosition+1, message.length());
```

substring 함수는 commaPosition+1(첫 번째 쉼표 바로 뒤에 나오는 위치)부터 시작해서 메시지의 길이에 해
당하는 만큼의 문자열을 반환한다. 결과적으로 첫 번째 쉼표 다음에 나오는 텍스트만 포함된 메시지가
만들어진다. 그리고 이 과정은 더 이상 쉼표를 찾을 수 없을 때까지 반복한다(쉼표 위치는 –1과 동일함).

숙련된 프로그래머라면 표준 C 라이브러리로 제공되는 저수준 함수를 사용할 수도 있을 것이다. 다
음 스케치에서는 아두이노 문자열들을 사용해 앞에 나온 스케치에서 한 작업과 비슷한 일을 한다.

```
/*
 * strtok 스케치.
 * 쉼표로 구분된 문자열을 분리한다.
```

```
  */

const int MAX_STRING_LEN = 20; // 이것을 여러분이 앞으로 처리해야 할 여러 가지 문자열 중에서도
                               // 가장 긴 문자열의 길이에 맞춰 설정한다.

char stringList[] = "Peter,Paul,Mary"; // 예제 문자열.
char stringBuffer[MAX_STRING_LEN+1];    // 계산 및 출력을 위한 정적 버퍼.

void setup()
{
  Serial.begin(9600);
  while(!Serial); // 직렬 포트에 대해서 대기한다(레오나르도, 32비트 보드에 필요한 부분).

  char *str;
  char *p;
  strncpy(stringBuffer, stringList, MAX_STRING_LEN); // 원래 문자열을 복사한다.
  string Serial.println(stringBuffer);               // 원래 문자열을 보여 준다.

  for(str = strtok_r(stringBuffer, ",", &p);    // 쉼표를 사용해 분리한다.
    str;                                        // str이 널이 아니라면 반복한다.
    str = strtok_r(NULL, ",", &p)               // 후속 토큰을 획득한다.
    )
  {
    Serial.println(str);
  }
}

void loop()
{
}
```

 아두이노에서도 포인터(pointer)를 사용할 수는 있지만, 포인터를 사용하면 초보자가 코드를 이해하기 어렵게 되므로 일반적으로 스케치에서는 포인터를 사용하지 말라고 권장한다. 사실, 여러분은 예제용 스케치들에서 포인터 같은 고급 C 기능을 보기는 힘들 것이다. 권장되는 아두이노 코딩 스타일에 관해 더 알고 싶다면 아두이노 스타일 안내서(https://oreil.ly/a5mv9)를 참고하자.

이 스케치에서는 strtok_r(strtok를 아두이노 컴파일러에서 부르는 이름)이 핵심 기능이다. strtok_r 을 처음 호출할 때 토큰화(개별 값들로 분리하는 일)하려는 문자열을 strtok_r로 전달하면 된다. 그러나 strtok_r은 새 토큰을 찾을 때마다 이 문자열의 문자를 덮어 써버리므로, 이 예제에 나오는 것처럼 문자열의 사본을 전달하는 편이 아주 바람직하다. 그렇게 첫 호출을 한 다음에 이어지는 각 호출에서는 NULL을 사용해 함수가 다음 토큰으로 이동해야 함을 알려 준다. 이번 예제에서 각 토큰은 직렬 포트로 프린트된다. *p는 strtok_r이 작업 중인 문자열을 추적하기 위해 사용하는 포인터다. 여러분은 이 포인터를 *p 꼴로 선언하겠지만, strtok_r 함수에 전달할 때는 &p 꼴로 전달해야 한다.

토큰이 숫자로만 구성되어 있으면 레시피 4.5를 참고하자. 이 레시피에서는 일련의 문자 스트림에서 쉼표로 구분된 수치들을 추출하는 방법을 볼 수 있다.

함께 보면 좋은 내용

strtok_r과 strcmp 같은, C 문자열 함수에 관해 더 알고 싶다면 AVR Libc 홈페이지(https://oreil.ly/-Zehk)를 참고하자.

레시피 2.5를 참고하자.

C/C++ 함수인 strtok_r과 strcmp에 대해서 온라인으로 참고하고 싶다면 Man7.org(https://oreil.ly/sKSId)를 보자.

레시피 2.8 숫자를 문자열로 바꾸기

문제

LCD나 그 밖의 표시 장치에 숫자를 표시하려면 숫자를 문자열로 변환해야 한다.

해법

String 형식으로 선언한 변수에 어떤 수를 할당하면 해당 수는 문자들로 이뤄진 문자열로 바뀐다. 그러므로 여러분은 리터럴 값으로 바뀌어 있는 변수 내용을 사용할 수 있게 되는 것이다. 예를 들어, 다음 코드는 정상적으로 작동한다.

```
String myNumber = String(1234);
```

다음 코드도 잘 작동한다.

```
int value = 127;
String myReadout = "The reading was ";
myReadout.concat(value);
```

다음 코드도 그렇다.

```
int value = 127;
String myReadout = "The reading was ";
myReadout += value;
```

토의

LCD나 그 밖의 직렬 장치에 숫자를 텍스트로 바꿔 표시해야 한다면 LCD와 Serial 라이브러리에 내장된 변환 함수를 사용해서 그렇게 하는 것이 가장 간단한 해결책이다(레시피 4.2 참고). 그러나 여러분이 이러한 지원 기능을 내장해서 제공하지 않는 장치(13장을 참고하자)를 사용하거나 스케치에서 숫자를 문자열 형식으로 다루려고 할지도 모른다.

아두이노의 String 클래스는 수치numerical value가 String 형식 변수에 할당될 때 자동으로 수치를 문자열로 바꾼다. concat 함수에서 +라는 문자열 연산자를 사용해 문자열의 끝에 수치들을 결합(연결)할 수 있다.

 + 연산자를 숫자 형식뿐 아니라 문자열 형식에도 사용할 수 있지만, 이 두 형식에서 작동되는 방식은 각기 다르다.

다음 코드에서 number의 값은 13이 된다.

```
int number = 12;
number += 1;
```

String을 사용하면 다음과 같이 된다.

```
String textNumber = "12";
textNumber += 1;
```

textNumber는 "121"이라는 텍스트 문자열이 된다.

String 클래스가 도입되기 전까지는 itoa 함수나 ltoa 함수를 사용하는 아두이노 코드를 흔하게 볼 수 있었다. 이 두 함수의 이름은 'integer to ASCII(int 형식 값을 아스키 문자로)'와 'long to ASCII(long 형식 값을 아스키 문자로)'라는 말에서 비롯되었다. 앞에서 설명한 String 함수는 사용하기에 쉽기는 하지만, 레시피 2.6에서 설명한 것처럼 여러분이 C 언어 방식으로 된 문자 배열을 사용해 작업하기를 더 선호한다면 다음에 나오는 코드에 보이는 것같이 사용할 수도 있다.

itoa와 ltoa에는 세 개의 매개변수가 있는데 각기 변환할 값, 출력 문자열을 저장할 버퍼, 기수base(밑)가 사용된다. 참고로, 기수란 10진수의 경우에는 10, 16진수라면 16, 2진수라면 2를 말한다.

다음 스케치는 ltoa를 사용해 수치를 변환하는 방법을 보여 준다.

```
/*
 * NumberToString 스케치.
 * 주어진 숫자를 사용해 문자열을 만든다.
 */

char buffer[12]; // long이라는 데이터 형식으로 된 변수에는
                 // 11개 문자(1개 음수 부호 포함)와 종료 널 값이 있다.

void setup()
{
  Serial.begin(9600);
  while(!Serial);

  long value = 12345;
  ltoa(value, buffer, 10);

  Serial.print(value);
  Serial.print(" has ");
  Serial.print(strlen(buffer));
  Serial.println(" digits");

  value = 123456789;
  ltoa(value, buffer, 10);

  Serial.print(value);
  Serial.print(" has ");
  Serial.print(strlen(buffer));
  Serial.println(" digits");
}

void loop()
{
}
```

문자열로 나타낼 수 있는 최대 문자 개수를 수용할 수 있을 만큼 버퍼가 커야 한다. 밑이 10인(즉, 10진수인) 16비트 크기 정수라면 7개 문자 버퍼(다섯 자리 숫자, 있을 수도 있는 빼기 부호가 들어갈 자리, 항상 문자열의 끝임을 나타내는 종료표시 문자 0의 자리)가 필요하며, 32비트 크기인 long 형식 정수라면 12개 문자 버퍼(열 자리 숫자, 빼기 부호, 종료표시 문자 0)가 필요하다. 여러분이 버퍼의 크기보다 큰 문자열을 저장하더라도 경고가 발생하지는 않겠지만 여러 가지 이상 증상이 생길 텐데, 이는 여러분의 프로그램이 사용할지도 모를 그 밖의 메모리 부분 중 일부가 오버플로overflow(넘침)로 인해 손상되기 때문이다. 이 문제를 아주 간단히 해결하려면 늘 12개 문자를 담을 수 있는 버퍼와 ltoa를 사용하면 되는데, 그러면 16비트 값이든 32비트 값이든 제대로 처리할 수 있기 때문이다.

문제

문자열을 숫자로 변환해야 한다. 문자열 형식으로 된 값을 통신선으로 수신하기는 했는데, 이 값을 정숫값이나 부동소수점 값으로 바꿔야 한다.

해법

이 문제를 해결하는 방법은 다양하다. 문자열이 직렬 스트림 데이터로 수신된다면 이 데이터를 parseInt 함수를 사용해 변환할 수 있다. 직렬 포트를 사용해 이 작업을 수행하는 방법에 대한 예제를 보고 싶다면 이 레시피의 '토의' 부분이나 레시피 4.3을 참고하자.

숫자를 표현하는 텍스트 문자열을 변환하는 또 다른 방법으로는 atoi(int 형식 변수용)나 atol(long 형식 변수용)이라고 부르는 C 언어 변환 함수를 사용하는 방법이 있다.

다음에 보이는 스케치는 숫자digit가 아닌 문자character가 나타나면(또는 버퍼가 모두 차면) 숫자가 더 들어오지 못하게 종료해 버린다. 스케치를 업로드했다면 시리얼 모니터를 열고 숫자를 입력하고 나서 엔터Enter 키나 리턴Return 키를 누른다. 이 작업을 수행하려면 엔터 키나 리턴 키를 누르기 전에 시리얼 모니터에서 줄바꿈newline 옵션을 활성화하거나 숫자가 아닌 문자를 입력해야 한다.

```
/*
 * StringToNumber 스케치.
 * 문자열을 수로 바꾼다.
 */

int blinkDelay;        // 이 변수로 깜박임 간격을 정한다.
char strValue[6];      // 모든 숫자를 저장할 뿐 아니라 문자열의 끝을 의미하는
                       // 0까지 저장할 만큼 충분히 커야 한다.
int index = 0;         // 수신한 숫자들을 저장할 배열의 인덱스다.

void setup()
{
  Serial.begin(9600);
  pinMode(LED_BUILTIN, OUTPUT); // LED 핀을 출력으로 정한다.
}

void loop()
{
  if(Serial.available())
  {
    char ch = Serial.read();
    if(index < 5 && isDigit(ch))
    {
```

```
      strValue[index++] = ch; // 아스키 문자를 문자열에 추가한다.
    }
    else
    {
      // 버퍼가 찼거나 숫자가 아닌 데이터가 처음으로 나온 경우라면 이 부분이 실행된다.
      strValue[index] = 0;            // 0을 사용해 문자열이 끝나게 한다.
      blinkDelay = atoi(strValue); // atoi를 사용해 문자열을 정수로 변환한다.
      index = 0;
    }
  }
  blink();
}

void blink()
{
  digitalWrite(LED_BUILTIN, HIGH);
  delay(blinkDelay/2); // 깜박임 주기의 절반에 해당하는 동안 대기한다.
  digitalWrite(LED_BUILTIN, LOW);
  delay(blinkDelay/2); // 나머지 절반에 해당하는 동안 대기한다.
}
```

토의

애매한 이름이 붙은 atoi(아스키에서 int로) 함수, atol(아스키에서 long으로) 함수는 문자열을 정수 integer 형식이나 배정도 정수long integer 형식으로 변환한다. 이 변환 함수들을 사용하려면 이를 호출하기 전에 전체 문자열을 받아서 문자 배열로 저장해야 한다. 이 코드에서는 최대 다섯 자리를 보유할 수 있는 문자 배열을 strValue라는 이름으로 생성한다(종료를 의미하는 널이 들어 갈 공간이 있어야 하므로 char strValue[6]라는 식으로 선언해야 한다). 유효한 숫자가 나타나는 게 아니라 처음으로 문자가 나타나게 될 때까지 Serial.read로부터 받은 숫자로 이 배열이 채워진다. 배열은 널 문자로 끝나게 되며, atoi 함수를 호출해 문자들로 이뤄진 배열을 blinkDelay라는 이름을 지닌 변수로 변환한다.

blinkDelay에 저장된 값을 사용하는 blink라는 이름을 지닌 함수가 호출된다.

레시피 2.4의 경고 부분에서 언급했듯이 배열의 범위를 초과하지 않도록 주의해야 한다. 그렇게 하는 방법을 잘 모르겠다면 해당 레시피의 '토의' 부분을 참고하자.

Serial 객체와 Ethernet 객체(또는 Stream 클래스에서 파생된 모든 객체)로부터 정숫값을 얻는 데 사용할 수 있는 parseInt 함수를 아두이노가 제공한다. 다음 코드는 수치numeric value를 나타내는 숫자들digits로 이뤄진 시퀀스를 수number로 변환한다. 이는 해법에 나온 코드와 비슷하지만 버퍼가 필요하지 않다는 점이 다르다(게다가 자릿수를 다섯 자리로 제한하지 않는다).

```
void loop()
{
  if(Serial.available())
  {
    int newValue = Serial.parseInt();
    if (newValue != 0)
    {
      blinkDelay = newValue;
      Serial.print("New delay: ");
      Serial.println(blinkDelay);
    }
  }
  blink();
}
```

 parseInt 같은 스트림 파싱(parsing, 구문분석) 메서드들은 데이터가 원하는 시간 내에 도달하지 않으면 타임아웃(timeout, 대기 시간 초과)을 사용해 제어권을 스케치로 되돌려 버린다. 기본 타임아웃은 1초이지만 setTimeout 메서드를 호출해 이 값을 변경할 수 있다.

```
Serial.setTimeout(1000 * 60); // 최대 1분까지 기다린다.
```

parseInt(및 그 밖의 모든 스트림 메서드)는 구분기호가 수신되지 않으면 타임아웃 전까지 얻은 값을 반환한다. 반환 값은 수집된 값들로 구성되며, 숫자들이 수신되지 않으면 반환 값은 0이 된다.

함께 보면 좋은 내용

atoi에 관한 문서를 AVR Libc 사이트(https://oreil.ly/JOGu-)에서 찾아볼 수 있다.

이러한 저수준 함수를 다룬 C/C++ 참고 문헌이 아주 많이 있는데, 그중에는 cplusplus(https://oreil.ly/zzJ2O)나 CPP 레퍼런스(https://oreil.ly/Gwo1a)도 있다.

Serial에서 parseInt를 사용하는 방법을 더 알고 싶다면 레시피 4.3과 4.5를 보자.

레시피 2.10 코드를 기능별 블록으로 나눠 구조화하기

문제

스케치에 함수를 추가하는 방법을 알고 싶고, 스케치의 전체 구조를 계획하는 방법도 이해하고 싶다.

해법

함수를 사용하면 스케치에서 수행할 작업을 기능별 블록들로 나눠서 구성할 수 있다. 함수라고 하는 것은 어떤 기능을 잘 정의된 **입력**input(즉, 함수에게 주어지는 정보)과 **출력**output(즉, 함수가 만들어 제공하는 정보)에 맞춰 꾸려 넣어 둔 것으로, 이런 함수 형태로 코드를 작성하게 되면 코드를 용이하게 구조화하여 관리할 수 있게 될 뿐만 아니라 재사용도 할 수 있게 된다. 여러분은 이미 모든 아두이노 스케치에 들어 있는 두 가지 함수인 setup과 loop에 익숙할 것이다. 함수를 만들 때는 해당 함수의 **반환 형식**return type(즉, 함수가 제공해야 할 정보의 형식), 함수 이름, 함수가 호출될 때 함수로 전달되는 매개변수들(즉, 값들)을 선택해서 선언해야 한다.

 함수(function)와 메서드(method)라는 용어는 프로그램의 다른 부분에서 한 개의 단일한 엔터티(entity)로 보고 호출할 수 있게 잘 정의된 코드 블록을 일컫는 말이다. C 언어에서는 이런 코드 블록을 함수라고 부른다. 클래스를 통해 기능성을 구현해 내는 객체 지향 언어들(예: C++)에서는 이를 메서드라고 부르는 경향이 있다. 아두이노에서는 두 가지 방식을 섞어서 쓴다(예제 스케치에서는 주로 C 방식을 사용하며, 라이브러리에서는 C++ 클래스 내에 기술해 두는 메서드가 되게 하는 방식을 사용하는 경향이 있다). 이 책에서는 클래스를 통해 코드를 드러내야 하는 경우가 아니라면 메서드라고 부르기보다는 주로 함수라고 부를 생각이다. 그래도 걱정하지 않아도 된다. 함수와 메서드를 구분하기가 쉽지 않다면 이 두 가지 용어의 의미가 같다고 생각해도 무방하기 때문이다.

다음 코드는 LED를 깜박이게 하는 단순 함수다. 이 함수에는 매개변수가 없으며 아무것도 반환하지 않는다(함수 이름 앞에 보이는 void는 함수가 반환하는 값이 없다는 점을 나타낸다).

```
// LED를 한 번만 깜박인다.
void blink1()
{
  digitalWrite(LED_BUILTIN, HIGH); // LED를 켠다.
  delay(500);                      // 500ms 동안 대기한다.
  digitalWrite(LED_BUILTIN, LOW);  // LED를 끈다.
  delay(500);                      // 500ms 동안 기다린다.
}
```

다음 코드(위 코드의 다른 형태)에서는 LED가 깜박이는 횟수를 결정하는 매개변수(count라는 이름을 지닌 정수)가 있다.

```
// count라는 이름으로 된 매개변수로 지정한 횟수만큼
// LED를 반복해서 깜박이게 한다.
void blink2(int count)
{
  while(count > 0) // count가 0보다 큰 값이 아니게 될 때까지 다음 작업을 반복한다.
  {
    digitalWrite(LED_BUILTIN, HIGH); // LED를 켠다.
    delay(500);                      // 500ms 동안 대기한다.
    digitalWrite(LED_BUILTIN, LOW);  // LED를 끈다.
    delay(500);                      // 500 ms 동안 대기한다.
    count = count -1;                // count 값을 줄인다.
  }
}
```

숙련된 개발자라면 매개변수에 사용된 값의 형식이 무엇이냐에 따라 컴파일러가 값을 구별해 주기 때문에 두 함수의 이름을 모두 blink로 해도 된다는 점을 안다. 이러한 행태를 함수 오버로딩(function overloading, 함수 중복정의)이라고 부른다. 이러한 함수 오버로딩의 일반적 예로는 레시피 4.2에서 설명할 아두이노 print 함수가 있다. 오버로딩의 또 다른 예를 레시피 4.6에서 논의하고 있다.

바로 앞에 나온 코드 버전에서는 count가 0인지 여부를 점검하고 있다. 0이 아니라면 코드는 LED가 점멸되게 한 다음에 count 값을 1만큼 줄인다. count가 더 이상 0보다 크지 않을 때까지 이 과정을 반복한다.

 때때로 어떤 문서에서는 매개변수(parameter)를 인수(argument)라고 부르기도 한다. 실용적인 이유로 이러한 두 용어의 의미를 같은 것으로 보는 편이다.

매개변수를 가져와서 값을 반환하는 함수가 들어 있는 스케치 예제를 예로 들어 보겠다. 이 예제에서 쓰는 매개변수에서는 LED를 켜는 시간과 끄는 시간을 밀리초(㎳) 단위로 설정한다. 이 함수는 버튼이 눌리기 전까지 LED를 계속 깜박이고, LED를 깜박인 횟수를 함수가 반환한다. 이 스케치는 레시피 5.2에 나오는 풀업 스케치와 동일한 배선을 사용한다.

```
/*
 * blink3 스케치.
 * 매개변수가 한 개이고 반환하는 값도 한 개인 함수를 호출하는 경우를 보여 준다.
 * 디지털 2번 핀에 연결된 스위치를 누르면 LED가 깜박인다.
 * 프로그램은 LED가 점멸한 횟수를 표시한다.
 */

const int inputPin = 2; // 스위치를 위한 입력 핀.

void setup()
{
  pinMode(LED_BUILTIN, OUTPUT);
  pinMode(inputPin, INPUT);
  digitalWrite(inputPin, HIGH); // 내부 풀업 저항기를 사용한다(레시피 5.2).
  Serial.begin(9600);
}

void loop()
{
  Serial.println("Press and hold the switch to stop blinking");
  int count = blink3(250); // LED를 250㎳ 동안 켰다가 250㎳ 동안 끈다.
  Serial.print("The number of times the switch blinked was ");
  Serial.println(count);

  while(digitalRead(inputPin) == LOW)
  {
    // 버튼에서 손을 뗄 때까지 아무 일도 하지 않는다.
```

```
  }
}

// 주어진 지연 주기(delay period)에 맞춰 LED를 점멸한다.
// LED가 깜박인 횟수를 반환한다.
int blink3(int period)
{
  int blinkCount = 0;
  while(digitalRead(inputPin) == HIGH) // 스위치를 누를 때까지 반복한다.
                                       // (스위치를 누르면 LOW가 된다.)
  {
    digitalWrite(LED_BUILTIN, HIGH);
    delay(period);
    digitalWrite(LED_BUILTIN, LOW);
    delay(period);
    blinkCount = blinkCount + 1; // count를 늘린다.
  }
  // 여기에 이르면 inputPin이 더 이상 HIGH가 아닌 경우가 된다(즉, 스위치가 눌려졌다는 뜻이다).
  return blinkCount; // 이 값이 반환될 것이다.
}
```

 함수를 선언하는 부분을 함수의 **원형(prototype)**이라고 부르는데, 이 원형 부분에 함수의 이름, 함수로 전달될 값들의 형식, 함수의 반환 형식에 대한 사양을 기술한다. 아두이노에서는 빌드 과정에서 여러분을 위해 선언문을 알아서 드러나지 않는 방식으로 작성해 주므로, 함수를 별도로 선언해 두게 한 표준 C 요건을 따르지 않아도 된다.

토의

이 레시피에서 제시하는 해법 부분에는 여러분이 앞으로 자주 보게 될 함수 호출 형식 세 가지가 나온다. blink1 함수에는 매개변수도 없고 반환 값도 없다. 그 형태는 다음과 같다.

```
void blink1()
{
  // 기능을 구현하는 코드를 여기에 적는다.
}
```

blink2 함수에는 매개변수가 한 개 있지만 반환 값은 한 개도 없다.

```
void blink2(int count)
{
  // 기능을 구현하는 코드를 여기에 적는다.
}
```

blink3 함수에는 매개변수와 반환 값이 한 개씩 있다.

```
int blink3(int period)
{
  int result = 0;
  // 기능을 구현하는 코드를 여기에 적는다.
  return result; // 이 값이 반환된다.
}
```

함수 이름 앞에 나오는 데이터 형식은 반환 형식_{return type}을 나타낸다(데이터 형식이 void라면 반환 형식이 없다는 뜻이다). **함수 선언**_{declaring the function}을 할 때, 즉 함수와 함수의 동작을 정의하는 코드를 작성할 때는 함수를 호출하는 줄의 맨 끝에 있는 괄호 뒤에 세미콜론을 넣지 않는다. 반면에 함수를 사용할 때는(즉, 호출할 때는) 함수를 호출하는 줄의 맨 끝에 세미콜론을 찍어야 한다.

여러분이 앞으로 만나게 될 대부분의 함수는 이러한 세 가지 형태를 바탕으로 조금씩 변형한 것이다.

함수 선언 부분의 앞쪽에 나오는 데이터 형식 식별자_{data type identifier}는 함수가 데이터를 어떤 형식으로 반환해야 하는지를 컴파일러에 알려 주는 역할을 한다. blink1 함수와 blink2 함수의 경우에서 나오는 void는 아무런 값도 반환하지 않음을 가리킨다. blink3 함수의 경우에 나오는 int는 정수한 개를 반환한다는 점을 가리킨다. 함수를 작성할 때는 함수가 수행하는 동작에 적합한 반환 형식을 선택하자.

 함수 이름을 의미 있게 짓는 것이 바람직하며, 이름을 지을 때는 첫 단어를 제외한 각 단어의 첫 글자를 대문자로 사용하는 식으로 각 단어를 합쳐서 쓰는 게 보통이다. 이 중에 어떤 방식이든지 여러분이 선택해서 사용하면 되겠지만, 이름을 일관성 있는 방식에 맞춰 지으면 여러분이 작성한 코드를 다른 사람들이 쉽게 읽을 수 있게 된다.

blink2 함수에는 count라는 매개변수가 한 개 있다(함수가 호출되면 함수로 전달되는 값이 count에 주어진다). blink3에는 period라고 부르는 매개변수가 한 개 있다는 점이 다르다.

함수의 본문_{body}(몸체), 즉 중괄호로 둘러싸인 코드 부분은 여러분이 원하는 동작을 수행한다. 예를 들어, blink1 함수는 LED를 켰다가 끄는 식으로 점멸한다. blink2 함수는 while 루프를 써서 count로 지정한 횟수만큼 반복하되 반복할 때마다 LED를 점멸한다. blink3 함수는 여러분이 버튼을 누르기 전까지 LED를 점멸하고는 호출해 온 함수 쪽으로 값(여러분이 버튼을 누르기 전까지 LED를 점멸한 횟수)을 반환한다.

함께 보면 좋은 내용

아두이노 함수에 대한 참고 페이지(https://oreil.ly/Ww2Hw).

문제

함수에서 값을 두 개 이상 반환하게 하고 싶다. 레시피 2.10에서는 가장 일반적인 형태의 함수, 예를 들어 값을 한 개만 반환하거나 아무것도 반환하지 않는 함수에 대한 예제를 제시했다. 하지만 때때로 여러분은 그런 함수를 수정해서 값을 두 개 이상 반환해야 할 경우가 있다.

해법

이를 해결하는 방법은 여러 가지다. 함수가 일부 전역 변수를 변경하게 하되, 이 함수가 실제로는 아무것도 반환하지 않게 하는 것이 가장 쉬운 해결책이다.

```
/*
 * swap 스케치.
 * 전역 변수를 사용해 두 값을 변경하는 방법을 보여 준다.
 */

int x; // x와 y는 전역 변수(global variable)다.
int y;

void setup()
{
  Serial.begin(9600);
}

void loop()
{
  x = random(10); // 난수를 선택한다.
  y = random(10);

  Serial.print("The value of x and y before swapping are: ");
  Serial.print(x);
  Serial.print(",");
  Serial.println(y);
  swap();

  Serial.print("The value of x and y after swapping are: ");
  Serial.print(x);
  Serial.print(",");
  Serial.println(y);
  Serial.println();

  delay(1000);
}

// 두 개의 전역 값을 치환(swap)한다.
void swap()
```

```
{
  int temp;
  temp = x;
  x = y;
  y = temp;
}
```

swap 함수는 전역 변수를 사용해 두 값을 서로 치환한다. 전역 변수를 이해하기는 쉽지만(어디에서 든 전역 변수에 접근해 자유롭게 변경할 수 있기 때문에), 우연히 실수하는 바람에 변숫값을 수정하는 경우가 생길 수도 있고 스케치 내에서 전역 변수의 이름이나 형식을 변경했을 경우에 함수가 작동하지 않는 문제도 생길 수 있기 때문에, 숙련된 프로그래머는 전역 변수를 자주 사용하지는 않는다.

변경하려고 하는 값에 대한 **참조**reference(참조 주소)를 전달하고 함수가 참조를 사용해 값을 수정하게 하는 방법이 더 안전하고 더 우아하다. 다음 예제에서 참조를 사용하는 방법을 볼 수 있다.

```
/*
 * functionReferences 스케치.
 * 참조를 전달함으로써 값을 두 개 이상 반환하는 방법을 보여 준다.
 */

void setup()
{
  Serial.begin(9600);
}

void loop()
{
  int x = random(10); // 난수를 선택한다.
  int y = random(10);

  Serial.print("The value of x and y before swapping are: ");
  Serial.print(x);
  Serial.print(", ");
  Serial.println(y);
  swapRef(x, y);

  Serial.print("The value of x and y after swapping are: ");
  Serial.print(x);
  Serial.print(",");
  Serial.println(y);Serial.println();

  delay(1000);
}

// 주어진 두 값을 서로 치환한다.
void swapRef(int & value1, int & value2)
{
  int temp;
```

```
  temp = value1;
  value1 = value2;
  value2 = temp;
}
```

마지막으로, C 언어의 **구조체**structure를 사용하는 방법도 있는데, 이 구조체에 **필드**field(데이터 항목)를
여러 개 담을 수 있으므로 모든 데이터를 한 번에 전달해 반환할 수 있다.

```
/*
 * struct 스케치.
 * 구조체를 사용해 두 개 이상인 값을 반환하는 방법을 보여 준다.
 */

struct Pair {
  int a, b;
};

void setup()
{
  Serial.begin(9600);
}

void loop()
{
  int x = random(10); // 난수를 선택한다.
  int y = random(10);
  struct Pair mypair = {random(10), random(10)};

  Serial.print("The value of x and y before swapping are: ");
  Serial.print(mypair.a);
  Serial.print(", ");
  Serial.println(mypair.b);
  mypair = swap(mypair);

  Serial.print("The value of x and y after swapping are: ");
  Serial.print(mypair.a);
  Serial.print(", ");

  Serial.println(mypair.b);
  Serial.println();

  delay(1000);
}

// 주어진 두 값을 치환한다.
Pair swap(Pair pair)
{
  int temp;
  temp = pair.a;
  pair.a = pair.b;
```

```
    pair.b = temp;
    return pair;
}
```

토의

swapRef 함수는 레시피 2.10에서 서술한, 매개변수가 있는 함수와 비슷하지만, 앰퍼샌드(&) 기호로 해당 파라미터가 **참조**reference라는 점을 나타내고 있다는 점이 다르다. 이에 따라 함수 안의 값이 변경되면 함수를 호출할 때 제공되는 변숫값도 변경된다. 이 레시피에서 제시하는 해법에 실린 코드를 먼저 실행하고 매개변수가 바뀌었는지를 확인해 보는 식으로 작동 방식을 확인할 수 있다. 그런 다음에 함수를 정의하는 부분에서 두 개의 앰퍼샌드를 제거하는 식으로 코드를 수정하자.

변경된 줄은 다음과 같아야 한다.

```
void swapRef(int value1, int value2)
```

이 코드를 실행해도 값이 치환되지 않음을 알 수 있다. 함수 내에서 변경한 내용은 해당 함수에 국한되며, 그러한 변경 내용은 함수가 반환될 때 사라진다.

swapPair 함수는 struct, 즉 **구조체**structure라고 부르는, C 언어가 제공하는 기능을 사용한다. 구조체에는 여러 원시 형식primitive type이나 포인터를 넣을 수 있다. struct를 위해 점유되는 메모리량은 구조체를 이루고 있는 원소들의 크기와 같다(8비트 아두이노에서 Pair는 4바이트를 차지하고 32비트 보드에서는 8바이트를 차지한다). 여러분이 객체 지향 프로그래밍에 익숙하다면 struct를 클래스와 비슷한 것으로 생각하려는 유혹을 받을 수도 있겠지만, struct는 그 안에 담긴 데이터가 전부일 뿐 그 밖의 어떤 역할도 하지 않는다.

레시피 2.12 조건에 맞춰 행동하게 하기

문제

특정 조건이 참인 경우에만 코드 블록을 실행하려고 한다. 예를 들어, 스위치를 누르거나 아날로그 값이 임곗값보다 큰 경우에 LED에 불이 켜지게 하려는 것이다.

해법

다음 코드는 레시피 5.2에 나온 배선을 사용한다.

```
/*
 * Pushbutton(누름버튼) 스케치.
 * 디지털 핀 중 2번 핀에 연결된 스위치를 사용해 내장형 LED를 켠다.
 */

const int inputPin = 2; // (누름버튼용으로 사용할) 입력 핀을 선택한다.

void setup()
{
  pinMode(LED_BUILTIN, OUTPUT);    // LED 핀을 출력으로 선언한다.
  pinMode(inputPin, INPUT_PULLUP); // 누름버튼 핀을 입력으로 선언한다.
}

void loop()
{
  int val = digitalRead(inputPin); // 입력값을 읽는다.
  if(val == LOW)                   // 버튼을 눌렀을 때 입력이 LOW가 된다.
  {
    digitalWrite(LED_BUILTIN, HIGH); // 스위치를 누르면 LED가 켜진다.
  }
}
```

토의

if 문은 digitalRead의 값을 테스트하는 데 사용한다. if 문의 괄호 안에서 테스트가 수행되며,
그 결과는 참true이나 거짓false일 수 있다. 이 레시피에서 제시하는 해법에 나오는 예제에서 val ==
LOW이고, if 문 뒤에 나오는 코드 블록은 표현식이 참인 경우에만 실행된다. 코드 블록이란 중괄호
로 둘러싸인 모든 코드로 구성된다(여러분이 중괄호를 쓰지 않는 경우라면 세미콜론으로 끝나는 다음 실
행 가능 문장이 블록이 된다).

어떤 문장이 참일 때는 어떤 일을 하게 하고, 거짓일 때는 그 밖의 일을 하게 하고 싶다면 if...else
문을 사용하면 된다.

```
/*
 * Pushbutton 스케치.
 * 2번 핀에 연결된 스위치가 내장형 LED를 켠다.
 */

const int inputPin = 2; // (누름버튼용으로 사용할) 입력 핀을 선택한다.

void setup()
{
  pinMode(LED_BUILTIN, OUTPUT);    // LED 핀을 출력으로 선언한다.
  pinMode(inputPin, INPUT_PULLUP); // 누름버튼 핀을 입력으로 선언한다.
}
```

```
void loop()
{
  int val = digitalRead(inputPin); // 입력값을 읽는다.
  if (val == LOW)                   // 버튼이 눌리면 입력이 LOW가 된다.
  {
    // val이 LOW인 경우라면 다음 문장이 실행된다.
    digitalWrite(LED_BUILTIN, HIGH); // 스위치가 눌리면 LED를 켠다.
  }
  else
  {
    // val이 LOW가 아니면 다음 문장이 실행된다.
    digitalWrite(LED_BUILTIN, LOW); // LED를 끈다.
  }
}
```

함께 보면 좋은 내용

레시피 2.2에서 설명한 부울 형식에 관한 내용을 참고하자.

레시피 2.13 연속 문장 반복 실행

문제

어떤 표현식이 참인 동안 여러 문장으로 이뤄진 블록 한 개를 반복해서 실행되게 하고 싶다.

해법

while 루프는 표현식이 참인 동안에는 1개 이상인 명령어를 반복해서 실행되게 한다.

```
/*
 * Repeat(반복실행) 스케치.
 * 조건이 참인 동안 깜박인다.
 */

const int sensorPin = A0; // 0번 아날로그 입력.

void setup()
{
  Serial.begin(9600);
  pinMode(LED_BUILTIN, OUTPUT); // LED 핀을 출력으로 정한다.
}

void loop()
{
  while(analogRead(sensorPin) > 100)
```

```
  {
    blink(); // 함수를 호출해 LED를 켜고 끈다.
    Serial.print(".");
  }
  Serial.println(analogRead(sensorPin)); // 이 문장은 while 루프가 끝날 때까지는 실행되지 않는다!!!
}

void blink()
{
  digitalWrite(LED_BUILTIN, HIGH);
  delay(100);
  digitalWrite(LED_BUILTIN, LOW);
  delay(100);
}
```

이 코드는 중괄호(｛｝) 안의 블록을 이루고 있는 문장들을 실행하는데, 이는 analogRead의 값이 100보다 큰 동안에만 그렇게 된다. 어떤 값이 임곗값을 초과했을 때 LED를 깜박이게 함으로써 경보를 내보내는 데 사용할 수 있다. 센서값이 100 이하이면 LED가 꺼지고 값이 100보다 크면 계속 깜박인다.

토의

중괄호로는 루프에서 실행될 코드 블록의 범위를 정의한다. 중괄호를 사용하지 않으면 첫 번째 코드 줄만 루프에서 반복되므로 이런 방식을 어쩌다가 한 번씩 사용하든지 아니면 아예 사용하지 말아야 한다.

```
while(analogRead(sensorPin) > 100)
  blink();              // 루프 표현식에 바로 이어서 나오는 줄만 실행된다.
  Serial.print("."); // 이것은 while 루프가 끝나야만 실행이 된다!
```

do ... while 루프는 while 루프와 비슷하지만, 조건을 확인하기 전에 코드 블록을 이루는 명령어가 먼저 실행된다는 점이 다르다. 표현식이 false인 경우에도 코드를 한 번은 꼭 실행해야 한다면 이 방식을 쓰자.

```
do
{
  blink(); // 함수를 호출해 LED를 켜고 끈다.
  Serial.print(".");
}
while (analogRead(sensorPin) > 100);
```

앞에 나온 코드는 LED를 일단 한 번 깜박이게 한 다음에 센서에서 읽은 값이 100보다 큰 경우라면 계속 깜박이게 한다. 그러므로 센서에서 읽은 값이 처음에 100보다 크지 않으면 LED가 한 번만 깜박이고 만다. 예를 들어, 이 함수가 10초마다 한 번씩 호출된다고 할 때 LED가 한 번만 깜박인다면 회로가 동작 중이라는 의미이고, 계속해서 점멸한다면 충전된다는 의미일 것이다.

 코드는 while 루프나 do 루프 내의 출구 조건(exit condition, 종료 조건, 탈출 조건)이 갖춰질 때까지 실행될 것이다. 타임아웃(timeout, 시간초과) 때문에 루프를 종료해야 하거나 또는 센서 상태나 그 밖의 입력에 대한 반응으로 루프를 종료해야 하는 경우에는 다음과 같이 break를 사용할 수 있다.

```
while(analogRead(sensorPin) > 100)
{
  blink();
  Serial.print(".");
  if(Serial.available())
  {
    while(Serial.available())
    {
      // 대기 중인 직렬 입력을 사용한다.
      Serial.read();
    }
    break;  // 직렬 입력이 하나라도 들어오면 루프를 벗어나 이리로 온다.
  }
}
```

함께 보면 좋은 내용

4장과 5장을 참고하자.

레시피 2.14 카운터 이용 문장 반복

문제

횟수를 지정해 한 개 이상의 명령문을 반복해서 실행하고 싶다. for 루프는 while 루프와 비슷하지만, 시작 조건starting condition(진입 조건, 입구 조건)과 종료 조건ending condition(탈출 조건, 출구 조건)을 더 잘 제어할 수 있게 해준다.

해법

이 스케치에서는 i라는 변수를 for 루프 안에 두어 그 값을 0부터 3까지 세어 가면서 출력한다.

```
/*
 * ForLoop(for 루프) 스케치.
 * for 루프의 사용법을 보여 준다.
 */

void setup()
{
  Serial.begin(9600);
}

void loop()
{
  Serial.println("for(int i = 0; i < 4; i++)");
  for(int i = 0; i < 4; i++)
  {
    Serial.println(i);
  }
  delay(1000);
}
```

이것의 시리얼 모니터 출력은 다음과 같이 된다(거듭거듭 반복해서 숫자들이 화면에 나올 것이다).

```
for(int i = 0; i < 4; i++)
0
1
2
3
```

토의

for 루프는 초기화 부분, 조건부 테스트 부분, 반복 부분(루프를 통과할 때마다 실행되는 명령문)이라는 세 부분으로 구성된다. 각 부분은 세미콜론으로 구분된다. 이 레시피에서 제시하는 해법에 나오는 코드에서 int i=0;으로 i 변수를 0으로 초기화하고, i < 4;로는 변숫값이 4보다 작은지를 알아보기 위해 테스트하며, i++로는 i 값을 늘린다.

for 루프에서는 기존 변수를 사용할 수도 있지만, 새 변수를 만들어서 루프 안에서만 독점적으로 사용할 수도 있다. 여기서는 스케치에서 앞서 만들어 둔 변수 j의 값을 사용한다.

```
int j;

Serial.println("for(j = 0; j < 4; j++)");
for(j = 0; j < 4; j++)
{
  Serial.println(j);
}
```

이번 예제가 앞서 나온 예제와 거의 비슷하지만 변수 j가 이미 정의되어 있기 때문에 초기화 부분에 int라는 키워드가 없다는 점이 다르다. 이번 버전의 출력은 이전 버전의 출력과 비슷하게 나온다.

```
for(j = 0; j < 4; j++)
0
1
2
3
```

여러분은 조건부 테스트 부분에서 루프가 중단되어야 할 때를 제어하게 된다. 이전 예제는 루프 변수가 4보다 작은지를 테스트하고, 조건이 더 이상 참이 아닌 경우에는 종료된다.

 루프 변수를 0에서 시작하게 하고 네 번에 걸쳐 반복하게 하고 싶다면 조건문에서는 값이 4보다 작은지를 테스트해야 한다. 조건이 참인 동안에는 루프가 반복되며, 루프는 0에서 시작해 4보다 작은 네 개의 값(0, 1, 2, 3)을 거치게 된다.

다음 코드는 루프 변숫값이 4보다 작은지를 테스트한다. 이 코드는 0에서 4에 이르는 숫자를 프린트한다.

```
Serial.println("for(int i = 0; i <= 4; i++)");
for(int i = 0; i <= 4; i++)
{
  Serial.println(i);
}
```

for 루프의 세 번째 부분은 루프를 통과할 때마다 실행되는 반복자 명령문iterator statement이다. 유효한 C/C++ 문이라면 무엇이든 이 반복자 명령문으로 사용할 수 있다. 다음 코드는 각 반복 과정마다 i의 값을 2씩 늘려 나간다.

```
Serial.println("for(int i=0; i < 4; i+=2)");
for(int i=0; i < 4; i+=2)
{
  Serial.println(i);
}
```

이 표현식은 0과 2라는 값만 프린트한다.

반복자iterator 표현식을 사용해 루프 반복 횟수를 큰 수에서 시작해 작은 수가 되게 세어 나갈 수 있는데, 다음 코드에서는 3에서 시작해 0에 이르는 식으로 세어 나가고 있다.

```
Serial.println("for(int i=3; i >= 0 ; i--)");
for(int i=3; i >= 0 ; i--)
{
  Serial.println(i);
}
```

for 루프의 다른 부분과 마찬가지로, 반복자 표현식을 비워 둘 수 있다(다만, 이렇게 비워 둘 때에도 두 개의 세미콜론을 기입해 두어 세 부분을 따로 분리해야 한다).

이 버전에서는 입력 핀이 하이_{high}(고준위)일 때만 i를 늘린다. for 루프에서는 i의 값이 변경되지 않으며, Serial.println 이후의 if 문에 의해서만 변경된다. 참고로, 여러분은 Serial.println을 사용하기 전에 첫째 줄에 보이는 것처럼 입력 핀, 즉 inPin을 지정한 다음에 pinMode( )를 사용해 INPUT으로 설정해야 한다.

```
pinMode(2, INPUT_PULLUP); // 이 부분이 setup()에 들어 있어야 한다.

/* ... */

Serial.println("for(int i=0; i < 4;)");
for(int i=0; i < 4;)
{
  Serial.println(i);
  if(digitalRead(2) == LOW)
  {
    i++; // 버튼이 눌릴 때만 값을 늘린다.
  }
}
```

함께 보면 좋은 내용

for 문에 대한 아두이노 참고문헌(https://oreil.ly/dL5vO).

레시피 2.15 루프 밖으로 빠져 나가기

문제

특정 조건에 부합하는지를 테스트하여 부합하는 경우에는 루프를 일찍 끝내고 싶다.

해법

다음 스케치에 표시한 대로 break 문을 사용하자.

```
/*
 * break 스케치.
 * break 문을 사용하는 방법을 보여 준다.
 */

const int switchPin = 2; // 2번 디지털 입력.

void setup()
{
  Serial.begin(9600);
  pinMode(LED_BUILTIN, OUTPUT);    // LED 핀을 출력으로 활성화.
  pinMode(switchPin, INPUT_PULLUP); // 버튼 핀을 입력으로 활성화.
}

void loop()
{
  while(true) // 무한 루프.
  {
    if(digitalRead(switchPin) == LOW)
    {
      break; // 스위치를 누르면 루프를 종료한다.
    }
    blink(); // LED를 켜거나 끄는 함수를 호출한다.
  }
}

void blink()
{
  digitalWrite(LED_BUILTIN, HIGH);
  delay(100);
  digitalWrite(LED_BUILTIN, LOW);
  delay(100);
}
```

토의

이 코드는 while 루프를 사용하는 코드와 비슷하지만, 스위치가 눌린 상태라면 break 문을 사용해 루프를 종료한다. 예를 들어, 레시피 5.2에서 그러하듯이 while 루프의 조건이 참일지라도 루프가 종료되면서 LED의 깜박임도 멈추게 된다.

함께 보면 좋은 내용

break 문에 대한 아두이노 참고문헌(https://oreil.ly/-6MsQ).

인터럽트interrupt는 마이크로컨트롤러 하드웨어에 내장된 기능으로, 핀 상태가 변경될 때 여러분이 즉시 조치를 취할 수 있게 해준다. 더 알고 싶다면 레시피 18.2를 참고하자.

단일 변숫값에 따라 여러 조치를 하기

문제

여러분이 일부 값에 따라서 서로 다른 일을 해야 한다고 해보자. 이런 경우에 if 문과 else if 문을 여러 번 사용해 가며 그렇게 할 수 있지만, 코드는 곧 복잡해지고 이해하기도 어렵게 되고 수정하기도 어려워진다. 게다가 여러분은 값의 범위 안에 드는 여러 값을 테스트해 보고 싶다.

해법

switch 문을 사용하면 다양한 대안을 선택할 수 있다. 기능적으로 볼 때 switch 문이 다중 if/else if 문과 비슷하지만 더 간결하다.

```
/*
 * SwitchCase 스케치.
 * 직렬 포트로부터 들어오는 문자들을 바탕으로 전환하는
 * switch 문을 보여 주는 사례.
 *
 * 문자 1을 송신하면 LED를 한 번 깜박이게 하고, 2를 송신하면 두 번 깜박이게 한다.
 * +를 송신하면 LED를 켜고, -를 송신하면 LED를 끈다.
 * 나머지 문자는 모두 시리얼 모니터에 메시지(문구)로 프린트한다.
 */

void setup()
{
  Serial.begin(9600); // 9600보(baud)로 송수신하도록
                      // 직렬 포트를 초기화한다.
  pinMode(LED_BUILTIN, OUTPUT);
}

void loop()
{
  if(Serial.available()) // 사용할 수 있는 문자가 한 개 이상 있는지를 검사한다.
  {
    char ch = Serial.read();
    switch(ch)
    {
    case '1':
      blink();
      break;
    case '2':
      blink();
      blink();
      break;
    case '+':
      digitalWrite(LED_BUILTIN, HIGH);
      break;
```

```
    case '-':
      digitalWrite(LED_BUILTIN, LOW);
      break;
    case '\n': // 줄바꿈(newline) 문자인 경우라면, 이 문자를 무시하고 switch 문에서 안전하게 빠져나간다.
      break;
    case '\r': // 캐리지리턴인 경우라면, 이 문자를 무시하고 switch 문에서 안전하게 빠져나간다.
      break;
    default:
      Serial.print(ch);
      Serial.println(" was received but not expected");
      break;
    }
  }
}

void blink()
{
  digitalWrite(LED_BUILTIN, HIGH);
  delay(500);
  digitalWrite(LED_BUILTIN, LOW);
  delay(500);
}
```

토의

switch 문은 직렬 포트에서 수신된 값을 담은 변수 ch를 평가해, 해당 값과 일치하는 레이블로 분기한다. 레이블은 숫자 상수여야 한다. char 데이터 형식이 수치로 표현되므로(레시피 2.2 참고), 이 형식도 허용된다. 하지만 case 문에서는 문자열을 사용할 수 없으며, 동일한 값을 지닌 레이블이 두 개 이상이면 안 된다. 각 표현식의 뒤에 break 문을 두지 않으면 실행 부분이 다음 문장으로 **빠져 버린다**fall through.

```
case '1':
  blink(); // 다음에 나오는 레이블의 앞쪽에 break 문이 나오지 않는다.
case '2':
  blink(); // 그러므로 case '1'이 이곳으로도 이어진다.
  blink();
  break;   // break 문이 있으므로 switch 표현식이 종료된다.
```

(앞서 나온 코드에서 보았듯이) case '1':이 끝나야 할 곳에 break 문을 두지 않으면 ch 값이 '1'일지라도 blink 함수가 세 차례에 걸쳐 호출되고 만다. 실수로 break 문을 두는 것을 잊는 경우가 흔하다. 때로는 편의상 의도적으로 break를 남겨 두지 않는 경우도 있기는 하지만, 이런 경우에는 여러분의 코드를 읽는 사람들이 혼동할 수 있으므로 될 수 있으면 코드에 주석을 달아서 작성자의 의도를 확실히 알려 주는 편이 바람직하다.

switch 문이 여러분이 의도한 대로 동작하지 않는다면 break를 빠뜨리지는 않았는지 확인하자.

'default:'라는 레이블은 case 레이블에 해당하지 않는 값들을 처리하는 데 쓰인다. default 레이블이 없다면 switch 표현식은 각 레이블에 일치하지 않는 경우에 대해서는 아무런 조치도 하지 않는다.

함께 보면 좋은 내용

switch 문과 case 문에 대한 참고(https://oreil.ly/pPLn-).

레시피 2.17 문자와 수치 간 비교

문제

여러 값 간의 관계를 결정하려고 한다.

해법

표 2-5에 표시된 관계 연산자를 사용해 정숫값을 비교하자.

표 2-5 관계 연산자와 항등 연산자

연산자	비교 방식	예
==	같음	2 == 3 // 거짓(false)으로 판정됨.
!=	같지 않음	2 != 3 // 참(true)으로 판정됨.
>	보다 큼	2 > 3 // 거짓(false)으로 판정됨.
<	보다 작음	2 < 3 // 참(true)으로 판정됨.
>=	크거나 같음	2 >= 3 // 거짓(false)으로 판정됨.
<=	작거나 같음	2 <= 3 // 참(true)으로 판정됨.

다음 스케치는 비교 연산자를 사용한 결과를 보여 준다.

```
/*
 * RelationalExpressions(관계식) 스케치.
 * 값을 비교하는 방식을 보여 준다.
 */

int i = 1; // 시작하는 시점에서 쓸 값.
int j = 2;
```

```
void setup()
{
  Serial.begin(9600);
}

void loop()
{
  Serial.print("i = ");
  Serial.print(i);
  Serial.print(" and j = ");
  Serial.println(j);

  if(i < j)
    Serial.println(" i is less than j");                    // i가 j보다 작다.
  if(i <= j)
    Serial.println(" i is less than or equal to j");        // i가 j보다 작거나 같다.
  if(i != j)
    Serial.println(" i is not equal to j");                 // i는 j와 같지 않다.
  if(i == j)
    Serial.println(" i is equal to j");                     // i가 j와 같다.
  if(i >= j)
    Serial.println(" i is greater than or equal to j");     // i가 j보다 크거나 같다.
  if(i > j)
    Serial.println(" i is greater than j");                 // i가 j보다 크다.

  Serial.println();
  i  = i + 1;
  if(i > j + 1)
  {
    delay(10000); // i가 더 이상 j와 비슷하지 않으면 오랫동안 지연되게(즉, 10초 동안 대기하게) 한다.
  }
  else
  {
    delay(1000);   // 짧은 지연시간(즉, 1초 동안 대기).
  }
}
```

출력되는 내용은 다음과 같다.

```
i = 1 and j = 2
 i is less than j
 i is less than or equal to j
 i is not equal to j

i = 2 and j = 2
 i is less than or equal to j
 i is equal to j
 i is greater than or equal to j

i = 3 and j = 2
```

```
i is not equal to j
i is greater than or equal to j
i is greater than j
```

토의

항등 연산자는 이중 등호로 된 모양, 즉 == 모양이라는 점에 유념하자. 프로그램을 작성할 때는 흔히 항등 연산자를 등호 한 개로 표현하는 할당 연산자와 혼동하는 실수를 하게 된다.

다음 표현식은 i 값이 3인지를 비교한다. 프로그래머가 원래 의도한 바는 다음 코드와 같다.

```
if(i == 3) // i가 3인지를 검사한다.
```

하지만 스케치에 다음 코드를 써넣었다고 해보자.

```
if(i = 3) // 등호를 한 개만 써넣는 실수를 했다!
```

이 코드에서는 i 값이 3으로 설정되어 버리고, 이에 따라 비교할 때마다 항상 동일한 것으로 간주되어 true만 반환된다.

문자 값들이 수치로 표현되므로 문자 값들을 대상으로 해서도 이런 방식으로 비교해 볼 수 있다(레시피 2.2 참고). 다음 코드는 참이 된다.

```
if('b' > 'a')
```

마찬가지로 아두이노가 사용하는 아스키 문자 세트에서 숫자 'a'는 97이므로 다음 코드는 참이다.

```
if('a' == 97)
```

그러나 문자열을 수치numeric value와 직접 비교할 수는 없다.

```
String word1 = String("Hello");
char word2[] = "World";
if (word1 > 'G') // 이 부분은 컴파일되지 않는다.
{
  Serial.println("word1 > G");
}
if (word2 >= 'W') // 이 부분 또한 컴파일되지 않는다.
{
```

```
  Serial.println("word2 >= W");
}
```

그러나 어떤 수number나 문자를, 문자열을 이루는 문자들 중 한 문자와 비교하는 일은 언제든 할 수 있다.

```
if (word1.charAt(0) > 'G')
{
  Serial.println("word1[0] > G");
}
if(word2[0] >= 'W')
{
  Serial.println("word2[0] >= W");
}
```

함께 보면 좋은 내용

조건 연산자 및 비교 연산자에 대한 아두이노 레퍼런스(https://oreil.ly/CZ4U0).

아두이노 아스키 차트 참고(https://oreil.ly/uNpYu).

레시피 2.18 문자열 간 비교

문제

두 개의 문자열이 서로 같은지를 확인하고 싶다.

해법

strcmp는 **string compare(문자열 비교)**의 줄임말로서, 이는 문자열 비교 함수다. 다음 코드로 사용법을 볼 수 있다.

```
char string1[ ] = "left";
char string2[ ] = "right";

if(strcmp(string1, string2) == 0)
{
  Serial.println("strings are equal"); // 두 문자열이 서로 같다.
}
```

토의

strcmp는 문자열들이 서로 같다면 0을 반환하고, 두 문자열이 서로 일치하지 않는 경우에는 두 문자열의 첫 번째 문자들을 비교해 첫 번째 문자열의 문자가 두 번째 문자열의 문자보다 더 크면 0보다 큰 값을 반환한다. 첫 번째 문자열에서 처음으로 일치하지 않는 문자가 두 번째 문자열의 것보다 작으면 0보다 작은 값을 반환한다. 일반적으로 두 문자열이 같은지 여부만 확인하기 때문에, 0이라는 값으로 일치 여부를 따지는 게 처음에는 어색하게 느껴질 수도 있다. 하지만 곧 익숙해질 것이다.

두 문자열의 길이가 서로 다르다면 더 짧은 문자열이 더 긴 문자열의 일부분에 해당한다고 할지라도 같은 문자열로 간주되지 않는다. 이 점을 다음 코드로 확인해 보자.

```
if (strcmp("left", "leftcenter") == 0) // 이 조건문은 거짓으로 판정된다.
```

strncmp 함수를 사용해 문자 개수를 지정해 문자열을 비교할 수 있다. strncmp에 비교할 최대 문자 수를 지정하면 해당 문자 이후에 나오는 문자들은 비교하지 않는다.

```
if (strncmp("left", "leftcenter", 4) == 0) // 이 조건문은 참으로 판정된다.
```

문자열과 다르게, 아두이노의 String 형식 변수들을 다음과 같이 직접 비교할 수 있다.

```
String stringOne = String("this");
if (stringOne == "this")
{
  Serial.println("this will be true");
}
if (stringOne == "that")
{
  Serial.println("this will be false");
}
```

더 알고 싶다면 아두이노 문자열 비교에 대한 문서를 참고하자(https://oreil.ly/M48_D).

함께 보면 좋은 내용

strcmp에 대한 추가 정보를 cplusplus(https://oreil.ly/rkoUk)에서 볼 수 있다. 아두이노의 String에 대해서는 레시피 2.5를 보자.

논리적 비교

문제

두 개 이상인 표현식 간의 논리적 관계를 판정하려고 한다. 예를 들어, 여러분은 if 문의 조건에 맞춰 서로 다른 작업을 수행하려고 한다.

해법

표 2-6에 요약한 대로 논리 연산자를 사용하자.

표 2-6 논리 연산자

연산자	역할	설명
&&	논리곱	&& 연산자의 양변에 나오는 조건이 모두 참이면 참(true)으로 판정된다.
||	논리합	|| 연산자의 양변에 있는 조건 중 적어도 한 가지가 참이면 참으로 판정된다.
!	부정	표현식이 거짓(false)이면 참으로 판정되고, 표현식이 참이면 거짓으로 판정된다.

토의

논리 연산자는 논리적 관계에 true(참)나 false(거짓) 값을 반환한다. 앞으로 살펴볼 예제에서는 우리가 5장에서 설명한 대로 디지털 2번 핀과 3번 핀에 센서가 연결되어 있다고 가정한다. 5장에 나오는 레시피 중에 몇 곳에서는 센서와 부품을 디지털 핀에 연결하는 방법을 설명한다.

논리곱 연산자인 &&는 두 개의 피연산자가 모두 참인 경우에만 true를 반환하고, 그렇지 않다면 false를 반환한다.

```
if(digitalRead(2) && digitalRead(3))
  blink(); // 두 핀이 모두 HIGH인 경우에만 깜박인다.
```

논리합 연산자인 ||는 두 개의 피연산자 중 어느 하나만 참인 경우에 true를 반환하고, 둘 다 거짓인 경우에만 false를 반환한다.

```
if(digitalRead(2) || digitalRead(3))
  blink(); // 두 핀 중 어느 하나라도 HIGH인 경우에 깜박인다.
```

부정Not 연산자인 !의 피연산자는 하나뿐인데, 이 피연산자의 값을 반대로 바꾼다. 따라서 피연산자가 참이면 false를 반환하고, 피연산자가 거짓이면 true를 반환한다.

```
if(!digitalRead(2))
  blink(); // 핀이 HIGH가 아니라면 깜박인다.
```

레시피 2.20 비트 단위 연산

문제

값을 이루고 있는 비트들 중 특정 비트 값을 지정하거나 지우고 싶다.

해법

표 2-7에 요약한 대로 비트 연산자를 사용하자. 0b라는 접두사는 숫자의 2진 표현을 가리키며, 표에 나오는 10진수와 2진수를 구분하기 위해 쓰는 것이다.

표 2-7 비트 연산자

연산자	역할	결과	예
&	비트곱	두 비트가 모두 1이면 해당 자리에 놓인 비트들이 1로 설정되며, 그렇지 않으면 비트들은 0으로 설정된다.	3 & 1은 1과 같다(0b11 & 0b01은 0b01과 같다).
|	비트합	두 비트 중 하나라도 1이면 해당 자리에 놓인 비트들이 1로 설정된다.	3 | 1은 3과 같다(0b11 | 0b01은 0b11과 같다).
^	배타적 비트합	두 비트 중 어느 한쪽의 비트가 1인 경우에만 해당 자리에 놓인 비트가 1이 된다.	3 ^ 1은 2와 같다(0b11 ^ 0b01은 0b10과 같다).
~	비트 부정	각 비트의 값을 반전시킨다. 결과는 데이터 형식의 비트 수에 따라 달라진다.	~1은 254와 같다(~00000001은 11111110과 같다).

다음은 표 2-7에 표시된 예제 값을 보여 주는 스케치다.

```
/*
 * bits 스케치.
 * 비트 연산자를 보여 준다.
 */

void setup()
{
  Serial.begin(9600);
}

void loop()
{
  Serial.print("3 & 1 equals "); // 3과 1의 비트곱.
  Serial.print(3 & 1);           // 결과를 프린트한다.
```

```
        Serial.print(" decimal, or in binary: ");
        Serial.println(3 & 1 , BIN);    // 결과를 2진 표현으로 프린트한다.

        Serial.print("3 | 1 equals "); // 3과 1의 비트합.
        Serial.print(3 | 1);
        Serial.print(" decimal, or in binary: ");
        Serial.println(3 | 1 , BIN);    // 결과를 2진 표현으로 프린트한다.

        Serial.print("3 ^ 1 equals "); // 3과 1의 배타적 비트합.
        Serial.print(3 ^ 1);
        Serial.print(" decimal, or in binary: ");
        Serial.println(3 ^ 1 , BIN);    // 결과를 2진 표현으로 프린트한다.

        byte byteVal = 1;
        int intVal = 1;

        byteVal = ~byteVal; // 비트 부정을 한다.
        intVal = ~intVal;

        Serial.print("~byteVal (1) equals "); // 8비트 값에 대한 비트 부정.
        Serial.println(byteVal, BIN);        // 결과를 2진 표현으로 프린트한다.
        Serial.print("~intVal (1) equals ");  // 16비트 값에 대한 비트 부정.
        Serial.println(intVal, BIN);          // 결과를 2진 표현으로 프린트한다.

        delay(10000);
}
```

다음 내용이 시리얼 모니터에 표시된다.

```
3 & 1 equals 1 decimal, or in binary: 1
3 | 1 equals 3 decimal, or in binary: 11
3 ^ 1 equals 2 decimal, or in binary: 10
~byteVal (1) equals 11111110
~intVal (1) equals 1111111111111111111111111111110
```

토의

비트 연산자는 비트를 설정하거나 테스트하는 데 사용된다. 두 개의 값을 대상으로 비트합이나 비트곱을 하게 되면 개별 비트를 대상으로 연산자가 적용된다. 값의 2진 표현을 보면 이것이 어떻게 작동하는지를 쉽게 알 수 있다.

10진 정수 3의 2진수 표현은 11이고, 10진 정수 1의 2진수 표현은 1이다. 비트단위 곱셈bitwise And(즉, 비트곱) 연산자는 연산을 각 비트별로 수행한다. 이 두 값의 가장 오른쪽 비트는 모두 1이므로 비트곱을 한 결과는 1이다. 값을 구성하는 비트들을 따라 시선을 왼쪽으로 옮겨 가며 본다고 할 때 다음 비트는 1과 0이므로 비트곱을 한 결과는 0이 된다. 나머지 비트는 모두 0이므로 비트 단위 연산의 결과는 모두 0이다. 즉, 두 위치에 1이 있는 각 비트 위치에 대한 결과는 1이 되고, 그렇지 않으면 0이 된다. 따라서 11 & 01을 연산한 결과는 1이 된다. 2진수로 수 값을 표현할 경우에는 비트 단위 연산의 효과를 한눈에 쉽게 알아볼 수 있게 앞부분을 0으로 채워 두는 경우가 많은데, 이런 0이 별다른 의미가 있는 것은 아니다.

표 2-8, 2-9, 2-10은 비트곱_{bitwise And}, 비트합_{bitwise Or}, 배타적 비트합_{bitwise Exclusive Or}으로 인해 나오는 값을 명확하게 파악하는 데 도움이 된다.

표 2-8 비트곱

비트 1	비트 2	비트 1 & 비트 2
0	0	0
0	1	0
1	0	0
1	1	1

표 2-9 비트합

비트 1	비트 2	비트1 | 비트 2
0	0	0
0	1	1
1	0	1
1	1	1

표 2-10 배타적 비트합

비트 1	비트 2	비트 1 ^ 비트 2
0	0	0
0	1	1
1	0	1
1	1	0

부정 연산자를 제외한 나머지 모든 비트 연산자의 연산 대상 값은 두 개다. 비트 부정 연산자는 단순히 각 비트를 반전시킬 뿐이기 때문에 0은 1이 되고 1은 0이 된다. 이번 예제의 경우에 1바이트(즉, 8비트) 값인 00000001에 대해 비트 부정 연산자를 적용하면 11111110이 된다. int 값은 16비트로 이뤄져 있으므로 각 비트 값이 반전되면 결과적으로 열다섯 개의 1이 앞서고 한 개의 0이 뒤서는 꼴이 된다.

함께 보면 좋은 내용

비트곱, 비트합, 배타적 비트합 연산자에 대한 아두이노 레퍼런스(https://oreil.ly/qSJEx).

레시피 2.21 연산과 할당을 동시에 하기

문제

복합 연산자compound operator를 이해해 사용하려고 한다. 출판된 코드 내의 단일 문에서 두 가지 이상을 작업하는 표현식을 사용하는 경우를 드물지 않게 볼 수 있다. a += b, a >>= b, a &= b를 이해하고 싶다.

해법

표 2-11은 복합 할당 연산자compound assignment operator(복합 대입 연산자)와 이에 해당하는 전체 표현식을 보여 준다.

표 2-11 복합 연산자

연산자	예	동일한 역할을 하는 표현식
+=	value += 5	value = value + 5; // 5를 value에 더한다.
-=	value -= 4	value = value - 4; // value에서 4를 뺀다.
*=	value *= 3	value = value * 3; // value에 3을 곱한다.
/=	value /= 2	value = value / 2; // value를 2로 나눈다.
>>=	value >>= 2	value = value >> 2; // value에 담긴 값을 오른쪽으로 두 자리 옮긴다.
<<=	value <<= 2	value = value << 2; // value에 담긴 값을 왼쪽으로 두 자리 옮긴다.
&=	mask &= 2	mask = mask & 2; // mask에 대해서 2로 비트곱을 한다.
|=	mask |= 2	mask = mask | 2; // mask에 대해서 2로 비트합을 한다.

토의

이러한 복합 명령문은 이와 동등한 전체 표현식보다 실행 시 더 효율적인 것은 아니며, 여러분이 프로그래밍에 초보라면 차라리 전체 표현식을 사용하는 편이 코드를 명료하게 작성하는 데 도움이 된다. 반면에 숙련된 프로그래머는 종종 더 짧은 형식을 사용하는 경향이 있으므로 그런 형식에 익숙해져 있어야 할 필요도 있다.

함께 보면 좋은 내용

복합 연산자에 대한 참고 사항들을 모아 놓은 아두이노 레퍼런스 홈페이지(https://oreil.ly/z-1_h).

3

수학적 연산자

3.0 소개

거의 모든 스케치는 수학적 연산mathmatical operation을 통해 변숫값을 다룬다. 이번 장에서는 가장 일반적인 수학적 연산들을 간단하게 살펴볼 것이다. 이미 C나 C++에 익숙하다면 이번 장을 건너뛰고 싶겠지만, 여러분에게 이번 장을 살펴보기를 권하는 이유는 여러분이 사용하지 않을 수도 있는 용어를 사용하는 아두이노 프로그래머를 만날 수도 있기 때문인데, 그러한 용어가 이번 장에 나오기 때문이다. C나 C++를 처음 사용한다면 서문에 언급한 C 참고 서적 중 하나를 참고하자.

3.1 덧셈, 뺄셈, 곱셈, 나눗셈

문제

여러분이 작성한 스케치에 나오는 값에 대해 간단한 계산을 하려고 한다. 여러분은 작업이 수행되는 순서를 제어하고 싶어 하며, 또한 다양한 변수 형식을 처리하고 싶어 한다.

해법

다음 코드를 사용하자.

```
int myValue;
myValue = 1 + 2; // 덧셈.
myValue = 3 - 2; // 뺄셈.
myValue = 3 * 2; // 곱셈.
myValue = 3 / 2; // 나눗셈(결과는 1).
```

토의

정수에 대한 덧셈, 뺄셈, 곱셈은 여러분이 예상한 대로 이뤄진다.

이 레시피의 해법에 제시된 나눗셈 예제에서는 정수에 대한 나눗셈 연산에서 소수점 이하인 값이 버려지기 때문에 나눗셈을 한 결과로 myValue 값은 1이 된다(여러분의 애플리케이션에 분수를 한 결과 가 필요하다면 레시피 2.3을 참고하자).

```
int value = 1 + 2 * 3 + 4;
```

앞에 나온 것 같은 복잡한 문들이 애매하게 보일 수도 있지만 모든 연산자의 **우선순위**precedence**(앞서 나오는 순위)**, 즉 연산자의 순서가 잘 규정되어 있다. 곱셈과 나눗셈의 우선순위가 덧셈과 뺄셈보다 높으므로 결과는 11이 된다. 코드를 작성할 때는 괄호를 사용해 계산 우선순위를 여러분이 바라는 방향으로 명확하게 해두는 것이 바람직하다. int value = 1 + (2 * 3) + 4;도 같은 결과를 내면서도 읽기에 더 수월하다 .

우선순위를 바꿔야 한다면 이번에 든 예에서처럼 괄호를 활용하자.

```
int value = ((1 + 2) * 3) + 4;
```

이 결과는 13이 될 것이다. 안쪽 괄호 안에 기입된 표현식이 먼저 계산되므로 1에 2가 먼저 더해지고, 그리고 나서 3이 곱해지고, 마지막으로 4가 더해져 13이라는 값이 나온다.

여러분이 File ➡ Preferences에서 경고를 내도록 활성화하지 않는 한, 계산 결과로 나온 값이 그 값을 저장할 변수의 최대 크기를 초과해도 아두이노가 경고를 내보내지 않기 때문에 여러분은 그런 일이 일어나지 않게 주의를 기울여야 한다. 이에 대해서는 레시피 2.2를 참고하자. 물론 여러분이 정확한 형식을 사용하더라도 여전히 값을 담을 대상 변수의 크기를 넘어서게 되는 경우가 생길 수 있다. 다음 코드를 생각해 보자.

```
// 1분은 60초이고, 60분이 1시간이고, 24시간이 1일이다.
seconds_per_day = 60 * 60 * 24;
```

이론적으로만 보면 결과로 나오는 값이 86,400이고, 이 정도 값은 long 형식 데이터에 들어맞을 수 있기 때문에 괜찮을 것처럼 보인다. 그러나 seconds_per_day에 실제로 저장된 값은 20,864가 되고 만다. 86,400은 정수형 변수를 두 번이나 오버플로overflow(넘침)하기에 충분하다(86,400 − 32,768 * 2 = 20,864). 아두이노 IDE의 C 컴파일러는 정수로 구성된 산술식을 보게 되지만, 어떤 것이 더 좋은 지 모르기 때문에 이런 오버플로가 발생한다. 표현식에서 값을 평가받는 첫 번째 값에 L자를 추가로 기입함으로써 해당 표현식 전체를 long 형식으로 취급해야 한다는 점을 컴파일러에 알려 주어야 한다.

```
long seconds_per_day = 60L * 60 * 24;
```

어떤 이유로 인해 여러분이 괄호를 사용한다면 가장 안쪽 괄호가 먼저 평가받게 되는 바람에 오버플로가 발생할 수 있다.

```
long seconds_per_day_plus_one = 1L + 60 * (60 * 24);
```

반면에 아래 코드는 제대로 실행될 것이다.

```
long seconds_per_day_plus_one = 1 + 60 * (60L * 24);
```

 부동소수점 연산(floating point arithmetic)을 하게 되면 레시피 2.3에서 설명한 부정확성이 항상 뒤따르게 된다. 예를 들어, 36.3을 3으로 나누고 결과를 소수점 이하 수가 10자리가 되게 프린트하는 다음 코드는 12.0999994277을 표시한다.

```
Serial.println(36.3 / 3, 10);
```

계산 결과를 정확히 표시하는 데 사용할 수 있는 방법을 알고 싶다면 레시피 3.3을 참고하자.

함께 보면 좋은 내용

레시피 2.2와 레시피 2.3을 참고하자.

레시피
3.2 값의 증감

문제

변수가 담고 있는 값을 늘리거나 줄이고 싶다.

해법

다음 코드를 사용하자.

```
int myValue = 0;

myValue = myValue + 1; // myValue라는 변수에 1을 더한다.
myValue += 1;          // 이 문장도 위와 같은 일을 한다.

myValue = myValue - 1; // myValue라는 변수에서 1을 뺀다.
myValue -= 1;          // 이 문장도 위와 같은 일을 한다.

myValue = myValue + 5; // myValue라는 변수에 5를 더한다.
myValue += 5;          // 이 문장도 위와 같은 일을 한다.
```

토의

변숫값을 늘리고 줄이는 일은 아주 흔한 프로그래밍 작업 중 하나이며, 아두이노에는 이를 쉽게 할 수 있게 하는 연산자들이 있다. 값을 1씩 늘리는 일을 **증가**incrementing(점증, 늘리기)라고 하고 1씩 줄이는 것을 **감소**decrementing(점감, 줄이기)라고 한다. 이를 수행하는 가장 빠른 방법은 다음과 같다.

```
myValue = myValue + 1; // myValue에 1을 더한다.
```

그러나 다음과 같이 증가 연산자나 감소 연산자를 할당 연산자와 결합해서 할 수도 있다.

```
myValue += 1; // 앞에 나온 코드와 같은 일을 한다.
```

여러분이 값을 1씩 늘리거나 줄인다면 증가 연산자와 감소 연산자의 축약형인 ++이나 --를 쓸 수 있다.

```
myValue++; // 앞에 나온 코드와 같은 일을 한다.
```

증가 연산자나 감소 연산자를 변수 뒤에 표시하면 일단 변숫값이 먼저 평가된 다음에 증감 연산을 수행하게 되므로 이러한 연산자를 각기 **사후 증가**post-increment(후치 증가, 후위 증가) 연산자와 **사후 감소**post-decrement(후치 감소, 후위 감소) 연산자라고 한다. 이 연산자를 식별자 앞에 두게 된다면 이는 각기 **사전 증가**pre-increment(전치 증가, 전위 증가) 연산자와 **사전 감소**pre-decrement(후치 증가, 후위 증가) 연산자라고 부르게 되는데, 이 연산자를 쓰는 경우에는 값을 먼저 수정한 후에 비로소 변숫값을 판정한다.

```
int myVal = 1;
Serial.println(myVal++); // 1을 프린트한다.
Serial.println(myVal);   // 2를 프린트한다.
Serial.println(++myVal); // 3을 프린트한다.
Serial.println(myVal);   // 3을 프린트한다.
```

함께 보면 좋은 내용

레시피 3.1을 참고하자.

레시피 3.3 나눗셈과 나머지

문제

두 정숫값을 나눈 다음에 나머지를 알고 싶다.

해법

나머지를 얻으려면 % 기호(즉, 나머지 연산자)를 사용하자.

```
int myValue0 = 20 % 10; // 20을 10으로 나눈 나머지를 알아낸다.
int myValue1 = 21 % 10; // 21을 10으로 나눈 나머지를 알아낸다.
```

myValue0의 값은 0이 된다(20을 10으로 나눈 후의 나머지가 0이기 때문이다). myValue1의 값은 1이 된다(21을 10으로 나눈 후의 나머지가 1이기 때문이다).

토의

나머지 연산자는 특히 어떤 값이 어떤 숫자의 배수에 해당하는지를 확인하려는 경우에 유용하다. 예를 들어, 이 레시피에서 제시하는 해법에 나오는 코드를 보강해 어떤 값이 10의 배수인지 여부를 알아낼 수 있다.

```
for (int myValue = 0; myValue <= 100; myValue += 5)
{
  if (myValue % 10 == 0)
  {
    Serial.println("The value is a multiple of 10");
  }
}
```

앞의 코드는 myValue 변수의 나머지를 사용해 결과를 0과 비교한다(레시피 2.17 참고). 결과가 0이면 값이 10의 배수라는 메시지가 프린트된다.

이와 비슷하게 2와 나머지 연산자를 사용하는 다음 예제에서는 값이 홀수인지 아니면 짝수인지를 알아낼 수 있다.

```
for(int myValue = 0; myValue <= 10; myValue++)
{
  if (myValue % 2 == 0)
  {
    Serial.println("The value is even");
  }
  else
  {
    Serial.println("The value is odd");
  }
}
```

이번 예제는 경과 시간이 주어지면 이에 대해 24시간제로 시간을 계산한다.

```
void printOffsetHour(int hourNow, int offsetHours)
{
  Serial.println((hourNow + offsetHours) % 24);
}
```

나머지 연산자를 사용해 부동소수점 연산을 흉내 낼 수 있다. 예를 들어, 레시피 3.1에서 36.3을 3으로 나누면 예상하는 값인 12.1이 나오는 것이 아니라 12.0999994277이 나오는 문제를 생각해 보자. 두 값에 10을 곱하고 나서 정수 연산으로 나누기를 수행해 정수 부분을 얻을 수 있다.

```
int int_part = 363/30; // 결과: 12
```

그런 다음에 나머지remainder를 계산하고 100을 곱하고 나서 나눗수divisor로 나누어 분수 부분fractional part을 얻을 수 있다.

```
int remainder = 363 % 30; // 결과: 3
int fractional_part = remainder * 100 / 30;
```

마지막으로, 정수와 분수 부분을 구두점(마침표)으로 구분함으로써 12.10이 프린트되게 한다.

```
Serial.print(int_part); Serial.print(".");
Serial.println(fractional_part);
```

함께 보면 좋은 내용

%(나머지 연산자)에 대한 아두이노 레퍼런스(https://bit.ly/3cwuTc2).

레시피 3.4 절댓값 알아내기

문제

어떤 숫자의 절댓값을 얻으려고 한다.

해법

abs(x)는 x의 절댓값을 계산해 낸다. 다음 예제는 두 개의 아날로그 입력 포트에 읽을 수 있는 판
독값 간의 차이 값에 대한 절댓값을 취한다(analogRead()에 관해 더 알고 싶다면 5장을 참고하자).

```
int x = analogRead(A0);
int y = analogRead(A1);

if (abs(x - y) > 10)
{
  Serial.println("The analog values differ by more than 10");
}
```

토의

abs(x - y)는 x와 y 간의 차이에 대한 절댓값을 반환한다. 이 함수는 주어진 정수(그리고 long형 정
수) 값의 절댓값을 반환하는 용도로 쓰인다. 부동소수점 값의 절댓값을 반환하려면 레시피 2.3을 참
고하자.

함께 보면 좋은 내용

abs에 대한 아두이노 레퍼런스(https://oreil.ly/uDEs7).

수치 값 범위 제한

문제

값이 항상 하한 및 상한 내에 있는지를 확인하려고 한다.

해법

constrain(x, min, max)는 min(최소)과 max(최대)로 정한 한계 내에 있는 값을 반환한다.

```
int myConstrainedValue = constrain(myValue, 100, 200);
```

토의

myConstrainedValue는 항상 100보다 크거나 같고 200보다 작거나 같은 값으로 설정된다. myValue
가 100보다 작으면 결과는 100이 된다. 200보다 크면 200으로 설정된다.

표 3-1은 min이 100이고 mx가 200일 때에 나올 수 있는 출력값 사례 몇 가지를 보여 준다.

표 3-1 min = 100으로, max = 200으로 제한할 때의 출력

입력값인 myValue	constrain(myValue, 100, 200)
99	100
100	100
150	150
200	200
201	200

함께 보면 좋은 내용

레시피 3.6을 참고하자.

최솟값과 최댓값 구하기

문제

두 개 이상인 값 중에서 최솟값이나 최댓값을 알아내고 싶다.

해법

min(x, y)는 두 값 중 작은 값을 반환한다. max(x, y)는 두 값 중 큰 값을 반환한다.

```
int myValue = analogRead(A0);
int myMinValue = min(myValue, 200); // myMinValue에는 myVal과 200 중 작은 값이 들어간다.
int myMaxValue = max(myValue, 100); // myMaxValue에는 myVal과 100 중 큰 값이 들어간다.
```

토의

표 3-2는 min이 200일 때의 출력값 몇 가지를 보여 준다. 이 표를 보면 값이 200보다 커질 때까지 출력이 입력(myValue)과 같다는 점을 알 수 있다.

표 3-2 min(myValue, 200)으로부터의 출력

입력값인 MyValue	min(myValue, 200)
99	99
100	100
150	150
200	200
201	200

표 3-3은 max가 100일 때의 출력을 보여 준다. 표는 값이 100 이상이라면 출력이 입력(myValue)과 동일함을 보여 준다.

표 3-3 max(myValue, 100)로부터의 출력

입력값인 myValue	max(myValue, 100)
99	100
100	100
150	150
200	200
201	201

상계upper bound(상한값)를 제한하려면 min을 사용한다. 직관과 다를 수도 있겠지만, 입력값과 최솟값 중에서 더 작은 값이 반환되기 때문에 min의 출력은 최댓값(이번 예제에서는 100)보다 낮을 수 없다.

마찬가지로 max를 사용해 하계lower bound(하한값)를 제한한다. max의 출력은 최댓값(이번 예제에서는 100)보다 낮을 수는 없다.

세 개 이상인 값 중에서 최솟값min이나 최댓값max을 찾으려고 한다면 다음과 같이 두 값을 중첩해서 사용할 수 있다.

```
// myMinValue는 읽어들인 세 가지 아날로그 값 중에서 가장 작은 값이 된다.
int myMinValue = min(analogRead(0), min(analogRead(1), analogRead(2)));
```

이번 예제에서는 1번과 2번 아날로그 포트에 대한 최솟값을 찾은 다음, 그것들의 최솟값과 0번 포트 값 중에서 최솟값을 찾는다. 여러분이 필요한 만큼 항목을 확장할 수 있지만 괄호를 올바르게 배치해야 한다. 다음 예제는 네 가지 값 중에서 최댓값을 찾는 경우다.

```
int myMaxValue = max(analogRead(0), max(analogRead(1), max(analogRead(2), analogRead(3))));
```

함께 보면 좋은 내용

레시피 3.5를 참고하자.

레시피 3.7 거듭제곱하기

문제

어떤 수의 거듭제곱 값을 구하려고 한다.

해법

pow(x, y)는 x의 y 제곱에 해당하는 값을 반환한다.

```
int myValue = pow(3,2);
```

이 코드가 3^2를 계산해 내므로 myValue 값은 9가 된다.

토의

pow 함수는 정수나 부동소수점 값을 대상으로 적용할 수 있으며, 계산 결과를 부동소수점 값으로 반환한다.

```
Serial.println(pow(3,2)); // 9.00을 프린트한다.
int z = pow(3,2);
```

```
Serial.println(z); // 9를 프린트한다.
```

첫 번째 출력은 9.00이고 두 번째 출력은 9다. 첫 번째로 프린트할 때는 출력 내용을 부동소수점 수로 표시하고, 두 번째로 프린트할 때는 결과로 나온 값을 정수로 처리한 후에 프린트해 소수점 없이 표시하므로 두 값이 정확히 같지는 않다. pow 함수를 사용한다면 레시피 2.3을 읽어 부동소수점 값과 정숫값의 차이를 이해하자.

다음은 어떤 숫자의 분수거듭제곱fractional power(즉, 거듭제곱근)을 구하는 예제다.

```
float s = pow(2, 1.0 / 12); // 2의 1/12 제곱근
```

2의 $\frac{1}{12}$제곱근은 2의 0.083333제곱과 같다. 결괏값인 s는 1.05946이다. 참고로 말하면, 이 값은 피아노에서 볼 수 있는 두 음조adjacent 간의 진동수 비율이다.

레시피 3.8 제곱근 구하기

문제

어떤 수의 제곱근square root을 계산하려고 한다.

해법

sqrt(x) 함수는 x의 제곱근을 반환한다.

```
Serial.println(sqrt(9)); // 3.00을 프린트한다.
```

토의

sqrt 함수는 부동소수점 수를 반환한다(레시피 3.7에서 설명한 pow 함수를 참고하자).

레시피 3.9 부동소수점 수를 올림하거나 내림하기

문제

부동소수점 수를 기준으로 삼아 그보다 더 작은 정숫값(floor)이나 그보다 더 큰 정숫값(ceil)을 알고 싶다.

해법

floor(x)는 x보다 크지 않은 값 중 가장 큰 정숫값을 반환한다. ceil(x)는 x보다 작지 않은 정숫값 중 가장 작은 정숫값을 반환한다.

토의

이 함수는 부동소수점 수를 어림rounding하는 데 사용되는데, floor(x)로는 x보다 크지 않은 정수 중에서 가장 큰 정수를 구한다. ceil을 사용해서는 x보다 큰 정수 중에서 가장 작은 정수를 구한다.

floor를 사용하여 출력하는 예는 다음과 같다.

```
Serial.println(floor(1));      //   1.00을 프린트한다.
Serial.println(floor(1.1));    //   1.00을 프린트한다.
Serial.println(floor(0));      //   0.00을 프린트한다.
Serial.println(floor(.1));     //   0.00을 프린트한다.
Serial.println(floor(-1));     //  -1.00을 프린트한다.
Serial.println(floor(-1.1));   //  -2.00을 프린트한다.
```

ceil을 사용하는 예는 다음과 같다.

```
Serial.println(ceil(1));       //   1.00을 프린트한다.
Serial.println(ceil(1.1));     //   2.00를 프린트한다.
Serial.println(ceil(0));       //   0.00을 프린트한다.
Serial.println(ceil(.1));      //   1.00을 프린트한다.
Serial.println(ceil(-1));      //  -1.00을 프린트한다.
Serial.println(ceil(-1.1));    //  -1.00을 프린트한다.
```

여러분은 다음과 같이 가장 가까운 정수로 어림할 수 있다.[1]

```
int result = round(1.1);
```

부동소수점 수를 int 형식으로 캐스팅(casting), 즉 변환(converting)함으로써 소수 부분을 절단(truncate)할 수는 있지만, 이런 경우에는 정확하게 어림이 되지 않는다. -1.9 같은 음수는 -2로 내림(버림)해야 하지만, int로 캐스트할 때는 -1로 올림이 된다. 양수에서도 동일한 문제가 발생한다.

1.9는 2로 올림(round up)을 해야 하지만, int로 캐스트하게 되면 1로 내림(round down)이 되어 버린다. 그러므로 정확한 결과를 얻으려면 floor, ceil, round를 사용하자.

---

1 옮긴이 '어림'이란, 상황에 따라 올림을 하거나 버림을 하거나 반올림을 하는 경우를 말한다.

문제

라디안radian이나 도degree 단위에 맞춰 주어진 각도의 사인 값이나 코사인 값 또는 탄젠트 값을 구하려고 한다.

해법

sin(x)는 각도 x의 사인 값을 반환한다. cos(x)는 각도 x의 코사인 값을 반환한다. tan(x)는 각도 x의 탄젠트 값을 반환한다.

토의

라디안 단위로 각도를 규정하며, 그 결과는 부동소수점 수로 반환된다(레시피 2.3 참고). 다음 예제는 삼각 함수를 보여 준다.

```
float deg = 30;               // 도 단위에 맞춘 각도.
float rad = deg * PI / 180;   // 라디안 값으로 변환한다.
Serial.println(rad);          // 해당 라디안 값을 프린트한다.
Serial.println(sin(rad), 5);  // 사인 값을 프린트한다.
Serial.println(cos(rad), 5);  // 코사인 값을 프린트한다.
```

이 코드는 각도를 라디안으로 변환한 다음에 사인 값과 코사인 값으로 프린트한다. 다음 내용은 설명을 추가해 출력한 것이다.

```
0.52     30도는 0.52359988이며, println은 소수점 이하 두 자리까지만 표시한다.
0.50000  30도의 사인 값은 0.50000000이지만, 여기서는 소수점 이하 다섯째 자리까지만 표시하고 있다.
0.86603  코사인 값은 0.86602254이고, 소수점 이하 다섯째 자리에서 0.86603으로 반올림(올림)을 한다.
```

스케치 자체에서는 부동소수점 수의 전체 정밀도를 사용해 값을 계산할지라도 Serial.print와 Serial.println 루틴에서는 부동소수점 수의 소수점 이하 두 자리만 표시하지만, 레시피 2.3에서 설명했듯이 두 번째 인수를 사용해 정밀도를 지정할 수 있다(이번 예제에 나오는 사인과 코사인의 경우에는 5).

라디안 단위와 도 단위를 서로 바꿔 쓰는 방법은 교과서적인 삼각법을 따른다. PI는 π(3.14159265...) 값을 나타낼 때 흔히 쓰는 상수다. PI와 180은 둘 다 상수이며, 아두이노에는 라디안/도 단위 변환에 사용할 수 있게 미리 계산된 상수가 몇 가지 있다.

```
rad = deg * DEG_TO_RAD; // 도 단위를 라디안 단위로 변환하는 방법
deg = rad * RAD_TO_DEG; // 라디안 단위를 도 단위로 변환하는 방법
```

deg * DEG_TO_RAD를 사용하는 편이 deg * PI / 180을 사용하는 경우보다 더 효율적으로 보일 수 있지만, 실제로는 그렇지 않다. 아두이노 컴파일러는 PI / 180이라는 값이 상숫값(결코 변경되지 않는 값)이라는 점을 잘 알아차리기 때문이다. 그래서 이 부분이 PI를 180으로 나눈 결괏값으로 대체되며, 이는 상수인 DEG_TO_RAD(0.017453292519 …)와 동일한 값이 된다. 그러므로 여러분이 선호하는 방법을 골라서 쓰면 된다.

함께 보면 좋은 내용

아두이노의 sin(https://oreil.ly/7RvuR), cos(https://oreil.ly/iPiVA) 및 tan(https://oreil.ly/Xm-lN)에 대한 설명을 참고하자.

레시피 3.11 난수 생성

문제

0부터 지정된 최댓값 사이에 있는 중간값들로 제한되거나, 사용자가 제공한 최솟값과 최댓값 사이에 있는 중간값들로 제한되는 난수를 얻으려고 한다.

해법

난수를 반환하려면 random 함수를 사용하자. 매개변수 한 개를 사용해 random을 호출하면 상계 upper bound(상한값)가 설정되며, 이때 반환된 값의 범위는 0부터 시작해서 상계에서 1을 뺀 값까지다.

```
int minr = 50;
int maxr = 100;
long randnum = random(maxr); // 0부터 maxr -1까지의 범위에 해당하는 난수.
```

두 개의 매개변수로 random을 호출하면 하계lower bound(하한값)와 상계가 설정되며, 반환되는 값의 범위는 하계(포함)부터 시작해서 상계에서 1을 뺀 값까지다.

```
long randnum = random(minr, maxr); // minr과 maxr -1 사이의 난수.
```

토의

반환된 숫자에 명백한 패턴이 없는 것처럼 보이지만, 실제로는 값이 마구잡이인 것은 아니다. 스케치가 시작될 때마다 정확히 동일한 순서대로 반복되어 나오기 때문이다. 많은 애플리케이션에서는 이게 그다지 문제가 되지 않는다. 하지만 여러분이 스케치를 새로 시작할 때마다 그 순서가 서로 다르기를 바란다면 매번 시드seed(씨앗) 값을 다르게 하면서 randomSeed(seed) 함수를 호출하면 된다 (시드 값을 같게 해버리면 난수의 순서가 똑같이 나오고 만다). 이 함수는 전달한 seed 매개변수의 값에 따라 달라지는 임의의 위치에서부터 난수 생성기가 시작되게 한다.

```
randomSeed(1234); // 난수가 시작되는 순서를 변경한다.
```

아두이노에서 사용할 수 있는 다양한 형태의 난수 생성기를 사용하는 예를 보이면 다음과 같다.

```
// Random 스케치.
// 난수 생성을 보여 준다.

int randNumber;

void setup()
{
  Serial.begin(9600);
  while(!Serial);

  // 시드 값을 사용하지 않고 난수를 프린트한다.
  Serial.println("Print 20 random numbers between 0 and 9");
  for(int i=0; i < 20; i++)
  {
    randNumber = random(10);
    Serial.print(randNumber);
    Serial.print(" ");
  }
  Serial.println();
  Serial.println("Print 20 random numbers between 2 and 9");
  for(int i=0; i < 20; i++)
  {
    randNumber = random(2,10);
    Serial.print(randNumber);
    Serial.print(" ");
  }

  // 매번 시드 값을 같게 해서 난수를 프린트한다.
  randomSeed(1234);
  Serial.println();
  Serial.println("Print 20 random numbers between 0 and 9 after constant seed ");
  for(int i=0; i < 20; i++)
  {
```

```
    randNumber = random(10);
    Serial.print(randNumber);
    Serial.print(" ");
  }

  // 매번 시드 값을 다르게 해서 프린트한다.
  randomSeed(analogRead(0)); // 아무것도 연결되지 않은 아날로그 포트에서 값을 읽는다.
  Serial.println();
  Serial.println("Print 20 random numbers between 0 and 9 after floating seed ");
  for(int i=0; i < 20; i++)
  {
    randNumber = random(10);
    Serial.print(randNumber);
    Serial.print(" ");
  }
  Serial.println();
  Serial.println();
}

void loop()
{
}
```

이 코드를 우노에서 실행할 때 출력되는 내용은 다음과 같다(아키텍처가 다르면 결과가 달라질 수 있음).

```
Print 20 random numbers between 0 and 9
7 9 3 8 0 2 4 8 3 9 0 5 2 2 7 3 7 9 0 2
Print 20 random numbers between 2 and 9
9 3 7 7 2 7 5 8 2 9 3 4 2 5 4 3 5 7 5 7
Print 20 random numbers between 0 and 9 after constant seed
8 2 8 7 1 8 0 3 6 5 9 0 3 4 3 1 2 3 9 4
Print 20 random numbers between 0 and 9 after floating seed
0 9 7 4 4 7 7 4 4 9 1 6 0 2 3 1 5 9 1 1
```

아두이노의 리셋reset(재설정) 버튼을 눌러 스케치를 다시 시작해 보면 난수의 처음 세 줄이 변경되지 않는다(리셋 버튼을 누른 다음에 시리얼 모니터를 닫았다가 다시 열어야 할 수도 있다). 마지막 줄만 스케치가 시작될 때마다 변경되고 있는데, 이는 연결되지 않은 아날로그 입력 포트에서 읽는 값이 randomSeed 함수의 시드 값으로 쓰이는 값인데, 이게 매번 달라지기 때문이다. 0번 아날로그 포트를 다른 용도로 사용하고 있다면 사용하지 않는 그 밖의 아날로그 포트를 analogRead의 인수로 지정한다.

일반적으로, 앞에 나온 예제는 외부 하드웨어 없이 아두이노에서 난수 생성에 사용할 수 있는 옵션의 전부다. 연결되지 않은 아날로그 입력 포트는 임의의 수를 생성하는 시드로 사용하기에 좋은 방법인 것처럼 보일 수 있다(어쩌면 최소한 허용 가능한 방법인 것처럼 보일 수 있다). 그러나 대부분의 아두이노 보드에 있는 아날로그-디지털 변환기는 최대 10비트 값을 반환하며, 서로 다른 값은 1,024개만 유지할 수 있게 한다. 이 정도 값의 범위는 너무 작아서 강력한 난수를 생성하는 데 필요한 시드 값으로 쓰기에는 충분하지 않다. 또한, 유동적인 아날로그 핀 값은 여러분이 생각하는 것만큼 무작위적이지 않다. 다소 일관된 패턴을 보일 가능성이 크며, 여러분이 사용하는 아두이노에 가까이 다가설 수 있는 사람에게 영향을 받을 수 있다.

아두이노에서 진정한 난수를 생성하기가 어려울 수 있지만, 대부분의 컴퓨터와 마찬가지로 암호학 측면에서 보기에 강력한 의사 난수를 생성하거나, 암호화 애플리케이션에 사용하기에 어느 정도까지는 '마구잡이'인 난수를 생성할 수는 있다. Arduino WiFi Rev2, MKR Vidor 4000, MKR WiFi 1000/1010 같은 일부 아두이노 보드에는 강력한 난수 생성을 포함하는 암호 함수들을 지원하는 하드웨어가 있는데, 이러한 것으로는 Atmel ECC508이나 ECC608도 있다. 아두이노 라이브러리 매니저를 사용해 ArduinoECCX08이라는 라이브러리를 설치하면 해당 칩에 접근할 수 있다(라이브러리를 설치하는 방법에 대해서는 레시피 16.2 참고). 아두이노에서 강력한 난수를 생성하는 방법에 대해서는 Rhys Weatherley의 Crypto 라이브러리(https://oreil.ly/80KEp)를 참고하고, 특히 RNG 클래스(https://oreil.ly/ 33djZ)를 살펴보자.

함께 보면 좋은 내용

random(https://oreil.ly/lDlp7)과 randomSeed(https://oreil.ly/zYbaF)에 대한 아두이노 레퍼런스를 참고하자.

레시피 3.12 비트 값 지정 및 읽기

문제

수치적numeric 변수에서 특정 비트를 읽거나 설정하려고 한다.

해법

다음 함수들을 사용한다.

bitSet(x, bitPosition)
> 변수 x에서 bitPosition(비트 위치)에 해당하는 비트를 설정한다(즉, 해당 비트 위치에 1을 쓴다).

bitClear(x, bitPosition)
> 변수 x에서 bitPosition에 해당하는 비트를 지운다(즉, 해당 비트 위치에 0을 쓴다).

bitRead(x, bitPosition)

변수 x에서 bitPosition에 해당하는 비트 값(0 또는 1)을 반환한다.

bitWrite(x, bitPosition, value)

변수 x에서 bitPosition에 해당하는 비트를 주어진 값(0 또는 1)으로 설정한다.

bit(bitPosition)

주어진 비트 위치 값을 반환한다. bit(0)은 1, bit(1)은 2, bit(2)는 4 등이다.

이러한 모든 함수에서는 bitPosition이 0일 때가(즉, 비트 위치가 0번일 때가) 최소 유효least significant 비트다(즉, 가장 오른쪽 비트다).

다음은 이러한 함수를 사용해 flags라는 8비트 변수의 비트를 다루는 스케치다. 8개 비트를 독립적인 플래그로 사용해 각기 켜거나 끌 수 있다.

```
// bitFunctions 스케치.
// 비트 함수를 사용하는 방법을 보여 준다.

byte flags = 0;

// 이어서 나오는 예들에서는 flags라는 변수의 비트를 설정하거나
// 지우거나 읽는 일을 한다.

// bitSet(비트 설정) 예.
void setFlag(int flagNumber)
{
  bitSet(flags, flagNumber);
}

// bitClear(비트 소거) 예.
void clearFlag(int flagNumber)
{
  bitClear(flags, flagNumber);
}

// bitPosition(비트 위치) 예.
int getFlag(int flagNumber)
{
  return bitRead(flags, flagNumber);
}

void setup()
{
  Serial.begin(9600);
}

void loop()
```

```
{
  flags = 0;    // 모든 플래그를 지운다.
  showFlags();
  setFlag(2);   // 일부 플래그를 설정한다.
  setFlag(5);
  showFlags();
  clearFlag(2);
  showFlags();

  delay(10000); // 아주 오랫동안 대기한다.
}

// 설정된 플래그들을 보고한다.
void showFlags()
{
  for(int flag=0; flag < 8; flag++)
  {
    if (getFlag(flag) == true)
      Serial.print("* bit set for flag ");
    else
      Serial.print("bit clear for flag ");

    Serial.println(flag);
  }
  Serial.println();
}
```

이 코드는 10초마다 다음 내용을 프린트한다.

```
bit clear for flag 0
bit clear for flag 1
bit clear for flag 2
bit clear for flag 3
bit clear for flag 4
bit clear for flag 5
bit clear for flag 6
bit clear for flag 7

bit clear for flag 0
bit clear for flag 1
* bit set for flag 2
bit clear for flag 3
bit clear for flag 4
* bit set for flag 5
bit clear for flag 6
bit clear for flag 7

bit clear for flag 0
bit clear for flag 1
bit clear for flag 2
```

```
bit clear for flag 3
bit clear for flag 4
* bit set for flag 5
bit clear for flag 6
bit clear for flag 7
```

토의

비트를 읽거나 설정하는 일은 흔히 하게 되는 일로, 많은 아두이노 라이브러리가 이러한 기능을 사용한다. 비트 연산을 하는 이유 중에 가장 흔한 이유를 들자면 2진 값(켬/끔, 참/거짓, 1/0, 하이/로우 등)을 효율적으로 저장하고 검색하는 일을 들 수 있다.

 아두이노에서는 참(true)과 HIGH 상수를 1로 정의하며, 거짓(false)과 LOW 상수를 0으로 정의한다.

8개 스위치의 상태를 나타낼 때 크기가 8개 바이트나 8개 정수를 사용하는 대신에 8비트 한 개로 압축해서 나타낼 수 있다. 이 레시피에서 제시하는 해법에 나오는 예제는 1개 바이트만으로 여덟 가지 값을 개별적으로 설정하거나 지우는 방법을 보여 준다.

플래그flag(깃발)는 프로그램의 특정 측면을 저장하는 데 사용되는 값을 의미하는 프로그래밍 용어다. 이 스케치에서 플래그 비트는 bitRead를 사용해서 읽고, bitSet을 사용해서는 설정하고, bitClear를 사용해서는 지운다. 이들 함수에서는 두 가지 매개변수를 사용하는데, 첫 번째는 읽거나 쓸 값(이번 예제의 경우에는 플래그)이고 두 번째는 읽거나 쓸 위치를 나타내는 비트 위치bit position 이다. 비트 위치가 0인 비트는 최소 유효 비트least significant bit, 즉 가장 오른쪽 위치에 있는 비트다. 비트 위치 1인 비트의 위치는 맨 오른쪽에서 두 번째 자리에 해당한다. 그러므로 다음과 같이 된다.

```
bitRead(2, 1); // 1을 반환한다. 여기서 2가 2진수로는 10에 해당하고 위치 1의 비트는 10이다.
bitRead(4, 1); // 0을 반환한다. 여기서 4가 2진수로는 100에 해당하므로 위치 1의 비트는 00이다.
```

각 비트 위치의 값을 반환하는 함수도 있는데, 이 함수 이름은 bit다.

```
bit(0); // 이는 1과 같다.
bit(1); // 이는 2와 같다.
bit(2); // 이는 4와 같다.
...
bit(7); // 이는 7과 같다.
```

함께 보면 좋은 내용

비트 및 바이트 함수에 대한 아두이노 레퍼런스들.

- lowByte(https://oreil.ly/aHPmW)

- highByte(https://oreil.ly/9M2Ob)

- bitRead(https://oreil.ly/gGWGT)

- bitWrite(https://oreil.ly/H5NO0)

- bitSet(https://oreil.ly/GTzsQ)

- bitClear(https://oreil.ly/3waji)

- bit(https://oreil.ly/YPNrk)

레시피 3.13 비트 시프트

문제

byte, int, long 형식 데이터를 이루는 비트를 대상으로 시프트_shift(이동, 옮김, 자리옮김)하는 비트 연산을 해야 한다.

해법

<< 연산자(비트들을 왼쪽으로 옮기는 연산자)와 >> 연산자(비트들을 오른쪽으로 옮기는 연산자)를 사용하면 어떤 값을 이루고 있는 비트들의 자리를 옮길 수 있다.

토의

다음 코드에서는 변수 x의 값을 6으로 설정한다. 그리고 나서 비트를 왼쪽으로 한 자리씩 옮겨 새 값(12)을 프린트한다. 그런 다음에는 해당 값에 해당하는 비트들을 오른쪽으로 두 자리만큼 옮긴다 (이번 예제에서는 값이 3이 된다).

```
int x = 6;
x = x << 1; // 6이라는 값을 대상으로 왼쪽으로 한 자리만큼 비트 시프트를 하면 12가 된다.
Serial.println(x);
x = x >> 2; // 12라는 값 대상으로 오른쪽으로 두 자리만큼 비트 시프트를 하면 3이 된다.
Serial.println(x);
```

이것이 동작하는 원리를 설명하면 이렇다. 10진수인 6이 2진수로는 0110에 해당하므로 6을 대상으로 삼아 왼쪽으로 한 자리만큼 시프트하면 12가 된다. 숫자들을 왼쪽으로 옮기면 그 2진값이 1100이 되기 때문이다(이는 십진법으로는 12에 해당). 1100을 오른쪽으로 두 자리만큼 옮기면 0011(십진법으로는 3에 해당)이 된다. 그러므로 여러분은 n자리에 해당하는 만큼 왼쪽으로 자리를 옮긴다는 것은, 옮기는 대상인 값에 2의 n제곱에 해당하는 값을 곱하는 것과 같다는 점을 알아차렸을 것이다. 어떤 수를 n자리만큼 오른쪽으로 옮긴다는 것은 해당 값을 2의 n제곱에 해당하는 값으로 나누는 것과 같다. 다시 말해, 다음 두 가지 표현식이 저마다 서로 같다.

```
x << 1은 x * 2와 같다.
x << 2는 x * 4와 같다.
x << 3은 x * 8과 같다.
x >> 1은 x / 2와 같다.
x >> 2는 x / 4와 같다.
x >> 3은 x / 8과 같다.
```

아두이노 컨트롤러 칩을 사용하는 경우에 곱셈이나 나눗셈을 하는 경우보다 비트 시프트를 더 빠르게 처리하므로 곱하고 나누는 대신에 비트 시프트 연산을 하는 코드를 종종 볼 수 있다.

```
// a를 2로 곱한 값과 b를 4로 나눈 값을 서로 더한다.
int c = (a << 1) + (b >> 2);
```

(a << 1) + (b >> 2);라는 표현식이 (a * 2) + (b / 4);와 아주 비슷해 보이지는 않지만, 두 표현식이 하는 일은 서로 정확히 같다. 실제로도 아두이노 컴파일러는 정수에 2의 거듭제곱에 해당하는 상수를 곱하는 일과 비트를 해당 자릿수만큼 시프트하는 일이 서로 같다는 점을 알고 있으므로 비트 시프트를 하게 되면 이것과 동일한 시스템 코드[2]가 생성된다. 사람이 읽기에는 산술 연산자를 사용하는 소스 코드가 더 좋으므로 곱셈과 나눗셈을 할 때는 산술 연산자를 더 선호하는 편이다.

함께 보면 좋은 내용

비트 및 바이트 관련 함수들인 lowByte, highByte, bitRead, bitWrite, bitSet, bitClear에 대해서는 각 아두이노 레퍼런스들을 참고하자. 그리고 비트 그 자체에 대해서 알고 싶다면 레시피 3.12를 보자.

---

2 [옮긴이] 즉, 컴파일을 한 후의 기계어 코드.

레시피 3.14 int/long 형식 데이터의 상위/하위 바이트 추출

문제

예를 들어, 여러분은 직렬 통신 회선이나 그 밖의 통신 회선을 통해 어떤 정숫값을 바이트 단위로 송신하기send(보내기) 위해서 해당 정수의 상위 바이트high byte나 하위 바이트low byte를 추출하고 싶다.

해법

정수를 이루고 있는 바이트들 중 최소 유효 바이트least significant byte(최하위 바이트)를 얻으려면 lowByte(i)를 사용한다. 최대 유효 바이트most significant byte(최상위 바이트)를 얻으려면 highByte(i)를 사용한다.

다음 스케치는 어떤 정숫값을 하위 바이트와 상위 바이트로 변환한다.

```
/*
 * ByteOperators 스케치.
 */

int intValue = 258; // 258을 16진법으로 표기하면 0x102가 된다.

void setup()
{
  Serial.begin(9600);
}

void loop()
{
  int loWord, hiWord;
  byte loByte, hiByte;

  hiByte = highByte(intValue);
  loByte = lowByte(intValue);

  Serial.println(intValue, DEC);
  Serial.println(intValue, HEX);
  Serial.println(loByte, DEC);
  Serial.println(hiByte, DEC);

  delay(10000); // 10초간 대기한다.
}
```

토의

예제 스케치는 intValue 다음에 하위 바이트와 상위 바이트를 프린트한다(출력값 뒤에 설명할 내용을 추가했다).

258	*변환할 정숫값*
102	*16진수로 나타낸 값*
2	*하위 바이트*
1	*상위 바이트*

long 형식(즉, 배정도 정수 형식)으로부터 바이트 값을 추출하려면 먼저 32비트 long 형식으로 된 값을 두 개의 16비트 형식 **워드**word로 분할해야 하며, 그런 후에야 비로소 앞서 나온 코드처럼 각 워드를 바이트 단위로 변환할 수 있다. 이 글을 쓰는 시점에서 표준 아두이노 라이브러리에는 long 형식 데이터를 대상으로 이런 일을 수행할 기능이 없지만, 다음 코드를 스케치에 추가하면 그렇게 할 수 있다.

```
#define highWord(w) ((w) >> 16)
#define lowWord(w) ((w) & 0xffff)
```

이를 **매크로 표현식**macro expression이라고 부른다. 여기서 highWord(상위 워드)는 16비트 시프트 연산을 수행해 16비트 값을 생성하고, lowWord(하위 워드)는 비트곱 연산자를 사용해 하위 16비트를 마스킹한다(레시피 2.20 참고).

 int 형식을 이루는 비트의 개수는 플랫폼에 따라 달라진다. 아두이노에서는 그 길이가 16비트이지만, 그 밖의 환경에서는 32비트다. 여기서는 워드(word)라는 말을 16비트 값을 의미하는 말로 쓴다.

다음의 코드는 32비트 값인 16909060(16진수로는 0x1020304)을 16비트 성분인 상위 값과 하위 값으로 변환한다.

```
long longValue = 16909060;
int loWord = lowWord(longValue);
int hiWord = highWord(longValue);
Serial.println(loWord, DEC);
Serial.println(hiWord, DEC);
```

다음과 같은 값이 프린트된다(출력값 뒤에 설명할 내용을 추가했다).

772	*772는 16진수로는 0x0304다.*
258	*258은 16진수로 0x0102다.*

10진수 772가 16진수로는 0x0304에 해당하며, longValue(배정도 정숫값)인 0x1020304의 하위 워드(16비트)다. 이 레시피의 첫 번째 부분에서 258을 1의 상위 바이트와 2의 하위 바이트를 조합해 생성된 값(16진수로는 0x0102)이라고 생각해도 될 것이다.

함께 보면 좋은 내용

비트 및 바이트 관련 함수들인 lowByte, highByte, bitRead, bitWrite, bitSet, bitClear에 대해서는 각 아두이노 레퍼런스들을 참고하자. 그리고 비트 그 자체에 대해서 알고 싶다면 레시피 3.12를 보자.

레시피 3.15 상위/하위 바이트를 사용해 int/long 형식 값을 구성하기

문제

예를 들면, 직렬 통신 회선을 거쳐 오는 정수를 개별 바이트들로 수신하는 경우에 이러한 개별 바이트들을 모아 16비트(int) 정숫값이나 32비트(long) 정숫값을 구성하려고 한다. 이는 레시피 3.14에 나오는 작업을 거꾸로 수행하는 작업이다.

해법

word(h, l) 함수를 사용해 2개 바이트를 단일한 아두이노 정수로 변환한다. 다음은 레시피 3.14의 코드를 확장해 상위 바이트와 하위 바이트를 다시 정수로 변환하는 일을 담당하는 코드다.

```
/*
 * 바이트 연산자를 사용해 int 형식이나 long 형식을 형성하는 스케치.
 */

int intValue = 0x102; // 258

void setup()
{
  Serial.begin(9600);
}

void loop()
{
  int aWord;
  byte loByte, hiByte;

  hiByte = highByte(intValue);
  loByte = lowByte(intValue);

  Serial.println(intValue, DEC);
  Serial.println(loByte, DEC);
  Serial.println(hiByte, DEC);

  aWord = word(hiByte, loByte); // 바이트들을 다시 1개 워드로 변환한다.
  Serial.println(aWord, DEC);
```

```
    delay(10000);  // 아주 오랫동안 대기한다.
  }
```

토의

word(high, low)라고 하는 표현식은 상위 및 하위 바이트를 16비트 값으로 조립한다. 이 레시피의 해법에 나오는 코드는 레시피 3.14에 표시한 대로 하위 바이트와 상위 바이트를 가져와 1개 워드로 다시 조립한다. 정숫값, 하위 바이트, 상위 바이트 및 정숫값으로 다시 변환된 바이트들이 출력된다.

```
258
2
1
258
```

이 글을 쓰고 있는 지금, 아두이노에는 32비트 길이인 long 형식 값을 두 개의 16비트 워드로 변환하는 기능이 없지만, 스케치의 맨 위에 다음 줄을 추가해 자신만의 makeLong( ) 함수를 추가할 수 있다.

```
#define makeLong(hi, low) ((hi) << 16 & (low))
```

이 함수는 상위 값을 이루고 있는 16비트를 왼쪽으로 옮긴 후에 하위 값을 추가하는 명령을 정의한다.

```
#define makeLong(hi, low) (((long) hi) << 16 | (low))
#define highWord(w) ((w) >> 16)
#define lowWord(w) ((w) & 0xffff)

// 테스트할 값을 선언한다.
long longValue = 0x1020304; // 10진수 169090600에 해당한다.
                           // 이는 2진수 00000001 00000010 00000011 00000100에 해당한다.

void setup()
{
  Serial.begin(9600);
}

void loop()
{
  int loWord, hiWord;

  Serial.println(longValue,DEC);      // 16909060을 프린트한다.
  loWord = lowWord(longValue);        // long 형식을 2개 워드로 변환한다.
  hiWord = highWord(longValue);
  Serial.println(loWord,DEC);         // 772라는 값을 프린트한다.
  Serial.println(hiWord,DEC);         // 258이라는 값을 프린트한다.
```

```
    longValue = makeLong(hiWord, loWord);  // 워드들을 long 형식 한 개로 변환한다.
    Serial.println(longValue,DEC);         // 16909060을 다시 프린트한다.

    delay(10000); // 아주 오랫동안 대기한다.
}
```

출력은 다음과 같다.

```
16909060
772
258
16909060
```

 워드(word)는 우노 같은 8비트 보드를 컴파일할 때는 16비트를 나타내며 32비트 보드를 컴파일할 때는 워드는 32비트를 나타내는데, 이때 16비트는 하프 워드(half-word, 절반 워드)가 된다. 기본 아키텍처는 다르지만 앞의 코드는 8비트 및 32비트 보드에서 상위 16비트 값과 하위 16비트 값을 반환한다.

함께 보면 좋은 내용

비트 및 바이트 관련 함수들인 lowByte, highByte, bitRead, bitWrite, bitSet, bitClear에 대해서는 각 아두이노 레퍼런스들을 참고하자. 그리고 비트 그 자체에 대해서 알고 싶다면 레시피 3.12를 보자.

4

직렬 통신

레시피 4.0 소개

직렬 통신serial communication(시리얼 통신) 방식을 사용하면 아두이노 보드와 컴퓨터 간, 아두이노와 그 밖의 장치 간에 쉽고 유연하게 상호작용하게 할 수 있다. 이번 장에서는 이 기능을 사용해 정보를 송수신하는 방법을 설명한다.

1장에서는 아두이노의 직렬 포트를 컴퓨터에 연결해 스케치를 업로드하는 방법을 설명했다. 업로드가 이뤄지는 중에 컴퓨터는 아두이노로 데이터를 송신하고, 아두이노는 상태 메시지를 컴퓨터로 다시 송신하는 식으로 데이터가 송신되고 있는지를 확인한다. 이번 장에 나오는 레시피에서는 이 통신 회선을 사용해 아두이노와 컴퓨터 간, 또는 아두이노와 그 밖의 직렬 장치 간에 정보를 송수신하는 방법을 설명한다.

디버깅 작업을 할 때는 직렬 통신이 편리한 도구가 된다. 디버깅 메시지를 아두이노에서 컴퓨터로 송신해서 컴퓨터 화면에 표시하거나, 라즈베리 파이나 그 밖의 아두이노 같은 여타 장치로 송신할 수 있다. 외부 LCD 디스플레이 장치를 사용해 이러한 메시지를 표시할 수도 있지만, I2C나 SPI를 사용해 해당 종류의 디스플레이와 통신할 수도 있다(13장 참고).

아두이노 IDE(레시피 1.3에서 설명)에는 아두이노가 보낸 직렬 데이터를 표시할 수 있는 시리얼 모니터 Serial Monitor가 있다(그림 4-1). 또한 Send(송신) 버튼의 왼쪽에 있는 텍스트 상자에 텍스트를 입력하면 해당 데이터가 시리얼 모니터에서 아두이노로 전송된다. 아두이노에는 아두이노에서 전송된 직렬 데이터를 그래프로 표시할 수 있는 시리얼 플로터Serial Plotter도 들어 있다(레시피 4.1 참고).

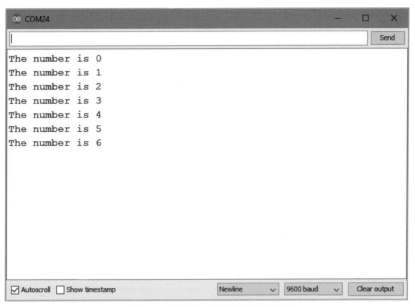

그림 4-1 아두이노 시리얼 모니터 화면

오른쪽 하단의 드롭다운 상자를 사용해 데이터 전송 속도(초당 비트로 측정된 전송 속도)를 설정할 수 있다. Serial.begin( )을 사용해 전송 속도 값을 어떤 값으로든지 설정할 수 있다는 점을 명심하자. 많은 경우에 초당 9,600비트라는 기본 속도가 적당하지만, 더 빠른 속도가 필요한 장치를 사용한다면 9,600보다 큰 숫자를 Serial.begin( )으로 전달하면 된다.

보레이트baud rate(보 단위로 나타낸 통신 속도) 왼쪽에 보이는 드롭다운을 사용해 자동으로 줄바꿈newline(아스키 문자 값은 10), 캐리지리턴carriage return(아스키 문자 값은 13), 줄바꿈 문자와 캐리지리턴의 조합("NL & CR"), 또는 터미네이터 없음(즉, 'No line ending')이라는 것을 메시지 끝에 추가할 수 있다.

아두이노 스케치는 직렬 포트를 사용해 컴퓨터에 있는 모든 리소스(메모리, 화면 키보드, 마우스, 네트워크 연결 등)에 간접적으로 액세스할 수 있다(일반적으로 프로세싱 언어나 파이썬 언어로 작성된 프록시 프로그램을 통해). 컴퓨터는 직렬 회선serial link을 사용해 특정 센서나 아두이노에 연결된 그 밖의 장치와 상호작용할 수도 있다. 직렬 통신 방식으로 여러 장치와 통신하려면 직렬 포트가 두 개 이상 필요한데, 소프트웨어적으로 직렬 통신을 구현해 아두이노 핀을 사용해 직렬 포트를 에뮬레이트emulate(모방)할 수 있다(123쪽에 나오는 '디지털 핀으로 직렬 방식 하드웨어를 에뮬레이트하기' 참고).

직렬 통신을 지원하는 다양한 센서와 출력 장치도 SPI나 I2C를 지원한다(13장 참고). 직렬 통신 기술은 이해하기 쉽고 더 널리 쓰이는 기술이기는 하지만, SPI나 I2C를 여러분이 연결하려고 하는 센서나 출력 장치가 둘 다 지원하거나 둘 중 하나라도 지원하는 경우에는 이를 사용할 생각도 해보자. 두 프로토콜 모두 여러 장치와 통신할 때에 더 많은 유연성을 제공한다.

직렬 통신을 구현하려면 하드웨어와 소프트웨어가 필요하다. 하드웨어는 아두이노와 통신하는 장치 간에 전기 신호를 공급하는 역할을 한다. 소프트웨어는 이렇게 연결된 하드웨어가 처리할 수 있는 방식으로 하드웨어를 사용해 바이트나 비트 단위를 송신하는 일을 맡는다. 이처럼 하드웨어를 거쳐 신호를 처리하기가 복잡해서, 이런 복잡한 일을 아두이노가 제공하는 직렬 처리용 라이브러리들을 사용해 간단하게 처리할 수 있게 되어 있지만, 하드웨어 수준에서 신호를 처리하는 일에 관한 기본적인 내용을 어느 정도까지는 알고 있는 편이 좋다.

직렬 방식 하드웨어

직렬 방식 하드웨어는 순차적인 꼴로 모인 비트들을 나타내는 전기 파동pulse(펄스)을 사용해 데이터를 송수신한다. 정보를 실어 나르는 바이트는 0과 1로 구성되는데, 이 0과 1을 다양한 방법으로 표현할 수 있다. 아두이노에서는 0V로는 비트 값 0을 나타내고, 5V(또는 3.3V)로는 비트 값 1을 나타내는 방식을 사용한다.

 장치의 저전압(일반적으로 0V)으로는 0을 의미하게 하고, 고전압(아두이노에서는 3.3V나 5V)으로는 1을 의미하게 하는 편이 아주 흔하다. 이것을 TTL 레벨(TTL level, TTL 준위)이라고 하는데, 이는 트랜지스터-트랜지스터 로직(transistor-transistor logic, TTL)이라고 부르는, 디지털 로직 중에 최초로 구현된 것 중 하나를 사용해 구현되기 때문이다. 대부분의 구현체에서 장치의 고전압보다 더 적은 전압(일반적으로 3.3V)을 사용해서 1에 해당하는 신호를 표현하기도 한다. 이는 대부분의 경우에 3.3V 보드에서 신호를 송신하고 5V 보드에서 신호를 수신할 수 있다는 점을 의미한다. 그러나 직렬 데이터를 5V에서 3.3V 보드로 전송하려면 3.3V 보드가 손상되지 않게 레벨 시프터(level shifter, 준위 이동기)나 전압 분배기(voltage divider, 분압기)를 사용해야 한다. 전압 분배기의 예는 레시피 4.13 및 5.11을 참고하자.

모던 디바이스Modern Device에서 만든 베어 본즈Bare Bones 보드와 (지금은 단종된) 에이다프룻Adafruit의 보르두이노Boarduino와 아두이노 프로Arduino Pro, 아두이노 미니Arduino Mini, 아두이노 프로 미니Arduino Pro Mini 같은 보드에서는 USB를 지원하지 않으므로 TTL을 USB로 변환해 주는 어댑터를 사용해 컴퓨터에 연결해야 한다. 에이다프룻 CP2104 Friend(에이다프룻 품번 3309), 모던 디바이스의 USB BUB 보드(모던 디바이스 품번 MD022X), FTDI의 USB TTL 어댑터(https://oreil.ly/2FhMP)가 모두 잘 작동한다.

일부 직렬 장치들은 RS-232 표준을 사용해 직렬 연결을 한다. 이러한 장치에는 일반적으로 9핀 커넥터가 달려 있으므로 아두이노에 연결해 사용하려면 어댑터가 필요하다.

RS-232는 아두이노 디지털 핀을 손상시키는 전압 크기voltage level(전압 등급, 전압 정격, 전압 준위)를 사용하므로 이를 사용하려면 RS-232를 TTL과 연결하는 데 필요한 어댑터를 써야 한다. 아두이노 웹 사이트에는 아두이노 RS-232 자습서(https://bit.ly/3pCrVWw)가 있으며, 시리얼 포트 센트럴Serial Port Central의 웹 사이트(https://oreil.ly/cB1Jr)에서 많은 정보와 링크를 사용할 수 있다.

아두이노 우노에는 직렬 방식 하드웨어 포트가 한 개뿐이지만, 소프트웨어 라이브러리를 사용하면 추가 포트(추가 통신 채널)를 에뮬레이트해 직렬 통신을 할 수 있게 하므로 장치를 두 대 이상 연결할 수 있다. 소프트웨어 방식으로 직렬 통신을 처리하려면 데이터를 송수신하는 과정에서 아두이노 컨트롤러가 많은 일을 해야 하므로, 이런 소프트웨어 방식은 하드웨어 방식으로 직렬 통신을 처리하는 속도만큼 빠르거나 효율적이지는 않다.

레오나르도 보드와 그 밖의 많은 32비트 보드(아두이노 제로, 에이다프룻 메트로 M0, 스파크펀 레드보드 터보 등)에는 USB 직렬 포트 말고도 두 번째 하드웨어 방식 직렬 포트가 있다. PJRC의 틴시 3 보드(http://www.pjrc.com/teensy)에는 USB 직렬 포트 외에도 직렬 포트가 세 개나 더 있다. 틴시 4.0 보드에는 직렬 포트가 (USB 직렬 포트 외에도) 일곱 개나 있다.

아두이노 메가_{Arduino Mega}에는 직렬 포트가 네 개이므로 최대 네 개의 서로 다른 직렬 장치와 통신할 수 있게 한다. 이 중 하나에만 USB 어댑터가 내장되어 있다(USB를 두 개 이상 연결하려고 한다면 USB-TTL 어댑터를 다른 직렬 포트에 연결할 수 있음).

표 4-1은 다양한 아두이노 및 아두이노 호환 보드의 직렬 포트에 사용되는 핀을 보여 준다. 표시된 핀 번호는 아날로그 핀이 아닌 디지털 핀이다.

표 4-1 선택된 보드의 직렬(디지털) 핀

보드	직렬 RX/TX	직렬1 RX/TX	직렬2 RX/TX	직렬3 RX/TX
아두이노 MKR 1010	USB 전용	13/14	미사용	미사용
아두이노 우노 와이파이 Rev2	USB 전용	0/1	아두이노 와이파이 모듈에 연결	미사용
아두이노 나노 에브리	USB 전용	0/1	미사용	미사용
아두이노 나노 33 BLE 센스	USB 전용	0/1	미사용	미사용
아두이노 우노 Rev3	0/1(USB도 사용 가능)	미사용	미사용	미사용
에이다프룻 메트로 익스프레스(M0)	USB 전용	0/1	미사용	미사용
아두이노 제로와 스파크펀 레드보드 터보	USB 전용[a]	0/1	미사용	미사용
에이다프룻의 ItsyBitsy M4 Express	USB 전용	0/1	미사용	미사용
PJRC 틴시 3.2	USB 전용	0/1	9/10	7/8
PJRC 틴시 4.0	USB 전용	0/1	7/8	15/14
아두이노 듀에	0/1(USB도 사용 가능)	19/18	17/16	15/14
아두이노 메가 2560 Rev2	0/1(USB도 사용 가능)	19/18	17/16	15/14
아두이노 레오나르도	USB 전용	0/1	미사용	미사용

[a]Serial 대신에 SerialUSB를 사용

틴시(Teensy)에서 출시한 일부 보드에는 하드웨어 방식 직렬 포트가 세 개 이상 있으며, 이 중 일부 보드에서는 직렬 통신에 사용되는 핀을 수정할 수 있다. 더 알고 싶다면 PJRC(https://oreil.ly/csezT)를 참고하자.

직렬 방식 하드웨어의 행태

직렬 포트 개수만이 보드 간에 유일한 변수인 것은 아니다. 직렬 방식 하드웨어 동작에는 몇 가지 근본적인 차이점이 있다. 우노, 처음 나온 나노, 메가 등의 AVR ATmega 칩을 기반으로 하는 대부분의 보드에는 하드웨어 방식 직렬 포트에 연결할 수 있도록 아두이노 칩상에 구현된, 하드웨어 방식 직렬 포트를 USB로 변환하는 칩이 있다. 이러한 보드에서 직렬 포트에 대한 연결을 열면(예: USB를 통해 보드에 연결된 컴퓨터의 실행 중인 프로그램에서 시리얼 모니터를 열거나 직렬 포트에 액세스하는 일 등), 보드가 자동으로 리셋되어 스케치가 처음부터 다시 시작되는 원인이 된다.

일부 8비트 보드(레오나르도 및 호환 가능)와 대부분의 32비트 보드에서 스케치를 실행할 때와 동일한 프로세서에서 USB 직렬이 제공된다. 그것들이 어떻게 설계되어 있는가에 따라 USB 직렬 포트를 열더라도 이러한 보드가 리셋되지 않기도 한다. 결과적으로 스케치는 여러분이 직렬 포트를 여는 데 필요한 속도보다 더 빠르게 USB 직렬 포트로 데이터를 전송하기 시작한다. 이는 여러분의 setup( ) 함수 안에 직렬 출력 명령(Serial.print나 Serial.println)이 하나라도 있으면 시리얼 모니터를 충분히 빨리 열 수 없게 되므로 시리얼 모니터에서 데이터를 볼 수 없게 될 것을 의미한다(여러분의 setup 함수에 delay를 둘 수도 있겠지만, 다른 방법도 있다.).

또한 레오나르도 및 호환 장치들에는 직렬 포트의 동작을 까다롭게 만드는 행태가 또 있는데, 여러분이 처음으로 전원을 켜면 몇 초 동안 LED가 깜박이면서 여러분이 USB를 통해 스케치를 로드할 수 있는 특수 모드라는 점을 알려 준다. 따라서 대기가 끝날 때까지 데이터를 송수신하기 위해 직렬 포트를 열 수 없을 것이다.

직렬 포트를 열 때 자동으로 리셋되지 않는 보드에서는 다음 코드를 setup 함수에 추가할 수 있다(Serial.begin( )을 호출한 직후). 이렇게 하면 직렬 포트가 열릴 때까지 실행이 일시 중지되므로 setup에서 보낸 직렬 출력을 볼 수 있다.

```
while(!Serial)
{
    ; // 직렬 포트가 연결될 때까지 기다린다.
}
```

여러분은 중괄호를 생략해 while(!Serial);처럼 간략하게 표현할 수도 있겠지만, 이렇게 하면 코드를 읽는 초보 프로그래머가 혼란스러워 할 수 있다.

while(!Serial); 명령은 직렬 포트를 열 때까지 스케치 실행을 일시 중지하게 하므로, 예를 들어 USB에 연결하지 않은 채로 배터리를 사용해 실행되는 경우처럼 아두이노 기반 솔루션이 독립적으로 실행될 것으로 예상되는 환경에서는 이런 방법을 쓰지 말아야 한다. 표 4-2는 다양한 보드의 USB 직렬 행태를 보여 준다.

표 4-2 다양한 보드에 대한 USB 직렬 행태

보드	while(!Serial);이 필요한가?	직렬에 액세스할 때 리셋되는가?
아두이노 MKR 1010	예	아니오
아두이노 우노 와이파이 Rev2	아니오	예
아두이노 나노 에브리	아니오; Serial.begin( ) 이후로 delay(800)이 필요하며, 모든 시리얼 출력을 보려면 업로드하기 전에 시리얼 모니터를 열어야만 한다.	아니오
아두이노 나노 33 BLE 센스	예	아니오
아두이노 우노 Rev3	아니오	예
에이다프룻 메트로 익스프레스(M0)	예	아니오
에이다프룻 잇치 빗치 M4 익스프레스	예	아니오
PJRC 틴시 3.2	예	아니오
PJRC 틴시 3.2	예	아니오
아두이노 메가 2560 Rev3	아니오	예
아두이노 레오나르도	예	아니오

디지털 핀으로 직렬 방식 하드웨어를 에뮬레이트하기

여러분은 보통 아두이노에 내장된 Serial 라이브러리를 사용해 하드웨어 방식 직렬 포트와 통신하게 된다. Serial 라이브러리는 간단한 방식으로 직렬 포트를 사용할 수 있게 함으로써 하드웨어의 복잡한 면을 가려준다.

사용할 수 있는 하드웨어 방식 직렬 포트 수보다 더 많은 직렬 포트가 필요할 때가 있다. 이런 경우에는 직렬 방식 하드웨어를 에뮬레이트하는 **소프트웨어 방식 직렬**software serial 라이브러리를 사용해 소프트웨어적으로 처리할 수 있다. 레시피 4.11 및 4.12는 소프트웨어 방식 직렬 라이브러리를 사용해 여러 장치와 통신하는 방법을 보여 준다.

메시지 프로토콜

하드웨어 방식 직렬 라이브러리나 소프트웨어 방식 직렬 라이브러리는 정보를 송신하고 수신하는 일을 처리한다. 이 정보는 종종 여러 개의 변수로 구성되며, 이런 변수들을 모두 함께 송신해야 한다. 수신 측에서 각 메시지가 시작되는 위치와 끝나는 위치를 알 수 있어야 정보를 올바르게 해석할

수 있다. 의미 있는 직렬 통신이나 모든 종류의 기계 간 통신은 송신 측과 수신 측이 메시지의 정보 구성 방식에 서로 완전히 동의한 경우에만 달성할 수 있다. 어떤 메시지 내에서 정보의 공식적인 조직 방식과 요청에 대해 적절하게 반응하는 범위를 **통신 프로토콜**communication protocol이라고 한다. 직렬 통신 같은 기본 데이터 전송 시스템을 통해 프로토콜을 설정할 수 있지만, 동일한 원칙이 이더넷이나 와이파이 네트워킹과 같은 다른 데이터 전송 수단에도 적용된다.

메시지가 시작된다는 점을 알아차릴 수 있게 하는 특수 문자를 한 개 이상 메시지 안에 둘 수 있는데, 이것을 **헤더**header라고 부른다. 또한, 메시지의 끝부분이라는 점을 식별할 수 있게 하는 데 한 개 이상의 문자를 사용할 수 있는데, 이것을 **푸터**footer라고 한다. 이번 장에 나오는 레시피에서는 메시지 본문을 구성하는 값을 텍스트 형식이나 2진 형식으로 송신할 수 있는 메시지의 예를 보여 준다.

텍스트 형식으로 메시지를 송수신하려면 명령 및 수 값을 사람이 읽을 수 있는 문자 및 단어로 송신해야 한다. 수number는 값을 나타내는 숫자digit로 이뤄진 문자열 형태로 전송된다. 예를 들어, 값이 1234이면 문자 1, 2, 3, 4가 개별 문자로 전송된다.

2진 메시지는 컴퓨터가 값을 나타내는 데 사용하는 바이트로 구성된다. 2진 데이터가 일반적으로 더 효율적이지만(송신할 바이트 수가 줄어들기 때문), 이런 데이터를 사람이 읽기에는 텍스트만 못하므로 오류를 잡아내기가 어렵다. 예를 들어, 아두이노는 1234를 아스키 문자 4를 나타내는 바이트와 아스키 문자 210을 나타내는 바이트(4 * 256 + 210 = 1234)로 나타낸다. 시리얼 모니터에서 이러한 문자를 보게 된다면 아스키 문자 4가 제어 문자이고, 아스키 문자 210이 확장 아스키 문자 범위 내에 있는데, 이런 문자들을 사람이 읽을 수는 없기 때문에 시리얼 모니터는 그 구성에 따라 이 문자를 따옴표나 그 밖의 문자로 표시하는 경우가 있다. 연결하려는 장치가 2진 데이터만 송수신한다면 여러분도 2진수 데이터를 사용할 수밖에 없겠지만, 여러분이 원한다면 메시지를 텍스트 형식으로 쉽게 구현하고 디버깅할 수 있다.

소프트웨어 문제에 접근하는 방법은 여러 가지이며, 이번 장의 일부 레시피에는 비슷한 결과를 얻는 방법을 두 가지나 세 가지 꼴로 보여 준다. 2진 형식과 텍스트 형식이 서로 다른 면이 있기 때문에 우리는 단순성과 효율성 간에 균형을 취할 수 있다(예: 원시 2진 데이터 대신에 텍스트를 송신하는 경우). 할 수만 있다면 가장 이해하기 쉽고 적용하기 쉬운 해법을 선택하는 것이 좋을 것이므로 아마도 이런 해법이 최우선 해법이 될 것이다. 다른 방법이 조금 더 효율적일 수도 있고 여러분이 연결하기를 바라는 특정 프로토콜에 더 적합할 수도 있겠지만, 프로젝트를 아주 쉽게 풀어나갈 수 있게 하는 방식이 '올바른 방식'이다.

이번 장에 나오는 일부 예제에서는 아두이노와 통신하는 컴퓨터에서 프로세싱(Processing)이라고 부르는 언어를 사용해 직렬 메시지를 송수신한다.

프로세싱은 아두이노와 비슷한 개발 환경을 사용하는 무료 오픈소스 도구이지만, 아두이노 스케치가 마이크로컨트롤러에서 실행되는 반면에 프로세싱 스케치는 컴퓨터에서 실행된다. 프로세싱을 더 자세히 알고 싶다면 프로세싱 웹 사이트(http://processing.org)를 참고하자.

프로세싱 언어는 자바 언어를 기반으로 삼고 있지만, 이 책에 나오는 프로세싱 코드 샘플은 직렬 통신을 지원하는 자바 외의 환경으로 쉽게 변환할 수 있다. 프로세싱에는 아두이노와 프로세싱 간의 통신을 설명하는 스케치 예제들이 들어 있다. SimpleRead는 아두이노 코드를 포함하는 프로세싱 예제다. 프로세싱에서 File ➡ Examples ➡ Libraries ➡ Serial ➡ SimpleRead를 선택해 아두이노에 연결된 스위치를 눌렀다 놓을 때 직렬 포트에서 데이터를 읽고 직사각형의 색상을 변경하는 예제를 볼 수 있다.

아두이노의 직렬 방식에 관한 참고 사항

아두이노에서 직렬 데이터로 작업할 때 알아야 할 사항은 다음과 같다.

- Serial.flush는 수신된 데이터를 버리는 행태(구형 아두이노에서 보이는 행태였다)를 보이기보다는 모든 발신 데이터가 전송될 때까지 기다리는 행태를 보인다. 다음 명령문을 사용해 수신 버퍼의 모든 데이터를 버릴 수 있다.

  while(Serial.read( ) >= 0); // 수신 버퍼를 비운다.

- Serial.write 및 Serial.print는 차단되지 않는다.[1] 아두이노의 구형 버전들에서는 모든 문자가 전송될 때까지 기다렸다가 반환 작업을 마쳤다. 대신, Serial.write나 Serial.print(및 println)를 사용해 송신한 문자는 백그라운드에서(인터럽트 핸들러에서) 전송되므로 스케치 코드가 즉시 프로세싱을 다시 시작할 수 있다. 이게 일반적으로 더 나은 것이기는 하지만(스케치의 반응을 더 좋게 만들 수 있기 때문), 여러분은 때때로 모든 문자가 송신될 때까지 기다리기를 바랄 수도 있다. Serial.flush( )를 Serial.write( )나 Serial.print( )/Serial.println( )에 이어 곧바로 호출함으로써 그렇게 할 수 있다.

- 직렬 프린트를 담당하는 함수들은 프린트된 문자 개수를 반환한다. 이는 텍스트 형식으로 출력된 내용을 정렬해야 하거나 송신된 총 문자 개수를 포함하는 데이터를 송신해야 하는 애플리케이션에 유용하다.

- 직렬 데이터 같은 스트림에는 수를 쉽게 추출하고 텍스트를 찾아낼 수 있는 파싱parsing(구문분석) 기능이 내장되어 있다. 이 기능을 직렬 데이터에서 사용하는 방법을 자세히 알고 싶다면 레시피 4.5에 대한 '토의' 부분을 참고하자.

---

1 옮긴이 즉, 백그라운드로 실행된다.

- 아두이노와 함께 번들로 제공되는 SoftwareSerial 라이브러리가 크게 유용할 수 있다(레시피 4.11 과 4.12를 참고하자).
- Serial.peek 기능을 사용하면 수신 버퍼의 다음 문자를 '피크peek(집어내기)'할 수 있다. Serial.read 와 달리 문자는 Serial.peek를 사용할 경우에는 읽어 낸 문자가 버퍼에서 제거되지 않는다.

레시피 4.1 정보를 아두이노에서 컴퓨터로 송신하기

문제

아두이노 IDE나 여러분이 선택한 직렬 터미널 프로그램을 사용해 PC나 맥 또는 그 밖의 장치(예: 라즈베리 파이)로 텍스트와 데이터를 보내 표시하려고 한다.

해법

이 스케치는 시리얼 모니터에 일련 번호를 프린트한다.

```
/*
 * SerialOutput 스케치.
 * 직렬 포트에 여러 가지 수(數)를 프린트한다.
 */
void setup()
{
  Serial.begin(9600); // 9600보 속도로 송수신한다.
}

int number = 0;

void loop()
{
  Serial.print("The number is ");
  Serial.println(number); // 수를 프린트한다.

  delay(500);             // 각 수 간에 0.5초씩 대기한다.
  number++;               // 수를 증가시켜 다음 수를 지정한다.
}
```

1장에서 그랬듯이 아두이노를 컴퓨터에 연결해 이 스케치를 업로드하자. IDE에서 Serial Monitor 아이콘을 클릭하면 다음과 같이 출력 내용이 표시된다.

```
The number is 0
The number is 1
The number is 2
```

토의

이 스케치에서는 직렬 회선을 거쳐 컴퓨터에 텍스트와 숫자를 표시하기 위해 먼저 Serial. begin(9600) 문을 setup( ) 함수에 둔 다음, Serial.print( ) 문을 사용해 여러분이 살펴보기를 바라는 텍스트와 값을 프린트한다. 그런 다음에 여러분은 그림 4-2에 보이는 것처럼 시리얼 모니터에서 출력 내용을 볼 수 있다.

그림 4-2 아두이노 시리얼 모니터 화면

다시 송신할 수를 그래프로 표시하려면 시리얼 모니터 창을 닫은 다음에 Select Tools ➡ Serial Plotter를 선택한다. 창이 열리고 보드에서 받은 값들을 사용한 그래프가 그려진다. 플로터는 텍스트로부터 수를 따로 떼어내고, 서로 구분할 수 있게 된 여러 수를 영문자를 사용해 식별할 수 있게 하고, 색을 서로 다르게 하여 따로따로 그려낸다. 그림 4-3은 시리얼 플로터를 보여 준다.

스케치는 직렬 입력이나 직렬 출력을 사용하기 전에 Serial.begin( ) 함수를 호출해야 한다. 이 함수의 매개변수는 한 개인데, 여기에 여러분이 바라는 통신 속도를 지정해 넣으면 된다. 송신 측과 수신 측의 속도가 같아야 하는데, 그렇게 하지 않으면 화면에 이상한 메시지가 표시되거나 아예 아무 것도 표시되지 않기도 한다. 이번 예제와 이 책의 나머지 부분에 나오는 대부분의 예제에서는 9600 보baud에 해당하는 속도를 사용한다(보는 초당 전송되는 비트 수를 잴 때 쓰는 단위다). 9600보에 해당하는 속도는 초당 약 1,000자에 해당한다. 고속이나 저속으로 송신할 수는 있지만(여러분의 기기에서 수용할 수 있는 보 속도에 따라 달라지겠지만 속도 범위는 300~115,200 정도이거나 더 빠를 수 있다), 양쪽의 속도가 반드시 서로 같아야 한다는 점에 유념하자. 시리얼 모니터에서는 보 속도baud rate를 지정할 수 있게 한 드롭다운(그림 4-2의 시리얼 모니터 창의 오른쪽 아래에 나옴)을 사용해 속도를 설정한다. 만약 '3 ?? f <ìxìİ□□□ü`³ ?? f <처럼 알 수 없는 내용이 출력된다면 컴퓨터의 시리얼 모니터에서 선택한 전송 속도가 스케치의 Serial.begin( )으로 설정한 속도와 일치하는지 확인해야 한다.

송신 및 수신 시의 직렬 속도가 올바르게 지정되었는데도 여전히 읽을 수 없는 텍스트가 표시된다면 IDE의 Tools ➡ Board 메뉴에서 알맞은 보드를 선택했는지 확인하자. 일부 보드의 칩 속도가 다를 수 있으므로 적절하지 못한 보드를 선택했다면 적절한 것으로 바꾼 다음에 바꾼 내용을 다시 보드로 업로드하자.

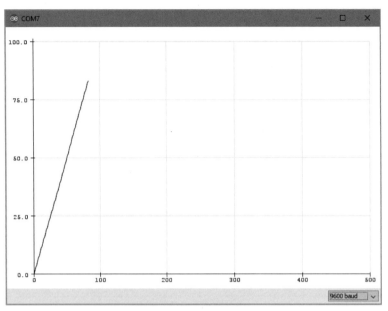

그림 4-3 시리얼 플로터

여러분은 Serial.print( ) 함수를 사용해 텍스트를 전송할 수 있다. 문자열(큰따옴표 안의 텍스트)은 따옴표 안에 있는 그대로 (따옴표 없이) 프린트된다.

```
Serial.print("The number is ");
```

예를 들어, 위의 코드는 다음 내용을 프린트한다.

```
The number is
```

프린트되는 값(숫자)은 변수 형식에 따라 달라진다. 이에 관해 더 알고 싶다면 레시피 4.2를 참고하자. 예를 들어, 어떤 정수를 프린트하게 되면 해당 정숫값이 프린트되기 때문에 number 변수가 1이라면 다음 코드는 number의 현재 값을 프린트하므로 1이 프린트된다,

```
Serial.println(number);
```

예제 스케치에서, 루프가 시작되면 프린트되는 수는 0이 되고 루프를 돌 때마다 매번 1씩 수 값이 늘어난다. ln이라는 2개 문자가 println이라는 이름 속에 들어 있는데, 이는 다음 프린트 문이 새 줄에서부터 시작된다는 점을 나타낸다.

아두이노와 아두이노 호환 보드를 쓰다 보면 직렬 포트 동작이 두 가지라는 점에 마주하게 된다. 우노와 대부분의 AVR ATmega 기반 보드는 여러분이 직렬 포트를 여는 순간에 리셋된다. 이것은 시리얼 모니터나 플로터에서 카운트가 항상 0부터 시작한다는 것을 의미한다. ARM 기반 보드와 마찬가지로 아두이노 레오나르도의 경우에는 여러분이 직렬 포트를 열어도 자동으로 리셋되지 않는다. 이는 스케치가 시작되자마자 수를 세기 시작한다는 의미다. 결과적으로, 시리얼 모니터나 플로터를 처음 열 때 표시되는 값은 직렬로 연결할 때 사용한 보드가 어떤 것이냐에 따라 달라진다. 더 알고 싶다면 122쪽에 나오는 '직렬 방식 하드웨어의 행태'를 참고하자.

그러면 여러분은 텍스트와 정수의 소수부 값을 프린트할 수 있다. 여러분이 선택할 수 있는 프린트 서식을 더 자세히 알고 싶다면 레시피 4.2를 참고하자.

여러분은 시리얼 모니터보다 기능이 더 많은 제3자 터미널 프로그램을 써볼 생각을 할 수도 있다. 텍스트 형식이나 2진 형식(또는 둘 다)으로 데이터를 표시한다거나, 제어 문자를 표시한다거나, 파일에 로그를 기록하는 일은 많은 제3자 터미널 프로그램에서 사용할 수 있는 추가 기능 중 일부에 불과하다. 아두이노 사용자들이 추천한 것 중 몇 가지를 들면 다음과 같다.

CoolTerm(https://oreil.ly/dk66x)
사용하기 쉬운 프리웨어 터미널 프로그램으로 윈도우, 맥, 리눅스에서 쓸 수 있다.

CuteCom(https://oreil.ly/HnoJd)
리눅스용 오픈소스 터미널 프로그램이다.

Bray Terminal (https://oreil.ly/0Sm7j)
PC용 무료 실행 파일이다.

GNU screen (https://oreil.ly/5u8Di)
직렬 통신을 지원하는 오픈소스 가상 화면 관리 프로그램으로 리눅스 및 맥에 들어 있다.

moserial(https://oreil.ly/HCyPU)
또 다른 리눅스용 오픈소스 터미널 프로그램이다.

PuTTY (https://oreil.ly/m6mpW)
직렬 통신을 지원하는 오픈소스 SSH 프로그램으로 리눅스와 윈도우에서 쓸 수 있다.

RealTerm(https://oreil.ly/q9cAq)
PC용 오픈소스 터미널 프로그램이다.

ZTerm(https://oreil.ly/Ebb1B)
맥용 쉐어웨어 프로그램이다.

LCD(액정표시장치)를 직렬 출력 장치로도 사용할 수 있지만 기능에는 한계가 있다. 일부 디스플레이 장치는 println 문 다음에 자동으로 새 줄로 이동하지 않을 수 있으므로 설명서를 참조해 캐리지리턴을 표시하는 방법을 확인하자. 또한, LCD를 사용한다면 여러분은 USB로 연결하는 대신에 TTL 직렬 핀(디지털 0 및 1)을 사용해 연결해야 할 것이다. 우노 같은, 대부분의 AVR ATmega 보드에서는 이러한 핀이 Serial 객체에 대응하게 되어 있으므로 해법에 표시된 코드를 변경하지 않고 그대로 사용해도 된다. 하지만 레오나르도 보드나 ARM 기반 보드(예를 들면, SAMD 기반 보드)를 사용하는 경우라면 0번 핀과 1번 핀이 Serial1 객체에 대응하게 되어 있으므로 해당 보드에서 작동하게 하려면 Serial을 Serial1으로 바꿔야 한다. 다양한 보드에 대한 직렬 객체 핀 구성 목록을 알고 싶다면 표 4-1을 참고하자.

함께 보면 좋은 내용

텍스트 LCD용으로 제작된, 아두이노의 LiquidCrystal 라이브러리는 Serial 라이브러리와 비슷한 기본 프린트 기능을 사용하므로 이번 장에서 다루는 여러 제안 내용을 해당 라이브러리와 함께 사용할 수 있다(11장을 참고하자).

레시피 4.2 서식이 있는 텍스트나 수치 데이터를 아두이노에서 송신하기

문제

아두이노에서 직렬 데이터를 텍스트, 10진수, 16진수, 2진수 등의 포맷에 맞게 표시해 송신하려고 한다.

해법

여러분은 다양한 데이터 포맷format(서식)으로 된 데이터를 직렬 포트에 프린트할 수 있는데, 직렬 프린트 함수인 print와 println에서 선택할 수 있는 다양한 포맷 옵션을 보여 주는 스케치는 다음과 같다.

```
/*
 * SerialFormatting 스케치.
 * 직렬 포트에 다양한 포맷으로 된 값을 프린트한다.
 */
char chrValue = 65; // 프린트를 시작할 값이다.
byte byteValue = 65;
int intValue = 65;
float floatValue = 65.0;

void setup()

{
```

```
    while(!Serial); // 레오나르도 보드와 SAMD 보드에서 직렬 포트가 열리기 전까지 대기한다.
    Serial.begin(9600);
}

void loop()
{
  Serial.print("chrValue: ");
  Serial.print(chrValue); Serial.print(" ");
  Serial.write(chrValue); Serial.print(" ");
  Serial.print(chrValue, DEC);
  Serial.println();

  Serial.print("byteValue: ");
  Serial.print(byteValue); Serial.print(" ");
  Serial.write(byteValue); Serial.print(" ");
  Serial.print(byteValue, DEC);
  Serial.println();

  Serial.print("intValue: ");
  Serial.print(intValue); Serial.print(" ");
  Serial.print(intValue, DEC); Serial.print(" ");
  Serial.print(intValue, HEX); Serial.print(" ");
  Serial.print(intValue, OCT); Serial.print(" ");
  Serial.print(intValue, BIN);
  Serial.println();

  Serial.print("floatValue: ");
  Serial.println(floatValue);
  Serial.println();

  delay(1000);   // 다음 수로 넘어갈 때까지
  chrValue++;    // 1초 동안 기다린다.
  byteValue++;
  intValue++;
  floatValue += 1;
}
```

출력 내용은 다음과 같다.

```
chrValue:    A A 65
byteValue:   65 A 65
intValue:    65 65 41 101 1000001
floatValue:  65.00

chrValue:    B B 66
byteValue:   66 B 66
intValue:    66 66 42 102 1000010
floatValue:  66.00
...
```

토의

텍스트 문자열을 프린트하기는 간단하다. Serial.print("hello world");는 직렬 포트의 한쪽 끝에 있는 장치로 "hello world"라는 텍스트 문자열을 송신한다. 어떤 출력 내용이 나온 뒤에 줄바꿈 문자까지 프린트하려면 Serial.print( ) 대신에 Serial.println( )을 사용하자.

수치를 프린트하기는 더 복잡할 수 있다. 바이트 값 및 정숫값이 프린트되는 방식은 변수의 형식이나 여러분이 선택할 수 있는 포맷 매개변수에 따라 달라진다. 아두이노 언어에서는 다른 데이터 형식의 값을 참조하는 방법을 아주 쉽게 알 수 있다(데이터 형식에 관해 더 알고 싶다면 레시피 2.2를 참고하자). 그러나 수치들이 서로 비슷한 경우에도 컴파일러는 다른 행태를 보이는 별도의 형식으로 간주하기 때문에 이러한 유연성이 오히려 혼란스러울 수 있다. 예를 들어, 동일한 값을 char 형식이나 byte 형식 또는 int 형식으로 프린트해도 반드시 출력 내용이 같아지는 것은 아니다.

다음은 몇 가지 구체적인 예다. 모두 비슷한 값을 가진 변수를 만든다.

```
char asciiValue = 'A';      // A의 아스키 값은 65다.
char chrValue = 65;         // 8비트 크기의 부호 있는 문자인데, 이는 아스키 문자인 'A'다.
byte byteValue = 65;        // 8비트 크기의 부호 없는 문자인데, 이것도 아스키 문자인 'A'다.
int intValue = 65;          // 16비트 크기의 부호 있는 정숫값을 65로 설정한다.
float floatValue = 65.0;    // 값이 65인 부동소수점 변수다.
```

표 4-3은 아두이노 루틴을 사용해 변수를 프린트할 때 표시되는 내용을 보여 준다.

표 4-3 Serial.print를 사용한 출력 형식

데이터 형식	print (val)	print (val,DEC)	write (val)	print (val,HEX)	print (val,OCT)	print (val,BIN)
char	A	65	A	41	101	1000001
바이트	65	65	A	41	101	1000001
int	65	65	A	41	101	1000001
long	long 형식의 서식은 int 와 같다.					
float	65.00	부동소수점 값에는 서식을 지정할 수 없다.				
double	65.00	우노에서는 double이 float 과 같다.				

Serial.print(val,BYTE); 표현식을 아두이노 1.0 버전 이후 버전들에서는 더 이상 지원하지 않는다.

byte 변수가 char 변수처럼 동작하기를 기대한다면(즉, 이 두 가지 형식으로 된 변수를 아스키 문자로 처리되어 프린트되게 하려면), 이것을 Serial.write(val);로 바꿔야 한다.

이 레시피에 나오는 스케치에서는 각 프린트 문을 한 줄에 하나씩 넣고 있다. 이로 인해 복잡한 프린트 문인 경우에는 줄 수가 늘어날 수 있다. 예를 들어 보겠다.

```
At 5 seconds: speed = 17, distance = 120
```

위 내용을 프린트하려면 일반적으로 다음과 같이 코딩해야 한다.

```
Serial.print("At ");
Serial.print(t);
Serial.print(" seconds: speed = ");
Serial.print(s);
Serial.print(", distance = ");
Serial.println(d);
```

단 한 줄을 출력하기 위해 코드를 여러 줄이나 쓰고 있는 꼴이다. 이 문장들을 다음과 같이 결합할 수 있다.

```
Serial.print("At "); Serial.print(t); Serial.print(" seconds, speed = ");
Serial.print(s); Serial.print(", distance = "); Serial.println(d);
```

또는 아두이노에서 사용하는 컴파일러의 **삽입 스타일**insertion style 기능을 사용해 프린트 명령문을 작성할 수 있다. 즉, 스케치에서 스트리밍 템플릿을 선언했다면 사용할 수 있는 몇 가지 진보된 C++ 기능(스트리밍 삽입 구문 및 템플릿들)을 활용할 수 있다. 마이칼 하트Mikal Hart가 작성한 **Streaming** 라이브러리를 사용하면 이러한 일을 아주 쉽게 달성할 수 있다. 이 라이브러리를 마이칼의 웹 사이트(https://oreil.ly/PJWJR)에서 더 잘 살펴볼 수 있으며, 아두이노 라이브러리 매니저를 사용해 설치할 수 있다(레시피 16.2 참고).

Streaming 라이브러리를 사용한다면 앞서 나온 줄과 동일한 출력 내용을 다음 코드로 만들어 낼 수 있다.

```
Serial << "At " << t << " seconds, speed=" << s << ", distance=" << d << endl;
```

숙련된 프로그래머라면 도대체 왜 아두이노가 printf를 지원하지 않는지가 궁금할 것이다. 이는 부분적으로 보면 printf가 동적 메모리를 사용하기 때문이고, 또한 8비트 보드에서 쓸 수 있는 RAM 용량이 작아야 하기 때문이다. 최신 32비트 보드에서는 충분한 메모리를 쓸 수 있지만, 아두이노 팀은 아두이노 언어의 직렬 출력 기능의 일부로 간결하고 쉽게 악용되는 구문을 포함하기를 꺼렸다.

아두이노가 printf를 지원하지 않지만, 이의 형제 격인 sprintf를 사용해 문자 버퍼에 서식을 지정한 텍스트를 저장한 다음에 Serial.print/println을 사용해 해당 버퍼를 프린트하면 된다.

```
char buf[100];
sprintf(buf, "At %d seconds, speed = %d, distance = %d", t, s, d);
Serial.println(buf);
```

그러나 sprintf를 쓸 때는 위험이 뒤따른다. 작성하는 문자열이 버퍼보다 크면 오버플로되기 때문이다. 오버플로된 문자들이 어디에 기록될지를 누구나 추측할 수 있지만, 어쨌든 스케치가 충돌하거나 오작동을 일으킬 가능성은 크다. snprintf 함수를 사용하면 최대 문자 개수(모든 문자열의 끝부분을 나타내는 널 문자 포함)를 지정하는 인수를 전달할 수 있다. 배열을 선언하는 데 사용하는 것과 동일한 길이(이 경우에는 100)를 지정할 수 있지만, 그렇게 하면 버퍼 길이를 변경할 경우에는 길이$_{length}$ 인수를 바꿔야 한다. 대신에 sizeof 연산자를 사용해 버퍼 길이를 계산할 수 있다. 우리가 생각할 수 있는 모든 경우에서 char의 크기는 1바이트이기는 해도 배열을 이루는 원소들에 대한 데이터 형식의 크기로 전체 배열 크기를 나눔으로써 정확한 배열의 길이(즉, 원소들의 개수)를 알 수 있으므로 sizeof(buf) / sizeof(buf[0])로 배열의 길이를 알아 내는 편이 더 바람직하다.

```
snprintf(buf, sizeof (buf) / sizeof (buf[0]),
        "At %d seconds, speed = %d, distance = %d", t, s, d);
Serial.println(buf);
```

 본문에서 우리는 char buf[100];이라는 문장을 통해서 char 형식 배열을 선언했기 때문에 이런 상황에서 sizeof(buf[0])의 값은 당연히 1이 되지만, sizeof(buf) / sizeof(buf[0]) 꼴의 식을 써서 배열의 길이를 알아내는 습관을 들이는 게 바람직하다. 예를 들어 다음 코드를 생각해 보면 알겠지만, 이 코드에서는 100이 아닌 400을 배열 길이 값으로 출력하고 만다.

```
long buf2[100];
Serial.println(sizeof (buf2));
```

따라서 정확한 배열 길이를 알고 싶다면 sizeof (buf2) / sizeof (buf2[0]) 꼴로 된 식을 써야 한다.

sprintf나 snprintf를 사용하게 되면 비용이 든다. 먼저 여러분은 버퍼 오버헤드(이 경우에는 100바이트)를 겪었다. 게다가 이런 특성들을 컴파일하는 일도 만만치 않다. 아두이노 우노에서 이 코드를 추가하면 메모리 사용량이 1,648바이트만큼 증가하며, 이는 우노 메모리의 5%에 해당한다.

함께 보면 좋은 내용

2장에서는 아두이노에서 사용하는 데이터 형식을 더 자세히 다룬다. 아두이노 웹 참조에서는 직렬 명령(https://oreil.ly/8MGsb)과 스트리밍(삽입 스타일) 출력(https://oreil.ly/JqHPa)을 다룬다.

아두이노에서 직렬 데이터를 수신하기

문제

컴퓨터나 그 밖의 직렬 장치에서 보내는 데이터를 아두이노에서 수신하려고 한다. 예를 들어, 아두이노가 컴퓨터에서 보낸 명령이나 데이터에 반응하게 한다.

해법

스케치가 숫자 한 개(0부터 9 중의 한 문자)를 받고 나서 받은 숫자 값에 따라 온보드 LED를 깜박이게 하고 싶다고 해보자.

```
/*
 * SerialReceive 스케치.
 * 수신된 숫자 값에 비례하는 비율로 LED가 깜박인다.
 */
int blinkDelay = 0; // 이 변수에 저장된 값에 맞춰 깜박임을 지연되게 한다.

void setup()
{
  Serial.begin(9600); // 9600보에서 송수신할 직렬 포트를 초기화한다.
  pinMode(LED_BUILTIN, OUTPUT); //이 핀을 출력으로 설정한다.
}

void loop()
{
  if(Serial.available()) // 하나 이상의 문자를 사용할 수 있는지 확인한다.
  {
    char ch = (char) Serial.read();
    if(isDigit(ch)) // 0 ~ 9 사이에 있는 아스키 문자인가?
    {
      blinkDelay = (ch - '0');        // 수치로 변환된 아스키 값.
      blinkDelay = blinkDelay * 100; // 100ms × '수신한 숫자'로 실제 지연시간을 설정한다.
    }
  }
  blink();
}
```

```
// blinkDelay로 지정한 켬 시간과 끔 시간에 맞춰 LED를 깜박이게 한다.
void blink()
{
  digitalWrite(LED_BUILTIN, HIGH);
  delay(blinkDelay); // blinkDelay 값에 맞춰 지연시킨다.
  digitalWrite(LED_BUILTIN, LOW);
  delay(blinkDelay);
}
```

시리얼 모니터를 사용해 스케치를 업로드하고 메시지를 송신한다. 모니터 아이콘을 클릭해 시리얼 모니터를 열고(레시피 4.1 참고) 시리얼 모니터 창 상단의 텍스트 상자에 숫자를 입력하자. Send 버튼을 클릭하면 텍스트 상자에 입력한 문자가 전송되고, 여러분이 숫자를 입력하면 깜박임 속도가 변경된다.

토의

Serial.read 함수가 int 형식 값 한 개를 반환하므로 해당 값을 char 형식으로 캐스팅해서 그 값 뒤에 나오는 것과 비교할 수 있게 해야 한다. 아스키가 문자를 나타내는 방식에 익숙하지 않으면 수신된 아스키 문자를 수치로 변환하는 일이 명확하게 다가오지 않을 것이다. 다음 코드는 문자 ch를 수치로 바꾼다.

```
blinkDelay = (ch - '0'); // 아스키 값을 수치로 변환
```

문자 '0' ~ '9'에 해당하는 아스키 값은 48 ~ 57이다(부록 G 참고). '1'에서 '0'을 빼면 수치numeric value인 1이 나오게 되는데, 이는 '1'의 아스키 값이 49이므로 여기서 '0'의 아스키 값인 48을 빼면 1이라는 수치가 되기 때문이다. 예를 들어, ch가 문자인 '1'을 나타낸다면 이에 해당하는 아스키 값은 49다. 49 - '0'이라는 표현식은 49 - 48과 의미가 같다. 이로 인한 결과는 1이며, 이는 1이라는 수치인 것이다.

다시 말해, (ch - '0')이라는 표현식은 (ch - 48)과 같으며, 이를 통해 변수 ch의 아스키 값이 수치로 바뀐다.

parseInt와 parseFloat 메서드는 Serial로부터 수치를 추출하는 일을 단순화해 주는데, 이것을 사용해 두 자리 이상인 수number들을 수신할 수 있다. (또한 Ethernet 클래스와 Stream 클래스에서 파생된 그 밖의 객체들과도 더불어 작동하며, 네트워킹 객체들을 사용한 스트림 파싱에 관해 더 알고 싶다면 15장의 '소개' 부분을 참고하자.)

Serial.parseInt( ) 및 Serial.parseFloat( )는 Serial(직렬) 문자들을 읽어 이 문자들의 수치 표현_{numeric representation}을 반환한다. 수 앞의 비수치 문자_{nonnumeric character}들은 무시되고, 수_{number}는 수치를 나타내는 숫자_{numeric digit}가 아닌 첫 번째 문자(또는 parseFloat를 사용한다면 ".")로 끝난다. 입력 내용에 수치 문자_{numeric character}들이 없으면 함수는 0을 반환하므로 0 값을 확인하면 적절하게 처리해야 한다. Send를 클릭해 줄바꿈 문자나 캐리지리턴을 송신하기 위해(또는 둘 다 보내도록) 시리얼 모니터를 구성하는 경우에 parseInt나 parseFloat은 줄바꿈 문자나 캐리지리턴을 일종의 수로 해석하여 0을 반환하려고 할 것이다. 이렇게 하면 blinkDelay가 여러분이 의도한 값으로 설정한 직후에 0으로 설정되어 깜박이지 않게 된다.

```
/*
 * SerialParsing 스케치.
 * 수신된 숫자 값에 비례하는 비율로 LED가 깜박인다.
 */
int blinkDelay = 0;

void setup()
{
  Serial.begin(9600); // 9600보에서 송수신할 직렬 포트를 초기화한다.
  pinMode(LED_BUILTIN, OUTPUT); // 이 핀을 출력으로 설정한다.
}

void loop()
{
  if(Serial.available()) // 하나 이상의 문자를 사용할 수 있는지 확인한다.
  {
    int i = Serial.parseInt();
    if (i != 0)
    {
      blinkDelay = i;
    }
  }
  blink();
}
// blinkDelay로 지정한 켬 시간 및 끔 시간에 맞춰 LED를 깜박이게 한다.
void blink()
{
  digitalWrite(LED_BUILTIN, HIGH);
  delay(blinkDelay); // blinkDelay 값에 맞춰 지연시킨다.
  digitalWrite(LED_BUILTIN, LOW);
  delay(blinkDelay);
}
```

직렬 데이터에서 수들을 찾아 추출하는 데 사용되는 parseInt를 보여 주는 그 밖의 예를 레시피 4.5에서 찾아볼 수 있다.

숫자를 표현하는 텍스트 문자열을 변환하는 또 다른 방법으로는 atoi(int 형식 변수용)나 atol(long 형식 변수용)이라고 부르는 C 언어 변환 함수를 사용하는 방법이 있다. 이름이 명료하지 않은 이런 함수는 각기 문자열을 정수integer나 배정도 정수long integer로 변환한다. 이 함수의 코드는 더 복잡해서 들어오는 데이터를 조작하는 기능을 더 많이 제공한다. 이러한 함수를 사용하려면 변환 함수를 호출하기 전에 전체 문자열을 문자 배열로 받아서 저장해야 한다.

다음 코드 조각은 들어오는 숫자들을 숫자가 아닌 문자에서(또는 버퍼가 가득 찬 경우) 종료하게(끝나게) 한다.

```
const int maxChars = 5;      // int 형식 문자열은 최대 다섯 개의 숫자를 포함하고
                             // 문자열의 끝을 나타내기 위해 0을 써서 끝난다.
char strValue[maxChars+1];   // 숫자들 외에도 종료 문자인 널까지 들어갈 만큼 충분히 커야 한다.
int idx = 0;                 // 받은 숫자들을 저장하는 데 사용하는 배열의 내부를 가리키는 인덱스다.

void loop()
{
  if(Serial.available())
  {
    char ch = (char) Serial.read();
    if(idx < maxChars && isDigit(ch))
    {
      strValue[idx++] = ch; // 아스키 문자를 문자열에 추가한다.
    }
    else
    {
      // 버퍼가 가득 차거나 숫자가 아닌 것이 처음으로 나오면 이 부분으로 온다.
      strValue[idx] = 0;             // 0을 사용해 문자열을 끝낸다.
      blinkDelay = atoi(strValue); // atoi를 써서 문자열을 한 개의 정수로 변환한다.
      idx = 0;
    }
  }
  blink();
}
```

strValue는 직렬 포트에서 수신한 문자로 구성된, 수치를 나타내는 문자열이다.

 문자열에 대해서 알고 싶다면 레시피 2.6을 참고하자.

atoi(ASCII to integer의 줄임말)는 문자열을 정수로 변환하는 함수다(atol은 배정도 정수로 변환한다).

아두이노는 들어오는 직렬 문자들을 처리하는 데 사용할 수 있는 serialEvent라는 함수도 지원한다. 스케치의 serialEvent 함수 내에 코드가 있다면 loop 함수를 통해 매번 호출된다. 다음 스케치

는 이 레시피의 첫 번째 스케치와 동일한 기능을 수행하지만 serialEvent를 사용해 수신 문자를 처리한다.

```
/*
 * SerialEvent 수신 스케치.
 * 수신된 숫자 값에 비례하는 비율로 LED가 깜박인다.
 */
int blinkDelay = 0; // 이 변수에 저장된 값으로 깜박임 지연시간을 조절한다.

void setup()
{
  Serial.begin(9600); // 9600보에서 송수신할 직렬 포트를 초기화한다.
  pinMode(LED_BUILTIN, OUTPUT); // 이 핀을 출력으로 설정한다.
}

void loop()
{
  blink();
}

void serialEvent()
{
  while(Serial.available())
  {
    char ch = (char)
    Serial.read();
    Serial.write(ch);
    if(isDigit(ch)) // 0 ~ 9 사이에 있는 아스키 문자인가?
    {
      blinkDelay = (ch- '0');          // 수치로 변환된 아스키 값이다.
      blinkDelay = blinkDelay * 100; // 실제 지연시간은 100ms를 곱한 값이 된다.
    }
  }
}

// blinkDelay로 지정한 켬/끔 시간에 맞춰 LED를 깜박이게 한다.
void blink()
{
  digitalWrite(LED_BUILTIN, HIGH);
  delay(blinkDelay); // blinkDelay 값에 맞춰 지연시킨다.
  digitalWrite(LED_BUILTIN, LOW);
  delay(blinkDelay);
}
```

함께 보면 좋은 내용

atoi나 atol에 관해서는 웹에서 검색해 보면 더 많은 참고 정보를 얻을 수 있다(위키백과 정보를 https://bit.ly/37yo6vq에서 참고하자).

4.4 여러 텍스트 필드를 단일 메시지로 바꿔 아두이 노에서 송신하기

문제

메시지당 필드 정보가 한 개 이상인 메시지를 송신하려고 한다. 예를 들어, 여러분의 메시지에 센서 값이 두 개 이상 포함될 수 있다. 컴퓨터에서 실행되는 프로그램(예: 프로세싱)에서 이들 값을 사용하려고 한다.

해법

모든 필드를 쉼표 같은 구분문자로 구분해 텍스트 문자열을 송신하면 이런 일을 쉽게 할 수 있다.

```
// CommaDelimitedOutput(쉼표로 구분하는 출력 내용) 스케치.

void setup()
{
  Serial.begin(9600);
}

void loop()
{
  int value1 = 10; // 송신하려고 하는 하드코딩 값.
  int value2 = 100;
  int value3 = 1000;

  Serial.print('H'); // 메시지가 시작되는 부분을 식별할 수 있게 하는 독특한 헤더.
  Serial.print(",");
  Serial.print(value1,DEC);
  Serial.print(",");
  Serial.print(value2,DEC);
  Serial.print(",");
  Serial.print(value3,DEC);
  Serial.println(); // 캐리지리턴 및 라인피드(line feed) 송신하기.
  delay(100);
}
```

다음은 직렬 포트에서 이 데이터를 읽어 내는 프로세싱 스케치다.

```
// 쉼표로 구분된 직렬 데이터를 읽기 위한 프로세싱 스케치.
// 예상 형식: H,1,2,3

import processing.serial.*;

Serial myPort;        // Serial 클래스를 사용해 객체를 생성한다.
```

```
char HEADER = 'H';      // 메시지가 시작되는 부분을 식별할 수 있게 하는 문자다.
short LF = 10;          // 라인피드에 해당하는 아스키 값이다.

// 경고!
// 필요하다면 아래에서 정의한 포트를 적절한 포트로 변경하자.
short portIndex = 0; // com 포트를 선택한다. 0이 첫 번째 포트다.

void setup()
{
  size(200, 200);
  println((Object[]) Serial.list());
  println(" Connecting to -> " + Serial.list()[portIndex]);
  myPort = new Serial(this, Serial.list()[portIndex], 9600);
}

void draw()
{
  if (myPort.available() > 0)
  {
    String message = myPort.readStringUntil(LF); // 직렬 데이터를 읽는다.
    if (message != null)
    {
      message = message.trim(); // 문자열의 시작/끝 부분으로부터 공백을 제거한다.
      println(message);
      String[] data = message.split(","); // 쉼표로 구분한 메시지를 쉼표를 기준으로 나눈다.
      if (data[0].charAt(0) == HEADER && data.length == 4) // 유효성을 검사한다.
      {
        for (int i = 1; i < data.length; i++) // 헤더를 건너뛴다(0이 아닌 1에서 시작).
        {
          println("Value " + i + " = " + data[i]); // 필드 값들을 프린트한다.
        }
        println();
      }
    }
  }
}
```

토의

이 레시피에서 제시하는 해법에 나오는 아두이노 코드에서는 다음에 보이는 텍스트 문자열을 직렬 포트로 송신한다(\r은 캐리지리턴을 가리키고 \n은 라인피드를 가리킨다).

```
H,10,100,1000\r\n
```

분리하는 문자로 쓸 것을 선택할 때는 데이터 내에서 쓸 일이 전혀 없는 문자를 선택해야 한다. 예를 들어, 수치만으로 구성된 데이터라면 쉼표를 구분기호_delimeter_로 사용하는 것이 바람직하다. 수신 측이 메시지가 시작되는 부분을 판별해 모든 필드에 데이터가 모두 들어 있는지를 확인할 수도 있다. 헤더 문자 한 개를 보냄으로써 메시지가 시작된다는 점을 가리키는 식으로 이렇게 할 수 있다. 헤더 문자는 독특해야 하고, 데이터 필드에서 사용하지 않는 문자여야 할 뿐만 아니라 구분문자와도 달라야 한다. 이번 예제에서는 대문자 *H*를 사용해 메시지의 시작을 나타낸다. 이 메시지는 헤더, 아스키 문자열로 쉼표로 구분한 세 개의 수치, 캐리지리턴, 라인피드line feed로 구성된다.

캐리지리턴과 라인피드 문자는 println( ) 함수를 사용해 프린트할 때마다 보내지며, 수신 측에서는 이들 문자를 통해 메시지 문자열을 모두 수신했다는 점을 알 수 있다. 프로세싱 코드인 myPort. readStringUntil(LF)은 라인피드 문자 전에 나오는 캐리지리턴('\r') 문자를 포함하고 있기 때문에 이 스케치는 trim( )을 사용해 스페이스, 탭, 캐리지리턴, 라인피드 문자 등을 포함하는 선행 공백 문자나 후행 공백 문자를 제거한다.

프로세싱 코드는 메시지를 문자열로 읽고 자바의 split( ) 메서드를 사용해 쉼표로 구분된 필드들을 가지고 배열을 작성한다.

 대부분의 경우에 첫 번째 직렬 포트는 맥(또는 실제 RS-232 포트는 PC)을 사용할 때 주로 쓰고, 마지막 직렬 포트는 실제 RS-232가 있는 PC를 사용할 때 주로 사용한다. 프로세싱 스케치에는 사용할 수 있는 포트와 현재 선택된 포트를 표시하는 코드가 들어 있으므로 여러분은 이 포트가 아두이노에 연결된 포트인지 확인해야 한다. 스케치를 한 번 실행하고 오류가 발생한 다음에 화면 하단의 처리 콘솔에서 직렬 포트 목록을 검토해 portIndex에 사용해야 하는 값을 결정해야 한다.

프로세싱을 사용해 센서값을 표시하면 데이터를 시각화할 수 있으므로 디버깅 시간을 절약할 수 있다. CSV 서식이 자주 쓰이고 유용하기는 하지만, JSONJavaScript Object Notation의 표현력이 더 좋고 사람들이 읽기에도 더 좋다. JSON은 네트워크에서 메시지를 교환하는 데 사용되는 일반적인 데이터 교환 형식이다. 다음 스케치에서는 아두이노 와이파이 Rev 2나 아두이노 나노 33 BLE 센스로부터 가속도계 값을 읽어(해당하는 include 줄을 설명하지 않음) JSON을 사용해 해당 값을 직렬 포트로 송신한다(예를 들면, {'x': 0.66, 'y': 0.59, 'z': -0.49, }).

```
/*
 * AccelerometerToJSON(가속도계에서 JSON으로).
 * 가속도계에서 읽은 값을 JSON 형식으로 표시한다.
 */

#include <Arduino_LSM6DS3.h>   // 아두이노 와이파이 R2.
//#include <Arduino_LSM9DS1.h> // 아두이노 BLE 센스.

void setup()
{
  Serial.begin(9600);
  while (!Serial);

  if (!IMU.begin())
```

```
  {
    while (1)
    {
      Serial.println("Error: Failed to initialize IMU");
      delay(3000);
    }
  }
}

void loop()
{
  float x, y, z;
  if (IMU.accelerationAvailable())
  {
    IMU.readAcceleration(x, y, z);
    Serial.print("{");
    Serial.print("'x': ");
    Serial.print(x);
    Serial.print(", ");
    Serial.print("'y': ");
    Serial.print(y);
    Serial.print(", ");
    Serial.print("'z': ");
    Serial.print(z);
    Serial.print(", ");
    Serial.println("}");
    delay(200);
  }
}
```

다음 프로세싱 스케치는 아두이노에서 보낸 최대 12개 값을 실시간으로 시각적으로 표시한다. 이 스케치는 -5에서 +5 사이의 부동소수점 값을 표시한다.

```
/*
 * ShowSensorData(센서 데이터 보이기) 스케치.
 *
 * -127 ~ 127 범위에 들어 있는 JSON 센서 데이터 막대그래프를 표시한다.
 * 형식은 다음과 같다. "{'레이블1': 값, '레이블2': 값,}\n"
 * 예를 들면, 다음과 같다.
 * {'x': 1.0, 'y': -1.0, 'z': 2.1,}
 */

import processing.serial.*;
import java.util.Set;

Serial myPort;      // Serial 클래스를 사용해 객체를 생성한다.
class PFont fontA; // 텍스트를 화면에 표시할 때 쓸 글꼴이다.
int fontSize = 12;
short LF = 10;      // 라인피드에 해당하는 아스키 값이다.
```

```
int rectMargin = 40;
int windowWidth = 600;
int maxLabelCount = 12; // 레이블이 더 필요해 보인다면 이 값을 늘리자.
int windowHeight = rectMargin + (maxLabelCount + 1) * (fontSize *2);
int rectWidth = windowWidth - rectMargin*2;
int rectHeight = windowHeight - rectMargin;
int rectCenter = rectMargin + rectWidth / 2;

int origin = rectCenter;
int minValue = -5;
int maxValue = 5;

float scale = float(rectWidth) / (maxValue - minValue);

// 경고!
// 필요하다면 아래에서 정의한 포트를 적절한 포트로 변경하자.
short portIndex = 0; // com 포트를 선택한다. 0이 첫 번째 포트다.

void settings()
{
  size(windowWidth, windowHeight);
}

void setup()
{
  println((Object[]) Serial.list());
  println(" Connecting to -> " + Serial.list()[portIndex]);
  myPort = new Serial(this, Serial.list()[portIndex], 9600);
  fontA = createFont("Arial.normal", fontSize);
  textFont(fontA);
}

void draw()
{

  if (myPort.available () > 0)
  {
    String message = myPort.readStringUntil(LF);
    if (message != null)
    {

      // 메시지로부터 JSON 데이터를 로드한다.
      JSONObject json = new JSONObject(); {
        json = parseJSONObject(message);
      }
      catch(Exception e)
      {
        println("Could not parse[" + message + "]");
      }

      // JSON 레이블과 값을 별도의 배열로 복사한다.
      ArrayList<String> labels = new ArrayList<String>();
      arrayList<Float> values = new ArrayList<Float>();
```

```
      for (String key : (Set<String>) json.keys())
      {
        labels.add(key); values.add(json.getFloat(key));
      }


      // 격자를 그려 값을 넣는다.
      background(255);
      drawGrid(labels); fill(204);
      for (int i = 0; i < values.size(); i++)
      {
        drawBar(i, values.get(i));
      }
    }
  }
}


// 현재 센서를 나타내는 막대를 그린다.
void drawBar(int yIndex, float value)
{
  rect(origin, yPos(yIndex)-fontSize, value * scale, fontSize);
}


void drawGrid(ArrayList<String> sensorLabels)
{
  fill(0);

  // 최솟값 레이블과 그에 대한 선을 그린다.
  text(minValue, xPos(minValue), rectMargin-fontSize);
  line(xPos(minValue), rectMargin, xPos(minValue), rectHeight + fontSize);

  // 중앙값 레이블과 그에 대한 선을 하나 그린다.
  text((minValue+maxValue)/2, rectCenter, rectMargin - fontSize);
  line(rectCenter, rectMargin, rectCenter, rectHeight + fontSize);

  // 최댓값 레이블과 그에 대한 선을 그린다.
  text(maxValue, xPos(maxValue), rectMargin - fontSize);
  line(xPos(maxValue), rectMargin, xPos(maxValue), rectHeight + fontSize);

  // 각 센서 레이블을 프린트한다.
  for (int i=0; i < sensorLabels.size(); i++)
  {
    text(sensorLabels.get(i), fontSize, yPos(i));
    text(sensorLabels.get(i), xPos(maxValue) + fontSize, yPos(i));
  }
}

// 여백 및 글꼴 크기를 고려해 y 위치를 계산한다.
int yPos(int index)
{
  return rectMargin + fontSize + (index * fontSize*2);
}


// 눈금과 원점을 고려해 y 위치를 계산한다.
```

```
int xPos(int value)
{
  return origin + int(scale * value);
}
```

그림 4-4는 가속도계 값 (x, y, z)이 표시되는 방법을 보여 준다. 장치를 흔들면 막대기들이 나타난다.

원하다면 값의 범위와 그래프의 원점을 쉽게 변경할 수 있다. 예를 들어, 왼쪽 축에서 시작해 0 ～ 1,024 사이의 값으로 막대를 표시하려면 다음과 같이 코드를 작성하면 된다.

```
int origin = rectMargin; // rectMargin은 그래프 영역의 왼쪽 가장자리다.
int minValue = 0;
int maxValue = 5;
```

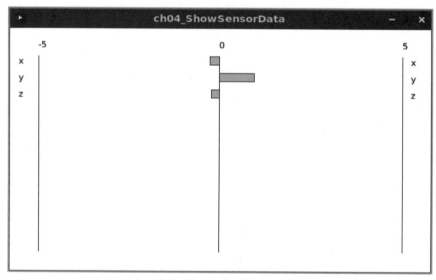

그림 4-4 센서 데이터를 보여 주는 프로세싱 화면

가속도계가 없다면 다음과 같이 아날로그 입력값들을 표시하는 간단한 스케치로 값을 생성할 수 있다. 연결할 센서가 없다면 아날로그 핀의 하단을 따라 손가락을 움직이면 프로세싱 스케치에서 볼 수 있는 레벨들이 생성된다. 값의 범위가 0 ～ 1,023이므로 앞 절에서 설명한 대로 프로세싱 스케치에서 origin, min, max 값을 변경한다.

```
/*
 * AnalogToJSON 스케치.
 * 아날로그 값을 읽어 JOSN 형식으로 표현해 송신한다.
 */

void setup()
```

```
{
  Serial.begin(9600);
  while (!Serial);
}

void loop()
{
  Serial.print("{");
  Serial.print(" 'A0': "); Serial.print(analogRead(A0)); Serial.print(", ");
  Serial.print(" 'A1': "); Serial.print(analogRead(A1)); Serial.print(", ");
  Serial.print(" 'A2': "); Serial.print(analogRead(A2)); Serial.print(", ");
  Serial.print(" 'A3': "); Serial.print(analogRead(A3)); Serial.print(", ");
  Serial.print(" 'A4': "); Serial.print(analogRead(A4)); Serial.print(", ");
  Serial.print(" 'A5': "); Serial.print(analogRead(A5)); Serial.print(", ");
  Serial.println("} ");
}
```

함께 보면 좋은 내용

프로세싱 웹 사이트(http://processing.org)에서 이 프로그래밍 환경의 설치 및 사용에 대한 자세한 정보를 볼 수 있다.

프로세싱을 다룬 책도 많다.

- 케이시 리아스Casey Reas와 벤 프라이Ben Fry가 쓴 《Getting Started with Processing, Second Edition》(Make)
- 케이시 리아스와 벤 프라이가 쓴 《Processing: A Programming Handbook for Visual Designers and Artists》(MIT Press)
- 벤 프라이가 쓴 《Visualizing Data》(O'Reilly)
- 아이라 그린버그Ira Greenberg가 쓴 《Processing: Creative Coding and Computational Ar》(Apress)
- 톰 이고Tom Igoe가 쓴 《Making Things Talk》(Make Community) (이 책은 프로세싱과 아두이노를 다루면서 다양한 통신 코드를 예제로 싣고 있다.)

레시피 4.5 여러 텍스트 필드로 이뤄진 단일 메시지를 아두이노에서 수신하기

문제

필드가 두 개 이상인 메시지를 수신하려고 한다. 예를 들어, 메시지에는 특정 장치(예: 모터나 그 밖의 액추에이터)를 나타내는 식별자와 이를 설정할 값(예: 속도)을 포함할 수 있다.

해법

아두이노에는 레시피 4.4에 나오는 프로세싱 코드에 사용된 split() 함수가 없지만 이 레시피에 표시한 대로 비슷한 기능을 구현할 수 있다. 다음 코드는 H라는 단일 문자로 되어 있는 헤드에 이어서 쉼표로 구분된 수치 필드 세 개가 나오는 메시지 한 개를 수신한다.

```
/*
 * SerialReceiveMultipleFields(다중 필드 직렬 수신) 스케치.
 * 이 코드는 메시지가 H,12,345,678 같은 형식일 것으로 예상한다.
 * 이 코드에는 데이터의 끝을 나타내는 줄바꿈 문자가 필요하다.
 * 줄바꿈 문자를 보내게 시리얼 모니터를 설정한다.
 */

const int NUMBER_OF_FIELDS = 3; // 쉼표로 구분된 필드가 몇 개인지를 나타낸다.
int values[NUMBER_OF_FIELDS];    // 모든 필드 값이 들어 있는 필드.

void setup()
{
  Serial.begin(9600); // 직렬 포트를 9600보의 속도로 송수신하게 초기화한다.
}

void loop()
{
  if(Serial.available())
  {
    if(Serial.read() == 'H')
    {

      // 값을 읽는다.
      for (int i = 0; i < NUMBER_OF_FIELDS; i++)
      {
        values[i] = Serial.parseInt();
      }

      // 쉼표로 구분된 형식으로 값을 표시한다.
      Serial.print(values[0]); // 첫 번째 값.

      // 값 중 나머지 부분을 선행 쉼표로 시작되게 프린트한다.
      for (int i = 1; i < NUMBER_OF_FIELDS; i++)
      {
        Serial.print(",");
        Serial.print(values[i]);
      }
      Serial.println();
    }
  }
}
```

토의

이 스케치에서는 직렬 데이터 및 웹 스트림에서 수치들을 쉽게 추출할 수 있는 parseInt 메서드를 사용한다. 이 스케치는 이러한 기능을 사용하는 방법의 한 예다(15장에는 스트림 파싱의 예가 더 있다). 시리얼 모니터를 열고 H1,2,3처럼 쉼표로 구분된 메시지를 송신해서 이 스케치를 테스트할 수 있다. parseInt는 빼기 부호 한 개와 숫자 한 개 이외의 것을 무시하므로 쉼표로 구분하지 않아도 된다. H1/2/3처럼 다른 구분기호를 사용해도 된다. 스케치는 숫자를 배열에 저장하고 나서 쉼표로 구분해 프린트한다.

 이 스케치는 우리가 보기에 처음에는 평범해 보이지 않는 방식으로, 쉼표로 구분된 목록을 보여 준다. 수신된 첫 번째 숫자(예: 1)를 프린트하고 나서 나머지 숫자를 각각 쉼표를 앞세워(예: ,2를 프린트한 뒤에 ,3을 프린트) 프린트한다. 코드 줄을 줄이기 위해 각 숫자 뒤에 쉼표를 프린트하게 할 수도 있겠지만, 그렇게 되면 결국 1, 2, 3이 아닌 1, 2, 3,으로 끝나고 만다. 프로세싱을 포함한 그 밖의 많은 프로그래밍 언어는 구분된 문자열로 배열을 결합하는 join 함수를 제공하지만 아두이노는 그렇지 않다.

스트림 파싱stream-parsing(스트림 구문 분석) 함수들은 1개 문자를 기다리는 시간을 지정하게 한다. 기본값은 1초다. 아무런 숫자도 받지 못한 채로 parseInt가 타임아웃timeout(대기 시간 초과)을 하게 되면 이 함수는 0을 반환할 것이다. Stream.setTimeout(timeoutPeriod)를 호출해 타임아웃을 변경할 수 있다. 타임아웃 매개변수는 밀리초(ms) 수를 나타내는 long 형식 정수이므로 타임아웃 범위는 1 ms에서 2,147,483,647ms까지가 된다.

Stream.setTimeout(2147483647);은 타임아웃 간격을 25일 미만으로 변경한다.

다음은 아두이노가 지원하는 스트림 파싱 방법을 요약한 것이다(이전 예제에서 모두 사용되지는 않음).

bool find(char *target);

주어진 target(검색 대상)을 찾을 때까지 스트림에서 읽는다. target 문자열이 발견되면 true를 반환한다. false는 스트림의 어느 곳에서나 데이터를 찾을 수 없으며 더 이상 사용할 수 있는 데이터가 없음을 의미한다. Stream 파싱은 스트림을 한 번만 훑고 지나간다. 다른 것을 찾거나 얻으려고 다시 돌아갈 수 있는 방법이 없다(findUntil 메서드를 참고하자).

bool findUntil(char *target, char *terminate);

find 메서드와 비슷하지만 terminate(종료) 문자열이 발견되면 검색이 중지된다. target이 발견된 경우에만 true를 반환한다. 키워드나 터미네이터terminator(종결인자, 문장의 끝을 나타내는 문자)에 대한 검색을 중지할 때 유용하다. 예를 들면, 다음과 같다.

```
finder.findUntil("target", "\n");
```

이 문장은 "target"이라는 문자열을 검색하려고 시도하되 줄바꿈newline 문자가 나타나면 검색을 멈추므로 여러분의 스케치는 목푯값(target)을 찾을 수 없을 때 무엇인가 다른 작업을 수행할 수 있다.

long parseInt( );

첫 번째 유효한 (배정도) 정숫값을 반환한다. 숫자들이나 빼기 부호가 아닌 선행 문자는 무시한다. 정수는 수 다음에 처음으로 숫자가 아닌 문자가 나올 때 종료된다.[2] 숫자가 없으면 함수는 0을 반환한다.

long parseInt(char skipChar);

매개변수가 없는 parseInt()와 거의 같지만, 이번에는 지정된 skipChar가 수치 내에서 무시된다. 이는 숫자 묶음 사이를 쉼표로 구분하는 커다란 단일 수치를 파싱할 때 유용할 수 있지만, 쉼표로 서식을 준 텍스트 값을 쉼표로 구분하는 문자열로 파싱할 수 없다는 점에 유념하자(예: 32,767이 파싱되어 32767이 되어 버린다).

float parseFloat( );

이는 parseInt의 float 판이다. 숫자들이나 소수점 또는 앞쪽에 나오는 빼기 부호를 제외한 모든 문자를 무시한다.

size_t readBytes(char *buffer, size_t length);

타임아웃이 되거나 length(길이)에 해당하는 길이만큼의 문자들을 다 읽을 때까지 들어오는 문자를 지정된 버퍼에 넣는다. 버퍼에 배치된 문자 수를 반환한다.

size_t readBytesUntil(char terminator, char *buf, size_t length);

terminator에 들어 있는 문자가 감지될 때까지 들어오는 문자를 지정된 버퍼에 넣는다. 버퍼에 잘 들어맞을 수 있도록 주어진 length보다 긴 문자열은 잘린다. 이 함수는 버퍼에 배치된 문자 수를 반환한다.

함께 보면 좋은 내용

15장에서는 스트림에서 데이터를 찾고 추출하는 데 사용되는 스트림 파싱 예제를 제공한다. ArduionoJson 라이브러리(https://arduinojson.org)를 사용하면 아두이노에서 JSON 형식의 메시지(레시피 4.4 참고)를 파싱할 수 있다.

---

2 옮긴이 즉, '숫자가 아닌 문자가 나오기 전까지를 정수로 본다.

아두이노로부터 2진 데이터를 송신하기

문제

정보를 송신할 때 바이트 수를 최대한 적게 전달하려고 하거나, 연결하려는 애플리케이션이 2진 데이터만 처리하므로 2진 형식으로 데이터를 송신해야만 한다.

해법

이 스케치는 헤더와 두 개의 정수(2바이트) 값을 2진 데이터로 송신한다. 스케치는 8비트 보드인지 또는 32비트 보드인지에 관계 없이 2바이트이므로 short를 사용한다(레시피 2.2 참고). 이 값들은 아두이노 random 함수를 사용해 생성된다(레시피 3.11 참고). random이 long(배정도 정수) 형식 값을 반환하기는 하지만, 599라는 인수를 통해서 이 값을 넘는 값이 반환되지 않을 것이라는 점을 알 수 있으므로 이 값이 short(단정도 정수) 형식 변수 한 개에 딱 들어맞을 만큼 충분히 작은 셈이다.

```
/*
 * SendBinary 스케치.
 * 헤더에 이어서 임의의 정숫값 두 개를 2진 데이터 형식으로 송신한다.
 */

short intValue; // 짧은 정숫값(모든 보드에서 2바이트로 처리한다).

void setup()
{
  Serial.begin(9600);
}

void loop()
{
  Serial.print('H'); // 헤더 문자를 송신한다.

  // 임의의 정수를 송신한다.
  intValue = random(599); // 0 ~ 599 사이의 난수를 생성한다.

  // 해당 정수를 구성하는 2개 바이트를 송신한다.
  Serial.write(lowByte(intValue));  // 하위 바이트를 송신한다.
  Serial.write(highByte(intValue)); // 상위 바이트를 송신한다.

  // 그 밖의 임의의 정수를 송신한다.
  intValue = random(599); // 0 ~ 599 사이의 난수를 생성한다.

  // 해당 정수를 구성하는 2개 바이트를 송신한다.
  Serial.write(lowByte(intValue));  // 하위 바이트를 송신한다.
  Serial.write(highByte(intValue)); // 상위 바이트를 송신한다.

  delay(1000);
}
```

토의

2진 데이터를 송신할 때는 신중하게 계획해야 한다. 송신 측과 수신 측이 데이터 전송 방식을 정확히 이해하고 서로 동의하지 않으면 혼란스러워지기 때문이다. 종료를 알리는 캐리지리턴(또는 여러분이 선택한 그 밖의 독특한 문자)으로 메시지의 끝이라는 점을 알리는 텍스트 데이터와 달리, 그저 데이터만 본다면 2진 메시지가 언제 시작되어 언제 끝나는지를 알 수 없을 때가 있다. 따라서 어떤 값이든 담을 수 있는 데이터라면 헤더header(개시인자, 개시자) 문자나 터미네이터terminator(종결인자, 종료자, 종결자) 문자를 지닐 수 있다.

송신 측과 수신 측이 예상되는 바이트 수를 정확히 알 수 있게 메시지를 설계하면 이런 점을 극복할 수 있다. 이렇게 설계한 경우에는 특정 문자를 감지하지 않아도 바이트 개수만으로 메시지의 끝부분을 알 수 있다. 몇 바이트가 뒤따를 것인지를 알려 주는 값을 초깃값의 형태로 송신하는 식으로 이를 구현할 수 있다. 또는 송신하려는 데이터를 넣을 수 있을 만큼 충분히 크게 메시지 크기를 정하면 된다. 이 두 가지 방법을 언제나 쉽게 구현할 수 있는 것만은 아닌데, 이는 플랫폼과 언어에 따라서 2진 데이터 형식의 크기가 달라질 수 있기 때문이다. 또한 바이트의 개수나 그 순서가 아두이노와 다를 수 있다는 의미이기도 하다. 예를 들어, 아두이노에서는 8비트 플랫폼에서는 int를 2바이트(16비트)로 정의하고 32비트 플랫폼상에서는 4바이트(32비트)로 정의하는 반면에, 프로세싱(즉, 자바)에서는 int를 4바이트(short는 2바이트 정수를 나타내는 자바 형식이다)로 나타낸다. int 값을 텍스트로 송신하면(이전 텍스트 레시피에서 볼 수 있듯이) 개별 숫자가 순차적 숫자로 송신되므로(마치 어떤 수를 적어 나가듯이 하므로) 이 문제를 간단하게 만든다. 수신 측에서는 캐리지리턴이나, 숫자가 아닌 그 밖의 구분기호를 보고 나서야 값을 완전히 수신했다는 점을 인식한다. 2진 방식으로 송신할 때는 메시지가 미리 정의되거나 메시지 내에 지정된 경우에만 메시지 구성을 알 수 있다.

이런 레시피에 쓰이는 해법에서는 송신 및 수신 플랫폼의 데이터 형식을 잘 이해하고 신중하게 계획해야 한다. 레시피 4.7은 프로세싱 언어를 사용해 이러한 메시지를 수신하는 예제 코드를 보여 준다.

단일 바이트를 송신하기는 쉽다. Serial.write(byteVal)을 사용하자. 아두이노에서 정수를 송신하려면 정수를 구성하는 하위 바이트와 상위 바이트를 나눠서 송신해야 한다(데이터 형식에 관해 더 알고 싶다면 레시피 2.2를 참고). lowByte 및 highByte 함수를 사용해 이를 수행한다(레시피 3.14를 참고).

```
Serial.write(lowByte(intValue));
Serial.write(highByte(intValue));
```

long 형식 정수를 송신할 때는 long 형식 정수를 구성하는 4바이트를 쪼개서 두 단계에 걸쳐 송신한다. 먼저 long 형식 데이터를 두 개의 16비트 정수로 나눈 다음에 앞에서 설명한 정수 송신 메서드를 사용해 따로따로 송신한다.

```
long longValue = 2147483648;
int intValue;
```

먼저 하위 16비트 정숫값을 송신한다.

```
intValue = longValue & 0xFFFF; // 하위 16개 비트 값을 획득한다.
Serial.write(lowByte(intValue));
Serial.write(highByte(intValue));
```

그런 다음에 상위 16개 비트들로 이뤄진 정숫값을 송신한다.

```
intValue = longValue >> 16; // 상위 16개 비트 값을 획득한다.
Serial.write(lowByte(intValue));
Serial.write(highByte(intValue));
```

데이터를 송신하는 함수를 작성하는 편이 더 편리하다는 점을 알 수 있을 것이다. 다음은 앞에서 표시된 코드를 사용해 16비트 정수를 직렬 포트에 프린트하는 함수다.

```
// 주어진 정숫값을 직렬 포트로 송신하는 함수
void sendBinary(int value)
{
  // 2바이트(16비트) 정수를 구성하는 2개 바이트를 송신한다.
  Serial.write(lowByte(value));  // 하위 바이트를 송신한다.
  Serial.write(highByte(value)); // 상위 바이트를 송신한다.
}
```

다음 함수는 먼저 두 개의 하위(가장 오른쪽) 바이트를 송신하고 나서 두 개의 상위(가장 왼쪽) 바이트를 송신하는 식으로 배정도(long, 즉 4바이트) 정숫값을 송신한다.

```
// 주어진 배정도 정숫값을 직렬 포트로 송신하는 함수.
void sendBinary(long value)
{
  // 먼저 하위 16비트 정숫값을 송신한다.
  int temp = value & 0xFFFF; // 하위 16개 비트의 값을 획득한다.
  sendBinary(temp);

  // 그런 다음에 상위 16개 비트로 이뤄진 정숫값을 송신한다.
  temp = value >> 16; // 상위 16개 비트의 값을 획득한다.
  sendBinary(temp);
}
```

2진 int 형식 값 및 long 형식 값을 송신하는 함수의 이름은 sendBinary로 동일하다. 컴파일러는 매개변수에 사용하는 값 형식으로 이를 구분한다. 코드에서 2바이트 값으로 sendBinary를 호출하면 void sendBinary(int value)로 선언된 버전이 호출된다. 매개변수가 long 값이면 void sendBinary(long value)로 선언된 버전이 호출된다. 이 동작을 **함수 오버로딩**function overloading(함수 중복정의)이라고 한다. 레시피 4.2에서 이에 대한 또 다른 예를 하나 더 볼 수 있다. Serial.print가 다양한 기능을 제공하는 이유는 사용된 변수의 다양한 형식을 컴파일러가 구별하기 때문이다.

또한 구조체를 사용해 2진 데이터를 송신할 수도 있다. 구조체는 데이터를 구성하는 메커니즘이며, 이것을 사용하는 방법에 익숙하지 않다면 앞에서 설명한 해법을 사용하는 편이 더 좋다. 구조체 포인터의 개념에 익숙한 사람을 위해 다음에 제시하는 코드는 구조체 내의 바이트를 2진 데이터 형태로 직렬 포트에 송신한다. 구조체에 헤더 문자가 들어 있으므로 해법과 동일한 메시지를 송신한다.

```
/*
 * SendBinaryStruct(2진 구조체 송신) 스케치.
 * 구조체를 2진 데이터 형태로 송신한다.
 */

typedef struct {
  char padding; // 8비트와 32비트상에서 똑같이 정렬해야 한다는 점에 유념하자.
  short intValue1;
  short intValue2;
} shortMsg;

void setup()
{
  Serial.begin(9600);
}

void loop()
{

  shortMsg myStruct = { 0, 'H', (short) random(599), (short) random(599) };
  sendStructure((byte *)&myStruct, sizeof(myStruct));

  delay(1000);
}

void sendStructure(byte *structurePointer, int structureLength)
{
  int i;
  for (i = 0 ; i < structureLength ; i++)
  {
    Serial.write(structurePointer[i]);
  }
}
```

padding 멤버 없이 shortMsg 구조체를 선언하는 경우에 구조체 길이는 어떤 보드상에서는 5바이트가 되고, 그 밖의 보드상에서는 6바이트가 된다는 점을 알 수 있다. 어떤 한 가지 아키텍처로 된 컴파일러는 5바이트 구조를 허용하는 데 만족할 수 있지만, 그 밖의 아키텍처를 따르는 컴파일러들은 바이트를 한 개 이상 추가로 삽입함으로써 구조체의 크기가 보드의 자연적인 데이터 크기의 배수가 되도록 할 수 있기 때문이다. 패딩(padding, 채울 것, 덧붙일 것)을 구조체의 앞쪽에 둠으로써 여러분은 char가 짝수 경계(2바이트 중의 두 번째 바이트)에서 나타나도록 보장하였으므로 컴파일러는 char와 shortvalue 사이에 패딩을 끼워 넣지 않을 것이다. 그러나 이런 요령이 항상 작동한다고 보장하는 것은 아니므로 직접 실험해 보아야 할 때도 있다. 헤더 문자 앞에 패딩을 넣으면 레시피 4.7의 코드가 H 문자를 볼 때까지 입력을 무시한다는 장점도 있다.

2진 바이트 형태로 데이터를 송신하는 편이 텍스트 형태로 데이터를 송신하는 경우보다 더 효율적이지만, 송신 측과 수신 측의 데이터 구조가 정확히 일치하는 경우에만 안정적으로 작동한다. 다음 내용은 코드를 작성할 때 확인해야 할 중요한 사항을 요약한 것이다.

변수 크기

전송되는 데이터의 크기가 양쪽에서 동일해야 한다. 정수는 아두이노 우노나 그 밖의 8비트 보드에서 2바이트이고, 32비트 보드 및 대부분의 다른 플랫폼에서 4바이트다. 데이터 형식 크기에 대한 프로그래밍 언어 설명서를 항상 확인하며 유념하자. 프로세싱에서는 2바이트만 수신할 것으로 예상되는 한, 2바이트 아두이노 정수를 4바이트 정수로 수신하는 데 문제가 없다. 그러나 송신 측은 수신 측이 사용하는 형식을 오버플로하게(즉, 넘치게) 하는 값을 사용하지 말아야 한다.

바이트 순서

int 형식 데이터나 long 형식 데이터를 이루고 있는 바이트들이 수신 측에서 예상한 순서대로 송신되는지를 확인하자. 이 해법은 아두이노 보드가 **리틀 엔디안**little endian이라고 하는, 내부에서 사용하는 것과 동일한 바이트 순서를 사용한다. 이 리틀 엔디안은 바이트의 순서를 나타내며 최하위 바이트가 먼저 나타난다. 기술적으로 보면 ARM 기반 아두이노 호환 보드는 바이 엔디안bi-endian(두 가지 엔디안 모두 지원)이므로 빅 엔디안big-endian 모드나 리틀 엔디안 모드를 사용하게 구성할 수 있지만, 실제로는 리틀 엔디안을 적용하지 않는 아두이노 보드를 만나기 어려울 것이다. lowByte 및 highByte를 사용해 정수를 선택하면 바이트 전송 순서를 제어할 수 있다. 하지만 2진 형식으로 된 struct(구조체)를 하나 송신하면 struct의 내부 표현을 사용하게 되는데, 이것은 보드의 엔디안endianness에 영향을 받는다. 따라서 레시피 4.7의 프로세싱 코드로 구조체 코드를 실행하고 원하는 값(16,384)이 표시되지 않으면 구조체가 이리저리 뒤집어질 수 있다.

동기화

수신 측이 메시지의 시작과 끝을 인식할 수 있는지 확인하자. 전송 스트림의 중간부터 청취하기(수신하기) 시작하면 유효한 데이터를 얻을 수 없다. 이것은 메시지 본문에서 나오지 않는 일련의 바이트를 송신해서 달성할 수 있다. 예를 들어, analogRead에서 2진 값을 송신하는 경우에 이 값의 범위가 0 ~ 1,023이므로 최대 유효 바이트는 4보다 작아야 한다(1,023에 해당하는 int 값은 바이트 3 및 255로 저장된다). 따라서 3보다 큰 바이트가 두 개 연속해서 이어진 데이터는 존재하지 않는다. 따라서 4(또는 3보다 큰 값) 바이트 중 두 바이트를 송신하면 유효한 데이터가 될 수 없으므로 이것을 메시지의 시작이나 끝을 나타내는 데 사용될 수 있다.

흐름 제어

수신 측이 송신 측을 따라잡을 수 있게 전송 속도를 선택하거나 일종의 **흐름 제어**flow control를 사용하자. 흐름 제어는 송신 측에 수신자가 더 많은 데이터를 얻을 준비가 되었음을 알리는 핸드셰이크handshake(상호 신호 확인)다.

함께 보면 좋은 내용

2장에서는 아두이노 스케치에 사용된 변수 형식에 대한 자세한 정보를 제공한다.

상위 바이트 및 하위 바이트 처리에 관해 자세히 알고 싶다면 레시피 3.15를 참고하자. 또한, lowByte(https://oreil.ly/AwmWi) 및 highByte(https://oreil.ly/W0TJE)에 대한 아두이노 레퍼런스를 확인하자.

흐름 제어에 관해 더 알고 싶다면 위키백과를 참고하자(https://oreil.ly/D4_2G).

 ## 4.7 아두이노가 보내온 2진 데이터를 컴퓨터에서 수신하기

문제

아두이노에서 보낸 2진 데이터에 프로세싱 같은 프로그래밍 언어를 사용해 응답하려고 한다. 예를 들어, 레시피 4.6에서 송신된 아두이노 메시지에 응답하려고 한다.

해법

이 레시피에서 제시하는 해법은 PC나 맥에서 사용하는 프로그래밍 환경에 따라 달라진다. 여러분이 선호하는 프로그래밍 도구가 아직 없는 상태에서, 배우기 쉽고 아두이노와 연결했을 때 잘 작동하는 도구를 원한다면 프로세싱이 멋진 선택지다.

다음은 프로세싱이 제공하는 SimpleRead 예제(이번 장의 '소개' 부분을 참고하자)에서 가져온 두 줄짜리 프로세싱 코드로, 이 코드는 바이트를 한 개 읽는다.

```
if (myPort.available() > 0) {    // 데이터를 사용할 수 있다면
  val = myPort.read();           // 데이터를 읽어 val에 저장한다.
```

보다시피, 이것은 이전 레시피에서 본 아두이노 코드와 무척 비슷하다.

다음은 레시피 4.6의 아두이노 스케치다.

```
/*
 * ReceiveBinaryData_P(2진 데이터 수신) 스케치.
 *
 * portIndex는 아두이노에 연결된 포트가 되게 설정되어야 한다.
 */
import processing.serial.*;

Serial myPort; // Serial 클래스를 사용해 객체를 생성한다.

// 경고!
// 필요하다면 아래에서 정의한 포트를 적절한 포트로 변경하자.
short portIndex = 0; // com 포트를 선택한다. 0번이 첫 번째 포트다.

char HEADER = 'H';
int value1, value2; // 직렬 포트로부터 수신한 데이터.

void setup()
{
  size(600, 600);
  // 아두이노에 연결된 모든 직렬 포트를 연다.
  String portName = Serial.list()[portIndex];
  println((Object[]) Serial.list());
  println(" Connecting to -> " + portName);
  myPort = new Serial(this, portName, 9600);
}

void draw()
{
  // 헤더와 두 개의 2진수 * (16비트) 정수를 읽는다.
  if (myPort.available() >= 5)    // 최소한 5바이트를 사용할 수 있다면,
  {
    if(myPort.read() == HEADER)   // 이게 헤더라면
    {
      value1 = myPort.read();              // 최소 유효 바이트[3]를 읽는다.
      value1 = myPort.read() * 256 + Value1; // 최대 유효 바이트[4]를 읽는다.

      value1 = myPort.read();              // 최소 유효 바이트를 읽는다.
      value1 = myPort.read() * 256 + Value1; // 최대 유효 바이트를 읽는다.

      println("Message received: " + Value1 + "," + Value2);
```

---

3 옮긴이 least significant byte(LSB). 즉, 최하위 바이트.

4 옮긴이 most significant byte(MSB). 즉, 최상위 바이트.

```
    }
  }
  background(255);        // 배경색을 흰색으로 한다.
  fill(0);               // 채움색을 검정색으로 한다.

  // 아두이노에서 받은 정수를 기준으로 좌표를 사용해 사각형을 그린다.
  rect(0, 0, value1, value2);
}
```

 아두이노가 연결된 직렬 포트에 상응하게 portIndex를 설정했는지 확인하자. 스케치를 한 번 실행하고 오류가 발생한 다음에 화면 하단의 처리 콘솔에서 직렬 포트 목록을 검토해 portIndex에 사용해야 하는 값을 결정해야 한다.

토의

프로세싱 언어가 아두이노에 영향을 끼쳤기 때문에 두 언어는 내부적으로 비슷하다. 프로세싱의 setup 함수는 아두이노와 마찬가지로 일회성 초기화를 처리하는 데 사용된다. 프로세싱에는 디스플레이 창이 있으며 size(600,600)를 호출해 크기를 600 × 600픽셀로 설정한다.

String portName = Serial.list()[portIndex]; 줄로는 직렬 포트를 선택하는데, 프로세싱에서 사용할 수 있는 모든 직렬 포트는 Serial.list 객체에 들어 있으며 이번 예제에서는 portIndex라는 변숫값을 사용한다. println((Object[]) Serial.list())는 사용할 수 있는 모든 포트를 프린트하고 myPort = new Serial(this, portName, 9600) 줄은 portName으로 선택된 포트를 연다. portIndex 값을 아두이노에 연결된 직렬 포트에 맞게 설정했는지 확인하자. 맥에서는 일반적으로 첫 번째 포트가 아두이노용으로 쓰이고, PC의 경우에는 물리적인 RS-232 포트가 있는 경우에는 일반적으로 마지막 포트를 사용하고 그렇지 않으면 첫 번째 포트를 사용한다. 아두이노 IDE에서 포트 목록을 볼 수도 있다. 이 목록은 프로세싱이 열거하는 포트 목록과 순서를 같게 해서 직렬 포트를 표시할 수 있다.

프로세싱의 draw 함수는 아두이노의 loop처럼 작동하므로 반복해서 호출된다. draw 함수 내의 코드는 데이터가 직렬 포트에서 사용할 수 있는지 확인하는 역할을 하는데, 그렇다면 바이트를 읽어서 바이트가 나타내는 정숫값으로 변환한다. 받은 정숫값에 근거하여 사각형이 그려진다.

함께 보면 좋은 내용

프로세싱 웹 사이트(http://processing.org)에서 프로세싱을 더 자세히 알 수 있다.

2진 값을 프로세싱에서 아두이노로 송신하기

문제

2진 바이트_{byte}나 정수_{integer}나 배정도 정수_{long integer}를 아두이노로 송신하려고 한다. 예를 들면, 메시지 식별자인 '태그_{tag}'와 두 개의 16비트 값으로 구성된 메시지를 송신하고 싶다고 해보자.

해법

다음 코드를 사용한다.

```
// 프로세싱으로 작성한 스케치.

/* SendingBinaryToArduino(2진 값을 아두이노로 송신) 스케치.
 * 언어: 프로세싱
 */
import processing.serial.*;

Serial myPort; // Serial 클래스로 객체를 생성한다.

// 경고!
// 필요하다면 아래에서 정의한 포트를 적절한 포트로 변경하자.
short portIndex = 0; // com 포트를 선택한다. 0번이 첫 번째 포트다.

public static final char HEADER = 'H';
public static final char MOUSE_TAG = 'M';

void setup()
{
  size(512, 512);
  String portName = Serial.list()[portIndex];
  println((Object[]) Serial.list());
  myPort = new Serial(this, portName, 9600);
}

void draw()
{
}

void serialEvent(Serial p)
{
  // 들어오는 직렬 데이터를 다룬다.
  String inString = myPort.readStringUntil('\n');
  if(inString != null)
  {
    print(inString); // 아두이노로부터 오는 텍스트 문자열을 프린트한다.
  }
}
```

```
void mousePressed()
{
  sendMessage(MOUSE_TAG, mouseX, mouseY);
}

void sendMessage(char tag, int x, int y)
{
  // 주어진 인덱스와 값을 시리얼 포트로 송신한다.
  myPort.write(HEADER);
  myPort.write(tag);
  myPort.write((char)(x / 256)); // MSB
  myPort.write(x & 0xff);        // LSB
  myPort.write((char)(y / 256)); // MSB
  myPort.write(y & 0xff);        // LSB
}
```

 아두이노가 연결된 직렬 포트에 상응하게 portIndex를 설정해야 한다는 점에 유념하자. 스케치를 한 번 실행하고 오류가 발생한 다음에 화면 하단의 처리 콘솔에서 직렬 포트 목록을 검토해 portIndex에 사용해야 하는 값을 결정해야 한다.

프로세싱 창에서 마우스를 클릭하면 마우스 메시지임을 나타내는 8비트 태그와 두 개의 16비트 마우스 x 좌표와 y 좌표를 나타내는 sendMessage가 호출된다. sendMessage 함수는 16비트 크기인 x 값과 y 값을 2바이트로 전송하며 최대 유효 바이트가 가장 먼저 전송된다.

다음은 이러한 메시지를 수신하고 결과를 다시 프로세싱으로 에코echo(반향하기, 돌려보내기)하는 아두이노 코드다.

```
// BinaryDataFromProcessing
// 다음 정의 부분이 송신 프로그램을 반영해야 한다.
const char HEADER = 'H';
const char MOUSE_TAG = 'M';
const int TOTAL_BYTES = 6; // 한 메시지를 이루는 전체 바이트 개수.

void setup()
{
  Serial.begin(9600);
}

void loop()
{
  if(Serial.available() >= TOTAL_BYTES)
  {
    if(Serial.read() == HEADER)
    {
      char tag = Serial.read();
      if(tag == MOUSE_TAG)
      {
```

```
        int x = Serial.read() * 256; x = x + Serial.read();
        int y = Serial.read() * 256; y = y + Serial.read();
        Serial.println("Got mouseMsg:");
        Serial.print("x="); Serial.print(x);
        Serial.print(", y="); Serial.println(y);
      }
      else
      {
        Serial.print("Unknown tag: ");
        Serial.write(tag); Serial.println();
      }
    }
  }
}
```

토의

이 프로세싱 코드는 헤더 바이트를 전송함으로써 유효한 메시지가 헤더 바이트에 이어서 나온다는 점을 나타낸다. 헤더 바이트는 아두이노가 메시지 중 중간 부분부터 시작되거나 직렬로 연결할 때 데이터가 손실될 수 있을 때(예: 무선 연결을 하는 경우) 동기화하기 위해 필요하다. 메시지가 유효한지를 이 태그로 추가 검사할 수 있으며, 송신하려는 그 밖의 메시지 형식을 개별적으로 처리할 수 있다. 이번 예제에서 함수는 태그와 16비트 크기 x 및 y라는 마우스 좌표를 포함하여 총 세 가지 매개변수를 사용해 호출된다.

아두이노 코드는 최소한 TOTAL_BYTES가 수신되었는지를 확인하는 데 필요한 데이터를 모두 사용할 수 있게 될 때까지 메시지가 처리되지 않도록 한다. 헤더와 태그를 확인한 다음에는 16비트 값을 2바이트로 읽으며, 그중 첫 번째 바이트를 256으로 곱해 최대 유효 바이트 값을 원래 값으로 복원한다.

아두이노의 직렬 출력을 LCD 직렬 문자 디스플레이 같은 그 밖의 장치로 송신하려면 레시피 4.11에 표시한 대로 SoftwareSerial 포트나 보드의 추가 직렬 포트 중 하나를 사용할 수 있다. 설정에서 직렬 포트를 초기화하고 해당 직렬 포트를 사용하게 모든 Serial.write 및 Serial.print/println 문을 바꿔야 한다. 예를 들어, 다음 변경 사항은 직렬 데이터를 아두이노 와이파이 Rev 2, 레오나르도 및 대부분의 ARM 기반 아두이노 호환의 Serial1 TX 1번 핀으로 전송한다. 먼저 다음 코드를 setup 함수에 추가하자.

```
Serial1.begin(9600);
```

다음과 같이 loop 끝에서 print/println/write 코드를 변경하자.

```
Serial1.println();
Serial1.println("Got mouseMsg:");
Serial1.print("x="); Serial1.print(x);
Serial1.print(", y="); Serial1.print(y);
```

그리고 다음 코드도 변경한다.

```
Serial1.println();
Serial1.print("Unknown tag: ");
Serial1.write(tag); Serial1.println();
```

 송신 측과 수신 측은 2진 메시지를 정확히 다룰 수 있게 메시지 크기를 똑같게 해서 사용해야 한다. 전송할 바이트 개수를 늘리거나 줄이려면 아두이노 코드에서 TOTAL_BYTES를 해당 개수에 일치하게 바꾸자.

레시피 4.9 여러 아두이노 핀 값 송신

문제

아두이노에서 2진 형식 바이트나 정수나 배정도 정숫값을 여러 개 송신하려고 한다. 예를 들어, 디지털 핀이나 아날로그 핀의 값을 프로세싱으로 송신하고 싶다고 해보자.

해법

이 레시피는 헤더 다음에 디지털 2번 핀부터 13번 핀에 해당하는 비트 값을 포함하는 정수를 송신한다. 그런 다음에 0번 아날로그 핀에서 5번 아날로그 핀까지의 값을 포함한다. 5장에는 이 스케치를 테스트하는 데 사용할 수 있는 아날로그 핀 값과 디지털 핀 값을 설정하는 레시피가 많이 나온다.

```
/*
 * SendBinaryFields 스케치.
 * 디지털 및 아날로그 핀 값을 2진 데이터로 송신하기.
 */

const char HEADER = 'H'; // 메시지가 시작됨을 알리는 1개 문자로 된 헤더다.

void setup()
{
  Serial.begin(9600);
  for(int i=2; i <= 13; i++)
  {
    pinMode(i, INPUT);       // 2 ~ 13번 핀을 입력으로 지정한다.
```

```
      digitalWrite(i, HIGH); // 풀업 저항기를 켠다.
  }
}

void loop()
{
  Serial.write(HEADER); // 헤더를 송신한다.
  // 핀의 비트 값을 1개 정수에 저장한다.
  int values = 0;
  int bit = 0;

  for(int i=2; i <= 13; i++)
  {
    bitWrite(values, bit, digitalRead(i)); // 주어진 핀의 값에 따라 비트를 0이나 1로 설정한다.
    bit = bit + 1;                          // 다음 비트를 지정하는 값이 되게 값을 늘린다.
  }
  sendBinary(values); // 정수를 송신한다.

  for(int i=0; i < 6; i++)
  {
    values = analogRead(i);
    sendBinary(values); // 정수를 송신한다.
  }
  delay(1000); // 매초마다 송신한다.
}

// 주어진 정숫값을 직렬 포트로 송신하는 함수
void sendBinary(int value)
{
  // 해당 정수를 구성하는 2개 바이트를 송신한다.
  Serial.write(lowByte(value));  // 하위 바이트를 송신한다.
  Serial.write(highByte(value)); // 상위 바이트를 송신한다.
}
```

토의

이 코드는 헤더(H 문자)를 보낸 후에 디지털 핀 값이 포함된 정수를 송신하는데, 이때 bitRead 함수를 사용해 핀의 값을 읽어서 이 값을 정수 내의 비트 중 핀에 해당하는 비트의 값으로 설정한다(3장 참고). 그리고 나서 여섯 개의 아날로그 포트에서 읽은 값이 포함된 여섯 개의 정수를 송신한다(더 알고 싶다면 5장을 참고하자). 모든 정숫값은 sendBinary를 사용해 전송되며, 이러한 점을 레시피 4.6에서 소개했다. 메시지의 길이는 15바이트다. 헤더는 1바이트, 디지털 핀 값은 2바이트, 여섯 개의 아날로그 정수는 12바이트다. 디지털 및 아날로그 입력에 대한 코드를 5장에서 설명한다.

아날로그 핀의 값이 0번 핀은 0, 1번 핀은 100, 2번 핀은 200이, ..., 5번 핀은 500이고, 디지털 2 ~ 7번 핀은 하이high(고준위)이고 8 ~ 13번 핀은 로우low(저준위)라고 가정하며, 다음 내용은 송신되는 각 바이트의 10진수 값에 해당한다.

```
72     // 문자 'H'는 헤더다.
       // 2번 핀부터 13번 핀을 나타내는 비트가 포함된 2개 바이트(하위 바이트부터).
63     // 2진수로는 00111111. 이는 2번 핀부터 7번 핀까지가 HIGH임을 나타낸다.
0      // 이것은 8 ~ 13번 핀이 LOW임을 나타낸다.

       // 아날로그 값을 나타내는 각 핀당 2바이트
0      // 0번 핀의 아날로그 값은 0이며, 이는 2개 바이트로 전송된다.
0

100    // 1번 핀의 값은 100이며, 100을 담은 1바이트와 0을 담은 1바이트 형태로 전송된다.
0
...
       // 5번 핀의 값은 500이다.
244    // 500을 256으로 나누고 난 후의 나머지 값이다.
1      // 500을 256으로 나눌 수 있는 횟수다.
```

다음 프로세싱 코드는 메시지를 읽고 나서 프로세싱 콘솔에 값을 프린트한다.

```
// 프로세싱 스케치.

/*
 * ReceiveMultipleFieldsBinary_P
 *
 * portIndex는 아두이노에 연결된 포트가 되게 설정되어야 한다.
 */

import processing.serial.*;

Serial myPort;        // Serial 클래스를 사용해 객체를 생성한다.
short portIndex = 0; // com 포트를 선택한다. 0번 포트가 첫 번째 포트다.

char HEADER = 'H';

void setup()
{
  size(600, 600);
  // 아두이노에 연결된 모든 직렬 포트를 연다.
  String portName = Serial.list()[portIndex];
  println((Object[]) Serial.list());
  println(" Connecting to -> " + portName);
  myPort = new Serial(this, portName, 9600);
}

void draw()
{
  int val;

  if (myPort.available() >= 15) // 전체 메시지가 도달하기를 기다린다.
  {
    if(myPort.read() == HEADER) // 이것이 헤더라면,
    {
```

```
        println("Message received:");
        // 헤더를 찾았다.
        // 비트 값을 담고 있는 정수를 획득한다.
        val = readArduinoInt();
        // 각 비트 값을 프린트한다.
        for(int pin=2, bit=1; pin <= 13; pin++)
        {
          print("digital pin " + pin + " = ");
          int isSet = (val & bit);
          if(isSet == 0)
          {
            println("0");
          }
          else
          {
            println("1");
          }
          bit = bit * 2; // 더 높은 자리에 있는 2진 위치로 비트 시프트를 한다.
        }
        println();

        // 여섯 개의 아날로그 값을 프린트한다.
        for(int i=0; i < 6; i++)
        {
          val = readArduinoInt();
          println("analog port " + i + "=" + Val);
        }
        println("----");
    }
  }
}

// 직렬 포트로부터 수신한 바이트를 사용해 정숫값을 반환한다(하위 바이트부터).
int readArduinoInt()
{
  int val; // 직렬 포트로부터 수신한 데이터다.
  val = myPort.read();              // 최소 유효 바이트(LSB, 최하위 바이트)를 읽는다.
  val = myPort.read() * 256 + Val; // 최대 유효 바이트(MSB, 최상위 바이트)를 더한다.
  return val;
}
```

 아두이노가 연결된 직렬 포트에 상응하게 portIndex를 설정했는지를 확인하자. 스케치를 한 번 실행해 오류가 발생하게 한 다음에 화면 하단의 처리 콘솔에서 직렬 포트 목록을 검토해 portIndex에 사용해야 하는 값을 결정해야 할 수도 있다.

프로세싱 코드는 15개 문자가 도달할 때까지 대기한다. 첫 번째 문자가 헤더라면 readArduinoInt 라는 함수를 호출해 2바이트를 읽은 다음에 아두이노가 하는 보수complementary 수치 연산을 수행해 디지털 핀을 나타내는 개별 비트를 가져와서 정수로 다시 변환한다. 그러면 여섯 개의 정수는 아날로그 값을 나타내게 된다. 디지털 핀의 기본값은 모두 1(HIGH)이다. 이는 INPUT_PULLUP을 사용해 풀업 저항기를 디지털 핀에서 사용할 수 있게 되었기 때문이다.[5] 즉, 버튼이 디지털 핀에 연결되어 있으면 1이라는 값은 버튼을 누르지 않았음을 나타내고, 0이라는 값은 버튼을 눌렀음을 나타낸다. 레시피 2.4에는 이 모드에 대한 설명이 있다.

함께 보면 좋은 내용

아두이노 값을 컴퓨터로 다시 보내거나 보드에서 결정을 내리지 않고 컴퓨터에서 핀을 구동하려면 Firmata(http://www.firmata.org)를 사용해 보자. Firmata 라이브러리 및 예제 스케치(File ➡ Examples ➡ Firmata)가 아두이노 소프트웨어 릴리스에 들어 있으며, 라이브러리를 프로세싱에서 사용할 수 있다. Firmata 코드를 아두이노에 로드하고 컴퓨터에서 핀의 입출력 여부를 제어하고 나서 해당 핀을 설정하거나 읽는다.

레시피 4.10 아두이노 데이터 로그를 컴퓨터 파일에 기록

문제

아두이노에서 직렬 포트를 통해 받은 정보가 포함된 파일을 생성하려고 한다. 예를 들어, 디지털 핀이나 아날로그 핀의 값을 정기적으로 로그 파일에 저장하려고 한다.

해법

이전 레시피에서는 아두이노에서 컴퓨터로 정보를 송신하는 방법을 다루었다. 이 해법에서는 레시피 4.9에서 설명한 것과 같은 아두이노 코드를 사용한다. 파일 로깅logging(로그 기록)을 처리하는 프로세싱 스케치는 해당 레시피에 설명된 프로세싱 스케치를 기반으로 한다.

이 프로세싱 스케치는 프로세싱 스케치가 있는 디렉터리에 파일을 작성한다(현재 날짜 및 시간을 파일 이름으로 사용함). 아두이노에서 수신한 메시지가 파일에 추가된다. 아무 키나 누르면 파일이 저장되고 프로그램이 종료된다.

```
/*
 * ReceiveMultipleFieldsBinaryToFile_P
 *
 * portIndex는 아두이노에 연결된 포트가 되게 설정되어야 한다.
 * ReceiveMultipleFieldsBinary를 기반으로 이 버전은 데이터를 파일에 저장한다.
```

---

5 (옮긴이) 저자가 정오표에서 밝힌 바에 따르면, 이는 8비트 보드에서만 작동하며 32비트 보드에서는 작동하지 않을 것으로 보인다고 한다. 자세한 내용을 알고 싶다면 https://bit.ly/3zeBZuI을 보자.

```
 * 로깅을 중지하고 파일을 저장하려면 아무 키나 누른다.
 */

import processing.serial.*;
import java.util.*;
import java.text.*;

PrintWriter output;
DateFormat fnameFormat = new SimpleDateFormat("yyMMdd_HHmm");
dateFormat timeFormat = new SimpleDateFormat("hh:mm:ss");
String fileName;

Serial myPort;           // Serial 클래스를 사용해 객체를 생성한다.
short portIndex = 0; // com 포트를 선택한다. 0번 포트가 첫 번째 포트다.
char HEADER = 'H';

void setup()
{
  size(200, 200);
  // 아두이노에 연결된 모든 직렬 포트를 연다.
  String portName = Serial.list()[portIndex];
  println((Object[]) Serial.list());
  println(" Connecting to -> " + portName);
  myPort = new Serial(this, portName, 9600);
  date now = new Date();
  fileName = fnameFormat.format(now);
  output = createWriter(fileName + ".txt"); // 스케치 폴더에 파일을 저장한다.
}

void draw()
{
  int val;

  if (myPort.available() >= 15) // 전체 메시지가 도달하기를 기다린다.
  {
    if(myPort.read() == HEADER) // 읽은 값이 헤더라면,
    {
      String timeString = timeFormat.format(new Date());
      println("Message received at " + timeString);
      output.println(timeString);

      // 비트 값을 포함하는 정수를 얻는다.
      val = readArduinoInt();
      // 각 비트의 값을 출력한다.
      for (int pin=2, bit=1; pin <= 13; pin++)
      {
        print("digital pin " + pin + " = ");
        output.print("digital pin " + pin + " = ");
        int isSet = (val & bit);
        if (isSet == 0)
        {
          println("0");
```

```
          output.println("0");
        }
        else
        {
          println("1");
          output.println("1");
        }
        bit = bit * 2; // 비트 시프트를 한다.
      }
      // 여섯 개의 아날로그 값을 프린트한다.
      for (int i=0; i < 6; i++)
      {
        val = readArduinoInt();
        println("analog port " + i + "=" + Val);
        output.println("analog port " + i + "=" + Val);
      }
      println("----");
      output.println("----");
    }
  }
}

void keyPressed()
{
  output.flush(); // 남은 데이터를 파일에 쓴다.
  output.close(); // 파일을 닫는다.
  exit(); // 프로그램을 끝낸다.
}

// 직렬 포트에서 수신한 바이트에서 정숫값을 반환한다.
// (LOW 다음에 HIGH가 오는 순서에 맞춰)
int readArduinoInt()
{
  int val; // 직렬 포트로부터 수신한 데이터다.
  val = myPort.read();           // 최소 유효 바이트를 읽는다.
  val = myPort.read() * 256 + Val; // 최대 유효 바이트를 더한다.
  return val;
}
```

portIndex를 아두이노에 연결된 직렬 포트로 설정해야 한다는 점을 잊지 말자. portIndex에 잘못된 값을 선택했다면 사용할 수 있는 직렬 포트 목록을 프린트하는 프로세싱 스케치의 초기 출력을 검토하고 올바른 포트를 선택하자.

토의

프로세싱 내에서 DateFormat 함수를 사용해 로그 파일의 기본 이름을 구성한다.

```
DateFormat fnameFormat= new SimpleDateFormat("yyMMdd_HHmm");
```

디렉터리와 파일 확장자를 추가하는 코드로 전체 파일 이름을 구성한다.

```
output = createWriter(fileName + ".txt");
```

프로세싱 스케치의 메인 창이 활성화되었을 때 아무 키나 누르면 파일이 생성되고 스케치가 종료된다. Esc 키를 누르면 파일을 저장하지 않고 스케치가 종료되므로 Esc 키를 누르지 말아야 한다. 프로세싱 스케치가 있는 디렉터리에 파일이 생성될 것이다(해당 디렉터리가 존재하는지를 확인하기 위해 스케치를 한 번 이상 저장해 보아야 한다). 이 디렉터리를 찾으려면 프로세싱에서 Sketch ➡ Show Sketch Folder를 선택하자.

createWriter는 파일을 여는 프로세싱 함수인데, 이 함수는 실제 파일 출력을 처리하는 output 객체(런타임 기능 중 한 가지)를 만든다. 파일에 기록된 텍스트는 레시피 4.9에서 콘솔에 프린트한 것과 동일하지만, 프로세싱의 표준 문자열 처리 기능을 사용해 파일 내용의 형식을 지정할 수 있다. 예를 들어, 다음에 보이는 변형 draw 루틴은 스프레드시트나 데이터베이스에서 읽을 수 있는, 쉼표 분리 파일을 생성한다. 확장자를 .txt에서 .csv로 변경하고 싶어할 수도 있겠지만, 그럴지라도 프로세싱 스케치의 나머지 부분이 같을 수도 있다.

```
void draw()
{
  int val;

  if(myPort.available() >= 15)    // 전체 메시지가 도달하기를 기다린다.
  {
    if (myPort.read() == HEADER) // 읽은 값이 헤더라면,
    {
      String timeString = timeFormat.format(new Date());
      output.print(timeString);
      val = readArduinoInt();

      // 각 비트의 값을 출력한다.
      for (int pin = 2, bit = 1; pin <= 13; pin++)
      {
        int isSet = (val & bit);
        if (isSet == 0)
        {
          output.print(",0");
        }
        else
        {
          output.print(",1");
        }
        bit = bit * 2; // 비트 시프트를 한다.
      }
```

```
    // 쉼표로 구분한 아날로그 값 여섯 개를 출력한다.
    for (int i = 0; i < 6; i++)
    {
      val = readArduinoInt();
      output.print("," + Val);
    }
    output.println();
  }
  }
}
```

함께 보면 좋은 내용

createWriter를 더 자세히 알고 싶다면 프로세싱 페이지(https://oreil.ly/1zHWE)를 참고하자. 프로세싱에는 CSV 파일을 만들고 다루고 저장하기 위한 Table 객체도 들어 있다(https://oreil.ly/9sqXb).

 4.11 데이터를 여러 직렬 장치로 송신하기

문제

직렬 LCD 같은 어떤 직렬 장치 하나를 향해 데이터를 송신하려고 하지만 이미 내장형 직렬-USB 포트를 사용해 컴퓨터와 통신하고 있다.

해법

이런 문제는 직렬 포트가 두 개 이상인 보드(제안하는 몇 가지 보드를 알고 싶다면 소개 부분을 참고하자)에서는 문제가 되지 않는다. 먼저, 그림 4-5처럼 보드를 직렬 장치에 연결해야 한다. 그런 다음에 여러분은 두 개의 직렬 포트를 초기화하고 나서 Serial을 사용해서는 컴퓨터를 연결하고, 다른 것 (일반적으로 Serial1)을 사용해서는 장치를 연결할 수 있다.

```
void setup()
{
  // 이러한 면을 지원하는 두 개의 직렬 포트를 보드상에서 초기화한다.
  Serial.begin(9600);    // 일차(주된) 직렬 포트.
  Serial1.begin(9600);   // 어떤 보드에는 직렬 포트가 더 있다.
}
```

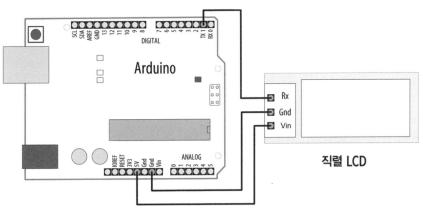

그림 4-5 내장형 직렬 포트의 전송 핀에 직렬 장치를 연결

 3.3V에서 작동하는 아두이노나 아두이노 호환 보드(예: SAMD 기반 보드)를 사용한다면 5V를 사용하는 장치로 안전하게 전송할 수 있다. 그러나 3.3V를 사용하는 장치에서 5V(예: 우노)로 작동하는 보드를 사용한다면 전압 분배기를 회로에 통합하여 전압을 낮추지 않으면 결국 장치가 손상되고 만다. 전압 분배기에 관한 예제를 레시피 4.13과 5.11에서 찾아보자.

하드웨어 방식 직렬 포트가 하나만 있는(우노 같은 것) ATmega328 기반 아두이노 보드(또는 이와 비슷한 보드)에서 SoftwareSerial 라이브러리를 사용해 에뮬레이트하거나 '소프트한' 직렬 포트를 만들어야한다.

사용할 수 있는 디지털 핀 두 개를 각각 하나씩 선택해 송수신하고, 직렬 장치를 연결하자. 장치의 전송 선을 수신 핀에 연결하고 수신 선을 전송 핀에 연결하자. 직렬 LCD 디스플레이 장치에 문자를 표시할 때 같이 데이터만 송신하는 경우라면 그림 4-6에 표시된 것처럼 전송(TX) 핀을 장치의 수신(RX) 핀에 연결만 하면 되는데, 우리는 전송 핀으로 3번 핀을 선택했다.

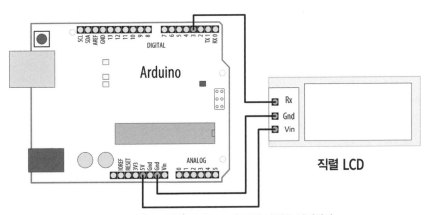

그림 4-6 '소프트한' 직렬 포트에 직렬 장치를 연결하기

스케치에서 SoftwareSerial 객체를 생성하고 직렬 포트를 에뮬레이트하도록 선택한 핀을 알려 주자.

이번 예제에서는 serial_lcd라는 객체를 만들고 있는데, 2번 핀과 3번 핀을 사용하게 지시한다. 이 직렬 연결에서 데이터를 수신하지 않더라도 수신 핀을 지정해야 하므로 SoftwareSerial 포트를 사용할 때 2번 핀을 그 밖의 용도로 사용하지 말아야 한다.

```
/*
 * SoftwareSerialOutput 스케치.
 * 데이터를 소프트웨어 방식 직렬 포트로 출력한다.
 */

#include <SoftwareSerial.h>

const int rxpin = 2; // 수신용 핀(이 버전에서는 사용하지 않음).
const int txpin = 3; // LCD로 송신하는 핀.
SoftwareSerial serial_lcd(rxpin, txpin); // 2번 핀과 3번 핀상의 새 직렬 포트.

void setup()
{
  Serial.begin(9600);       // 내장 라이브러리 직렬 포트의 전송 속도는 9600보다.
  serial_lcd.begin(9600); // 소프트웨어 방식 직렬 포트의 속도도 9600보로 초기화한다.
}

int number = 0;

void loop()
{
  serial_lcd.print("Number: "); // 텍스트를 LCD로 송신한다.
  serial_lcd.println(number);    // LCD에 수를 프린트한다.
  Serial.print("Number: ");
  Serial.println(number);        // PC 콘솔에 수를 프린트한다.
  delay(500); // 각 수 간에 0.5초씩 대기한다.
  number++;   // 수를 키워 다음 수를 지정한다.
}
```

내장형 하드웨어 방식 직렬 포트로 스케치를 사용하려면 그림 4-5와 같이 핀을 연결한 다음에 다음 줄을 제거하자.

```
#include <SoftwareSerial.h>
const int rxpin = 2;
const int txpin = 3;
SoftwareSerial serial_lcd(rxpin, txpin);
```

마지막으로, #define serial_gps Serial1 줄을 바로 앞에서 삭제한 그 자리에 추가한다(여러분이 사용중인 포트가 다른 것이라면 필요한 경우에는 Serial1을 바꾼다).

레오나르도, 메가, 메가2560처럼 하드웨어 방식 직렬 포트를 여러 개 쓸 수 있게 지원하는 보드 중 어떤 것은 SoftwareSerial 수신(RX)에 사용할 수 있는 핀에 제한을 둔다. 여기서 수신 기능을 사용하지 않고 해당 보드의 Serial1에 하드웨어 방식 직렬 핀을 사용하더라도(표 4-1 참고) 해당 보드가 RX 기능을 지원하지 않는다는 점에 유의해야 하는데, 여러분이 이 보드 중 하나의 소프트웨어 방식 직렬 연결에서 읽으려고 한다면 지원되는 핀을 사용해야 한다. 레시피 4.12는 다양한 보드에서 작동하는 RX 핀을 사용한다.

이 스케치에서는 그림 4-6과 같이 직렬 LCD가 3번 핀에 연결되어 있고 직렬 콘솔이 내장형 포트에 연결되어 있다고 가정한다. 루프는 각각 동일한 메시지를 반복해서 표시한다.

```
Number: 0
Number: 1
...
```

토의

아두이노 마이크로컨트롤러에는 내장형 하드웨어 방식 직렬 포트가 적어도 한 개 이상 있다. 아두이노 우노에서 이 포트는 USB 직렬 연결부에 연결되어 있으며, 0번 핀(수신) 및 1번 핀(송신)에 연결되어 LCD 직렬 디스플레이 같은 장치를 아두이노에 연결할 수 있다. 직렬 객체를 통해 전송한 문자들이 LCD에 표시된다.

별도의 전력 공급장치(power supply)를 직렬 장치에 연결해 사용할 수도 있지만, 아두이노 접지 핀을 장치 핀에 연결해야만 하므로 아두이노와 직렬 장치에 **공통 접지(common ground)**를 제공해야 한다. 우리는 해법에서 이런 식으로 공통 접지를 사용했지만, 아두이노의 5V 출력을 사용해 장치에 전력을 공급하기도 했다.

일부 보드는 보드에 미리 장착되어 나온 USB 직렬 연결 방식 외에도 직접 직렬 연결을 한 개 이상 지원한다. 이 보드에서 0번 핀과 1번 핀은 일반적으로 Serial1 객체에 연결되어 있으므로 0번 핀과 1번 핀에서 장치와 데이터를 교환하는 동안 컴퓨터에 USB 직렬 연결을 유지할 수 있다. 일부 보드는 다른 핀 세트에서 추가 직렬 포트를 지원한다(여러 보드에서 사용할 수 있는 직렬 포트를 게재한 표를 보고 싶다면 표 4-1을 참고). 직렬 입력과 직렬 출력을 지원하는 모든 핀은 범용 디지털 핀일 뿐만 아니라, 칩에 내장된 범용 비동기 송수신기Universal Asynchronous Receiver-Transmitter, UART 하드웨어로 뒷받침된다. 이 특수한 하드웨어는 함께 쓰이는 장치가 데이터로 여기게 되는, 일련의 정확한 타이밍 펄스를 생성하고, 이에 대한 대가로 자신이 생성한 타이밍 펄스와 비슷한 스트림을 함께 쓰이는 장치로부터 받아 해당 스트림을 해석한다.

ARM SAMD 기반 보드들(M0 보드와 M4 보드)에는 하드웨어 방식 직렬 포트가 두 개 있고, 메가에는 그러한 포트가 네 개 있지만, 아두이노 우노와 ATmega328을 기반으로 하는 아주 비슷한 보드에는 한 개만 있다. 우노, 그리고 이것과 비슷한 보드에서 두 개 이상의 직렬 장치에 연결해야 한다면 추가 포트를 에뮬레이트하는 소프트웨어 라이브러리가 필요할 것이다. '소프트웨어 방식 직렬' 라이브러리는 임의의 디지털 I/O 핀 쌍을 새로운 직렬 포트로 효과적으로 전환한다.

소프트웨어 방식 직렬 포트를 구축하려면 하드웨어 방식 직렬 포트가 할당된 핀을 사용하는 것과 거의 같은 방식으로 포트의 송수신 회선들을 사용해 동작하는 핀 쌍을 선택한다. 그림 4-6에는 3번 핀과 2번 핀이 표시되어 있지만, 예외적인 보드(https://oreil.ly/ewtoN)를 제외한다면 가용 디지털 핀을 모두 사용할 수 있다. 0번 핀과 1번 핀은 내장형 포트가 미리 구동하고 있는 것이므로 사용하지 않는 것이 바람직하다.

소프트 포트soft port(소프트웨어 방식 포트)에 쓰는 구문은 하드웨어 방식 포트에 쓰는 구문과 똑같다. 다음 스케치 예제에서는 print() 및 println()을 사용해 '실제' 포트와 에뮬레이트된 포트를 모두 사용해 데이터를 전송한다.

```
serial_lcd.print("Number: "); // 텍스트를 LCD로 송신한다.
serial_lcd.println(number);    // LCD에 수를 프린트한다.
Serial.print("Number: ");
Serial.println(number);          // PC 콘솔에 수를 프린트한다.
```

 문자(즉, "Number: ")와 수를 결합해 만든 내용 그 자체가 LCD 직렬 디스플레이 장치의 너비보다 길면 출력이 잘리거나 화면이 스크롤될 수 있다. 여러 LCD 방식 문자 표시 장치에서는 20개 글자를 두 줄에 걸쳐서 표시할 수 있다.

함께 보면 좋은 내용

닉 게이먼Nick Gammon은 불필요한 데이터를 수신하기 위해 핀을 할당하지 않아도 되는, 전송 전용 SoftwareSerial(https://oreil.ly/PBkw0)을 유지해 주고 있다.

레시피 4.12 여러 장치로부터 직렬 데이터를 수신

문제

직렬 GPS 같은 직렬 장치 하나로부터 데이터를 수신하려고 하지만, 이미 내장된 직렬-USB 간 포트를 사용해 컴퓨터와 통신하고 있다.

해법

직렬 포트가 두 개 이상인 보드(일부 제안은 소개 참고)에서는 문제가 되지 않는다. 먼저, 그림 4-7과 같이 보드를 직렬 장치에 연결해야 한다. 그런 다음에는 두 개의 직렬 포트를 초기화하고 직렬을 사용해 컴퓨터를 연결하고 장치에 다른 직렬(일반적으로 Serial1)을 사용할 수 있다.

```
void setup()
{
  // 다음을 지원하는 두 개의 직렬 포트를 보드에서 초기화한다.
  Serial.begin(9600); // 기본 직렬 포트.
  Serial1.begin(9600); // 어떤 보드에는 직렬 포트가 더 있다.
}
```

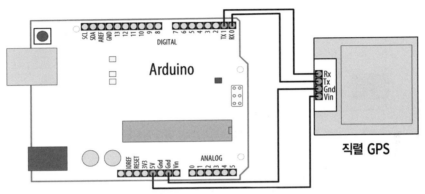

그림 4-7 내장형 직렬 포트의 수신 핀에 직렬 장치를 연결

 5V에서 작동하는 아두이노나 아두이노 호환 보드(예: 우노)를 사용한다면 3.3V를 사용하는 장치로부터 안전하게 데이터를 수신할 수 있다. 그러나 5V 로직 레벨(logic level, 논리 준위)을 사용하는 장치와 함께 3.3V에서 작동하는 보드(ARM 기반 보드 중 대부분)를 사용한다면 전압 분배기를 회로에 통합해 전압을 낮추지 않으면 결국 보드가 손상된다. 전압 분배기에 관한 예제를 레시피 4.13과 5.11에서 찾아보자.

ATmega328 기반 아두이노 우노나 그 밖의 보드들처럼 하드웨어 방식 직렬 포트가 하나만 있는 경우에는 SoftwareSerial 라이브러리를 사용해 에뮬레이트하거나 '소프트한' 직렬 포트를 만들어야 한다. 이런 경우에는 내장형 하드웨어 방식 직렬 포트보다 전송 속도가 느려질 수 있다.

이 문제는 레시피 4.11의 문제와 비슷하며 실제로도 해법이 거의 같다. 아두이노 직렬 포트가 콘솔에 연결되어 있고 두 번째 직렬 장치를 연결하려면 소프트웨어 방식 직렬Serial 라이브러리를 사용해 에뮬레이트된 포트를 만들어야 한다. 이 경우에는 에뮬레이트된 포트에 데이터를 쓰기보다는 데이터를 수신만 하지만 기본적인 해법은 아주 비슷하다.

송수신 회선으로 사용할 두 개의 핀을 선택하자. 이 해법에서는 8번 핀과 9번 핀을 사용한다. 아두이노 레오나르도 같은 일부 보드는 8, 9, 10, 11, 14번 핀만이 SoftwareSerial 방식으로 수신할 수 있기 때문이다. 아두이노 메가 및 메가 2560이 SoftwareSerial 방식 수신을 지원하는 핀 중 하나이기도 하다. 실제로 이러한 보드의 0번 핀 및 1번 핀(Serial1)에서 사용할 수 있는 하드웨어 방식 직렬을 사용할 수 있다(메가 보드에는 Serial2 및 Serial3으로 하드웨어 방식 직렬을 지원하는 핀이 있음). 그러나 이러한 코드 중 하나를 테스트하기로 결정한 경우에는 더 많은 보드에서 작동하는 SoftwareSerial 핀을 선택했다.

그림 4-8에 나오는 것처럼 여러분의 GPS를 연결한다.

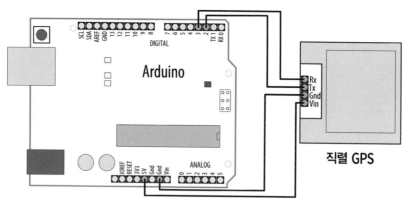

그림 4-8 '소프트한' 직렬 포트에 직렬 GPS 장치를 연결하기

레시피 4.11처럼 스케치에서 SoftwareSerial 객체를 생성하고 제어할 핀을 지정하자. 다음 예제에서는 수신과 송신에 각각 8번 핀 및 9번 핀을 사용해 serial_gps라는 소프트웨어 방식 직렬 포트를 정의한다. 데이터를 이 직렬 장치로 송신하지 않더라도 전송 핀을 지정해야 하므로 소프트웨어 방식 직렬 포트를 사용할 때 9번 핀을 다른 용도로 사용하지 말아야 한다.

 다음 코드를 내장형 하드웨어 방식 직렬 포트를 사용하는 방식으로 활용하려면 그림 4-7에 보이는 것처럼 핀을 연결한 후에 다음에 보이는 줄들을 삭제하자.

```
#include <SoftwareSerial.h>
const int rxpin = 8;
const int txpin = 9;
SoftwareSerial serial_gps(rxpin, txpin);
```

마지막으로, 다음에 보이는 줄을 삭제한 줄 대신에 추가하자(여러분이 그 밖의 포트를 사용하고 있다면 Serial1을 변경하자).

```
#define serial_gps Serial1
```

```
/*
 * SoftwareSerialInput(소프트웨어 방식 직렬 입력) 스케치.
 * 데이터를 소프트웨어 방식 직렬 포트로부터 읽는다.
 */

#include <SoftwareSerial.h>
const int rxpin = 8;        // GPS에서 수신하는 데 사용하는 핀.
const int txpin = 9;        // GPS로 송신하는 데 사용하는 핀.
```

```
serial_gps(rxpin, txpin); // 이러한 핀에 설정하는 새로운 직렬 포트.

void setup()
{
  Serial.begin(9600);      // 내장 라이브러리 직렬 포트의 전송 속도는 9600보다.
  serial_gps.begin(9600); // 포트를 초기화한다. GPS 장치 중 대부분은 초당 9600비트 속도를 사용한다.
}

void loop()
{
  if (serial_gps.available() > 0) // 아직 어떤 문자도 도달하지 않았는가?
  {
    char c = serial_gps.read();    // 그렇다면 GPS로부터 문자를 읽는다.
    Serial.write(c);               // 그리고 나서 그것을 직렬 콘솔로도 에코(echo, 반향)되게 한다.
  }
}
```

이 짧은 스케치는 GPS로부터 아두이노 시리얼 모니터 쪽으로 들어오는 모든 데이터를 전달한다. GPS가 작동하고 배선이 올바로 되어 있다면 시리얼 모니터에 GPS 데이터가 표시되어야 한다.

토의

송수신 핀 번호를 제공해 에뮬레이트된 SoftwareSerial 포트를 초기화한다. 다음 코드는 8번 핀에서는 수신하고 9번 핀에서는 송신하게 포트를 설정한다.

```
const int rxpin = 8;      // GPS로부터 데이터를 수신하는 데 사용하는 핀.
const int txpin = 9;      // GPS 쪽으로 데이터를 송신하는 데 사용하는 핀.
serial_gps(rxpin, txpin); // 이러한 핀들에 설정하는 새로운 직렬 포트.
```

에뮬레이트된 포트를 읽는 구문은 내장형 포트에서 읽는 구문과 아주 비슷하다. 먼저 available() 을 사용해 문자가 GPS로부터 도달했는지를 확인하고 나서 read()로 해당 문자를 읽는다.

소프트웨어 방식 직렬 포트는 시간과 리소스를 소비한다는 점을 명심해야 한다. 에뮬레이트된 직렬 포트는 스케치에서 '실제 작업'을 수행하려는 동일한 프로세서를 사용해 하드웨어 포트가 수행하는 모든 작업을 수행해야 한다. 새로운 문자가 도달할 때마다 프로세서는 문자를 처리하기 위해 무엇을 하든지 일단 인터럽트(중단)해야 한다. 이렇게 하는 데는 시간이 필요하다. 예를 들어, 아두이노가 4800보에서 단일 문자를 처리하는 데는 약 2㎳가 걸린다. 2㎳ 정도가 커 보이지 않을 수 있지만, 연결된 장치가 초당 200 ~ 250자를 전송하는 상황에서, 스케치가 직렬 입력을 따라잡는 데 40 ~ 50%의 시간을 소비하는 경우를 생각해 보자. 이런 경우라면 모든 데이터를 처리할 시간이 실제로는 거의 없게 된다. 그러므로 할 수만 있으면 직렬 장치가 두 개인 경우에는 대역폭 소비가 높은 장치를 내장형 (하드웨어 방식) 포트에 연결해야 한다. 고대역폭 장치를 소프트웨어 방식 직렬 포트에 연결해야 한다면 나머지 스케치 루프가 아주 효율적인지를 확인하자.

여러 SoftwareSerial 포트에서 데이터 수신하기

아두이노에 포함된 SoftwareSerial 라이브러리를 사용하면 동일한 스케치 내에서 '소프트한' 직렬 포트를 여러 개 만들 수 있다. 이는 한 프로젝트에서 여러 XBee 라디오(레시피 14.2 참고)나 직렬 디스플레이 장치를 제어하는 데 쓸모 있는 방법이다. 다만, 주어진 시간에 이러한 포트 중 한 개만 데이터를 능동적으로 수신할 수 있다는 점에 주의해야 한다. 소프트웨어 포트에서 안정되게 통신하려면 프로세서가 각별히 주의를 기울여야 한다. 그래서 SoftwareSerial은 주어진 시간에 1개 포트와만 활발하게 통신할 수 있다.

동일한 스케치에서 서로 다른 두 개의 SoftwareSerial 포트를 '수신할 수 있다.' 이런 경우에 여러분은 두 포트에서 동시에 수신하지 않게끔 주의를 기울여야 한다. 직렬 GPS 장치를 잠시 모니터링하고 나서 나중에 XBee의 입력을 받아들이는 식으로 잘 설계한 경우가 많다. 첫 번째 장치로부터의 전송이 완료된 경우에만 두 번째 장치로 스위칭switching(전환)하는 것이 핵심이다.

예를 들면, 다음 스케치에서는 XBee 모듈이 아두이노에 연결되어 있다. 해당 모듈이 다른 XBee 모듈에 연결된 원격 장치로부터 명령을 받고 있다. 스케치는 신호가 수신될 때까지 'xbee' 포트를 거쳐 명령 스트림을 수신한 다음, 두 번째 SoftwareSerial 포트에 연결된 GPS 모듈에서 데이터를 수집하기 시작한다. 그런 다음에 스케치는 XBee로 되돌아가기 전에 10초(픽스[6]를 하기에 충분한 시간이기를) 동안 GPS를 모니터링한다.

여러 개의 '소프트한' 포트가 있는 시스템에서는 1개 포트만 활동적으로 데이터를 수신한다. 기본적으로 begin()이 가장 최근에 호출한 포트가 '활성' 포트가 된다. 하지만, 여러분은 listen() 메서드를 호출하여 활성 포트를 다른 포트로 변경할 수 있다. listen()을 사용해 SoftwareSerial 시스템이 한 포트에서 데이터 수신을 중지하게 한 다음에 다른 포트에서 데이터를 수신하게 지시하는 것이다.

 다음 예제에서는 데이터를 수신만 하므로 여러분은 txpin1과 txpin2 용도로 쓸 핀들로 어느 것이든지 선택할 수 있다. 다른 용도로 9번 핀과 11번 핀을 사용해야 한다면 txpin1/2를 다른 핀으로 변경할 수 있다. 존재하지 않는 핀 번호로 변경하지 않는 것이 바람직한데, 그렇게 하면 비정상적으로 동작할 수 있기 때문이다.

다음 코드는 한 포트에서 읽은 다음에 포트를 바꿔서 읽게 스케치를 설계하는 방법을 보여 준다.

```
/*
 * MultiRX 스케치.
```

---

6 [옮긴이] fix. 즉, GPS에서 행해지는 데이터 연결 고정 행위.

```
 * 소프트웨어 방식 직렬 포트 두 개로부터 데이터를 수신한다.
 */
#include <SoftwareSerial.h>
const int rxpin1 = 8;
const int txpin1 = 9;
const int rxpin2 = 10;
const int txpin2 = 11;

SoftwareSerial gps(rxpin1, txpin1);   // GPS 장치의 TX 핀이 아두이노 9번 핀으로 연결된다.
SoftwareSerial xbee(rxpin2, txpin2);  // XBee 장치의 TX 핀이 아두이노 10번 핀으로 연결된다.

void setup()
{
  Serial.begin(9600);
  xbee.begin(9600);
  gps.begin(9600);
  xbee.listen(); // "xbee"가 활성 장치가 되게 설정한다.
}

void loop()
{
  if (xbee.available() > 0) // xbee가 활성화된다. 사용할 수 있는 문자가 있는가?
  {
    if (xbee.read() == 'y') // xbee가 'y'라는 문자를 수신했는가?
    {
      gps.listen(); // 이제 GPS 장치로부터 청취할 수 있게 대기한다.
      unsigned long start = millis();    // GPS 장치로부터 청취하기 시작한다.
      while (start + 100000 > millis()) // 10초 동안 청취한다.
      {
        if (gps.available() > 0) // 이제 GPS 장치가 활성화된다.
        {
          char c = gps.read();
          Serial.write(c); // 직렬 콘솔로 에코한다.
        }
      }
      xbee.listen(); // 10초가 지난 후에 다시 XBee 장치를 청취한다.
    }
  }
}
```

이 스케치는 y 문자가 수신될 때까지 XBee 라디오를 활성 포트로 간주하며, 문자 y가 수신되는 순간부터는 GPS가 활성 청취 장치가 되게 설계한 것이다. GPS 데이터를 10초 동안 처리한 다음에 스케치는 XBee 포트에서 다시 청취한다. 비활성 포트로 도달한 데이터는 그냥 버려진다.

'활성 포트' 제약은 소프트 포트를 여러 개 사용할 때만 적용된다. 실제로 여러분이 동시에 직렬 장치 여러 개(틴시 4.0에서는 모두 해서 일곱 개를 지원한다)로부터 데이터를 수신해야 하는 경우에는 그 중 1개 장치를 내장된 하드웨어 방식 포트에 연결하는 것이 바람직하다. 표 4-1은 다양한 아두이노 및 아두이노 호환 보드의 직렬 포트에 사용되는 핀을 보여 준다.

함께 보면 좋은 내용

GPS를 계속 사용하고 수신한 메시지를 파싱하려면 레시피 6.14를 참고하자. SoftwareSerial의 대안으로 쓸 만하고, 여러 장치를 더 강력하게 지원하는 AltSoftSerial 라이브러리(https://oreil.ly/-odVk)도 살펴보자.

레시피 4.13 아두이노와 라즈베리 파이 동시 사용

문제

아두이노의 기능성을 라즈베리 파이 같은 싱글보드 리눅스 컴퓨터의 처리 성능에 결합해 사용하려고 한다. 예를 들어, 파이에서 실행되는 스크립트에서 명령을 아두이노로 송신하려고 한다.

해법

아두이노는 라즈베리 파이의 직렬 명령을 살피면서 반응할 수 있다. 이번에 나오는 코드는 라즈베리 파이에서 실행되는 파이썬 스크립트로 아두이노 LED를 제어한다.

 라즈베리 파이의 USB 포트 중 한 개를 사용해 아두이노를 라즈베리 파이에 연결할 수도 있다. 실제로도 라즈베리 파이에서 아두이노 IDE를 실행할 수도 있다. ARM 버전 중 1개 버전을 내려받자(https://oreil.ly/K5JhS). 이 문서를 작성할 당시에 라즈베리 파이 운영체제인 라즈비안(Raspbian)은 32비트 모드로 작동했으므로 여러분이 64비트 운영체제를 실행하지 않는 한 32비트 버전을 선택하는 것이 좋다.

아두이노 직렬 수신 핀(보드에서 RX로 표시된 0번 핀)을 파이의 헤더 핀 중 8번 핀에 연결한다. 아두이노 TX 1번 핀을 파이의 GPIO인 10번 핀에 연결하자. 아두이노 접지(GND) 핀은 모든 파이 접지 핀에 연결된다(14번 핀은 그림 4-9에서 사용됨).

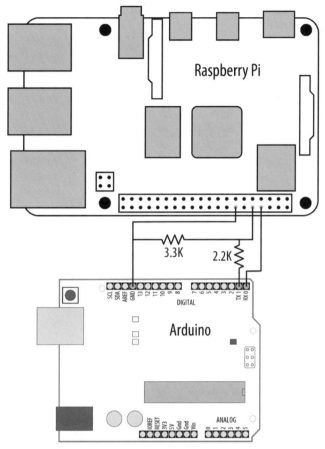

그림 4-9 라즈베리 파이에 연결된 아두이노 보드

 다음 코드는 USB 직렬 연결과 RX/TX 핀 간에 공유되는 단일 직렬 포트가 있는 아두이노 우노 및 그 밖의 모든 아두이노 호환 보드에서 쓸 수 있게 한 것이다. 레오나르도, 와이파이 Rev2, 나노 에브리 (Nano Every) 및 ARM 기반 보드같이 하드웨어 방식 직렬 포트가 더 있는 보드를 사용한다면 #define mySerial Serial을 #define mySerial Serial1으로 변경하고, 보드가 RX 및 TX용으로 0번 핀과 1번 핀을 사용한다면 Serial1용으로는 적절한 핀을 사용하자(표 4-1 참고).

다음은 파이의 직렬 메시지를 모니터링하는 아두이노 스케치다. 이것을 아두이노 보드로 업로드하자.

```
/*
 * ArduinoPi 스케치.
 * 직렬 메시지를 사용하는 파이를 제어하는 아두이노 핀.
 * 형식은 Pn=state이다.
 * 여기서 'P'는 헤더 문자이고, n은 핀 번호이고, 상태는 0 또는 1이다.
 * 예를 들면, 이렇다. P13=1이라면 13번 핀을 켠다.
 */
```

```
// 직렬 포트가 더 있는 보드에서는 Serial을 Serial1로 바꾼다.
#define mySerial Serial

void setup()
{
  mySerial.begin(9600); // 9600보에서 송수신할 직렬 포트를 초기화한다.
}
voi
d loop()
{
  if (mySerial.available()) // 하나 이상의 문자를 사용할 수 있는지를 확인한다.
  {
    char ch = mySerial.read();
    int pin = -1;
    if(ch == 'P') // 한 가지 핀을 설정하기 위한 어떤 메시지의 시작 부분인가?
    {
      pin = mySerial.parseInt(); // 핀 번호를 알아낸다.
    }
    else if (ch == 'B') // LED_BUILTIN를 설정하는 메시지다.
    {
      pin = LED_BUILTIN;
    }

    if(pin > 1)
    { // 0번 핀과 1번 핀은 일반적으로 직렬 핀이다(이것들을 그냥 두자).
      int state = mySerial.parseInt(); // 0은 끔, 1은 켬.
      pinMode(pin, OUTPUT);
      digitalWrite(pin, state);
    }
  }
}
```

다음 파이썬 스크립트를 라즈베리 파이에 **blinkArduino.py**로 저장한 다음에 python blinkArduino.
py라는 명령을 내려 실행하자. 그러면 스크립트가 아두이노 보드의 온보드 LED를 깜박이게 한다.
이러려면 반드시 python-serial 라이브러리를 설치한 후에 실행해야 한다. sudo apt-get install
python-serial을 사용해 이 라이브러리를 라즈베리 파이에 설치할 수 있다.

```
#!/usr/bin/env python

import serial
from time import sleep

ser = serial.Serial('/dev/serial0', 9600)
ser.write('P13=1')
sleep(1)
ser.write('P13=0')
```

스크립트가 실행되면 13번 핀의 LED가 1초 동안 켜져 있다가 꺼진다.

토의

아두이노 스케치는 문자 P가 수신될 때 메시지가 시작된다는 점을 알게 된다. 아두이노의 parseInt 함수는 여러분이 쓰려는 핀의 번호와 상태를 추출하는 데 사용된다. P13 = 1을 송신하면 13번 핀의 LED가 켜진다. P13 = 0이면 LED가 꺼진다. 직렬 메시지 및 parseInt에 관해 더 알고 싶다면 4장을 참고하자. 아두이노와 그 밖의 아두이노 호환 보드는 13번 핀이 아닌 그 밖의 핀을 사용하므로 여러분이 해당 핀을 찾아내야 하는 어려움을 겪지 않도록 아두이노 스케치에서는 여러분이 B = 1(핀 번호는 필요하지 않음)과 같은 메시지를 송신할 때 LED_BUILTIN이라는 상수를 핀 번호로 사용할 수 있게 한다.

파이썬 스크립트는 적절한 메시지를 보내 LED를 켜고 끈다.

보드의 내장형 LED가 13번 핀에 연결되어 있지 않다면 B라는 명령을 사용해 LED_BUILTIN에 할당된 LED를 토글하는 이 코드 버전을 사용하자.

```python
#!/usr/bin/env python

import serial
from time import sleep

ser = serial.Serial('/dev/serial0', 9600)
ser.write('B=1')
sleep(1)
ser.write('B=0')
```

라즈베리 파이 핀이 5V를 견뎌내지 못하므로 5V를 쓰는 아두이노 호환 보드를 파이에 연결해야 한다면 그림에 표시된 전압 분배기를 사용해야 한다. 3.3V 아두이노를 사용한다면 일반적으로 전압 분배기를 생략하는 편이 더 안전하지만, 전압 분배기가 아두이노를 손상되게 하지는 않을 것이다. 전압 분배기에 관해 더 알고 싶다면 레시피 5.11을 참고하자.

이 레시피에서 송신하는 메시지는 매우 간단하지만, 파이가 거의 모든 아두이노 기능을 제어하고 아두이노가 파이로 정보를 다시 송신할 수 있는 형태로 확장할 수 있다. 직렬 회선으로 연결해 아두이노와 컴퓨터를 함께 사용하는 방법에 대해서는 레시피 4.0을 참고하자.

파이썬과 파이에 관해 더 알고 싶다면 온라인 자료 및 사이먼 몽크Simon Monk가 지은 《Raspberry Pi Cookbook》(3판) 같은 책을 참고하자.

아두이노가 라즈베리 파이보다 더 빨라 보이는 이유

라즈베리 파이는 놀라운 기술을 바탕으로 만든 제품이다. 라즈베리 파이에서는 리눅스나 윈도우 10 같은 복잡한 운영체제를 실행할 수 있지만 표준 아두이노 보드에서는 이런 일이 불가능하다. 이러한 기능성은 음성 인식, 시각적 패턴 일치, 리눅스 및 윈도우에서 지원되는 그 밖의 많은 기능에 필요하면서도 복잡한 드라이버를 사용하려면 필수일 수 있다. 그러나 애플리케이션에서 입출력 핀을 정밀하고 빠르게 소프트웨어를 사용해 제어해야 한다면 아두이노의 반응성이 파이보다 더 빠를 수 있다.

파이에서는 운영체제와 하드웨어를 분리하게 설계된 소프트웨어 계층들을 통해 핀 제어를 처리하게 했으며, 여러분이 사용하는 프로그래밍 언어도 이러한 여러 계층 중 하나이기 때문이다. 이처럼 소프트웨어 계층을 거쳐야만 하는 부하(overhead)로 인해 핀을 제어하는 속도가 느려지는 것이다. 그리고 운영체제가 다른 작업을 지원하기 위해 각 작업을 지속적으로 인터럽트하기 때문에 작지만 일관되지 않은 지연 구간이 작업 제어 핀에서 발생할 수 있다.

반면에 기본 아두이노 우노 보드는 8㎒라는 속도를 일관성 있게 유지할 수 있다(레시피 18.11 참고). 주나스 피흘라자마(Joonas Pihlajamaa)는 Raspberry PI GPIO speed(https://oreil.ly/QghxL)에서 일련의 벤치마킹을 해보았는데, 라즈베리 파이에서 파이썬과 RPi.GPIO를 사용하는 경우의 속도가 겨우 70㎑에 불과했다. 그러나 기본 라이브러리와 C 프로그래밍 언어를 사용하면 아두이노 우노를 넘어설 수도 있을 것이다. 그는 이런 접근 방식을 써서 22㎒를 달성했다.

최근에 나온 아두이노 및 아두이노 호환 하드웨어는 더 빠르다. 예를 들어, 틴시 3은 48㎒라는 토글 속도에 도달할 수 있다.

5

간단한 디지털/아날로그 입력

레시피 5.0 소개

아두이노의 디지털 및 아날로그 입력 감지 기능을 사용해 여러분은 사용자와 주변 세계에 반응할 수 있다. 이번 장에서는 스위치가 눌렸는지를 감지하고, 숫자 키패드에서 입력을 읽고, 전압값 범위를 읽는 일처럼 입력을 모니터링하고 응답하는 데 사용할 수 있는 기술을 소개한다.

이번 장에서는 디지털 입력과 아날로그 입력을 감지할 수 있는 아두이노 핀을 설명한다. 디지털 입력 핀은 핀의 전압 유무를 감지한다. 아날로그 입력 핀은 핀의 전압 범위를 측정한다.

그림 5-1에는 아두이노 우노의 핀 배열이 나와 있다. 이 핀 배열은 에이다프룻 메트로Adafruit Metro 계열 및 스파크펀을 포함하는 그 밖의 다양한 아두이노 호환 보드에서 사용된다. 공식 보드 목록 (https://oreil.ly/aZPSA)에서 각 보드에 대한 연결 정보를 참조해 볼 수 있다. 여러분이 사용하는 보드가 해당 목록에 나와 있지 않다면 보드 공급업체의 웹 사이트에서 연결 정보를 확인하자.

디지털 입력을 감지하는 아두이노 함수는 digitalRead이며, 핀의 전압이 HIGH인지 아니면 LOW인지를 스케치에 알린다. 우노 같은 보드와 그 밖의 3.3V 보드의 경우에 HIGH는 3 ~ 5V이고 (ARM 기반 보드와 그 밖의 3.3V 보드의 경우에는 2 ~ 3.3V), LOW는 0V다. 입력 내용을 읽기 위해 핀을 구성하는 데 쓰는 아두이노 함수는 pin Mode(*pin*, INPUT)이다.

우노 같은 방식으로 핀을 배치하는 보드(아두이노 레오나르도, 여러 에이다프룻 메트로 보드 및 스파크펀 레드보드 포함)에는 그림 5-1의 맨 위에 표시된 것처럼 디지털 핀이 14개(0에서 13까지 번호가 매겨짐)가 있다. 우노 그리고 이것과 100% 호환되는 보드(일반적으로 ATmega328 기반 보드)에서 0번 핀 및 1번 핀(RX 및 TX로 표시)은 USB 직렬 연결에 사용되며, 그 밖의 용도로는 사용하지 말아야 한다. 직렬 연결에 관해 더 알고 싶다면 4장을 참고하자. ·

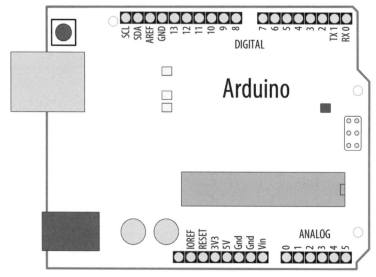

그림 5-1 아두이노 우노 보드의 디지털 핀과 아날로그 핀

아두이노에는 많은 핀을 참조하는 데 사용할 수 있는 논리적 이름이 있다. 표 5-1에 나오는 상수를 핀 번호가 필요한 모든 함수에서 사용할 수 있다. 실제 핀 번호를 사용하는 예제 코드가 자주 나올 것이다. 그러나 아두이노 및 아두이노 호환 보드가 다양하므로 숫자로 된 핀 번호를 사용하지 말고 그 대신에 이러한 상수를 사용해야 한다. 예를 들어, 아두이노 우노에서 A0은 14번 핀에 해당하지만, MKR 와이파이 1010에서는 15번 핀에 해당하고, 아두이노 메가에서는 54번 핀에 해당한다.

표 5-1 우노 모양으로 배치하기 위한 핀 상수

상수	핀	상수	핀
A0	아날로그 입력 0	LED_BUILTIN	온보드 LED
A1	아날로그 입력 1	SDA	I2C 데이터
A2	아날로그 입력	SCL	I2C 클록
A3	아날로그 입력	SS	SPI 선택
A4	아날로그 입력	MOSI	SPI 입력
A5	아날로그 입력	MISO	SPI 출력
		SCK	SPI 클록

더 많은 디지털 핀이 필요하다면 아날로그 핀을 디지털 핀으로 사용할 수 있다(이때 핀의 기호적인 이름을 사용해 핀을 참조해야 하는데, 예를 들면, `pinMode(A0, INPUT);`과 같은 식이다).

메가Mega 및 듀에Due 같은 보드에는 디지털 핀과 아날로그 핀이 더 많이 있다. 디지털 0 ~ 13번 핀과 아날로그 0 ~ 5번 핀이 표준 보드와 같은 자리에 있으므로 표준 보드용으로 설계한 하드웨어 쉴드를 장착할 수 있다. 표준 보드와 마찬가지로 아날로그 핀을 디지털 핀으로 사용할 수 있지만, 메가에서는 아날로그 핀의 번호로 A0부터 A15까지를 쓴다. 그림 5-2는 메가의 핀 배치를 보여 준다.

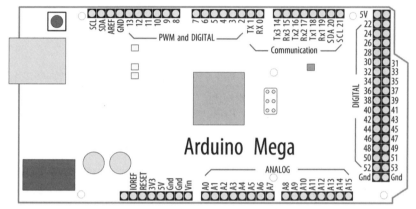

그림 5-2 아두이노 메가 보드

우노와 레오나르도 및 그 밖의 여러 보드에는 13번 핀에 연결된 LED가 있지만, 또 다른 보드에서는 핀 번호가 다를 수 있으므로 항상 `LED_BUILTIN` 상수를 사용해 내장형 LED를 참조해야 한다. 보드에 내장형 LED가 없어서 LED를 디지털 핀에 연결해야 하고 이로 인해 도움이 필요하다면 레시피 7.1로 건너뛰자. 또한, 출력 핀을 `LED_BUILTIN`에서 사용 중인 핀 번호로 바꿔야 한다.

디지털 입력을 다루는 레시피는 때때로 내부 저항기나 외부 저항기를 사용해서, 입력이 연결되지 않을 때 알려진 상태를 입력 핀이 유지하게 한다. 그러한 저항기가 없다면 핀의 값은 **플로팅**floating(유동, 부동, 부유, 일시적인)이라고 알려진 상태에 있게 될 것이고, `digitalRead`가 처음에는 HIGH를 반환할 수도 있겠지만, 입력이 맞물려 있는지 여부(버튼을 누를 때처럼)와 관계없이 몇 밀리초 후에 LOW를 반환할 것이다. **풀업**pull-up(끌어올리기) 저항기는 보드의 전압이 로직 레벨(5V 또는 3.3V)로 '끌어올려지기' 때문에 생긴 이름이다. 풀업 상태로 구성되어 있을 때 여러분이 버튼을 누른다면 `digitalRead`는 LOW를 반환할 것이다. 그 밖의 모든 때에는 풀업 저항기가 HIGH를 유지하기 때문에 `digitalRead`는 HIGH를 반환한다. **풀다운**pull-down(끌어내리기) 저항기는 핀을 0V로 끌어내린다. 이렇게 구성되어 있을 때 여러분이 버튼을 누르면 `digitalRead`는 HIGH를 반환된다. 10㏀은 풀업 저항기나 풀다운 저항기에서 흔히 사용하는 저항값이지만 4.7 ~ 20㏀ 범위에 해당하는 저항값일 때는 모든 것이 작동한다. 이번 장에서 사용된 부품에 관해 더 알고 싶다면 부록 A를 참고하자.

전자 부품 사용 작업

이번 장은 아두이노와 전기적으로 접속하는 일을 다루는 여러 장 중 첫 번째 장이다. 전자공학에 관한 배경지식이 없다면 전자 부품을 다룬 부록 A, 계통도와 데이터시트를 다룬 부록 B, 회로 구축 및 연결을 다룬 부록 C, 하드웨어 문제 해결을 다룬 부록 E를 참고하자. 또한, 그 밖의 훌륭한 입문용 자습서가 많다. 특별히 아두이노와 관련된 두 가지로는 마시모 밴지(Massimo Banzi)와 마이클 실로(Michael Shiloh)가 저술한 《Getting Started with Arduino》(Make Community)와 톰 이고(Tom Igoe)가 저술한 《Making Things Talk》(Make Community)를 들 수 있다. 이번 장과 다음 장에서 다루는 전자공학 주제에 대한 배경지식을 제공하는 그 밖의 책으로는 포레스트 밈스(Forrest M. Mims)가 저술한 《Getting Started in Electronics》(3판)(Master Publishing), 찰스 플랫(Charles Platt)이 저술한 《Make: Electronics》(Make Community)와 톰 이고가 저술한 《Physical Computing》(Cengage)을 들 수 있다.

처음으로 아두이노에 부품을 배선해 본다면, 부착한 부품을 어떻게 연결해 전력을 공급할지 주의하자. 아두이노 우노에서는 과전압을 견뎌낼 수 있을 만큼 강력한 컨트롤러 칩을 사용하지만, 잘못된 전압을 공급하거나 출력 핀을 단락시키면 칩이 손상될 수 있다. 32비트 아두이노 및 호환 보드는 일반적으로 조금 더 취약하다. 우노 같은 보드의 아두이노 컨트롤러 칩에서는 전력이 5V로 공급되며, 외부 전원을 이보다 높은 전압으로 아두이노 핀에 연결해서는 안 된다. 그러나 대부분의 최신 아두이노 보드 및 호환 장치는 최대 3.3V를 견딜 수 있다. 최대 핀 전압을 찾으려면 여러분이 사용하는 보드에 대한 온라인 설명서를 참고하자.

일부 아두이노 보드에는 메인 칩이 소켓에 끼워져 있기 때문에 제거하거나 교체할 수 있으므로 칩이 손상될지라도 보드까지 교체하지 않아도 된다. 전자공학에는 신참이지만 실험을 해보고 싶다면 우노처럼 마이크로컨트롤러를 교체해서 쓸 수 있게 한 보드를 선택하는 편이 더 바람직하다. 아두이노 우노 Rev3 SMD(표면실장장치)에는 마이크로컨트롤러가 납땜되어 있으므로 교체할 수가 없다.

아두이노 보드에는 레시피 5.2와 같이 pinMode와 함께 INPUT_PULLUP 모드를 사용할 때 활성화할 수 있는 내부 풀업 저항기가 있다. 따라서 외부 풀업 저항기가 필요하지 않다.

켬on과 끔off만 가능한 디지털 값과 달리 아날로그 값은 연속적으로 변한다. 오디오 장치의 음량을 설정하는 경우가 이러한 사례에 해당하는데, 그저 켜거나 끄는 것이 아니라 이 둘 사이 값들의 범위가 있기 때문이다. 많은 센서가 센서 측정에 해당하는 전압을 변경해 정보를 제공한다. 아두이노 코드는 아날로그 핀 중 한 가지에서 측정되는 전압에 비례하는 값을 얻기 위해 analogRead라고 부르는 함수를 사용한다. 핀의 전압이 0V이면 값이 0이 되며, 5V(또는 3.3V 보드상에서는 3.3V)이면 1,023이 된다. 이 범위 내의 값이 핀의 전압에 비례하므로 2.5V(5V의 절반)에 대응하는 값은 대략 511(1/2의 절반)이 된다. 그림 5-1을 보면 아래쪽에 아날로그 입력 핀 여섯 개(0번부터 5번까지 표시)를 볼 수 있을 것이다(아날로그 입력이 필요하지 않다면 이 핀들을 디지털 핀으로도 사용할 수 있다). 일부 아날로그 레시피에서는 핀의 전압을 변경하기 위해 **포텐쇼미터**potentiometer(전위차계)를 사용하기도 하는 데, 이것을 간단히 **팟**pot이라고 부르거나 **가변 저항기**variable resistor라고 부른다. 아날로그 핀에 연결하려고 포텐쇼미터를 선택해야 할 때는 그 값이 10K인 것이 제일 바람직하다.

이번 장에 나오는 대부분의 회로를 비교적 쉽게 연결할 수 있지만, 납땜하지 않는 브레드보드 solderless breadboard(무납땜 빵판, 무납땜 실험모형, 솔더리스 브레드보드)를 사용하면 외장 부품에 대한 배선을 단순화할 수 있어서 좋다. 가장 긴 브레드보드에는 830개의 **타이 포인트**tie point(전선을 끼울 구멍)와 각 면에 두 개의 전력 공급 버스 줄이 있다. 이러한 브레드보드의 종류로는 자메코Jameco의 품번 20723, 에이다프룻Adafruit Industries의 품번 239, 디지키Digi-Key의 품번 438-1045-ND, 스파크펀SparkFun의 PRT-12615가 있다. 타이 포인트가 400개인 절반 길이 브레드보드는 아두이노 우노와 크기가 비슷하기 때문에 어느 정도 인기가 있다.

또 다른 편리한 품목으로는 저렴한 멀티미터를 들 수 있다. 멀티미터로 전압과 저항을 측정할 수 있다면 거의 모든 일을 할 수 있다. 연결 상태 검사 및 전류 측정 기능도 들어 있다면 더 좋을 것이다 (자메코 220759, 에이다프룻 2034, 디지키 1742-1135-ND, 스파크펀 TOL-12966에는 이런 기능이 들어 있다).

레시피 5.1 스위치 사용

문제

(예를 들면, 전기적 접속을 형성하는 누름단추나 스위치 또는 외부 장치에서) 전기적 연결이 끊어진 것에 반응하는 스케치를 만들고 싶다.

해법

아두이노 디지털 핀 세트에 연결된 스위치의 상태를 입력으로 지정하려면 digitalRead를 사용하자. 다음 코드는 스위치를 누르면 LED에 불이 들어오게 한다(그림 5-3은 어떻게 연결해야 하는지를 보여 준다).

```
/*
 * Pushbutton 스케치.
 * 2번 핀에 연결된 스위치가 내장형 LED를 켠다.
 */

const int inputPin = 2; // (누름버튼용으로 사용할) 입력 핀을 선택한다.

void setup()
{
  pinMode(LED_BUILTIN, OUTPUT); // LED를 출력용으로 선언한다.
  pinMode(inputPin,INPUT);      // 누름버튼을 입력용으로 선언한다.
```

```
}

void loop()
{
  int val = digitalRead(inputPin);    // 입력값을 읽는다.
  if (val == HIGH)                     // 입력이 HIGH인지를 확인한다.
  {
    digitalWrite(LED_BUILTIN, HIGH);  // 스위치가 눌리면 LED를 켠다.
  }
  else
  {
    digitalWrite(LED_BUILTIN, LOW);   // LED를 끈다.
  }
}
```

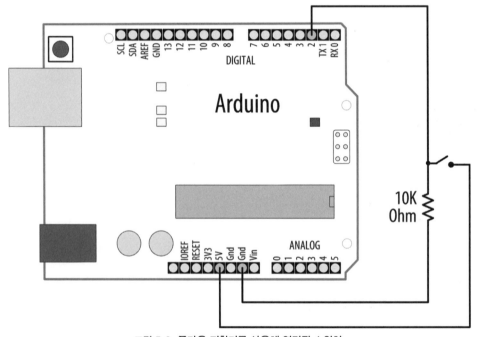

그림 5-3 풀다운 저항기를 사용해 연결된 스위치

 아두이노 보드에는 일반적으로 입력 LED에 연결된 내장형 LED가 있으며, 이 LED를 상수인 LED_
BUILTIN으로 식별할 수 있다. 13번 핀을 내장형 LED라고 여기는 코드를 흔히 볼 수 있다. 13번이 우노
및 그 밖의 많은 보드에서는 정확한 핀 번호에 해당하지만 그렇지 않은 경우도 많으므로 상수를 사용해
야 한다. 보드에 내장형 LED가 없다면 LED를 아두이노 핀에 연결해야 하는데, 이 방법에 대한 정보를 알
고 싶다면 레시피 7.1을 참고하자. 여러분은 또한 출력 핀을 LED_BUILTIN에서 여러분이 사용 중인 핀
번호로 바꿔야 한다.

토의

setup 함수에서는 LED 핀을 출력(OUTPUT)으로 구성하고, 스위치 핀을 입력(INPUT)으로 구성한다.

 digitalWrite에서 핀의 출력 전압을 제어하려면 핀을 OUTPUT 모드로 설정해야 한다. 디지털 입력을 읽으려면 입력 모드에 있어야 한다.

digitalRead 함수는 입력 핀(inputPin)의 전압을 읽어, 전압이 높으면(대부분의 8비트 보드의 경우에는 5V, 대부분의 32비트 보드에서는 3.3V) HIGH 값을 반환하고, 전압이 낮으면(0V이면) LOW 값을 반환한다. 3 ~ 5V(혹은 3.3V 보드에서는 2 ~ n3.3V)는 그사이의 어느 값이든 HIGH로 간주하며, 이 범위 값보다 작은 값은 LOW로 간주한다. 핀이 연결되지 않은 상태, 즉 **플로팅** 상태일 때는 digitalRead가 반환하는 값이 결정되지 않는다(즉, HIGH일 수도 있고 LOW일 수도 있다는 말인데, 이런 경우에는 값을 믿고 사용할 수가 없다). 그림 5-3에 나온 저항기는 스위치를 누르지 않을 때 핀의 전압이 낮아지게 하는데, 이는 저항기가 전압을 0V인 접지 전압(대부분의 보드에서 GND로 표시됨)으로 '풀다운pull down(끌어 내림)'하기 때문이다. 스위치를 누르면 핀에 +5V인 전압으로 연결되므로 digitalRead에 의해 반환된 핀의 값이 LOW에서 HIGH로 변경된다.

 디지털 핀이나 아날로그 핀을 5V 이상의 전압(또는 3.3V 보드의 3.3V)에 연결하지 말아야 하며, 제조업체의 설명서나 온라인 카탈로그 페이지를 참조해 보드의 최대 전압을 확인하자. 전압이 높으면 핀이 손상되어 칩 전체가 파손될 수 있다. 5V에서 스위치를 배선하면 바로 접지로 단락이 발생할 수도 있으므로 (저항기를 사용하지 않은 채로) 그렇게 해서는 안 된다는 점에 유념하자. 그런 식으로 배선한다고 해도 아두이노 칩이 손상되지 않을 수도 있겠지만 전력 공급장치에는 좋지 않다.

이번 예제에서 digitalRead의 값은 변수 val에 저장된다. 버튼이 눌렸다면 이 값은 HIGH이고 그렇지 않다면 LOW다.

 이번 예제(그리고 이 책 속에 나오는 그 밖의 모든 곳)에서 사용하는 스위치는 눌렸을 때 전기적 접속을 만들고, 눌리지 않았을 때는 접속을 끊는 역할을 한다. 이런 스위치의 성질을 평상시 열림(Normally Open, NO)이라고 한다. 이와는 반대 동작을 보이는 순간 스위치(momentary switch, 순시 스위치)의 성질을 평상시 닫힘(Normally Closed, NC)이라고 한다.

val의 값이 HIGH가 되게 하면 LED에 연결된 출력 핀에 전력이 공급되면서 LED가 켜진다.

아두이노에서는 기본적으로 모든 디지털 핀을 입력으로 설정하지만, 사용 중인 핀을 알 수 있게 스케치에서 이를 명시적으로 지정하는 것이 바람직하다.

여러분은 HIGH 대신에 true를 사용하는, 비슷한 코드도 볼 수 있을 텐데 HIGH와 true는 서로 바꿔서 사용할 수 있다(때로는 1로 표시됨). 마찬가지로 false는 LOW 및 0과 똑같다. 애플리케이션에서 논리의 의미를 가장 잘 표현하는 형식을 사용하자.

거의 모든 스위치를 사용할 수 있지만, **순간 촉각 스위치**momentary tactile switch라고 부르는 스위치는 가격이 저렴하고 브레드보드에 직접 꽂을 수 있어서 인기를 끌고 있다. 앞에 나온 스케치에서 논리를 구현하는 다른 방법은 다음과 같다.

```
void loop()
{
  // 입력 핀이 HIGH이면 LED를 켜고 그렇지 않으면 끈다.
  digitalWrite(LED_BUILTIN, digitalRead(inputPin));
}
```

버튼 상태는 변수에 저장되지 않는다. 대신에 digitalRead에서 얻은 값을 바탕으로 LED를 직접 켜거나 끈다. 이렇게 표현하는 방식이 편리한 지름길이기는 하지만, 지나치게 간결한 방식으로 코드를 표현한다고 해서 실제적으로 성능이 크게 좋아지는 것은 아니므로 될 수 있으면 이해하기 쉬운 방식을 선택하자.

풀업 코드는 풀다운 버전과 비슷하지만 논리가 반전되어 버튼을 누를 때 핀의 값이 LOW가 된다(이 계통도에 대해서는 그림 5-4 참고). 스위치를 누를 때(DOWN) 핀이 LOW가 된다고 생각하면 도움이 될 것이다.

```
void loop()
{
  int val = digitalRead(inputPin);    // 입력값을 읽는다.
  if (val == HIGH)                     // 입력이 HIGH인지를 확인한다.
  {
    digitalWrite(LED_BUILTIN, LOW);  // LED를 끈다.
  }
  else
  {
    digitalWrite(LED_BUILTIN, HIGH); // LED를 켠다.
  }
}
```

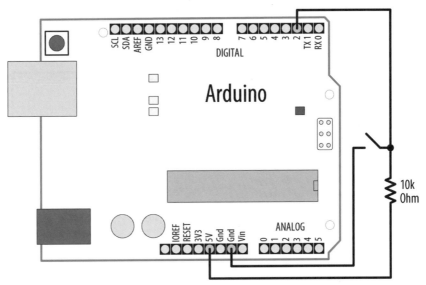

그림 5-4 풀업 저항기를 사용해 연결된 스위치

함께 보면 좋은 내용

각 주제별 참조 문서는 다음과 같다.

- digitalRead(https://oreil.ly/Bk6HD)

- digitalWrite(https://oreil.ly/kWoWV)

- pinMode(https://oreil.ly/ffTZC)

- HIGH, LOW 및 그 밖의 상수(https://oreil.ly/QLS77)

- 디지털 핀에 대한 아두이노 자습서(https://oreil.ly/XDBur)

레시피 5.2 외부 저항기 없이 스위치를 사용

문제

스위치를 연결할 때 외부 풀업 저항기를 제거해 배선을 단순하게 만들려고 한다.

해법

레시피 5.1에 설명한 대로, 디지털 입력 시에는 스위치를 누르지 않을 때 핀을 알려진 값으로 유지하기 위한 저항기가 있어야 한다. 아두이노에는 pinMode와 함께 INPUT_PULLUP 모드를 사용해 활성화할 수 있는 내부 풀업 저항기가 있다.

예를 들면, 그림 5-5에 나오는 것처럼 스위치가 배선된다. 이것은 그림 5-4와 거의 같지만 외부 저항기가 없다.

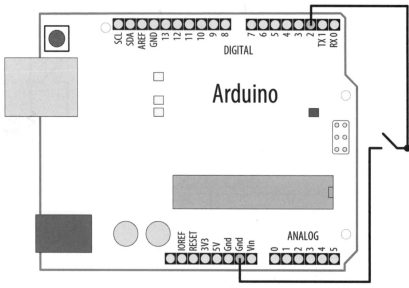

그림 5-5 내부 풀업 저항기와 함께 사용하기 위한 유선 스위치

스위치는 2번 핀과 접지(대부분의 보드에서 GND로 표시해 둔 곳)에만 연결되어 있다. 접지는 정의에 따르면 0V다.

```
/*
 * Input pullup(입력 풀업) 스케치.
 * 2번 핀에 연결된 스위치가 내장형 LED를 켠다.
 */
const int inputPin = 2; // 스위치를 위한 입력 핀.

void setup()
{
  pinMode(LED_BUILTIN, OUTPUT);
  pinMode(inputPin, INPUT_PULLUP); // inputPin상에서 내부 풀업을 사용한다.
}

void loop()
{
  int val = digitalRead(inputPin);    // 입력값을 읽는다.
  if (val == HIGH)                    // 입력이 HIGH인지를 확인한다.
  {
    digitalWrite(LED_BUILTIN, LOW);  // LED를 끈다.
  }
  else
  {
    digitalWrite(LED_BUILTIN, HIGH); // LED를 켠다.
```

```
    }
}
```

 아두이노 보드에 접지 핀이 여러 개 있기는 하지만, 이 핀이 모두 연결되어 있으므로 사용하기에 편한 것을 선택하면 된다.

토의

풀업 저항기를 사용하면 논리가 반전되므로 버튼을 누를 때 digitalRead 값이 LOW가 되고 그렇지 않으면 HIGH가 된다. 내부 풀업 저항기의 저항값은 20㏀ 이상(20㏀ ~ 50㏀)이다. 이는 대부분의 응용기기에 적합하지만, 일부 장치에는 저항값이 더 낮은 값 저항기가 필요할 수 있으므로 내부 풀업이 적합한지 여부를 확인하려면 아두이노에 연결하려는 외부 장치에 대한 데이터시트를 참고하자.

 응용기기가 입력과 출력 사이에서 핀 모드를 앞뒤로 전환한다면 우노 같은 AVR 보드의 모드를 변경할 때 핀의 상태가 HIGH 또는 LOW로 유지된다. 즉, 출력 핀을 HIGH로 설정하고 나서 입력 모드로 변경하면 풀업이 켜지고 핀을 읽으면 HIGH가 생성된다. digitalWrite(*pin*, LOW)를 사용해 출력 모드에서 LOW 핀을 설정하고 나서 pin Mode(*pin*, INPUT)를 사용해 입력 모드로 변경하면 풀업이 해제된다. 풀업을 켠 상태에서 출력 모드로 변경하면 핀이 HIGH로 설정되기 때문에 연결된 LED가 켜지는 일처럼 의도치 않은 일이 벌어질 수 있다.

레시피 5.3 스위치 눌림 안정적 검출(바운스 제거)

문제

접점 바운스contact bounce(접점 반발력) 때문에 값을 잘못 읽는 일을 피하려고 한다(접점 바운스 때문에 스위치 접점이 닫히거나 열리는 순간에 신호가 여러 가지 만들어진다). 스퓨리어스spurious(불요파, 불필요한 파동) 판독값을 제거하는 과정을 **디바운싱**debouncing(반발력 제거)이라고 한다.

해법

이 문제를 해결하는 방법은 여러 가지다. 다음 스케치는 레시피 5.1의 그림 5-3에 표시된 배선을 사용하는 경우다.

```
/*
 * Debounce 스케치.
 * 2번 핀에 연결된 스위치가 내장형 LED를 켠다.
 * 디바운스 로직이 스위치 상태를 잘못 읽게 되는 상황을 방지한다.
 */
```

```
const int inputPin = 2;          // 입력 핀 개수.
const int debounceDelay = 10;    // 핀이 안정될 때까지 대기하기 위한 반복.
bool last_button_state = LOW;    // 버튼의 최종 상태.
int ledState = LOW;              // 켬 또는 끔(HIGH 또는 LOW)

// 디바운스는 스위치가 안정적일 때 반환한다.
bool debounce(int pin)
{
  bool state;
  bool previousState;

  previousState = digitalRead(pin); // 스위치 상태를 저장한다.
  for(int counter=0; counter < debounceDelay; counter++)
  {
    delay(1); // 1ms 동안 대기한다.
    state = digitalRead(pin); // 핀을 읽는다.
    if(state != previousState)
    {
      counter = 0; // 상태가 변화면 카운터를 리셋한다.
      previousState = state; // 그리고 나서 현재 상태를 저장한다.
    }
  }
  // 스위치가 안정된 상태를 디바운스 시간보다 더 오래 유지하면 이 자리로 도달하게 된다.
}

void setup()
{
  pinMode(inputPin, INPUT);
  pinMode(LED_BUILTIN, OUTPUT);
}

void loop()
{
  bool button_state = debounce(inputPin);

  // 버튼 상태가 변경되었고 버튼이 눌린 경우라면,
  if (last_button_state != button_state && button_state == HIGH)
  {
    // LED를 토글한다.
    ledState = !ledState;
    digitalWrite(LED_BUILTIN, ledState);
  }
  last_button_state = button_state;
}
```

버튼이 안정적으로 눌렸는지를 확인하려면 디바운스하려는 스위치의 핀 번호로 debounce 함수를 호출해야 하며, 스위치가 눌리면 이 함수는 HIGH를 반환한다. 스위치를 누르지 않았거나 아직 안정되지 않았다면 함수는 LOW를 반환한다.

토의

debounce 메서드는 스위치 접점이 바운싱bouncing(반발력 현상, 튐 현상)을 멈출 수 있을 만큼 충분히 오래 지연시킨 다음에 스위치에서 동일한 판독값을 가져오는지를 확인한다. '바운시어bouncier(반발력이 더 심한)' 스위치를 사용한다면 스위치 상태를 확인하는 일을 더 많이 반복해야 할 수 있다(일부 스위치를 사용할 때는 최대 50㎳ 이상이 필요할 수 있음). 이 함수는 debounceDelay 시간에 정의된 횟수만큼 스위치 상태를 반복해서 확인해 작동한다. 해당 시간 동안 스위치가 안정적으로 유지되면 스위치 상태가 반환된다(누르면 HIGH, 그렇지 않으면 LOW). if 문 같은 부울 값이 필요한 상황에서 HIGH는 true로, LOW는 false로 판정된다. 디바운스 시간 중에 스위치 상태가 변경되면 디바운스 시간 중에 스위치 상태가 변경되는 일이 발생하지 않을 때까지 검사를 다시 시작하게끔 카운터가 리셋된다.

debounceDelay가 10으로 정의되고, 1회 반복당 1㎳만큼 지연되지만, 지연시간이 10㎳보다 길어지는 이유가 두 가지 있다. 첫째, (보 속도에 따라) 그 밖의 모든 루프 내 작업을 완료하기 위한 측정에 시간이 필요하므로 지연시간이 더 길어진다. 둘째, 스위치 상태가 루프 내에서 변경되면 카운터가 0으로 리셋된다.

loop 함수 내에서 스케치는 버튼의 상태를 반복해서 점검한다. 버튼 상태가 변경되고(HIGH에서 LOW로 변경되거나 LOW에서 HIGH로 변경되고), 버튼 상태가 HIGH(스위치가 눌림)이면 스케치가 LED의 상태를 토글한다. 따라서 버튼을 한 번 누르면 LED가 켜진다. 다시 누르면 LED가 꺼진다.

배선 시에 풀다운 저항 대신에 풀업 저항기를 사용한다면(레시피 5.2 참고) debounce 함수가 반환하는 값을 반대로 바꿔줘야 하는데, 이는 풀업을 사용해 눌린 스위치의 상태가 LOW인데도 이 함수는 true(HIGH와 같은 의미)를 반환하기 때문이다. 풀업을 사용하는 디바운스 코드는 다음과 같다. 이전 버전과 비교하면 마지막 네 줄(강조해서 표시함)만 변경되었다.

```
bool debounce(int pin)
{
  bool state;
  bool previousState;

  previousState = digitalRead(pin); // 스위치 상태를 저장한다.
  for(int counter=0; counter < debounceDelay; counter++)
  {
    delay(1);                        // 1㎳ 동안 대기한다.
    state = digitalRead(pin); // 핀을 읽는다.
    if(state != previousState)
    {
      counter = 0;                   // 상태가 변화면 카운터를 리셋한다.
      previousState = state; // 그러고 나서 현재 상태를 저장한다.
    }
```

```
}
// 디바운스 시간보다 스위치 상태가 안정된 시간이 더 긴 경우에 이 자리로 도달한다.
if(state == LOW) // LOW 값은 스위치가 눌렸다는 뜻이다(왜냐하면 풀업들이 사용되기 때문).
    return true;
else
    return false;
}
```

테스트를 위해 카운트 변수를 추가해 눌린 횟수를 표시할 수 있다. 시리얼 모니터에서 이 값을 보면
(4장을 참고할 것) 한 번 눌릴 때마다 값이 늘어나는지를 확인할 수 있다. 스위치가 눌릴 때마다 횟수
를 잘 셀 수 있도록 debounceDelay의 값을 늘린다. 앞에서 설명한 debounce 함수와 더불어 다음
코드를 사용하면 count 값이 프린트된다.

```
int count; // 눌린 횟수를 저장하는 이 변수를 추가한다.

void setup()
{
    pinMode(inPin, INPUT);
    pinMode(LED_BUILTIN, OUTPUT);
    Serial.begin(9600); // 이것을 setup 함수에 추가한다.
}

void loop()
{
    bool button_state = debounce(inputPin);
    if(button_state)
    {
        count++; // 카운트를 늘린다.
        Serial.println(count); // 시리얼 모니터에 카운트를 표시한다.
    }
    // 버튼 상태가 변경되었고 버튼이 눌린 경우라면,
    if (last_button_state != button_state && button_state == HIGH)
    {
        // LED를 토글한다.
        ledState = !ledState;
        digitalWrite(LED_BUILTIN, ledState);
    }
    last_button_state = button_state;
}
```

이 debounce() 함수는 스위치의 개수가 몇 개이든지 작동하지만, 여러분은 사용하는 핀이 입력
모드에 있는지를 확인해야 한다.

이 방법의 잠재적인 단점을 들자면, 일부 애플리케이션에서는 디바운스 기능이 호출된 시점부터
스위치가 안정될 때까지 모든 것이 대기해야 한다는 점이다. 대부분의 경우에는 그다지 신경 쓸

일이 아니지만, 스위치가 안정화될 때까지는 스케치가 다른 작업을 수행해야 할 수도 있다. 레시피 5.4에 표시된 코드를 사용하면 이 문제를 풀 수 있다.

함께 보면 좋은 내용

아두이노와 함께 배포된 디바운스 예제 스케치를 참고하자. File 메뉴에서 Examples ➡ Digital ➡ Debounce를 선택하자.

레시피 5.4 스위치 눌림 시간 지정

문제

스위치가 현재 상태를 유지한 시간을 애플리케이션에서 감지하려고 한다. 또는 스위치를 누른 상태에서 값을 늘리고 스위치를 길게 누를수록 속도를 높이려고 한다(전자시계에서 흔히 쓰는 방식). 또는 판독값이 안정될 정도로 스위치를 길게 눌렀는지를 알고 싶다(레시피 5.3 참고).

해법

다음 스케치는 카운트다운countdown(초읽기) 타이머 설정을 보여 준다. 배선은 레시피 5.2에 나오는 그림 5-5와 똑같다. 스위치를 누르면 타이머 카운트를 늘려 타이머를 설정한다. 스위치를 놓으면 카운트다운이 시작된다. 이 코드는 스위치를 디바운스하고 스위치를 더 오래 누르고 있으면 카운터가 증가하는 속도를 키운다. 타이머 카운트는 스위치를 처음 눌렀을 때(바운스 해제 후) 1씩 늘어난다. 스위치를 1초 이상 누르고 있으면 증분 속도가 4만큼 늘어난다. 스위치를 4초 동안 누르고 있으면 속도가 10만큼 늘어난다. 스위치를 놓으면 카운트다운이 시작되고 카운트가 0에 도달하면 핀이 HIGH로 설정된다(이번 예제에서는 LED를 켠다).

```
/*
 * SwitchTime 스케치.
 * 1/10초마다 줄어드는 카운트다운 타이머로, 이게 0이 되면 LED를 켠다.
 * 버튼을 누르면 카운트가 늘고 버튼을 누르고 있으면 증가율이 늘어난다.
 */
const int ledPin = LED_BUILTIN;          // 출력 핀의 개수.
const int inPin = 2;                      // 입력 핀의 개수.

const int debounceTime = 20;             // 스위치가 안정화되는 데 필요한 시간(단위는 밀리초).
const int fastIncrement = 1000;          // 1000ms가 지난 후에는 속도가 더 빨라진다.
const int veryFastIncrement = 4000;      // 4000ms가 지난 후에는 더욱 더 빨리 늘어난다.
int count = 0;                           // 0이 될 때까지 1/10초마다 카운트가 줄어든다.

void setup()
```

```
{
  pinMode(inPin, INPUT_PULLUP);
  pinMode(ledPin, OUTPUT);
  Serial.begin(9600);
}

void loop()
{
  int duration = switchTime();
  if(duration > veryFastIncrement)
  {
    count = count + 10;
  }
  else if (duration > fastIncrement)
  {
    count = count + 4;
  }
  else if (duration > debounceTime)
  {
    count = count + 1;
  }
  else
  {
    // 스위치를 누르지 않았으므로 타이머를 서비스한다.
    if(count == 0)
    {
      digitalWrite(ledPin, HIGH); // 카운트가 0이면 LED를 켠다.
    }
    else
    {
      digitalWrite(ledPin, LOW); // 카운트가 0이 아니면 LED를 끈다.
      count = count - 1;         // 그리고 카운트 값을 줄인다.
    }
  }
  Serial.println(count);
  delay(100);
}

// 스위치가 눌린(LOW인) 시간을 밀리초(ms) 단위로 반환한다.
long switchTime()
{
  // 아래 보이는 변수들은 정적 변수인데, 자세한 내용은 '토의'를 참고하자.
  static unsigned long startTime = 0; // 스위치 상태 변화가 감지되었을 때.
  static bool state;                  // 스위치의 현재 상태.

  if(digitalRead(inPin) != state) // 스위치가 상태를 변경했는지를 확인한다.
  {
    state = ! state;       // 그렇다면 상태를 반전시킨다.
    startTime = millis();  // 시간을 저장한다.
  }

  if(state == LOW)
  {
```

```
    return millis() - startTime; // 스위치가 눌렸다면 시간을 밀리초(ms) 단위로 반환한다.
  }
  else
  {
    return 0; // 스위치가 눌리지 않았다면(HIGH 상태라면) 0을 반환한다.
  }
}
```

토의

이 레시피의 핵심은 switchTime 함수다. 스위치를 누른 시간을 밀리초(ms) 단위에 맞춰 반환한다. 이 레시피는 내부 풀업 저항기를 사용하므로(레시피 5.2 참고) 스위치를 누르면 스위치 핀의 디지털 판독값이 LOW로 반환된다.

루프는 switchTime에서 반환된 값을 확인해 수행할 일을 정한다. 스위치가 눌린 시간이 충분히 길어서 가장 빠른 증가 속도를 달성한 경우에는 해당 속도에 해당하는 양만큼 카운터 값이 늘어나며, 그렇지 않다면 fast 값을 검사해 해당 값이 사용되어야 하는지를 살펴본다. 이 두 가지 경우에 모두 해당하지 않으면 디바운싱을 멈추게 할 정도로 충분히 오래 스위치가 눌렸는지를 확인하고, 그렇다면 카운터의 값을 조금만 늘린다. 기껏해야 이 세 가지 경우 중 한 가지 경우만 벌어진다. 이런 경우들 중 어느 것도 true가 아니라면 스위치를 누르지 않았거나 바운싱을 멈추게 할 만큼 충분히 길게 누르지 않았기 때문이다. 카운터 값을 검사해 그 값이 0이면 LED가 켜지고, 0이 아니면 카운터 값이 줄면서 LED가 꺼진다.

switchTime 함수를 사용해서는 스위치를 디바운싱만 할 수 있다. 다음 코드에서는 switchTime 함수를 호출해 디바운싱 로직을 처리한다.

```
// 스위치가 안정화되는 데 필요한 시간을 밀리초(ms) 단위로 나타낸 것.
const int debounceTime = 20;

if(switchTime() > debounceTime)
{
  Serial.print("switch is debounced");
}
```

이 디바운싱 접근법은, 스위치가 두 개 이상이라면 스위치가 눌린 시간을 보고 스위치가 안정될 때까지 다른 작업을 처리할 수 있기 때문에 유용할 수 있다. 이를 구현하려면 스위치의 현재 상태(누름 여부)와 이 상태가 마지막으로 변경된 시간을 저장해야 한다. 이를 수행하는 방법은 여러 가지다. 이번 예제에서는 스위치별로 함수를 따로따로 사용할 것이다. 스케치의 제일 윗부분을 보면 모든 스위치와 연관된 변수들이 있는데, 이러한 변수를 **전역 변수**global variable라고 부른다(이런 변숫값에 어디서든 접근할 수 있기 때문에 '전역적'이라고 부르는 것이다). 하지만 스위치별 변수를 스위치별 함수에서 처리하는 편이 훨씬 더 편리하다.

함수에서 정의한 변숫값을 저장할 때는 **정적 변수**static variable를 사용하면 된다. 함수 내 정적 변수는 함수를 호출하는 중간에 유지되어야 하는 값을 영구적으로 저장한다. 정적 변수에 할당된 값은 함수가 반환된 후에도 유지된다. 함수를 다시 호출해야 할 때는 마지막으로 설정된 값을 사용할 수 있다. 그런 의미에서 정적 변수는 다른 레시피에서 본 전역 변수(일반적으로 스케치 시작할 때의 함수 외부에 선언된 변수)와 비슷하다. 그러나 전역 변수와 달리 함수에 선언된 정적 변수는 해당 함수 내에서만 접근할 수 있다. 정적 변수의 장점은 다른 함수가 실수로라도 해당 변숫값을 수정할 일이 없다는 점이다.

이 스케치는 스위치별로 서로 다른 함수를 추가하는 방법의 예를 보여 준다. 이를 위한 배선은 레시피 5.2와 유사하며, 두 번째 스위치는 첫 번째(그림 5-5 참고)와 유사하게 연결되지만 3번 핀과 GND 사이에 연결된다.

```
/*
 * SwitchTimeMultiple 스케치.
 * 한 개 이상의 스위치를 누른 시간을 프린트한다.
 */

const int switchAPin = 2; // A 스위치용으로 쓰는 핀.
const int switchBPin = 3; // B 스위치용으로 쓰는 핀.

void setup()
{
  pinMode(switchAPin, INPUT_PULLUP);
  pinMode(switchBPin, INPUT_PULLUP);
  Serial.begin(9600);
}

void loop()
{
  unsigned long timeA; unsigned long timeB;

  timeA = switchATime(); timeB = switchBTime();

  if (timeA > 0 || timeB > 0)
  {
    Serial.print("switch A time=");
    Serial.print(timeA);

    Serial.print(", switch B time=");
    Serial.println(timeB);
  }
}
```

```
unsigned long switchTime(int pin, bool &state, unsigned long &startTime)
{
  if(digitalRead(pin)! = state) // 스위치가 상태를 변경했는지를 확인한다.
  {
    state = ! state;         // 그렇다면 상태를 반전시킨다.
    startTime = millis();  // 시간을 저장한다.
  }

  if(state == LOW)
  {
    return millis() - startTime; // 시간을 밀리초(ms) 단위로 반환한다.
  }
  else
  {
    return 0; // 스위치가 눌리지 않았다면(HIGH 상태라면) 0을 반환한다.
  }
}

long switchATime()
{
  // 이 변수들은 정적이다. 설명을 보려면 본문을 참고하자.
  // 스위치의 상태가 변경되었다는 점을 처음으로 감지한 시간.
  static unsigned long startTime = 0;
  static bool state; // 스위치의 현재 상태.
  return switchTime(switchAPin, state, startTime);
}

long switchBTime()
{
  // 이 변수는 정적이다. 설명을 보려면 본문을 참고하자.
  // 스위치의 상태가 변경되었다는 점을 처음으로 감지한 시간.
  static unsigned long startTime = 0;
  static bool state; // 스위치의 현재 상태.
  return switchTime(switchBPin, state, startTime);
}
```

스케치는 switchTime()이라는 함수에서 시간을 계산한다. 이 함수는 스위치의 상태와 지속시간 duration을 조사해 업데이트한다. 이 함수는 참조reference들을 사용해 매개변수들을 처리한다. 참조는 레시피 2.11에서 다룬다. 각 스위치에 사용되는 함수들(switchATime()과 switchBTime())은 각 스위치의 시작 시간과 상태를 저장하는 데 사용된다. 값을 보유한 변수가 정적 변수로 선언되었으므로 함수가 종료되어도 값이 유지된다. 함수 안에 변수를 두면 잘못된 변수가 사용되지 않으리라는 점을 확실히 할 수 있다. 스위치가 사용하는 핀을 전역 변수로 선언하고 있는데, 이는 setup에서 핀들을 구성할 때 값이 필요하기 때문이다. 그러나 이러한 변수는 const 키워드로 선언되기 때문에 컴파일러가 값을 수정할 수 없게 하므로 스케치 코드에 의해 실수로 변경될 가능성이 없다.

변수의 노출을 제한하는 일은 프로젝트가 복잡할수록 더욱 중요하다. 아두이노 환경에서는 이런 문제를 더 우아하게 처리하는 접근법을 제공한다. 클래스를 사용해서 이런 접근법을 구현하는 방법에 대한 설명을 레시피 16.4에서 참고하자.

루프 내에서 스케치는 버튼을 얼마나 오래 누르고 있는지를 확인한다. 두 버튼 중 하나를 0ms 이상 누르고 있으면 스케치는 각 스위치를 누른 시간을 프린트한다. 시리얼 모니터를 열고 버튼 중 하나를 누르거나 둘 다를 누르면 시간 값이 늘고 스크롤되는 것을 볼 수 있다. 두 버튼에서 모두 손을 떼면 switchTime 함수가 0을 반환하므로 버튼 중 한 개나 둘 다를 다시 누를 때까지 스케치가 출력을 프린트하는 일을 중단한다.

레시피 5.5 키패드 읽기

문제

가로와 세로로 줄지어 있는 키패드가 있고 키가 눌렸는지를 스케치에서 읽으려고 한다. 예를 들어, 스파크펀의 키패드(에이다프룻 품번: 419)는 전화기에서 흔히 볼 수 있는 숫자 단추 모양으로 되어 있는데, 이게 여러분에게 있다고 해보자.

해법

그림 5-6처럼 키패드 커넥터에서 아두이노로 행과 열을 연결한다.

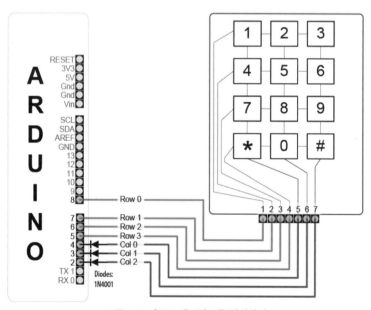

그림 5-6 키보드 매트릭스를 연결하기

그림 5-6처럼 아두이노와 키패드를 연결한 다음에 다음 스케치를 실행하면 눌린 키 값이 시리얼 모니터에 프린트된다.

```
/*
 * Keypad 스케치.
 * 키패드에서 누른 키를 직렬 포트로 프린트한다.
 */

const int numRows = 4;      // 키패드 내의 행의 개수.
const int numCols = 3;      // 열의 개수.
const int debounceTime = 20; // 스위치가 안정될 때까지 걸린 시간(밀리초 단위).

// 키맵은 해당 키를 눌렀을 때 반환되는 문자를 정의한 것이다.
const char keymap[numRows][numCols] = {
  { '1', '2', '3' },
  { '4', '5', '6' },
  { '7', '8', '9' },
  { '*', '0', '#' }
};

// 이 배열은 행과 열에 사용되는 핀들을 정의한다.
const int rowPins[numRows] = {8, 7, 6, 5}; // 0 ~ 3 행.
const int colPins[numCols] = {4, 3, 2};    // 0 ~ 2 열.

void setup()
{
  Serial.begin(9600);
  for (int row = 0; row < numRows; row++)
  {
    pinMode(rowPins[row],INPUT_PULLUP); // 풀업을 사용해 행에 속한 핀들을 입력으로 삼는다.
  }
  for(int column = 0; column < numCols; column++)
  {
    pinMode(colPins[column],OUTPUT);      // 열을 이루는 핀들을 출력으로 설정한다.
    digitalWrite(colPins[column], HIGH); // 모든 열을 비활성화한다.
  }
}

void loop()
{
  char key = getKey();
  if(key != 0)
  { // 문자가 0이 아니라면 문자는 유효한 키가 눌렸다는 뜻이다.
    Serial.print("Got key ");
    Serial.println(key);
  }
}

// 눌린 키를 반환하거나 키가 눌리지 않았다면 0을 반환한다.
char getKey()
{
```

```
char key = 0; // 0은 눌린 키가 없다는 것을 나타낸다.
for(int column = 0; column < numCols; column++)
{
  digitalWrite(colPins[column], LOW);     // 현재 열을 활성화한다.
  for(int row = 0; row < numRows; row++)  // 키가 눌렸는지를 알아내기 위해 모든 행을 스캔한다.
  {
    if(digitalRead(rowPins[row]) == LOW)  // 눌린 키가 있는가?
    {
      delay(debounceTime);                // 디바운스.
      while(digitalRead(rowPins[row]) == LOW)
        ;                                 // 키가 눌릴 때까지 대기한다.
      key = keymap[row][column];          // 어떤 키가 눌렸는지를 기억한다.
    }
  }
  digitalWrite(colPins[column], HIGH);    // 현재 열을 비활성화한다.
}
return key;                               // 눌린 키를 반환하거나 눌린 키가 없으면 0을 반환한다.
}
```

이 스케치는 배선이 코드와 일치하는 경우에만 올바르게 작동한다. 표 5-2는 행과 열이 아두이노 핀에 연결되는 방법을 보여 준다. 다른 키패드를 사용한다면 데이터시트에서 행 및 열 연결을 확인하자. 배선이 잘못되면 핀이 단락되어 컨트롤러 칩이 손상될 수 있으므로 주의해서 확인하자.

표 5-2 아두이노 핀을 키패드의 행과 열에 대응시킨다

아두이노 핀	키패드 커넥터	키패드 행/열
2	7	2열
3	6	1열
4	5	0열
5	4	3행
6	3	2행
7	2	1행
8	1	0행

토의

매트릭스 키패드는 일반적으로 누를 때 열과 행을 연결하는 평상시 열림 스위치로 구성된다(평상시 열림 스위치는 누를 때만 전기적으로 연결된다). 그림 5-6은 내부 도체가 버튼 행과 열을 키보드 커넥터에 연결하는 방법을 보여 준다. 4개 행은 각기 입력 핀에 연결되고 각 열은 출력 핀에 연결된다. setup 함수는 입력 핀에서 풀업 저항기를 활성화하게 핀 모드를 설정한다(이번 장의 '소개' 부분에 나오는 풀업 레시피 참고).

getkey 함수는 순차적으로 각 열의 핀을 LOW로 설정하고 나서 행 핀 중 하나가 LOW인지를 확인한다. 풀업 저항기가 사용되므로 해당 스위치가 닫히지 않으면(행을 닫으면 입력 핀에서 LOW 신호가 생성됨) 해당 행이 HIGH(풀업)가 된다. 이 행들이 LOW면 해당 행과 열의 스위치가 닫혔음을 나타낸다. 스위치가 바운싱되지 않게 지연시킨다(레시피 5.3 참고). 코드는 스위치가 풀릴 때까지 대기하게 되며, 스위치와 관련한 문자는 keymap 배열에서 찾아 함수로부터 반환된다. 스위치를 누르지 않으면 0이 반환된다.

아두이노용 키패드 라이브러리(https://oreil.ly/FVuL_)는 키가 몇 개든 쉽게 처리할 수 있게 해주며, LCD 문자 표시 장치를 사용해 일부 핀을 공유하면서도 작동하도록 만들 수 있게 한다. 이 키패드 라이브러리를 아두이노 라이브러리 매니저에서 찾아 사용할 수 있다(라이브러리를 설치하는 방법을 알고 싶다면 레시피 16.2를 참고하자).

함께 보면 좋은 내용

에이다프룻이 내놓은 12 버튼짜리 키패드에 대한 자세한 정보(https://oreil.ly/yD8Lh)를 확인하자.

레시피 5.6 아날로그 값 읽기

문제

아날로그 핀의 전압을 읽으려고 한다. 포텐쇼미터potentiometer(전위차계)를 줄임말로는 팟pot이라고도 부르며, 이는 일종의 가변 저항기인데 여러분은 이것으로 다양한 전압을 제공하는 센서에서 값을 측정하기를 바랄 수도 있다.

해법

이 스케치는 한 가지 아날로그 핀(A0)에서 전압을 읽고 analogRead 함수에서 반환된 값에 비례하게 LED를 깜박인다. 전압은 그림 5-7과 같이 연결된 포텐쇼미터로 조정된다.

```
/*
 * Pot 스케치.
 * 포텐쇼미터의 위치에 따라 설정된 속도로 LED를 깜박인다.
 */

const int potPin = A0;        // 포텐쇼미터용 입력 핀을 선택한다.
const int ledPin = LED_BUILTIN; // LED용 입력 핀을 선택한다.
int val = 0; // 센서에서 오는 값을 저장하는 변수다.
```

```
void setup()
{
  pinMode(ledPin, OUTPUT); // ledPin을 OUTPUT으로 선언한다.
}

void loop()
{
  val = analogRead(potPin);   // 팟(pot, 포텐쇼미터)의 전압을 읽는다.
  digitalWrite(ledPin, HIGH); // ledPin을 켠다.
  delay(val);                 // 팟 값에 맞춰 점멸 속도를 정한다(밀리초(ms) 단위로).
  digitalWrite(ledPin, LOW);  // ledPin을 끈다.
  delay(val);                 // LED를 켜 둔 시간만큼 LED를 끈다.
}
```

 여러분이 사용하는 보드가 5V를 견디지 못하다면 보드에 5V 전원 핀이 있을지라도 포텐쇼미터를 5V에 연결해서는 안 된다. 5V를 견딜 수 없는 많은 보드에는 USB 전원에서 직접 전원을 끌어오는 5V 전원 핀이 있다. 5V가 필요한 장치에 전력을 공급하는 일에 이 핀을 사용할 수 있지만, 3.3V 이하를 견딜 수 있는 핀에 5V 출력을 연결하지 않도록 주의해야 한다. 그 대신에 포텐쇼미터를 보드의 3.3V 핀에 연결해야 한다.

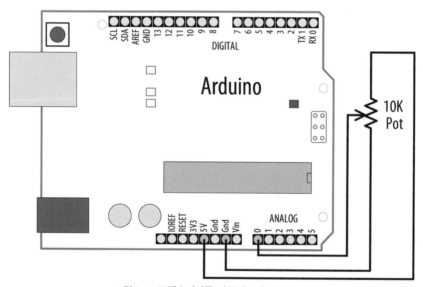

그림 5-7 포텐쇼미터를 아두이노에 연결하기

토의

이 스케치는 analogRead 함수를 사용해 포텐쇼미터의 와이퍼wiper 전압을 읽는다. 팟에는 세 개의 핀이 있는데, 그중 두 개는 저항성을 띤 물질에 연결되고 세 번째 핀(일반적으로 가운데에 있음)은 와이퍼에 연결되어 저항성 물질의 어느 곳에나 접촉하게 회전시킬 수 있다. 포텐쇼미터가 회전함에 따라 와이퍼와 핀들 중 한 개의 저항이 증가하는 반면 나머지들의 저항은 감소한다. 이 레시피의 계통도(그림 5-7)는 포텐쇼미터 작동 방식을 시각화하고 있다. 와이퍼(화살표가 있는 선)가 아래쪽을 향해 움직이면 GND에 연결된 저항은 낮아지고 5V(또는 보드에 따라 3.3V)에 연결된 저항이 높아진다. 와이퍼가 내려가면 아날로그 핀의 전압이 감소한다(최소 0V). 와이퍼를 위로 움직이면 반대 효과가 발생하며 핀의 전압이 늘어난다(최대 5V 또는 3.3V까지).

 여러분이 포텐쇼미터를 돌렸을 때 핀의 전압이 높아지기보다는 오히려 낮아진다면 5V와 GND 핀을 서로 바꿔서 연결해야 한다.

전압은 analogRead를 사용해서 측정하게 되는데, 이 함수는 아날로그 핀의 실제 전압에 비례하는 값을 제공한다. 핀의 전압이 0V라면 값은 0이고, 전압이 5V라면 1,023(또는 대부분의 32비트 보드의 경우에는 3.3V)이다. 이 범위에 해당하는 값들은 핀의 전압과 5V(보드에 따라서는 3.3V) 간 비율에 비례한다.

아날로그 핀에 연결할 때는 저항이 10㏀인 포텐쇼미터가 가장 적합하다.

 potPin을 입력으로 설정하지 않아도 된다(이것은 analogRead를 호출할 때마다 자동으로 수행된다).

함께 보면 좋은 내용

계통도를 읽는 요령을 알고 싶다면 부록 B를 참고하자.

analogRead에 대한 아두이노 레퍼런스(https://oreil.ly/TNayy).

마시모 반지Massimo Banzi와 마이클 실로Michael Shiloh가 저술한 《Getting Started with Arduino》(Make Community).

레시피 5.7 값 범위 변경

문제

포텐쇼미터(즉, 팟)나 가변 전압을 제공하는 다른 장치를 연결해 analogRead 값 같은, 어떤 값의 범위를 변경하려고 한다. 예를 들어, 포텐쇼미터 꼭지의 위치를 0%에서 100%의 백분율로 표시한다고 가정한다.

해법

아두이노의 map 함수를 사용해 값을 원하는 범위로 조정하자. 이 스케치는 팟의 전압을 val이라는 변수로 읽어들여, 팟을 한쪽 끝에서 다른 쪽 끝으로 돌리면 이를 0에서 100이라는 척도scale(눈금)에 맞춰 조절한다. 핀의 전압에 비례하는 속도로 LED가 깜박이고 척도 범위를 직렬 포트에 프린트한다(직렬 포트 모니터링에 대한 지침은 레시피 4.2 참고). 레시피 5.6은 팟이 어떻게 연결되어 있는지를 보여 준다(그림 5-7 참고).

```
/*
 * Map 스케치.
 * 팟에서 아날로그 값의 범위를 0에서 100 사이에 대응되게 한다.
 * 0에서 100ms 범위의 LED 깜박임 속도가 발생한다.
 * 그리고 팟의 회전 백분율이 직렬 포트에 기록된다.
 */

const int potPin = A0;     // 포텐쇼미터용 입력 핀을 선택한다.
int ledPin = LED_BUILTIN; // LED용 입력 핀을 선택한다.

void setup()
{
  pinMode(ledPin, OUTPUT); // ledPin을 출력용(OUTPUT)으로 선언한다.
  Serial.begin(9600);
}

void loop()
{
  int val;     // 센서로부터 오는 값.
  int percent; // 대응하게 한 값.

  val = analogRead(potPin);          // 팟의 전압을 읽는다(val의 범위는 0 ~ 1023).
  percent = map(val,0,1023,0,100); // 백분율의 범위는 0 ~ 100.
  digitalWrite(ledPin, HIGH);        // ledPin을 켠다.
  on delay(percent);                 // 백분율 값에 따라 켜진 시간.
  digitalWrite(ledPin, LOW);         // ledPin을 끈다.
  delay(100 - percent);              // 꺼진 시간은 100에서 켜진 시간을 뺀 값이다.
  Serial.println(percent);           // 직렬 모니터상의 팟 회전을 백분율로 보여 준다.
}
```

토의

레시피 5.6에서는 팟의 위치를 값으로 변환하는 방법을 설명한다. 여기에서는 map 함수와 함께 이 값을 사용해 값을 원하는 범위로 조정한다. 이 예제에서, analogRead(0에서 1023)가 제공하는 값은 백분율(0 ~ 100)에 대응하게 된다. 이 비율은 LED의 사용률duty cycle(동작 책무 주기)을 설정하는 데 사용된다. 사용률은 LED가 활성화된 시간의 백분율로, **단주기**period라는 기간(100ms) 동안 측정된다. LED가 꺼져 있는 시간은 사용률을 100에서 빼는 식으로 계산한다. 따라서 아날로그 판독값이 620이면 이 값을 map이 척도에 맞게 60으로 조정한다. 그런 다음에 LED는 60ms 동안 켜져 있게 되고 40ms(100 – 60) 동안 꺼져 있게 된다.

analogRead의 값은 전압 범위가 0 ~ 5V(3.3V 보드의 3.3V)라면 0에서 1,023 사이가 되겠지만, 여러분은 원래 값과 대상 범위에 대해 적절한 값들을 사용할 수 있다. 예를 들어, 일반적인 팟은 한쪽 끝에서 다른 쪽 끝까지 270도만 돌릴 수 있으므로 이런 팟의 꼭지에 각도를 표시하려면 다음 코드를 사용할 수 있다.

```
int angle = map(val,0,1023,0,270); // analogRead의 val로부터 파생된 팟의 각도.
```

범위 값은 음수일 수도 있다. 팟이 중앙에 위치할 때 0을, 포트가 왼쪽으로 회전할 때 음수 값을, 오른쪽으로 회전할 때 양수 값을 표시하려면 다음 코드처럼 하자.

```
// 중앙값이 0인 경우의 270도 각도를 보여 준다.
angle = map(val,0,1023,-135,135);
```

관련된 입력 범위가 0에서 시작하지 않는다면 map 함수가 편리할 수 있다. 예를 들어, 가용용량이 1.1V에서 1.5V 범위의 전압에 비례하는 배터리가 있다면 다음을 수행할 수 있다.

```
const int board_voltage = 5.0;        // 3.3V 로직을 사용하는 보드상에서는 3.3으로 설정한다.

const int empty = 1.1/(5.0/1023.0);   // 배터리가 비어 있다면 전압은 1.1V(1100mV)다.
const int full = 1.5/(5.0/1023.0);    // 배터리가 완충된 상태라면 전압은 1.5V(1500mV)다.

int val = analogRead(potPin);                // 전압을 아날로그 방식 값으로 읽는다.
int percent = map(val, empty, full, 0,100); // 전압을 백분율에 대응시킨다.

Serial.println(percent);
```

map 함수와 더불어 센서 판독값을 사용하려 한다면 센서에서 최솟값과 최댓값을 결정해야 한다. 직렬 포트의 판독값을 모니터링해 최솟값과 최댓값을 결정할 수 있다. 이를 각기 map 함수의 하한과 상한으로 입력하자.

범위를 미리 결정할 수 없다면 센서를 보정해 값을 결정할 수 있다. 레시피 8.11은 한 가지 보정 기술을 보여 주며, 다른 하나는 아두이노와 함께 배포된 Calibration(보정) 예제 스케치에서 찾을 수 있다(Examples ➡ Analog ➡ Calibration).

상계upper bound(상한)와 하계lower bound(하한)를 벗어난 값을 map 함수에 제공하면 출력값도 지정된 출력 범위를 벗어나게 된다. constrain 함수를 사용하면 이런 일을 방지할 수 있다. 레시피 3.5를 참고하자.

 map은 정수 연산을 하므로 지정된 범위 내 범자연수(whole numbers)만 반환된다. 모든 소수 부분은 반올림되지 않고 잘린다.

(아날로그 읽기 값이 실제 전압과 관련되는 방법에 관해 더 알고 싶다면 레시피 5.9를 참고하자.)

함께 보면 좋은 내용

map에 대한 아두이노 레퍼런스(https://oreil.ly/CE9TM).

레시피 5.8 아날로그 입력 내용을 일곱 개 이상 읽기

문제

사용할 수 있는 아날로그 핀보다 더 많은 아날로그 입력 내용을 모니터링해야 한다고 하자. 표준 아두이노 보드에는 아날로그 입력이 여섯 개 있는데(메가는 16개), 이것보다 더 많은 아날로그 입력을 애플리케이션에서 사용해야 할 때가 있다. 여러분이 포텐쇼미터를 여덟 개나 사용하면서 각 포텐쇼미터의 꼭지를 돌려야 할 일이 있어서, 애플리케이션에서 여덟 개의 매개변수를 조정하기를 바랄 수도 있다.

해법

멀티플렉서multiplexer(다중절환장치) 칩을 사용해 여러 다중 전압원을 선택하고, 이를 하나의 아날로그 입력에 연결하자. 여러 전압원을 순차적으로 선택하면 각 전압원을 차례로 읽을 수 있다. 이 레시피는 그림 5-8과 같이 아두이노에 연결된, 인기 있는 4051 칩을 사용한다. 아날로그 입력(예: 포트 또는 저항 센서)을 Ch 0 ~ Ch 7로 표시된 4051 핀에 연결하자. 채널 입력 핀의 전압이 5V를 초과하지 않게 하자. 입력 핀을 사용하지 않는다면 10K 저항기를 사용해 입력 핀을 접지에 연결해야 한다.

```
/*
 * multiplexer 스케치.
 * 4051 멀티플렉서를 사용해 단일한 아날로그 입력 핀 쪽으로
 * 1 ~ 8개 아날로그 값을 읽어 오기.
 * /
```

```
// 멀티플렉서에서 여덟 가지 입력 중 하나를 선택하는 데 사용되는 핀 배열.
const int select[] = {2,3,4}; // 4051 입력 선택 회선에 연결된 핀.
const int analogPin = A0;      // 멀티플렉서 출력에 연결된 아날로그 핀.

// 이 함수는 주어진 채널의 아날로그 값을 반환한다.
int getValue(int channel)
{
  // 채널의 2진 값과 일치하도록 선택기(selector) 핀을 HIGH와 LOW로 설정한다.
  for(int bit = 0; bit < 3; bit++)
  {
    int pin = select[bit]; // 멀티플렉서 선택기 비트에 연결된 핀.
    int isBitSet = bitRead(channel, bit); // 채널에 주어진 비트가 설정되어 있으면 참(true)이다.
    digitalWrite(pin, isBitSet);
  }
  return analogRead(analogPin);
}

void setup()
{
  for(int bit = 0; bit < 3; bit++)
  {
    pinMode(select[bit], OUTPUT); // 세 개의 선택 핀을 출력으로 설정한다.
  }
  Serial.begin(9600);
}

void loop ()
{
  // 각 채널의 값을 초당 1회 프린트한다.
  for(int channel = 0; channel < 8; channel++)
  {
    int value = getValue(channel);
    Serial.print("Channel ");
    Serial.print(channel);
    Serial.print(" = ");
    Serial.println(value);
  }
  delay (1000);
}
```

토의

아날로그 멀티플렉서는 디지털 방식으로 제어하는 아날로그 스위치다. 4051은 세 개의 선택기 핀
(S0, S1, S2)을 통해 여덟 개의 입력 중 하나를 선택한다. 세 개의 선택기 핀에 대해 여덟 가지의 서로
다른 값 조합이 있으므로 스케치는 있을 법한 비트 패턴을 순차적으로 하나씩 선택한다. 표 5-3을
참고하자.

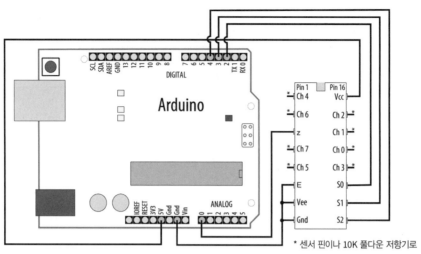

그림 5-8 아두이노에 연결된 4051 멀티플렉서

* 센서 핀이나 10K 풀다운 저항기로

여러분이 측정 중인 장치로부터 나온 접지를 4051과 아두이노의 접지에 연결해야 한다. 값을 정확하게 읽으려면 공통 접지가 있어야 한다. 전력을 보드의 5V 핀이나 3.3V 핀에서 모든 장치에 공급하려 한다면 전력 소비량이 전력 공급장치의 최대 전력을 넘어서지 않게 해야 하며, 또한 핀이 전달할 수 있는 최대 전력을 초과하지 않게 해야(어느 것이든 더 낮아야) 한다. 예를 들어, 아두이노 우노의 5V 핀은 외부 전력 공급장치(USB 전력이라면 최대 400mA)로 구동될 때 900mA를 안전하게 전달할수 있다. 그러나 500mA짜리 전력 공급장치를 사용한다면 마이크로컨트롤러나 LED나 그 밖의 부품도 전력을 소비할 것이므로 최대로 소비할 수 있는 전류는 500mA 미만이다. 이 용량은 최대의 경우이므로 그 이하로 유지해야 한다. 여러분은 보드 설명서와 마이크로컨트롤러 및 전압조정기의 데이터시트를 확인해 이러한 한계를 확인해야 할 수도 있다. 총 전류 소모가 제한 용량에 가까워진다면 연결하려는 장치에 별도의 전원을 사용하자.

표 5-3 4051 멀티플렉서의 진리표

선택기 핀			입력 채널
S2	S1	S0	
0	0	0	0
0	0	1	1
0	1	0	2
0	1	1	3
1	0	0	4
1	0	1	5
1	1	0	6
1	1	1	7

여러분은 표 5-3의 패턴을 0에서 7 사이의 값(10진수)을 2진수로 표현한 것으로 보아도 될 것이다.

해법에 나온 스케치에 보이는 getValue() 함수는 digitalWrite(pin, isBitSet)를 사용해 주어진 채널에 대한 올바른 선택기 비트를 설정하고, analogRead(analogPin)을 사용해 선택한 4051 입력에서 아날로그 값을 읽는다. 비트 패턴을 생성하는 코드에서는 내장 라이브러리인 bitRead 함수를 사용한다(레시피 3.12 참고).

이 기술을 사용해 여덟 개의 입력을 순차적으로 선택하고 모니터링하므로, analogRead를 직접 사용하는 경우보다 주어진 입력 핀에서 값들을 읽을 때 각 값 사이에 더 많은 시간 간격이 필요하다. 여덟 개의 입력 내용을 읽는다면 각 입력 내용을 따로 읽는 데 드는 시간보다 여덟 배 더 많은 시간이 필요하다. 그렇기 때문에 이 방법은 값을 빠르게 바꿔야 하는 입력 작업에는 적합하지 않을 수 있다.

함께 보면 좋은 내용

4051의 아두이노 플레이그라운드_{Playground}에 대한 자습서(https://oreil.ly/2wM2x).

74HC4051 데이터시트(https://oreil.ly/ikGzY).

레시피 5.9 최대 5V 전압 측정

문제

0 ~ 5V 사이에 있는 전압값을 표시해 살펴보려고 한다. 예를 들어, 1.5V 셀이 한 개만 있는 배터리의 전압을 시리얼 모니터에 표시한다고 해보자.

해법

AnalogRead를 사용해 아날로그 핀의 전압을 측정하자. 그림 5-9에 표시된 것처럼 판독값과 기준 전압(5V)의 비율을 사용해 판독값을 전압으로 변환한다.

ESP8266 보드에서 아날로그 전압을 측정하기

ESP8266 기반 보드를 사용한다면 0 ~ 1V 범위의 전압으로 제한될 수 있다. 일부 ESP8266 기반 보드에는 전압 분배기가 기본적으로 설치되어 있어 최대 3.3V(ESP8266 자체는 3.3V로 작동)를 읽을 수 있으므로 보드의 설명서를 확인하자. 전압 분배기가 없으면 ESP8266 아날로그 입력 핀이 1V에서 최댓값을 얻는다(레시피 5.11 참고).

가장 간단한 해법은 부동소수점 계산을 사용해 전압을 프린트하는 것이다. 이번에 나오는 예제 스케치는 비율을 전압으로 여겨 계산하고 프린트한다.

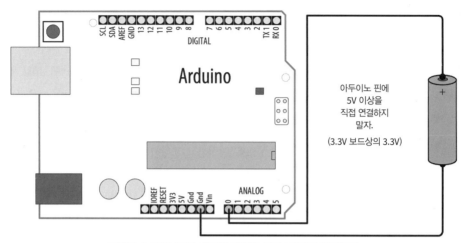

그림 5-9 5V 보드를 사용해 전압을 최대 5V까지 측정하기

```
/*
 * Display5vOrless 스케치.
 * 아날로그 핀의 전압을 직렬 포트에 프린트한다.
 * 경고: 아두이노 핀에 5V 이상을 직접 연결하지 말자.
 */

const float referenceVolts = 5.0; // 5V 보드의 기본 기준 전압.
const int batteryPin = A0;        // 배터리가 0번 아날로그 핀에 연결된다.
void setup()
{
  Serial.begin(9600);
}


void loop()
{
  int val = analogRead(batteryPin);              // 센서에서 값을 읽는다.
  float volts = (val / 1023.0) * referenceVolts; // 비율을 계산한다.
  Serial.println(volts);                         // 값을 볼트 단위에 맞춰 프린트한다.
}
```

공식은 다음과 같다.

볼트 = (아날로그 판독값 / 아날로그 단계 수) × 기준 전압

println을 사용해 부동소수점 값을 직렬 포트에 프린트하면 값이 소수점 이하 두 자리까지 나온다.

 3.3V 로직을 사용하는 보드를 쓰고 있다면 다음과 같이 변경하자.

const float referenceVolts = 3.3;

부동소수점 수를 저장하려면 메모리가 많이 필요하므로 스케치의 다른 곳에서 부동소수점을 사용하지 않는 한, 정숫값을 사용하는 편이 더 효율적이다. 다음 코드가 처음에는 조금 이상해 보일 수도 있지만, analogRead는 5V에 대해 1,023이라는 값을 반환하므로 5를 1,023으로 나눈 값이 각 단계 값이 된다. 그리고 5,000을 1,023으로 나누면 밀리볼트 단위에 맞는 값이 된다.

이번 코드에서는 값을 밀리볼트 단위에 맞춰 프린트한다.

```
const int batteryPin = A0;

void setup()
{
  Serial.begin(9600);
}

void loop()
{
  long val = analogRead(batteryPin);            // 센서에서 값을 읽는다. val은 long형 정수다.
  Serial.println((val * (500000/1023L)) / 100); // 밀리볼트 단위로 맞춘 값.
}
```

 3.3V 보드를 사용하는 중이라면 (500000 / 1023L)을 (330000 / 1023L)으로 바꾸자.

다음 코드는 소수 부분이 있는 값을 프린트한다. 전압이 1.5V면 1.5가 프린트된다.

```
const int batteryPin = A0;

void setup()
{
  Serial.begin(9600);
}

void loop()
{
  int val = analogRead(batteryPin);          // 센서로부터 값을 읽어 온다.

  long mv = (val * (500000 / 1023L)) / 100; // 값을 밀리볼트 단위에 맞춰 계산한다.
  Serial.print(mv/1000);        // 전압의 정수부를 프린트한다.
  Serial.print('.');

  int fraction = (mv % 1000); // 소수부를 계산한다.
  if (fraction == 0)
  {
    Serial.print("000");  // 0을 세 개 추가한다.
  }
```

```
  else if (fraction < 10) // 소수부가 10보다 작으면 0이 무시되어
                          // 시간을 잘못 표시하게 되므로 0들을 추가한다.
  {
    Serial.print("00");      // 0을 두 개 추가한다.
  }
  else if (fraction < 100)
  {
    Serial.print("0");
  }
  Serial.println(fraction); // 소수부를 프린트한다.
}
```

토의

analogRead() 함수는 측정된 전압과 기준 전압(우노에서 5V)의 비$_{ration}$(比)에 비례하는 값을 반환한다. 부동소수점 수를 사용하는 일을 피하면서 정밀도를 유지하기 위해 코드는 볼트 대신에 밀리볼트(1V는 1,000㎷에 해당) 단위로 맞춘 값에 근거하여 연산한다. 1,023이라는 값은 5,000㎷를 나타내므로 각 단위는 5,000을 1,023㎷로 나눈 값(즉, 4.89㎷)을 나타낸다.

analogRead 값들을 밀리볼트 단위에 맞게 변환할 때 1,023뿐만 아니라 1,024를 사용하는 경우도 있다. 1,024는 0에서 1,023 사이에 1,024개 값이 있기 때문에 나온 수인데, 일반적으로 기술자가 사용한다. 하지만 사용 가능한 값 중 가장 높은 값이 1,023이므로 1,023을 쓰는 편이 더 직관적이다. 실용적으로 생각해 본다면, 이 두 가지 계산 방식으로 인한 부정확함보다는 하드웨어로 인한 부정확함이 더 크므로, 차라리 더 편리한 값을 선택해 쓰는 것이 나을 수 있다.

소수점을 제거하기 위해 값에 100을 곱한다. 다시 말하자면 5,000㎷에 1,023분의 100을 곱하면 밀리볼트 단위의 100배에 해당하는 값이 된다. 이것을 100으로 나누면 밀리볼트 단위에 맞는 값이 산출되는 것이다. 컴파일러가 고정 소수점 연산을 할 수 있게 소수에 100을 곱하는 것이 복잡해 보인다면 차라리 느리면서도 메모리를 많이 쓰는 부동소수점 방법을 고수하는 편이 나을 수도 있다.

이 해법에서는 여러분이 5V 로직을 사용하는 아두이노 우노나 이와 비슷한 8비트 보드를 사용한다고 가정한다. 3.3V 보드를 사용한다면 전압 분배기 없이 측정할 수 있는 최대 전압은 3.3V다(레시피 5.11 참고).

레시피 5.10 전압 변화 대응

문제

전압을 한 가지 이상 살펴보면서 전압이 임곗값$_{threshold}$(문턱값)을 넘어 더 오르거나 내릴 때 어떤 조치를 취하려고 한다. 예를 들어, 배터리 부족 상태를 나타내기 위해 LED를 깜박이려고 한다. 전압이 경고 임곗값 아래로 떨어지면 깜박임이 시작되게 하고 전압이 더 떨어지면 더 빠르게 깜박이게 하려고 한다.

해법

레시피 5.9의 그림 5-7에 표시된 접속 방식을 사용할 수 있지만 여기서는 analogRead의 값을 비교해 임곗값 아래로 떨어지는지를 확인해 볼 것이다. 이번 예제에서는 1.2V에서 LED가 깜박이기 시작하고 전압이 임곗값 아래로 내려갈수록 켜졌다가 꺼지는 시간 간격을 늘릴 것이다. 전압이 두 번째 임곗값 아래로 떨어지면 LED를 켜진 채로 둔다.

```
/*
 * RespondingToChanges 스케치.
 * 저전압 크기를 표시하기 위해 LED를 깜박인다.
 */

long batteryFull = 1500;            // 완충 배터리를 밀리볼트 단위로 나타낸다.
long warningThreshold = 1200;       // 밀리볼트 단위에 맞춰 경고할 전압 크기. LED를 깜박이게 한다.
long criticalThreshold = 1000;      // 심각한 수준의 전압 크기. LED를 켜진 채로 둔다.

const int batteryPin = A0;
const int ledPin = LED_BUILTIN;

void setup()
{
  pinMode(ledPin, OUTPUT);
}

void loop()
{
  int val = analogRead(batteryPin); // 센서에서 값을 읽는다.
  int mv = map(val, 0, 1023, 0, 5000);

  if(mv < criticalThreshold)
  {
    digitalWrite(ledPin, HIGH);
  }
  else if (mv < warningThreshold)
  {
    int blinkDelay = map(mv, criticalThreshold, batteryFull, 0, 250);
    flash(blinkDelay);
  }
  else
  {
    digitalWrite(ledPin, LOW);
  }
  delay(1);
}

// 지정된 켬/끔 시간에 맞춰 LED를 깜박이는 함수.
void flash(int blinkDelay)
{
  digitalWrite(ledPin, HIGH);
```

```
    delay(blinkDelay);
    digitalWrite(ledPin, LOW);
    delay(blinkDelay);
}
```

토의

이 스케치는 아날로그 포트에서 읽은 값을 임계 전압 범위(0 ~ 5,000㎷)에 대응시킨다. 예를 들어, 경고 임곗값이 1V이고 기준 전압이 5V일 때, 아날로그 판독값이 기준 전압의 5분의 1인지 알고 싶다고 해보자. analogRead가 반환한 값이 205라면 map 함수는 1,000(1,000㎷가 1V이기 때문)을 반환한다.

전압(밀리볼트 단위 전압)이 criticalThreshold(위험 임곗값) 미만이면 LED를 계속 켜둔다. 그렇지 않다면 스케치는 전압이 warningThreshold(경고 임곗값) 미만인지를 확인한다. 이런 경우라면 스케치는 전압(㎷)을 0과 250 사이의 값으로 대응시켜 깜박임을 지연할 시간을 계산한다. 값이 criticalThreshold에 가까워질수록 점멸 지연이 줄어 가므로 임곗값에 가까워질수록 LED가 더 빠르게 점멸하게 된다. 전압이 warningThreshold보다 높으면 LED를 계속 꺼진 상태로 둔다.

레시피 5.11 5V 초과 전압 측정(전압 분배기)

문제

5V보다 큰 전압을 측정하려고 한다. 예를 들어, 9V 배터리의 전압을 표시하고 전압이 특정 수준 아래로 떨어질 때 경보 LED를 트리거trigger(촉발, 유발)하려고 한다.

해법

레시피 5.9와 비슷한 해법을 쓰겠지만, 전압이 전압 분배기를 거치게 연결할 것이다(그림 5-10 참고). 최대 10V 전압의 경우에는 두 개의 4.7㏀ 저항기를 사용할 수 있다. 더 높은 전압의 경우에는 표 5-4를 사용해 필요한 저항기를 결정할 수 있다.

표 5-4 저항값

최대 전압	R1	R2	계산 R2/(R1 + R2)	resistorFactor의 값
5	단락[a]	미사용[b]	미사용	1023
10	1K	1K	1(1 + 1)	511
15	2K	1K	1(2 + 1)	341
20	3K	1K	1(3 + 1)	255
30	5K(5.1K)	1K	1(5 + 1)	170

[a] 아날로그 핀에 연결된 +V

[b] 연결 없음

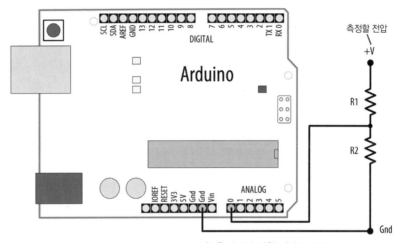

그림 5-10 5V 이상인 전압을 측정하기 위한 전압 분배기

표에서 두 저항기의 저항값을 알아내기 위해 측정해야 하는 가장 높은 전압을 나타내고 있는 행을 선택하자.

```
/*
 * DisplayMoreThan5V 스케치.
 * 아날로그 핀의 전압을 직렬 포트에 프린트한다.
 * 아두이노 핀에 5V 이상을 직접 연결하지 말자.
 */

const float referenceVolts = 5;      // 5V 보드상의 기준 전압.
//const float referenceVolts = 3.3; // 3.3V 보드에는 이 줄을 사용하자.

const float R1 = 1000; // 10개 볼트 값 중에 최대 볼트에 대한 값.
const float R2 = 1000;
// 전압 분배기 저항기에 따라 결정한다. 이 책의 본문을 보자.
const float resistorFactor = 1023.0 * (R2/(R1 + R2));
const int batteryPin = 0; // 배터리로부터 나오는 +V 전압이 0번 아날로그 핀에 연결된다.
```

```
void setup()
{
  Serial.begin(9600);
}

void loop()
{
  int val = analogRead(batteryPin); // 센서에서 값을 읽는다.
  float volts = (val / resistorFactor) * referenceVolts; // 비율을 계산한다.
  Serial.println(volts); // 값을 볼트 단위에 맞춰 프린트한다.
}
```

토의

이전에 나온 아날로그 레시피와 마찬가지로 이 레시피는 analogRead 값이 측정된 전압 대 기준 전압 간의 비율이라는 사실을 기반으로 하고 있다. 그러나 측정된 전압은 두 개의 **강하 저항기**dropping resistor(드롭 저항)로 인해 나뉘기 때문에 실제 전압을 얻으려면 analogRead 값을 곱해야 한다. 이 코드는 레시피 5.7의 코드와 비슷하지만, 이번에는 아날로그 핀에서 읽은 값을 1,023으로 나누는 것이 아니라 resistorFactor(저항 요인)로 나눈다.

```
float volts = (val / resistorFactor) * referenceVolts ; // 비율을 계산한다.
```

표를 만들 때는 '출력 전압은 입력 전압에 R2를 곱하고 이것을 R1과 R2의 합으로 나눈 값과 같다'는 공식을 기반으로 계산한다. 예를 들면, 두 개의 등가 저항기를 사용해 9V 배터리의 전압을 절반으로 떨어뜨린다면 resistorFactor의 값은 511(1,023의 절반)이 되므로 volts 변숫값은 입력 핀에 나타나는 전압의 두 배가 된다. 10V용 저항기를 선택하면 9V 배터리의 아날로그 판독값은 약 920이 된다.

 핀의 전압이 5V(3.3V 보드에서는 3.3V)를 초과하게 되면 핀에 손상을 입힐 뿐만 아니라 칩이 망가질 수 있으므로 저항값이 적절한 저항기를 사용했는지, 그리고 이것들을 아두이노 입력 핀에 연결할 때 제대로 배선했는지를 모두 점검해 보아야 한다. 멀티미터가 있다면 5V보다 큰 전압을 실어 나르게 될 수도 있는 무언가를 연결하기 전에 그것의 전압을 측정하자.

6

센서 입력 수신

레시피 6.0 소개

아두이노는 센서가 전 세계 어디에 있든지 간에 센서로 입력되는 값에 반응하면서 알릴 수 있다. 이는 여러분이 앞으로 아주 흔히 마주하게 될 일이다. 이번 장에서는 가장 널리 사용하는 입력 장치 및 센서를 사용하는 방법에 대해 간단하고 실용적인 레시피를 제공한다. 배선도wiring diagram로 장치를 연결하고 전력을 공급하는 방법을 볼 수 있으며, 코드 예제를 통해서는 센서에서 나온 데이터를 사용하는 방법을 볼 수 있다.

센서는 현실 세계의 입력에 반응하여 이를 아두이노가 입력 핀에서 읽을 수 있는 전기 신호로 변환한다. 센서가 제공하는 전기 신호의 특성은 센서의 종류와 전송해야 하는 정보량에 따라 달라진다. 포토레지스터photoresistor(광저항기) 및 피에조 노크 센서 같은 일부 센서는 물리적 변화에 반응해 전기적 특성을 변화시키는 물질로 이뤄져 있다. 그 밖의 센서는 아두이노에 신호를 전달하기 전에 내장된 마이크로컨트롤러를 사용해 정보를 처리하는 정교한 전자 모듈로 이뤄져 있다.

센서는 다음 방법을 사용해 정보를 제공한다.

디지털 방식으로 켜고 끄기

레시피 6.2에서 다루는 틸트 센서tilt sensor(기울기 센서, 경사계)와 레시피 6.4에 나오는 모션 센서motion sensor(움직임 센서, 동작 센서) 같은 일부 장치는 전압을 켜고 끄는 역할만 한다. 이는 5장에 나온 스위치에 관한 레시피처럼 다룰 수 있다.

아날로그 방식

그 밖의 센서는 아날로그 신호(온도나 빛의 세기처럼 감지되는 것에 비례하는 전압)를 제공한다. 빛 (레시피 6.3), 온도(레시피 6.9), 소리(레시피 6.8)를 감지하기 위한 레시피를 통해 아날로그 센서를 사용하는 방법을 볼 수 있다. 이는 모두 5장에서 설명한 analogRead 명령을 사용한다.

펄스 폭 방식

레시피 6.5에 나오는 'PING)))' 같은 거리 센서distance sensor는 거릿값에 비례하는 펄스 지속시간 pulse duration을 사용해 데이터를 제공한다. 이러한 센서를 사용하는 애플리케이션은 pulseIn 명령을 사용해 펄스 지속시간을 측정한다.

직렬 방식

일부 센서는 직렬 프로토콜을 사용해 값을 제공한다. 예를 들어, 레시피 6.14에 나오는 GPS는 아두이노의 직렬 포트를 통해 통신한다(직렬에 관해 더 알고 싶다면 4장을 참고하자). 대부분의 아두이노 보드에는 하드웨어 방식 직렬 포트가 하나만 있으므로 여러 직렬 센서가 있거나 하드웨어 방식 직렬 포트를 다른 작업용으로 사용해야 한다면 소프트웨어 방식 직렬 포트를 추가해야 하는데, 이 방법에 대한 예제를 레시피 6.14에서 볼 수 있다.

동기식 프로토콜: I2C와 SPI

아두이노 같은 프로세서나 마이크로컨트롤러가 외부 센서나 모듈과 통신할 수 있게 I2C와 SPI 라고 하는 디지털 직렬 통신 인터페이스가 개발되었다. 예를 들어, 레시피 6.15에는 자이로스코프 모듈을 I2C를 사용해 연결하는 방법이 나와 있다. 이러한 프로토콜은 센서, 액추에이터 및 주변장치에 광범위하게 사용되며, 이것은 13장에서 자세히 다룬다.

그 밖에도 일반 등급으로 분류할 만한 감지sensing 장치도 사용할 수 있다. 이러한 장치에는 센서가 있고, 소비자용 장치이기는 하지만 센서로 분류되어 판매되기보다는 그 자체로 분류되어 판매되는 것이 있다. 이번 장에서는 이러한 예로 PS/2 마우스를 들고 있다. 이러한 장치가 무척 유용할 수 있는데, 장치에 센서가 달려 있을 뿐만 아니라 센서가 아주 견고하게 그리고 인체 공학적으로 장치에 통합되어 있기 때문이다. 또한, 대량으로 생산되므로 저렴하기까지 하다(종종 이러한 장치 속에 들어 있는 센서를 따로 구입하는 경우보다 더 저렴하다). 아마 여러분도 몇 개 정도는 여기저기 방치해 두었을 것이다.

레시피에서 구체적으로 다루지 않은 장치를 여러분이 사용하게 된다면 아두이노 라이브러리 매니저를 통해 사용할 수 있는 라이브러리가 있는지 확인하자(레시피 16.2 참고). 그렇지 않다면 비슷한 형식으로 출력하는 레시피를 여러분이 사용하는 장치에 적용해 볼 수 있을 것이다. 센서가 출력하는 신호에 대한 정보를 구하려면 일반적으로 해당 장치를 판매한 회사를 통해서 얻거나, 구글에서 장치의 부품번호나 설명 내용으로 검색해서 해당 장치에 대한 데이터시트를 찾아 확인해 볼 수 있다.

데이터시트는 제작할 제품을 설계하는 엔지니어가 볼 수 있게 한 것이므로, 일반적으로 제품을 가동하는 데 필요한 정보보다 더 자세한 정보가 들어 있다. 부품 공급업체의 웹 사이트에서 데이터시트를 찾을 수 없다면 일반적으로 부품 이름에 '데이터시트' 또는 'datasheet'라는 단어를 붙여 검색 엔진에서 검색하면 해당 데이터시트를 찾을 수 있다. 출력 신호에 대한 정보는 보통 데이터 포맷, 인터페이스, 출력 신호 및 그 밖의 유사한 내용을 다루는 부분에 실려 있다. 부품이 손상되지 않게 하려면 최대 전압을 잊지 말고 확인해야 한다. 일반적으로 최대 전압을 '최대 정격 절댓값Absolute Maximum Rating'이라고 적힌 부분에서 볼 수 있다.

 최대 3.3V로 설계된 센서를 5V 로직 레벨에서 작동하는 아두이노 보드의 출력 핀과 같은 전압보다 높은 전압에 연결하게 되면 센서가 고장 날 수 있다. 연결하기 전에 장치의 최대 정격 절댓값을 확인하자. 5V 출력을 3.3V 허용 입력에 연결해야 한다면 대부분의 경우에는 전압 분배기를 사용할 수 있다. 전압 분배기 작업에 관해 더 알고 싶다면 레시피 5.11을 참고하자.

지저분한 아날로그 세계에서 센서를 읽어내려면 과학과 예술적 경지에 오른 기술과 인내심이 모두 필요하다. 성공적인 결과를 얻으려면 독창성을 발휘하면서 시행착오를 겪어야 할 수도 있다. 센서가 단지 물리적 조건이 발생했다는 점만을 알려 줄 뿐, 무엇 때문에 그렇게 되었는지를 알려 주지 않는다는 것이 흔히 겪는 문제다. 센서를 상황(위치, 범위, 방향)에 알맞게 둔 다음에 센서가 반응하게 하고 싶지 않은 물체에 노출되지 않게 제한하는 일에 필요한 기술을 경험을 통해서 익혀 나가야 한다.

또 다른 문제는 여러분이 원하는 신호를 배경 잡음background noise(암 소음, 주위 소음)과 분리하는 일과 관련이 있다.

레시피 6.7은 신호가 특정 크기 이상일 때 임곗값을 사용해 해당 신호를 감지하는 방법을 보여 주며, 레시피 6.8은 잡음 스파이크noise spike(잡음 극파)를 부드럽게 하기 위해 여러 판독값의 평균을 얻는 방법을 보여 준다.

함께 보면 좋은 내용

전자 부품 작업 및 연결에 대한 정보를 더 원한다면 찰스 플랫Charles Platt이 저술한 《Electronics》(Make Community)를 보자.

톰 이고Tom Igoe가 쓴 《Making Things Talk》(Make Community)에서는 아두이노와 센서를 기반으로 하는 시스템을 설계하고 구현하는 일과 관련해 과학과 예술과 인내심이 모두 필요한 부분을 다룬다.

센서에서 아날로그 값을 읽는 방법에 관해 더 알고 싶다면 5장의 '소개'와 레시피 5.6을 참고하자.

문제

센서가 여러 개 내장되어 있는 아두이노를 사용하려고 한다.

해법

아두이노 나노 33 BLE 센스Arduino Nano 33 BLE Sense는 이러한 상황에 맞게 설계되었다. 이 보드는 아주 작으면서도 싸고 빠르며, 보드에 내장된 부품 모음이 여덟 가지 감지 기능을 제공한다. 표 6-1에는 부품, 기능, 지원 라이브러리 이름이 나열되어 있다. 나노 33 BLE 센서를 사용하려면 먼저 아두이노 보드 매니저를 열고 아두이노 nRF528x 보드(Mbed OS) 패키지를 설치하자(레시피 1.7 참고). 그러고 나서 라이브러리 매니저를 사용해 라이브러리 이름 열에 나열된 각 라이브러리를 설치하자(레시피 16.2 참고).

표 6-1 나노 33 BLE 센스에 내장된 센서

부품	기능	라이브러리 이름
Broadcom APDS-9960	동작, 근접도, RGB 색상	Arduino_APDS9960
ST HTS221	온도, 상대 습도	Arduino_HTS221
ST LPS22HB	기압	Arduino_LPS22HB
ST LSM9DS1	9DOF 관성 측정 장치: 가속도계, 자이로스코프, 자력계	Arduino_LSM9DS1
ST MP34DT05	디지털 마이크로폰	(나노 33 BLE 보드 패키지와 더불어 기본적으로 설치된다)

나노 33 BLE 센스 보드 및 지원 라이브러리에 대한 지원 내용을 설치한 다음에 Tools 메뉴를 사용해 아두이노 IDE가 나노 33 BLE 보드를 사용하게 구성하고 올바른 포트를 설정하자. 이 글을 쓰는 시점에서 나노 33 BLE와 나노 33 BLE 센스는 모두 IDE에서 하는 보드 설정이 똑같다(나노 33 BLE는 멋진 센서들이 전혀 들어 있지 않다는 점만 빼면 나노 33 BLE 센스와 똑같다). 그러고 나서 다음 스케치를 로드하고 시리얼 모니터를 연다.

```
/*
 * 아두이노 나노 BLE 센스 센서 데모.
 */

#include <Arduino_APDS9960.h>
#include <Arduino_HTS221.h>
#include <Arduino_LPS22HB.h>
#include <Arduino_LSM9DS1.h>
```

```
void setup()
{
  Serial.begin(9600);
  while (!Serial);

  if (!APDS.begin())
  { // 동작(gesture), 색상(color), 근접도(proximity) 감지 기능이 있는 센서를 초기화한다.
    Serial.println("Could not initialize APDS9960.");
    while (1);
  }
  if (!HTS.begin())
  { // 온도(temperature) 및 습도(humidity) 감지 기능이 있는 센서를 초기화한다.
    Serial.println("Could not initialize HTS221.");
    while (1);
  }
  if (!BARO.begin())
  { // 기압계(barometer)를 초기화한다.
    Serial.println("Could not initialize LPS22HB.");
    while (1);
  }
  if (!IMU.begin())
  { // 관성 측정 장치(inertial measurement unit, IMU)를 초기화한다.
    Serial.println("Could not initialize LSM9DS1.");
    while (1);
  }

  prompt(); // 사용자에게 자신이 무엇을 할 수 있는지 알려준다.
}

void loop()
{
  // 어떤 동작(제스처)이 있다면 이에 알맞는 함수를 실행한다.
  if (APDS.gestureAvailable())
  {
    int gesture = APDS.readGesture();
    switch (gesture)
    {
    case GESTURE_UP:
      readTemperature();
      break;

    case GESTURE_DOWN:
      readHumidity();
      break;

    case GESTURE_LEFT:
      readPressure();
      break;

    case GESTURE_RIGHT:
      Serial.println("Spin the gyro!\nx, y, z");
```

```
        for (int i = 0; i < 10; i++)
        {
          readGyro();
          delay(250);
        }
        break;

      default:
        break;
    }
    prompt(); // 프롬프트를 다시 나타낸다.
  }
}

void prompt()
{
  Serial.println("\nSwipe!");
  Serial.println("Up for temperature, down for humidity");
  Serial.println("Left for pressure, right for gyro fun.\n");
}

void readTemperature()
{
  float temperature = HTS.readTemperature(FAHRENHEIT);
  Serial.print("Temperature: ");
  Serial.print(temperature);
  Serial.println(" °F");
}

void readHumidity()
{
  float humidity = HTS.readHumidity();
  Serial.print("Humidity: ");
  Serial.print(humidity);
  Serial.println(" %");
}

void readPressure()
{
  float pressure = BARO.readPressure(PSI);
  Serial.print("Pressure: ");
  Serial.print(pressure);
  Serial.println(" psi");
}

void readGyro()
{
  float x, y, z;
  if (IMU.gyroscopeAvailable())
  {
    IMU.readGyroscope(x, y, z);
```

```
    Serial.print(x);
    Serial.print(", ");
    Serial.print(y);
    Serial.print(", ");
    Serial.println(z);
  }
}
```

아두이노 나노 33 BLE 센스와 어떻게 상호작용할 수 있는지를 알려 주는 프롬프트가 시리얼 모니터에 표시된다. 지정된 방향으로 스와이프swipe(무언가를 닦아 내듯이 흔듦)하려면 보드 상단을 손으로 잡고 쓸 듯이 손을 움직여 보자. 위로 스와이프하려면 보드의 USB 포트 쪽에서 반대편 끝부분에 있는 u-blox 모듈 쪽으로 움직이는 동작을 하듯이 손을 흔든다.

토의

이번 레시피에 나온 코드에서는 나노 33 BLE 센스에 장착된 센서 중 몇 가지를 사용하는데, 이러한 센서들로는 동작 센서(APDS-9960), 온습도 센서(HTS221, 온습도계), 기압 센서(LPS22HB, 기압계), 자이로스코프(LSM9DS1, 회전의)가 있다. setup 함수는 직렬 포트가 열릴 때까지 기다린 다음, 이러한 각 장치를 초기화하고, 오류가 발생하면 에러 메시지를 표시하고, while(1);을 사용해 무한 루프로 들어가 계속 돈다. setup 함수가 종료하면 스케치는 prompt 루틴을 호출해 시리얼 모니터에 지시사항을 표시한다.

루프 내에서 스케치는 APDS-9960이 동작을 감지했는지 확인한다. 감지했다면 원하는 센서에 해당하는 함수로 실행을 신속히 처리한다. 이러한 각 함수는 센서의 상태를 읽어 시리얼 모니터에 표시한다. 자이로스코프 센서를 쓰는 상황에서 스케치는 보드를 이리저리 돌려보라는 메시지를 표시하고 나서 약간의 지연시간을 두고 자이로를 10회에 걸쳐 읽는 루프를 시동해, 동작에 따라 값이 어떻게 변하는지를 확인한다.

함께 보면 좋은 내용

아두이노에는 나노 33 BLE 센스(https://oreil.ly/K7GoZ) 전용 포럼이 있다. 내장형 센서가 전혀 없는 변형 보드인 나노 33 BLE(https://oreil.ly/BGb2v) 포럼을 들어가 보는 것도 좋다.

레시피 6.15는 아두이노에서 자이로스코프를 사용하는 방법을 자세히 설명한다. 레시피 6.17에는 가속도계accelerometers(가속계)에 대한 자세한 내용이 있다.

움직임 감지

문제

무언가가 움직이거나 기울어지거나 흔들리는 시기를 감지하려고 한다.

해법

이 스케치에서는 **틸트 센서**tilt sensor(기울기 센서)가 기울어졌을 때 회로를 닫는 스위치를 사용한다. 5장에 나오는 스위치 레시피(레시피 5.1 및 5.2)는 스위치로 대체한 틸트 센서를 사용해 작동한다.

다음 스케치(그림 6-1에 표시된 회로)는 틸트 센서가 한 방향으로 기울면 11번 핀에 연결된 LED를 켜고, 다른 방향으로 기울이면 12번 핀에 연결된 LED를 켠다.

```
/*
 * tilt 스케치.
 *
 * 2번 핀에 부착된 틸트 센서가 센서가 기운 방향에 맞춰
 * 11번 핀과 12번 핀에 연결된
 * LED 중 한 개를 켠다.
 */

const int tiltSensorPin = 2; // 틸트 센서가 연결된 핀.
const int firstLEDpin = 11;  // 1개 LED용 핀.
const int secondLEDpin = 12; // 그 밖의 것을 위한 핀.

void setup()
{
  pinMode (tiltSensorPin, INPUT_PULLUP); // 이 핀에 연결된 틸트 센서.

  pinMode (firstLEDpin, OUTPUT);  // 첫 번째 출력용 LED.
  pinMode (secondLEDpin, OUTPUT); // 두 번째 것.
}

void loop()
{
  if (digitalRead(tiltSensorPin) == LOW)
  { // 스위치가 켜졌다면(올려졌다면)
    digitalWrite(firstLEDpin, HIGH); // 첫 번째 LED를 켠다.
    digitalWrite(secondLEDpin, LOW); // 그리고 두 번째 것을 끈다.
  }
  else{ // 스위치가 꺼졌다면(내려졌다면)
    digitalWrite(firstLEDpin, LOW);   // 첫 번째 LED를 끈다.
    digitalWrite(secondLEDpin, HIGH); // 그리고 두 번째 것을 켠다.
  }
}
```

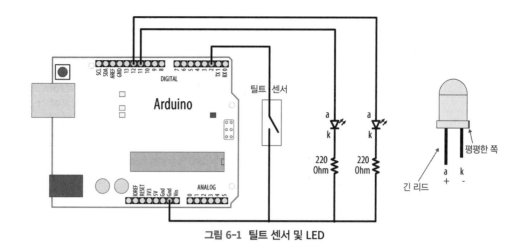

그림 6-1 틸트 센서 및 LED

토의

가장 일반적인 틸트 센서의 형태는 관tube 안에 볼 베어링을 두고 관의 한쪽 끝에 접점을 둔 꼴이다. 관이 기울어지면 볼이 접점에서 멀어지고 연결이 끊어진다. 반대 방향으로 구르게 관을 기울이면 볼이 접점에 닿아 회로가 완성된다. 핀 구성 표시를 보고 센서의 방향을 알 수도 있다. 틸트 센서는 공이 접점에 닿는 방향으로 향할 때 약 5 ~ 10°에 해당하는 작은 움직임에도 민감하게 반응한다. 볼 베어링이 접점 바로 위에 오게 센서를 배치하면 LED 상태는 뒤집힌 경우에만 변경된다. 이를 통해 무엇인가가 똑바로 서 있는지, 아니면 뒤집혀 있는지 알 수 있다.

무엇인가가 흔들리고 있는지 확인하려면 틸트 센서의 상태가 변경되는 데 얼마나 오래 걸렸는지 확인하면 된다(이 처방에 나오는 해법에서는 스위치가 열려 있는지 혹은 닫혀 있는지 확인한다). 여러분이 생각하기에 유효하다고 여길 만한 시간 동안 변경되지 않는다면 해당 물체는 흔들리지 않은 것이라고 간주하면 된다. 틸트 센서의 방향을 변경하면 흔들림이 트리거되는 강도가 달라질 것이다. 다음 코드는 센서가 흔들릴 때 내장형 LED를 켠다.

```
/*
 * shaken 스케치.
 * 내장형 LED를 사용하는, 2번 핀에 연결된 틸트 센서.
 */

const int tiltSensorPin = 2;
const int ledPin = LED_BUILTIN;

int tiltSensorPreviousValue = 0;
int tiltSensorCurrentValue = 0;

long lastTimeMoved = 0;
```

```
int shakeTime = 50;

void setup()
{
  pinMode(tiltSensorPin, INPUT_PULLUP);
  pinMode(ledPin, OUTPUT);
}

void loop()
{
  tiltSensorCurrentValue = digitalRead(tiltSensorPin);
  if(tiltSensorPreviousValue! = tiltSensorCurrentValue)
  {
    lastTimeMoved = millis();
    tiltSensorPreviousValue = tiltSensorCurrentValue;
  }

  if(millis() - lastTimeMoved < shakeTime)
  {
    digitalWrite(ledPin, HIGH);
  }
  else
  {
    digitalWrite(ledPin, LOW);
  }
}
```

많은 기계식 스위치 센서를 비슷한 방식으로 사용할 수 있다. 플로트 스위치float switch(부력 스위치)는 어떤 용기container의 수위가 특정 수준 이상으로 올라가면 켜질 수 있다(화장실 물통에서 플로트 밸브 가 작동하는 방식과 유사하다). 상점 입구에서 깔아 놓고 쓰는 압력 패드를 사용해 누군가가 서 있는 지를 감지할 수 있다. 센서가 디지털 신호를 켜고 끄는 경우에 이 레시피에 나오는 스케치와 비슷한 것이 적합하다.

함께 보면 좋은 내용

5장에는 아두이노에서 스위치를 사용하는 데 필요한 배경지식이 들어 있다. 레시피 12.1에서는 millis 함수를 사용해 지연시간을 결정하는 방법을 자세하게 설명한다.

레시피 6.3 빛 검출

문제

빛의 세기light level(광준위) 변화를 검출detect하려고 한다. 예를 들어, 방이 너무 어두워지는 경우를 검출해 빛 검출기 앞에 무언가가 지나갈 때 생기는 변화를 감지하거나 빛의 세기를 측정할 수 있다.

해법

빛의 세기를 검출하는 가장 쉬운 방법은 LDR~light-dependent resistor~(광 의존 저항기)라고도 부르는 포토레지스터~photoresistor~(광 저항기)를 사용하는 것이다. 이렇게 하면 빛의 세기가 변함에 따라 저항이 바뀌고 그림 6-2에 표시된 회로에 연결하면 아두이노 아날로그 입력 핀이 감지할 수 있는 전압이 변경된다.

이 레시피에 대한 스케치는 간단하다.

```
/*
 * 광 센서 스케치.
 *
 * 측정된 휘도(brightness, 밝기)¹에 따라 깜박임 속도가 다르다.
 */
const int ledPin = LED_BUILTIN; // 내장형 LED.
const int sensorPin = A0;        // 센서를 아날로그 입력 0에 연결한다.

void setup()
{
  pinMode(ledPin, OUTPUT);       // LED 핀상에서 출력을 활성화한다.
}

void loop()
{
  int rate = analogRead(sensorPin); // 아날로그 입력을 읽는다.
  digitalWrite(ledPin, HIGH);       // LED를 켠다.
  delay(rate);                      // 빛의 세기에 따라 지연이 지속되는 시간이 정해진다.
  digitalWrite(ledPin, LOW);        // LED를 끈다.
  delay(rate);
}
```

 포토레지스터에는 유해한 화합물(황화 카드뮴)이 함유되어 있다. 포토트랜지스터(phototransistor, 빛트랜지스터)는 포토레지스터에 대한 완벽한 대안이다. 포토트랜지스터에는 아주 긴 리드와 짧은 리드가 있는데, 이는 LED와 비슷하다. 그림 6-2에 보이는 것처럼 정확하게 배선할 수 있는데, 반드시 긴 리드를 5V에 연결하고 짧은 리드를 저항기와 0번 핀에 연결해야 한다. 가시광선을 감지해 공통 광원으로 테스트해 볼 수 있는 에이다프룻 품번 2831(https://oreil.ly/tUa_) 같은 포토트랜지스터를 구입하자.

---

1 [옮긴이] 원문에는 brightness(밝기)라고 되어 있지만, 문맥으로 보아 휘도(luminance)를 의미하므로 이에 맞춰 번역했다. 참고로, 휘도란 발광체가 내는 빛의 강도를 말하므로 수치화할 수 있는 측정 기준인 반면에, 밝기란 그 빛이 사람의 눈에 들어 온 후의 강도(그리고 어떤 경우에는 발광체가 내는 빛이 아닌 주변광까지 어우러져서 들어 온 강도)를 말하므로 수치화하기 어려운 측정 기준이다.

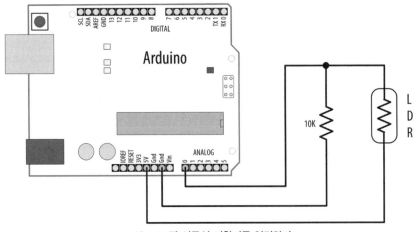

그림 6-2 광 의존성 저항기를 연결하기

토의

이 레시피에 나오는 회로는 물리적 현상에 따라 저항을 바꾸는 모든 센서를 사용하는 표준 방법이다(아날로그 신호에 대한 배경 정보를 알고 싶다면 5장을 참고하자). 그림 6-2의 회로를 사용하면 포토레지스터(또는 포토트랜지스터)의 저항이 다양한 빛 세기에 따라 변하므로 0번 아날로그 핀의 전압이 변경된다.

이 같은 회로는 전압이 0V에서 5V로 스윙swing(동요)하지 않기 때문에 아날로그 입력(0에서 1,023까지)에서 있음 직한 모든 값을 제공하지는 않는다. 왜냐하면 각 저항에 걸쳐 항상 전압이 강하되므로 저항이 겪을 전압이 전력 공급장치의 한계까지 도달하지 못하기 때문이다. 이 같은 센서를 사용한다면 장치를 사용해야 할 상황 속에서 장치가 실제로 반환하는 값을 확인해 보아야 한다. 그리고 나서 제어하려는 값을 제어하는 데 필요한 값으로 변환하는 방법을 결정해야 한다. 값 범위 변경에 관해 더 알고 싶다면 레시피 5.7을 참고하자.

포토레지스터는 일종의 **저항성 센서**resistive sensor에 해당하며, 그 구조는 간단하다. 저항성 센서들은 다양해서 다양한 물리적 특성의 변화에 맞춰 반응하게 되어 있다.

아두이노로는 저항을 직접 측정할 수 없으므로 이에 대한 해결책은 레시피 5.11에서 보듯이 저항성 센서와 고정값 저항기를 조합함으로써 전압 분배기를 형성하는 것이다. 아날로그 핀은 저항이 아닌 전압을 읽는다. 따라서 아두이노로 저항을 측정하는 유일한 방법은 저항기가 어떻게든 전압을 변경하게 하는 것이다. 전압 분배기는 한 쌍의 저항기를 사용해 입력 전압과 두 저항기 사이의 관계에 따라 출력 전압을 생성한다. 따라서 여러분은 고정값 저항기를 포토레지스터 같은 가변저항variable resistance 성분과 결합할 수 있으며, 아두이노의 아날로그 핀은 포토레지스터가 감지한 내용에 따라 변하는 전압을 볼 수 있다.

다른 종류의 단순한 저항 센서에도 비슷한 회로가 작동하지만 센서에 맞게 저항기를 조정해야 할 수도 있다. 사용 중인 포토레지스터와 모니터링하려는 빛의 세기의 범위에 따라 선택할 최상의 저항값이 달라진다. 엔지니어라면 조도계light meter를 사용하면서 포토레지스터에 대한 데이터시트도 참조하겠지만, 멀티미터가 있다면 모니터링할 빛의 범위 중 대략 중간에 해당하는 빛의 세기에 맞춰 포토레지스터의 저항을 측정할 수 있다. 측정값을 기록하고 이 값에 가장 가깝고 사용하기 편한 저항기를 선택하자. 여러분은 또한 아두이노에서 값을 읽어 직렬 포트로 프린트하거나 시리얼 플로터를 사용해 높낮이를 표시할 수도 있다(레시피 4.1 참고).

네온이나 일부 LED 표시등처럼 주변에서 비정상적인 속도로 깜박이는 인공 광원들을 주의 깊게 살펴보자. 이런 광원들이 아주 빨리 깜박거려서 사람이 알아차리기 어려울 정도일지라도 아두이노에는 빛이 밝지 않은 상황으로 파악될 수 있다. 여러분은 판독값의 이동 평균을 계산해서 이런 상황을 조정할 수 있다(레시피 6.8에서 이렇게 계산한 사례를 볼 수 있음).

함께 보면 좋은 내용

이 스케치를 레시피 1.6에서 소개했다. 해당 레시피를 살펴서 이런 문제에 대해 더 많은 정보를 얻고 이번에 나온 스케치의 변형을 파악하자.

레시피 6.4 생명체 움직임 감지

문제

사람이나 동물이 센서 근처에서 움직일 때 이를 검출하려고 한다.

해법

PIRpassive infrared(수동 적외선) 센서 같은 모션 센서motion sensor(움직임 감지 센서)를 사용해 어떤 생물(또는 온기를 내뿜는 물체)이 센서 근처에서 움직일 때 디지털 핀의 값을 변경한다.

에이다프룻 PIR 센서(품번 189, 즉 모션 센서)와 패럴렉스 PIR 센서Parallax PIR Sensor(품번 555-28027)를 쉽게 아두이노 핀에 연결할 수 있는데, 이런 점이 그림 6-3에 나와 있다. 스파크펀 PIR 모션 센서(SEN-13285) 같은 일부 PIR 센서에서는 센서값을 출력하려면 풀업 저항기가 필요하다. 풀업 저항기를 사용한다면 토의 내용에서 설명한 대로 INPUT_PULLUP 모드를 사용하고 스케치의 로직을 반전시켜야 한다.

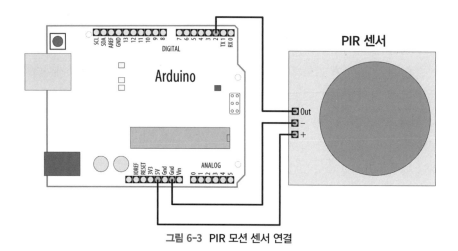

그림 6-3 PIR 모션 센서 연결

센서의 데이터시트를 보고 적합한 핀을 알아내자. 예를 들어, 에이다프룻 센서에는 OUT, - 및 +(출력, GND 및 +5V)로 표시된 핀이 있고 패럴렉스 센서에는 GND, VCC 및 OUT으로 표시되어 있다.

다음 스케치는 센서가 움직임을 감지하면 보드에 있는 내장형 LED를 켠다.[2]

```
/*
 * PIR 스케치.
 * 2번 핀에 연결된 수동 적외선 모션 센서가 내장형 LED를 켠다.
 */

const int ledPin = LED_BUILTIN; // LED용 핀을 선택한다.
const int inputPin = 2;          // (PIR 센서용) 입력 핀을 선택한다.

void setup()
{
  pinMode(ledPin, OUTPUT);  // LED를 출력으로 선언한다.
  pinMode(inputPin, INPUT); // 핀을 입력으로 선언한다.
}

void loop()
{
  int val = digitalRead(inputPin); // 입력값을 읽는다.
  if (val == HIGH)                 // 입력이 HIGH인지를 확인한다.
  {
    digitalWrite(ledPin, HIGH);    // 움직임이 감지되면 LED를 켠다.
    delay(500);
    digitalWrite(ledPin, LOW);     // LED를 끈다.
  }
}
```

---

2 옮긴이 이 코드가 실행되지 않는다면 https://makerobotbangalore.blogspot.com/p/pir-sensor-interfacing-with-arduino-uno.html에 나온 코드를 참고하자. 이 참고 코드에 대한 의견을 베타리더가 제시했다.

토의

이 코드는 5장에 나왔던 푸시 버튼 예제와 비슷하다. 움직임이 검출되면 센서가 스위치처럼 작동하기 때문이다. 다양한 종류의 PIR 센서를 사용할 수 있으므로 여러분은 연결된 센서의 정보를 확인해야만 한다.

패럴랙스 센서나 에이다프룻 PIR 센서 같은 일부 센서에는 움직임이 검출될 때 출력이 작동하는 방식을 결정하는 점퍼가 있다. 한 가지 모드에서, 움직임이 감지되는 동안에는 출력을 HIGH로 유지하게 하거나, 출력을 잠시 HIGH가 되게 한 다음에 트리거될 때 LOW가 되도록 설정할 수 있다. 이 레시피에서 제시하는 해법에 나오는 스케치 예제는 어느 모드에서나 작동한다.

움직임이 검출될 때 그 밖의 센서의 값이 LOW가 될 수 있다. 움직임이 검출될 때 센서의 출력 핀이 LOW가 되면 입력값을 확인하는 줄을 변경해 LOW일 때 LED가 켜지게 한다.

```
if (val == LOW) // 입력이 LOW일 때 움직임이 감지되었다면
```

센서에 관한 설명서에 풀업 저항기가 필요하다고 표시되어 있다면 inputPin을 초기화하는 setup 함수 내 코드를 바꿔야 한다.

```
pinMode(inputPin, INPUT_PULLUP); // 풀업 저항기를 사용해 핀을 입력으로 선언한다.
```

PIR 센서는 다양한 형태로 공급되며, 거리와 각도에 따라 민감하게 반응한다. 이러한 센서를 신중하게 선택해 배치하면 방 전체가 아닌 방 중에 일부의 움직임에 반응하게 할 수 있다. 일부 PIR 센서에는 포텐쇼미터가 포함되어 있으므로 드라이버로 조정해 PIR의 감도를 변경할 수 있다.

레시피 6.5 거리 측정

문제

벽까지의 거리나 아두이노를 향해 걸어오는 사람까지의 거리 등을 측정하려고 한다.

해법

이 레시피는 패럴랙스가 제작한, 'PING)))'이라고 부르는 초음파 거리 센서를 사용해 2센티미터에서 약 3미터 범위 내에 있는 물체까지의 거리를 측정한다. 시리얼 모니터에 거리를 표시하고 물체가 가까워지면 LED가 빠르게 깜박이게 한다(그림 6-4는 연결을 나타냄).

```
/* Ping))) 센서 스케치.
 * Ping))) 센서와 떨어진 거릿값을 프린트하고 LED의 점멸 속도를 변경한다.
 */

const int pingPin = 5;
const int ledPin = LED_BUILTIN; // LED 핀.

void setup()
{
  Serial.begin(9600);
  pinMode(ledPin, OUTPUT);
}

void loop()
{
  int cm = ping(pingPin);
  Serial.println(cm);

  digitalWrite(ledPin, HIGH);
  delay(cm * 10); // 1센티미터당 지연시간을 10ms만큼 더한다.
  digitalWrite(ledPin, LOW);
  delay(cm * 10);
}

// 거리를 측정해 그 결과를 센티미터 단위에 맞춰 반환한다.
int ping(int pingPin)
{
  long duration; // 측정된 펄스 지속시간을 저장한다.
  // pingPin을 출력으로 설정한다.
  pinMode(pingPin, OUTPUT);
  digitalWrite(pingPin, LOW); // 펄스가 깨끗해지도록 2μs 동안 LOW에 머무르게 한다.
  delayMicroseconds(2);

  // 5μs짜리 펄스를 송신한다.
  digitalWrite(pingPin, HIGH);
  delayMicroseconds(5);
  digitalWrite(pingPin, LOW);

  // pingPin을 입력으로 설정하고 펄스의 지속시간을 읽는다.
  pinMode(pingPin, INPUT);
  duration = pulseIn(pingPin, HIGH);

  // 해당 시간을 거리로 환산한다.
  return duration / 29 / 2;
}
```

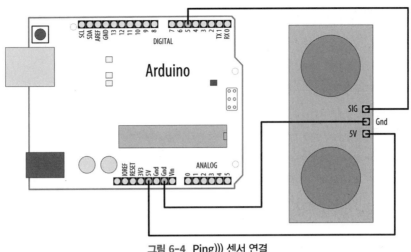

그림 6-4 Ping))) 센서 연결

토의

초음파 센서ultrasonic sensor는 소리가 물체에서 튕겨져 나와 센서로 돌아오는 데 걸리는 시간을 측정한다.

'핑'이라는 소리를 내는 파동은 pingPin 레벨이 2μs 동안 HIGH일 때 생성된다. 그러고 나서 센서에서는 소리가 돌아올 때 종료되는 펄스를 생성한다. 펄스의 폭은 소리가 이동한 거리에 비례하므로 스케치에서는 pulseIn 함수를 이용해 지속시간을 측정한다. 음속은 초당 약 340미터이며, 이는 센티미터당 29μs에 해당한다. 왕복 거리를 구하는 공식은 '마이크로초(μs) 단위에 맞춘 지속시간 / 29'다.

따라서 센티미터 단위의 단방향 거리 공식은 '마이크로초 단위에 맞춘 지속시간 / 29 / 2'다. 초당 340미터는 20°C(68°F)에서의 대략적인 음속이다. 주변 온도가 크게 다르다면 미국 기상청(https://oreil.ly/a9KXK)에서 제공하는 음속 계산기를 사용하면 된다.

패럴랙스가 제조하는 PING))) 센서 대신에 값이 더 싼 것으로는 HC-SR04가 있으며, 이것을 여러 공급업체와 이베이eBay에서 구입할 수 있다. 정확도와 범위는 적지만 가성비가 더 중요한 곳에 쓰기에 알맞다. HC-SR04에는 사운드 펄스sound pulse(소리 파동)를 트리거하고 에코echo(반향)를 감지하는 별도의 핀이 있다. 이전에 나온 스케치를 변형한 이 스케치는 해당 센서를 사용하는 방법을 보여준다.

```
/* HC-SR04 센서.
 * HC-SR04 센서로부터 떨어진 거리에 따라
 * 거리를 프린트하고 LED 점멸 속도를 변경한다.
 */

const int trigPin = 5; // 핑을 송신할 핀.
```

```
const int echoPin = 6; // 응답을 읽을 핀.
const int ledPin = LED_BUILTIN; // LED 핀.

void setup()
{
  Serial.begin(9600);
  pinMode(ledPin, OUTPUT);
  pinMode(trigPin, OUTPUT);
  pinMode(echoPin, INPUT);
}

void loop()
{
  int cm = calculateDistance(trigPin);
  Serial.println(cm);

  digitalWrite(ledPin, HIGH);
  delay(cm * 10); // 1cm당 지연시간을 10ms만큼 더한다.
  digitalWrite(ledPin, LOW);
  delay(cm * 10);

  delay(60); // 데이터시트에 따르면 측정 간에 최소 60ms를 대기하는 것이 좋다.
}

int calculateDistance(int trigPin)
{
  long duration; // 측정된 펄스 지속시간을 저장한다.
  digitalWrite(trigPin, LOW);
  delayMicroseconds(2);  // 깨끗한 펄스를 수신할 수 있게 2µs 동안 LOW 상태를 유지한다.
  digitalWrite(trigPin, HIGH);
  delayMicroseconds(10); // 깨끗한 펄스를 수신할 수 있게 10µs 동안 펄스를 송신한다.
  digitalWrite(trigPin, LOW);

  // 응답 펄스의 지속시간을 읽는다.
  duration = pulseIn(echoPin, HIGH);

  // 해당 시간을 거리로 환산한다.
  return duration / 29 / 2;
}
```

HC-SR04 데이터시트는 측정 간을 60ms로 하기를 권장하지만, LED가 깜박이는 데 시간이 걸리므로 delay(60);을 사용해 꼭 필요한 지연시간delay보다 더 많은 시간을 보낸다. 그러나 여러분이 자체 지연시간을 보내지 않는 코드를 작성하고 있다면 60ms만큼만 지연되게 하고 싶을 것이다.

HC-SR04는 5V에서 가장 잘 작동하지만, 틴시 3처럼 5V를 견딜 수 있는 3.3V 보드와 함께 사용할 수 있다. 그림 6-5는 5V 보드의 배선을 보여 준다.

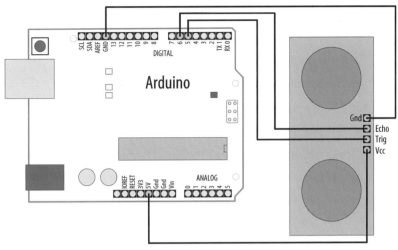

그림 6-5 HC-SR04 연결

맥스보틱스 EZ1MaxBotix EZ1은 거리를 측정하는 데 사용할 수 있는 또 다른 초음파 센서다. Ping)))이나 HC-SR04보다 통합하기가 쉬운데, 이는 '핑'을 하지 않아도 되고, 또한 3.3V와 5V에서 모두 작동할 수 있기 때문이다. 이 센서는 연속적인 거리 정보를 아날로그 전압이나 펄스 폭에 비례해 제공한다. 그림 6-6에서 연결하는 방법을 볼 수 있다.

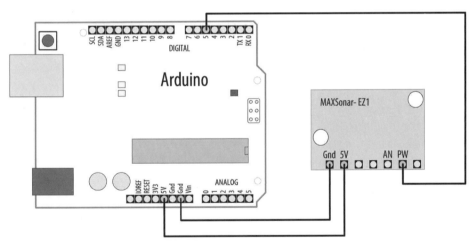

그림 6-6 EZ1의 펄스 폭(PW) 출력을 디지털 입력 핀에 연결하기

다음 스케치는 EZ1 펄스 폭pulse width, PW 출력을 사용해 이전 스케치의 출력과 비슷한 출력을 생성한다.

```
/*
 * EZ1Rangefinder 거리 센서.
 * 센서로부터 떨어진 거리에 따라
```

```
 * 거리를 프린트하고 LED의 점멸 속도를 변경한다.
 */

const int sensorPin = 5;
const int ledPin = LED_BUILTIN;

void setup()
{
  Serial.begin(9600);
  pinMode(ledPin, OUTPUT);
}

void loop()
{
  long value = pulseIn(sensorPin, HIGH);
  int cm = value / 58; // 펄스 폭은 센티미터(cm)당 58μs에 해당한다.
  Serial.println(cm);

  digitalWrite(ledPin, HIGH);
  delay(cm * 10); // 1cm당 지연시간이 10ms만큼 더해진다.
  digitalWrite(ledPin, LOW);
  delay(cm * 10);

  delay(20);
}
```

EZ1은 +5V 및 접지 핀을 통해 전력이 공급되며, 각 아두이노 핀에 연결된다. EZ1의 PW 핀을 아두이노의 5번 핀에 연결하자. 스케치는 pulseIn 명령으로 펄스 폭을 측정한다. 펄스 폭은 센티미터당 58μs 또는 인치당 147μs이다.

긴 연결선을 사용한다면 +5V 회선과 GND 회선 사이에 커패시터(capacitor, 축전기)를 추가해서 센서에 전력을 안정되게 공급할 수 있다. 판독값이 불규칙한 경우에는 센서에 10μF(10 마이크로패럿) 커패시터를 연결하자(디커플링 커패시터를 사용하는 방법을 더 알고 싶다면 부록 C를 참고하자).

EZ1의 아날로그 출력을 통해서도 EZ1에서 거리 판독값을 얻을 수도 있다. 즉, AN 핀을 아날로그 입력에 연결하고 analogRead로 값을 읽는다. 다음 코드는 cm로 환산한 아날로그 입력값을 프린트한다.

```
int value = analogRead(A0);
float mv = (value / 1024.0) * 5000 ;
float inches = mv / 9.8; // 데이터시트에 따르면 인치당 9.8mV
float cm = inches * 2.54;
Serial.print(": "); Serial.println(inches);
Serial.print("cm: "); Serial.println(cm);
```

analogRead의 값은 단위당 약 4.8㎷이며(analogRead에 관해 더 알고 싶다면 레시피 5.6을 참고하자), 데이터시트에 따르면 5V로 전력을 공급할 때는 EZ1의 출력이 9.8㎷/인치이고, 3.3V로 전력을 공급할 때는 6.4㎷/인치다. 거리를 센티미터로 환산하려면 인치 단위에 맞춰 나오는 결과에 2.54를 곱하자.

함께 보면 좋은 내용

레시피 5.6은 판독값을 아날로그 입력에서 전압값으로 변환하는 방법을 설명한다.

pulseIn에 대한 아두이노 레퍼런스(https://oreil.ly/F6fdU).

레시피 6.6 정확한 거리 측정

문제

아두이노에서 멀리 떨어져 있는 물체를 레시피 6.5에서 측정한 경우보다 더 정밀하게 측정하려고 한다.

해법

운항거리flight distance 센서는 소형 레이저와 센서를 사용해 레이저 광 신호가 센서로 다시 돌아오는 데 걸리는 시간을 측정한다. 레시피 6.5에서 본 초음파 센서보다 시야field of view가 훨씬 좁지만, 레이저 기반 비행시간time of flight 센서가 더 정확할 수 있다. 그러나 비행시간 센서의 범위는 일반적으로 더 작다. 예를 들어, HC-SR04의 범위가 2cm ~ 4m인 반면, 비행시간 센서인 VL6180X는 5cm ~ 10cm를 측정할 수 있다. 이 스케치는 레시피 6.5와 비슷한 기능을 제공하지만, 에이다프룻에서 제조한 VL6180X 운항거리 범위 센서(품번 3316)를 사용한다. 그림 6-7에서 연결하는 방법을 볼 수 있다. 이 스케치를 사용하려면 Adafruit_VL6180X 라이브러리를 설치해야 한다(레시피 16.2 참고).

```
/* tof-distance(비행시간-거리) 스케치.
 * 거리를 프린트하고 센서와 떨어진 거리에 따라 LED 점멸 속도를 변경한다.
 */

#include <Wire.h>
#include "Adafruit_VL6180X.h" Adafruit_VL6180X

sensor = Adafruit_VL6180X();
const int ledPin = LED_BUILTIN; // LED 핀.

void setup()
{
Serial.begin(9600);
```

```
  while (!Serial);
  if (! sensor.begin())
  {
    Serial.println("Could not initialize VL6180X");
    while (1);
  }
}

void loop()
{

  // 범위를 읽고 오차가 있는지에 관한 상태를 확인하자.
  byte cm = sensor.readRange();
  byte status = sensor.readRangeStatus();

  if (status == VL6180X_ERROR_NONE)
  {
    Serial.println(cm);

    digitalWrite(ledPin, HIGH);
    delay(cm * 10); // 1cm당 지연시간을 10ms(10 밀리초)만큼 더한다.
    digitalWrite(ledPin, LOW);
    delay(cm * 10);
  }
  else
  {
    // 주요 오류를 언급해 두는 것이 좋다.
    if ((status >= VL6180X_ERROR_SYSERR_1) && (status <= VL6180X_ERROR_SYSERR_5))
    {
      Serial.println("System error");
    }
  }
  delay(50);
}
```

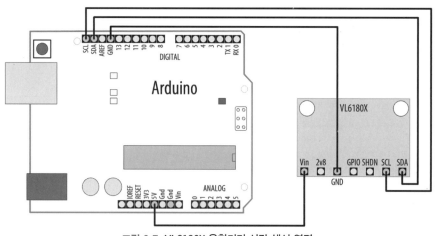

그림 6-7 VL6180X 운항거리 시간 센서 연결

토의

VL6180X 센서는 I2C 프로토콜(13장을 참고하자)을 사용해 통신하며, 이 센서를 사용하려면 아두이노와 센서의 SCL 핀과 SDA 핀 사이를 연결해야 한다. 스케치에는 I2C를 지원하는 Wire 라이브러리와 센서 작업용 함수들을 제공하는 Adafruit_VL6180X 라이브러리가 포함된다. 스케치에서는 setup 함수보다 앞서서 센서를 나타내는 객체(sensor)를 정의하고, 나중에 setup에서 초기화한다.

setup 함수는 직렬 포트를 초기화하고 센서를 초기화하려고 시도한다. 실패하면 직렬 포트에 에러 메시지를 프린트하고, 무한 while 루프로 들어가 스케치 실행을 중지한다.

스케치는 loop를 통과할 때마다 범위를 읽고 센서 상태를 확인해 오류 상태가 아닌지를 확인한다. 센서가 판독이 잘 되면 직렬 포트까지의 거리를 표시하고, 측정 거리에 비례하는 속도로 LED를 깜박인다. 에이다프룻_VL6180X 라이브러리에 포함된 예제는 있음 직한 모든 오류 상태를 더 철저하게 검사한다. 이 스케치에서 확인하는 시스템 오류를 제외하고 대부분의 오류는 일시적이며 후속 판독할 때 수정된다.

함께 보면 좋은 내용

초음파, LED 및 레이저 기반 거리 센서를 자세히 비교한 내용을 DIY 프로젝트(https://oreil.ly/HmeJs)와 스파크펀(https://oreil.ly/b0Jc4)에서 볼 수 있다.

레시피 6.7 진동 감지

문제

문을 두드릴 때 생기는 진동 등에 반응하게 하고 싶다.

해법

피에조 센서Piezo sensor는 진동에 반응한다. 이 센서는 진동하는 표면이 넓은 사물에 연결할수록 더 잘 작동한다. 그림 6-8은 연결 방식을 보여 준다.

```
/* piezo 스케치.
 *
 * 피에조 센서에 진동이 감지되면 LED가 켜진다.
 */

const int sensorPin = 0; // 센서에 연결된 아날로그 핀.
const int ledPin = LED_BUILTIN; // LED에 연결된 핀.
```

```
const int THRESHOLD = 100;

void setup()
{
  pinMode(ledPin, OUTPUT);
}

void loop()
{
  int val = analogRead(sensorPin);
  if (val >= THRESHOLD)
  {
    digitalWrite(ledPin, HIGH);
    delay(100); // LED가 보일 수 있도록 한다.
  }
  else
    digitalWrite(ledPin, LOW);
}
```

토의

노크 센서라고도 부르는 피에조 센서는 물리적인 응력stress에 반응해 전압을 생성한다. 응력이 클수록 전압도 커진다. 피에조는 극성을 띄고, 양극 측(보통 빨간색 또는 +로 표시된 선)이 아날로그 입력에 연결되며, 음극선(일반적으로 검은색 또는 -로 표시된 선)은 접지에 연결된다. 센서 전체에 저항값이 큰 저항기(1MΩ)가 연결되어 있다. 저항기는 아두이노 핀을 과도한 전류나 전압으로부터 보호하는 역할을 한다.

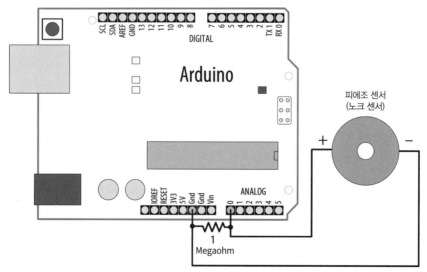

그림 6-8 노크 센서를 연결한 방식

아두이노의 analogRead 함수가 전압을 감지해 LED를 켠다(analogRead 함수에 관해 더 알고 싶다면 5장을 참고하자). THRESHOLD 값은 LED를 켜는 센서의 레벨level(준위)을 결정하며, 이 값을 줄이거나 늘려 스케치를 더 민감하게 만들 수 있다.

피에조 센서는 플라스틱으로 만든 용기에 담겨 있거나, 선이 두 개 연결된 베어 메탈bare metal(민짜) 원판disk 형태로 구입할 수 있다. 이 두 부품이 똑같은 역할을 하므로 프로젝트에 가장 적합한 것을 사용하자.

피에조 센서 같은 일부 센서를 아두이노로 구동해 감지기 같은 것을 만들 수 있다. 9장에서는 피에조를 사용해 소리를 생성하는 방법을 자세하게 설명한다.

레시피 6.8 소리 감지

문제
박수, 대화, 외침 같은 소리를 감지하려고 한다.

해법
이 레시피에는 스파크펀에서 만든 일렉트릿 마이크로폰Electret Microphone용 BOB-12758 브레이크아웃 보드breakout board[3]를 사용한다. 그림 6-9와 같이 보드를 연결하고 코드를 보드에 로드하자. 여러분이 3.3V 보드를 사용하고 있다면 마이크의 VCC 핀을 5V 대신에 3.3V에 연결해야 한다.

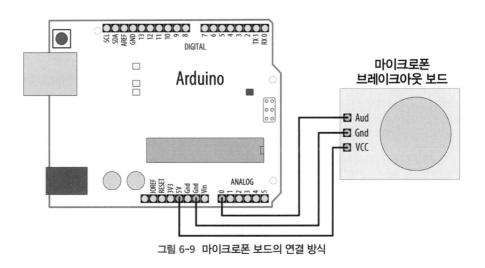

그림 6-9 마이크로폰 보드의 연결 방식

---

3 옮긴이 IC 칩의 핀을 그 밖의 장치와 연결하기 쉽게 커넥터를 빼 놓은 보드.

마이크 근처에서 박수를 치거나 소리를 지르거나 큰 음악을 재생하면 내장형 LED가 켜진다. 임 곗값을 조정해야 할 수도 있는데, 그럴 때는 시리얼 모니터를 사용해 높은 값과 낮은 값을 살펴본 다음, 잡음이 있을 때 얻는 큰 값들과 잡음이 거의 없거나 전혀 없는 작은 값들 사이에 있도록 임 곗값을 변경하자. 변경된 코드를 보드에 업로드하고 다시 시도해 보자.

```
/* microphone 스케치.
 * 일렉트릿 마이크로폰용으로 쓸, 스파크펀이 만든 브레이크아웃 보드가
 * 0번 아날로그 핀에 연결된다.
 */

const int micPin = A0;          // 0번 아날로그 핀에 연결된 마이크로폰.
const int ledPin = LED_BUILTIN; // 코드가 내장형 LED를 점멸할 것이다.
const int middleValue = 512;    // 아날로그 값들의 범위 중 중간값.
const int numberOfSamples = 128; // 한 번에 판독할 분량.

int sample;                     // 매번 마이크로폰이 읽은 값.
long signal;                    // DC 오프셋을 제거한 이후의 판독값.
long newReading;                // 해당 루프에서 반복해 가며 읽은 판독값들의 평균.

long runningAverage = 0;        // 코드를 한 차례 실행하는 동안에 계산된 값들의 평균(즉, 이동 평균).
const int averagedOver = 16;    // 새 값이 이동 평균에 영향을 미치는 속도.
// 숫자가 클수록 느려진다.
const int threshold = 400;      // 불을 켜는 레벨.

void setup()
{
  pinMode(ledPin, OUTPUT);
  Serial.begin(9600);
}

void loop()
{
  long sumOfSquares = 0;
  for (int i=0; i < numberOfSamples; i++)  // 판독값을 많이 획득한 다음에 평균을 낸다.
  {
    sample = analogRead(micPin);           // 판독값을 획득한다.
    signal = (sample - middleValue);       // 판독값이 중앙값으로부터 벗어난 정도, 즉 편차를 알아낸다.
    signal *= signal;                      // 이 값을 제곱한다.
    sumOfSquares += signal;                // 전체 합계에 더한다.
  }

  newReading = sumOfSquares/numberOfSamples;

  // 이동 평균을 계산한다.
  runningAverage = (((averagedOver-1) * runningAverage) + newReading) / averagedOver;

  Serial.print("new :");  Serial.print(newReading);
  Serial.print(",");
  Serial.print("running :"); Serial.println(runningAverage);
```

```
  if (runningAverage > threshold)   // 평균값이 임곗값보다 큰가?
  {
    digitalWrite(ledPin, HIGH);     // 그렇다면 LED를 켠다.
  }
  else
  {
    digitalWrite(ledPin, LOW);      // 그렇지 않다면 LED를 끈다.
  }
}
```

토의

마이크로폰에서 생성되는 전기 신호는 아주 미세하다. 마이크로폰을 아두이노의 핀에 바로 연결하면 감지할 수 있는 변화가 없다시피 한다. 아두이노에서 신호를 사용하려면 먼저 신호를 증폭해야 한다. 스파크펀 보드에는 아두이노가 읽을 수 있는 수준으로 신호를 증폭할 수 있게 증폭기 회로를 내장한 마이크로폰이 있다.

이 레시피에서는 소리신호audio signal를 읽고 있으므로 유용한 정보를 얻으려면 몇 가지 계산을 더 수행해야 한다. 소리신호는 상당히 빠르게 변하며, analogRead에 의해 반환되는 값은 변조 신호 중 어느 지점에서 판독하는가에 따라 달라진다. analogRead 사용에 익숙하지 않다면 5장과 레시피 6.3을 참고하자. 가청음 음색audio tone의 파형 예는 그림 6-10에 나와 있다. 시간이 왼쪽에서 오른쪽으로 변하면 전압은 일정한 패턴으로 오르고 내린다. 세 가지 서로 다른 시간에 값을 읽으면 세 가지 다른 값을 얻게 된다. 이 값들만 가지고 판단하려고 들면 중간 신호가 가장 크다는 식으로 결론을 잘못 내리게 된다.

여러 판독값이 서로 가까이 있어야 정확하게 측정할 수 있다. 신호가 커질수록 봉우리peak와 골trough이 커진다. 골의 밑바닥과 봉우리의 꼭대기 사이의 간격을 신호의 **진폭**amplitude이라고 부르며, 큰소리에 해당하는 신호일수록 이 진폭이 넓다.

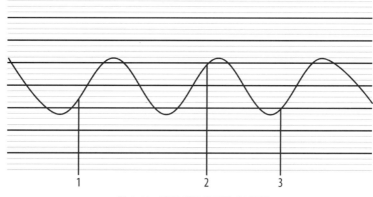

그림 6-10 세 곳에서 측정된 소리신호

중간점에 해당하는 전압 크기와 봉우리와 골에 해당하는 전압 크기 간의 차이를 측정해 봉우리와 골의 크기를 측정한다. 이 중간점 값을 그림 6-11에 표시된 것처럼 최고점과 최저점 사이의 중간 선으로 시각화할 수 있다. 선은 신호의 DC 오프셋DC offset(직류 변위)을 나타낸다(봉우리와 골이 없는 경우의 DC 값). analogRead 값에서 DC 오프셋 값을 빼면 신호 진폭에 대한 정확한 판독값을 얻을 수 있다.

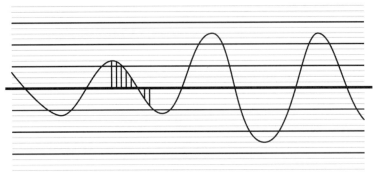

그림 6-11 DC 오프셋(신호 중간 점)을 표시하는 소리신호

신호가 커질수록 이러한 값의 평균 크기는 증가하지만, 일부 값이 음수이기 때문에(신호가 DC 오프셋 아래로 내려간 경우)양수 값과 서로 상쇄되면서 평균값이 0에 가까워지는 경향이 있다. 이를 해결하기 위해 우리는 각 값을 제곱한다(값을 같은 값으로 곱한다). 이렇게 하면 모든 값이 양수가 되므로 작은 변화 간의 차이일지라도 그 차이값이 계속 커지게 되므로 변화를 판정하는 데 도움이 된다. 신호 진폭과 마찬가지로 평균값도 이제 증가하거나 감소할 것이다.

계산을 수행하려면 DC 오프셋에 사용할 값을 알아야 한다. 깨끗한 신호를 얻기 위해 마이크로폰의 증폭기 회로는 있음 직한 전압 범위 중 중간값에 최대한 가까운 값을 DC 오프셋으로 사용하도록 설계되어 있기 때문에 신호를 왜곡하지 않으면서 최대한 키울 수 있다. 이번에 나오는 코드는 이런 점을 가정하고 512라는 값(아날로그 입력 범위인 0에서 1,023의 중간에 해당하는 값)을 사용한다. 스케치가 새 판독값을 계산하기 위해 제곱 값들의 평균을 취할 때마다 스케치는 이동 평균 값을 갱신update한다. 이동 평균은 현재 이동 평균에 averagedOver-1을 곱해 계산된다. averagedOver 집합을 16으로 설정하면 현재 이동 평균에 15를 가중한다. 다음으로 스케치는 새 판독값(가중치 1)을 추가하고 averagedOver로 나누어 가중 평균을 구해 새 이동 평균을 산출한다.

(currentAverage * 15 + newReading) / 16.

스케치는 시리얼 플로터(Tools ➡ Serial Plotter)로 볼 수 있는 방식으로 새 판독값과 누적 평균값을 프린트한다. 그림 6-12에서 새 판독값과 이동 평균 간의 관계를 볼 수 있다. 이동 평균은 덜 뾰족뾰족하기 때문에 LED를 잠깐씩 깜박거리게 하기보다는, LED가 켜져 있다는 점을 누군가가 알아챌 수 있을 만큼 LED를 오래 켜져 있게 한다.

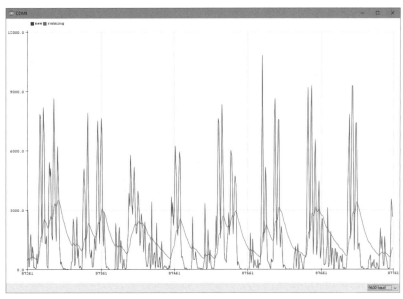

그림 6-12 시리얼 플로터에 표시되는 판독값과 이동 평균

스케치가 원하는 소리 크기level of sound(사운드 레벨)에 대해 제대로 트리거되지 않으면 스케치 상단의 변숫값을 변경하면 된다.

numberOfSamples가 128로 설정되어 있다. 너무 작게 설정하면 평균이 파형의 전체 주기를 적절히 덮지 못할 수 있으며, 이로 인해 불규칙한 판독값을 얻게 된다. 이 값을 너무 높게 설정하면 평균을 내는 데 시간이 지나치게 오래 걸릴 수 있으며, 판독값을 너무 많이 사용해서 평균을 내면 충분한 변화를 일으키지 못하게 되므로 아주 짧은 소리가 누락될 수 있다. 또한, 소리와 빛이 지연되고 있다는 점을 알아차릴 정도가 된다. numberOfSamples 및 averagedOver 등을 계산하는 데 사용하는 상수는 2의 거듭 제곱 값(각기 128과 16)으로 설정된다. 성능을 최대한 높이려면 2의 배수로 나눌 수 있는 값들을 사용하자(수학 함수에 관해 더 알고 싶다면 3장을 참고하자).

계산된 값이 소리 크기를 감지하는 데 효과적이지만 스케치를 변경해 소리 크기(데시벨) 측정을 위한 표준 방법과 일치하게 스케치를 변경할 수 있다. 먼저 newReading을 계산하는 방법을 변경해 평균의 제곱근을 취한다. 평균의 제곱근을 제곱평균 제곱근Root Mean Square, RMS이라고도 부른다. 다음으로, 두 값의 상용로그를 취하고 20을 곱해 데시벨을 얻는다. 이런 식의 계산 방식을 쓸 때는 보정 없이 정확한 측정 결과를 산출할 가능성이 낮지만, 출발선 역할을 한다.

```
newReading = sqrt(sumOfSquares / numberOfSamples);

// 이동 평균을 계산한다.
runningAverage = (((averagedOver - 1) * runningAverage) + newReading) / averagedOver;
```

```
Serial.print("new:");
Serial.print(20*log10(newReading));
Serial.print(",");
Serial.print("running:");
Serial.println(20*log10(runningAverage));
```

또한, 임곗값을 훨씬 낮은 값으로 수정해야 한다.

```
const int threshold = 30; // 등이 켜지게 하는 크기.
```

레시피 6.9 온도 측정

문제

온도를 표시하거나 온도 값을 사용해 장치를 제어하려고 한다. 예를 들어, 온도가 임곗값에 도달하면 무언가를 켠다.

해법

이 레시피는 널리 사용되는 TMP36 열 감지 센서를 사용해 화씨와 섭씨온도를 표시한다. 센서는 트랜지스터와 비슷하게 생겼는데, 그림 6-13처럼 연결한다.

3.3V 보드를 사용하고 있다면 TMP36의 전력 핀을 5V가 아닌 3.3V에 연결해야 하며, 스케치에서 float millivolts = (value / 1024.0) * 5000;을 float millivolts = (value / 1024.0) * 3300;으로 바꿔야 한다.

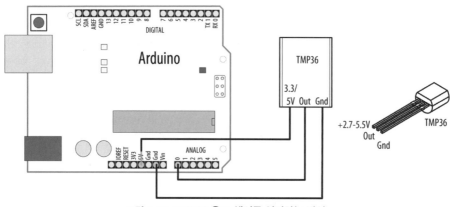

그림 6-13 TMP36 온도 센서를 연결하는 방식

```
/*
 * tmp36 스케치.
 * 시리얼 모니터에 온도를 프린트한다.
 * 임곗값에 도달하면 LED가 켜진다.
 */

const int inPin = A0; // 아날로그 핀.
const int ledPin = LED_BUILTIN;
const int threshold = 80; // 80F를 넘으면 LED를 켠다.

void setup()
{
  Serial.begin(9600);
}

void loop()
{
  int value = analogRead(inPin);

  // 3.3V 보드에서는 5000 대신에 3300을 사용한다.
  float millivolts = (value / 1024.0) * 5000;

  // 500㎷ 오프셋인 경우에 센서 출력은 섭씨 1도당 10㎷다.
  float celsius = (millivolts - 500) / 10;
  float fahrenheit = (celsius * 9)/ 5 + 32;

  Serial.print("C:");
  Serial.print(celsius);
  Serial.print(",");
  Serial.print("F:");
  Serial.println(fahrenheit); // 화씨로 환산해서 프린트한다.

  if (fahrenheit > threshold)    // 온도가 임곗값을 넘었는가?
  {
    digitalWrite(ledPin, HIGH);  // 그렇다면 LED를 켠다.
  }
  else
  {
    digitalWrite(ledPin, LOW);   // 그렇지 않다면 LED를 끈다.
  }
  delay(1000); // 1초 동안 대기한다.
}
```

토의

TMP36 온도 센서는 0.1°C당 1㎷(1°C당 10㎷)의 출력이지만 500㎷ 오프셋으로 온도에 직접 비례하는 아날로그 전압을 생성한다.

스케치는 analogRead 값을 밀리볼트로 변환한다(5장을 참고하자). 그리고 나서 TMP36 데이터시트에 지정된 오프셋 전압인 0.5V(500㎷)를 뺀 다음 결과를 10으로 나누어 C를 얻는다. 온도가 임곗값을 초과하면 스케치는 내장형 LED를 켠다. 센서를 두 손가락 사이에 끼워 잡으면 화씨 80도를 쉽게 넘어설 수 있지만, 센서의 리드에 손가락을 대서 전기 신호를 방해하지는 말자.

사용할 수 있는 온도 센서는 많지만 DS18B20 디지털 온도 센서(에이다프룻 품번 381, 스파크펀 품번 SEN-11050, 다른 공급업체에서도 사용 가능)는 방수가 되는 흥미로운 대체품이다. TMP36과는 다르게 배선해 사용한다.

DS18B20은 지금은 맥심Maxim이라고 부르는 달라스 세미컨덕터Dallas Semiconductor가 개발한 것으로, 1-Wire 프로토콜을 기반으로 하며 두 개의 라이브러리가 필요하다. 첫 번째는 OneWire 라이브러리다. OneWire라는 이름을 쓰는 라이브러리가 여러 개이므로 짐 스투트Jim Studt와 톰 폴라드Tom Pollard 등이 만든 OneWire 라이브러리를 선택해야 한다. DallasTemperature 라이브러리도 필요하다. 이두 가지를 라이브러리 매니저를 사용해 설치할 수 있다(레시피 16.2 참고). DS18B20을 배선하려면 그림 6-14에 나오는 것처럼 빨간 선을 5V로(3.3V 보드라면 3.3V로) 배선하고, 검정 선을 접지로 배선하며, 신호선(노랑, 흰색 또는 그 밖의 색)을 신호 핀과 전력 핀(5V 또는 3.3V) 사이에 4.7K 저항기를 사용해 2번 디지털 핀으로 배선한다.

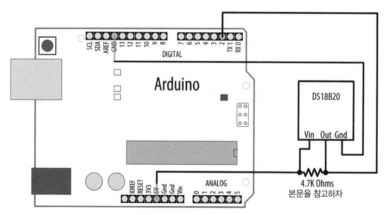

그림 6-14 DS18B20 온도 센서를 연결하는 방식

온도를 읽는 스케치는 다음과 같다.

```
/* DS18B20 온도 센서.
 * 방수가 되는 센서 프로브(probe, 탐침)에서 온도를 읽는다.
 */
#include <OneWire.h>
#include <DallasTemperature.h>

#define ONE_WIRE_BUS 2 // 센서 선이 연결된 핀.

const int ledPin = LED_BUILTIN;
```

```
const int threshold = 80; // 화씨 80도를 넘으면 LED를 켠다.

OneWire oneWire(ONE_WIRE_BUS);          // OneWire 방식으로 연결할 준비를 한다.
DallasTemperature sensors(&oneWire); // 온도 센서 객체를 선언한다.

void setup()
{
  Serial.begin(9600);

  // 센서를 초기화한다.
  sensors.begin();
}
void loop(void)
{
  sensors.requestTemperatures(); // 온도 판독값을 요청한다.
  // 화씨와 섭씨 단위에 맞춰 온도 판독값을 알아낸다.
  float fahrenheit = sensors.getTempFByIndex(0);
  float celsius = sensors.getTempCByIndex(0);

  // 온도 판독값들을 플로터에 그리기 좋은 꼴로 표시한다.
  Serial.print("C:");
  Serial.print(celsius);
  Serial.print(",");
  Serial.print("F:");
  Serial.println(fahrenheit);

  if (fahrenheit > threshold)    // 온도가 임곗값을 넘었는가?
  {
    digitalWrite(ledPin, HIGH); // 그렇다면 LED를 켠다.
  }
  else
  {
    digitalWrite(ledPin, LOW); // 그렇지 않다면 LED를 끈다.
  }
  delay(1000);
}
```

스케치는 각 라이브러리의 헤더 파일을 가져와 1-Wire 프로토콜 및 센서 작업에 필요한 데이터 구조를 초기화한다. 루프 내에서 스케치는 온도 판독값을 요청하고 나서 온도를 섭씨로 읽은 다음 화씨로도 읽는다. 센서에서 얻은 결과에 대해 산술적인 환산을 수행하지 않아도 된다. 라이브러리가 이 일을 다 하기 때문이다. 또한, 3.3V 보드를 사용한다고 해도 코드를 고치지 않아도 되지만, 센서의 전원을 5V가 아닌 3.3V에 연결해야 한다.

함께 보면 좋은 내용

TMP36 데이터시트(https://oreil.ly/gebtM).

DS18B20 데이터시트(https://bit.ly/3udEeMF).

레시피 6.10 RFID(NFC) 태그 판독

문제

RFID/NFC 태그를 읽고 특정 ID에 응답하려고 한다.

해법

그림 6-15에는 직렬 핀들(TX와 RX)을 거쳐 아두이노에 연결된 PN532 NFC 리더가 나와 있다. PN532 NFC 리더를 여러 업체가 공급한다. 시드 스튜디오 그로브 NFC_{Seeed Studio Grove NFC} 리더(품번 113020006)가 그림에 보이는 것처럼 연결되어 있다. 쉴드 폼팩터(시드 스튜디오 품번 113030001, 에이다프룻 품번 789)에서도 리더_{reader}를 찾을 수 있다. 여러분은 또한 시드 스튜디오의 Seeed_Arduino_NFC 라이브러리(https://oreil.ly/JwEpb)를 설치해야 한다(레시피 16.2 참고). 시드 라이브러리에는 수정된 버전의 NDEF 라이브러리(https://oreil.ly/Aepnl)가 들어 있으므로 해당 라이브러리를 설치하지 않아도 된다.

PN532 리더는 13.56㎒ MIFARE Classic 태그 및 MIFARE Ultralight 태그를 사용해서 작동한다. 다른 리더를 사용한다면 리더(reader, 판독기, 감응기)를 아두이노에 배선하는 방법과 코드 등에 관한 정보를 보고 싶다면 설명서를 확인하자.

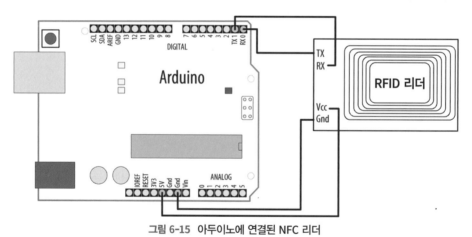

그림 6-15 아두이노에 연결된 NFC 리더

스케치는 NFC 태그를 읽고 고유한 ID를 표시한다.

```
/* NFC 태그 스캐너: 직렬
 * NFC 태그를 찾아 고유 식별자를 표시하자.
 */

#include <NfcAdapter.h>
```

```
#include <PN532 / PN532 / PN532.h>
#include <PN532 / PN532_HSU / PN532_HSU.h>

PN532_HSU pn532hsu(Serial1); NfcAdapter nfc(pn532hsu);

void setup()
{
  Serial.begin(9600);
  nfc.begin(); // NFC 리더를 초기화한다.
}

void loop()
{
  Serial.println("Waiting for a tag");
  if (nfc.tagPresent()) // 리더가 NFC 태그를 본 경우,
  {
    NfcTag tag = nfc.read(); // NFC 태그를 읽는다.
    Serial.println(tag.getUidString()); // NFC 태그의 식별자(id)를 표시한다.
  }
  delay(500);
}
```

토의

NFC_{Near-Field Communication}(근거리 무선통신)는 13.56㎒ 주파수로 작동하는, RFID_{Radio Frequency Identification}(무선 주파수 식별) 기술에 특화된 변종으로, NDEF_{NFC Data Exchange Format}(NFC 데이터 교환 포맷)라는 데이터 포맷을 지원한다. NDEF는 카드, 스티커, 키체인 리모컨 및 그 밖의 물체에 내장할 수 있는 소형 전자 장치를 의미하는 **태그**_{tag}에 저장할 수 있고 다양한 구조화된 메시지를 제공한다. 태그는 RFID/NFC 리더에서 신호를 수신할 수 있게 하는, 비교적 큰 안테나로 이뤄져 있다. 리더는 컴퓨터나 휴대폰에 내장되거나, PN532 모듈과 마찬가지로 아두이노에 연결하는 모듈일 수 있다. 태그가 신호를 수신하게 되면 태그는 자신의 회로에 에너지를 공급하기에 충분할 만큼의 에너지를 신호로부터 얻어낸 다음, 메모리에 포함된 정보를 전송하는 식으로 신호에 반응한다. 자동 통행료 지불 시스템에 사용되는 자동차 트랜스폰더처럼 자체 전원이 있는 태그도 있다. 이러한 태그를 **능동 태그**_{active tag}라고 하며, 에너지를 수확해 쓰는 형식을 **피동 태그**_{passive tag}라고 한다.

NDEF 태그는 리더에 의해 활성화될 때 데이터의 모음을 전송한다. 이 데이터에는 태그에 저장된 정보뿐만 아니라 태그를 식별하는 정보도 들어 있다. 해법에서는 돈 콜맨_{Don Coleman}이 작성한 NDEF 라이브러리를 사용해 태그 데이터 읽기를 단순화한다.

해법에서 볼 수 있는 코드는 Serial1을 통해 연결된 시드 스튜디오 Grove NFC 모듈을 사용해서 작동한다. 이것은 USB 직렬 연결을 사용해 시리얼 모니터에서 볼 수 있는 정보를 송신한다. 아두이노 우노에는 Serial1이 없는데(120쪽에 나오는 '직렬 방식 하드웨어' 참고), 이는 우노(및 **ATmega328** 기반

호환 보드)에서는 USB 직렬 장치 및 TX/RX 핀이 공유되므로 이러한 보드에서는 직렬 장치와 USB 직렬 연결을 통해 동시에 통신할 수 없기 때문이다. SoftwareSerial에 대한 정보에 대해서는 레시피 4.11을 참고하자. I2C(https://oreil.ly/76Noz)를 사용할 수 있게 그로브 NFC_{Grove NFC} 모듈을 재구성할 수도 있다.

시드 스튜디오 NFC 쉴드는 SPI를 통해 통신한다. 시드 스튜디오 NFC 쉴드와 함께 사용하려면 스케치 상단에 있는 줄을 다음과 같이 변경하자.

```
#include <SPI.h>
#include <NfcAdapter.h>
#include <PN532 / PN532 / PN532.h>
#include <PN532 / PN532_SPI / PN532_SPI.h>

PN532_SPI pn532spi(SPI, 10);
NfcAdapter nfc = -(pn532spi);
```

I2C 모드에서 에이다프룻 쉴드나 그로브 NFC_{Grove NFC} 모듈을 함께 사용하려면 스케치 상단에 나오는 줄을 다음과 같이 변경하자.

```
#include <Wire.h>
#include <NfcAdapter.h>
#include <PN532/PN532/PN532.h>
#include <PN532/PN532_I2C/PN532_I2C.h>

PN532_I2C pn532i2c(Wire);
NfcAdapter nfc = NfcAdapter(pn532i2c);
```

NDEF 라이브러리를 사용해 해당 태그의 메시지를 읽고 자신의 메시지(태그가 잠겨 있지 않은 것으로 가정)를 작성할 수도 있다. loop 함수를 다음과 같이 바꾸면 스케치에서 태그를 읽은 다음 NfcTag 객체의 print 함수를 사용해 태그 ID와 메시지를 표시한다. 그러고 나서 해당 함수는 카운트 값을 줄여서 표시한다. 태그를 그대로 두면 태그에 URL이 작성된다. NFC를 지원하는 휴대 전화가 있다면 태그를 휴대 전화에 가져다 댄 다음에 웹 브라우저에서 URL을 열어야 한다.

```
void loop()
{
  Serial.println("Waiting for a tag");
  if (nfc.tagPresent()) // 리더가 NFC 태그를 본 경우,
  {
    NfcTag tag = nfc.read(); // NFC 태그를 읽는다.
    tag.print(); // 지금 태그에 있는 것이 무엇이든 그것을 프린트한다.
```

```
      // 태그에 써넣는 일을 피하게 사용자에게 시간을 준다.
      Serial.print("Countdown to writing the tag: 3");
      for (int i = 2; i >= 0; i--)
      {
        delay(1000);
        Serial.print("..."); Serial.print(i);
      }
      Serial.println();

      // 메시지를 태그에 쓴다.
      NdefMessage message = NdefMessage();
      message.addUriRecord("http://oreilly.com");
      bool success = nfc.write(message);

      if (!success)
        Serial.println("Write failed.");
      else
        Serial.println("Success.");
  }
  delay(500);
}
```

레시피
6.11 ## 회전 운동 추적

문제

속도 방향을 동시에 추적하기 위해 어떤 사물의 회전을 측정하고 표시하려고 한다.

해법

추적하려는 물체에 부착된 로터리 인코더rotary encoder를 사용해 회전 운동rotary motion을 감지할 수 있다. 그림 6-16과 같이 인코더를 연결하자.

```
/*
 * 로터리 인코더를 읽는다.
 * 이 간단한 버전에서는 인코더 핀을 폴링(poll, 연속적 값 확인)한다.
 * 위치는 시리얼 모니터에 표시된다.
 */

const int encoderPinA = 3;
const int encoderPinB = 2;
const int encoderStepsPerRevolution=16;

int angle = 0;
int encoderPos = 0;
bool encoderALast = LOW; // 이전의 핀 상태를 기억한다.
```

```
void setup()
{
  Serial.begin (9600);
  pinMode(encoderPinA, INPUT_PULLUP);
  pinMode(encoderPinB, INPUT_PULLUP);
}

void loop()
{
  bool encoderA = digitalRead(encoderPinA);

  if((encoderALast == HIGH) &&(encoderA == LOW))
  {
    if (digitalRead(encoderPinB) == LOW)
    {
      encoderPos--;
    }
    else
    {
      encoderPos++;
    }
    angle = (encoderPos % encoderStepsPerRevolution) * 360 / encoderStepsPerRevolution;
    Serial.print (encoderPos);
    Serial.print (" ");
    Serial.println (angle);
  }

  encoderALast = encoderA;
}
```

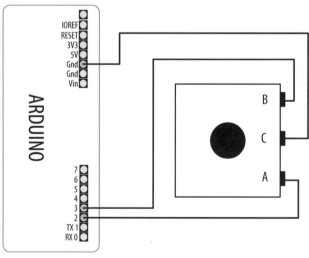

그림 6-16 로터리 인코더

토의

로터리 인코더는 회전할 때 두 개의 신호를 생성한다. 회전축shaft이 회전함에 따라 두 신호가 교대로 HIGH나 LOW로 바뀌지만, 이 두 신호의 위상이 약간 다르다. 신호 중 하나가 HIGH에서 LOW로 변하는 지점을 감지하면 다른 핀의 상태(HIGH 또는 LOW)가 회전축의 회전 방향을 알려준다.

따라서 loop 함수의 첫 번째 코드 줄은 인코더 핀 중 하나를 읽는다.

```
int encoderA = digitalRead(encoderPinA);
```

그런 다음에 이 값과 이전 값을 확인해 값이 방금 LOW로 변경되었는지를 확인한다.

```
if ((encoderALast == HIGH) && (encoderA == LOW))
```

그렇지 않다면 코드는 그 다음에 나오는 블록을 실행하지 않고, 오히려 루프의 맨 아래로 이동해 방금 encoderALast에서 읽은 값을 저장하고 최신 값을 취하기 위해 되돌아간다.

```
if ((encoderALast == HIGH) && (encoderA == LOW))
```

위 표현식이 참(true)이라면 코드는 다른 인코더 핀을 읽고 반환된 값에 따라 encoderPos를 늘리거나 줄인다. 코드는 회전축의 각도를 계산한다(코드를 실행하기 시작할 때 회전축이 있던 지점이 0이 됨). 그리고 나서 직렬 포트에서 값을 보내 시리얼 모니터에서 볼 수 있게 한다.

인코더가 인코딩한 값들은 서로 다른 분해능resolution(해상도)에 맞춰 들어오게 되는데, 이러한 분해능을 **회전당 단계**steps per revolution라는 식으로 부른다. 이것은 축이 한 번 회전할 때 신호가 HIGH와 LOW 사이에서 교대로 몇 번 표시되는지를 나타낸다. 값은 16에서 1,000까지 다양하다. 값이 클수록 작은 움직임을 감지할 수 있는데, 이런 식으로 제작된 인코더는 비싸다. 인코더에 대한 값은 다음 줄의 코드에 하드코딩hard coding되어 있다.

```
const int encoderStepsPerRevolution=16;
```

여러분이 다른 인코더를 사용한다면 이 값을 바꿔야 정확한 각도 값을 얻을 수 있다.

여러분이 인코더를 돌리는 것과 상관없이 값이 오르내리지 않고 늘어나기만 한다면 하강 모서리falling edge 대신에 상승 모서리rising edge를 시험해 보도록 코드를 변경하자. 값을 확인하는 행에서 LOW 및 HIGH 값을 다음과 같이 바꾸자.

```
if ((encoderALast == LOW) && (encoderA == HIGH))
```

로터리 인코더는 증가/감소 신호만 생성할 뿐, 회전축의 각도를 직접 알려 주지 않는다. 코드에서 각도를 계산해야 하는데, 코드가 실행될 때마다의 시작 위치가 기준이 된다. 이 코드는 핀을 **폴링** polling(연속적으로 값을 확인하는 일)하는 식으로 핀을 모니터링한다. 코드가 신호를 마지막으로 보았던 이후로 핀이 몇 번밖에 바뀌지 않았다는 점을 보장할 수는 없으므로, 코드가 그 밖의 작업도 많이 처리하고 인코더가 아주 **빠르게** 전환되다 보면 일부 단계step가 누락될 가능성이 있다. 고분해능 인코더의 경우에는 신호가 전환될 때 훨씬 더 자주 신호를 송신하므로 그럴 가능성이 더 높다.

속도를 알아내려면 일정 시간 동안 한쪽 방향으로 등록이 된 단계의 개수를 세어 보아야 한다.

레시피 6.12 인터럽트가 많아서 번잡한 스케치에서 회전 운동을 추적하기

문제

여러분이 코드의 길이를 늘려서 인코더를 읽는 일 외에 그 밖의 작업을 하게 한다거나, 인코더를 두 개 이상 읽게 한다면 인코더의 판독값을 신뢰할 수 없게 될 수도 있다. 회전축이 빠르게 회전하는 상황에서는 이것이 큰 문제가 된다.

해법

회로는 레시피 6.11의 회로와 똑같다. 우리는 로터리 인코더를 읽을 수 있게 최적화된 라이브러리를 사용할 것이다. 이러한 라이브러리는 아두이노의 인터럽트 기능(레시피 18.2)을 사용해 핀 상태의 변화에 빠르게 대응한다. 라이브러리 매니저를 사용해 폴 스토프레겐Paul Stoffregen이 작성한 Encoder 라이브러리를 설치하고(레시피 16.2 참고) 다음 스케치를 실행하자.

```
/* 로터리 인코더 라이브러리 스케치.
 * 인터럽트를 사용하는 라이브러리로 로터리 인코더를 읽어
 * 인코더의 활동을 처리한다.
 */

#include <Encoder.h>
Encoder myEnc(2, 3); // MKR 보드에서는 6번과 7번 핀을 사용한다.

void setup()
{
  Serial.begin(9600);
```

```
}

long lastPosition = -999;

void loop()
{
  long currentPosition = myEnc.read();
  if (currentPosition != lastPosition) // 위치가 바뀌었다면
  {
    lastPosition = currentPosition;     // 마지막 위치를 저장한다.
    Serial.println(currentPosition);    // 위치를 시리얼 모니터에 프린트한다.
  }
}
```

토의

레시피 6.11에 나오는 해법을 사용하면 코드에서 더 많은 작업을 수행하게 되므로 이에 따라 인코더 핀을 점검하는 횟수가 줄어든다. 값을 읽기도 전에 핀들이 단계 변화step change를 모두 겪어 버리면 아두이노는 단순히 그러한 단계를 감지하지 않는다. 회전축을 빠르게 돌리면 단계들이 더 빠르게 발생해 더 많은 오류가 생길 것이다.

단계가 발생할 때마다 각 단계에 대해 코드가 반응하게 하려면 인터럽트를 사용해야 한다. 인터럽트 조건이 발생하면(예: 핀이 변화되는 상태), 코드는 어디에서나 점프해 인터럽트를 처리하고 나서 원래 위치로 돌아가 하던 일을 계속한다. Encoder 라이브러리는 하드웨어 인터럽트를 지원하는 핀에서 가장 잘 수행되지만, 하드웨어 인터럽트를 지원하지 않는 핀일지라도 최선의 결과를 내려고 한다.

아두이노 우노와 그 밖의 ATmega328 기반 보드에서는 2번 핀과 3번 핀만을 인터럽트 핀으로 사용할 수 있다. 특정 보드에서 어떤 핀을 지원하는지는 이 목록(https://oreil.ly/jUYkM)을 참고하자. 다음 코드 줄을 사용해 로터리 인코더를 선언하고 초기화한다.

```
Encoder myEnc(2, 3);
```

인코더 초기화에 쓰는 매개변수는 인코더가 부착된 두 개의 핀이다. 인코더 값이 늘 것으로 여러분이 예상하는 데 반해서 오히려 인코더 값이 줄고 있다면 인수를 서로 바꿔 보거나 배선을 서로 바꿔 볼 수 있다. 일단 여러분이 인코더를 초기화하고 나면 여러분이 인코더를 돌릴 때마다 인코더는 회전운동을 추적하기 위해 간단히 스케치에 인터럽트를 건다. 여러분은 myEnc.read()를 사용해 언제든지 값을 읽을 수 있다.

핀의 개수만큼 인코더를 만들 수 있지만 가능하면 인터럽트를 지원하는 핀을 사용하자. 다음 스케치는 인코더 두 개를 처리하며, SAMD21 기반 M0 보드(에이다프룻 메트로 M0, 스파크펀 레드보드 터보 및 아두이노 제로) 같은, 선택된 핀의 인터럽트를 처리할 수 있는 보드에서 최적으로 작동한다. 그밖의 보드를 사용한다면 다른 핀을 사용해야 할 수도 있다. 우노나 그 밖의 ATmega328 기반 보드는 2번 핀과 3번 핀의 인터럽트만 지원하므로 보드 중 하나를 사용해 선택한 핀에 관계없이 두 번째 인코더에서는 판독 품질이 저하된다.

```
#include <Encoder.h>

Encoder myEncA(2, 3); // MKR 보드들은 4번 핀과 5번 핀을 사용한다.
Encoder myEncB(6, 7); // 메가 보드들은 18번 핀과 19번 핀을 사용한다.

void setup()
{
  Serial.begin(9600);
  while(!Serial);
}

long lastA = -999;
long lastB = -999;

void loop()
{
  long currentA = myEncA.read();
  long currentB = myEncB.read();

  if (currentA != lastA || currentB != lastB) // 두 위치가 변경되었다면
  {
    lastA = currentA;                          // 두 위치를 저장한다.
    lastB = currentB;


    // 위치들을 시리얼 모니터(또는 시리얼 플로터)에 프린트한다.
    Serial.print("A:");  Serial.print(currentA);
    Serial.print("");
    Serial.print("B:");  Serial.println(currentB);
  }
}
```

함께 보면 좋은 내용

아두이노 MKR Vidor 4000(https://oreil.ly/KqIlr)에는 아두이노만 사용하는 경우보다 훨씬 더 정확하게 로터리 인코더를 읽을 수 있는 FPGA가 들어 있다.

문제

PS/2 호환 마우스의 움직임을 감지하여 x 좌표와 y 좌표의 변화에 반응하려고 한다.

해법

이 해법은 LED를 사용해 마우스의 움직임을 나타낸다. LED의 휘도는 마우스가 x(왼쪽이나 오른쪽) 방향과 y(더 가깝거나 더 먼) 방향으로 움직임에 따라 변경된다. 마우스 버튼을 클릭하면 현재 위치가 기준점으로 설정된다(그림 6-17은 연결을 나타냄).

이 스케치를 사용하려면 PS/2 라이브러리(https://oreil.ly/NSl9T)를 설치해야 한다. 이런 식으로 코드를 작성하려면 텍스트 에디터를 사용해 ps2 디렉터리에서 ps2.h 파일을 열고 #include "WProgram.h" 를 #include "Arduino.h"로 바꿔야 한다.

```
/*
 * Mouse 스케치.
 * PS2 마우스 라이브러리를 사용한 아두이노 스케치.
 * 라이브러리는 http://www.arduino.cc/playground/ComponentLib/Ps2mouse에서 가져온 것이다.
 */

#include <ps2.h>

const int dataPin = 5;
const int clockPin = 6;

const int xLedPin = 9; // MKR 보드에서는 8번 핀을 사용한다.
const int yLedPin = 10;

const int mouseRange = 255; // x 값과 y 값의 최대 범위.

char x; // 마우스로부터 읽어 낸 값들.
char y;
byte status;

int xPosition = 0;      // 마우스가 움직일 때 늘거나 줄어든 값들.
int yPosition = 0;
int xBrightness = 128;  // 마우스 위치에 따라 늘거나 줄어든 값들.
int yBrightness = 128;

const byte REQUEST_DATA = 0xeb; // PS2 마우스로부터 데이터를 얻기 위한 명령이다.
mouse(clockPin, dataPin); // 마우스 객체를 선언한다.

void setup()
{
```

```
  mouseBegin(); // 마우스를 초기화한다.
}

void loop()
{
  // 마우스로부터 판독값을 얻어낸다.
  mouse.write(REQUEST_DATA); // 마우스에 데이터를 요청한다.
  mouse.read();              // ack를 무시한다.

  status = mouse.read();     // 마우스 버튼 값들을 읽는다.
  if(status & 1)             // 왼쪽 마우스 버튼이 눌리면 이 비트가 설정된다.
    xPosition = 0;           // 마우스의 x 좌표의 중심을 잡는다.
  if(status & 2)             // 오른쪽 마우스 버튼이 눌리면 이 비트가 설정된다.
    yPosition = 0;           // 마우스의 y 좌표의 중심을 잡는다.

  x = mouse.read();
  y = mouse.read();
  if(x != 0 || y != 0)
  {
    // 마우스가 움직인 경우에는 이곳에 도달한다.
    xPosition = xPosition + x; // 위치를 누산한다.
    xPosition = constrain(xPosition, -mouseRange, mouseRange);

    xBrightness = map(xPosition, -mouseRange, mouseRange, 0,255);
    analogWrite(xLedPin, xBrightness);

    yPosition = constrain(yPosition + y, -mouseRange, mouseRange);
    yBrightness = map(yPosition, -mouseRange, mouseRange, 0,255);
    analogWrite(yLedPin, yBrightness);
  }
}

void mouseBegin()
{
  // 마우스를 리셋하고 초기화한다.
  mouse.write(0xff);         // 리셋한다.
  delayMicroseconds(100);
  mouse.read();              // ack 바이트.
  mouse.read();              // 공란.
  mouse.read();              // 공란.
  mouse.write(0xf0);         // 원격 모드.
  mouse.read();              // ack.
  delayMicroseconds(100);
}
```

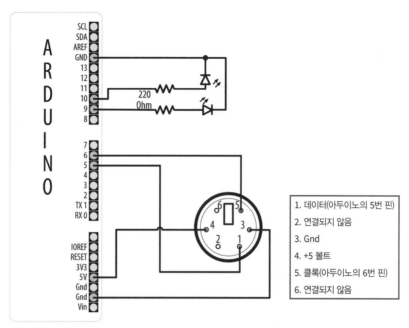

1. 데이터(아두이노의 5번 핀)

2. 연결되지 않음

3. Gnd

4. +5 볼트

5. 클록(아두이노의 6번 핀)

6. 연결되지 않음

그림 6-17 위치를 가리키고 LED를 밝히기 위해 마우스를 연결한다.

 여러분이 3.3V 보드를 사용하고 있다면 클록과 데이터 핀에 전압 분배기를 추가하거나, 5V 대신에 3.3V 로 전력을 마우스에 공급해 보자(마우스에 따라서는 작동할 수도 있고, 작동하지 않을 수도 있다). 레시피 5.11 에서 전압 분배기에 관한 한 가지 토의 내용을 볼 수 있다.

그림 6-17은 전면에서 암컷 PS/2 커넥터(마우스를 꽂는 소켓)를 보여 준다. 여러분에게 암컷 커넥터가 없고 마우스 끝부분을 잘라내도 된다고 생각한다면, 이러한 각 핀에 연결되는 선을 확인해 적절한 아두이노 핀에 직접 연결하는 핀 헤더에 납땜을 해도 될 것이다. 핀에서 회선으로 이어지는 연속성 테스트를 통해서 어떤 선을 어느 핀에 연결할지를 재빨리 알아낼 수 있지만, 마우스에서 잘라낸 수 컷 플러그 끝에서 핀을 테스트할 때는 그림의 왼쪽과 오른쪽을 뒤집어 보아야 한다.

토의

그림 6-17과 같이 마우스 신호(클록 및 데이터)와 전원 리드들을 아두이노에 연결하자. 이 해법은 PS/2 호환 장치에서만 작동하므로 오래전에 나온 마우스를 찾아야 한다. 즉, 둥근 모양으로 된 PS/2 커넥터가 있는 마우스라면 대부분 작동해야 한다.

mouseBegin 함수는 마우스를 초기화해 이동 및 버튼 상태 요청에 응답한다. PS/2 라이브러리는 저 수준 통신을 처리한다. mouse.write 명령은 데이터가 필요해질 것이라는 점을 마우스에 지시하는 데 사용한다. mouse.read를 처음으로 호출하면 승인(ack)을 받게 된다(이번 예제에서는 이것을 무시한다).

다음 차례로 mouse.read를 호출하면 버튼 상태를 알 수 있으며, 마지막으로 두 차례의 mouse.read 호출을 통해 이전에 요청한 이래로 회전운동이 이루어지고 난 후의 x 좌푯값과 y 좌푯값을 얻게 된다.

스케치는 왼쪽이나 오른쪽 마우스 버튼을 눌렀는지 확인하기 위해 status 값에서 어떤 비트가 HIGH인지 확인한다. 왼쪽 버튼과 오른쪽 버튼을 누르면 가장 오른쪽에 있는 두 비트가 HIGH가 되며, 이를 다음 줄에서 확인해 볼 수 있다.

```
status = mouse.read();  // 마우스 버튼 값들을 읽는다.
if(status & 1)          // 왼쪽 마우스 버튼이 눌리면 오른쪽 상단 비트가 설정된다.
  xPosition = 0;        // 마우스의 x 좌표의 중심을 잡는다.
if(status & 2)          // 오른쪽 마우스 버튼이 눌리면 이 비트가 설정된다.
  yPosition = 0;        // 마우스의 y 좌표의 중심을 잡는다.
```

마우스에서 읽은 x 값과 y 값은 이전에 있던 요청 이후로 한 이동을 나타내며, 이 값은 변수 xPosition 및 yPosition에 누적된다.

x 값과 y 값은 마우스가 오른쪽으로 이동하면(즉, 여러분의 몸에 마우스가 멀어지면) 양수가 되고, 왼쪽으로 이동하면(즉, 여러분의 몸에 더 가까워지면) 음수가 된다.[4]

스케치는 constrain 함수를 사용해 누적 값이 정의된 범위mouseRange를 초과하지 않게 한다.

```
xPosition = xPosition + x; // 위치를 누산한다.
xPosition = constrain(xPosition, -mouseRange, mouseRange);
```

동일한 일을 하는 데 있어서 yPosition을 계산하기가 더 간단해 보이는 것은, 여기에서는 y 값을 계산할 때 constrain을 호출해서 하기 때문이다.

```
yPosition = constrain(yPosition + y, -mouseRange, mouseRange);
```

마우스 왼쪽 및 오른쪽 버튼을 누르면 xPosition 및 yPosition 변수가 0으로 리셋된다.

analogWrite를 사용해 좌표에 LED 밝기를 대응되게 하고 있는데, 마우스가 가운데 있으면 중간 휘도half brightness(중간 밝기)로 하고, 좌푯값이 늘거나 줄어듦에 맞춰 더 밝게 하거나 덜 밝게 한다. 이 일을 정확하게 하려면 PWM 기능을 쓸 수 있게 한 핀을 사용해야 한다. 보드가 9번 핀과 10번 핀에서 PWM을 지원하지 않으면(대부분의 경우에 해당) LED가 희미하게 점멸하는 것을 볼 수 있다.

---

4 옮긴이 '여러분이 오른손잡이라고 가정할 때'라는 말이 들어가야 한다.

MKR 보드 제품군에서 9번 핀은 PWM을 지원하지 않으므로 배선과 코드를 변경한 다음에 핀을 사용하자.

analogWrite()를 두 번째로 호출한 직후에 다음 줄을 추가함으로써 좌표를 시리얼 플로터에 그래프 형태로 표시할 수 있다.

```
printValues(); // 시리얼 모니터/플로터에 버튼과 x 값과 y 값을 표시한다.
```

여러분은 setup()에 다음 줄을 추가해야 한다.

```
Serial.begin(9600);
```

스케치의 끝에 다음 함수를 추가해 마우스의 현재 위치를 프린트하거나 플로팅한다.

```
void printValues()
{
  Serial.print("X:");    Serial.print(xPosition);
  Serial.print(",Y:");   Serial.print(yPosition);
  Serial.println();
}
```

함께 보면 좋은 내용

에이다프룻 사이트에는 내장 회선을 사용하는, 적절한 PS/2 커넥터가 있다(https://oreil.ly/eAiKx).

레시피 6.14 GPS 위치 획득

문제

GPS 모듈을 사용해 위치를 정하려고 한다.

해법

오늘날에는 아두이노 호환 GPS 장치가 다양하게 있다. 대부분은 우리에게 익숙한 직렬 인터페이스를 사용해 호스트 역할을 하는 마이크로컨트롤러(NMEA 0183이라고 부르는 프로토콜을 사용하는 것)와 통신한다. 이러한 산업 표준 프로토콜은 아두이노 같은 **리스너**listener(수신기) 장치에 사람이 읽을 수 있는 아스키 **문장**sentence 형태로 GPS 데이터를 전달하도록 규정한다. 예를 들어, NMEA 문장인

$GPGLL,4916.45,N,12311.12,W,225444,A,*1D에서 가장 중요한 내용은 북위 49도 16.45분(49°16.45'), 서경 123도 11.12분(123°11.12')이라고 하는 지구 위치 정보다.

위치를 설정하려면 아두이노 스케치에서 이러한 문자열을 파싱하고 관련 텍스트를 숫자 형식으로 변환해야 한다. NMEA 문장에서 수작업으로 데이터를 추출할 코드를 작성하는 일을 아두이노의 제한된 주소 공간에서 하기가 까다롭고 번거로울 수 있지만, 다행히 이 일을 대신해 줄 유용한 라이브러리가 있다. 마이칼 하트Mikal Hart가 만든 TinyGPS++가 바로 그것이다. 그의 깃허브 사이트 (https://oreil.ly/jjnmf)에서 이 라이브러리를 내려 받아 설치하자(그 밖의 업체가 만든 라이브러리를 설치하는 방법을 알고 싶다면 레시피 16.2를 참고하자).

GPS 사용을 위한 일반적인 전략은 다음과 같다.

1. GPS 장치를 아두이노에 물리적으로 연결한다.

2. GPS 장치에서 직렬 NMEA 데이터를 읽는다.

3. 데이터를 처리해 위치를 결정한다.

TinyGPSPlus를 사용해 다음을 수행한다.

1. GPS 장치를 아두이노에 물리적으로 연결한다.

2. TinyGPSPlus 객체를 생성한다.

3. GPS 장치에서 직렬 NMEA 데이터를 읽는다.

4. TinyGPSPlus의 encode() 메서드로 각 바이트를 처리한다.

5. TinyGPSPlus의 get_position() 메서드를 주기적으로 쿼리해 위치를 확인한다.

다음 스케치는 아두이노 직렬 포트에 연결된 GPS에서 데이터를 획득하는 방법을 보여 준다. 장치가 남반구에 있으면 내장형 LED가 5초마다 한 번 깜박이고, 북반구에 있으면 5초 간에 두 번 깜박인다. 아두이노의 TX 핀과 RX 핀이 Serial1과 같은 다른 직렬 장치와 연결된 경우에는 GPS_SERIAL의 정의를 변경하자(표 4-1 참고).

```
/* GPS 스케치.
 * 내장형 LED를 통해 GPS가 어떤 반구를 가리키는지를 표시하자.
 */

#include "TinyGPS++.h"

// GPS가 사용하는 직렬 포트(Serial, Serial1 등)로 변경한다.
#define GPS_SERIAL Serial

TinyGPSPlus gps; // TinyGPS++ 객체를 한 개 생성한다.
```

```
#define HEMISPHERE_PIN LED_BUILTIN

void setup()
{
  GPS_SERIAL.begin(9600); // GPS 장치는 9600보 속도로 빈번하게 연산한다.
  pinMode(HEMISPHERE_PIN, OUTPUT);
  digitalWrite(HEMISPHERE_PIN, LOW); // 시작하려면 LED를 끈다.
}

void loop()
{
  while (GPS_SERIAL.available())
  {
    // 각 바이트를 인코딩한다.
    // encode()가 true를 반환하면 새로운 좌표를 확인한다.
    if (gps.encode(GPS_SERIAL.read()))
    {
      if (gps.location.isValid())
      {
        if (gps.location.lat() < 0) // 남반구인가?
          blink(HEMISPHERE_PIN, 1);
        else
          blink(HEMISPHERE_PIN, 2);
      } else // 패닉
        blink(HEMISPHERE_PIN, 5);
      delay(5000); // 5초 동안 기다린다.
    }
  }
}

void blink(int pin, int count)
{
  for(int i = 0; i < count; i++)
  {
    digitalWrite(pin, HIGH);
    delay(250);
    digitalWrite(pin, LOW);
    delay(250);
  }
}
```

GPS에 필요한 속도에 맞춰 직렬 통신을 시작하자. 아두이노 직렬 통신을 사용하는 방법을 더 알고 싶다면 4장을 참고하자.

GPS와 9600보 속도에 맞춰 연결이 체결되었다. 바이트들이 흐르기 시작하면 NMEA 데이터를 파싱하는 encode()가 바이트들을 처리한다. encode()로부터 반환되는 true는, TinyGPSPlus가 완전한 문장을 파싱하는 일에 성공했기 때문에 새로운 위치 데이터를 사용할 수 있다는 점을 나타낸다. 이 시점이 gps.location.isValid()를 호출해 위치가 유효한지 확인하기에 적절하다.

TinyGPSPlus의 `gps.location.lat()`은 가장 최근에 관찰된 위도를 반환하는데, 위도가 0보다 적다면(적도보다 아래쪽이라면) LED가 한 번 깜박인다. 0보다 큰 경우(적도의 북쪽 또는 북쪽)에는 두 번 깜박인다. GPS가 유효한 픽스fix(데이터 연결 고정)를 얻을 수 없다면 LED가 5번 깜박인다.

토의

아두이노에 GPS 장치를 연결하는 일은 일반적으로 표 6-2에 표시한 것처럼 GPS에서 아두이노의 입력 핀에 두 개나 세 개의 데이터 선을 연결하는 것만큼 간단하다. 우노 같은 5V 보드를 사용한다면 3.3V 또는 5V짜리 GPS 모듈을 사용할 수 있다. 아두이노 제로, 에이다프룻 메트로 M0/M4 또는 스파크펀 레드보드 터보Redboard Turbo 같은 SAMD 기반 보드처럼 5V 허용 보드가 아닌 보드를 사용하고 있다면 3.3V GPS 모듈을 사용해야 한다.

표 6-2 GPS 핀 연결 방식

GPS 회선	아두이노 핀
GND	GND
5V 또는 3.3V	5V 또는 3.3V
RX	TX (1번 핀)
TX	RX (0번 핀)

 일부 GPS 모듈은 RS-232 전압 크기를 사용하는데, 이는 아두이노의 TTL 로직과 호환되지 않으며 보드를 영구적으로 손상시킨다. GPS가 RS-232 방식 전압 크기를 사용한다면 MAX232 집적 회로 같은 일종의 중간 로직 변환 장치가 필요하다.

해법에 나오는 코드는 GPS가 아두이노의 내장 라이브러리에서 직렬 핀에 직접 연결되어 있다고 가정한다. 아두이노 우노 같은 ATmega328 기반 보드에서는 RX 및 TX(0번 핀 및 1번 핀)가 USB 직렬 연결과 공유되므로 일반적으로 가장 편리한 디자인은 아니다. 많은 프로젝트에서 하드웨어 방식 직렬 포트를 사용해 호스트 PC나 그 밖의 주변장치와 통신하므로 GPS에서 포트를 사용할 수 없다. 이러한 경우에는 다른 디지털 핀 쌍을 선택하고 직렬 포트 에뮬레이션(소프트웨어 방식 직렬) 라이브러리를 사용해 GPS와 통신하자.

아두이노 및 GPS 전원을 끈 상태에서 GPS의 TX 라인을 아두이노 2번 핀으로, RX 라인을 3번 핀으로 옮겨 하드웨어 방식 직렬 포트를 비움으로써 디버깅할 수 있게 한다(그림 4-8 참고). USB 케이블을 호스트 PC에 연결한 상태에서 다음 스케치를 통해 작동 중인 TinyGPS를 아두이노의 직렬 모니터로 자세히 살펴보자.

```
/* 로깅(logging, 기록) 처리를 하는 GPS 스케치.
 */

#include "TinyGPS++.h"

// 보드에 별도의 하드웨어 방식 직렬 포트가 있다면 다음에 보이는 네 줄을 삭제하자.
#include "SoftwareSerial.h"
#define GPS_RX_PIN 2
#define GPS_TX_PIN 3
SoftwareSerial softserial(GPS_RX_PIN, GPS_TX_PIN); // 소프트웨어 방식 직렬 객체를 생성한다.

// 보드에 별도의 하드웨어 방식 직렬 포트가 있는 경우에는
// softserial을 해당 포트로 변경한다.
#define GPS_SERIAL softserial

TinyGPSPlus gps; // TinyGPSPlus 객체를 한 개 생성한다.

void setup()
{
  Serial.begin(9600);      // 디버깅에 쓸 것이다.
  GPS_SERIAL.begin(9600); // GPS와 교신하기 위해 소프트웨어 방식 Serial 객체를 사용한다.
}

void loop()
{
  while (GPS_SERIAL.available())
  {
    int c = GPS_SERIAL.read();
    Serial.write(c); // 디버깅할 수 있게 NMEA 데이터를 표시한다.

    // 각 바이트를 encode()로 송신한다.
    // encode()가 True를 반환한다면 새 위치를 확인한다.
    if (gps.encode(c))
    {
      Serial.println();
      float lat = gps.location.lat();
      float lng = gps.location.lng();
      unsigned long fix_age = gps.date.age();

      if (!gps.location.isValid())
        Serial.println("Invalid fix");
      else if (fix_age > 2000)
        Serial.println("Stale fix");
      else
        Serial.println("Valid fix");

      Serial.print("Lat: ");
      Serial.print(lat);
      Serial.print(" Lon: ");
      Serial.println(lng);
    }
  }
}
```

소프트웨어 방식 직렬에 대한 자세한 설명을 보고 싶다면 레시피 4.11과 4.12를 참고하자.

시리얼 모니터와 GPS에 연결하기 위해 다른 전송 속도를 사용할 수 있다.

이 새로운 스케치는 이전 예제와 동일하게 작동하지만(간결하게 하기 위해 LED 깜박임 코드는 생략) 디버깅하기가 훨씬 쉽다. 언제든지 직렬 LCD(레시피 4.11 참고) 내장형 직렬 포트에 연결해 NMEA 문장들과 TinyGPSPlus 데이터가 스크롤하는 것(말리는 것)을 볼 수 있다. 아두이노의 시리얼 모니터를 사용해 직렬 포트에 연결할 수도 있다.

전원 장치가 켜지면 GPS 장치는 NMEA 문장 전송을 시작한다. 그러나 유효한 위치 데이터가 포함된 문장은 GPS가 픽스fix(데이터 연결 고정)를 설정한 후에만 전송되며, 이로 인해 GPS 안테나가 하늘을 볼 수 있어야 하며, 이렇게 되기까지 최대 2분 이상 걸릴 수 있다. 폭풍우가 치거나 건물이나 그 밖의 장애물이 있으면 GPS의 위치 파악 기능에 방해를 수신할 수 있다. 그렇다면 TinyGPSPlus가 유효한 위치 데이터를 제공하는지를 스케치는 어떻게 알 수 있을까? 대답은 gps.location.isValid() 함수의 반환 값에 있다. false 값은 TinyGPS가 위치 데이터가 포함된 유효한 문장을 아직까지 파싱하지 않았다는 점을 의미한다. 이런 경우에는 반환된 위도와 경도도 유효하지 않다.

여러분은 픽스가 얼마나 오래된 것인지도 확인할 수 있다. gps.date.age() 함수는 마지막 픽스 이후의 시간을 밀리초(㎳) 단위에 맞춘 개수 형태로 반환한다. 스케치는 이것의 값을 fix_age에 저장한다. 정상적인 작동에서는 fix_age에 대한 값이 아주 낮을 것으로 예상할 수 있다. 최신 GPS 기기는 위치 데이터를 자주(초당 1 ~ 5회 이상) 보고할 수 있으므로 2,000㎳를 초과하는 fix_age는 문제가 있을 수 있음을 나타낸다. GPS가 터널을 통과하거나 배선 결함으로 인해 NMEA 데이터 스트림이 손상되어 체크섬(데이터가 손상되지 않았는지를 확인하는 계산)이 무효화될 수 있다. 어쨌든 큰 fix_age는 get_position()에 의해 반환된 좌표가 오래되었음을 나타낸다.

함께 보면 좋은 내용

NMEA 프로토콜에 관해 더 알고 싶다면 위키백과(https://oreil.ly/APOzP)를 참고하자.

몇몇 상점은 TinyGPS 및 아두이노와 잘 연동되는 GPS 모듈을 판매한다. 이는 대부분 전력 소비, 전압, 정확도, 물리적 인터페이스, 직렬 NMEA를 지원하는지 여부에 따라 달라진다. 에이다프룻도 다양한 모듈(https://oreil.ly/9rN5V)을 판매하며, 이는 스파크펀(https://oreil.ly/w0asL)도 마찬가지다.

GPS 기술은 여러 창의적인 아두이노 프로젝트에 영감을 주었다. 가장 보편적인 예로는 GPS 데이터 로거를 들 수 있는데, 이 로거에 있는 이동 장치가 위치 데이터를 정기적으로 아두이노 EEPROM이나 그 밖의 온보드 스토리지에 써넣는다. https://oreil.ly/YBhAI에서 예제를 참고하자. 에이다프룻은 널리 사용되는 GPS 데이터 로깅 쉴드(https://oreil.ly/8eOqy)를 만든다.

그 밖의 흥미로운 GPS 프로젝트로는 아두이노 소프트웨어의 제어를 받으면서 미리 계획해 둔 목적지를 향해 자동으로 날아가는 취미용 비행기와 헬리콥터가 있다. 마이칼 하트Mikal Hart는 상자를 물리적으로 특정 위치로 옮길 때까지 열 수 없게 내부 잠금장치가 있고 GPS로 보강한 '보물 상자'를 만들었다. 이 프로젝트에 대한 그의 게시물을 참고하자(https://oreil.ly/FAvDD).

레시피 6.15 자이로스코프 기반 회전 감지

문제

회전 속도에 반응하게 하고 싶다. 차량이나 로봇을 직선으로 움직이거나 원하는 속도로 회전시키는 데 사용할 수 있다.

해법

자이로스코프gyroscope(회전의)는 회전 비율과 관련한 출력을 제공한다. 반면에 가속도계accelerometer는 속도의 변화율을 나타낸다는 점이 다르다. 아두이노 초기에는 대부분의 저렴한 자이로스코프가 회전 비율에 비례하는 아날로그 전압을 사용했다. 이제 어떤 스마트폰에서든지 자이로스코프와 가속도계를 어디서나 사용할 수 있게 되었으므로 I2C 프로토콜을 사용해 자이로스코프와 가속도계를 결합한 스마트폰을 쉽고 저렴하게 구할 수 있다. I2C 사용에 관해 더 알고 싶다면 13장을 참고하자.

 아두이노 나노 33 BLE 센스 보드에 자이로스코프와 가속도계가 장착되어 있다. 자세한 정보를 알고 싶다면 레시피 6.1을 참고하자.

MPU-9250 관성측정장치는 비교적 저렴한 자유도(9DOF)를 제공하는 센서이며, 아두이노와 잘 어울려 동작한다. 스파크펀(품번 SEN-13762) 등의 다양한 공급업체가 제작한 브레이크아웃 보드에서 사용할 수 있다. MPU-9250을 지원하는 라이브러리로는 여러 가지가 있다. 다음 스케치는 아두이노 라이브러리 매니저를 사용해 설치할 수 있는, 볼더 플라이트 시스템즈Bolder Flight Systems의 MPU9250 라이브러리를 사용한다(제3자 라이브러리 설치에 대한 지시 사항은 레시피 16.2를 참고하자). 그림 6-18과 같이 센서를 연결하자.

```
/* Gyro 스케치.
 * 자이로를 읽고 회전을 초당 도 단위로 표시한다.
 */

#include "MPU9250.h"
```

```
// IMU의 I2C 주소. 그래도 문제가 해결되지 않으면 0x69로 해보자.
#define IMU_ADDRESS 0x68

MPU9250 IMU(Wire, IMU_ADDRESS); // MU 객체를 선언한다.

void setup()
{
  Serial.begin(9600);
  while(!Serial);

  // IMU를 초기화한다.
  int status = IMU.begin();
  if (status < 0)
  {
    Serial.println("Could not initialize the IMU.");
    Serial.print("Error value: "); Serial.println(status);
    while(1); // 스케치를 중단한다.
  }

  // 자이로의 전체 범위를 +/- 500 도/초로 설정한다.
  status = IMU.setGyroRange(MPU9250::GYRO_RANGE_500DPS);
  if (status < 0)
  {
    Serial.println("Could not change gyro range.");
    Serial.print("Error value: "); Serial.println(status);
  }
}

void loop()
{
  IMU.readSensor();

  // 라디안/초 단위에 맞춰 회전 속도를 구한다.
  float gx = IMU.getGyroX_rads();
  float gy = IMU.getGyroY_rads();
  float gz = IMU.getGyroZ_rads();

  // 각도/초 단위에 맞춰 속도를 표시한다.
  Serial.print("gx:");
  Serial.print(gx * RAD_TO_DEG, 4);
  Serial.print(",gy:");
  Serial.print(gy * RAD_TO_DEG, 4);
  Serial.print(",gz:");
  Serial.print(gz * RAD_TO_DEG, 4);
  Serial.println();
  delay(100);
}
```

MPU-9250은 3.3V I2C 장치여서 3.3V 아두이노 보드를 사용하지 않는다면 자이로의 SCL과 SDA 핀을 보호하기 위한 로직 레벨 컨버터(logic-level converter, 논리 수준 변환기)가 필요하다. I2C 및 3.3V 장치 사용에 관해 더 알고 싶다면 13장에 나오는 '소개' 부분을 참고하자.

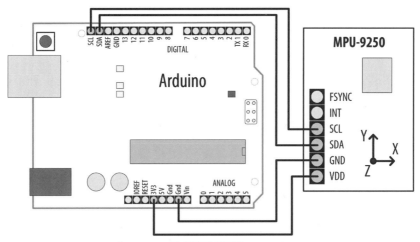

그림 6-18 I2C를 사용해 연결한 MPU-9250 IMU

토의

스케치는 MPU9250 라이브러리를 가져와서 IMU를 나타내는 객체를 한 개 선언하는 일부터 한다. 그러고 나서 setup() 내에서 IMU를 초기화하려고 한다. 이게 안 된다면 여러분은 IMU_ADDRESS 정의를 0x69로 변경하거나 배선을 점검해야 한다. IMU가 초기화된 다음에 스케치는 자이로의 전체 범위를 초당 +/- 500°로 변경한다.

루프 내에서 스케치는 센서를 읽고 초당 라디안 단위의 회전 속도를 얻는다. 그러고 나서 RAD_TO_DEG 아두이노 상수를 사용해 이를 초당 각도로 변환한다. 스케치의 출력은 시리얼 모니터나 시리얼 플로터에서 읽을 수 있다.

함께 보면 좋은 내용

I2C에 관해 더 알고 싶다면 13장을 참고하자.

3.3V 장치를 5V 보드에 연결하는 방법에 관해 더 알고 싶다면 483쪽의 '5V 보드에서 3.3V 장치 사용'을 참고하자.

MPU-9250(https://oreil.ly/JSXJb)용 스파크펀 자습서를 사용해 보자. 이 자습서에서 사용하는 라이브러리는 다르지만, 개념은 똑같다.

문제

스케치에서 전자 나침반의 방향을 알아내려고 한다.

해법

이 레시피는 레시피 6.15에 나오는 MPU-9250의 9 자유도nine degrees of freedom, 9DOF 관성 측정 장치 inertial measurement unit, IMU의 자력계를 사용한다. 그림 6-18과 같이 센서를 연결하자. MPU-9250의 세 가지 기본 센서(자이로스코프, 자력계, 가속도계)는 각기 3차원(x, y, z) 값을 읽으며, 이게 9 자유도가 유래한 이유다.

 자력계(자기계)를 사용하기 전에 보정해야 한다. 이 깃허브(https://github.com/bolderflight/MPU9250/ issues/33)에서 보정 스케치를 찾을 수 있었다.[5] 이 스케치는 교정 값을 마이크로컨트롤러 보드의 비휘발 성 EEPROM 메모리에 저장한다. 다음 스케치에서 볼 수 있듯이 자력계로 작업할 때는 매번 보정 값을 로드해야 한다. 다른 마이크로컨트롤러 보드에 센서를 붙여 사용한다면 보정 스케치를 다시 실행해야 한 다. 또한, EEPROM에 그 밖의 것들도 저장해야 한다면 보정 값과 같은 자리에 저장하지 말아야 한다.

```
/* 자력계 스케치.
 * 자력계를 읽고 자기장 강도를 표시한다.
 */

#include "MPU9250.h"
#include <math.h>
#include "EEPROM.h"

// IMU의 I2C 주소. 그래도 문제가 해결되지 않으면 0x69로 해보자.
#define IMU_ADDRESS 0x68

// 이것을 여러분의 위치에 대한 편각(declination)으로 변경한다.
// https://www.ngdc.noaa.gov/geomag/calculators/magcalc.shtml을 참고하자.
#define DECLINATION (-14)

MPU9250 IMU(Wire, IMU_ADDRESS); // IMU 객체를 선언한다.

void setup()
{
  int status;

  Serial.begin(9600);

  while (!Serial);
```

---

5 옮긴이 현재는 해당 주소를 찾을 수 없다. 이 책에 나오는 스케치를 참고하면 될 것이다.

```
  // IMU를 초기화한다.
  status = IMU.begin();
  if (status < 0)
  {
    Serial.println("Could not initialize the IMU.");
    Serial.print("Error value: "); Serial.println(status);
    while (1); // 스케치를 중단한다.
  }

  load_calibration();
}

void loop()
{
  IMU.readSensor();

  // 마이크로테슬라 단위에 맞춰 각 축별 자력계 값을 구한다.
  float mx = IMU.getMagX_uT();
  float my = IMU.getMagY_uT();
  float mz = IMU.getMagZ_uT();

  // 출처: https://github.com/bolderflight/MPU9250/issues/33에서 보정 스케치를 찾을 수 있었다.[6]
  // 자력계 데이터를 정규화한다.
  float m = sqrtf(mx * mx + my * my + mz * mz);
  mx /= m;
  my /= m;
  mz /= m;

  // 자력계 값들을 표시한다.
  Serial.print("mx:");
  Serial.print(mx, 4);
  Serial.print(",my:");
  Serial.print(my, 4);
  Serial.print(",mz:");
  Serial.print(mz, 4);
  Serial.println();

  float constrained = constrainAngle360(atan2f(-my, mx) + (DECLINATION * DEG_TO_RAD));
  float calcAngle = constrained * RAD_TO_DEG;
  Serial.print(calcAngle);
  Serial.println(" degrees");
  delay(100);
}

// 출처: https://github.com/bolderflight/MPU9250/issues/33에서 보정 스케치를 찾을 수 있었다.[7]
float constrainAngle360(float dta)
{
  dta = fmod(dta, 2.0 * PI);
  if(dta < 0.0)
  dta + = 2.0 * PI;
```

---

6 [옮긴이] 현재는 해당 주소를 찾을 수 없다. 이 책에 나오는 스케치를 참고하면 될 것이다.

7 [옮긴이] 현재는 해당 주소를 찾을 수 없다. 이 책에 나오는 스케치를 참고하면 될 것이다.

```
    return dta;
}

// eeprom으로부터 보정 값을 로드한다.
// 출처: https://github.com/bolderflight/MPU9250/issues/33에서 보정 스케치를 찾을 수 있었다.[8]
void load_calibration()
{
  float hxb, hxs, hyb, hys, hzb, hzs;

  uint8_t eeprom_buffer[24];
  for (unsigned int i = 0; i < sizeof(eeprom_buffer); i++)
  {
    eeprom_buffer[i] = EEPROM.read(i);
  }
  memcpy(&hxb, eeprom_buffer, sizeof(hxb));
  memcpy(&hyb, eeprom_buffer + 4, sizeof(hyb));
  memcpy(&hzb, eeprom_buffer + 8, sizeof(hzb));
  memcpy(&hxs, eeprom_buffer + 12, sizeof(hxs));
  memcpy(&hys, eeprom_buffer + 16, sizeof(hys));
  memcpy(&hzs, eeprom_buffer + 20, sizeof(hzs));

  IMU.setMagCalX(hxb, hxs);
  IMU.setMagCalY(hyb, hys);
  IMU.setMagCalZ(hzb, hzs);
}
```

 5V 아두이노 보드와 함께 IMU를 사용하려면 483쪽의 '5V 보드에서 3.3V 장치 사용'을 참고하자.

토의

나침반 모듈은 자기장의 세기를 3개 축, 즉 (x, y, z)별로 제공한다. 이 값은 지구의 자기장, 즉 자북 magnetic north과 관련해 나침반 방향이 변경됨에 따라 달라진다.

레시피 6.15에 표시된 스케치와 마찬가지로 이 스케치는 IMU를 구성하고 초기화하지만, 자이로 데이터를 표시하는 대신에 자력계 판독값을 마이크로테슬라 단위에 맞춰 읽고 이를 나침방위compass bearing(나침의 방위)로 변환한다(또 다른 큰 차이점은 EEPROM에서 보정 데이터를 로드한다는 것이다). 이 스케치가 제대로 작동하려면 IMU가 수평면level surface(등위면, 수준면)에 있어야 한다. 스케치 상단에 나오는 DECLINATION 값을 변경해 지리적 위치에 대한 편각을 설정해야 한다(서쪽 편각에는 음수, 동쪽에는 양수 사용). 더 알고 싶다면 NGDC 편각declination(편차) 조회 도구(https://oreil.ly/5oDok)를 참고하자.

---

8 옮긴이 현재는 해당 스케치를 찾을 수 없다. 이 책에 나오는 스케치를 참고하면 될 것이다.

자력계 판독값은 각 판독값을 모든 판독값에 대한 합의 제곱근square root of the sum으로 나누어 정규화한다. 편각(라디안)을 다음 공식에 추가해 자북에 대한 각도를 계산한다. radians = arctan2(-my, mx)는 constrainAngle360 함수에 의해서 360°(2 * 파이 라디안)로 제한된다. 이 결과는 RAD_TO_DEG 상수를 곱해 각도로 변환된다. 0°는 자북을 나타낸다.

서보가 처음 180° 이상의 나침반 방향을 따르게 하려면 338쪽 '서보'에 나오는 기술을 사용하되 calcAngle을 사용해 그림과 같이 서보를 이동하자.

```
angle = constrain(calcAngle, 0, 180);
myservo.write(calcAngle);
```

레시피 6.17 가속도 판독

문제

가속도에 반응하게 하고 싶다. 예를 들어, 무언가가 움직이기 시작하거나 멈추는 시기를 감지하고 싶다. 또는 지구 표면과 관련해 물체의 방향을 감지하려고 한다. 즉, 중력가속도acceleration due to gravity를 측정하려고 한다.

해법

이 레시피는 레시피 6.15에 나오는 MPU-9250의 9 자유도nine degrees of freedom, 9DOF 관성 측정 장치 (IMU)의 가속도계를 사용한다. 그림 6-18과 같이 센서를 연결하자.

 5V 아두이노 보드에서 IMU를 사용하려면 483쪽에 나오는 '5V 보드에서 3.3V 장치 사용'을 참고하자.

여기에 나오는 간단한 스케치는 MPU-9250을 사용해 x, y, z축의 가속도를 표시한다.

```
/* Accelerometer 스케치.
 * 가속도계를 읽어 가속도를 ‰ 단위에 맞춰 표시한다.
 */

#include "MPU9250.h"

// IMU의 I2C 주소. 그래도 문제가 해결되지 않으면 0x69로 해보자.
#define IMU_ADDRESS 0x68

MPU9250 IMU(Wire, IMU_ADDRESS); // IMU 객체를 선언한다.
```

```
void setup()
{
  Serial.begin(9600);
  while(!Serial);
  // IMU를 초기화한다.
  int status = IMU.begin();
  if (status < 0)
  {
    Serial.println("Could not initialize the IMU.");
    Serial.print("Error value: "); Serial.println(status);
    while(1); // 스케치를 중단한다.
  }
}

void loop()
{
  IMU.readSensor();

  // 회전 속도를 초당 라디안 단위에 맞춰 획득한다.
  float ax = IMU.getAccelX_mss();
  float ay = IMU.getAccelY_mss();
  float az = IMU.getAccelZ_mss();

  // 속도를 초당 각도 단위에 맞춰 표시한다.
  Serial.print("ax:");  Serial.print(ax, 4);
  Serial.print(",ay:"); Serial.print(ay, 4);
  Serial.print(",az:"); Serial.print(az, 4);
  Serial.println();
  delay(100);
}
```

토의

각 축을 따라 가속도를 '미터 매초 제곱'(m/s^2) 단위로 나타낸다는 점을 빼면 이 레시피는 레시피 6.15에 나오는 gyro 스케치와 유사하다. 예를 들어, z축 방향 가속도는 −9.8m/s^2 정도다. 중력이 약 9.8m/s^2인 지구에서 이 스케치를 실행한다면 적어도 그렇다는 점을 알 수 있다. z축을 따라 0 값이 표시된다면 이는 센서가 자유 낙하한다는 뜻이다. 9.8m/s^2 가속을 유발하는 힘은 센서가 떨어지지 않게 하는 모든 사물(여러분의 손이나 어떤 탁자나 바닥)의 기계적 힘이다. 여러분이 보기에 이런 사물에 가속도가 없는 것처럼 보이겠지만, 자유 낙하와 관련하여 가속되고 있는 셈인데, 이는 센서와 지구의 중심 사이에 아무것도(바닥도, 테이블도, 손도) 없을 때 적용될 조건이다. 센서와 지구 중심 사이에 아무것도 없다면 그런 상황은 적어도 지구에 사는 생명체가 바라보았을 때 다소 특이하고 바람직하지 않은 지구 질량 구성 방식일 것이다.

이전 레시피의 기술을 사용해 가속도계 판독값에서 정보를 추출할 수 있다. 운동을 계산하려면 임곗값을 확인해야 할 수도 있다(임곗값 감지의 예는 레시피 6.7 참고). 수신 데이터에 이동 평균 수식을 적용하면 유용할 것이다.

가속도계가 수평인 것으로 판독되는 경우라면 값을 직접 사용해 운동 문제를 풀 수 있다. 수직인 것으로 판독된다면 중력이 값에 미치는 영향을 고려해야 한다. 이것은 레시피 6.8에 나오는 DC 오프셋과 비슷하지만, 가속도계가 방향을 변경할 수도 있고, 이로 인해 중력 영향에 따른 각 판독값이 일정하지 않게 되어 복잡해질 수 있다.

가속도계가 생성해 내는 데이터를 가지고 작업하기가, 특별히 시간의 흐름에 따른 운동(위치만이 아니라 동작까지 감지하는 경우)에 대해 결정을 내리려고 시도할 때 어려울 수 있으며, 실시간 센서 데이터를 처리하고 이전에 생성된 데이터셋과 어떻게 관련되는지 인식하게 하는 일에 머신러닝 기술이 사용되기 시작했다. 현재 시점에서 보면 이러한 접근 방식은 컴퓨터에서 실행될 필요가 있으며, 이런 식으로 구성하기가 매우 어렵지만, 구성할 수만 있다면 아주 유용한 결과를 생성할 수 있다.

함께 보면 좋은 내용

아두이노 보드와 통합되는 멋진 예를 들자면 Gesture Recognition Toolkit(제스처 인식 툴킷)을 바탕으로 삼아 데이비드 멜리스David Mellis가 구축한 Example-based Sensor Prediction(사례 기반 센서 예측) 시스템이 있다(https://oreil.ly/67i7U).

웨키네이터Wekinator(https://oreil.ly/qAxef)도 살펴볼 가치가 있다.

MPU-9250용으로 스파크펀에서는 만보계pedometer(보수계)와 걸음tap과 방향orientation을 다룰 수 있게 고급 라이브러리를 제공한다. 이 라이브러리를 사용하려면 SAMD 기반 아두이노 제품이나 아두이노 호환 제품(https://oreil.ly/pJyOl)이 필요하다.

7

시각적 출력

![레시피 7.0] 소개

아두이노는 출력을 가시화함으로써 사용자에게 정보를 더 잘 전달할 수 있다. 이를 위해 아두이노에서는 광범위한 LED 장치를 지원한다(아두이노는 11장에서 다룬 그래픽 디스플레이 패널로 정보를 표시할 수도 있다). 이번 장에 나오는 레시피를 살펴보기 전에 아두이노의 디지털 출력 및 아날로그 출력에 대해 토의해 보고, 아두이노에서 발광 다이오드(LED)가 어떻게 작동하는지를 설명한다. 디지털출력과 아날로그 출력(digitalWrite와 analogWrite)을 사용하는 일이나 회로에서 LED를 사용하는일에 아직 익숙하지 않다면 이번 장의 도입부인 이번 내용을 읽어 두는 것이 바람직하다. 이번 장에나오는 레시피는 단순한 단일 LED 기반 디스플레이 장치에서 움직임으로 인한 착시illusion of motion를생성하는 일(레시피 7.7)과 모양shape을 표시하는 일(레시피 7.9) 등을 포함해 이것저것을 모두 다룬다.

디지털 출력

디지털 입력에 사용하는 핀을 모두 디지털 출력에도 사용할 수 있다. 5장에서 우리는 아두이노 핀배치를 대략적으로 살펴보았다. 아두이노 핀에 연결하는 데 익숙하지 않다면 해당 장의 '소개' 부분을 살펴보자.

디지털 출력이란, 핀의 전압이 높은 경우(보드에 따라 5V나 3.3V)와 낮은 경우(0V)로만 나눠서 출력하는 경우를 말한다. digitalWrite(outputPin, value) 함수를 사용해 무언가를 켜거나 끈다. 이함수에는 두 가지 매개변수가 있다. outputPin은 제어할 핀을 말하며, 이것의 값은 HIGH(5V나 3.3V)이거나 LOW(0V)다.

핀 전압이 이 명령에 반응하게 하려면 pinMode(outputPin, OUTPUT) 명령을 사용해 핀을 **출력**output 모드로 설정해야 한다. 레시피 7.1에 나오는 스케치는 디지털 출력을 사용하는 방법에 대한 예제다.

아날로그 출력

아날로그analog라는 말은 최대 수준까지 점진적으로 그 수준을 변화시킬 수 있음을 의미한다(예: 다이얼을 돌려서 밝기를 조절하는 경우나 소리의 크기를 조절하는 경우가 이에 해당한다). 아두이노에 연결된 LED의 세기 같은 것을 제어하는 데 사용할 수 있는 analogWrite 함수가 아두이노에 있다.

analogWrite 함수는 아날로그처럼 동작할 수 있지만 실제로는 아날로그가 아니다. analogWrite는 디지털 펄스를 사용해 아날로그 신호를 에뮬레이트하는 기술, 즉 PWMPulse Width Modulation(펄스 폭 변조) 기술을 사용한다.

PWM은 그림 7-1에 나오는 것처럼 펄스 비율을 켬 시간에서 끔 시간으로 변화시키는 식으로 작동한다. 짧은 시간만 켜지는 펄스를 생성해 로우 레벨low-level(저준위) 출력을 에뮬레이션한다. 레벨level(준위)이 그보다 더 높은 출력은 펄스가 출력을 에뮬레이트하고 싶다면 꺼져 있는 펄스들보다 켜져 있는 펄스들이 더 많게 하면 된다. 펄스가 충분히 빨리 반복되면(아두이노 보드에서 거의 초당 500회 또는 그 이상), 이 펄스를 사람이 감지하기 어려우며, LED 같은 사물의 출력은 펄스 속도의 변화에 맞춰 매끄럽게 변하는 것처럼 보이게 된다.

아두이노에는 PWM 출력에 사용할 수 있는 핀 수가 제한되어 있다. 아두이노 우노와 ATmega328 기반 호환 보드에서는 3, 5, 6, 9, 10, 11번 핀을 사용할 수 있다. 아두이노 메가보드에서는 2 ~ 13번 핀과 44 ~ 46번 핀을 PWM 출력용으로 사용할 수 있다. 나노 보드의 PWM 출력용 핀은 다섯 개에 불과하며, 아두이노 제로나 스파크펀 레드보드 터보 또는 에이다프룻 메트로 익스프레스 M0는 2번 핀과 7번 핀을 제외한 모든 디지털 핀에서 PWM을 지원한다. 다음에 나오는 여러 레시피에서는, 디지털과 PWM에 모두 사용할 수 있는 핀을 사용해 그 밖의 레시피를 시도하고 싶을 경우일지라도 다시 배선하는 일을 최소로 할 수 있게 한다. PWM 출력에 대해 다른 핀을 선택하려면 지원되는 analogWrite 핀 중 하나를 선택해야 한다(다른 핀은 출력을 제공하지 않음). 제로, 레드보드 터보, 메트로 익스프레스 M0 보드들에는 모두 진정한 아날로그 신호를 생성하는 DAC 핀(A0)이 있다. 이것은 휘도brightness(밝기)나 모터 속도(PWM이 더 효과적임) 같은 것을 제어하기 위한 것이 아니며, 실제로는 레시피 1.8에 표시한 대로 소리신호를 생성하는 데 유용하다.

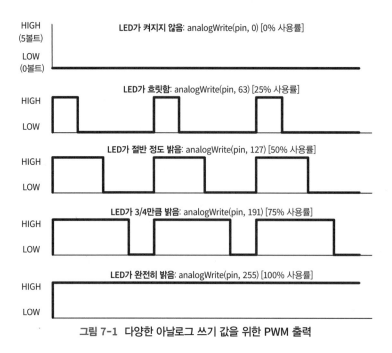

그림 7-1 다양한 아날로그 쓰기 값을 위한 PWM 출력

조명 제어

디지털 출력이나 아날로그 출력을 사용해 등화 관제(빛 제어)를 하는 방법은 사용자 상호작용을 제공하기 위해 다양하고 효과적이며 널리 사용되는 방법이다. 단일한 LED나 어레이 또는 숫자 표시 장치를 이번 장에 나오는 레시피에서 광범위하게 다룬다. LCD 텍스트와 그래픽 디스플레이 장치에는 다른 기술이 필요하므로 이에 대해서는 11장에서 다룬다.

LED 사양

LED는 **애노드**anode(양극)와 **캐소드**cathode(음극)라는 두 개의 리드가 있는 반도체 장치(다이오드)다. 애노드의 전압이 캐소드의 전압보다 더 양극성positive(정극성)을 띄게 될 때(즉, 애노드 전압이 캐소드 전압보다 높을 때), 즉 **순방향 전압**forward voltage이라고 하는 전압량일 때 장치는 빛(광선)을 방출한다. 일반적으로 애노드의 리드가 더 길며, 하우징housing(외함)에 캐소드임을 알리는 평평한 점이 있는 경우가 흔하다(그림 7-2 참고). LED 색상과 순방향 전압의 정확한 값은 다이오드를 어떻게 구성하는가에 따라 달라진다.

일반적인 빨간색 LED의 순방향 전압은 약 1.8V다. 애노드의 전압이 캐소드의 전압보다 1.8V 더 양극성을 띄는 값이 아닌 경우에는 LED를 통해 전류가 흐르지 않고 빛이 생성되지 않는다. 애노드의 전압이 캐소드의 전압보다 1.8V 더 양극성인 전압이 되면 LED가 '켜져(전도되어)' 곧 단락되어 버리고 만다. 그러므로 여러분은 저항으로 전류를 제한해야 한다. 그렇지 않으면 LED가 쉽게 타버리고 만다. 레시피 7.1은 전류 제한 저항기의 저항값을 계산하는 방법을 보여 준다.

특히 순방향 전압 및 최대 전류 값을 결정하려면 응용 분야에 알맞은 LED를 선택하기 위해 LED 데이터시트를 참조해야 할 수도 있다. 표 7-1과 7-2는 LED 데이터시트에서 가장 중요한 항목을 보여 준다.

표 7-1 주요 데이터시트 규격: 최대 정격 절댓값

파라미터	기호	정격	단위	비고
순방향 전류	I_F	25	밀리암페어(mA)	이 LED를 위한 최대 연속 전류
피크(peak, 첨두) 순방향 전류(1/10 사용률 @ 1㎑)	I_{FP}	160	밀리암페어(mA)	최대 펄스 전류(여기서 펄스에 대해 주어진 값은 1/10 켬 및 9/10 끔)

표 7-2 주요 데이터시트 규격: 전자광학적 특성

파라미터	기호	정격	단위	비고
광도	I_V	2	밀리칸델라(mcd)	If = 2mA – 2mA 전류일 때의 휘도
	I_V	40	밀리칸델라(mcd)	If = 20mA – 20mA 전류일 때의 휘도
시야각		120	도(°)	빔 각
파장		620	나노미터(nm)	주파장 또는 첨두파장(색)
순방향 전압	V_F	1.8	볼트(V)	LED가 켜졌을 때에 걸친 전압

우노, 레오나르도, 메가 보드에 달린 아두이노 핀에서는 최대 40mA에 해당하는 전류를 공급할 수 있다. 이는 일반적인 중간 광도 LED에는 충분하지만 단일 핀에 연결된 고휘도 LED나 다중 LED를 구동하기에는 충분하지 않다. 레시피 7.3은 트랜지스터를 사용해 LED를 통과하는 전류를 늘리는 방법을 보여 준다.

3.3V 보드는 전류 용량이 낮으므로 보드의 데이터시트를 확인해 최대 정격을 초과하지 않게 하자.

다색 LED_multicolor LED는 하나의 물리적 패키지에 LED가 두 개 이상 들어 있게 구성한 것이다. 서로 다른 색상을 개별적으로 제어할 수 있게 리드가 두 개 이상 있을 수 있다. 패키지 형태가 다양하므로 LED의 데이터시트를 확인해 리드 연결 방법을 결정해야 한다.

멀티플렉싱

많은 LED를 제어해야 하는 애플리케이션에 **멀티플렉싱**_multiplexing_(다중화)이라는 기술을 사용할 수 있다. 멀티플렉싱은 LED 그룹(일반적으로 행이나 열로 맞춰 배열)을 순차적으로 전환해 작동한다. 레시피 7.12는 열두 개 핀으로 네 개 숫자 자리가 있는 32개 개별 LED(소수점을 포함해 여덟 개의 LED)를 구동하는 방법을 보여 준다. 여덟 개의 핀은 모든 숫자에 대해 숫자 세그먼트를 구동하고 네 개의 핀은 활성 상태인 숫자를 선택한다. 숫자를 충분히 빨리(초당 25회 이상) 나타내 보이면 사람 눈의

잔상persistence of vision 현상 때문에 펄스 형태로 등이 깜박거리는 것처럼 보이지 않고 마치 계속 켜져 있는 것처럼 보이게 된다.

찰리플렉싱charlieplexing은 LED에 극성이 있다는 사실을 바탕으로 멀티플렉싱을 사용해 극성(애노드가 캐소드보다 더 양극성을 띨 때만 불이 켜짐)을 반전시키는 방식으로 두 LED 간을 전환한다.

최대 핀 전류

아두이노 칩이 처리할 수 있게 설계된 전력보다 더 많은 전력을 LED가 소비하는 경우가 생긴다. 데이터시트를 보면 아두이노 우노 칩(ATmega328P)의 최대 정격 절댓값이 핀당 40mA다. 이 칩은 전체적으로 200mA를 소싱sourcing(들여오기) 및 싱킹sinking(내보내기)할 수 있으므로 총 전류가 이보다 작아지도록 해야 한다. 예를 들어, HIGH 출력(소싱)을 제공하는 핀 다섯 개와 LOW 출력(싱킹)을 제공하는 핀 다섯 개가 있는데, 각 핀이 40mA인 경우를 생각해 볼 수 있다. 최대 정격 용량을 넘지 않는 범위에서 잘 작동하게 애플리케이션을 설계해서 최상의 신뢰성을 확보하는 것이 바람직하다. 따라서 전류를 30mA 이하로 유지해 뛰어난 안정성을 제공하는 것이 제일 바람직하다. 핀 전류가 더 커야 하고 신뢰성을 낮춰도 받아들일 수 있을 만큼 취미용으로 사용하는 경우라면 칩당 200mA 소싱 한도와 200mA 싱킹 한도를 초과하지 않는 범위에서 최대 40mA인 핀을 구동할 수 있다.

외부 트랜지스터를 사용하지 않고 전류를 늘리는 방법을 알고 싶다면 레시피 7.3의 '토의'를 참고하자.

 최대 정격 용량이 40mA인 것으로 데이터시트에 나와 있고, 이 값과 가깝게 사용하기를 꺼리는 기술자가 있을 수 있다. 그러나 40mA 수치는 아트멜(Atmel) 측이 미리 정격을 낮춘 것으로, 이는 핀에서 안전하게 처리할 수 있는 값이다. 다음에 나올 레시피에서는 최대 40mA 정격을 기준으로 삼는다. 물론, 신뢰성이 중요한 사물을 만들어야 한다면 30mA로 줄여 여유 용량을 충분히 두는 것이 중요하다. 그러나 3.3V 보드 및 일부 5V 보드의 경우에는 정격이 더 낮을 수 있다는 점을 명심하자. 우노 와이파이 Rev 2 보드의 정격은 20mA이고, 제로의 정격은 7mA다. 다른 보드를 사용한다면 데이터시트를 확인하자.

레시피 7.1 LED 연결과 사용

문제

하나 이상의 LED를 제어하면서도 LED를 손상시키지 않게 하기 위해 적절한 전류 제한 저항기를 선택하려고 한다.

해법

아두이노를 사용하면 LED를 켜고 *끄*기가 쉬우며, 이전 장에 나오는 레시피 중 일부에는 이런 일을 담당하는 기능이 들어 있다(13번 핀의 내장형 LED를 제어하는 예제는 레시피 5.1 참고). 여기서 레시피는 외부 LED 선택 및 사용에 대한 지침을 제공한다. 그림 7-2는 LED 세 개에 대한 배선을 보여 주지만, 이 스케치는 LED가 한두 개인 경우에도 실행할 수 있다.

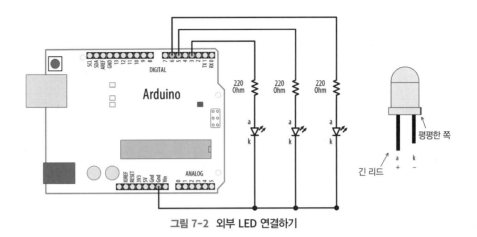

그림 7-2 외부 LED 연결하기

 캐소드, 즉 음극 핀(negative pin, 부극성 핀)의 계통도용 기호는 *c*가 아니라 *k*다. 계통도용 기호인 *c*는 커패시터를 나타내는 데 사용된다.

다음 스케치는 3, 5, 6번 핀에 연결된 세 개의 LED를 1초 동안 차례로 점등한다.

```
/*
 * LED 스케치.
 * 각각 다른 디지털 핀에 연결된 세 개의 LED 깜박임.
 */

const int firstLedPin  = 3; // 각 LED에 대응하는 핀을 선택한다.
const int secondLedPin = 5;
const int thirdLedPin  = 6;

void setup()
{
  pinMode(firstLedPin, OUTPUT);   // 첫 번째 LED 핀을 출력용으로 선언한다.
  pinMode(secondLedPin, OUTPUT);  // 두 번째 LED 핀을 출력용으로 선언한다.
  pinMode(thirdLedPin, OUTPUT);   // 세 번째 LED 핀을 출력용으로 선언한다.
}

void loop()
{
  // 각 LED를 1000ms(1초) 동안 깜박인다.
  blinkLED(firstLedPin, 1000);
  blinkLED(secondLedPin, 1000);
  blinkLED(thirdLedPin, 1000);
}
```

```
// 지정된 핀에 대응하는 LED를 여러 밀리초(ms)에 해당하는 지속시간 동안 깜박인다.
void blinkLED(int pin, int duration)
{
  digitalWrite(pin, HIGH); // LED를 켠다.
  delay(duration);
  digitalWrite(pin, LOW);  // LED를 끈다.
  delay(duration);
}
```

스케치는 setup 함수에서 LED에 연결된 핀을 출력용으로 설정한다. loop 함수는 blinkLED를 호출해 세 핀에 대응하는 LED를 각기 깜박인다. blinkLED 함수는 깜박임 표시 핀을 1초(1,000ms) 동안 HIGH로 설정한다.

토의

애노드가 아두이노 핀에 연결되어 있고 캐소드가 접지에 연결되어 있기 때문에 핀이 HIGH가 되면 LED가 켜지고 핀이 LOW가 되면 꺼진다. 캐소드를 핀에 연결하고 애노드를 접지에 연결하면 핀이 LOW일 때 LED가 켜진다(LED의 양쪽 측면 어디서든 저항기를 사용할 수 있다).

그림 7-3에 보이는 것처럼 +5V에 연결된 애노드를 거치게 LED를 연결한다면, 핀이 LOW가 될 때 켜진다(결과적으로 LED 중 한 개가 1초 동안 꺼져 있을 때 나머지 두 개가 켜져 있게 되는 식으로 반전되는 시각적 효과를 낸다).

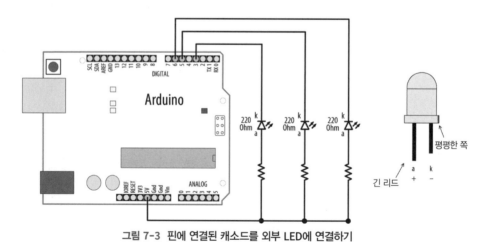

그림 7-3 핀에 연결된 캐소드를 외부 LED에 연결하기

LED가 사용하는 전류를 제어하려면 직렬 저항기가 한 개 필요한데, 그렇게 하지 않으면 LED가 빠르게 타 버릴 것이다. 외부 LED는 애노드나 캐소드의 직렬 저항기를 통해 연결해야 한다.

LED와 직렬로 연결된 저항기 한 개는 LED가 작동할 때 흐르는 전류량을 제어하는 데 사용된다. 저항값을 계산하려면 입력 전력 공급장치 전압(VS, 보통 5V), LED 순방향 전압(VF) 및 LED를 통해 흐르려는 전류량(I)을 알아야 한다.

옴 저항(옴의 법칙으로 알려진 것)은 다음과 같다.

$R = (V_S - V_F) / I$

예를 들어, 순방향 전압이 1.8V인 LED 한 개를 15mA에 해당하는 전류와 5V에 해당하는 입력 공급 전압으로 구동한다면 다음 값을 사용할 수 있다.

V_S = 5 (5V 아두이노 보드 한 개에 해당하는 것)

V_F = 1.8 (이 LED의 순방향 전압)

I = 0.015(1mA는 1/1000A이므로 15mA는 0.015A다)

LED가 켜져 있을 때 전압($V_S - V_F$)은 5V – 1.8V에 해당하므로 3.2V다.

따라서 직렬 저항기에 대해 계산한다면 3.2 / 0.015이므로 213Ω이다.

213Ω 값은 표준 저항값이 아니므로 이를 220Ω으로 반올림할 수 있다.

캐소드와 접지 사이에 연결된 저항기가 그림 7-2에 나와 있지만, 이렇게 하는 대신에 저항기를 LED의 다른 쪽, 즉 전압 공급장치voltage supply와 애노드 사이에 연결할 수 있다.

 아두이노 우노와 메가에 있는 핀의 최대 전류 규격은 40mA다. 보드가 공급할 수 있는 것보다 LED에 더 많은 전류가 필요하다면 레시피 7.3을 참고하자.

함께 보면 좋은 내용

레시피 7.3을 참고하자.

레시피 7.2 LED의 휘도 조절

문제

스케치에서 LED의 광도intensity를 제어하려고 한다.

해법

각 LED를 아날로그(PWM) 출력에 연결한다. 그림 7-2에 표시된 배선을 사용하자. 스케치에서는 꺼져 있던 LED를 최대 광도$_{maximum\ intensity}$에 이를 때까지 점점 밝아지게 했다가 다시 점점 꺼지게 하는데, 이렇게 하는 1개 주기에 약 5초가 걸린다.

```
/*
 * LedBrightness 스케치.
 * 아날로그 출력 포트에서 LED의 휘도를 제어한다.
 */

const int firstLed  = 3; // 각 LED에 대응하는 핀을 지정한다.
const int secondLed = 5;
const int thirdLed  = 6;

int brightness = 0;
int increment = 1;

void setup()
{
  // analogWrite로 구동되는 핀을 출력용으로 선언하지 않아도 된다.
}

void loop()
{
  if(brightness > 255)
  {
    increment = -1; // 255에 도달한 다음에는 카운트를 줄여 나간다.
  }
  else if(brightness < 1)
  {
    increment =  1; // 0으로 다시 떨어진 후에는 카운트를 늘려 나간다.
  }

  brightness = brightness + increment; // 늘림(부호가 마이너스이면 줄임).

  // 휘도 값을 LED들에 써넣는다.
  analogWrite(firstLed, brightness);
  analogWrite(secondLed, brightness);
  analogWrite(thirdLed, brightness);

  delay(10); // 단계당 10ms가 걸리므로 온전히 켜졌다가 꺼지는
             // 각 단계 변화(step change)에 걸리는 시간은 2.55초라는 말이 된다.
}
```

토의

이것은 이전 스케치와 동일한 배선을 사용하지만, 여기서는 digitalWrite 대신에 analogWrite를 사용해 핀을 제어한다. analogWrite는 PWM을 사용해 LED용 전력을 제어한다. 아날로그 출력에 대한 자세한 내용을 알고 싶다면 이번 장에 나오는 '소개' 부분을 참고하자.

이 스케치에서는 루프를 통과할 때마다 휘도brightness(밝기)를 나타내는 변숫값을 늘리거나(점점 밝게) 줄이는(점점 어둡게) 방식으로 빛의 세기light level를 높이거나 낮춘다. 이 값은 연결된 LED 세 개에 대한 analogWrite 함수에 제공된다. analogWrite의 최솟값은 0이며, 이 값에 따라 핀의 전압이 0으로 유지된다. 최댓값은 255다(5V 보드의 경우에는 5V, 3.3V 보드의 경우에는 3.3V).

 값의 범위를 0 ~ 255의 범위로 제한하는 것이 바람직한데, 이는 해당 범위 밖의 값은 예기치 않은 결과를 초래할 수 있기 때문이다. 레시피 3.5를 참고하자.

brightness 변수가 최댓값에 도달하면 increment 변수의 부호가 +1에서 –1로 변경되어 줄어들기 시작한다(값에 –1을 더하는 것은 해당 값에서 1을 빼는 것과 같다).

함께 보면 좋은 내용

이번 장에 나오는 레시피 7.0에서는 아두이노의 아날로그 출력 작동 방식을 설명한다.

듀에Due, 제로Zero 및 MKR1000과 같은 보드는 기본적으로 표준값인 255로 설정되어 있지만, PWM 범위는 최대 4,095다. 이 높은 분해능resolution을 사용해야 한다면 analogWriteResolution 함수를 사용해 이를 설정할 수 있다(https://oreil.ly/7_kOi).

레시피 7.3 고전력 LED 구동

문제

아두이노 핀이 제공할 수 있는 것보다 더 많은 전력이 필요한 LED의 광도를 전환하거나 제어해야 한다. 아두이노 우노 및 아두이노 메가 칩은 핀당 최대 40㎃에 해당하는 전류만 처리할 수 있다.

해법

트랜지스터를 사용해 LED를 거쳐 흐르는 전류를 켜거나 끈다. 그림 7-4와 같이 LED를 연결하자. 레시피 7.1과 7.2에 관한 해법이 필요하다.

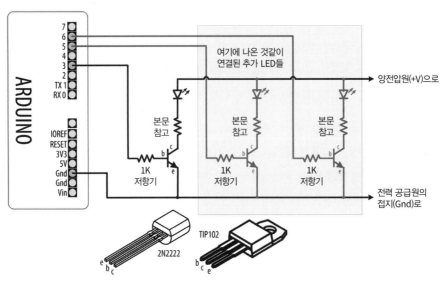

그림 7-4 트랜지스터를 사용해 고전류 LED를 구동하기

토의

그림 7-4에는 +V 전력원을 나타내는 화살표가 있다. 이게 아두이노 +5V 전력 핀일 수 있으며, USB에서 전력을 주고받는다면 최대 400mA까지 공급할 수 있다. 외부 전원 소켓을 통해 전력을 공급할 때 사용할 수 있는 전류는 DC 전력 공급장치의 정격 전류와 정격 전압에 따라 달라진다. 전압조정기 regulator(레귤레이터)는 과잉 전압을 열로 방출하므로 일반적으로 DC 입력 소켓 근처에 있는 3핀 칩 방식의 온보드 전압조정기를 만졌을 때 뜨겁지 않아야 한다. 아두이노가 공급하는 +5V가 더 많은 전류가 필요한 경우에는 LED를 구동하려면 아두이노가 아닌 별도의 전원이 필요하다. 외부 전력 공급장치 사용에 대한 내용은 부록 C를 참고하자.

 외부 전력 공급장치를 사용한다면 외부 공급장치의 접지를 아두이노 접지에 연결해야 한다.

트랜지스터가 켜질 때 전류가 컬렉터collector(집전기)에서 이미터emitter(방출체)로 흐를 수 있다. 트랜지스터가 꺼져 있을 때는 큰 전류가 흐르지 않는다. 아두이노에서는 digitalWrite로 핀의 전압을 높임으로써 트랜지스터를 켤 수 있다. 너무 많은 전류가 흐르지 않도록 핀과 트랜지스터의 베이스base 사이에 저항기가 필요하다. 1kΩ이 일반적인 값이다(5mA에 해당하는 전류를 트랜지스터의 베이스에 공급함). 데이터시트를 읽는 방법과 트랜지스터를 골라 쓰는 방법을 부록 B에서 볼 수 있다. 여러 출력을 구동하기 위해 ULN2003A 같은 특수 집적 회로를 사용할 수도 있다. 여기에는 일곱 개의 고전류 (0.5A) 출력 구동기가 들어 있다.

LED를 통과하는 전류량을 제한하는 데 사용하는 저항기의 저항값을 레시피 7.1에서 소개한 기술을 사용해 계산할 수 있지만, 계산할 때는 트랜지스터로 인해서 소스 전압source voltage(전원 전압)이 조금 줄어든다는 점을 감안해야 한다. 이렇게 줄어든 값은 보통 3/4볼트보다 더 작다(컬렉터-이미터 포화 전압을 살펴봄으로써 실제 값을 알아낼 수 있다. 이에 대해서는 부록 B를 참고하자). 고전류 LED(1와트 이상)는 정전류원constant current source, 즉 전류를 능동적으로 제어하는 회로를 사용해 LED를 통해 흐르는 전류를 관리하는 것이 제일 바람직하다.

ATmega 칩에서 40㎃를 초과하는 방법

보드에서 ATmega 칩을 사용한다면 여러 핀을 병렬로 연결해 핀 정격당 40㎃를 초과하게 전류를 늘릴 수도 있다(288쪽에 나오는 '최대 핀 전류' 부분 참고).

두 핀을 통해 60㎃로 구동할 수 있게 LED를 연결하는 방법을 그림 7-5에서 볼 수 있다. 이것은 2번 핀과 7번 핀을 통해 저항기를 접지에 연결하는 LED를 나타낸다. 전체 60㎃가 LED를 통해 흐르려면 두 핀이 모두 LOW여야 한다. 별도의 저항기가 필요하다. 저항기를 한 개만 써서 핀 두 개를 연결해서는 안 된다.

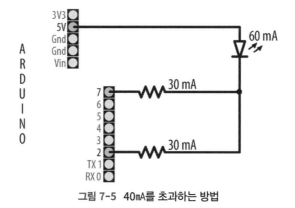

그림 7-5 40㎃를 초과하는 방법

전류를 공급할 때에 이 기술을 사용할 수도 있다. 예를 들어, 저항(캐소드)으로 가는 리드lead(도선)를 GND에 연결하고 다른 쪽 끝(애노드)을 저항에 연결하는 LED를 뒤집어 두 핀을 모두 HIGH로 설정해 LED에서 빛이 나게 한다.

칩에 가해지는 응력stress을 최소화하기 위해 인접하지 않은 핀을 사용하는 것이 가장 바람직하다. digitalWrite를 사용하면 이 기술이 어떤 핀에서도 먹히는데, analogWrite를 사용한다면 먹히지 않는다. 그런데 만일 여러분에게 아날로그 출력(PWM)에 더 많은 전류가 필요하다면 앞에서 설명한 대로 트랜지스터를 사용해야 한다.

32비트 보드에는 이 기술을 사용하지 않는 것이 바람직하다.

함께 보면 좋은 내용

정전류constant current 드라이버에 대한 웹 참고(https://oreil.ly/XeC63).

레시피 7.4 LED 색상 조정

문제

RGB LED의 색상을 프로그램으로 제어하려고 한다.

해법

RGB LED는 적색, 녹색, 청색 요소가 단일 패키지 안에 들어 있는 꼴인데, 애노드들이 함께 연결되어 있는, 즉 **공통 애노드**common anode를 사용하는 꼴이면서 캐소드들도 함께 연결되어 있는, 즉 **공통 캐소드**common cathode도 사용하는 꼴로 되어 있다. 공통 애노드의 경우에는 그림 7-6의 배선을 사용하자(애노드는 +5V에 연결되고 캐소드는 핀에 연결됨). RGB LED가 공통 캐소드라면 그림 7-2를 사용하자.

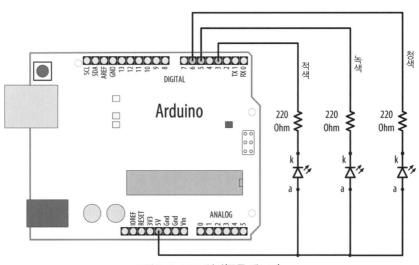

그림 7-6 RGB 연결(공통 애노드)

이 스케치는 적색, 녹색, 청색 요소의 광도를 변경해 색상 스펙트럼을 통해 지속적으로 희미해진다.

```
/*
 * RGB_LED용 스케치.
 * PWM 출력 포트들을 사용해 구동하는 RGB LED.
 */
```

```
const int redPin = 3;      // 각 LED에 대응하는 핀을 선택한다.
const int greenPin = 5;
const int bluePin = 6;
const bool invert = true; // 공통 애노드라면 true로, 공통 캐소드라면 false로 설정한다.

int color = 0; // 색상(hue)을 나타내는 값(0 ~ 255).
int R, G, B;    // 적색, 녹색, 청색 성분.

void setup()
{
  // analogWrite로 구동되는 핀을 출력용으로 선언하지 않아도 된다.
}

void loop()
{
  int brightness = 255;          // 255는 최대 휘도(maximum brightness, 최대 밝기)에 해당한다.
  hueToRGB(color, brightness); // 함수를 호출해 색조(hue)를 RGB로 변환한다.

  // RGB 값을 핀에 적는다.
  analogWrite(redPin, R);
  analogWrite(greenPin, G);
  analogWrite(bluePin, B);

  color++; // 색상 값을 늘린다.
  if (color > 255)
    color = 0;
  delay(10);
}

// 어떤 색상을 해당 색상의 적색, 녹색, 청색 성분으로 변환한다.
void hueToRGB(int hue, int brightness)
{
  unsigned int scaledHue = (hue * 6);

  // 색바퀴(color wheel, 색상환) 중 0~5에 해당하는 활꼴(segement, 분절).
  unsigned int segment = scaledHue / 256;

  // 해당 활꼴 내의 위치.
  unsigned int segmentOffset = scaledHue - (segment * 256);

  unsigned int complement = 0;
  unsigned int prev = (brightness * (255 - segmentOffset)) / 256;
  unsigned int next = (brightness * segmentOffset) / 256;
  if (invert)
  {
    brightness = 255 - brightness; complement = 255;
    prev = 255 - prev; next = 255 - next;
  }

  switch (segment)
  {
  case 0: // 적색(red).
```

```
      R = brightness;
      G = next;
      B = complement;
      break;
    case 1: // 황색(yello).
      R = prev;
      G = brightness;
      B = complement;
      break;
    case 2: // 녹색(green).
      R = complement;
      G = brightness;
      B = next;
      break;
    case 3: // 옥색(cyan).
      R = complement;
      G = prev;
      B = brightness;
      break;
    case 4: // 청색(blue).
      R = next;
      G = complement;
      B = brightness;
      break;
    case 5: // 자홍색(magenta).
    default:
      R = brightness;
      G = complement;
      B = prev;
      break;
  }
}
```

토의

RGB LED의 색상은 적색, 녹색, 청색 요소의 상대 광도relative intensity(상대 세기)에 의해 결정된다. 스케치의 핵심 함수(hueToRGB)는 0에서 255까지의 색조hue 값을 적색에서 청색까지의 해당 색상으로 변환하는 것을 처리한다. 눈에 보이는 색상의 스펙트럼은 종종 중간 계조gradient로 기본 색상과 보조 색상으로 구성된 색상환color wheel(색바퀴)을 사용해 표현된다. 여섯 가지 기본색과 보조색을 나타내는 색상환의 바퀴살spoke을 여섯 개의 case 문으로 다룬다. case 변수의 코드는 활꼴segment(분절) 변수가 case 번호와 일치하면 실행되며, 그렇다면 RGB 값이 각각에 맞춰 적절하게 설정된다. 0번 활꼴은 빨간색, 1번 활꼴은 노란색, 2번 활꼴은 녹색 등이다.

brightness(휘도, 밝기) 변숫값을 줄여 휘도를 조절할 수도 있다. 다음은 그림 7-14과 7-18처럼 연결된 가변 저항기나 센서로 휘도를 조정하는 방법을 보여 준다.

```
int brightness = map(analogRead(A0),0,1023,0,255);
```

아날로그 입력의 범위가 0 ~ 1,023이면 휘도 범위는 0 ~ 255이며, 값이 늘어나면 LED의 휘도가 늘어난다.

함께 보면 좋은 내용

레시피 2.16을 참고하자.

레시피 7.5 다수의 컬러 LED 제어

문제

단일 핀을 사용해 여러 LED의 색상을 제어하려고 한다.

해법

이 레시피에서는 디지털 핀 한 개로 LED 여러 개를 제어할 수 있게 소형 컨트롤러를 내장한 스마트 RGB LED를 사용하는 방법을 보여 준다. 이 스케치는 에이다프룻의 Neopixels라는 라이브러리(아두이노 라이브러리 매니저를 사용해 설치)를 사용해 아날로그 핀의 판독값을 기반으로 LED 색상을 변경한다. 그림 7-7은 색상을 제어하는 네오픽셀 링NeoPixel Ring과 포텐쇼미터의 연결부를 보여 준다.

```
/*
 * SimplePixel 스케치.
 * 센서값에 따라 LED 색상을 변경한다.
 */

#include <Adafruit_NeoPixel.h>

const int sensorPin = A0; // 센서에 대응하는 아날로그 핀.
const int ledPin = 6;     // LED 스트립이 연결된 핀.
const int count = 8;      // 스트립에 있는 LED 개수.

// LED 스트립을 선언한다.
Adafruit_NeoPixel leds = Adafruit_NeoPixel(count, ledPin, NEO_GRB + NEO_KHZ800);

void setup()
{
  leds.begin(); // LED 스트립을 초기화한다.
  for (int i = 0; i < count; i++)
  {
    leds.setPixelColor(i, leds.Color(0,0,0)); // 각 LED를 끈다.
  }
```

```
    leds.show(); // 새 픽셀 값에 맞게 스트립을 새로 고친다(모두 꺼짐).
}

void loop()
{
  static unsigned int last_reading = -1;

  int reading = analogRead(sensorPin);
  if (reading != last_reading) { // 값이 바뀌었다면
    // 아날로그 판독값을 NeoPixel의 색상 범위에 대응시킨다.
    unsigned int mappedSensorReading = map(reading, 0, 1023, 0, 65535);

    // 약간 지연시켜서 픽셀을 업데이트함으로써 빛이 휩쓸고 지나가는 것 같은(sweeping) 효과를 낸다.
    for (int i = 0; i < count; i++)
    {
      leds.setPixelColor(i, leds.gamma32(leds.ColorHSV(mappedSensorReading, 255, 128)));
      leds.show();
      delay(25);
    }
    last_reading = reading;
  }
}
```

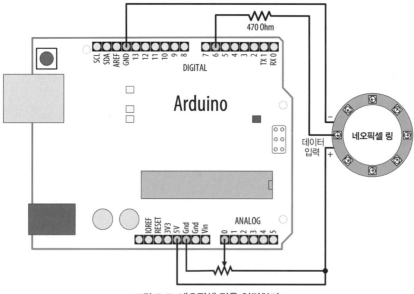

그림 7-7 네오픽셀 링을 연결하기

 3.3V 보드를 사용한다면 5V 대신 포텐쇼미터와 네오픽셀의 양극 리드를 3.3V로 연결해야 한다.

토의

이 스케치는 여덟 개의 RGB LED가 있는 스틱stick(막대기)이나 스트랜드strand(가닥)나 체인chain(사슬)에 연결된 에이다프룻 네오픽셀 그룹을 구동한다. LED 개수를 다르게 하여 연결할 때는 numOfLeds 변숫값을 바꾸면 되기는 하지만, 각 LED가 최대 60mA를 소비(최대 휘도에서 흰색을 내게 설정한 경우)할 수도 있다는 점을 명심하자. USB 포트로 최대 8개 핀에 전력을 공급할 수 있다. 그보다 많은 핀에 전력을 공급하고 싶다면 스트립strip(띠)의 전원 커넥터를 고전류인 5V 전력 공급장치 하나에 연결해야 하는데, 이때 전력 공급장치의 접지를 아두이노와 연결해야 한다. 3.3V 보드를 사용한다면 네오픽셀의 공급 전압에 가까운 데이터 신호가 필요하므로 3.7V 이상(예: 리튬 이온 폴리머 배터리 등)으로 네오픽셀에 전력을 공급해서는 안 된다. 외부 전력 공급장치를 사용할 때는 양극성positive(정극성) 공급 핀과 음극성negative(부극성) 공급 핀 사이에 1,000uf 커패시터를 연결해 픽셀을 보호해야 한다(콘덴서의 극성을 확인하고 올바르게 연결되어 있는지를 확인하자).

다음 코드로 leds 변수를 선언한다.

```
Adafruit_NeoPixel leds = Adafruit_NeoPixel(count, ledPin, NEO_GRB + NEO_KHZ800);
```

이 코드는 각 LED의 색상을 저장하고 스트립과 통신하기 위한 메모리 구조를 만든다. 스트립의 LED 개수(count), 데이터 선이 연결된 아두이노 핀(ledPin), 사용 중인 LED 스트립 형식(이 경우에는 NEO_GRB+NEO_KHZ800)을 지정한다. 라이브러리 및 스트립에 대한 설명서를 보고 다른 설정이 필요한지 확인해야 하지만, 라이브러리에 나열된 모든 옵션을 시도해 보고 그중 작동하는 옵션을 찾으려 한다고 해도 손해 볼 것이 전혀 없다.

개별 LED의 색상을 설정하려면 led.setPixelColor 메서드를 사용하자. LED 번호(첫 번째 LED는 0부터 시작)와 원하는 색상을 지정해야 한다. 데이터를 LED로 전송하려면 led.show를 호출해야 한다. led.show를 호출하기 전에 여러 LED의 값을 바꾸는 식으로 값들을 한 번에 바꿀 수 있다. 변경되지 않은 값은 이전 설정으로 유지된다. Adafruit_NeoPixel 객체를 생성하면 모든 값이 0으로 초기화된다.

NeoPixel 라이브러리에는 색조를 RGB 값으로 변환하는 자체 함수인 ColorHSV가 있다. 첫 번째 인수는 색조hue이고, 두 번째 인수는 채도saturation(포화도)이며, 세 번째 인수는 휘도brightness(밝기)다. gamma32 함수는 ColorHSV의 출력을 바꿈으로써 컴퓨터가 색을 나타내는 방식과 사람이 색을 인식하는 방식 간의 차이를 보완한다.

각 LED '픽셀'에는 데이터 입력 및 출력, 전원 및 접지를 위한 연결부가 있다. 아두이노는 첫 번째 픽셀의 데이터 입력을 구동하는데, 그것의 데이터 출력이 체인에 있는 다음 픽셀의 데이터 입력이 되는 식으로 서로 연결된다. 여러분은 미리 연결해 둔 개별 픽셀이나 스트립을 구입할 수 있다.

에이다프룻 라이브러리가 스트립을 지원하지 않는 경우

초기 LED 스트립은 WS2811 칩을 사용했다. 그때 이후로 다양한 것이 나왔는데, 예를 들어 WS2812, WS2812B, APA102가 있다. 에이다프룻이 여러분이 사용하는 LED를 지원하지 않는다면 FastLED라는 라이브러리를 사용해 보자(http://fastled.io).

아두이노 호환 틴시 3.x 이상(https://www.pjrc.com/teensy)은 서로 다른 핀에서 여덟 개의 스트립을 제어할 수 있으며, 고속 하드웨어와 소프트웨어의 조합을 사용해 고품질 애니메이션을 할 수 있게 한다.

LED들을 따로따로 써도 되겠지만, 감을 수 있는 스트립에 부착해서 사용할 수도 있다. 이때 LED 간의 간격(미터당 LED 개수나 피트당 LED 개수로 지정)을 서로 다르게 띄워 부착할 수도 있다 에이다 프룻은 네오픽셀NeoPixel이라는 브랜드로 LED 서클LED circle(LED 환), 쇼트 스트립short strip(짧은 띠), 패 널panel(판) 형태를 포함해 다양한 PCB 폼팩터form factor(형태인자)를 생산한다.

함께 보면 좋은 내용

에이다프룻의 네오픽셀 우버 안내서(https://oreil.ly/zgAVa).

틴시 라이브러리(https://oreil.ly/yxGBM)에는 많은 LED를 사용하는 전력 공급장치에 대한 배선 사진 이 여러 장 들어 있으며, 동영상에서 데이터를 추출한 다음에 이것을 코드에 추가하여 해당 동영상 을 스트랜드에 표시해 주는 프로세싱 프로그램도 들어 있다.

레시피 7.6 다중 LED 시퀀싱: 막대그래프 만들기

문제

스케치의 값이나 센서에서 읽은 값에 비례하게 LED를 밝히는 LED 막대그래프가 필요하다.

해법

그림 7-2와 같이 LED를 연결할 수 있다(LED가 더 필요하다면 추가 핀을 사용하자). 그림 7-8은 연속 핀에 연결된 여섯 개의 LED를 보여 준다.

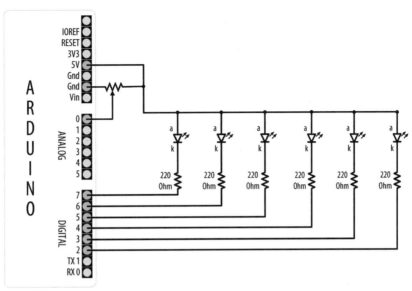

그림 7-8 캐소드가 있는 여섯 개의 LED가 아두이노 핀에 연결되어 있다.

다음 스케치에서는 아날로그 입력 포트에 연결된 센서의 값에 비례하는 개수만큼 LED를 켠다(센서를 연결하는 방법을 보려면 그림 7-14나 7-18을 참고하자).

```
/*
 * Bargraph 스케치.
 *
 * 아날로그 센서값에 비례해 서로 이어져 있는 LED들을 켠다.
 * 여기서는 LED를 여섯 개만 제어하고 있기는 하지만,
 * 여러분은 NbrLED의 값을 변경하고 ledPins 배열에 핀을 추가함으로써
 * LED 개수를 변경할 수 있다.
 */

const int NbrLEDs = 6;
const int ledPins[] = {2, 3, 4, 5, 6, 7};
const int analogInPin = A0; // 가변 저항기에 연결된 아날로그 입력 핀.

// 캐소드들이 GND에 연결되었다면
// 다음에 보이는 두 개의 #define을 서로 바꾼다.
#define LED_ON LOW
#define LED_OFF HIGH

int sensorValue = 0; // 센서로부터 읽어 낸 값.
int ledLevel = 0;    // LED 막대 형태로 바꾼 센서값.

void setup()
{
  for (int led = 0; led < NbrLEDs; led++)
  {
    pinMode(ledPins[led], OUTPUT); // 모든 LED 핀을 출력한다.
```

```
  }
}

void loop()
{
  sensorValue = analogRead(analogInPin);                // 아날로그 입력값을 읽는다.
  ledLevel = map(sensorValue, 10, 1023, 0, NbrLEDs); // LED 개수에 매핑한다.
  for (int led = 0; led < NbrLEDs; led++)
  {
    if (led < ledLevel)
    {
      digitalWrite(ledPins[led], LED_ON);  // 레벨보다 낮은 핀들을 켠다.
    }
    else
    {
      digitalWrite(ledPins[led], LED_OFF); // 레벨보다 높은 핀들을 끈다.
    }
  }
}
```

토의

LED에 연결된 핀 값을 ledPins 배열이 담는다. LED 개수를 변경하기 위해 이 배열에서 원소를 추가하거나 제거할 수 있지만, NbrLEDs 변숫값이 원소의 개수와 같아야 한다(핀 수와 동일해야 함). 여러분은 다음에 보이는 코드 줄을 바꾸어 컴파일러가 NbrLEDs의 값을 계산하게 할 수 있다.

```
const int NbrLEDs = 6;
```

위 내용을 다음 줄로 바꾼다.

```
const int NbrLEDs = sizeof(ledPins) / sizeof(ledPins[0]);
```

sizeof 함수는 변수 크기(즉, 바이트 개수)를 반환한다(이 경우에는 ledPins 배열의 바이트 개수). 이 배열이 정수형 배열(원소당 2바이트)이므로 배열의 총 바이트 수는 한 원소의 크기(sizeof(ledPins[0]))로 나눠지므로 원소 개수를 알 수 있다.

아두이노의 map 함수는 센서값에 비례해서 켜야 하는 LED 개수를 계산하는 데 사용된다. 센서의 비례 값이 LED 개수보다 크면 코드가 각 LED를 반복해 켠다. 예를 들어, 센서값이 10 미만이면 핀이 켜지지 않으며, 센서의 값이 절반에 이른다면 LED 중 절반이 켜진다. 이상적으로 보면 포텐쇼미터의 값이 가장 낮게 설정되어 있을 때 포텐쇼미터가 0을 반환하겠지만, 실제로는 표류할 가능성이 있다. 센서가 최댓값에 도달하면 모든 LED가 켜진다. 포텐쇼미터가 최댓값일 때 마지막 LED가 깜박이면 두 번째 인수를 1023에서 1000으로 낮추자.

그림 7-8은 서로 연결된 모든 애노드(**공통 애노드**라고 부름)와 핀에 연결된 캐소드들을 보여 준다. LED 가 켜지려면 핀이 LOW여야 한다. LED에 핀에 연결된 애노드들이 있고(그림 7-2 참고) 함께 연결된 캐 소드들(**공통 캐소드**라고 부름)이 있으면, 핀이 HIGH일 때 LED가 켜진다. 이 레시피에 나오는 스케치는 상수를 가리키는 이름인 LED_ON, LED_OFF를 사용해 공통 애노드 연결부들이나 공통 캐소드 연결 부들을 쉽게 선택할 수 있다. 공통 캐소드 연결부에 대한 스케치를 변경하려면 다음과 같이 이러한 상숫값을 교환하자.

```
const bool LED_ON = HIGH; // 캐소드 연결부를 사용할 때 HIGH가 켜진다.
const bool LED_OFF = LOW;
```

여러분은 빛이 **감쇠하는**decay(밝기가 줄어드는) 속도를 점점 늦추고 싶을 수도 있을 것이다. 예를 들어, 어떤 음량 측정기에 있는 표시기의 움직임을 모방하고 싶을 때가 있는 것이다. 빛의 세기가 줄어듦 에 맞춰 LED 막대를 천천히 줄어들게 하는 식으로 스케치를 변형해 볼 수 있다.

```
/*
 * LED 막대그래프: 감쇠 버전.
 */

const int ledPins[] = {2, 3, 4, 5, 6, 7};
const int NbrLEDs = sizeof(ledPins) / sizeof(ledPins[0]);
const int analogInPin = A0; // 가변 저항기에 연결된 아날로그 입력 핀.
const int decay = 10;       // 이 값을 늘리면 storedValue의 감쇠율(decay rate)이 줄어든다.

// 음극이 GND에 연결되었다면 다음에 보이는 두 개의 #define을 서로 바꾼다.
#define LED_ON LOW
#define LED_OFF HIGH

// 저장된(감쇠 중인) 센서값.
int storedValue = 0;

void setup()
{
  for (int led = 0; led < NbrLEDs; led++)
  {
    pinMode(ledPins[led], OUTPUT); // 모든 LED 핀을 출력한다.
  }
}

void loop()
{
  int sensorValue = analogRead(analogInPin);   // 아날로그 입력값을 읽는다.
  storedValue = max(sensorValue, storedValue); // 더 높다면 센서값을 사용한다.
```

```
    int ledLevel = map(storedValue, 10, 1023, 0, NbrLEDs); // LED 개수에 대응하게 한다.

    for (int led = 0; led < NbrLEDs; led++)
    {
      if(led <ledLevel)
      {
        digitalWrite(ledPins[led], LED_ON);  // 레벨보다 낮은 핀들을 켠다.
      }
      else
      {
        digitalWrite(ledPins[led], LED_OFF); // 레벨보다 높은 핀들을 끈다.
      }
    }
    storedValue = storedValue - decay; // 값을 감쇠시킨다(즉, 값을 줄여 나간다).
    delay(10);                         // 다음 루프로 넘어가기 전에 10ms 동안 기다린다.
}
```

감쇠는 max 함수를 사용하는 줄이 처리한다. 센서값이나 저장된 감쇠 값 중 높은 값을 반환한다. 센서값이 감쇠 값보다 크다면 이 값이 storedValue에 저장된다. 그렇지 않은 경우라면 루프를 한 번 돌 때마다 storedValue의 수준이 decay 상숫값에 해당하는 만큼 줄어든다(delay 함수에 의해 10ms초로 설정된다). decay 상숫값을 키우면 LED가 모두 꺼지는 시간이 줄어든다.

이전 레시피에서 언급했듯이 NeoPixel을 사용해 이 막대그래프를 구현할 수 있다. 이에 대한 코드는 다음과 같다.

```
/*
 * PixelBarGraph.ino
 * 센서값에 따라 점등할 LED 수가 정해진다.
 */

#include <Adafruit_NeoPixel.h>

const int sensorPin = A0; // 센서에 대응하는 아날로그 핀.

const int ledsPin = 2;    // LED 스트립이 연결된 핀.
const int numOfLeds = 16; // 스트립 안에 있는 LED 개수.

// 센서값에 자동으로 대응시키는 데 사용한다.
const int minReading = 0;
const int maxReading = 1023;

// LED 스트립을 선언한다.
Adafruit_NeoPixel leds =
Adafruit_NeoPixel(numOfLeds, ledsPin, NEO_GRB + NEO_KHZ800);

void setup()
{
```

```
  leds.begin(); // LED 스트립을 초기화한다.
  leds.setBrightness(25);
}

void loop()
{
  int sensorReading = analogRead(A0);
  int nbrLedsToLight = map(sensorReading, minReading, maxReading, 0, numOfLeds);

  for (int i = 0; i < numOfLeds; i++)
  {
    if (i < nbrLedsToLight)
      leds.setPixelColor(i, leds.Color(0, 0, 255)); // 청색.
    else
      leds.setPixelColor(i, leds.Color(0, 255, 0)); // 녹색.
  }
  leds.show();
}
```

함께 보면 좋은 내용

레시피 3.6에서는 max 함수를 설명한다.

레시피 5.6에서는 analogRead 함수를 사용해 센서를 읽는 방법을 자세하게 설명한다. 레시피 5.7
에서는 map 함수를 설명한다.

감쇠 시간을 더 높은 정밀도로 조절하고 싶다면 레시피 12.1과 12.2를 참고하자. 루프를 통과하는
데 필요한 전체 시간이 10ms보다 커지게 되는데, 이는 루프의 나머지 코드를 실행하는 데 시간이
더 필요하기 때문이다.

 7.7 다중 LED 시퀀싱: 추격 시퀀스 만들기

문제

'빛을 추격chasing lights'하는 것처럼 보이게 LED를 순서대로 점등하려고 한다. 이 시퀀스는 글렌 라슨
Glen A. Larson이 제작한 TV 드라마인 'Knight Rider'와 'Battlestar Galactica'의 특수 효과에 사용되어
이 효과를 라슨 스캐너Larson Scanner라고도 한다.

해법

그림 7-8에 표시된 것과 동일한 연결을 사용할 수 있다.

```
/* Chaser 스케치.
 */

const int NbrLEDs = 6;
const int ledPins[] = {2, 3, 4, 5, 6, 7};
const int wait_time = 30;

// 캐소드가 GND에 연결되었다면 다음에 보이는 두 개의 #define을 서로 바꾼다.
#define LED_ON LOW
#define LED_OFF HIGH

void setup()
{
  for(int led = 0; led < NbrLEDs; led++)
  {
    pinMode(ledPins[led], OUTPUT);
  }
}

void loop()
{
  for (int led = 0; led < NbrLEDs - 1; led++)
  {
    digitalWrite(ledPins[led], LED_ON);
    delay(wait_time);
    digitalWrite(ledPins[led + 1], LED_ON);
    delay(wait_time);
    digitalWrite(ledPins[led], LED_OFF);
    delay(wait_time * 2);
  }

  for (int led = NbrLEDs - 1; led > 0; led--)
  {
    digitalWrite(ledPins[led], LED_ON);
    delay(wait_time);
    digitalWrite(ledPins[led - 1], LED_ON);
    delay(wait_time);
    digitalWrite(ledPins[led], LED_OFF);
    delay(wait_time * 2);
  }
}
```

토의

이 코드는 레시피 7.6에 나오는 코드와 비슷하지만 센서 레벨에 의존하지 않고 고정된 순서로 핀을 켜고 끈다. 두 개의 for 루프가 있다. 첫 번째는 왼쪽에서 오른쪽으로 LED를 켜서 왼쪽에서 오른쪽으로 패턴을 만든다. 이 루프는 첫 번째(가장 왼쪽) LED에서 출발해 가장 오른쪽 LED에 도달해 그것을 켤 때까지 인접한 LED를 차례대로 거쳐 간다. 두 번째 for 루프는 가장 오른쪽 LED에서 시작해 첫 번째(가장 오른쪽) LED에 도달할 때까지 켜진 LED를 줄여 나가(1씩 감소) LED를 오른쪽에서 왼쪽 방향으로 켜지게 한다. 지연시간은 wait 변수에 의해 설정되며 가장 만족스러운 모양을 제공하게 선택할 수 있다.

레시피 7.8 멀티플렉싱 방식 LED 매트릭스 제어

문제

LED 매트릭스가 있는데, LED를 켜고 끄는 데 필요한 아두이노 핀 수를 최소화하려고 한다.

해법

이 스케치는 64개로 이뤄진 LED 매트릭스를 사용하며, 애노드는 각 행에, 캐소드는 각 열에 연결된다(자메코의 품번 2132349에서 그러하듯이). 그림 7-9는 연결 방식을 보여 준다(듀얼 컬러 LED 디스플레이 장치를 더 쉽게 구할 수 있으며, 필요하다면 색상 중 하나만 구동할 수 있다).

 이 해법은 상대적으로 전력이 부족한 상태에서 쓸 만한 것으로, 아두이노 우노 및 ATmega328 기반의 다른 보드에만 적합하다. 우노 와이파이 Rev2 및 나노 에브리는 물론 모든 32비트 보드만 아니라 이러한 모든 LED를 구동하기에 충분한 전류를 안전하게 전달할 수 없다. 적합한 해법을 알고 싶다면 레시피 7.10이나 7.14를 참고하자.

```
/*
 * matrixMpx 스케치.
 *
 * 첫 번째 행과 열에서 시작해 모든 LED가 켜질 때까지
 * LED를 순차적으로 거쳐 간다.
 * 멀티플렉싱은 16개 핀으로 64개 LED를 제어하는 데 사용된다.
 */

const int columnPins[] = {2, 3, 4, 5, 6, 7, 8, 9};
const int rowPins[]    = {10,11,12,A1,A2,A3,A4,A5};

int pixel = 0;        // 매트릭스 안에 있는 0 ~ 63번 LED.
int columnLevel = 0;  // 픽셀 값을 LED 열 값으로 환산한다.
int rowLevel = 0;     // 픽셀 값을 LED 행 값으로 환산한다.

void setup()
{
  for (int i = 0; i < 8; i++)
  {
    pinMode(columnPins[i], OUTPUT); // 모든 LED 핀들을 출력용으로 삼는다.
    pinMode(rowPins[i], OUTPUT);
  }
```

```
}

void loop()
{
  pixel = pixel + 1;
  if(pixel > 63)
    pixel = 0;

  columnLevel = pixel / 8; // 열 개수에 대응하게 한다.
  rowLevel = pixel % 8;      // 분수 부분(나눈 후 몫을 제외한 나머지) 값을 얻는다.

  for(int column = 0; column < 8; column++)
  {
    digitalWrite(columnPins[column], LOW); // 이 열을 GND에 연결한다.
    for(int row = 0; row < 8; row++)
    {
      if (columnLevel > column)
      {
        digitalWrite(rowPins[row], HIGH); // 행에 속한 모든 LED를 +V에 연결한다.
      }
      else if (columnLevel == column && rowLevel >= row)
      {
        digitalWrite(rowPins[row], HIGH);
      }
      else
      {
        digitalWrite(columnPins[column], LOW); // 이 행에 속한 모든 LED를 끈다.
      }
      delayMicroseconds(300); // 64개 LED를 20ms에 해당하는 시간만큼 지연시킨다.
      digitalWrite(rowPins[row], LOW); // LED를 끈다.
    }

    // 접지로부터 이 열에 대한 연결을 끊는다.
    digitalWrite(columnPins[column], HIGH);
  }
}
```

그림 7-9는 열과 행에 관련된 핀의 논리적 배열을 보여 준다. 그림에 나오는 핀 번호는 물리적인 배치에 해당한다.

일반적으로 핀 번호는 왼쪽 상단부터 시작해 U자 모양의 패턴을 따른다(핀 왼쪽 열 상단에서 하단으로 1~8, 오른쪽 열 하단에서 상단으로 9~16). 1번 핀이 왼쪽 상단에 오게 부품 방향을 조정하는 것이 요령이다. 어떤 핀이 1인지를 나타내는, 주로 작은 점 모양으로 된 움푹 들어간 부분을 찾아야 할 것이다. 해당 부분은 아마도 부품을 담은 용기 바로 옆쪽에 있을 것이다. 확실치 않다면 데이터 시트를 확인하자.

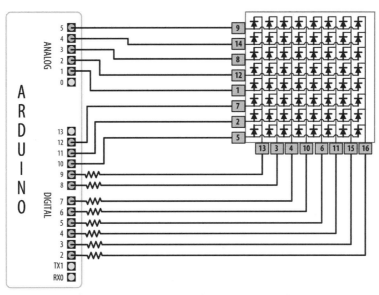

그림 7-9 16개 디지털 핀에 연결된 LED 매트릭스

표시된 배선은 자메코(Jameco)의 품번 2132349를 기반으로 하며, 이러한 종류의 어레이에 대한 일반적인 폼팩터를 나타낸다. 그러나 LED 매트릭스 디스플레이 장치에는 표준 핀아웃(pinout)이 없으므로 디스플레이용 데이터시트를 확인해야 한다. 그림 7-16이나 그림 7-17에 표시한 대로 애노드로 이뤄진 행과 캐소드로 이뤄진 열을 배선하되 데이터시트의 LED 핀 번호를 사용하자.

토의

어떤 핀을 통과하는 최대 전류가 아두이노 우노(그리고 그 밖의 ATmega328 기반 보드)에서 40mA를 넘지 않게 저항값을 선택해야 한다(3.3V 보드나 핀당 40mA를 처리하지 못하는 보드에서는 이 해법을 사용하지 말아야 한다). 최대 여덟 개의 LED 전류가 각 열을 이루는 핀을 관통해 흐를 수 있으므로 각 LED의 최대 전류는 40mA의 $\frac{1}{8}$, 즉 5mA이어야 한다. 전형적인 작은 적색 매트릭스의 각 LED는 순방향 전압이 약 1.8V다. 1.8V의 순방향 전압으로 5mA를 생성하는 저항기를 계산하면 값이 680Ω이다. 데이터시트를 확인해 여러분이 사용하려는 매트릭스의 순방향 전압을 찾자. 매트릭스를 이루는 각 열은 직렬 저항기를 통해 디지털 핀에 연결된다. 열 핀이 LOW이고 행 핀이 HIGH이면 해당 LED가 켜진다. 열 핀이 HIGH이고 행 핀이 LOW인 LED는 모두 LED를 통해 전류가 흐르지 않으므로 켜지지 않는다.

for 루프는 각 행과 열을 스캔해 모든 LED가 켜질 때까지 순차적으로 연결된 LED를 켠다. 루프는 첫 번째 열과 행으로 시작해 해당 행에 속한 LED가 모두 켜질 때까지 행 카운터를 증가시킨다. 그러고 나서 다음 열로 이동해 해당 열에 속한 LED가 모두 켜질 때까지 루프를 통과할 때마다 다른 LED를 켠다.

스케치를 다음과 같이 변경해 센서값(센서를 아날로그 포트에 연결하기 위한 레시피 5.6 참고)에 비례해 점등된 LED 수를 제어할 수 있다.

루프 시작 부분에서 다음 세 줄을 주석 처리하거나 제거하자.

```
pixel = pixel + 1;
if(pixel > 63)
  pixel = 0;
```

0번 핀의 센서값을 읽는 다음 줄로 바꾸고 이것을 0에서 63 사이의 여러 픽셀에 대응시키자.

```
int sensorValue = analogRead(0);        // 아날로그 방식으로 값을 읽는다.
pixel = map(sensorValue, 0, 1023, 0, 63); // 센서값을 픽셀(LED)에 대응시킨다.
```

5장의 그림 5-7에서 볼 수 있는 방식으로 0번 아날로그 입력 핀에 연결된 가변 저항기를 사용해 이를 테스트할 수 있다. 점등되는 LED의 개수는 센서값에 비례한다.

한 번에 전체 행을 켜지 않아도 된다. 다음 스케치는 시퀀스를 진행할 때 한 번에 LED를 하나씩 켠다.

```
/*
 * matrixMpx 스케치, 한 번에 하나씩.
 *
 * 첫 번째 행과 열에서 시작해 LED들을 한 번에 한 개씩 순차적으로 거쳐 간다.
 * 멀티플렉싱은 16개 핀으로 64개 LED를 제어하는 데 사용된다.
 */

const int columnPins[] = {2, 3, 4, 5, 6, 7, 8, 9};
const int rowPins[]     = {10,11,12,A1,A2,A3,A4,A5};

int pixel = 0; // 매트릭스를 이루는 0번 ~ 63번 LED.

void setup()
{
  for(int i = 0; i < 8; i++)
  {
    pinMode(columnPins[i], OUTPUT); // 모든 LED 핀을 출력용으로 삼는다.
    pinMode(rowPins[i], OUTPUT);
    digitalWrite(columnPins[i], HIGH);
  }
}

void loop()
{
  pixel = pixel + 1;
```

```
  if(pixel > 63)
    pixel = 0;

  int column = pixel / 8; // 열 개수에 대응시킨다.
  int row = pixel % 8;     // 분수 부분(나눈 후 몫을 제외한 나머지) 값을 얻는다.

  digitalWrite(columnPins[column], LOW); // 이 열을 GND에 연결한다.
  digitalWrite(rowPins[row], HIGH);       // 이 열을 HIGH가 되게 한다.

  delay(125); // 잠깐 중단한다.

  digitalWrite(rowPins[row], LOW);         // 이 열이 LOW가 되게 한다.
  digitalWrite(columnPins[column], HIGH); // 열과 GND의 연결을 끊는다.
}
```

레시피 7.9 LED 매트릭스에 이미지를 표시

문제

LED 매트릭스에 이미지를 한 개 이상 표시하면 아마도 여러 이미지를 빠르게 번갈아 가며 애니메이션 효과를 낼 수 있을 것이다.

해법

이 해법에서 쓰는 배선은 레시피 7.8에서 쓴 방식과 같아도 된다. 스케치는 하트heart(심장) 모양으로 배열된 LED를 간단히 켜서 심장 박동 효과를 낸다. 각 심장 박동에 대해 작은 하트와 그 뒤에 큰 하트가 번뜩인다(그림 7-10과 같은 이미지).

```
/*
 * matrixMpxAnimation 스케치.
 * 두 개의 하트 이미지에 애니메이션 효과를 주어 심장이 뛰는 것처럼 보이게 한다.
 */

// 하트 이미지는 비트맵으로 저장된다. 그리고 각 비트는 LED에 해당한다.
// 0은 LED가 꺼져 있음을 1은 켜져 있음을 가리킨다.
byte bigHeart[] = {
  B01100110,
  B11111111,
  B11111111,
  B11111111,
  B01111110,
  B00111100,
  B00011000,
  B00000000
```

```
};

byte smallHeart[] = {
  B00000000,
  B00000000,
  B00010100,
  B00111110,
  B00111110,
  B00011100,
  B00001000,
  B00000000
};

const int columnPins[] = { 2, 3, 4, 5, 6, 7, 8, 9};
const int rowPins[] = {10,11,12,A1,A2,A3,A4,A5};

void setup()
{
  for(int i = 0; i < 8; i++)
    {
       pinMode(rowPins[i], OUTPUT);         // 모든 LED 핀을 출력용이 되게 한다.
       pinMode(columnPins[i], OUTPUT);
       digitalWrite(columnPins[i], HIGH); // 접지와 열을 이루는 핀 간의 연결을 끊는다.
    }
  }

void loop()
{
  int pulseDelay = 800 ; // 박동 간에 여러 ms에 걸쳐 대기한다.
  show(smallHeart, 80);  // 80ms 동안 작은 하트 그림을 나타낸다.
  show(bigHeart, 160);   // 그리고 나서 160ms 동안 큰 하트 그림을 나타낸다.
  delay(pulseDelay);     // 박동 간에는 아무것도 표시하지 않는다.
}

// 이미지 매개변수가 가리키는 배열에 저장된 이미지의 프레임을 표시한다.
// 프레임은 밀리초 단위로 지정한 시간 동안 반복된다.
void show(byte * image, unsigned long duration)
{
  unsigned long start = millis();      // 애니메이션 효과를 내는 타이머를 작동시킨다.
  while (start + duration > millis()) // 지속기간이 끝날 때까지 루프를 돈다.
  {
    for(int row = 0; row < 8; row++)
    {
      digitalWrite(rowPins[row], HIGH); // 열을 +5V에 연결한다.
      for(int column = 0; column < 8; column++)
      {
        bool pixel = bitRead(image[row],column);
        if(pixel == 1)
        {
          digitalWrite(columnPins[column], LOW); // 열을 GND에 연결한다.
        }
        delayMicroseconds(300);                  // 각 LED에 대한 약간의 지연.
        digitalWrite(columnPins[column], HIGH);  // 열과 GND의 연결을 끊는다.
```

```
        }
        digitalWrite(rowPins[row], LOW);        // LED에 대한 연결을 끊는다.
    }
  }
}
```

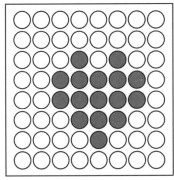

작은 하트 그림

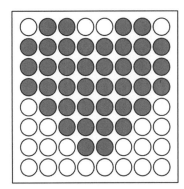

큰 하트 그림

그림 7-10 심장이 박동하듯 보이게 표시되는 두 개의 하트 이미지

토의

열과 행은 레시피 7.8과 유사하게 다중화multiplexing, 즉 전환switching되지만, 여기서 LED에 기록된 값
은 bigHeart 배열과 smallHeart 배열에 저장된 이미지를 기반으로 한다. 배열 내의 각 원소는 **픽셀**
pixel(화소), 즉 단일 LED를 나타내고, 배열을 이루는 각 행은 매트릭스 내의 행을 나타낸다. 행은 2
진 형식(각 행의 시작 부분에 대문자 B로 지정된)을 사용해 표시되는 8비트로 구성된다. 값이 1인 비트
는 해당 LED가 켜져 있어야 함을 나타낸다. 0은 꺼져 있음을 의미한다. 배열 간에 빠르게 전환하면
애니메이션 효과가 나타난다.

loop 함수는 박동 간에 짧은 시간(800㎳) 동안 기다린 다음, 먼저 smallHeart 배열과 함께
bigHeart 배열을 사용해 show 함수를 호출한다. show 함수는 모든 행과 열의 각 원소를 단계별로
실행해 해당 비트가 1이라면 LED를 켠다. bitRead 함수(레시피 2.20 참고)는 각 비트의 값을 결정하
는 데 사용된다.

각 픽셀 사이에 300㎲에 해당할 만큼 짧은 지연시간으로도 우리 눈은 LED를 인식할 수 있다. 깜박
임이 감지되지 않을 만큼 각 이미지가 충분히 빠르게(초당 50회) 반복되도록 타이밍이 선택된다.

다음은 센서의 값을 기준으로 심장 박동 속도를 변경하는 변형이다. 레시피 5.6처럼 아날로그 입력
0번 핀에 연결된 가변 저항기를 사용해 이를 테스트할 수 있다. loop 함수를 이 코드로 교체하는
일을 제외하고는 앞에서 설명한 배선 및 코드를 사용하자.

```
void loop()
{
  int sensorValue = analogRead(A0);                // 값을 아날로그 형식으로 읽는다.
  int pulseRate = map(sensorValue,0,1023,40,240);  // 분당 박동 수로 환산한다.
  int pulseDelay = (60000 / pulseRate);            // 박동 간에 대기할 시간을 밀리초 단위로 지정한다.

  show(smallHeart, 80);    // 100ms 동안 작은 심장 그림을 나타낸다.
  show(bigHeart, 160);     // 그러고 나서 200ms 동안 큰 심장 그림을 나타낸다.
  delay(pulseDelay);       // 박동 간에는 아무것도 표시하지 않는다.
}
```

이 버전은 센서값을 분당 박동 수로 변환하기 위해 map 함수(레시피 5.7 참고)를 사용해 펄스 사이의 지연을 계산한다. 이렇게 계산하는 과정에서는 심장을 표시하는 데 걸리는 시간을 고려하지 않지만, 타이밍을 더 정확하게 하기를 바란다면 240ms(두 이미지의 경우에는 80ms + 160ms)를 뺄 수 있다.

함께 보면 좋은 내용

LED 매트릭스를 구동하는 데 필요한 아두이노 핀 수를 줄일 수 있게 시프트 레지스터shift register를 사용해 LED를 구동하는 방법을 레시피 7.13과 7.14에서 다루고 있다.

레시피 12.1과 12.2는 millis 함수를 사용해 시간을 관리하는 방법을 자세히 알려 준다.

레시피 7.10 LED 매트릭스 제어: 찰리플렉싱

문제

LED 매트릭스가 있는데, 여러분은 LED를 켜고 끄는 데 필요한 핀 수를 최소화하려고 한다.

해법

찰리플렉싱charlieplexing은 핀 그룹에 의해 구동될 수 있는 LED 개수를 늘릴 수 있게 하는, 멀티플렉싱의 특수한 유형이다. 이 스케치는 핀을 세 개만 사용해 LED 여섯 개를 순차적으로 거치게 한다. 그림 7-11은 연결 방식을 보여 준다(LED 연결 시의 올바른 저항값을 계산하려면 레시피 7.1을 참고하자).

```
/*
 * Charlieplexing 스케치.
 * 2, 3, 4번 핀에 연결된 여섯 개의 LED를 순서대로 켠다.
 */

int pins[] = {2,3,4}; // LED에 연결된 핀들.
```

```
// 다음 두 줄은 위에 나온 배열을 바탕으로 핀 개수와 LED 개수를 계산한다.
const int NUMBER_OF_PINS = sizeof(pins)/ sizeof(pins[0]);
const int NUMBER_OF_LEDS = NUMBER_OF_PINS * (NUMBER_OF_PINS-1);

byte pairs[NUMBER_OF_LEDS/2][2] = { {2,1}, {1,0}, {2,0} }; // 핀을 LED에 대응시킨다.

void setup()
{
  // 여기에 필요한 것은 없다.
}

void loop()
{
  for(int i = 0; i < NUMBER_OF_LEDS; i++)
  {
    lightLed(i); // LED를 차례로 켠다.
    delay(1000);
  }
}

// 이 함수는 지정된 LED를 점등하며, 첫 번째 LED는 0이다.
void lightLed(int led)
{
  // 다음 네 줄은 LED 개수를 핀 개수로 환산한다.
  int indexA = pairs[led/2][0];
  int indexB = pairs[led/2][1];
  int pinA = pins[indexA];
  int pinB = pins[indexB];

  // 주어진 LED에 연결되지 않은 모든 핀을 끈다.
  for(int i=0; i < NUMBER_OF_PINS; i++)
  {
    if(pins[i] != pinA && pins[i] != pinB)
    { // 이 핀이 우리의 핀 중 하나가 아니라면
      pinMode(pins[i], INPUT);     // 모드를 입력으로 설정한다.
      digitalWrite(pins[i], LOW); // 풀업이 꺼져 있는지를 확인한다.
    }
  }
  // 이제 주어진 LED에 대응하는 핀을 켠다.
  pinMode(pinA, OUTPUT);
  pinMode(pinB, OUTPUT);
  if(led % 2 == 0)
  {
    digitalWrite(pinA, LOW);
    digitalWrite(pinB, HIGH);
  }
  else
  {
    digitalWrite(pinB, LOW);
    digitalWrite(pinA, HIGH);
  }
}
```

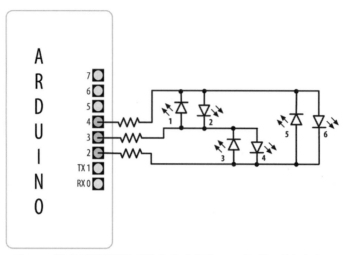

그림 7-11 찰리플렉싱 방법을 사용해 세 개의 핀으로 구동하는 여섯 개의 LED

토의

찰리플렉싱이라는 용어는 마이크로칩Microchip Technology, Inc.이라는 회사에 다니며 이 방법을 발표한 찰리 앨런Charlie Allen의 이름을 따서 만든 이름이다. 이 기법은 (캐소드보다 애노드가 더 양극성을 띤) 상황에서 LED를 '적절한 방식'으로 연결했을 때만 켜진다는 사실에 바탕을 두고 있다. 다음은 세 핀의 유효한 조합에 대해 켜진 LED 번호(그림 7-9 참고)를 보여 주는 표다. L은 LOW, H는 HIGH, 그리고 i는 INPUT 모드다. INPUT 모드에서 어떤 핀 한 개를 설정하면 해당 핀이 효과적으로 회로에서 분리된다.

	핀들				LED들			
4	3	2	1	2	3	4	5	6
L	L	L	0	0	0	0	0	0
L	H	i	1	0	0	0	0	0
H	L	i	0	1	0	0	0	0
i	L	H	0	0	1	0	0	0
i	H	L	0	0	0	1	0	0
L	i	H	0	0	0	0	1	0
H	i	L	0	0	0	0	0	1

핀을 한 개만 더 사용하면 LED 개수를 두 배 더 늘려 12개가 되게 할 수 있다. 처음 여섯 개의 LED는 앞의 예와 같은 방식으로 연결된다. 연결이 그림 7-12처럼 되게 여섯 개의 LED를 추가하자.

pins 배열에 여분의 핀을 추가하는 식으로 이전 스케치를 수정하자.

```
byte pins[] = {2,3,4,5}; // LED들에 연결된 핀들.
```

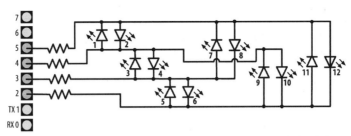

그림 7-12 네 개의 핀을 사용해 열두 개의 LED를 구동하는 찰리플렉싱

다음과 같이 추가 항목을 pairs 배열에 추가하자.

```
byte pairs[NUMBER_OF_LEDS/2][2] = { {0,1}, {1,2}, {0,2}, {2,3}, {1,3}, {0,3} };
```

그 밖의 모든 항목이 똑같이 유지될 수 있으므로, 코드가 핀 배열을 이루는 항목 개수를 바탕으로 LED 개수를 정하기 때문에 루프는 LED 열두 개를 거치며 순차적으로 처리할 것이다.

찰리플렉싱은 한 번에 LED를 한 개만 켜지게 아두이노 핀을 제어해 작동하므로 여러 LED를 켜는 느낌을 내기가 더 복잡하다. 그러나 찰리플렉싱용으로 수정한 멀티플렉싱 기술을 사용해 여러 개의 LED를 켤 수 있다.

이 스케치는 0번 아날로그 핀에 연결된 센서의 값을 기반으로 서로 줄지어 있는 LED를 켜서 막대 그래프를 만든다.

```
byte pins[] = {2,3,4};

const int NUMBER_OF_PINS = sizeof(pins)/ sizeof(pins[0]);
const int NUMBER_OF_LEDS = NUMBER_OF_PINS * (NUMBER_OF_PINS-1);

byte pairs[NUMBER_OF_LEDS/2][2] = { {2,1}, {1,0}, {2,0} }; // 핀을 LED에 대응시킨다.

int ledStates = 0; // 최대 15개 LED의 상태를 보존한다.
int refreshedLed;  // 새로 고침을 한 LED.

void setup()
{
  // 여기에는 아무것도 없다.
}

void loop()
{
  const int analogInPin = 0; // 가변 저항기에 연결된 아날로그 입력 핀.

  // 여기에 막대그래프 레시피 코드가 있다.
  int sensorValue = analogRead(analogInPin); // 아날로그 입력값을 읽는다.
```

```
  // LED 개수에 대응하게 한다(즉, 매핑한다).
  int ledLevel = map(sensorValue, 0, 1023, 0, NUMBER_OF_LEDS);

  for (int led = 0; led < NUMBER_OF_LEDS; led++)
  {
    if (led < ledLevel)
    {
      setState(led, HIGH); // 레벨보다 아래인 핀들을 켠다.
    }
    else
    {
      setState(led, LOW);  // 레벨보다 위인 핀을 끈다.
    }
  }
  ledRefresh();

}

void setState(int led, bool state)
{
  bitWrite(ledStates, led, state);
}

void ledRefresh()
{
  // 호출될 때마다 다른 LED 한 개를 새로 고친다.
  if(refreshedLed++ > NUMBER_OF_LEDS) // 다음 LED를 지정하게 값을 늘린다.
    refreshedLed = 0; // 모든 LED를 리프레시한 경우에는 첫 LED로부터 반복한다.

  if(bitRead(ledStates, refreshedLed) == HIGH)
    lightLed(refreshedLed);
  else
    if(refreshedLed == 0) // 0번 핀이 꺼져 있으면 LED를 모두 끈다.
      for(int i=0; i < NUMBER_OF_PINS; i++)
        digitalWrite(pins[i], LOW);
}

// 이 함수는 해법에 나오는 스케치와 똑같다.
// 이 함수는 지정된 LED를 켜며, 첫 번째 LED는 0이다.
void lightLed(int led)
{
  // 다음 네 줄은 LED 개수를 핀 개수로 환산한다.
  int indexA = pairs[led/2][0];
  int indexB = pairs[led/2][1];
  int pinA = pins[indexA];
  int pinB = pins[indexB];

  // 주어진 LED에 연결되지 않은 모든 핀을 끈다.
  for(int i=0; i < NUMBER_OF_PINS; i++)
  {
    if(pins[i] != pinA && pins[i] != pinB)
```

```
     { // 이 핀이 우리의 핀 중 하나가 아니라면
       pinMode(pins[i], INPUT);    // 모드를 입력으로 설정한다.
       digitalWrite(pins[i], LOW); // 풀업이 꺼져 있는지를 확인한다.
     }
   }
   // 이제 주어진 LED에 대응하는 핀을 켠다.
   pinMode(pinA, OUTPUT);
   pinMode(pinB, OUTPUT);

   if(led % 2 == 0)
   {
     digitalWrite(pinA, LOW);
     digitalWrite(pinB, HIGH);
   }
   else
   {
     digitalWrite(pinB, LOW);
     digitalWrite(pinA, HIGH);
   }
 }
```

이 스케치는 변수 ledStates에 있는 비트 값을 사용해 LED의 상태를 나타낸다(꺼져 있으면 0, 켜져 있으면 1). refresh 함수는 각 비트를 확인하고 1로 설정된 각 비트에 해당하는 LED를 켠다. refresh 함수를 반복해서 빠르게 호출해야 한다. 그렇지 않으면 LED가 깜박이는 것처럼 보이게 된다.

 코드에 지연 기능을 추가하면 LED가 깜박인다는 점을 알아차리지 못하게 착각을 불러일으키는 잔상효과(persistence of vision effect)를 방해할 수도 있다.

인터럽트를 사용해 백그라운드에서 refresh 함수를 서비스할 수 있다(루프에서 함수를 명시적으로 호출하지 않아도 됨). 18장에서 타이머 인터럽트를 다루겠지만, 여기서는 인터럽트를 사용해 LED 리프레시를 서비스하는 접근 방식 중 한 가지를 미리 살펴보려고 한다. 라이브러리 매니저에서 사용할 수 있는 FrequencyTimer2라는 제3자 라이브러리를 사용해 인터럽트를 만든다(제3자 라이브러리 설치에 대한 지시 사항을 알고 싶다면 레시피 16.2를 참고하자).

```
#include <FrequencyTimer2.h> // 리프레시를 다루기 위해 이 라이브러리를 포함한다.

byte pins[] = {2,3,4};

const int NUMBER_OF_PINS = sizeof(pins)/ sizeof(pins[0]);
const int NUMBER_OF_LEDS = NUMBER_OF_PINS * (NUMBER_OF_PINS-1);

byte pairs[NUMBER_OF_LEDS/2][2] = { {2,1}, {1,0}, {2,0} };
```

```
int ledStates = 0; // 최대 15개 LED의 상태를 보존한다.
int refreshedLed;  // 리프레시된 LED.

void setup()
{
  FrequencyTimer2::setPeriod(20000/NUMBER_OF_LEDS); // 주기를 설정한다.
  // 다음 줄은 FrequencyTimer2에 호출할 함수(ledRefresh)를 알려준다.
  FrequencyTimer2::setOnOverflow(ledRefresh);
  FrequencyTimer2::enable();
}

void loop()
{
  const int analogInPin = 0; // 가변 저항기에 연결된 아날로그 입력 핀.

  // 여기에 막대그래프 레시피 코드가 있다.
  int sensorValue = analogRead(analogInPin); // 아날로그 입력값을 읽는다.

  // LED 개수에 대응하게 한다(즉, 매핑한다).
  int ledLevel = map(sensorValue, 0, 1023, 0, NUMBER_OF_LEDS);

  for (int led = 0; led < NUMBER_OF_LEDS; led++)
  {
    if (led < ledLevel)
    {
      setState(led, HIGH); // 레벨보다 아래인 핀들을 켠다.
    }
    else
    {
      setState(led, LOW);  // 레벨보다 위인 핀들을 끈다.
    }
  }
  // 더 이상 루프에서 LED가 리프레시되지 않고, FrequencyTimer2가 다루게 된다.
}

// 나머지 코드는 이전 예제와 똑같다.
```

FrequencyTimer2 라이브러리의 주기는 $1,666\mu s$(20ms를 LED 개수인 12로 나는 값)로 설정되어 있다. FrequencyTimer2setOnOverflow 메서드는 타이머가 '트리거' 될 때마다 호출하는 함수 (ledRefresh)를 가져온다. Frequency-Timer2 라이브러리는 일부 보드와 호환되는데, 이러한 보드로는 아두이노 우노(및 대부분의 ATmega328 기반 호환 가능 보드), 아두이노 메가 및 여러 틴시 변형이 있다. PJRC 페이지(https://oreil.ly/e-KTE)에는 라이브러리에 대한 자세한 내용이 나와 있다.

함께 보면 좋은 내용

18장에서는 타이머 인터럽트에 대한 정보를 자세히 제공한다.

레시피 7.11 7 세그먼트 LED 디스플레이 장치 구동

문제

7 세그먼트7 segment(7 분주) 숫자 표시기를 사용해 숫자를 표시하려고 한다.

해법

다음 스케치는 숫자 표시 자리가 한 개인 7 세그먼트 디스플레이 장치에 0에서 9까지의 숫자를 표시한다. 그림 7-13은 공통 애노드 디스플레이 장치의 연결 방식을 보여 준다. 핀 할당이 다를 수 있으므로 디스플레이용 데이터시트를 확인하자. 여러분의 것이 공통 캐소드라면 공통 캐소드를 GND에 연결하자. 숫자를 나타내는 세그먼트 조합을 켜면 출력이 생성된다.

```
/*
 * SevenSegment 스케치.
 * 자릿수가 한 개인 표시 장치에 0에서 9까지의 수를 표시한다.
 * 이 예제는 0에서 9까지에 이르게 초를 센다.
 */

// 숫자 0 ~ 9에 대응하는 A ~ G 세그먼트(그리고 소수점을 나타내는 세그먼트)를 나타내는 비트들.
const byte numeral[10] = {
  // ABCDEFG+dp
  B11111100, // 0
  B01100000, // 1
  B11011010, // 2
  B11110010, // 3
  B01100110, // 4
  B10110110, // 5
  B00111110, // 6
  B11100000, // 7
  B11111110, // 8
  B11100110, // 9
};

// 소수점과 각 세그먼트를 위한 핀.
//                        dp, G, F, E, D, C, B, A
const int segmentPins[8] = {  5, 8, 9, 7, 6, 4, 3, 2};

void setup()
{
  for(int i=0; i < 8; i++)
  {
    pinMode(segmentPins[i], OUTPUT); // 세그먼트와 DP 핀을 출력용으로 설정한다.
  }
}

void loop()
{
```

```
  for(int i=0; i <= 10; i++)
  {
    showDigit(i);
    delay(1000);
  }
  // i가 10이면 마지막 값에 해당되고 이로 인해 디스플레이 장치가 꺼진다.
  delay(2000); // 디스플레이 장치를 끈 상태에서 2초 동안 일시 중지한다.
}
// 7 세그먼트 디스플레이 장치에 0에서 9까지의 수를 표시한다.
// 0 ~ 9 범위에 들지 않는 값이라면 이로 인해 디스플레이 장치가 꺼진다.
void showDigit(int number)
{
  bool isBitSet;

  for(int segment = 1; segment < 8; segment++)
  {
    if(number < 0 || number > 9)
    {
      isBitSet = 0; // 모든 세그먼트를 끈다.
    }
    else
    {
      // 주어진 비트가 1이면 isBitSet은 참(true)이 될 것이다.
      isBitSet = bitRead(numeral[number], segment);
    }
    isBitSet = ! isBitSet; // 공통 캐소드 디스플레이 장치라면 이 줄을 삭제하자.
    digitalWrite(segmentPins[segment], isBitSet);
  }
}
```

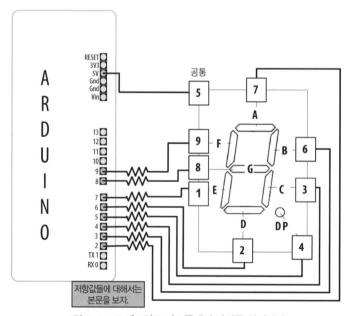

그림 7-13 7 세그먼트 디스플레이 장치를 연결하기

토의

각 숫자에 맞게 점등되는 세그먼트는 numeral이라는 배열에 의해 유지된다. 숫자당 1개 바이트가 주어지는데, 각 바이트를 이루고 있는 비트들은 7 세그먼트(그리고 소수점) 중 하나를 나타낸다.

segmentPins라는 배열에는 각 세그먼트와 관련된 핀이 있다. showDigit 함수는 수의 범위가 0 ~ 9인지를 확인하고 유효하면 각 세그먼트 비트를 보고 비트가 설정된 경우에는 세그먼트를 켠다 (1과 같음). bitRead 함수에 관해 더 알고 싶다면 레시피 3.12를 참고하자.

레시피 7.4에서 언급한 바와 같이, 공통 캐소드 디스플레이 장치에서 세그먼트를 켤 때 핀이 HIGH로 설정되고 공통 애노드 디스플레이 장치에서 세그먼트를 켤 때 LOW로 설정된다. 여기에 나오는 코드 는 공통 애노드 디스플레이용이므로 다음과 같이 값을 설정한다(0에서 1로, 1에서 0으로 설정).

```
isBitSet = ! isBitSet; // 공통 캐소드 디스플레이 장치라면 이 줄을 삭제하자.
```

!는 부정 연산자다. 레시피 2.20을 참고하자. 디스플레이 장치가 공통 캐소드 디스플레이 장치인 경우(모든 캐소드가 함께 연결되어 있는지 확실하지 않다면 데이터시트 참고) 해당 줄을 삭제할 수 있다.

레시피 7.12 자리가 여러 개인 7 세그먼트 LED 디스플레이 구동: 멀티플렉싱

문제

두 자리 이상의 숫자를 표시하는 7 세그먼트 디스플레이 장치를 사용해 숫자를 표시하려고 한다.

해법

숫자 여러 개를 나타내는 7 세그먼트 방식 디스플레이 장치에서는 일반적으로 멀티플렉싱multiplexing (다중화)을 사용한다. 초기 레시피에서, 멀티플렉싱된 LED 행 및 열은 함께 연결되어 어레이array(배열)를 형성했다. 여기에서 각 숫자의 해당 세그먼트가 서로 연결된다(그림 7-14는 라이트온 LTC-2623의 연결 방식을 보여 주지만, 데이터시트가 다르다면 데이터시트를 확인해야 한다).

표시된 배선도는 라이트온(Lite-On) LTC-2623이라는, 디스플레이 장치용이다. 여러분이 다른 디스플레이 장치를 사용 중이라고 해도(동일한 아두이노 핀을 사용할 수 있지만), 여러분의 디스플레이 장치에 관한 데이터시트에서 해당 핀들을 찾아보아야 한다. LTC-2623은 공통 애노드 디스플레이다. 여러분이 지닌 것이 공통 캐소드라면 두 가지를 바꿔야 한다. 먼저 트랜지스터들을 다르게 연결하자. 모든 이미터를 서로 연결해 접지에 연결하고 각 트랜지스터의 컬렉터를 디스플레이의 해당 핀에 연결하자. 둘째, 스케치에서 isBitSet = ! isBitSet; 줄을 주석으로 처리하거나 삭제하자.

```
/*
 * SevenSegmentMpx 스케치.
 * 네 자릿수 디스플레이 장치에 0에서 9999 범위에 든 수를 표시한다.
 * 이번 예제에서는 아날로그 입력에 연결된 센서의 값을 표시한다.
 */

// 0 ~ 9에 해당하는 숫자들에 대응하는 A ~ G 세그먼트와 소수점을 나타내는 세그먼트를 나타내는 비트들.
const int numeral[10] = {
  // ABCDEFG+dp
  B11111100,    // 0
  B01100000,    // 1
  B11011010,    // 2
  B11110010,    // 3
  B01100110,    // 4
  B10110110,    // 5
  B00111110,    // 6
  B11100000,    // 7
  B11111110,    // 8
  B11100110,    // 9
};

// 소수점 세그먼트와 그 밖의 각 세그먼트를 위한 핀.
                    // dp, G, F, E, D, C, B, A
const int segmentPins[] = {4, 7, 8, 6, 5, 3, 2, 9};

const int nbrDigits= 4; // LED 디스플레이 장치에 표시할 수 있는 숫자 개수.
                    // dig 1 2 3 4
const int digitPins[nbrDigits] = {10,11,12,13};

void setup()
{
  for(int i=0; i < 4; i++)
  pinMode(segmentPins[i], OUTPUT); // 세그먼트와 DP 핀을 출력용으로 설정한다.
  for(int i = 0; i < nbrDigits; i++)
    pinMode(digitPins[i], OUTPUT);
}

void loop()
{
  int value = analogRead(0);
  showNumber(value);
}
```

```
void showNumber(int number)
{
  if(number == 0)
    showDigit(0, nbrDigits-1); // 제일 오른쪽 숫자 자리에 0을 표시한다.
  else
  {
    // 각 숫자에 해당하는 값을 표시한다.
    // 제일 왼쪽 숫자는 0, 제일 오른쪽 숫자는 잘 개수보다 1이 적다.
    for(int digit = nbrDigits-1; digit >= 0; digit--)
    {
      if(number > 0)
      {
        showDigit(number % 10, digit);
        number = number / 10;
      }
    }
  }
}

// 주어진 숫자 위치에서 7 세그먼트 디스플레이 장치에 주어진 수를 표시한다.
void showDigit(int number, int digit)
{
  digitalWrite(digitPins[digit], HIGH);
  for(int segment = 1; segment < 8; segment++)
  {
    bool isBitSet = bitRead(numeral[number], segment);
    // 주어진 비트가 1이면 isBitSet은 true다.
    isBitSet = ! isBitSet; // 공통 캐소드 디스플레이 장치라면 이 줄을 삭제하자.
    digitalWrite(segmentPins[segment], isBitSet);
  }
  delay(5);
  digitalWrite(digitPins[digit], LOW);
}
```

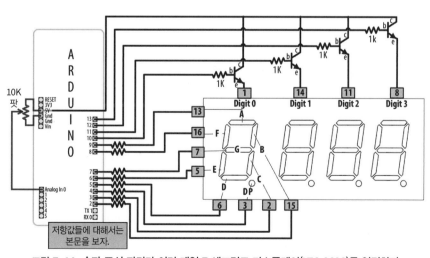

그림 7-14 숫자 표시 자리가 여러 개인 7 세그먼트 디스플레이(LTC-2623)를 연결하기

토의

이 스케치에는 레시피 7.11에서 설명한 것과 비슷한 showDigit 함수가 있다. 여기서는 함수에 수 그 자체와 숫자를 표시할 자리를 건네준다. 숫자에 해당하는 세그먼트를 점등하는 논리는 같지만, 이 코드는 또한 숫자 자리에 해당하는 핀을 HIGH로 설정하므로 그 숫자만 써넣게 된다(앞서 나온 멀티플렉싱 설명 부분 참고).

레시피 7.13 핀을 최소로 사용해 7 세그먼트 LED 디스플레이 장치에 숫자 여러 개를 표시하기

문제

여러 개의 7 세그먼트 디스플레이 장치를 제어하되, 필요한 아두이노 핀 수를 최소화하려고 한다.

해법

이 해법은 HT16K33 기반 브레이크아웃 보드를 사용해 럭키라이트LuckyLight의 KW4-56NXBA-P 이나 베트룩스Betlux의 BL-Q56C-43 같은 네 자리 공통 캐소드 디스플레이 장치를 제어한다. HT16K33은 하드웨어에서 멀티플렉싱 및 숫자 디코딩을 처리하므로 레시피 7.12보다 간단한 해법을 제공한다. 다양한 공급처로부터 HT16K33 기반 보드들을 구할 수 있다. 에이다프룻은 7 세그먼트 LED인 매트릭스 백팩Matrix Backpack(품번 877)을 만들어 자신들이 재고로 보유하고 있는 네 자리 숫자용 7 세그먼트 디스플레이 장치와 함께 작동할 수 있게 설계하였지만, 해당 디스플레이 장치가 포함된 이러한 보드들(https://www.adafruit.com/category/103)도 다양한 색상으로 공급된다.

이 스케치는 0에서 9,999 사이의 숫자를 표시한다(그림 7-15는 연결을 나타냄).

```
/*
 * HT16K33 7 세그먼트 디스플레이 스케치.
 */

#include <Wire.h>
#include <Adafruit_GFX.h>
#include "Adafruit_LEDBackpack.h"

Adafruit_7segment matrix = Adafruit_7segment();

const int numberOfDigits = 4; // 4를 선이 연결된 숫자 개수로 변경한다.
const int maxCount = 9999;
int number = 0;

void setup()
```

```
{
  Serial.begin(9600);
  matrix.begin(0x70);    // 디스플레이 장치를 초기화한다.
  matrix.println(number); // 숫자(처음에는 0)를 디스플레이 장치로 송신한다.
  matrix.writeDisplay();  // 디스플레이 장치를 업데이트한다.
}

void loop()
{
  // 직렬 포트로부터 나온 수를 표시한다(줄의 끝을 나타내는 문자로 종료함).
  if (Serial.available())
  {
    char ch = Serial.read();
    if (ch == '\n')
    {
      if (number <= maxCount)
      {
        matrix.println(number);
        matrix.writeDisplay();
        number = 0; // 숫자를 0으로 재설정한다.
      }
    }
    else
      number = (number * 10) + ch - '0'; // 상세한 내용을 알고 싶다면 4장을 보자.
  }
}
```

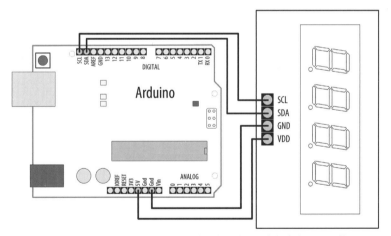

그림 7-15 자릿수가 여러 개인 공통 캐소드 7 세그먼트 디스플레이 장치를 구동하는 HT16K33

토의

이번 레시피에서는 아두이노 I2C 통신을 사용해 HT16K33 칩과 통신한다. Ada-fruit_
LEDBackpack 라이브러리는 Adafruit_7segment 객체 인스턴스(이 스케치에서는 매트릭스라고 부름)를
통해 하드웨어에 인터페이스할 수 있게 한다. 13장에서는 I2C를 자세하게 설명한다.

이 스케치는 직렬 포트에 최대 네 자리 숫자가 수신되면 숫자를 표시한다. 직렬 코드인 루프에 대한 설명은 4장을 참고하자. matrix.println 함수는 HT16K33에 값을 송신하고, matrix.writeDisplay 함수는 전송된 최신 값으로 디스플레이 장치를 업데이트한다.

브레이크아웃 보드는 네 자리 7 세그먼트 디스플레이 장치를 사용하지만, 이보다 일반적인 HT16K33 브레이크아웃 보드(예: 에이다프롯 품번 1427)를 구매한다면 한 자리나 두 자리를 표시할 수 있는 디스플레이 장치를 사용해 최대 여덟 자리까지 구성할 수 있다. 디스플레이 장치를 여러 개 결합할 때 해당 세그먼트 핀을 각기 서로 연결해야 한다(레시피 13.1은 일반적인 두 자리 디스플레이 장치에 대한 연결 방식을 보여 준다). 세그먼트 디스플레이 및 여러분이 사용하는 HT16K33 브레이크아웃에 대한 데이터시트를 참조해야 한다.

레시피 7.14 MAX72xx 시프트 레지스터를 사용해 LED 어레이 제어하기

문제

여러분에게 있는 8 × 8 어레이 LED를 제어하려고 하는데, 이때 필요한 아두이노 핀 수를 최소화하려고 한다.

해법

레시피 7.13에서와 같이 시프트 레지스터를 사용해 LED 매트릭스를 제어하는 데 필요한 핀 수를 줄일 수 있다. 이 해법에서는 널리 사용되는 MAX7219 또는 MAX7221 LED 드라이버 칩을 사용해 이러한 기능을 제공한다. 그림 7-16과 같이 아두이노, 매트릭스, MAX72xx를 연결하자.

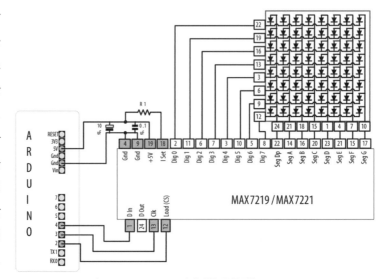

그림 7-16 8 × 8 LED 어레이를 구동하는 MAX72xx

이 스케치는 강력한 MD_MAX72XX 라이브러리를 기반으로 한다. 이 라이브러리를 사용하면 텍스트를 표시할 수 있고, 디스플레이 장치에 물체를 그릴 수 있고, 디스플레이 장치에서 다양하게 변형해 볼 수 있다. 아두이노 라이브러리 매니저에서 이 라이브러리를 찾을 수 있다(레시피 16.2 참고).

```
/*
 * 7219 매트릭스 데모.
 */

#include <MD_MAX72xx.h>

// 7219를 제어하기 위한 핀.
#define LOAD_PIN 2
#define CLK_PIN 3
#define DATA_PIN 4

// 하드웨어를 구성한다.
#define MAX_DEVICES 1
#define HARDWARE_TYPE MD_MAX72XX :: PAROLA_HW
MD_MAX72XX mx = MD_MAX72XX(HARDWARE_TYPE, DATA_PIN, CLK_PIN,
                          LOAD_PIN, MAX_DEVICES);


void setup()
{
  mx.begin();
}


void loop()
{
  mx.clear(); // 디스플레이 장치에 있는 내용을 지운다.

  // 행과 열을 그린다.
  for (int r = 0; r < 8; r++)
  {
    for(int c = 0; c < 8; C++)
    {
      mx.setPoint(r, c, true); // 각 LED를 켠다.
      delay(50);
    }

    // 사용할 수 있는 휘도(brightness, 밝기) 수준들을 주기적으로 순환한다.
    for (int k = 0; k <= MAX_INTENSITY; k++)
    {
      mx.control(MD_MAX72XX::INTENSITY, k);
      delay(100);
    }
  }
}
```

토의

하드웨어 형식, 데이터의 핀 번호, 로드load, 클록 핀뿐만 아니라 장치의 최대 개수(여러분이 모듈을 사슬처럼 이어서 연결한 경우)를 전달해 매트릭스(행렬)를 생성한다. loop 함수는 디스플레이 장치에 있는 내용을 지운 다음에 setPoint 메서드를 사용해 픽셀을 켠다. 스케치가 1개 행을 그린 다음, 이용 가능한 광도들(휘도에 적합한 광도)을 대상으로 한 바퀴를 돌며 점검한 다음에 그 다음 행으로 이동한다.

여기에 표시된 핀 번호는 듀얼 컬러dual color(이원 색상) 8 × 8 매트릭스에 있는 녹색 LED에 대응하는 데, 에이다프룻(품번 458)에서 구할 수 있다. 다른 LED 매트릭스를 사용한다면 데이터시트를 참조해 각 행과 열에 해당하는 핀을 확인하자. 이 스케치는 두 가지 색상 중 하나만 사용하므로 단색 매트릭스에서도 작동한다. 매트릭스가 텍스트를 거꾸로 표시하거나 여러분이 바라던 방향으로 표시하지 않는다면 다음 줄에서 하드웨어 형식을 PAROLA_HW에서 GENERIC_HW, ICSTATION_HW 또는 FC16_HW 중 하나로 변경하자.

```
#define HARDWARE_TYPE MD_MAX72XX::PAROLA_HW
```

MD_MAX72xx 라이브러리의 예제인 MD_MAX72xx_HW_Mapper에 테스트 스케치가 들어 있다. 이 스케치는 테스트를 실행하고 올바른 하드웨어 형식을 결정하는 데 도움이 된다.

저항기(그림 7-16에서 R1으로 표시)는 LED 구동에 사용될 최대 전류를 제어하는 데 사용된다. MAX72xx 데이터시트에는 다양한 값을 보여 주는 표가 있다(표 7-3 참고).

표 7-3 저항값 표(MAX72xx 데이터시트 참고)

전류	LED 순방향 전압				
	1.5V	2.0V	2.5V	3.0V	3.5V
40mA	12kΩ	12kΩ	11kΩ	10kΩ	10kΩ
30mA	18kΩ	17kΩ	16kΩ	15kΩ	14kΩ
20mA	30kΩ	28kΩ	26kΩ	24kΩ	22kΩ
10mA	68kΩ	64kΩ	60kΩ	56kΩ	51kΩ

그림 7-16에 표시된 LED 매트릭스의 녹색 LED는 순방향 전압이 2V이고 순방향 전류가 20mA다. 표 7-3은 28kΩ을 나타내지만, 약간의 안전 마진margin(여유도)을 추가하려면 30kΩ 또는 33kΩ인 저항기가 적합하다. LED가 켜지거나 꺼질 때 노이즈 스파이크noise spike(잡음 극파)가 발생하는 것을 방지하기 위해 커패시터(0.1㎌ 및 10㎌)가 필요하다. 디커플링 연결에 익숙하지 않다면 부록 C의 727쪽에 나오는 '커패시터를 디커플링용으로 사용'을 참고하자.

함께 보면 좋은 내용

MAX72xx 데이터시트(https://oreil.ly/IH7U7).

 ## PWM 확장 칩을 사용해 아날로그 출력 개수 늘리기

문제

아두이노가 지원할 수 있는 것보다 더 많은 LED의 광도를 개별적으로 제어하려고 한다.

해법

PCA9685 칩은 I2C 데이터 핀을 두 개만 사용해 LED를 최대 16개까지 구동한다. 에이다프룻은 여러 서보servo나 LED를 구동할 수 있는 브레이크아웃 보드를 만든다(에이다프룻 품번 815). 그림 7-17에서 연결하는 방법을 볼 수 있다. 이 스케치는 에이다프룻이 만든 Adafruit_PWMServoDriver 라이브러리를 기반으로 한 것인데, 아두이노 라이브러리 매니저를 사용해 이 라이브러리를 설치할 수 있다(레시피 16.2 참고).

```
/*
 * PCA9685 스케치.
 * 모든 PCA9685 출력에 연결된 LED에 나이트 라이더(Knight Rider)와 비슷한 효과를 만든다.
 * 이 버전에서는 16개의 LED가 있는 하나의 PCA9685를 가정한다.
 */

#include <Wire.h>
#include <Adafruit_PWMServoDriver.h>

Adafruit_PWMServoDriver pwm = Adafruit_PWMServoDriver();

void setup()
{
  pwm.begin(); // PWM 보드를 초기화한다.
}

int channel = 0;
int channel_direction = 1;
int intensity = 4095;    // 최대 휘도.
int dim = intensity / 4; // 희미한 LED의 광도.

void loop()
{
  channel += channel_direction; // 채널 번호를 늘린다(또는 줄인다).
```

```
// 모든 핀을 끈다.
for (int pin = 0; pin < 16; pin++)
{
  pwm.setPin(pin, 0);
}

// 0번 채널에 도달했다면 방향을 1로 설정한다.
if (channel == 0)
{
  channel_direction = 1;
}
else
{ // 채널이 1이거나 그보다 높은 경우라면 채널의 이전 이웃을 흐림(dim)으로 설정한다.
  pwm.setPin(channel - 1, dim);
}

// 이 채널을 최대 휘도로 설정한다.
pwm.setPin(channel, intensity);

if (channel < 16)
{ // 16번 채널보다 밑이라면 다음 번 채널을 흐려지게 한다.
  pwm.setPin(channel + 1, dim);
}
else
{ // 16번 채널에 도달했다면 방향을 -1이 되게 설정한다.
  channel_direction = -1;
}

delay(75);
}
```

토의

이 스케치는 각 채널(LED)을 반복해 이전 LED를 흐리게 설정하고, 현재 채널을 최대 광도로 설정하고, 다음 채널을 흐리게 설정한다. LED는 몇 가지 핵심 방법을 통해 제어된다. 스케치는 PCA9685가 기본 I2C 주소 0x40으로 구성되었다고 가정한다.

Adafruit_PWMServoDriver.begin 메서드는 그 밖의 어떤 함수보다 먼저 드라이버를 초기화한다. pwm.setPin 메서드는 0에서 4,095까지의 틱 수로 지정된 채널의 사용률을 설정한다. 첫 번째 인수에는 채널 번호와 휘도가 뒤따른다. 각 PWM의 주기는 4,096틱으로 나뉜다. 휘도에 제공한 값은 LED가 켜져 있어야 하는 틱 수를 나타낸다. pwm.setPWMFreq 메서드를 사용해 PWM 주파수를 변경할 수 있다(40 ~ 1,600㎐ 값을 제공하자).

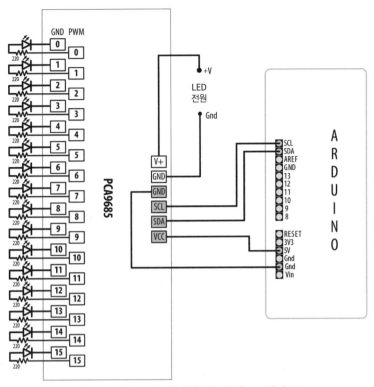

그림 7-17 외부 PWM을 사용해 구동되는 16개의 LED

함께 보면 좋은 내용

라이브러리(https://oreil.ly/KRqyU)에서 더 많은 기능을 사용할 수 있다.

핀을 서로 연결해 여러 드라이버 보드를 연결할 수 있다. 각 보드에는 고유한 주소가 있어야 하며, A0에서 A5로 표시된 패드를 납땜해 설정한다. 최대 62개의 드라이버 보드를 연결할 수 있다(https://oreil.ly/9VnOv).

 7.16 아날로그 패널 미터를 디스플레이 장치로 사용하기

문제

아날로그 패널 미터analog panel meter(아날로그 방식 계기판)에 있는 화살표를 스케치로 제어하려고 한다. 자주 바뀌는 판독값이라면 아날로그 미터로 보는 편이 해석하기에 더 좋고, (마치 오래된 시계 같은 모양이어서) 만약 이걸 사용한다면 복고풍의 분위기도 낼 수 있다.

해법

미터_meter_(계기)를 직렬 저항기(일반적으로 1㎃ 미터에 대해 5㏀)를 통해 연결하고 아날로그(PWM) 출력에 연결한다(그림 7-18 참고).

포인터 이동은 팟_pot_(가변 저항기)의 위치에 따라 달라진다.

```
/*
 * AnalogMeter 스케치.
 * 아두이노 PWM 핀을 거쳐 아날로그 방식 미터를 구동한다.
 * 미터 레벨(meter level, 계기 값)은
 * 아날로그 입력 핀의 가변 저항기에 의해 제어된다.
 */

const int analogInPin = A0;    // 가변 저항기에 연결된 아날로그 입력 핀.
const int analogMeterPin = 9; // 미터에 연결된 아날로그 출력 핀.

int sensorValue = 0; // 팟으로부터 읽어 온 값.
int outputValue = 0; // PWM(아날로그 출력)으로 출력되는 값.

void setup()
{
  // setup 함수에서는 아무런 일도 하지 않는다.
}

void loop()
{
  sensorValue = analogRead(analogInPin);              // 값을 아날로그 방식으로 읽는다.
  outputValue = map(sensorValue, 0, 1023, 0, 255); // 아날로그 출력을 위해 척도를 구성한다.
  analogWrite(analogMeterPin, outputValue);           // 아날로그 출력값을 쓴다.
}
```

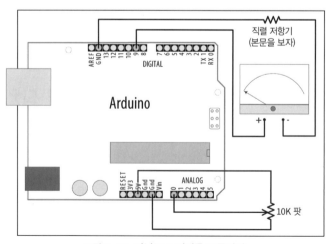

그림 7-18 아날로그 미터를 구동하기

토의

레시피 7.2를 바탕으로 변형한 이 레시피에서 아두이노 analogWrite 출력이 패널 미터를 구동한다. 패널 미터는 일반적으로 LED보다 훨씬 민감하다. 아두이노 출력과 미터 사이에 저항기를 연결해 전류를 미터 레벨로 떨어뜨려야 한다.

직렬 저항기series resistor의 값은 미터의 감도에 따라 달라진다. 5㏀은 1mA짜리 미터를 사용하면 최대 눈금 변위full-scale deflection(최대 눈금 편향)를 제공한다. analogWrite에 주어진 최댓값을 240 등으로 줄여야 하더라도, 4.7K 저항기를 5K짜리보다 쉽게 구할 수 있으므로 여러분은 4.7K 저항기를 사용할 수 있다. 1mA짜리 미터에 4.7K 저항기를 사용할 때 map 함수에서 범위를 변경하는 방법은 다음과 같다.

```
outputValue = map(sensorValue, 0, 1023, 0, 240); // 미터의 범위에 대응시킨다.
```

미터의 감도가 1mA와 다르다면 값이 다른 직렬 저항기를 사용해야 한다. 옴(Ω) 단위의 저항값은 다음과 같다.

저항 = 5,000 / mA

따라서 500mA(0.5mA)에 해당하는 미터는 5,000 / 0.5이며, 이는 10,000Ω(10㏀)이다. 10mA짜리 미터에는 500Ω이 필요하다. 20mA짜리 미터에는 250Ω이 필요하다.

일부 과도해 보이는 미터에는 그 안에 직렬 저항기가 미리 들어 있다. 적절한 저항값을 정하기 위해 시험test해 보아야 하지만, 미터에 너무 많은 전압을 가하지 않도록 주의하자.

함께 보면 좋은 내용

레시피 7.2를 참고하자.

8

물리적 출력

레시피 8.0 소개

아두이노로 모터를 제어해 물체를 움직일 수 있다. 다양한 형식의 모터가 각기 다양한 응용 분야에 적합한데, 이번 장에서는 아두이노로 다양한 형식의 모터를 구동하는 방법을 보여 준다. 모터를 특정 위치로 회전하게 하거나 특정 속도로 회전할 수 있게, 회로가 있는 모터인 서보로 작업하는 방법을 살펴본다. 또한, 서로 다른 디자인을 사용해 다양한 속도와 방향으로 회전하는 모터를 구동하는 브러시 모터와 브러시리스 모터에 대해 알아본다. 이번 장에는 스테퍼 모터stepper motor를 위한 레시피가 있으며, 이를 통해 모터를 한 스텝step(단계)이나 그 밖의 방향으로 특정 스텝 수만큼 이동할 수 있다. 회전 운동을 생성하는 모터 외에도 릴레이 및 솔레노이드 작업용 레시피가 있다.

서보

서보servo 모터를 사용하면 일반적으로 연속적으로 도는 것이 아니라 특정 위치로 단번에 돌기 때문에 물리적 움직임을 정확하게 제어할 수 있다. 서보는 0 ~ 180도 범위에서 무언가를 돌리기에 이상적이다. 모터 드라이버motor driver(전동기 구동자)가 서보에 내장되어 서보를 쉽게 연결하고 제어할 수 있다.

서보에는 기어를 통해 출력 샤프트에 연결된 작은 모터가 있다. 출력 샤프트output shaft(출력 축)는 서보 암servo arm(서보의 팔)을 구동하고 포텐쇼미터에 연결되어 내부 제어 회로에 위치 피드백을 제공한다(그림 8-1 참고).

여러분은 위치 피드백이 분리된 연속 회전 서보를 얻을 수 있으므로 속도를 약간 제어해 서보가 시계 방향이나 시계 반대 방향으로 연속 회전하게 지시할 수 있다. 이 기능은 연속 회전 서보가 analogWrite 대신에 Servo 라이브러리 코드를 사용하고 모터 쉴드가 필요하지 않다는 점을 제외하면 레시피 8.9에서 다루는 브러시 모터와 약간 비슷하다.

연속 회전 서보에는 모터 쉴드가 필요하지 않기 때문에 사용하기 쉽다. 모터 드라이버는 서보 내부에 있다. 단점은 속도와 전력 선택이 외부 모터보다 제한되고 속도 제어의 정밀도가 일반적으로 모터 쉴드만큼 좋지 않다는 것이다(전자 장치는 선형 속도 제어가 아닌 정확한 위치 지정을 위해 설계되었다). 연속 회전 서보를 어떻게 사용하는지 더 알고 싶다면 레시피 8.3을 참고하자.

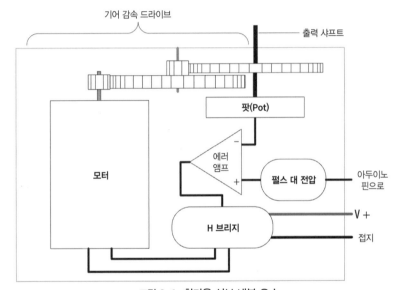

그림 8-1 취미용 서보 내부 요소

서보는 펄스 지속시간의 변화에 반응한다. 1ms 이하의 짧은 펄스는 서보를 한쪽 극단으로 회전시킨다. 2ms 정도의 펄스 지속시간은 서보를 다른 극단으로 회전시킨다(그림 8-2 참고). 이 값 사이의 펄스는 서보를 펄스 폭에 비례하는 위치로 회전시킨다. 펄스와 위치 사이의 정확한 관계에 대한 표준은 없으며, 스케치 범위의 명령을 조정해 서보 범위를 조정해야 할 수도 있다.

 펄스의 지속시간(duration)이 **변조**(제어)되지만, 서보에는 analogWrite의 PWM 출력과 다른 펄스가 필요하다. 취미용 서보를 analogWrite의 출력으로 연결하면 취미용 서보에 손상을 입힐 수 있으므로 그것 대신에 Servo 라이브러리를 사용해야 한다.

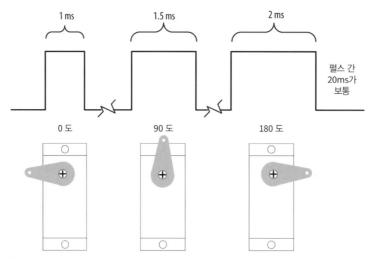

그림 8-2 펄스 폭과 서보 각도 사이의 관계; 펄스 폭이 1ms에서 2ms로 증가함에 따라 서보 출력 암이 비례적으로 움직인다.

솔레노이드와 릴레이

대부분의 모터는 회전 운동을 생성하지만 솔레노이드solenoid는 전력을 공급받으면 직선 운동을 생성한다. 솔레노이드에는 전류가 코일을 통과할 때 생성된 자기장에 의해 움직이는 메탈 코어metal core(금속 심, 금속 전기자)가 있다. 기계식 릴레이relay(계전기)는 전기 접점을 연결하거나 분리하는 일종의 솔레노이드다(스위치를 조작하는 솔레노이드). 릴레이는 솔레노이드처럼 제어된다. 대부분의 모터와 마찬가지로 릴레이와 솔레노이드는 아두이노 핀이 안전하게 제공할 수 있는 것보다 더 많은 전류를 필요로 하며, 이번 장에 나오는 레시피는 트랜지스터나 외부 회로를 사용해 이러한 장치를 구동하는 방법을 보여 준다.

브러시 모터와 브러시리스 모터

대부분의 저비용 직류(DC) 모터는 브러시(접점)에 연결된 두 개의 리드가 있는 간단한 장치로서, 코어(전기자)를 구동하는 코일의 자기장을 제어한다. 접점에서 전압의 극성을 바꾸면 회전 방향을 바꿀 수 있다. DC 모터의 크기는 다양하지만, 가장 작은 크기(예: 휴대폰에 사용되는 진동 모터)일지라도 적절한 전류를 제공하려면 트랜지스터나 기타 외부 제어 장치가 필요하다. 다음에 나오는 레시피는 트랜지스터나 H 브리지(H-Bridge)라는 외부 제어 회로를 사용해 모터를 제어하는 방법을 보여 준다.

모터를 선택할 때 주요하게 고려할 사항은 **토크**torque다. 토크는 모터가 얼마나 많은 작업을 수행할수 있는지 결정한다. 일반적으로 토크가 높은 모터는 토크가 낮은 모터보다 더 크고 무거우며, 더 많은 전류를 소비한다.

브러시리스 모터는 일반적으로 브러시 모터보다 주어진 크기에 비해 더 강력하고 효율적이지만 더 복잡한 전자 제어가 필요하다. 브러시리스 모터가 제공하는 성능상 이점이 필요하다면 취미용 무선 제어기를 사용할 목적으로 쓰는 **전자식 스피드 컨트롤러**electronic speed controller(전자식 속도 제어기)라는 부품이 있다. 이 부품은 서보 모터와 아주 닮은 방식으로 제어할 수 있기 때문에 아두이노가 쉽게 제어할 수 있다.

스테퍼 모터

스테퍼는 제어 펄스에 응답해 특정 각도만큼 회전하는 모터다. 각 스텝에 해당하는 각도 수는 모터에 따라 다르며, 스텝당 1 ~ 2도일 수도 있고 30도 이상일 수도 있다.

아두이노에는 바이폴라bipolar(양극, 극이 두 개)와 유니폴라unipolar(단극, 극이 한 개)라는 두 가지 형식의 스테퍼가 사용된다. 바이폴라 스테퍼는 두 개의 코일에 네 개의 리드가 연결되는 형태이며, 유니폴라 스테퍼는 두 개의 코일에 다섯 개나 여섯 개의 리드가 연결되는 형태다. 유니폴라 스테퍼에 있는 추가 와이어는 코일 중심에 내부적으로 연결되어 있다(리드가 다섯 개라면 코일에 중간 탭이 있고 두 개의 중간 탭이 함께 연결되어 있음). 바이폴라 스테퍼와 유니폴라 스테퍼를 다루는 레시피에는 이러한 연결을 나타내는 그림이 나온다.

 외부 전력이 필요한 장치를 연결할 때 생기는 문제의 가장 일반적인 원인은 모든 접지를 함께 연결하지 않는 것이다. 아두이노 접지는 외부 전력 공급장치 접지 및 전력이 공급되는 외부 장치의 접지에 연결해야 한다.

레시피 8.1 서보를 사용해 회전 위치 제어하기

문제

스케치에서 계산된 각도를 사용해 회전을 제어하려고 한다. 예를 들어, 로봇의 센서가 원호를 그리며 흔들리게 하거나 여러분이 선택한 위치로 이동하기를 원한다.

해법

아두이노와 함께 배포된 Servo 라이브러리를 사용하자. 서보 전원과 접지를 적절한 전력 공급장치에 연결하자(단, 하나의 취미 서보는 일반적으로 아두이노 5V 라인에서 전력을 주고받을 수 있음). 서보 신호 리드를 모든 아두이노 디지털 핀에 연결할 수 있다.

다음은 아두이노와 함께 배포된 Sweep 스케치의 예다. 그림 8-3은 연결 방식을 보여 준다.

```
/*
 * 서보 회전 스케치.
 */
#include <Servo.h>

Servo myservo; // 서보를 제어하기 위해 서보 객체를 생성한다.
int angle = 0; // 서보 위치를 저장하기 위한 변수.

void setup()
{
  myservo.attach(9); // 9번 핀의 서보를 서보 객체에 연결한다.
}

void loop()
{
  for(angle = 0; angle < 180; angle += 1) // 0도 위치에서 180도 위치로
  {                                       // 1도씩 단계적으로 간다.
    myservo.write(angle); // 'angle' 변수가 지정하는 위치로 가도록 서보에 명령한다.
    delay(20);            // 서보 명령 간에 20ms 동안 대기하게 한다.
  }
  for(angle = 180; angle >= 1; angle -= 1) // 180도 위치에서 0도 위치로 간다.
  {
    myservo.write(angle); // 서보를 반대 방향으로 이동하게 한다.
    delay(20);            // 서보 명령 간에 20ms 동안 대기하게 한다.
  }
}
```

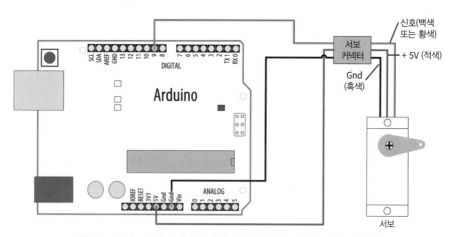

그림 8-3 스위프 스케치 예제를 사용해 서보를 테스트할 수 있게 연결하기

토의

이번 예제는 0도에서 180도 사이에서 서보를 이리저리 휙휙 왔다 갔다 하게sweep(휙 쓸며 지나가게) 한다. 원하는 이동 범위를 갖게 라이브러리에 최소 위치와 최대 위치를 조정하게 지시해야 할 수도 있다. 최소 위치와 최대 위치에 대한 선택적 인수와 함께 Servo.attach를 호출하면 이동이 조정된다.

```
myservo.attach(9,1000,2000); // 9번 핀을 사용하되 최솟값을 1000μs, 최댓값을 2000μs로 설정한다.
```

일반적인 서보는 각도가 아닌 마이크로초(μs) 단위로 측정된 펄스에 응답하기 때문에 핀 번호 뒤의 인수는 0° 또는 180°를 요청할 때 사용되는 마이크로초 수를 Servo 라이브러리에 알려준다. 모든 서보의 이동 범위가 180°인 것은 아니므로 여러분이 원하는 범위를 얻기 위해 시험해야 할 수도 있다.

servo.attach(*pin*, *min*, *max*)의 파라미터는 다음과 같다.

pin

서보가 부착된 핀 번호(모든 디지털 핀을 사용할 수 있음)

min(선택 사항)

서보의 최소 각도(0°)에 해당하는 펄스 폭(마이크로초 단위, 기본값은 544)

max(선택 사항)

서보의 최대 각도(180°)에 해당하는 펄스 폭(마이크로초 단위, 기본값은 2,400)

대부분의 아두이노 보드에서 Servo 라이브러리는 최대 12°까지 처리할 수 있지만, 아두이노 메가에서는 48°까지 처리할 수 있다. ATmega328 기반으로 하는 우노 및 그 밖의 보드에서 서보를 9번 핀이나 10번 핀에 연결하지 않더라도, 여러분은 해당 핀에서 analogWrite()(PWM)를 하지는 않을 것이다. 아두이노 메가는 예외이며, 일부 32비트 보드에도 이 제한이 없다. 자세한 정보를 Servo 라이브러리(https://oreil.ly/_3elx)에서 보자.

서보 및 샤프트shaft(축) 회전에 필요한 토크에 따라 필요 전력이 다르다.

여러 서보들을 연결한다면 5V짜리나 6V짜리 외부 전원이 필요할 수도 있다. 배터리 전원을 사용하고 싶을 때는 AA 셀 네 개가 잘 작동한다. 외부 전원의 접지를 아두이노 접지에 연결해야 한다.

레시피 8.2 포텐쇼미터 및 센서 기반 서보 회전 제어

문제

포텐쇼미터potentiometer(전위차계, 팟)를 사용해 회전 방향과 위치를 제어하려고 한다. 예를 들어, 카메라나 센서의 패닝panning(좌우로 돌리기)과 틸팅tilting(위아래로 기울이기)을 제어하려고 한다. 이 레시피는 아날로그 입력에서 읽을 수 있는 센서의 모든 가변 전압에서 작동할 수 있다.

해법

포텐쇼미터의 전압을 읽는 코드를 추가해 레시피 8.1과 동일한 라이브러리를 사용할 수 있다. 포텐쇼미터 위치(정확히 말하자면, 포텐쇼미터에 달린 손잡이의 회전 위치)를 나타내는 값(0~1023)이 0 ~ 180도 범위에 대응되게 이 값의 눈금이 조절된다. 이 배선에서 유일하게 다른 점은 포텐쇼미터를 추가했다는 점이다. 그림 8-4를 참고하자.

```
/*
 * 센서를 사용하는 서보에 대한 스케치.
 * 센서로 서보를 제어한다.
 */

#include <Servo.h>

Servo myservo;    // 서보를 제어하기 위해 서보 객체를 생성한다.
int potpin = A0;  // 포텐쇼미터를 연결하는 데 사용하는 아날로그 핀.
int val;          // 아날로그 핀에서 값을 읽는 데 사용하는 변수.

void setup()
{
  myservo.attach(9); // 9번 핀의 서보를 서보 객체에 연결한다.
}

void loop()
{
  val = analogRead(potpin);        // 포텐쇼미터의 값을 읽는다.
  val = map(val, 0, 1023, 0, 180); // 서보와 함께 사용할 수 있게 해당 값의 눈금을 조절한다.
  myservo.write(val);              // 눈금을 조절한 값으로 위치를 설정한다.
  delay(15);                       // 서보가 그 자리로 갈 때까지 대기한다.
}
```

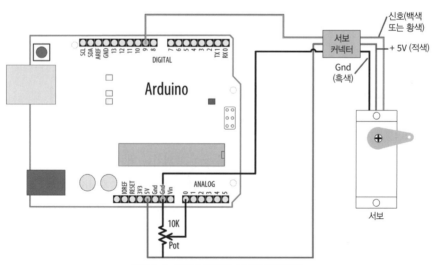

그림 8-4 포텐쇼미터로 서보를 제어하기

취미용 서보에는 3핀짜리 암 커넥터가 달린 케이블이 있어서 에이다프릇의 모터 쉴드 같은 일부 쉴드에 장착된 '서보' 헤더에 직접 꽂을 수 있다. 물리적 커넥터는 아두이노 커넥터와 호환되므로 아두이노 핀을 연결하는 데 사용되는 것과 동일한 와이어 점퍼를 사용할 수 있다. 신호 리드의 색상은 표준화되어 있지 않다. 때로는 백색이 쓰이고 때로는 황색이 사용된다. 적색은 항상 중간에 있으며, 접지 리드는 일반적으로 흑색이나 갈색이다.

토의

analogRead(5장과 6장을 참고하자)에서 읽을 수 있는 것이 무엇이든 그 모든 것을 사용할 수 있는데, 예를 들면 6장에 나오는 자이로스코프(회전의) 및 가속도계 레시피를 사용할 수 있으므로 서보의 각도를 자이로의 요$_{yaw}$나 가속도계의 각도를 사용해 조절할 수 있다.

 모든 서보가 Servo 라이브러리가 제공하는 범위에 걸쳐 다 회전하는 것은 아니다. 서보를 한쪽 끝까지 움직이게 되는 바람에 서보가 끝자리에 다다라서 윙윙거리는 소리만 내는 상황이라면 윙윙 소리가 나지 않는 상황이 될 때까지 map 함수의 출력 범위를 줄여 보자. 예를 들면, 다음과 같다.

```
val=map(val,0,1023,10,170);
```

레시피 8.3 연속 회전 서보 속도 제어

문제

연속으로 회전할 수 있게 고친 서보의 회전 방향과 속도를 제어하려고 한다. 예를 들어, 두 개의 연속 회전 서보를 사용해 로봇에 힘을 보태고, 스케치를 통해 속도와 방향을 제어하려고 한다.

해법

연속 회전 서보는 전진 속도와 후진 속도를 조절할 수 있게 한 감속 모터의 한 형태라고 할 수 있다. 연속 회전 서보를 제어하는 방식은 일반 서보를 제어하는 방식과 비슷하다. 각도가 90°보다 늘어나면 서보는 한쪽 방향으로 회전한다. 각도가 90°보다 줄어들면 다른 쪽 방향으로 회전한다. 실제로는 서보가 연결된 방식에 따라 어느 쪽이 앞쪽이 되고 어느 쪽이 뒤쪽이 될지가 결정된다. 그림 8-5는 서보 두 개를 제어하기 위한 연결 방식을 보여 준다.

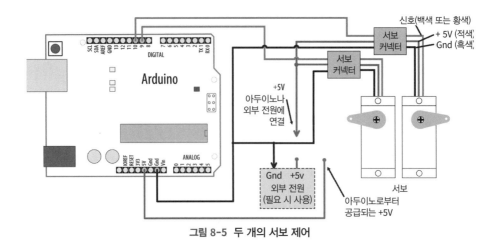

신호(백색 또는 황색)
+ 5V (적색)
Gnd (흑색)

서보
커넥터

서보
커넥터

+5V
아두이노나
외부 전원에
연결

Gnd +5v
외부 전원
(필요 시 사용)

아두이노로부터
공급되는 +5V

서보

그림 8-5 두 개의 서보 제어

서보는 일반적으로 4.8 ∼ 6V 전원으로부터 전력이 공급된다. 아두이노 보드가 +5V 핀을 통해 공급할 수 있는 전류보다 더 많은 전류를 공급해야 할 경우에는 외부전력 공급원이 필요하다. 1.2V 충전식 배터리 네 개를 사용해 아두이노와 서보에 전력을 공급할 수 있다. 이러한 배터리를 사용해 아두이노에 전력을 공급할 생각이라면 다소 애매한 부분이 있다는 점을 명심하자. 이론적으로만 보면 배터리의 양극성 리드를 아두이노의 5V 핀에 연결해 아두이노에 전력을 공급할 수 있다. 그러나 이런 생각을 따르자면 전압조정기를 무시하게 되므로 바람직한 것이 아니다. 또 다른 선택지로는 아두이노의 VIN 핀에 전력을 공급하는 방식이 있는데, 이러려면 최소 6V가 필요하다. 하지만 7V보다 작으면 아두이노를 불안정하게 만들 수 있기 때문에 좋지 않다. 올바른 균형을 맞추려면 서보 모터의 전력 요구량과 이러한 제약 조건의 균형을 맞춰야 한다.

스케치는 90°에서 180°까지 서보를 쓸 수 있게 하는데, 연속 회전 서보를 사용할 때는 이 각도를 가변 속도로 변환한다. 따라서 서보가 바퀴에 연결되어 있으면 차량은 천천히 속도를 늘려 앞으로 이동하고 나서 정지 지점에 이를 때까지 속도를 줄이게 될 것이다. 서보 제어 코드가 loop에 있기 때문에 전력이 있는 한 이 동작이 계속된다.

```
/*
 * 연속 회전
 */
#include <Servo.h>

Servo myservoLeft;  // 서보를 제어하기 위해 Servo 객체를 생성한다.
Servo myservoRight; // 서보를 제어하기 위해 Servo 객체를 생성한다.
int angle = 0;      // 서보 위치를 저장하기 위한 변수.

void setup()
{
  myservoLeft.attach(9);     // 9번 핀상의 왼쪽 서보를 서보 객체에 붙인다.
```

```
  myservoRight.attach(10); // 10번 핀상의 오른쪽 서보를 서보 객체에 붙인다.
}

void loop()
{
  for(angle = 90; angle < 180; angle += 1) // 90도 위치에서 180도 위치로
  {                                         // 1도씩 단계적으로 간다.
    // 90도에서 멈춘다.
    myservoLeft.write(angle);        // 'angle'로 지정한 속도에 맞춰 서보를 돌게 한다.
    myservoRight.write(180-angle); // 반대 방향으로 간다.
    delay(20); // 다음 번 서보 명령을 실행하기 전에 20ms 동안 기다린다.
  }
  for(angle = 180; angle >= 90; angle -= 1) // 180도 위치에서 90도 위치로 간다.
  {
    myservoLeft.write(angle);        // 'angle'로 지정한 속도에 맞춰 서보를 회전시킨다.
    myservoRight.write(180-angle); // 그 밖의 서보는 반대 방향으로 간다.
  }
}
```

토의

연속 회전 서보와 일반 서보에도 비슷한 코드를 사용할 수 있지만, 정확히 90°라고 써넣어야 연속
회전 서보가 회전을 멈추지 않을 수 있다. 일부 서보에는 작은 포텐쇼미터가 있어서 각도를 잘라
서 조정할 수 있으며, 몇 도를 더하거나 빼서 서보를 멈추게 할 수도 있다. 예를 들어, 왼쪽 서보
가 92°에서 회전을 멈춰야 한다면 서보에 써넣을 줄을 다음과 같이 바꾸면 된다.

```
myservoLeft.write(angle+TRIM); // 스케치의 시작 부분에서 int TRIM=2;를 선언한다.
```

레시피 8.4 컴퓨터 명령 기반 서보 제어

문제

직렬 포트에서 서보를 제어하는 명령을 제공하려고 한다. 여러분은 컴퓨터에서 실행 중인 프로그
램에서 서보를 제어하고 싶어할 수도 있다.

해법

소프트웨어를 사용해 서보를 제어할 수 있다. 이는 여러 서보를 지원할 수 있다는 이점이 있다.
그러나 스케치가 서보 위치를 새로 고치기 위해 지속적으로 간섭해야 하므로 그 밖의 많은 작업
을 수행해야 하는 상황이라면 서보 수가 증가함에 따라 논리가 복잡해질 수 있다.

이 레시피는 직렬 포트에서 수신된 명령에 따라 네 개의 서보를 구동한다. 명령 형식은 다음과 같다.

- 180a는 a라는 서보에 180을 써넣는다는 뜻이다.

- 90b는 b라는 서보에 90을 써넣는다는 뜻이다.

- 0c는 c라는 서보에 0을 써넣는다는 뜻이다.

- 17d는 d라는 서보에 17을 써넣는다는 뜻이다.

7 ~ 10번 핀에 연결된 네 개의 서보를 구동하는 스케치는 다음과 같다.

```
/*
 * 서보 스케치의 컴퓨터 제어.
 */
#include <Servo.h> // Servo 라이브러리.

#define SERVOS 4 // 서보 개수.
int servoPins[SERVOS] = {7,8,9,10}; // 7 ~ 10번 핀에 있는 서보.

Servo myservo[SERVOS];

void setup()
{
  Serial.begin(9600);
  for(int i = 0; i < SERVOS; i++)
  {
    myservo[i].attach(servoPins[i]);
  }
}

void loop()
{
  serviceSerial();
}
// serviceSerial은 직렬 포트를 확인하고 수신된 데이터로 위치를 업데이트한다.
// 다음과 같은 형식의 서보 데이터가 필요하다.
//
// "180a"는 a라는 서보에 180을 써넣는다.
// "90b"는 b라는 서보에 90을 써넣는다.
//
void serviceSerial()
{
  if(Serial.available())
  {
    int pos = Serial.parseInt();
    char ch = Serial.read();
    if(ch >= 'a' && ch < 'a' + SERVOS) // ch가 유효한 서보 문자라면,
    {
      Serial.print("Servo ");
      serial.print(ch - 'a');
```

```
        serial.print(" set to ");
        serial.println(pos);
        myservo[ch - 'a'].write(pos); // 위치를 해당 서보에 써넣는다.
      }
    }
}
```

토의

서보를 연결하는 일은 이전 레시피와 비슷하다. 각 서보 연결선이 디지털 핀에 연결된다. 모든 서보 접지는 아두이노 접지에 연결되어 있다. 서보의 전력선은 서로 연결되어 있으며, 서보에 아두이노 전력 공급장치보다 많은 전류가 필요하다면 외부 5V 또는 6V 전력이 필요할 수 있다.

myservo라는 이름의 배열(레시피 2.4 참고)은 네 개의 서보에 대한 참조를 유지하는 데 사용된다. setup 함수 안에 있는 for 루프는 배열을 이루는 각 서보를 servoPinsarray에 정의된 연속 핀에 부착한다.

스케치는 parseInt를 사용함으로써 직렬 포트를 거쳐 정숫값을 수집한다. 문자가 a라면 위치는 배열을 이루고 있는 서보 중 첫 번째 서보(7번 핀에 연결된 서보)에 써넣어진다. 문자 b, c 및 d로는 후속 서보를 제어한다.

함께 보면 좋은 내용

직렬 장치를 거쳐 수신한 값을 처리하는 방법을 자세히 알고 싶다면 4장을 참고하자.

레시피 8.5 브러시리스 모터 구동(취미용 스피드 컨트롤러 사용)

문제

취미용 브러시리스 모터가 있고 속도를 제어하려고 한다.

해법

이 스케치에 있는 코드는 레시피 8.2에 나온 코드와 같다. 스피드 컨트롤러speed controller(속도 제어기)와 모터를 제외하고는 배선이 비슷하다. 취미용 전자식 스피드 컨트롤러(ESC)는 무선 제어 차량에서 브러시리스 모터를 제어하는 데 사용하는 장치다. 이러한 물품은 대량 생산되므로 브러시리스 모터를 구동하기에 가성비가 좋다. 쇼핑몰 검색창에 'esc'를 입력하거나, 아마존이나 이베이나 알리익스프레스 등에서 'electronic speed controller'를 검색하면 괜찮은 제품을 찾아낼 수 있다.

브러시리스 모터에는 권선winding이 세 개 있는데, 이러한 권선을 스피드 컨트롤러에 대한 설명서에 맞춰 연결해야 한다(그림 8-6 참고). 아두이노로 작업할 때 특별히 고려해야 할 사항이 있는지 ESC 설명서를 확인하자. 예를 들어, RC 전기 부품용 ESC(https://oreil.ly/c90yi)는 Servo.attach(*pin*, 1000, 2000)를 사용해서 Servo 라이브러리를 초기화하라고 권한다.

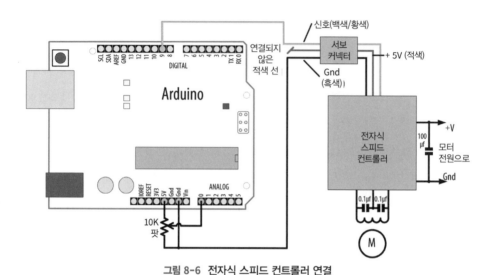

그림 8-6 전자식 스피드 컨트롤러 연결

토의

브러시리스 모터에 적합한지 점검하고 배선까지 확인하려면 스피드 컨트롤러 설명서를 참고하자. 브러시리스 모터에는 선과 연결부가 각기 세 개씩 있고 전원 연결부는 두 개 있다. 많은 스피드 컨트롤러는 서보 스타일 커넥터의 중앙 핀에 전력을 공급한다. 스피드 컨트롤러에서 아두이노 보드에 전력을 공급하지 않으려면 중심에 있는 이 선을 떼내거나 잘라내야 한다.

 서보 및 배터리 제거기 회로(battery eliminator circuit, BEC)라고 부르는 그 밖의 장치에 5V 전력을 공급하는 기능이 스피드 컨트롤러에 있다면, 이 전선을 아두이노에 연결하지 말아야 한다(그림 8-6 참고).

레시피 8.6 솔레노이드 및 릴레이 제어

문제

프로그램 제어 시에 솔레노이드나 릴레이를 활성화하려고 한다. 솔레노이드는 전기 에너지를 기계적 운동으로 변환하는 전자석이다. 전자기적 릴레이는 솔레노이드에 의해 작동되는 스위치다.

해법

대부분의 솔레노이드에는 아두이노 핀이 제공할 수 있는 것보다 더 많은 전력이 필요하므로 트랜지스터를 사용해 솔레노이드를 활성화하는 데 필요한 전류를 전환한다. digitalWrite를 사용해 핀을 HIGH로 설정하면 솔레노이드가 활성화된다.

이 스케치는 그림 8-7과 같이 연결된 트랜지스터를 켠다. 솔레노이드는 한 시간마다 일 초 동안 활성화된다.

```
/*
 * Solenoid 스케치.
 */
int solenoidPin = 2; // 2번 핀상의 트랜지스터에 연결된 솔레노이드.

void setup()
{
  pinMode(solenoidPin, OUTPUT);
}

void loop()
{
  long interval = 1000 * 60 * 60 ; // 간격 = 60분

  digitalWrite(solenoidPin, HIGH); // 솔레노이드를 활성화한다.
  delay(1000);                     // 1초 동안 기다린다.
  digitalWrite(solenoidPin, LOW);  // 비활성화한다.
  thesolenoiddelay(interval);      // 한 시간 동안 기다린다.
}
```

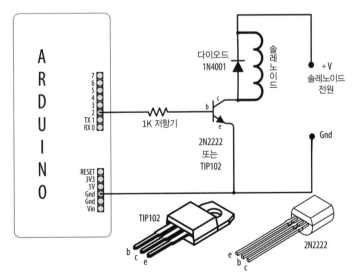

그림 8-7 트랜지스터로 솔레노이드를 구동하기

토의

솔레노이드나 릴레이를 활성화하는 데 필요한 전류량에 따라 선택할 트랜지스터가 달라진다. 데이터시트는 이것을 밀리암페어(㎃)나 코일의 저항으로 지정할 수 있다. 솔레노이드나 릴레이에 필요한 전류를 찾으려면 코일의 전압(V)을 저항(Ω)으로 나눈다. 예를 들어, 185Ω인 코일을 사용하는 12V 릴레이는 65㎃를 소비한다. 12(V) / 185(Ω) = 0.065A(65㎃). 트랜지스터가 구동하는 전류를 처리할 수 없으면 과열되어 타버릴 수 있다.

2N2222 같은 소형 트랜지스터는 최대 수백 밀리암페어가 있어야 하는 솔레노이드에 충분하다. 더 큰 솔레노이드에는 TIP102/TIP120 또는 이와 비슷한 고출력 트랜지스터가 필요하다. 적절하게 쓸 만한 트랜지스터의 대안은 많다. 데이터시트를 읽고 트랜지스터를 선택하는 데 도움이 필요하면 부록 B를 참고하자.

다이오드의 목적은 코일로부터의 **역EMF**reverse EMF가 트랜지스터를 손상시키는 것을 방지하는 것이다(역EMF는 코일을 통한 전류가 차단될 때 생성되는 전압). 다이오드의 극성이 중요하다. 다이오드에는 음극임을 나타내는 색띠color band가 있다. 색띠가 있는 부분(즉, 음극)을 솔레노이드의 양극 전원에 연결해야 한다.

전자기적 릴레이는 솔레노이드처럼 활성화된다. **솔리드 스테이트 릴레이**Solid State Relay, SSR(고체상태계전기)라고 부르는 특별한 릴레이에는 트랜지스터 없이 아두이노 핀에서 직접 구동할 수 있는 내부 전자장치가 있다. 릴레이의 데이터시트를 확인해 필요한 전압 및 전류를 확인하자. 5V에서 40㎃를 초과하는 릴레이라면 그림 8-7에 표시된 것과 같은 회로가 필요하다.

레시피 8.7 물체 진동

문제

아두이노로 제어하여 무언가를 진동하게 하고 싶다. 예를 들어, 매분 1초 동안 흔들리게 하는 프로젝트를 진행하고 싶다.

해법

진동 모터vibration motor를 그림 8-8처럼 연결하자. 0.1㎌짜리 커패시터에 세라믹 커패시터를 사용할 수 있지만, 여러분이 전해 커패시터를 사용하고 있다면 양극 리드가 +5V에 연결된 33Ω 저항으로 연결되어 있는지를 확인하자.

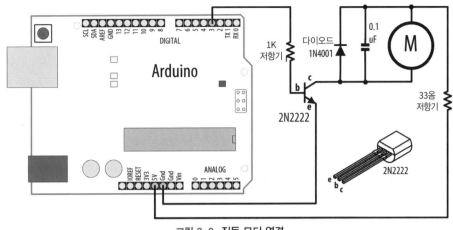

그림 8-8 진동 모터 연결

다음 스케치는 1분마다 1초 동안 진동 모터를 켠다.

```
/*
 * Vibration 스케치.
 * 1분마다 1초 동안 진동하게 한다.
 */

const int motorPin = 3; // 진동 모터 트랜지스터가 3번 핀에 연결된다.
void setup()
{
  pinMode(motorPin, OUTPUT);
}

void loop()
{
  digitalWrite(motorPin, HIGH); // 진동.
  delay(1000);                  // 1초 동안 지연.
  digitalWrite(motorPin, LOW);  // 진동 중단.
  delay(59000);                 // 59초 동안 대기.
}
```

토의

이 레시피는 스파크펀 ROB-08449와 같이 진동하게 설계된 모터를 사용한다. 여러분에게 더 이상 사용하지 않을 만큼 오래된 휴대전화기가 있다면 그 안에 예시로 적절한 진동 모터가 들어 있다. 진동 모터에는 아두이노 핀이 제공할 수 있는 것보다 더 많은 전력이 필요하므로 트랜지스터를 사용해 모터 전류를 켜거나 끈다. 거의 모든 NPN 트랜지스터를 사용할 수 있다. 그림 8-8은 일반적인 2N2222를 보여 준다. 출력 핀과 트랜지스터의 베이스를 1㏀ 저항기가 연결하는데, 이 저항값은 임곗값이 아니며, 최대 4.7㏀ 정도까지 쓸 수 있다(저항기는 출력 핀을 통해 전류가 지나치게 많이 흐르지 않게 하는 역할을 한다). 다이오드는 권선이 회전하면서 만들어 내는 전압을 흡수한다. 즉, **완충**snub한 다. 그래서 때때로 **스너버 다이오드**snubber diode라고 불리기도 한다. 커패시터는 브러시(모터 권선에 전기 전류를 연결하는 접점)가 열리고 닫힐 때 발생하는 전압 스파이크를 흡수한다. 모터를 통해 흐르는 전류량을 제한하려면 33Ω 저항기가 필요하다.

이 스케치는 출력 핀을 1초(1,000㎳) 동안 HIGH로 설정하고 나서 59초 동안 기다린다. 핀이 HIGH이면 트랜지스터가 켜지고(전도 상태) 모터에 전류가 흐르게 한다.

다음은 센서를 사용해 모터를 진동하게 하는 이 스케치의 변형이다. 배선은 0번 아날로그 핀에 연결된 포토셀이 추가된 그림 8-8과 비슷하다(레시피 6.3 참고).

```
/*
 * Vibrate_Photocell 스케치.
 * 포토 센서가 주변 빛의 세기보다 더 센 빛을 감지하면 진동한다.
 */

const int motorPin = 3;        // 진동 모터 트랜지스터가 3번 핀에 연결되어 있다.
const int sensorPin = A0;      // 광검출기(photodetector)가 0번 아날로그 입력에 연결되어 있다.
int sensorAmbient = 0;         // 주변부 빛의 세기(setup 내에서 조정된다).
const int thresholdMargin = 100; // 진동하려면 주변부가 얼마나 밝아야 하는지를 나타낸다.

void setup()
{
  pinMode(motorPin, OUTPUT);
  sensorAmbient = analogRead(sensorPin); // 시작 시 빛의 세기를 획득한다.
}

void loop()
{
  int sensorValue = analogRead(sensorPin);
  if(sensorValue> sensorAmbient + thresholdMargin)
  {
    digitalWrite(motorPin, HIGH); // 진동한다.
  }
  else
  {
    digitalWrite(motorPin, LOW);  // 진동을 멈춘다.
  }
}
```

여기서 출력 핀은 포토셀에 빛이 비칠 때 켬 상태가 된다. 스케치가 시작되면 센서의 배경 빛의 세기를 읽고 가변 센서 주변에 저장한다. loop 내에서 읽은 빛의 세기가 이보다 더 높으면 진동 모터를 켤 것이다.

트랜지스터 기반 브러시 모터 구동

문제

모터를 켜거나 끄고 싶다. 게다가 속도까지 제어하고 싶다. 다만 모터를 한 방향으로만 돌리려고 한다.

해법

이 스케치는 모터를 켜거나 끄면서 직렬 포트로부터 수신한 명령에 맞춰 모터의 속도를 제어한다. 그림 8-9처럼 부품을 연결하자. $0.1\mu F$ 커패시터에 세라믹 커패시터를 사용할 수 있지만, 전해 커패시터를 사용한다면 양극 리드가 +5V인지 확인하자(즉, 극성 확인을 꼭 하자).

```
/*
 * SimpleBrushed 스케치.
 * 직렬 포트로부터 들어오는 명령들이 모터의 속도를 제어한다.
 * 숫자 '0'에서 '9'까지가 유효 숫자인데, 여기서 '0'은 꺼진 상태를 나타내며, * '9'는 최대 속도를 나타낸다.
 */
const int motorPin = 3; // 모터 드라이버가 3번 핀에 연결되어 있다.

void setup()
{
  Serial.begin(9600);
}

void loop()
{
  if(Serial.available())
  {
    char ch = Serial.read();

    if(isDigit(ch)) // ch가 숫자인가?
    {
      int speed = map(ch, '0', '9', 0, 255);
      analogWrite(motorPin, speed);
      serial.println(speed);
    }
    else
    {
      Serial.print("Unexpected character ");
      serial.println(ch);
    }
  }
}
```

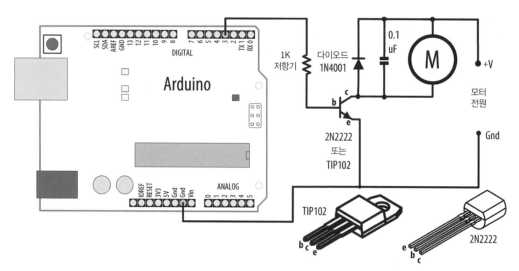

그림 8-9 브러시 모터를 구동하기

토의

이 레시피는 레시피 8.7과 비슷하다. 차이점은 analogWrite가 모터 속도를 제어하는 데 사용된다는 것이다. analogWrite와 PWM에 관해 더 알고 싶다면 285쪽에 나오는 '아날로그 출력'을 참고하자.

레시피 8.9 H 브리지 기반 브러시 모터 방향 제어

문제

브러시 모터의 방향을 제어하고 싶다고 하자. 예를 들어, 직렬 포트에 명령을 내려 모터를 어느 한쪽 방향이나 그 반대 방향으로 돌도록 만들려고 한다.

해법

H 브리지H-Bridge는 모터의 극성을 바꾸거나 완전히 정지시킬 수 있는 부품이다. 그 이름은 H 브리지 회로의 계통도 형태에서 비롯되지만, 이 레시피는 브러시 모터 두 개를 제어할 수 있는 H 브리지의 집적 회로 버전을 사용한다. 그림 8-10은 L293D H-Bridge IC의 연결 방식을 보여 준다. 핀 배치가 똑같은 SN754410을 사용할 수도 있다. 0.1μF 커패시터에는 세라믹 커패시터를 사용해야 한다. 스케치는 다음과 같다.

```
/*
 * Brushed_H_Bridge_simple 스케치.
 * 직렬 포트로부터 들어오는 명령이 모터의 방향을 제어한다.
 * + 키나 - 키를 누르면 모터의 방향이 정해지고,
 * 그 밖의 아무 키든지 그것을 누르면 모터가 멈춘다.
 */

const int in1Pin = 5; // H 브리지 입력 핀.
const int in2Pin = 4;

void setup()
{
  Serial.begin(9600);
  pinMode(in1Pin, OUTPUT);
  pinMode(in2Pin, OUTPUT);
  Serial.println("+ - to set direction, any other key stops motor");
}

void loop()
{
  if(Serial.available())
  {
    char ch = Serial.read();
    if(ch == '+')
    {
      Serial.println("CW");
      digitalWrite(in1Pin, LOW);
      digitalWrite(in2Pin, HIGH);
    }
    else if (ch == '-')
    {
      Serial.println("CCW");
      digitalWrite(in1Pin, HIGH);
      digitalWrite(in2Pin, LOW);
    }
    else if (ch != '\n' && ch != '\r') // cr이나 lf를 무시한다.
    {
      Serial.print("Stop motor");
      digitalWrite(in1Pin, LOW);
      digitalWrite(in2Pin, LOW);
    }
  }
}
```

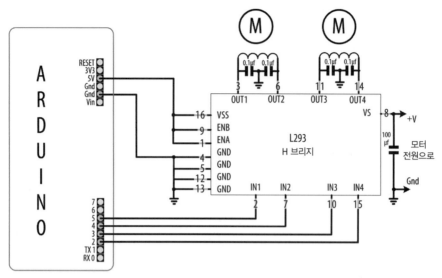

그림 8-10 L293D H-Bridge를 사용해 두 개의 브러시 모터를 연결

토의

표 8-1은 H 브리지 입력값이 모터에 미치는 영향을 보여 준다. 이 레시피 해법에 나오는 스케치에서 단일 모터는 IN1 핀과 IN2 핀을 사용해 제어된다. EN 핀은 +5V에 연결되어 있기 때문에 영구적으로 HIGH다.

표 8-1 H 브리지의 논리표

EN	IN1	IN2	기능
HIGH	LOW	HIGH	시계 방향으로 회전
HIGH	HIGH	LOW	시계 방향의 반대로 회전
HIGH	LOW	LOW	모터 정지
HIGH	HIGH	HIGH	모터 정지
LOW	무시됨	무시됨	모터 정지

그림 8-10은 두 번째 모터를 연결하는 방법을 보여 준다. 다음 스케치는 두 모터를 모두 제어한다.

```
/*
 * Brushed_H_Bridge_simple2 스케치.
 * 직렬 포트로부터 들어오는 명령들이 모터의 방향을 제어한다.
 * + 키나 - 키를 누르면 모터의 방향이 정해지고,
 * 그 밖의 아무 키든지 그것을 누르면 모터가 멈춘다.
 */

const int in1Pin = 5; // H 브리지 입력 핀.
```

```
const int in2Pin = 4;

const int in3Pin = 3; // 두 번째 모터에 대한 H 브리지 핀.
const int in4Pin = 2;

void setup()
{
  Serial.begin(9600);
  pinMode(in1Pin, OUTPUT);
  pinMode(in2Pin, OUTPUT);
  pinMode(in3Pin, OUTPUT);
  pinMode(in4Pin, OUTPUT);
  Serial.println("+ - sets direction of motors, any other key stops motors");
}

void loop()
{
  if (Serial.available())
  {
    char ch = Serial.read();
    if (ch == '+')
    {
      Serial.println("CW");

      // 첫 번째 모터
      digitalWrite(in1Pin, LOW);
      digitalWrite(in2Pin, HIGH);

      // 두 번째 모터
      digitalWrite(in3Pin, LOW);
      digitalWrite(in4Pin, HIGH);
    }
    else if (ch == '-')
    {
      Serial.println("CCW");

      digitalWrite(in1Pin, HIGH);
      digitalWrite(in2Pin, LOW);

      digitalWrite(in3Pin, HIGH);
      digitalWrite(in4Pin, LOW);
    }
    else if (ch != '\n' && ch != '\r') // cr이나 lf를 무시한다.
    {
      Serial.print("Stop motors");
      digitalWrite(in1Pin, LOW);
      digitalWrite(in2Pin, LOW);
      digitalWrite(in3Pin, LOW);
      digitalWrite(in4Pin, LOW);
    }
  }
}
```

H 브리지 기반 브러시 모터 방향/속도 제어

문제

브러시 모터의 방향과 속도를 제어하려고 한다. 직렬 포트의 명령을 통해 모터의 방향과 속도를
모두 제어해 레시피 8.9의 기능을 확장한다.

해법

그림 8-11에 나와 있는 것처럼 브러시 모터를 H 브리지의 출력 핀에 연결한다. 0.1μF 커패시터에는
세라믹 커패시터를 사용해야 한다.

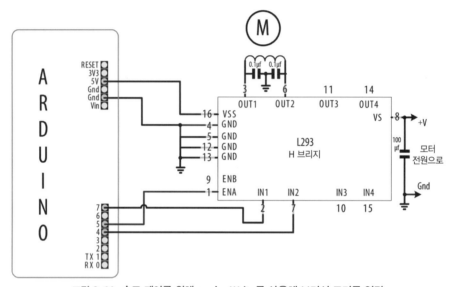

그림 8-11 속도 제어를 위해 analogWrite를 사용해 브러시 모터를 연결

이 스케치는 시리얼 모니터의 명령을 사용해 모터의 속도와 방향을 제어한다. 0을 송신하면 모터
가 멈추고 1에서 9까지의 숫자로 속도를 제어한다. +와 -를 송신하면 모터 방향이 설정된다.

```
/*
 * 속도 제어가 가능한 Brushed_H_Bridge 스케치.
 * 직렬 포트로부터 들어오는 명령이 모터의 속도와 방향을 제어한다.
 * 숫자 '0'에서 '9'까지가 유효하며, 여기서 '0'은 끔을 의미하고 '9'는 최대 속도를 의미한다.
 * + 또는 -로 방향을 설정한다.
 */

const int enPin = 5;  // H 브리지 사용 가능 핀.
const int in1Pin = 7; // H 브리지 입력 핀.
const int in2Pin = 4;
```

```
void setup()
{
  Serial.begin(9600);
  pinMode(in1Pin, OUTPUT);
  pinMode(in2Pin, OUTPUT);
  Serial.println("Speed (0-9) or + - to set direction");
}

void loop()
{
  if(Serial.available())
  {
    char ch = Serial.read();

    if(isDigit(ch)) // ch가 숫자인가?
    {
      int speed = map(ch, '0', '9', 0, 255);
      analogWrite(enPin, speed);
      serial.println(speed);
    }
    else if (ch == '+')
    {
      Serial.println("CW");
      digitalWrite(in1Pin, LOW);
      digitalWrite(in2Pin, HIGH);
    }
    else if (ch == '-')
    {
      Serial.println("CCW");
      digitalWrite(in1Pin, HIGH);
      digitalWrite(in2Pin, LOW);
    }
    else if (ch != '\n' && ch != '\r') // 캐리지리턴(cr)이나 라인피드(lf)를 무시한다.
    {
      Serial.print("Unexpected character ");
      serial.println(ch);
    }
  }
}
```

토의

이 레시피는 레시피 8.9와 비슷하며, 모터 방향은 IN1 핀과 IN2 핀의 레벨level(전압 크기, 전압 준위)에 의해 제어된다. 또한, 속도는 EN 핀의 analogWrite 값에 의해 제어된다(PWM에 관해 더 알고 싶다면 7장을 참고하자). 값을 0이 되게 하면 모터가 정지한다. 255가 되게 하면 모터가 최고 속도로 작동한다. 모터 속도는 이 범위 내의 값에 비례해 변한다.

문제

센서의 피드백으로 브러시 모터의 방향과 속도를 제어하려고 한다. 예를 들어, 여러분은 로봇이 광선을 향해 움직일 수 있도록 모터 속도와 방향을 제어하는 두 개의 포토 센서photo sensor(광감응기, 광전 센서)를 원한다고 하자.

해법

이 해법에서는 그림 8-10에 표시된 연결 방식과 비슷하게 모터를 연결하지만, 그림 8-12에 표시된 것처럼 포토레지스터(또는 포토트랜지스터. 자세한 내용을 알고 싶다면 레시피 1.6 참고)를 두 개 추가한다. 0.1μF 커패시터에는 세라믹 커패시터를 사용해야 한다.

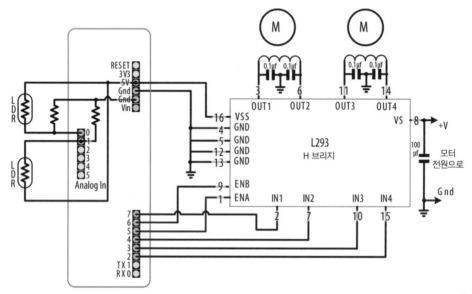

그림 8-12 센서를 사용해 제어하는 두 개의 모터

스케치는 센서의 조도를 모니터링하고 모터가 더 밝은 조도를 감지하게 센서 쪽으로 향하게 한다.

```
/*
 * Brushed_H_Bridge_Direction 스케치.
 * 포토 센서를 사용해 모터의 방향을 제어한다.
 * 로봇이 빛의 방향으로 움직인다.
 */

int leftPins[] = {5,7,4}; // PWM용 핀 한 개, 모터 방향을 지시하는 데 쓸 핀 한 개.
int rightPins[] = {6,3,2};
```

```
const int MIN_PWM      = 64;  // 범위가 0 ~ MAX_PWM이 될 수 있다.
const int MAX_PWM      = 128; // 범위가 약 50 ~ 255가 될 수 있다.
const int leftSensorPin = A0;  // 센서가 연결된 아날로그 핀.
const int rightSensorPin = A1;

int sensorThreshold = 0; // 움직이려면 이 정도의 빛이 센서에 있어야 한다.

void setup()
{
  for(int i=0; i < 4; i++)
  {
    pinMode(leftPins[i], OUTPUT);
    pinMode(rightPins[i], OUTPUT);
  }
}

void loop()
{
  int leftVal = analogRead(leftSensorPin);
  int rightVal = analogRead(rightSensorPin);

  if(sensorThreshold == 0) // 센서를 보정했는가?
  {
    // 그렇지 않다면 주변 평균 이상으로 센서를 보정한다.
    sensorThreshold = ((leftVal + rightVal) / 2) + 100 ;
  }

  if(leftVal> sensorThreshold || rightVal> sensorThreshold)
  {
    // 앞으로 나아가기에 적당한 빛이 있다면
    setSpeed(rightPins, map(rightVal,0,1023, MIN_PWM, MAX_PWM));
    setSpeed(leftPins, map(leftVal ,0,1023, MIN_PWM, MAX_PWM));
  }
}

void setSpeed(int pins[], int speed)
{
  if(speed < 0)
  {
    digitalWrite(pins[1], HIGH);
    digitalWrite(pins[2], LOW);
    speed = -speed;
  }
  else
  {
    digitalWrite(pins[1], LOW);
    digitalWrite(pins[2], HIGH);
  }
  analogWrite(pins[0], speed);
}
```

토의

이 스케치는 두 포토셀photocell(광전지)에서 감지된 빛의 양에 따라 두 모터의 속도를 제어한다. 포토셀은 한쪽의 빛이 증가하면 다른 쪽의 모터 속도가 증가하게 배열된다. 이로 인해 로봇은 밝은 빛 쪽으로 돌아서게 된다. 두 포토셀에 똑같이 빛이 비추면 로봇이 직선으로 앞으로 움직인다. 빛이 충분하지 않으면 로봇이 정지한다.

 포토셀을 로봇에 조립해 넣었는데 실수로 로봇이 빛을 따르는 것이 아니라 빛을 피하게 조립했다면 두 모터의 극성을 반전시켜 보자. 로봇이 앞으로 움직일 때 제자리에서 회전하면 모터 중 하나의 극성을 반대로 바꾸자.

analogRead를 사용해 아날로그 입력 0과 1을 통해 빛이 감지된다(레시피 6.3 참고). 프로그램이 시작되면 주변광이 측정되고 이 임곗값은 로봇 이동에 필요한 최소 빛의 세기를 결정하는 데 사용된다. 두 센서의 평균 세기에 100이라는 마진margin(여유도)이 추가되므로 로봇은 주변광ambient light(전반 조명)의 작은 변화만으로는 움직이지 않는다. analogRead로 측정된 빛의 세기는 map 함수를 거쳐 PWM 값으로 변환된다. 로봇이 움직일 수 있는 대략적인 값으로 MIN_PWM을 설정하자(낮은 값은 충분한 토크를 제공하지 않는다. 로봇의 시행착오를 통해 이 값을 찾아내자). 로봇이 이동할 가장 빠른 속도를 결정하려면 MAX_PWM을 최대 255의 값으로 설정하자.

모터 속도는 setSpeed 함수에서 제어된다. 두 개의 핀을 사용해 각 모터의 방향을 제어하고 다른 핀을 사용해 속도를 제어한다. 핀 번호는 leftPins 및 rightPins 배열에 유지된다. 각 배열의 첫 번째 핀은 속도 핀이다. 다른 두 핀은 방향이다.

L293의 대안은 도시바 TB6612FNG이다. L293D를 보여 주는 모든 레시피에서 이것을 사용할 수 있다. 그림 8-13에는 폴롤루Pololu가 만든 브레이크아웃 보드(폴롤루 품번 713)에 사용된 TB6612용 배선을 보여 준다.

하드웨어를 추가함으로써 방향 핀 제어에 필요한 핀 수를 줄일 수 있다. 방향에 대해 모터당 하나의 핀만 사용해 다른 H 브리지 입력의 레벨을 반전시키는 트랜지스터나 논리 게이트를 사용해 수행된다. 이미 배선된 것을 원한다면 아두이노 모터 쉴드(7630049200371)나 스파크펀에서 만든 아두모토Ardumoto DEV-09213 같은 H 브리지 쉴드를 사용할 수 있다. 둘 다 더 많은 전류를 구동할 수 있는 L293의 대안인 L298을 기반으로 한다. 이 쉴드는 아두이노에 직접 연결되며 모터 전력 공급장치와 권선에 연결하기만 하면 된다.

아두이노 모터 쉴드에 대한 스케치가 수정되었다(0번과 1번 아날로그 핀은 전류 감지에 사용되므로 스케치는 A2 및 A3을 사용함).

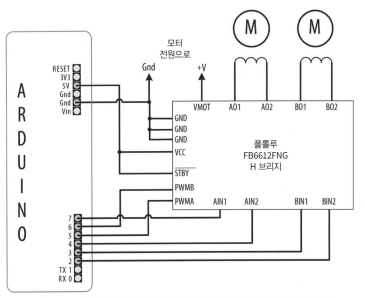

그림 8-13 폴롤루(Pololu)가 만든 브레이크아웃 보드용 H 브리지 배선

```
/*
 * 모터 쉴드에 대한 Brushed_H_Bridge_Direction 스케치는
 * 포토 센서를 사용해 모터의 방향을 제어한다.
 * 로봇이 빛의 방향으로 움직인다.
 */

int leftPins[] = {3,12}; // PWM용 핀 한 개, 모터 방향을 지시하는 핀 한 개.
int rightPins[] = {11,13};

const int MIN_PWM = 64;        // 범위가 0 ~ MAX_PWM이 될 수 있다.
const int MAX_PWM = 128;       // 범위가 약 50 ~ 255가 될 수 있다.
const int leftSensorPin = A0;  // 센서가 연결된 아날로그 핀.
const int rightSensorPin = A3;

int sensorThreshold = 0; // 움직이려면 이 정도의 빛이 센서에 비춰야 한다.

void setup()
{
  pinMode(leftPins[1], OUTPUT);
  pinMode(rightPins[1], OUTPUT);
}

void loop()
{
  int leftVal = analogRead(leftSensorPin);
  int rightVal = analogRead(rightSensorPin);
  if(sensorThreshold == 0) // 센서를 보정했는가?
  {
    // 그렇지 않다면 주변 평균 이상으로 센서를 보정한다.
    sensorThreshold = ((leftVal + rightVal) / 2) + 100 ;
```

```
  }

  if(leftVal> sensorThreshold || rightVal> sensorThreshold)
  {
    // 앞으로 나아가기에 적당한 빛이 있다면
    setSpeed(rightPins, map(rightVal,0,1023, MIN_PWM, MAX_PWM));
    setSpeed(leftPins, map(leftVal, 0,1023, MIN_PWM, MAX_PWM));
  }
}

void setSpeed(int pins[], int speed)
{
  if(speed < 0)
  {
    digitalWrite(pins[1], HIGH);
    speed = -speed;
  }
  else
  {
    digitalWrite(pins[1], LOW);
  }
  analogWrite(pins[0], speed);
}
```

loop 함수는 이전 스케치와 똑같다. 쉴드의 하드웨어가 단일 핀으로 모터 방향을 제어할 수 있기 때문에 setSpeed에 들어 있는 코드가 적다.

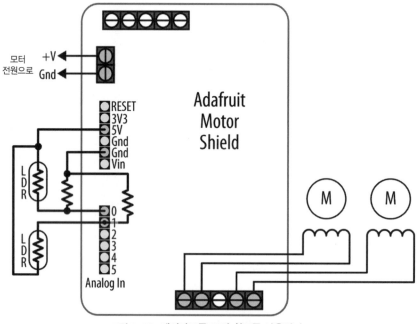

그림 8-14 에이다프룻 모터 쉴드를 사용하기

아두모토 쉴드Ardumoto Shield는 다른 핀을 사용하므로 다음과 같이 코드를 수정해야 한다.

```
int leftPins[] = {3, 2}; // PWM용 핀 한 개, 모터 방향을 지시하는 데 쓸 핀 한 개.
int rightPins[] = {11, 4};
```

그림 8-14는 에이다프룻 모터 쉴드 V2Adafruit Motor Shield V2(https://oreil.ly/kFygk)를 사용해 똑같은 기능을 구현한 것이다. 이 그림은 라이브러리 매니저를 사용해 설치할 수 있는 Adafruit_MotorShield라는 라이브러리를 사용한다.

에이다프룻 쉴드는 모터의 권선용으로 네 개의 접점을 지원한다. 다음 스케치에서는 모터가 3번 커넥터와 4번 커넥터에 연결되어 있다.

```
/*
 * 에이다프룻 모터 쉴드의 Brushed_H_Bridge_Direction 스케치는
 * 포토 센서를 사용해 모터의 방향을 제어한다.
 * 로봇이 빛의 방향으로 움직인다.
 */

#include <Wire.h>
#include <Adafruit_MotorShield.h> // 에이다프룻 모터 쉴드 라이브러리.

// 쉴드용 객체를 한 개 생성한다.
Adafruit_MotorShield AFMS = Adafruit_MotorShield();

Adafruit_DCMotor *leftMotor = AFMS.getMotor(1);
Adafruit_DCMotor *rightMotor = AFMS.getMotor(2);

const int MIN_PWM = 64;  // 범위가 0 ~ MAX_PWM이 될 수 있다.
const int MAX_PWM = 128; // 범위가 약 50 ~ 255가 될 수 있다.

const int leftSensorPin = A0;    // 센서들과 연결된 아날로그 핀.
const int rightSensorPin = A1;
int sensorThreshold = 0;         // 움직이기 위해서는 센서가 이것보다 더 밝아야 한다.

void setup()
{
  AFMS.begin(); // 기본 주파수를 1.6㎑로 해서 생성한다.
}

void loop()
{
  int leftVal = analogRead(leftSensorPin);
  int rightVal = analogRead(rightSensorPin);

  if(sensorThreshold == 0) // 센서를 보정했는가?
  {
    // 그렇지 않다면 주변 평균 이상으로 센서를 보정한다.
```

```
      sensorThreshold = ((leftVal + rightVal) / 2) + 100 ;
  }

  if(leftVal > sensorThreshold || rightVal > sensorThreshold)
  {
    // 앞으로 나아가기에 적당한 빛이 있다면
    setSpeed(rightMotor, map(rightVal,0,1023, MIN_PWM, MAX_PWM));
    setSpeed(leftMotor, map(leftVal ,0,1023, MIN_PWM, MAX_PWM));
  }
}

void setSpeed(Adafruit_DCMotor *motor, int speed)
{
  if(speed < 0)
  {
    motor->run(BACKWARD);
    speed = -speed;
  }
  else
  {
    motor->run(FORWARD);
  }
  motor->setSpeed(speed);
}
```

이 레시피에서 언급한 것과 다른 쉴드가 있다면 데이터시트를 참조하고, 스케치의 값이 PWM 및 방향에 사용된 핀과 일치하는지를 확인해야 한다.

함께 보면 좋은 내용

폴롤루 보드 데이터시트(https://oreil.ly/bD_83).

아두모토 쉴드 제품 페이지(https://oreil.ly/XZTCY).

아두이노 모터 쉴드에 대한 설명서(https://oreil.ly/2gKoX).

에이다프룻 모터 쉴드 V2에 대한 설명서 및 라이브러리(https://oreil.ly/T19_o).

레시피 8.12 바이폴라 스테퍼 모터 구동

문제

바이폴라(4선식) 스테퍼 모터가 있고 H 브리지를 사용해 프로그램 제어에서 스테핑하고 싶다.

해법

이 스케치는 직렬 명령에 대한 응답으로 모터를 단계별로 움직인다. 수치 다음에 한 방향에 대해서는 + 문자가, 다른 방향에 대해서는 - 문자가 뒤따르며 스텝 수를 정한다. 예를 들어, '24+'는 모터가 어느 한쪽 방향으로 한 바퀴 돌 때 24단계를 거친다는 것이고, '12-'는 다른 방향으로 절반만큼만 회전한다는 뜻이다. 그림 8-15처럼 부품을 연결하자. $0.1\mu F$ 커패시터에는 세라믹 커패시터를 사용해야 한다. 스케치는 다음과 같다.

```
/*
 * Stepper_bipolar 스케치.
 * 스테퍼는 직렬 포트에서 제어된다.
 * 수치 다음에 '+'나 '-' 꼴로 모터의 스텝 수를 지정한다.
 */

#include <Stepper.h>

// 이것을 모터의 스텝 수로 변경하자.
#define STEPS 24

// Stepper 클래스의 인스턴스를 만들고, 모터의 스텝 수와 모터가 부착된 핀을 규정한다.
Stepper stepper(STEPS, 2, 3, 4, 5);

int steps = 0;

void setup()
{
  // 모터의 속도를 30 RPM으로 설정한다.
  stepper.setSpeed(30);
  Serial.begin(9600);
}

void loop()
{
  if(Serial.available())
  {
    char ch = Serial.read();
    if(isDigit(ch)) // ch가 숫자인가?
    {
      steps = steps * 10 + ch - '0'; // 그렇다면 값을 누산한다.
    }
    else if(ch == '+')
    {
      stepper.step(steps);
      steps = 0;
    }
    else if(ch == '-')
    {
      stepper.step(steps * -1);
```

```
        steps = 0;
    }
  }
}
```

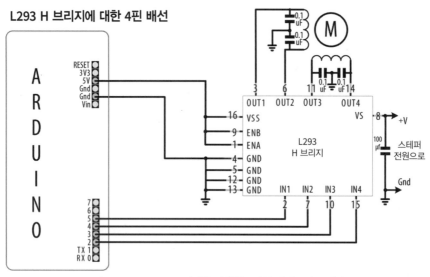

그림 8-15 L293 H 브리지를 사용한 4선식 바이폴라 스테퍼

토의

이 형식의 모터에는 두 개의 개별 코일 그룹이 있으며, 각 그룹은 스테퍼 모터의 **위상**phase을 구성
한다. 위상에 특정 방향으로 힘이 들어가면 모터는 해당 방향으로 스텝을 돌린다. 위상을 교대로
펄싱pulsing(펄스 생성)하면 모터가 여러 스텝을 이동할 수 있다. 네 개의 전선이 있으며, 각 전선 짝
이 위상에 해당한다. 여러분은 모터에 대한 데이터시트나 그 밖의 문서를 참조하며 적절한 스텝 수
(#define STEPS)를 사용하고 있는지 확인해야 한다. 하지만 모터의 배선이 어떻게 놓여 있는지 모른
다면 멀티미터를 사용해 간단히 테스트해 볼 수 있다. 서로 다른 전선 짝 간의 저항을 측정하자. 저
항값이 같은 전선 두 짝을 찾을 수 있으며, 그 밖의 모든 짝은 서로 연결되어 있지 않으므로 무한한
저항을 갖는다.

스테퍼가 L293이 공급하는 전류보다 더 높은 전류(L23D의 경우라면 6000mA)가 필요하다면 L293
과 배선과 코드가 똑같은 최대 1A짜리 SN754410 칩을 사용할 수 있다. 최대 2A 전류의 경우에는
L298 칩을 사용할 수 있다. L298인 경우에는 이번 레시피에 나오는 해법과 똑같은 스케치를 사용할
수 있으며, 그림 8-16에 보이는 방식대로 연결해야 한다. 0.1μF 커패시터에는 세라믹 커패시터를 사
용해야 한다.

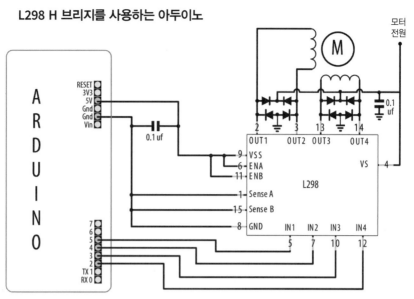

L298 H 브리지를 사용하는 아두이노

그림 8-16 L298이 있는 유니폴라 스테퍼

아두이노 모터 쉴드(7630049200371)를 사용하면 L298을 아두이노에 간단히 연결할 수 있다. 쉴드를 아두이노 보드의 상단에 연결하면 되며, 모터 권선에 외부 연결만 필요하다. 모터 전원은 아두이노 Vin(외부 전압 입력) 핀에서 나온다. In1/2는 12번 핀으로 제어되고 ENA는 3번 핀이다. In3/4는 13번 핀에 연결되고 ENB는 11번 핀에 있다. 아두이노 모터 쉴드와 함께 이전 스케치를 사용하게 코드를 다음과 같이 변경하자.

```
Stepper stepper(STEPS, 12, 13);
```

setup() 함수 내부의 모든 코드를 다음으로 바꾼다.

```
pinMode(3, OUTPUT);
digitalWrite(3, HIGH);  // A를 활성화하고 LOW를 사용해 모터를 끈다.

pinMode(11, OUTPUT);
digitalWrite(11, HIGH); // B를 활성화하고 LOW를 사용해 모터를 끈다.

stepper.setSpeed(60);    // 모터의 속도를 60rpm이 되게 설정한다.
Serial.begin(9600);
```

loop 코드는 이전 스케치와 똑같다.

스테퍼 모터는 상당한 양의 전류를 소비할 수 있으며, 이는 모터가 움직이지 않을 때도 그렇다. 전력이 공급된 스테퍼 모터를 돌리려고 하면(실제로 돌리지 말자) 저항이 느껴진다. 브레드보드의 L293D나 L298도 시간이 지남에 따라 매우 뜨거워지며, 브레드보드의 소재인 플라스틱이 견디기에 너무 뜨거울 수 있다. 따라서 다음에 설명하는 모터 쉴드를 사용하는 것이 바람직하다. 모터 쉴드에는 이런 식으로 응용하기에 적합하게 한 방열판이 있고 열 복원력이 있다. 전력을 아끼고 싶다면 사용하지 않는 ENA 핀과 ENB 핀을 로우가 되게 하는 식으로, 사용하지 않는 스테퍼 모터를 능동적으로 꺼 두면 된다. 이로 인해 종종 스테퍼 모터 사용 목적에서 벗어날 수 있다(즉, 능동적인 스테핑 중간에 스테퍼 모터의 위치를 고정시켜 버리게 될 것이다). 타임아웃을 사용해 사용하지 않을 때 모터를 끄는 예는 레시피 8.13을 참고하자.

함께 보면 좋은 내용

스테퍼 모터 배선에 관해 더 알고 싶다면 톰 이고Tom Igoe의 스테퍼 모터 노트(https://bit.ly/3aQ2wVr)를 참고하자.

Stepper 라이브러리에 대한 문서(https://oreil.ly/PVcIJ)

에이다프룻이 만든 스테퍼 모터에 대한 자습서(https://oreil.ly/AJaAG).

레시피 8.13 바이폴라 스테퍼 모터 구동(이지드라이버 보드 사용)

문제

여러분에게 바이폴라(4선식) 스테퍼 모터가 있고, 이지드라이버EasyDriver 보드를 사용해 프로그램 제어 하에 스테핑하고 싶다고 하자.

해법

이 해법은 레시피 8.12에 나온 것과 비슷한데, 해당 레시피에서 설명한 직렬 명령 프로토콜과 같은 것을 사용하면서도 보드로는 더 인기 있는 이지드라이버 보드를 사용한다. 그림 8-17은 연결 방식을 보여 준다.

그리고 이어지는 스케치는 직렬 포트로부터 오는 스텝의 방향과 카운트를 제어한다. 레시피 8.12의 코드와 달리 이지드라이버 보드는 하드웨어에서 모터 코일 제어를 처리하므로 Stepper 라이브러리가 필요하지 않다.

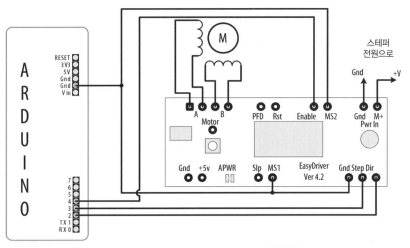

그림 8-17 이지드라이버 보드를 연결하기

```
/*
 * Stepper_Easystepper 스케치.
 * 스테퍼는 직렬 포트에서 제어된다.
 * 수치 다음에 '+'나 '-' 꼴로 모터의 스텝 수를 지정한다.
 * 수치 다음에 's'가 있으면 속도가 변경된다.
 */

const int dirPin = 2;
const int stepPin = 3;
const int enPin = 4;

int speed = 100;            // 초당 스텝 수로 나타낸 희망 속도.
int steps = 0;              // 만들어야 할 스텝 수.
long last_step = millis();
long timeout = 30 * 1000;  // 30초 동안 활동이 없으면 모터를 끈다.

void setup()
{
  pinMode(dirPin, OUTPUT);
  pinMode(stepPin, OUTPUT);
  pinMode(enPin, OUTPUT);
  Serial.begin(9600);
}

void loop()
{
  if(millis()> last_step + timeout)
  {
    digitalWrite(enPin, HIGH); // 모터를 끈다.
  }

  if(Serial.available())
  {
```

```
      char ch = Serial.read();

      if(isDigit(ch)) // ch가 숫자인가?
      {
        steps = steps * 10 + ch - '0'; // 그렇다면 값을 누산한다.
      }
      else if(ch == '+')
      {
        step(steps);
        steps = 0;
      }
      else if(ch == '-')
      {
        step(-steps);
        steps = 0;
      }
      else if(ch == 's')
      {
        speed = steps;
        Serial.print("Setting speed to ");
        Serial.println(steps);
        steps = 0;
      }
    }
  }
}

void step(int steps)
{
  int stepDelay = 1000 / speed; // 초당 스텝 수로 주어진 속도를 밀리초(ms) 단위에 맞춘 지연값.
  int stepsLeft;

  digitalWrite(enPin, LOW); // 모터를 쓸 수 있게 한다.
  last_step = millis();

  // steps가 '+'인지 아니면 '-'인지에 따라 방향을 결정한다.
  if (steps > 0)
  {
    digitalWrite(dirPin, HIGH);
    stepsLeft = steps;
  }
  if (steps < 0)
  {
    digitalWrite(dirPin, LOW);
    stepsLeft = -steps;
  }
  // 스텝 수를 줄여 나가며, 매번 한 단계씩 이동한다.
  while(stepsLeft > 0)
  {
    digitalWrite(stepPin, HIGH);
    delayMicroseconds(1);
    digitalWrite(stepPin, LOW);
    delay(stepDelay);
```

```
        stepsLeft--; // 남은 스텝 수를 줄여 나간다.
    }
}
```

토의

이지드라이버 보드는 M+ 및 GND로 표시된 핀을 통해 전력이 공급된다(그림 8-17의 오른쪽 상단에 표시). 보드는 8V와 30V 사이의 전압으로 작동한다. 스테퍼 모터의 사양에서 올바른 작동 전압을 확인하자. 5V 스테퍼를 사용한다면 GND 및 +5V로 표시된 핀(이 핀은 이지드라이버 보드의 왼쪽 하단에 있음)에 5V를 공급하고, APWR로 표시된 인쇄 회로 기판의 점퍼를 잘라내야 한다(이 경우에 온보드 전압조정기가 분리되고 외부 5V 전원으로부터 모터와 이지드라이버 보드에 전력이 공급된다).

이 스케치는 Enable 핀을 HIGH로 설정해 출력을 비활성화하여(LOW 값은 출력을 활성화) 모터가 30초 이상 움직이지 않았을 때의 전력 소비를 줄인다. last_step 변수를 변경하여 이 타임아웃timeout을 조정할 수 있다.

표 8-2와 같이 MS1 핀과 MS2 핀을 +5V(HIGH)나 GND(LOW)에 연결해서 스테핑 옵션을 선택한다. 보드를 그림 8-17처럼 연결한 상태에서 전체 스텝 분해능을 사용한다(MS1과 MS2는 모두 LOW임). 또한, 리셋 핀이 GND(HIGH)에 연결되지 않았다면 이는 기본 상태라는 점에 유의하자. 리셋 핀을 LOW로 당기면 스테퍼 제어가 꺼진다.

표 8-2 마이크로스텝(Microstep) 옵션들

분해능	MS1	MS2
전체 스텝	LOW	LOW
절반 스텝	HIGH	LOW
1/4 스텝	LOW	HIGH
1/8 스텝	HIGH	HIGH

속도 값이 다음과 같이 초당 회전 수를 결정하게 코드를 수정할 수 있다.

```
// RPM 단위로 주어진 속도에 대해서 다음 값을 사용한다.
int speed = 100; // RPM 단위에 맞춘 희망 속도.
int stepsPerRevolution = 200; // 이 줄은 1회전을 위한 스텝을 설정한다.
```

step 함수의 첫 번째 줄을 다음처럼 변경하자.

```
int stepDelay = 60L * 1000L / stepsPerRevolution / speed; // RPM으로 나타내는 속도.
```

그 밖의 모든 항목은 동일하게 유지될 수 있지만, 이번에는 전송하는 속도 명령이 모터가 회전할 때의 RPM이 된다.

레시피 8.14 ULN2003A 드라이버 칩 기반 유니폴라 스테퍼 모터 구동

문제

유니폴라(5선식이나 6선식) 스테퍼 모터가 있으며, ULN2003A Darlington 드라이버 칩을 사용해 제어하려고 한다.

해법

그림 8-18과 같이 유니폴라 스테퍼unipolar stepper(단극 스테퍼 모터)를 연결하자. +V 연결은 모터에 필요한 전압 및 전류에 맞는 전력 공급장치로 연결된다. 0.1µF 커패시터에는 세라믹 커패시터를 사용해야 한다.

다음 스케치는 직렬 포트로부터 들어오는 명령을 사용해 모터를 스텝에 맞춰 돌린다. 어느 한쪽에 대해서는 + 문자가, 다른 쪽에 대해서는 – 문자가 온 뒤에 스텝 수를 지정하는 수치가 나온다.

```
/*
 * Stepper 스케치.
 * 스테퍼는 직렬 포트에서 제어된다.
 * 수치 다음에 '+'나 '-' 꼴로 모터의 스텝 수를 지정한다.
 */

#include <Stepper.h>

// 이것을 모터의 스텝 수에 해당하는 값으로 변경하자.
#define STEPS 24

// Stepper 클래스의 인스턴스를 만들고,
// 모터의 스텝 수와 모터가 부착된 핀을 규정한다.
Stepper stepper(STEPS, 2, 3, 4, 5);
int steps = 0;

void setup()
{
  stepper.setSpeed(30); // 모터의 속도를 30RPM으로 설정한다.
  Serial.begin(9600);
}

void loop()
```

```
{
  if(Serial.available())
  {
    char ch = Serial.read();

    if(isDigit(ch)) // ch가 숫자인가?
    {
      steps = steps * 10 + ch - '0'; // 그렇다면 값을 누산한다.
    }
    else if(ch == '+')
    {
      stepper.step(steps);
      steps = 0;
    }
    else if(ch == '-')
    {
      stepper.step(steps * -1);
      steps = 0;
    }
    else if(ch == 's')
    {
      stepper.setSpeed(steps);
      Serial.print("Setting speed to ");
      Serial.println(steps);
      steps = 0;
    }
  }
}
```

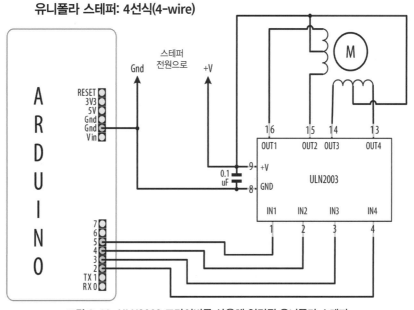

그림 8-18 ULN2003 드라이버를 사용해 연결된 유니폴라 스테퍼

토의

이런 형식으로 된 모터에는 두 개의 코일이 있으며, 각 코일이 중간부center에 연결되어 있다. 선이 다섯 개인 모터는 단일 선에서 두 개의 중간부 연결이 이루어진다. 연결부가 표시되어 있지 않다면 멀티미터를 사용해 배선을 식별할 수 있다. 한 쌍의 전선에서 저항을 측정해 최대 저항을 갖는 두 쌍의 전선을 찾는다. 중간 탭 선의 저항이 전체 코일 저항의 절반이어야 한다. 상세한 절차(https://oreil.ly/7ckQc)도 볼 수 있다.

함께 보면 좋은 내용

스테퍼 모터 배선에 관해 더 알고 싶다면 톰 이고Tom Igoe의 스테퍼 모터 노트(https://bit.ly/3aQ2wVr)를 참고하자.

스테퍼 라이브러리 설명서(https://www.arduino.cc/en/reference/stepper).

9

오디오 출력

레시피 9.0 소개

'Arduino music project(아두이노 음악 프로젝트)'를 구글로 검색하면 수백만 건이 조회되는데, 이번 장에서는 아두이노 음성 기술과 이 기술을 시작하기 위한 몇 가지 예제를 소개한다. 아두이노는 정교한 오디오 신시사이저audio synthesizer(음성 합성기)로 쓰도록 제작된 것은 아니지만, 스피커 같은 출력장치를 통해 소리sound를 생성할 수 있다.

이번 장에서는 소음을 생성하는 일, 미리 녹음된 소리를 재생하는 일, 간단한 출력을 생성하는 일, 소리를 합성하는 실험 방법을 보여 준다.

이번 프로젝트와 관련해서 어떤 영감을 얻고 싶다면 음악 프로젝트들이 실린 여러 웹 사이트를 살펴보자.

- 172개 음악 프로젝트가 포함된 아두이노 블로그 항목(https://oreil.ly/3Qbw5)

- 음악에 관한 아두이노 블로그 항목(https://oreil.ly/q60bC)

다음은 아두이노와 그 밖의 몇 가지 하드웨어 및 창의력을 조합해 멋지게 만들어 볼 수 있는 물품을 예로 든 것이다.

- 레이저 하프(https://oreil.ly/ZCAIH)

- 테레민theremin이라고 부르는, 이 초기형 전자 악기를 아주 간단하게 구현한 것에 관해서는 레시피 9.6을 참조하되, 이 정보(https://oreil.ly/KgyaX)를 사용해 실물을 만들어 볼 수 있다.

공기를 진동하게 하면 소리가 생성된다. 진동이 규칙적으로 반복되면 소리에 독특한 피치가 나타난다. 아두이노는 확성기나 펄스가 있을 때에 소리를 내는 소형 세라믹 변환기인 **피에조 장치**Piezo device를 구동해 전자적 진동을 스피커 펄스로 변환해 스피커가 공기를 진동하게 하는 식으로 소리를 만들어 낼 수 있다. 소리의 음조pitch(음의 높낮이, 소리의 고저), 즉 진동수frequency(주파수)는 스피커의 안팎으로 펄스를 일으키는 데 걸리는 시간에 의해 결정되며, 시간이 짧을수록 진동수가 커진다.

 쉽게 접할 수 있는 피에조 종류로는 두 가지가 있다. 피에조 스피커는 다양한 진동수로 소리를 만들어 낸다. 반면에 피에조 버저에는 전력을 공급할 때 고정 진동수에 맞춰 버즈(buzz, 웅웅거리는 소리)를 만들어 내는 오실레이터 회로가 들어 있다. 이번 장의 피에조 기반 해법에서는 버저(buzzer)가 아닌 피에조 스피커를 사용한다고 가정한다.

진동수 단위는 헤르츠(㎐) 단위로 측정되며, 신호가 1초 동안 반복되는 주기를 통과하는 횟수를 나타낸다. 인간의 청각 범위는 약 20 ~ 20,000㎐다(사람마다 다르고 나이에 따라 변하기는 하지만).

아두이노 소프트웨어에는 소리를 만들어 내는 tone 함수가 들어 있다. 레시피 9.1과 9.2에서는 이 기능을 사용해 소리를 생성해 조율하는 방법을 보여 준다. tone 함수는 하드웨어 방식 타이머를 사용한다. 표준 아두이노 보드(우노 및 비슷한 보드)에서는 한 번에 하나의 음tone(톤, 음색)만 생성할 수 있다. tone 함수를 사용할 때 3번 핀과 11번 핀의 analogWrite에 사용되는 타이머가 연결되므로 아날로그 출력이 필요하다면 다른 핀을 선택해야 한다. 이 한계를 극복하기 위해 레시피 9.3은 여러 음을 한 번에 낼 수 있게 보강한 tone 라이브러리를 사용하는 방법을 보여 주며, 레시피 9.4는 tone 함수나 하드웨어 타이머를 사용하지 않고 사운드를 생성하는 방법을 보여 준다.

스피커를 떨리게 하는 식으로 만들어 낼 수 있는 소리는 한정되어 있고, 그런 소리는 그다지 음악적으로 들리지 않는다. 구형파(그림 9-1 참고)가 출력되기 때문에 악기보다 거친 소리인 컴퓨터 게임 소리처럼 들린다.

아두이노 우노 같은 기본형 보드를 사용한다면 외부 하드웨어를 거치지 않고는 음악적으로 복잡한 소리를 내기가 어렵다. 에이다프룻의 웨이브 쉴드Wave Shield 등 우노의 기능을 확장하는 쉴드를 추가로 장착해 쉴드의 메모리 카드에서 오디오 파일을 재생할 수 있다.

최신 아두이노 보드 중 일부에는 디지털-아날로그 변환기Digital-to-Analog Converter, DAC 출력이 있으므로, SD 카드에 저장되어 있는 소리 파일sound file을 재생하거나 소프트웨어에서 소리를 합성하는 식으로 고품질 오디오를 생성할 수 있다(레시피 1.8 참고). 더 신형인 보드들에서 사용할 수 있는 또 다른 옵션으로는 I2SInter-IC Sound가 있다. 외부 칩과 통신하기 위한 디지털 인터페이스는 입력과 출력 모두에서 고품질 스테레오 오디오stereo audio(입체 음성) 인터페이스를 생성한다.

소리를 내게 제작된 외부 장치를 아두이노로 제어할 수도 있다. 레시피 9.5는 미디Musical Instrument Digital Interface, MIDI(전자 악기 디지털 인터페이스) 메시지를 미디 장치로 송신하는 방법을 보여 준다. 이 장치들은 매우 다양한 악기의 고품질 소리를 생성하며 여러 악기 소리를 동시에 생성할 수 있다. 레시피 9.5에 나오는 스케치에서는 미디 메시지들을 생성해 악보를 연주하는 방법을 보여 준다.

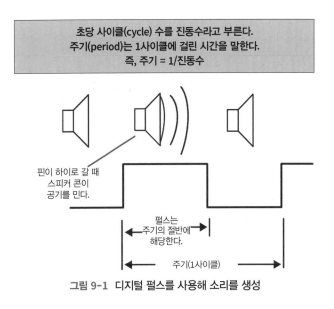

그림 9-1 디지털 펄스를 사용해 소리를 생성

레시피 9.6은 복잡한 소프트웨어적 처리를 통해 소리를 합성하는 애플리케이션인 오두이노Auduino를 간략히 소개한다. 레시피 9.7은 고급 오디오audio(음성, 가청주파) 합성 라이브러리를 보여 준다.

정교한 음악 애플리케이션을 탐색하려면 PJRC(https://www.pjrc.com/teensy/index.html)의 32비트 틴시Teensy 보드를 사용하는 것이 바람직하다. 잘 개발된 오디오 라이브러리도 있는데(https://oreil.ly/GBTYg), 이것을 사용하면 틴시에서 칩의 DSP 기능을 활용하면서 내장 DAC를 이용해 복잡한 오디오를 합성하거나 오디오 효과를 낼 수 있으므로 진정한 아날로그 방식 오디오 출력을 제공, 수신할 수 있다. 오디오 쉴드(https://oreil.ly/qRMCZ)는 마이크로에스디 카드 리더, 스테레오 16비트 44.1㎑ 오디오 출력, 스테레오 오디오 입력을 생성하는 I2S 오디오 칩이 있는 보드에 사용할 수 있다. 기본 USB 미디, 오디오 입력 및 출력 장치로도 사용할 수 있다.

스파크펀은 오디오-사운드 브레이크아웃Audio-Sound Breakout(품번 WIG-11125)과 MP3 플레이어 쉴드(품번 DEV-12660)를 포함한, 다양한 오디오 모듈을 공급한다.

아두이노 제로, MKR1000, MKRzero에는 DAC 핀이 한 개 있는데, 실험용 AudioZero 라이브러리를 설치한 후에 이것들을 사용해 SD 카드에서 WAV 파일을 재생할 수 있다(https://oreil.ly/lG0as).

이번 장에서는 전자적으로 소리를 생성할 수 있는 여러 방법을 설명한다. 아두이노가 어쿠스틱 악기(예: 글로켄슈필, 드럼 및 어쿠스틱 피아노)를 연주하게 해서 음악을 만들려면 8장에서 다루는 솔레노이드 및 서보 같은 액추에이터를 사용할 수 있다.

이번 장에 나오는 여러 레시피에서는 작은 스피커나 피에조 장치를 구동한다. 이 중 하나를 아두이노 핀에 연결하는 회로는 그림 9-2에 나와 있다.

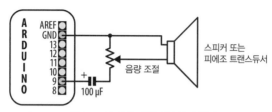

그림 9-2 오디오 트랜스듀서에 연결

음량 조절기volume control는 일종의 가변 저항기인데, 이것에서는 값이 그다지 중요하지 않아서 200 ~ 500Ω 사이에 있다면 어떤 것도 작동하게 한다. 양극이 아두이노 출력핀에 연결된 100μF(100 마이크로패럿)짜리 전해 커패시터가 필요하다. 스피커는 접지에 연결된 전선에 관계없이 작동하지만, 피에조(Piezo)는 분극화되어 있으므로 일반적으로 검은색인 음극 선negative wire(부극성 전선)을 GND 핀에 연결하자.

대안으로, 여러분은 출력을 외부 오디오 증폭기에 연결할 수도 있다. 레시피 9.6은 출력 핀을 오디오 잭에 연결하는 방법을 보여 준다.

 오디오 잭을 사용해 이러한 회로 중 하나를 헤드폰에 연결한다면 헤드폰을 착용하기 전에 음량을 안전한 수준으로 설정하자. 사용 중인 보드 및 배선 방법에 따라 소리가 아주 클 수 있기 때문이다.

레시피 9.1 음 연주

문제

스피커나 그 밖의 오디오 트랜스듀서audio transducer(가청음 변환기, 가청음 진동자)를 통해 오디오 톤 audio tone(가청음, 가청음 음색)을 생성하려고 한다. 음tone의 진동수frequency와 음길이duration를 정하려고 한다.

해법

아두이노의 tone 함수를 사용하자. 이 스케치는 아날로그 입력 0에 연결된 가변 저항(또는 다른 센서)으로 설정된 진동수에 맞춰 음을 연주한다(그림 9-3 참고).

```
/*
 * Tone 스케치.
 *
 * 디지털 9번 핀의 스피커를 통해 음을 연주한다.
 * 아날로그 핀에서 읽은 값에 의해 결정되는 진동수.
 */

const int speakerPin = 9;   // 스피커를 9번 핀에 연결한다.
const int pitchPin = A0;    // 음의 진동수를 결정하는 포트.

void setup()
{
}

void loop()
{
  int sensor0Reading = analogRead(pitchPin); // 입력 내용을 읽어 진동수를 설정한다.
  // 아날로그 판독값을 의미 있는 범위에 맞게 대응시킨다.
  int frequency = map(sensor0Reading, 0, 1023, 100, 5000); // 100Hz ~ 5KHz
  int duration = 250; // 음의 길이.

  tone(speakerPin, frequency, duration); // 음을 연주한다.
  delay(1000); // 1초 동안 멈춘다.
}
```

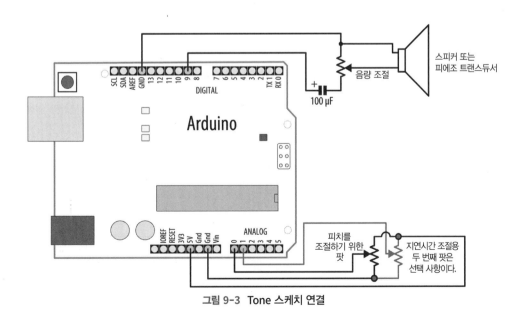

그림 9-3 Tone 스케치 연결

tone 함수에서는 스피커에 부착된 핀, 재생할 진동수(㎐ 단위), 음표 연주 시간(㎳ 단위)이라는 세 가지 매개변수를 사용할 수 있다. 세 번째 매개변수는 선택 사항이다. 이 매개변수를 생략하면 tone 을 또다시 호출할 때까지, 또는 noTone을 호출할 때까지 음표note가 지속된다. 진동수 값은 다음 줄에서 적절한 가청 진동수audio frequency(가청 주파수) 값으로 매핑된다.

```
int frequency = map(sensor0Reading, 0, 1023, 100, 5000); //100㎐ ~ 5㎑
```

이 변형은 두 번째 가변 저항(그림 9-3의 오른쪽 하단 포트)을 사용해 음tone의 길이를 설정한다.

```
const int speakerPin = 9;     // 스피커를 9번 핀에 연결한다.
const int pitchPin = A0;      // 음의 진동수(frequency)를 결정하는 입력 내용.
const int durationPin = A1;   // 음의 음길이(duration)를 결정하는 입력 내용.

void setup()
{
}

void loop()
{
  int sensor0Reading = analogRead(pitchPin);     // 진동수를 나타내는 입력 내용을 읽는다.
  int sensor1Reading = analogRead(durationPin);  // 음길이를 나타내는 입력 내용을 읽는다.

  // 아날로그 판독값을 의미 있는 범위에 맞게 대응시킨다.
  int frequency = map(sensor0Reading, 0, 1023, 100, 5000); // 100Hz ~ 5KHz
  int duration = map(sensor1Reading, 0, 1023, 100, 1000);  // 음길이는 0.1 ~ 1초

  tone(speakerPin, frequency, duration); // 음을 연주한다.
  delay(duration); // 음의 끝부분에 이를 때까지 기다린다.
}
```

스위치를 누를 때만 음이 생성되게 스위치를 추가하도록 변형한 것을 생각해 볼 수 있다.

다음 줄을 사용해 setup 함수 내에서 풀업 저항으로 입력을 활성화하자(결선도와 설명 내용에 대해서는 레시피 5.2 참고). 사용하려는 핀을 지정하려면 inputPin을 정의해야 한다.

```
pinMode(inputPin, INPUT_PULLUP);
```

스위치를 눌렀을 때만 tone 함수와 delay 함수가 호출되게 loop 코드를 수정하자.

```
if (digitalRead(inputPin) == LOW) // 입력값을 읽는다.
{
  tone(speakerPin, frequency, duration); // 음을 연주한다.
```

```
    delay(duration); // 음의 끝부분에 이를 때까지 기다린다.
}
```

거의 모든 오디오 트랜스듀서audio transducer(가청음 변환기, 가청음 진동자)를 사용해 아두이노로 소리를 생성할 수 있다. 작은 스피커가 아주 잘 작동한다. 피에조 변환기Piezo transducer(피에조 트랜스듀서)도 작동하는데, 피에조 변환기는 저렴하고 튼튼해서 (오래전에 유행하던) 소리가 나는 연하장에서 쉽게 볼 수 있다. 피에조 장치는 전류를 거의 소비하지 않으므로(고저항 장치이므로) 핀에 직접 연결해도 된다. 스피커는 일반적으로 저항이 훨씬 낮으며, 전류 흐름을 제한하기 위해 저항기가 필요하다. 그림 9-3에 나온 회로를 구성할 부품을 쉽게 찾을 수 있어야 한다.

함께 보면 좋은 내용

레시피 9.3에 설명된 브렛 해그만Brett Hagman의 Tone 라이브러리를 사용해 기능을 향상할 수 있다.

레시피 9.2 짧은 선율 연주

문제

아두이노가 짧은 선율melody을 연주하게 하고 싶다.

해법

레시피 9.1에 설명한 tone 함수를 사용해 악기의 음표들에 해당하는 소리를 연주할 수 있다. 이 스케치는 음을 사용해 음표들로 이뤄진 한 선string을 연주하는데, 피아노를 배울 때의 "Hello world" 역할을 하는 "Twinkle, Twinkle Little Star(반짝반짝 작은 별)"를 연주한다.

```
/*
 * Twinkle 스케치.
 * "Twinkle, Twinkle Little Star"를 연주한다.
 * 스피커가 디지털 9번 핀에 연결된다.
 */
const int speakerPin = 9; // 스피커를 9번 핀에 연결한다.
char noteNames[] = {'C', 'D', 'E', 'F', 'G', 'a', 'b'};
unsigned int frequencies[] = {262,294,330,349,392,440,494};
const byte noteCount = sizeof(noteNames); // 음표(note)의 개수(여기서는 일곱 개).

// 참고로, 공백 문자는 쉼표(rest)를 나타낸다.
char score[] = "CCGGaaGFFEEDDC GGFFEEDGGFFEED CCGGaaGFFEEDDC ";
const byte scoreLen = sizeof(score); // 악보에 들어 있는 음표 개수
```

```
void setup()
{
}

void loop()
{
  for (int i = 0; i < scoreLen; i++)
  {
    int duration = 333;          // 각 음표는 1/3초에 다다른다.
    playNote(score[i], duration); // 음표를 연주한다.
    delay(duration/10);          // 음표 사이를 띄우기 위한 약간의 쉼(pause).
  }
  delay(4000); // 노래를 반복하기 전에 4초를 대기한다.
}

void playNote(char note, int duration)
{
  // 계이름(note name)에 해당하는 음(tone)을 연주한다.
  for (int i = 0; i < noteCount; i++)
  {
    // noteNames(계이름)에서 음표와 일치하는 항목을 찾아 음표를 가리키는 인덱스를 얻는다.
    if (noteNames[i] == note) // 일치하는 음표를 배열에서 찾는다.
      tone(speakerPin, frequencies[i], duration); // 음표를 연주한다.
  }
  // 일치하는 것이 없으면 음표는 쉼표(rest)에 해당하므로 지연시키기만 하자.
  delay(duration);
}
```

noteNames(계이름)는 악보에서 음표를 식별하기 위한 문자 배열이다. 배열의 각 항목은 notes 배열에 정의된 주파수와 연관된다. 예를 들어, C 음표(noteNames 배열의 첫 번째 항목)의 진동수는 262㎐(noteNames 배열의 첫 번째 항목)다.

score(악보)는 연주하려는 계이름을 나타내는 음표 배열이다(소문자는 대문자보다 옥타브가 높다).

```
// 공백 문자는 쉼표를 나타낸다.
char score[] = "CCGGaaGFFEEDDC GGFFEEDGGFFEED CCGGaaGFFEEDDC ";
```

noteNames 배열의 문자와 일치하는 악보의 각 문자는 음표note를 연주한다. 공백 문자는 쉼표rest로 사용되지만, noteNames에 정의되지 않은 문자도 쉼표를 생성한다(음표 연주 없음).

스케치는 악보의 각 문자와 1/33초에 해당하는 음표의 음길이로 playNote를 호출한다.

playNote 함수는 noteNames 배열에서 조회를 수행해 일치하는 항목을 찾은 다음 frequencies 배열의 해당 항목을 사용해 진동수를 소리로 바꾼다.

모든 음표의 음길이는 같다. 각 음표의 음길이를 지정하려면 다음에 나오는 코드를 스케치에 추가하면 된다.

```
byte beats[scoreLen] = {1,1,1,1,1,1,2, 1,1,1,1,1,1,2,1,
                        1,1,1,1,1,1,2, 1,1,1,1,1,1,2,1,
                        1,1,1,1,1,1,2, 1,1,1,1,1,1,2};
byte beat = 180; // 8분음표의 1분당 박자.
unsigned int speed = 60000 / beat; // 한 박자에 해당하는 시간을 밀리초 단위로 나타낸 것.
```

beats(박자)는 각 음표의 길이를 나타내는 배열이다. 1은 8분음표, 2는 4분음표 등에 해당한다.

beat(박)는 분당 박자beats의 개수를 나타낸다.

speed(속도)는 분당 박자의 개수를 밀리초(㎳) 단위에 맞춘 음길이duration로 변환하는 계산이다.

loop 코드의 유일한 변경 사항은 beats 배열 내의 값을 사용하게 음길이를 설정하는 것이다.

```
int duration = 333; // 각 음표는 1/3초에 다다른다.
```

윗줄을 다음 줄로 바꾼다.

```
int duration = beats[i] * speed; // 박자 배열을 사용해 음길이를 결정한다.
```

레시피 9.3 2개 동시적 음 생성

문제

동시에 두 가지 음tone(음색)을 연주하려고 한다. 아두이노의 Tone 라이브러리는 표준 보드에서 단일음만 생성하지만, 여러분은 동시에 두 가지 음을 연주하기를 원한다. 참고로 말하자면, 메가 보드에는 타이머가 여러 개 더 있으므로 최대 여섯 개의 음까지 만들어 낼 수 있다.

해법

아두이노의 Tone 라이브러리에서는 음마다 다른 타이머가 필요하므로 단일 음으로 제한되며, 표준 아두이노 보드에는 세 개의 타이머가 있지만 하나는 millis 함수에 사용되고 다른 하나는 서보에 사용된다. 이 레시피에서는 아두이노의 tone 함수를 만든 브렛 해이그만Brett Hagman이 작성한 라이브러리를 이 레시피에서 사용한다. 이 라이브러리를 사용하면 여러 개의 동시적 음_{simultaneous tones}[1]
을 생성할 수 있다. 이 라이브러리를 직접 내려받거나(https://github.com/bhagman/Tone) 라이브러리
매니저를 사용해 간단히 설치할 수 있다.

다음은 두 옥타브에서 같은 음으로 'Twinkle, Twinkle Little Star'의 일부를 연주하는 스케치 예
제다.

```
/*
 * Dual Tones(이중 음) 스케치.
 * 두 옥타브에서 'Twinkle, Twinkle Little Star'를 연주한다.
 */
#include <Tone.h>

int notes1[] = {NOTE_C3, NOTE_C3, NOTE_G3, NOTE_G3, NOTE_A4, NOTE_A4,
                NOTE_G3, NOTE_F3, NOTE_F3, NOTE_E3, NOTE_E3, NOTE_D3,
                NOTE_D3, NOTE_C3};
int notes2[] = {NOTE_C3, NOTE_C3, NOTE_G3, NOTE_G3, NOTE_A4, NOTE_A4,
                NOTE_G3, NOTE_F3, NOTE_F3, NOTE_E3, NOTE_E3, NOTE_D3,
                NOTE_D3, NOTE_C3};
const byte scoreLen = sizeof(notes1)/sizeof(notes1[0]); // 음표(note)의 개수.

// 음표들을 한 개의 배열에 넣어 선언할 수 있다.
Tone notePlayer[2];

void setup()
{
  notePlayer[0].begin(11); notePlayer[1].begin(12);
}

void loop(void)
{
  for(int i = 0; i < scoreLen; i++)
  {
    notePlayer[0].play(notes1[i]);
    delay(100); // 다음 음표가 시작되기 전에 약간 멈춘다.
    notePlayer[1].play(notes2[i]);
    delay(400);
    notePlayer[0].stop();
    notePlayer[1].stop();
    delay(30);
  }
  delay(1000);
}
```

---

1 **[옮긴이]** 여기서 말하는 '동시적 음'의 사례로 화음을 들 수 있다. 화음은 여러 가지 음이 동시에 연주되는 사례이고, 이 화음을 이루는
낱낱의 음들이 동시적 음들인 것이다. 이 말의 개념을 더 자세히 알고 싶다면 음악의 한 분야인 화성학을 참고하자.

토의

두 음의 출력을 단일 스피커로 섞어 내려면 각 출력 핀에서 500Ω 저항기를 사용해 스피커에서 함께 묶는다. 다른 스피커 리드는 이전 스케치와 같이 GND에 연결된다.

표준 아두이노 보드에서 첫 번째 음은 타이머 2를 사용하므로 9번 핀과 10번 핀의 PWM은 사용할 수 없다. 두 번째 음은 타이머 1을 사용한다(Servo 라이브러리 및 11번 핀과 12번 핀의 PWM 작동 방지). 메가 보드에서 동시적 음은 2, 3, 4, 5, 1, 0라는 순서로 타이머를 사용한다. 이 글을 쓸 무렵에 이 라이브러리는 AVR 아키텍처에 특유한 기능들을 사용하며, 우노 와이파이 R2나 나노 에브리 같은 ARM 기반 보드나 MegaAVR 기반 보드에서는 지원하지 않는다.

진동수가 같은 음 두 개를 연주할 때나 옥타브가 다르지만 음표가 같은 음 두 개를 연주할 때 **박**beat 으로 알려진 효과를 알아차릴 수 있을 텐데, 이 박은 떨림tremelo과 비슷하다. 이는 두 채널이 완벽하게 동기화되지 않았기 때문에 생기는 현상이다. 이런 효과는 기타줄을 수동으로 조율하는 데 사용된다. 줄string(현)이 기준 음표에 맞게 조율되면 박이 들리지 않는다.

표준 우노 아두이노 보드에서 세 개의 동시적 음표(simultaneous notes)를 연주하거나 메가에서 여섯 개를 초과하는 동시적 음표를 연주할 수도 있지만, millis와 delay가 더 이상 제대로 작동하지 않는다. 두 개의 동시적 음(또는 메가에서는 다섯 개 음)만 사용하는 것이 가장 안전한다.

레시피 9.4 PWM을 사용해 간섭 없이 가청음을 생성

문제

스피커나 그 밖의 오디오 트랜스듀서audio transducer(가청음 진동자)를 통해 소리를 생성하려면(예: analogWrite의 3번 핀이나 11번 핀을 사용해야 하는 경우), 타이머 대신에 소프트웨어에서 음tone을 생성해야 한다.

해법

이전 레시피에서 설명한 tone 함수는 사용하기 쉽지만, 아날로그 타이머처럼 다른 작업에 필요할 수 있는 하드웨어 타이머가 필요하다. 이번에 나오는 코드는 타이머를 사용하지 않지만 음이 연주되는 동안에는 다른 작업을 수행하지 않는다. 아두이노의 tone 함수와 달리 여기에 설명된 playTone 함수는 차단되며, 음표가 끝날 때까지 반환되지 않는다.

스케치는 여섯 개의 음표note를 연주하는데, 각 음표는 앞선 음표보다 진동수가 두 배다(한 옥타브 더 높다). playTone 함수는 디지털 출력 핀과 접지에 연결된 스피커 또는 피에조 장치에서 지정된 시간 동안 음을 생성한다. 그림 9-4를 참고하자.

```
/*
 * Tone and fade 스케치.
 * LED의 밝기가 약해지는 동안 음들을 연주한다.
 */
byte speakerPin = 9; byte ledPin = 3;

void setup()
{
  pinMode(speakerPin, OUTPUT);
}

void playTone(int period, int duration)
{
  // 주기(period)는 음의 한 사이클에 해당한다.
  // 음길이는 펄스가 밀리초(ms) 단위로 지속되는 시간이다.
  int pulse = period / 2;
  for (long i = 0; i < duration * 1000L; i += period)
  {
    digitalWrite(speakerPin, HIGH);
    delayMicroseconds(pulse);
    digitalWrite(speakerPin, LOW);
    delayMicroseconds(pulse);
  }
}

void fadeLED()
{
  // 이 두 정적 변수에는 함수를 처음으로 호출할 때만
  // 초깃값이 할당된다.
  static int brightness = 0;
  static int changeval = 5;

  analogWrite(ledPin, brightness);

  // analogWrite의 한계를 초과한 경우에는.
  brightness += changeval;
  if (brightness >= 255 || brightness <= 0)
    changeval *= -1; // 방향을 바꾼다.

  delay(2);
}

void loop()
{
  // 주기가 15,289인 음표는 깊은 도(deep C) 음에 해당한다.
  // (피아노 건반에서는 두 번째로 낮은 도(C, 다) 음이다.)[2]
  for(int period=15289; period >= 477; period=period / 2) // 6개 옥타브를 연주한다.
```

---

2 [옮긴이] 9 옥타브의 도(C)음. 즉, C9.

```
  {
    playTone(period, 200); // 200ms 동안 음을 연주한다.
    fadeLED();
  }
}
```

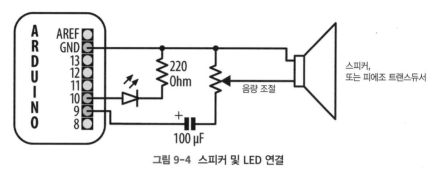

그림 9-4 스피커 및 LED 연결

토의

playTone은 period(주기)와 duration(지속시간)이라는 두 값을 사용한다.[3] period 변수는 연주할 음의 한 사이클cycle에 해당하는 시간을 나타낸다. 스피커는 period로 지정한 마이크로초 수만큼 높았다가 낮아지는 펄스를 수신한다. for 루프는 duration 인수에 제공된 밀리초 동안 펄스를 반복한다.

주기period보다는 진동수frequency(주파수)를 기준으로 따져 보는 것이 더 좋다면 진동수와 주기 간의 상호 관계를 사용할 수 있다. 주기는 1을 진동수로 나눈 값과 같다. 여러분은 마이크로초 단위로 나타낸 주기 값이 필요하다. 왜냐하면 1초가 100만μs이며, 주기를 '1000000L/진동수'로 계산하기 때문이다(숫자 끝에 보이는 L 글자는 계산하는 범위가 정수 범위를 초과하지 않도록 배정도 정수형(즉, long 형식)을 기반으로 계산해야 한다는 점을 컴파일러에 알려 주는 역할을 한다. 이에 대해서는 레시피 2.2에 나오는 배정도 정수형에 대한 설명 부분을 참고하자).

```
void playFrequency(int frequency, int duration)
{
  int period = 1000000L / frequency;
  int pulse = period / 2;
```

나머지 코드는 playTone과 똑같다.

---

3 <u>옮긴이</u> 여태까지 이 두 용어를 악절과 음길이라고 번역했지만, 여기부터는 공학적으로 접근하는 내용에 맞춰 각기 주기와 지속시간이라는 말로 바꿨다.

```
  for (long i = 0; i < duration * 1000L; i += period)
  {
    digitalWrite(speakerPin, HIGH);
    delayMicroseconds(pulse);
    digitalWrite(speakerPin, LOW);
    delayMicroseconds(pulse);
  }
}
```

이 레시피의 코드는 일시정지되어 음이 완성될 때까지 기다렸다가 다른 처리를 수행할 수 있다. 인터럽트 핸들러에 소리를 생성하는 코드를 넣어 (음이 끝날 때까지 기다릴 필요 없이) 배경음으로 넣을 수 있다. 아두이노 배포판에 따라오는 tone 함수의 소스 코드는 이 작업이 수행되는 방법을 보여 준다.

함께 보면 좋은 내용

레시피 9.6을 참고하자.

아두이노를 사용해 더 복잡한 오디오를 합성하는 예 중 몇 가지를 들면 다음과 같다.

펄스 부호 변조

펄스 부호 변조Pulse-Code Modulation, PCM(펄스 코드 변조)를 사용하면 디지털 신호를 사용해 아날로그 오디오를 근사할 수 있다. 이 아두이노 위키 내용(https://oreil.ly/-ddze)은 타이머를 사용해 8비트 PCM을 생성하는 방법을 설명한다.

포켓 피아노 쉴드Pocket Piano shield

모던 디바이스Modern Device에서 만든 Fluxamasynth Shield(https://oreil.ly/qvo9h)는 아두이노용 64음 다성64-voice poly-phonic 신시사이저 쉴드다.

레시피 9.5 미디 제어

문제

아두이노를 사용해 음악을 연주할 수 있는 미디MIDI 신시사이저를 원한다.

해법

미디 장치에 연결하려면 5핀짜리 DIN 플러그나 소켓이 필요하다. 소켓을 사용한다면 장치에 연결하기 위해 리드가 필요하다. 그림 9-5와 같이 220Ω 저항기를 사용해 미디 커넥터를 아두이노에 연결하자.

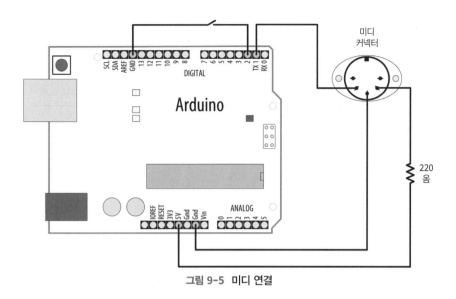

그림 9-5 미디 연결

코드를 아두이노에 업로드할 때는 미디 장치를 떼어내야 업로드에 방해를 받지 않는다. 스케치가 업로드된 다음에 미디 사운드 장치를 아두이노 출력에 연결하자. 2번 핀에 연결된 버튼을 누를 때마다 음계musical scale가 연주된다.

```
/*
 * midiOut 스케치.
 * 2번 핀의 스위치를 누를 때마다 미디 메시지를 전송해 미디 악기에서
 * 음계(scale)를 연주한다.
 */

// 이 숫자는 연주할 음표(note)를 지정한다.
const byte notes[8] = {60, 62, 64, 65, 67, 69, 71, 72};
const int num_notes = sizeof(notes)/ sizeof(notes[0]);

const int switchPin = 2;
const int ledPin = LED_BUILTIN;

void setup()
{
  Serial.begin(31250);
  pinMode(switchPin, INPUT_PULLUP);
  pinMode(ledPin, OUTPUT);
}

void loop()
{
  if (digitalRead(switchPin) == LOW)
  {
    for (byte noteNumber = 0; noteNumber < num_notes; noteNumber++)
    {
```

```
        // 음표 연주
        playMidiNote(1, notes[noteNumber], 127);
        digitalWrite(ledPin, HIGH);
        delay(70); // 음표를 유지한다.

        // 음표 연주를 중단한다(벨로시티가 0).
        playMidiNote(1, notes[noteNumber], 0);
        digitalWrite(ledPin, HIGH);
        delay(30);
    }
  }
}

void playMidiNote(byte channel, byte note, byte velocity)
{
  byte midiMessage= 0x90 + (channel - 1);
  Serial.write(midiMessage);
  Serial.write(note);
  Serial.write(velocity);
}
```

토의

이 스케치는 직렬 TX 핀을 사용해 미디 정보를 송신한다. 1번 핀에 연결된 회로는 보드에 코드를 업로드하는 데 방해가 될 수 있다. 업로드하는 동안 1번 핀에서 선을 제거하고 나중에 다시 연결하자.

미디는 원래 디지털 악기를 서로 연결해 하나를 제어할 수 있게 사용되었다. 미디 사양서에는 전기적 접속electrical connection 및 송신해야 할 메시지가 설명되어 있다.

미디는 실제로 직렬 연결(비표준 직렬 속도, 31,250보)이므로 아두이노는 직렬 포트 하드웨어를 사용해 0번 핀과 1번 핀의 미디 메시지를 주고 수신할 수 있다. 직렬 포트는 미디 메시지가 차지하기 때문에 시리얼 모니터에 메시지를 프린트할 수 없으므로 스케치는 메모를 송신할 때마다 온보드 LED가 깜박인다.

각 미디 메시지는 하나 이상의 바이트로 구성된다. 이 바이트는 수행할 작업을 지정한다. 일부 명령에는 부외 정보가 필요하지 않지만, 그 밖의 명령에는 데이터가 더 필요하다. 이 스케치의 메시지는 참고 사항이며, 어떤 음표이고 얼마나 소리가 큰지에 관한 두 가지 정보가 필요하다. 이 데이터 비트는 모두 0에서 127 사이다.

스케치는 직렬 포트를 31,250보 속도에 맞춰 초기화한다. 다른 미디 관련 코드는 playMidiNote 함수에 있다.

```
void playMidiNote(byte channel, byte note, byte velocity)
{
  byte midiMessage= 0x90 + (channel - 1);
  Serial.write(midiMessage);
  Serial.write(note);
  Serial.write(velocity);
}
```

이 함수는 세 개의 매개변수를 취하고 채널 정보를 사용해 송신할 첫 번째 바이트를 계산한다.

미디 정보는 1과 16 사이의 다른 채널로 전송된다. 각 채널을 다른 악기로 설정해 멀티 채널 음악을 연주할 수 있다. 소리를 연주하기 위한 명령은 0x90(b1001의 상위 4비트)의 조합이며, 하위 4비트는 b0000과 b1111 사이의 숫자로 설정되어 미디 채널을 나타낸다. 바이트는 1 ~ 16번 채널에 대해 0 ~ 15번을 사용하는 채널을 나타내므로 1을 먼저 빼면 된다.

그리고 나서 음표note 값과 음량volume이 송신된다. 이 음량을 미디에서는 **벨로시티**velocity(강세, 건반을 두드리는 속도)라고 부르며, 벨로시티란 원래 어떤 건반 위에서 건반을 얼마나 빨리 움직이게 하고 있는지를 나타내는 말이다.

직렬적인 write 명령문들에서는 아스키 값이 아닌 바이트로 값을 보내게 지정한다. println은 사용하지 않는데, 이는 줄을 바꾸는 문자 하나, 즉 여러분이 원치 않던 바이트가 신호에 추가로 삽입될 수 있기 때문이다.

비슷한 메시지를 송신하지만 벨로시티가 0으로 설정되어 있으면 소리가 꺼진다.

이 레시피는 커넥터에 5핀 DIN 미디가 있는 미디 장치와 함께 작동한다. 미디 장치에 USB 커넥터만 있다면 작동하지 않는다. 추가 하드웨어(MIDI-USB 어댑터)가 없으면 컴퓨터에서 실행 중인 미디 음악 프로그램을 아두이노에서 제어할 수 없다. 아두이노에는 USB 커넥터가 있지만 컴퓨터는 USB 장치를 미디 장치가 아닌 직렬 장치로 인식한다.

함께 보면 좋은 내용

미디를 송수신하는 방법에 대해서는 MIDI 라이브러리(https://oreil.ly/zoZA_)를 살펴보자. 미디 메시지를 더 자세히 알고 싶다면 미디 협회 페이지(https://oreil.ly/Oh857)를 참고하자.

스파크펀의 미디 쉴드(https://oreil.ly/faK0c)는 미디 입력 및 출력 커넥터, 일부 버튼 및 미디 장치와 아두이노를 전기적으로 절연 상태로 유지하기 위한 옵토아이솔레이터optoisolator(광분리기, 광절연기)를 포함하는 키트다.

기본 USB 미디 장치를 사용해 틴시 보드를 프로그래밍할 수도 있다.

오디오 신시사이저 만들기

문제

전자적으로 음악을 제작하는 데 사용되는 것과 비슷하게 복잡한 소리를 생성하려고 한다.

해법

사운드 신시사이저sound synthesizer(소리 합성기)에 사용되는 오디오 오실레이터audio oscillator(오디오 발진기, 가청음 발진기)를 시뮬레이션하는 일은 복잡하지만, 피터 나이트Peter Knight는 아두이노가 더 복잡하고 흥미로운 소리를 생성할 수 있게 오두이노Auduino라고 부르는 스케치를 만들었다. 이 스케치에서 저수준 기능을 많이 사용하기 때문에 오두이노는 우노처럼 ATmega를 기반으로 삼는 8비트 보드 이외의 보드에서 실행되지 않을 것이다.

이 링크(https://oreil.ly/JwHYy)를 따라 스케치를 다운로드하자.

그림 9-6에 나온 것처럼 다섯 개의 4.7㏀ 선형 포텐쇼미터를 0 ~ 4번 아날로그 핀에 연결하자. 충분히 긴 축이 있는 포텐쇼미터를 돌리기가 더 쉬우므로 축이 조그만 것보다는 설정하기에 더 수월하다. 3번 핀은 오디오 출력에 사용되며 잭 플러그를 사용해 앰프에 연결된다.

 전압 크기(5V)가 오디오 앰프(audio amplifier, 오디오 증폭기, 음성 증폭기)의 예상보다 높으므로 4.7K 가변 저항기를 사용해 전압을 낮추어야 한다(한쪽 끝을 9번 핀에 연결하고 다른 쪽 끝을 접지에 연결하고 나서, 슬라이더를 잭 플러그 끝에 연결한다. 잭 플러그의 배럴(barrel, 총구 모양 부분)이 접지에 연결되어 있다).

토의

희망하는 진동수를 생성하기 위해 하드웨어 타이머를 직접 조작하기 때문에 스케치 코드가 복잡하며, 진동수는 소프트웨어 내에서 변형되어 오디오 효과를 낸다. 여러분이 아두이노를 사용하기 위해 코드를 이해할 필요가 없으므로 본문에 넣지 않았다.

아두이노는 **입상 합성**granular synthesis(그래뉼라 신테시스, 입자상 합성)이라는 기술을 사용해 소리를 생성한다.[4] 두 가지 전자적으로 산출해 낸 음원sound source을 사용한다. 이런 음원을 입자grain(그레인, 낟알, 알갱이)라고 한다.[5] 가변 저항은 각 입자의 진동수 및 감쇠를 제어한다(한 입자의 경우에는 0번 입력과 2번 입력, 다른 입자의 경우에는 3번 입력과 1번 입력). 4번 입력으로는 입자 간의 동기화를 제어한다.

---

4 옮긴이 granular의 번역어가 아직 없어 보여 여타 학술 용어를 참고해 '입상'으로 옮겼다. '입자상'이라고 옮겨도 되겠지만 '입상'이라는 말이 더 많이 쓰인다는 점을 감안했다.

5 옮긴이 grain에 대한 번역어도 없어 보여 여타 학술 용어를 참조해 '입자'로 옮겼다. 이는 phonon(포논, 소리알)이라는 용어와의 연관성을 고려한 것이다.

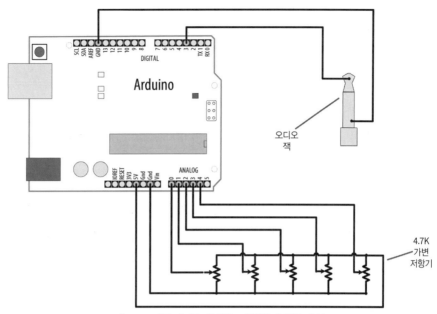

그림 9-6 아두이노를 제어하고 청취하기 위한 배선도

코드를 조정하고자 한다면 진동수를 계산하는 데 사용되는 음계scale를 변경하면 된다. 기본 설정은 5음pentatonic이지만, 다른 음계를 사용하려면 기본 설정 부분을 주석 처리한 다음에 주석 처리된 그 밖의 선택지에서 주석 처리를 해제하면 된다.

스케치가 고도로 최적화되고 추가 코드로 인해 속도가 너무 느려 오디오 합성이 제대로 작동하지 않을 수 있으므로 코드를 메인 루프에 추가할 때는 주의하자.

모든 팟pot을 아날로그 전압 신호를 생성할 수 있는 센서로 교체할 수 있다(6장 참고). 예를 들어, 주파수 입력 핀(0번 핀이나 3번 핀) 중 하나에 연결된 포토레지스터(레시피 6.3 참고)나 거리 센서(레시피 6.5 참고)를 사용하면 센서에 손을 더 가까이 대거나 더 멀리 떨어지게 하는 식으로 손을 움직여 음조pitch(음의 높낮이)를 조절할 수 있다(손의 움직임을 감지해 연주하는 이 악기를 더 알고 싶다면 위키백과나 구글에서 'theremin'이나 '테레민'으로 검색해 보자).

함께 보면 좋은 내용

아두이노의 동영상 시연(https://oreil.ly/hHL5H).

입상 합성을 설명하는 위키백과 항목(https://oreil.ly/kPaLq).

테레민을 설명하는 위키백과 항목(https://oreil.ly/LjVSt).

문제

일반적으로 추가 하드웨어 없이 구형파 신호만 생성할 수 있는 8비트 보드의 Tone 라이브러리로 생성할 수 있는 것보다 음질이 더 좋은 오디오를 생성하려고 한다. 예를 들어, 사인파로 음악을 연주하거나 WAV 파일을 재생하거나 추가 하드웨어 없이 더 고급스러운 소리를 내게 합성하려고 한다.

해법

레시피 1.8에서 알 수 있듯이 SAMD 기반 보드는 하나의 핀에 디지털-아날로그 변환기DAC가 있어 0V와 보드의 작동 전압(3.3V) 사이에서 실제 전압을 생성할 수 있다. 이것은 32비트 보드가 보여 주는 높은 벨로시티와 결합해 복잡한 파형을 생성할 수 있다. 그림 9-2와 같이 보드를 트랜스듀서transducer(가청음 진동자)에 연결하되, 이것을 9번 핀에 연결하지 말고 DAC 핀(아두이노 제로, 에이다프룻 메트로 M0, 스파크펀 레드보드 터보의 0번 아날로그 핀)을 사용하자. 모찌Mozzi(https://github.com/sensorium/Mozzi)를 설치하고(레시피 16.2 참고) 다음 스크립트를 실행하자.

```
/*
 * Mozzi Melody 스케치.
 * 런던에 있는 시계탑인 빅벤이 내는 종소리를 연주한다.
 */

#include <MozziGuts.h>
#include <Oscil.h> // 오실레이터 템플릿.
#include <tables/sin2048_int8.h> // 오실레이터용 사인 테이블.
#include <EventDelay.h>
#include <mozzi_midi.h>

#define CONTROL_RATE 64 // 제어 속도(Hz), 2의 배수를 사용한다.

enum notes
{
  E3 = 52, B4 = 59, E4 = 64, F4S = 66, G4S = 68, REST = 0
};

int score[] = {E4, G4S, F4S, B4, REST,
               E4, F4S, G4S, E4, REST,
               G4S, E4, F4S, B4, REST,
               B4, F4S, G4S, E4, REST,
               E3, REST, E3, REST, E3, REST, E3, REST};
const byte scoreLen = sizeof(score) / sizeof(score[0]);

byte beats[scoreLen] = {2, 2, 2, 2, 2,
                        2, 2, 2, 2, 2,
```

```
                        2, 2, 2, 2, 2,
                        2, 2, 2, 2, 10,
                        4, 4, 4, 4, 4, 4, 4, 10};
unsigned int beat_ms = 60000 / 180; // 1/8 음표에 해당하는 시간을 밀리초로 나타낸 것.
const int pauseTime = 200;          // 음표들 사이의 쉼.
int currNote = 0;                   // 우리가 연주하는 음표의 인덱스.
bool pausing = false;               // 박자 사이의 짧은 쉼표.

Oscil <SIN2048_NUM_CELLS, AUDIO_RATE> aSin(SIN2048_DATA); // 사인파.
EventDelay kChangeNoteDelay; // Delay 객체.

void setup()
{
  startMozzi(CONTROL_RATE);
  kChangeNoteDelay.start();
}

void updateControl()
{

  if (kChangeNoteDelay.ready())          // 지연되었나?
  {
    pausing = !pausing;                  // 쉼표(rest) 상태를 토글한다.
    if (pausing)
    {
      aSin.setFreq(0);                   // 진동수를 설정한다.
      kChangeNoteDelay.set(pauseTime); // 200ms 동안 쉼(pause)을 유지한다.
    }
    else
    {
      if(currNote >= scoreLen)
      {
        currNote = 0;                    // 마친 후에는 처음으로 돌아간다.
      }
      int duration = beats[currNote] * beat_ms;   // 배열로부터 음길이를 얻는다.
      kChangeNoteDelay.set(duration - pauseTime); // 음표의 음길이를 설정한다.
      aSin.setFreq(mtof(score[currNote]));        // 진동수를 설정한다.
      currNote++;
    }
    kChangeNoteDelay.start();
  }
}

int updateAudio()
{
  return aSin.next();
}

void loop()
{
  audioHook(); // 루프 안에 이게 있어야 한다.
}
```

토의

Mozzi(모찌)는 아두이노 및 호환 보드를 위한 고급 오디오 합성 라이브러리다. 8비트 보드를 지원하지만 PWM을 사용하므로 음질이 제한된다. 그러나 SAMD 기반 보드 및 틴시 같은 32비트 보드에서는 탁월한 능력을 발휘한다. 모찌는 기능이 많고 강력한 프레임워크이며, 수십 개나 되는 예제를 제공한다.

스케치는 모찌의 헤더 파일을 들여와서 업데이트 함수가 얼마나 자주 호출되는지를 결정짓는 모찌 제어 속도를 정의함으로써 이것저것을 설정한다. 그런 후에 스케치는 이 스케치에 사용된 음표들의 enum(열거형)을 정의한다. 편의상 스케치에서는 미디 음표MIDI note(미디 노트)를 사용한다(레시피 9.5 참고). 미디 음표를 정수로 표현할 수 있어서 열거형으로 사용할 수 있으므로 기호 이름을 정수로 이뤄진 한 배열 형태로 만들어 쉽게 사용할 수 있다. #define을 사용해 동일한 작업을 수행할 수 있으며, 이 경우에는 미디 숫자 대신에 부동소수점 진동수를 사용할 수 있다.

레시피 9.2에 나오는 스케치와 유사하게, 이 스케치는 배열을 사용해 악보score(스코어)를 나타내고, 배열은 각 음표를 유지해야 하는 박자 수를 나타낸다. 그리고 나서 스케치에서 나중에 사용되는 일부 변수와 객체를 초기화한다.

setup()에서 스케치는 모찌 시스템을 초기화하고 타이머를 시작한다. 여기에서 일반적인 아두이노 스케치와 눈에 띄게 달라진다. 다음 음표를 연주할 때까지 delay()를 사용하는 대신에 모든 변경 사항은 updateControl() 함수에서 수행된다. 타이머가 작동 중일 때 스케치는 쉼 상태pausing state를 토글한다. 이 상태는 음 사이에 잠시 쉬는 시점을 결정하는 데 사용된다. pausing이 참이면 스케치는 200㎳ 동안 침묵한다. 그렇지 않으면 스케치는 score 배열에 있는 다음 음표로 나아가 음길이를 계산하며 미디 번호를 헤르츠 단위의 진동수로 변환해 진동수를 설정한다. 그리고 나서 타이머를 음의 음길이에 맞게 설정한다(쉼 시간을 빼고 표준 음악 타이밍에 가깝게 유지).

함께 보면 좋은 내용

아두터치ArduTouch 보드 및 소프트웨어는 모찌와 비슷한 기능을 제공하는, 아두이노 호환 음악 신시사이저 키트다. 아두이노 우노에서 아두터치 소프트웨어를 실행할 수도 있다.

틴시의 Audio 라이브러리(https://oreil.ly/g1p93)는 틴시 보드를 위한 고품질 오디오를 지원한다. 여기에는 음성 녹음 기능, 오디오 녹음 기능, 합성 기능, 필터링 기능 등이 포함된다.

10

외부 장치 원격 제어

레시피 10.0 소개

아두이노는 TV, 오디오 장비, 카메라, 차고 문, 가전제품, 장난감 등의 거의 모든 리모컨 사용 장치와 상호작용할 수 있다. 대부분의 리모컨은 적외선infrared light, IR 기술이나 무선 라디오 기술을 사용해 송신기에서 수신기로 디지털 데이터를 전송해 작동한다. 키 누름을 디지털 신호로 변환할 때는 다른 프로토콜(신호 패턴)이 사용되며 이번 장에 나오는 레시피는 흔히 볼 수 있는 리모컨과 프로토콜을 사용하는 방법을 보여 준다.

IR 리모컨은 고유 부호code를 생성하기 위해 패턴에 맞춰 LED를 켜고 끄는 방식으로 작동한다. 부호의 길이는 일반적으로 12 ~ 32비트(데이터 중 여러 조각)다. 리모컨의 각 키는 키를 누를 때 전송되는 특정 부호와 연결된다. 키를 누르고 있으면 일부 리모컨(예: NEC)은 특수한 반복 부호를 송신하지만, 일반적으로 리모컨은 동일한 부호를 반복해서 송신한다. 필립스Philips의 RC-5 리모컨이나 RC-6 리모컨의 경우에는 키를 누를 때마다 부호의 비트가 토글된다. 수신기는 이 토글 비트를 사용해 키를 두 번 누를 때를 결정한다. SB-Projects 사이트(https://oreil.ly/BeSzk)에서 IR 리모컨에 사용된 기술에 대한 자세한 내용을 볼 수 있다.

여기서 IR 레시피는 저렴한 IR 수신기 모듈을 사용해 신호를 감지하고 아두이노가 읽을 수 있는 디지털 출력을 제공한다. 그런 다음에 디지털 출력이 IRremote라고 부르는 라이브러리에 의해 디코딩decoding(복호화)되는데, 이 라이브러리는 켄 쉬리프Ken Shirriff가 작성한 것으로, 아두이노 IDE 라이브러리 매니저를 사용해 설치할 수 있다(16장 참고).

아두이노가 리모컨처럼 작동하게 명령을 송신하는 레시피에 동일한 라이브러리가 사용된다.

무선 라디오 기술을 사용하는 리모컨은 IR 리모컨보다 에뮬레이션emulation(모방)하기가 더 어렵다. 그러나 이러한 리모컨의 버튼 접점을 아두이노가 활성화할 수 있다. 무선 리모컨을 사용하는 레시피는 리모컨 내부의 버튼 접점을 닫아 버튼 누름을 시뮬레이션한다. 무선 리모컨에서 이러한 장치를 사용하려면 리모컨을 분해한 다음에 접점에서 아두이노로 전선을 연결해야 할 수도 있다. **옵토커플러**optocoupler(광결합기)라는 부품은 아두이노와 리모컨을 전기적으로 분리하는 데 사용된다. 이처럼 아두이노와 리모컨을 서로 떼어 놓으면 아두이노의 전압으로 인해 리모컨이 영향을 받지 않게 할 수 있으며, 그 반대의 경우도 마찬가지다.

옵토커플러를 **옵토아이솔레이터**optoisolator(광분리기, 광절연기)라고도 부르는데, 이것을 사용하면 아두이노와 다른 전압 크기에 맞춰 동작하는 그 밖의 회로를 안전하게 제어할 수 있다. 이름 중 '아이솔레이터isolator(분리기)'라는 부분이 암시하듯이 이것은 사물을 전기적인 측면에서 서로 떼어 놓는 방법을 제공한다. 옵토커플러에는 LED가 하나 들어 있는데, 아두이노의 디지털 핀 한 개로 이것을 제어할 수 있다. 옵토커플러의 LED에서 나오는 빛이 감광성 트랜지스터에 비춰진다. LED를 켜면 트랜지스터가 전도되어 두 장치의 연결점들 간의 회로를 닫게 되는데, 이는 마치 스위치를 누르는 일과 같다.

 ## 적외선 리모컨에 반응하게 하기

문제
TV나 그 밖의 리모컨에서 누른 키에 반응하게 하려고 한다.

해법
아두이노는 IR 수신기 모듈이라는 장치를 사용해 IR 원격 신호에 응답한다. 흔히 쓰이는 장치로는 TSOP38238, TSOP4838, PNA4602, TSOP2438가 있다. 앞에 언급한 세 가지는 연결 방식이 같아서 그 회로도 서로 같다. TSOP2438에서는 +5V와 GND 핀이 반전되어 있다. 장치에 대한 데이터시트를 확인해 장치가 올바르게 연결되어 있는지를 확인하자.

이 레시피에서는 라이브러리 매니저를 사용해 설치할 수 있는 IRremote 라이브러리를 사용한다. 데이터시트의 지시사항에 맞게 IR 수신기 모듈을 연결하자. 그림 10-1의 아두이노 배선은 TSOP38238/TSOP4838/PNA4602 장치용이다.

이 스케치는 적외선 리모컨의 아무 버튼이나 누르면 내장형 LED를 토글한다.

```
/*
 * IR_remote_detector 스케치.
 * IR 원격 수신기는 2번 핀에 연결된다.
 * 내장형 LED는 리모컨의 버튼을 누를 때마다 토글된다.
 */

#include <IRremote.h>              // 스케치에 라이브러리를 추가한다.

const int irReceiverPin = 2;      // 수신기가 연결되어 있는 핀.
const int ledPin = LED_BUILTIN;

IRrecv irrecv(irReceiverPin); // IRrecv 객체를 생성한다.
decode_results decodedSignal; // IR 감지기로부터 나온 결과를 저장한다.

void setup()
{
  pinMode(ledPin, OUTPUT);
  irrecv.enableIRIn();            // 수신기 객체를 시동한다.
}

bool lightState = LOW;            // LED가 켜졌는지를 추적한다.
unsigned long last = millis();   // IR 메시지를 마지막으로 받은 때를 기억한다.

void loop()
{
  if (irrecv.decode(&decodedSignal) == true) // 메시지를 받고 나면
                                       // 이게 참(true)이 된다.
  {
    if (millis() - last > 250)  // 마지막 메시지를 받고 난 후에 1/4초가 지났는가?
    {
      if (lightState == LOW)
        lightState = HIGH;
        else
        lightState = LOW;
      lightState = lightState; // 그렇다면 LED를 토글한다.
      digitalWrite(ledPin, lightState);
    }
    last = millis();
    irrecv.resume();                // 그 밖의 메시지를 지켜본다.
  }
}
```

 5V를 허용하지 않는 3.3V 보드를 사용한다면 적외선 수신기에 5V가 아닌 3.3V 전력을 공급해야 한다.

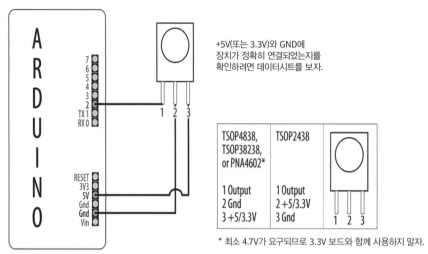

+5V(또는 3.3V)와 GND에
장치가 정확히 연결되었는지를
확인하려면 데이터시트를 보자.

TSOP4838, TSOP38238, or PNA4602*	TSOP2438
1 Output 2 Gnd 3 +5/3.3V	1 Output 2 +5/3.3V 3 Gnd

* 최소 4.7V가 요구되므로 3.3V 보드와 함께 사용하지 말자.

그림 10-1 적외선 수신기 모듈 연결

토의

IR 수신기는 IR 신호를 디지털 펄스로 변환한다. 이 신호는 리모컨의 버튼에 해당하는 1과 0의 시퀀스다. IRremote 라이브러리는 이러한 펄스를 디코딩하고 각 키에 수치를 제공한다(스케치가 수신하는 실제 값은 사용하는 특정 리모컨에 따라 다르다).

스케치의 상단에 있는 #include <IRremote.h>로 인해 스케치에서 라이브러리 코드를 사용할 수 있게 되며, IRrecv irrecv(irReceiverPin);로는 IRrecv 객체(이름은 irrecv)를 생성해 irReceiverPin(스케치에서는 2번 핀)에 연결된 IR 수신기 모듈로부터 신호를 수신한다. 16장에서 라이브러리를 사용하는 방법을 자세하게 설명한다.

irrecv 객체를 사용해 IR 수신기의 신호에 액세스한다. 신호를 찾고 디코딩하는 명령을 이 객체에 제공할 수 있다. 라이브러리에서 제공하는, 디코딩된 응답 내용은 이름이 decode_results인 변수에 저장된다. 수신기 객체(irrecv)는 setup 함수 내의 irrecv.enableIRIn(); 줄로 인해 시작된다. irrecv.decode(&decodedSignal) 함수를 호출해 루프에서 결과를 확인한다.

decode 함수는 데이터가 있다면 true를 반환하며, 이 데이터는 디코딩된 신호 변수에 배치된다. 레시피 2.11에서 정보를 다시 전달할 수 있게 매개변수가 수정된 함수 호출에서 앰퍼샌드(&) 기호가 사용되는 방법을 설명한다.

원격 메시지가 수신된 경우에 코드는, LED가 마지막으로 토글된 이후 1/4초가 지났다면 LED를 **토글**(상태를 뒤집는 일)한다(그렇지 않으면 버튼을 누를 때 부호를 두 번 이상 전송하는 리모컨에 의해 LED가 빠르게 켜졌다가 꺼지는데, 이게 아무렇게나 깜박이는 것처럼 보일 수 있다).

decodedSignal 변수에는 키와 관련된 값이 포함된다. 이 레시피에서는 이 값이 무시된다(다음 레시피에서는 사용되지만). 다음에 나오는 코드에서 강조 표시된 Serial.println 행을 스케치에 추가해 값을 프린트할 수 있다(Serial.begin(9600)을 setup 함수에 추가해야 한다).

```
if (irrecv.decode(&decodedSignal) == true) // 메시지를 받고 나면
                                           // 이게 참(true)이 된다.
{
  if (millis() - last > 250) // 마지막 메시지를 받고 난 후에 1/4초가 지났는가?
  {
    Serial.println(decodedSignal.value);
```

라이브러리는 신호를 계속해서 지켜보게 지시해야 하며, 이는 irrecv.resume(); 줄을 사용해 수행된다.

이 스케치는 리모컨의 아무 버튼이나 누르면 LED가 깜박이게 하지만, 그 밖의 것을 제어하는 데도 쓸 수 있다. 예를 들어, 스테퍼 모터를 사용해 램프나 스테레오의 조절장치 부분을 돌릴 수 있다(물리적 장치 제어를 더 알고 싶다면 8장을 참고하자).

함께 보면 좋은 내용

켄 쉬리프Ken Shirriff의 블로그(https://oreil.ly/Jkryi) 중 Infrared(적외선) 카테고리.

레시피 10.2 적외선 리모컨 신호 디코딩

문제

TV나 그 밖의 리모컨에서 누른 특정 키를 감지하려고 한다.

해법

이 스케치는 리모컨의 키가 눌릴 때 LED의 휘도를 조정한다. 스케치가 시작되면 코드에 리모컨 키 0 ~ 4가 표시된다. 이 코드는 아두이노 메모리RAM에 저장되며, 스케치는 누른 버튼에 해당하는 LED의 휘도를 설정해 0에 LED를 끄고 1에서 4까지의 휘도를 제공해 이러한 키에 응답한다.

```
/*
 * RemoteDecode 스케치.
 * 적외선 리모컨 신호는 LED 휘도를 제어하기 위해 디코딩된다.
 * 0 ~ 4번 키 값은 스케치가 시작될 때 감지되고 저장된다.
 * 0번 키로는 LED를 끈다. 1 ~ 4번 키에 따라 휘도가 단계적으로 늘어난다.
 */
```

```
#include <IRremote.h>            // IR 리모컨 제어 라이브러리.

const int irReceivePin = 2;      // IR 감지기의 출력에 연결된 핀.
const int ledPin = 9;            // LED는 PWM 핀에 연결된다.

const int numberOfKeys = 5;      // 다섯 개 키(0~4)가 학습된다.
long irKeyCodes[numberOfKeys];   // 각 키에 대한 부호를 유지한다.

IRrecv irrecv(irReceivePin);     // IR 라이브러리를 만든다.
decode_results results;          // IR 데이터가 여기서 간다.

void setup()
{
  Serial.begin(9600);
  while(!Serial);                     // 레오나르도와 ARM 보드에 필요하다.
  pinMode(irReceivePin, INPUT);
  pinMode(ledPin, OUTPUT);
  irrecv.enableIRIn();                // IR 수신기를 시동한다.
  learnKeycodes();                    // 원격 제어 키 부호들을 학습한다.
  Serial.println("Press a remote key");
}

void loop()
{
  long key;
  int brightness;

  if(irrecv.decode(& results))
  {
    // 데이터가 수신되면 여기로 온다.
    irrecv.resume();
    key = convertCodeToKey(results.value);
    if(key >= 0)
    {
      Serial.print("Got key ");
      Serial.println(key);
      brightness = map(key, 0,numberOfKeys-1, 0, 255);
      analogWrite(ledPin, brightness);
    }
  }
}

/*
 * 리모컨 부호를 수신하기
 */
void learnKeycodes()
{
  while(irrecv.decode(&results)) // 버퍼를 비운다.
    irrecv.resume();

  Serial.println("Ready to learn remote codes");
  long prevValue = -1;
```

```
    int i = 0;
    while(i < numberOfKeys)
    {
      Serial.print("press remote key ");
      Serial.print(i);
      while(true)
      {
        if(irrecv.decode(& results))
        {
          if(results.value! = -1 &&
          results.decode_type! = UNKNOWN &&
          results.value! = prevValue)
          {
            showReceivedData();
            Serial.println(results.value);
            irKeyCodes[i] = results.value;
            i = i + 1;
            prevValue = results.value;
            irrecv.resume(); // 다음 번 값을 수신한다.
            break;
          }
          irrecv.resume();    // 다음 번 값을 수신한다.
        }
      }
    }
    Serial.println("Learning complete");
}

/*
 * 원격 프로토콜 부호를 논리 키 부호로 변환한다.
 * (숫자를 받지 못했을 때는 -1)
 */
int convertCodeToKey(long code)
{
    for(int i = 0; i < numberOfKeys; i++)
    {
      if(code == irKeyCodes[i])
      {
        return i; // 키를 찾았으니 이 키를 반환한다.
      }
    }
    return -1;
}

/*
 * 프로토콜 형식 및 값을 표시한다.
 */
void showReceivedData()
{
    if(results.decode_type == UNKNOWN)
    {
      Serial.println("-Could not decode message");
    }
```

```
      else
      {
        if (results.decode_type == NEC)
        {
          Serial.print("- decoded NEC: ");
        }
        else if (results.decode_type == SONY)
        {
          Serial.print("- decoded SONY: ");
        }
        else if (results.decode_type == RC5)
        {
          Serial.print("- decoded RC5: ");
        }
        else if (results.decode_type == RC5)
        {
          Serial.print("- decoded RC5: ");
        }
        Serial.print("hex value = ");
        Serial.println(results.value, HEX);
      }
    }
```

토의

이 해법은 IRremote 라이브러리를 기반으로 한다. 자세한 내용을 알고 싶다면 이번 장에 나오는 '소개' 부분을 참고하자.

스케치는 다음에 나오는 코드를 사용해 원격 제어 라이브러리를 시작한다.

```
irrecv.enableIRIn(); // IR 수신기를 시동한다.
```

그러고 나서 learnKeyCodes 함수를 호출해 사용자에게 0부터 4에 해당하는 키를 누르라는 메시지를 표시한다. 각 키의 코드는 irKeyCodes라는 배열에 저장된다. 모든 키가 감지되어 저장되고 나면 루프 코드는 키 누름을 기다린 다음에 irKeyCodes 배열에 저장된 숫자 중 하나인지를 확인한다. 그렇다면 값은 analogWrite를 사용해 LED의 휘도를 제어하는 데 사용된다.

 map 함수를 사용하는 방법과 LED의 휘도를 제어하기 위해 analogWrite를 사용하는 방법을 더 알고 싶다면 레시피 5.7을 보자.

라이브러리가 대부분의 IR 리모컨으로 작업할 수 있어야 한다. 타이밍을 발견하고 기억하며 명령 시 신호를 반복할 수 있다.

스케치를 시작할 때마다 키 부호 값을 배울 필요가 없게 키 부호 값을 영구적으로 저장할 수 있다. irKeyCodes 선언을 다음 줄로 바꾸어 각 키의 값을 초기화하고 learnKeycodes();에 대한 호출을 주석 처리하자. 리모컨 값과 일치하게 값을 변경하자(이 값은 learnKeycodes 함수에서 키를 누를 때 시리얼 모니터에 표시됨).

```
long irKeyCodes[numberOfKeys] = {
  0x18E758A7, // 0 키
  0x18E708F7, // 1 키
  0x18E78877, // 2 키
  0x18E748B7, // 3 키
  0x18E7C837, // 4 키
};
```

함께 보면 좋은 내용

레시피 18.1은 학습된 데이터를 EEPROM(비휘발성 메모리)에 저장하는 방법을 설명한다.

레시피 10.3 리모컨 신호 흉내 내기

문제

아두이노를 사용해 적외선 신호를 에뮬레이션emulation(모방)함으로써 TV나 그 밖의 원격 제어 기기를 제어하려고 한다. 레시피 10.2와는 반대로, 명령을 수신하는 대신에 명령을 송신한다.

해법

이 스케치는 장치를 제어하기 위해 레시피 10.2에 나오는 원격 제어 부호를 사용한다(원격 부호는 다를 수 있으므로 해당 레시피의 해법에 나오는 코드를 실행하고 리모컨 고유의 값을 사용하자). 다섯 개의 버튼을 선택하고 다섯 개의 부호 중 하나를 전송한다. 그림 10-2와 같이 적외선 LED를 연결해 신호를 송신한다.

```
/*
 * irSend 스케치.
 * 이 코드에서는 3번 핀과 5번 핀에 IR LED가 필요하고
 * 6 ~ 10번 핀에 연결된 다섯 개의 스위치가 필요하다.
 */
#include <IRremote.h> // IR 리모컨 라이브러리.

const int numberOfKeys = 5;
```

```
const int firstKey = 6; // 버튼에 연결된
                        // 다섯 개의 순차적 핀 중 첫 번째 핀.
bool buttonState[numberOfKeys];
bool lastButtonState[numberOfKeys];

long irKeyCodes[numberOfKeys] = {
  0x18E758A7, // 0 키
  0x18E708F7, // 1 키
  0x18E78877, // 2 키
  0x18E748B7, // 3 키
  0x18E7C837, // 4 키
};

IRsend irsend;

void setup()
{
  for(int i = 0; i < numberOfKeys; i++)
  {
    buttonState[i] = true;
    lastButtonState[i] = true;
    int physicalPin = i + firstKey;
    pinMode(physicalPin, INPUT_PULLUP); // 풀업 저항기를 켠다.
  }
  Serial.begin(9600);
}

void loop()
{
  for(int keyNumber = 0; keyNumber < numberOfKeys; keyNumber++)
  {
    int physicalPinToRead = keyNumber + firstKey;
    buttonState[keyNumber] = digitalRead(physicalPinToRead);
    if(buttonState[keyNumber]! = lastButtonState[keyNumber])
    {
      if (buttonState[keyNumber] == LOW)
      {
        irsend.sendSony(irKeyCodes[keyNumber], 32);
        Serial.println("Sending");
      }
      lastButtonState[keyNumber] = buttonState[keyNumber];
    }
  }
}
```

 적외선 LED에서 나오는 빛을 우리 눈으로는 볼 수 없으므로 부호가 송신되는 동안에 아무것도 볼 수 없을 것이다.

그러나 여러분은 적외선 LED가 디지털 카메라에서 작동하는지를 확인할 수 있다. 카메라의 LCD 뷰 파인더에서 LED가 깜박이는 것을 볼 수 있기 때문이다.

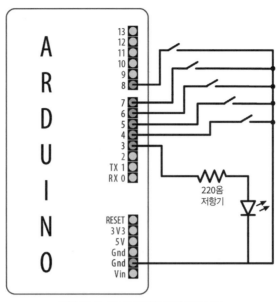

그림 10-2 IR 송신기용 버튼들과 LED

토의

아두이노는 IR LED를 깜박여 리모컨에서 송신하는 신호를 복제함으로써 장치를 제어한다. 이렇게 하려면 IR LED가 필요하다. 사양은 중요하지 않으며, 적합한 부품을 부록 A에서 찾아보자.

IR 라이브러리는 수로 된 부호를 IR LED를 깜박이는 동작으로 바꾸는 일을 처리한다. 여러분은 IR 메시지를 송신할 객체를 만들어야 한다. 다음 줄은 3번 핀의 LED를 제어하는 IRsend 객체를 만든다(사용할 핀을 지정할 수 없으며 라이브러리 내에서 하드코딩된다).

```
IRsend irsend;
```

 여러분이 사용하는 보드에 따라서 IRremote 라이브러리는 적외선 LED에 대해 다른 핀 한 개를 요구할 수도 있다. 예를 들어, 틴시 3.x 보드는 5번 핀을 사용한다. IRremote 라이브러리를 더 알고 싶다면 README를 참고하자(https://oreil.ly/XOfdd). 보드에서 버튼에 사용한 핀 범위(해법 스케치의 6번 핀 ~ 10번 핀)와 겹치는 핀을 사용한다면 핀 범위를 바꿔야 할 수 있다.

코드에서는 irKeyCodes라는 배열(레시피 2.4 참고)을 사용해 전송할 수 있는 값의 범위를 유지한다. 다섯 개의 스위치를 모니터링해 어느 스위치를 눌렀는지를 확인한 후에 다음 줄에 나오는 코드에서 송신한다.

```
irsend.sendSony(irKeyCodes[keyNumber], 32);
```

irSend 객체는 널리 사용되는 다양한 적외선 부호 형식에 대해 서로 다른 함수들을 사용하므로 그 밖의 리모컨 형식 중 하나를 사용한다면 라이브러리 설명서를 확인하자. 레시피 10.2를 사용하면 리모컨에 사용한 형식을 표시할 수 있다.

스케치는 배열로부터 부호를 가져와 전달하고, 부호 뒤에 따라오는 수는 해당 수가 얼마나 많은 비트로 이뤄져 있는지를 함수에 알려준다. 스케치 상단의 irKeyCodes 정의 부분에 나오는 숫자 시작 부분의 0x는 부호가 16진수로 작성되었다는 점을 의미한다(16진수에 관해 더 알고 싶다면 2장을 참고하자). 16진수를 이루는 각 문자는 4비트 값을 나타낸다. 여기서 부호가 여덟 글자로 이뤄져 있으므로 그 총 길이는 32비트가 된다.

LED에는 전류 제한 저항기가 연결되어 있다(7장의 '소개' 참고).

송신 범위를 늘려야 한다면 여러 개의 LED를 사용하거나 더 큰 출력을 가진 LED를 선택할 수 있다.

함께 보면 좋은 내용

7장에서는 LED 제어에 관해 더 자세히 다룬다.

미치 알트만Mitch Altman의 TV-B-Gone(https://oreil.ly/7BzKh)은 뛰어난 리모컨 애플리케이션이다.

레시피 10.4 디지털 카메라 제어

문제

여러분은 아두이노가 디지털 카메라를 제어하게 하는 식, 즉 프로그램 제어 방식으로 사진을 찍기를 원한다. 여러분은 타임랩스time lapse(시간 경과) 사진을 찍고 싶을 수도 있고, 아니면 아두이노에서 감지한 이벤트에 의해 트리거된triggered(촉발된) 사진을 찍고 싶을 수도 있다.

해법

이를 수행하는 몇 가지 방법이 있다. 카메라에 적외선 리모컨이 있다면, 레시피 10.2에서 이번 주제와 관련이 있는 원격 코드를 익힌 다음에 레시피 10.3을 사용해 해당 코드를 아두이노가 카메라로 송신하게 하자.

카메라에 적외선 리모컨이 달려 있지 않지만 유선 리모컨용 소켓은 달려 있다면 이 레시피를 사용해 카메라를 제어할 수 있다.

그림 10-3과 같이 옵토커플러를 사용해 아두이노를 카메라에 적합한 케이블에 연결한다.

일반적으로 **TRS**(tip/ring/sleeve) 커넥터라고 하는 카메라 셔터 커넥터는 2.5mm 크기나 3.5mm 크기로 공급되지만, 그 끝부분(즉, 팁)의 길이와 모양이 표준을 따르지 않을 수도 있다. 적절한 플러그를 가장 안전하게 얻는 방법은 카메라 모델에 적합하고 저렴한 유선 원격 스위치를 구입해 수정하거나 전문 공급업체(구글에서 'TRS 카메라 셔터'로 검색해 보자)에서 어댑터 케이블을 구입하는 방법이다.

이 스케치는 사진을 10초마다 한 장씩 찍어서 총 스무 장까지 찍는다.

```
/*
 * 카메라 스케치.
 * 디지털 카메라로 사진을 스무 장 찍는다.
 * 4번 핀을 사용해 초점을 트리거한다.
 * 3번 핀으로 셔터를 작동시킨다.
 */

int focus = 4;    // 초점(focus, 포커스)에 부착된 옵토커플러.
int shutter = 3;  // 셔터에 부착된 옵토커플러.

long exposure = 250;    // 밀리초(ms) 단위로 나타내는 노출시간.
long interval = 10000;  // 각 사진 한 장 간의 시간(밀리초(ms) 단위).

void setup()
{
  pinMode(focus, OUTPUT);
  pinMode(shutter, OUTPUT);
  for (int i=0; i < 20; i++) // 카메라가 사진을 스무 장 찍는다.
  {
    takePicture(exposure); // 사진을 찍는다.
    delay(interval);       // 다음 번 사진을 찍을 때까지 대기한다.
  }
}

void loop()
{
    // 일단 사진을 스무 장만큼 다 찍었다면
    // 이 loop 함수에서 할 일은 없겠지만,
    // 스케치를 컴파일할 수 있으려면
    // 비어 있는 상태일지라도 loop 함수가 필요하다.
}

void takePicture(long exposureTime)
{
  int wakeup = 10; // 카메라가 작동을 개시하고 초점을 맞추기까지는 시간이 걸린다.
                   // 여러분의 카메라에 맞게 조절하자.
  digitalWrite(focus, HIGH);    // 카메라를 깨워 초점을 맞추게 한다.
  delay(wakeup);                // 카메라가 깨어나 초점을 맞출 때까지 기다린다.
  digitalWrite(shutter, HIGH);  // 셔터를 연다.
  delay(exposureTime);          // 노출시간에 해당하는 만큼 기다린다.
  digitalWrite(shutter, LOW);   // 셔터를 릴리즈한다.
  digitalWrite(focus, LOW);     // 초점을 릴리즈한다.
}
```

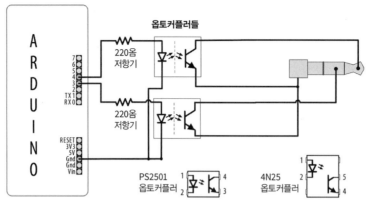

그림 10-3 TRS 카메라 커넥터와 함께 옵토커플러를 사용하기

토의

아두이노 핀을 카메라에 직접 연결하는 것은 바람직하지 않다. 전압이 호환되지 않을 수 있으며, 아두이노나 카메라가 손상될 위험이 있다. 옵토커플러는 카메라에서 아두이노를 분리하는 데 사용한다. 이 장치를 자세히 알고 싶다면 이번 장에 나오는 '소개' 부분을 참고하자.

적절하게 사용할 수 있는 TRS 커넥터가 무언지를 알고 싶다면 카메라의 사용 설명서를 읽어 보는 것이 좋다.

원하는 동작을 얻기 위해 takePicture 함수에서 핀 켜기 및 끄기 순서를 바꿔야 할 수도 있다. 캐논 카메라에서 벌브 노출을 수행하려면 초점을 켜고 초점을 릴리즈하지 않은 채로 셔터를 연 다음에 셔터를 릴리즈하고 나서 초점을 릴리즈한다(스케치에서처럼). 사진을 찍고 카메라가 노출을 계산하게 하려면 초점 버튼을 눌렀다가 놓은 다음 셔터를 누른다.

함께 보면 좋은 내용

카메라 작동 측면을 제어하려면 Canon Hack Development Kit(https://oreil.ly/QcWci)를 살펴보자.

또한 베르톨트 다음Berthold Daum이 지은 《The Canon Camera Hackers Manual: Teach Your Camera New Tricks》(Rocky Nook)를 참고하자.

이 라이브러리(https://oreil.ly/ybd1u)와 와이파이 장착 아두이노를 사용해 고프로GoPro 카메라를 제어할 수 있다.

LANC를 사용해 비슷한 방식으로 비디오카메라를 제어할 수도 있다. 이 라이브러리(https://oreil.ly/LkfXb)는 이러한 기능을 지원한다.

개방형 프로토콜을 사용하는 카메라를 포함해 블랙 매직 디자인Black Magic Design이 내놓은 고급 비디오 장비(https://oreil.ly/ZxrnK)를 제어하기 위한 아두이노 쉴드도 있다.

레시피 10.5 원격 제어 스위치를 해킹해 AC 장치를 제어하기

문제

원격 제어 스위치를 사용해 조명 장치와 가전용품을 제어하기 위해 교류 회선AC line 전류를 안전하게 켜고 끄고 싶다.

해법

아두이노는 옵토커플러를 사용해 원격 제어 스위치의 버튼을 트리거할 수 있다. 이는 적외선 기술 대신에 무선을 사용하는 원격 장치에 필요할 수 있다.

이 기술을 거의 모든 리모컨에 사용할 수 있다. 리모컨을 해킹한다고 해도 배터리로 동작하는 컨트롤러만 수정하는 셈이므로 잠재적으로 위험한 AC 전압을 사용자와 아두이노로부터 떼어 놓기에 아주 유용하다.

 리모컨의 겉뚜껑을 따면 보증을 받을 수 없게 될 뿐만 아니라 잠재적으로 고장이 날 수도 있다. 이번 장에 나오는 적외선 레시피에서는 리모컨을 고쳐 쓰지 않기 때문에 바람직하다.

이 레시피로 스위치를 제어하면서도 리모컨을 계속 사용하려면 해킹용 리모컨을 따로 구입하는 것이 바람직하다. 대다수 제조업체는 예비품을 기꺼이 판매할 것이다(그러나 제어하려는 기기나 등 또는 콘센트의 변형에 적합한 주파수를 선택해야 한다). 예비품을 받은 후에는 사용하는 채널을 다시 구성해야 할 수도 있다.

리모컨을 개방하여 옵토커플러를 연결함으로써 포토이미터photo-emitter(광이미터, 광방출체, 발광소자)가 아두이노에 연결되게 하고(그림 10-44에 나오는 1번 핀과 2번 핀), 포토트랜지스터(3번 핀과 4번 핀)가 리모컨 접점들을 가로질러 연결되게 한다.

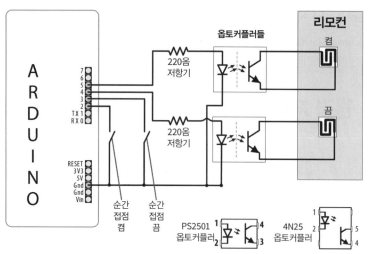

그림 10-4 원격 제어 접점에 연결된 옵토커플러

이 스케치는 순간 접점 스위치(누르고 나면 바로 풀리는 스위치)를 사용해 리모컨의 켜기 버튼과 끄기
버튼을 활성화한다.

```
/*
 * OptoRemote 스케치.
 * 2번 핀과 3번 핀에 연결된 스위치들이 옵토커플러를 사용해
 * 원격 장치를 켜고 끈다.
 * 스위치를 누르면 출력이 최소 0.5초 동안 펄스가 발생한다.
 */
const int onSwitchPin = 2;   // 켬 스위치를 위한 입력 핀.
const int offSwitchPin = 3;  // 끔 스위치를 위한 입력 핀.
const int remoteOnPin = 4;   // 리모컨을 켜기 위한 출력 핀.
const int remoteOffPin = 5;  // 리모컨을 끄기 위한 출력 핀.
const int PUSHED = LOW;       // 버튼을 눌렀을 때의 값.

void setup()
{
  pinMode(remoteOnPin, OUTPUT);
  pinMode(remoteOffPin, OUTPUT);
  pinMode(onSwitchPin, INPUT_PULLUP); // 내장형 풀업 저항기 켜기.
  pinMode(offSwitchPin, INPUT_PULLUP);
}

void loop()
{
  int val = digitalRead(onSwitchPin); // 입력값을 읽는다.
  // 스위치를 눌렀을 때 꺼진 상태라면 스위치를 켠다.
  if(val == PUSHED)
  {
    pulseRemote(remoteOnPin);
  }
```

```
   val = digitalRead(offSwitchPin); // 입력값을 읽는다.
   // 스위치를 눌렀을 때 켜진 상태라면 스위치를 끈다.
   if(val == PUSHED)
   {
     pulseRemote(remoteOffPin);
   }
 }


// 옵토커플러를 0.5초 동안 켜서 리모컨 버튼을 작동시킨다.
void pulseRemote(int pin)
{
  digitalWrite(pin, HIGH); // 옵토커플러를 켠다.
  delay(500);              // 1/2초 간 기다린다.
  digitalWrite(pin, LOW);  // 옵토커플러를 끈다.
}
```

토의

대부분의 리모컨에 있는 스위치는 누를 때마다 트레이스를 가로질러 접점이 닫히게 하는 전도성 버튼과, 교대로 배치된 노출형 구리 트레이스들로 구성되어 있다. 기존의 누름 버튼 스위치push switch가 있는 리모컨을 보기는 쉽지 않은데, 스위치의 레그leg(다리)를 사용해 연결 지점 간에 편리하게 연결할 수 있어서 이것들을 사용하기는 더 쉽다.

 원래 리모컨 버튼과 옵토커플러를 함께 사용할 수 있기는 하지만, (버튼을 누르든지 아니면 옵토커플러를 켜는 일 중) 어느 한 가지 방법으로 스위칭 작업이 수행되므로 아두이노에 전선들을 잡아매어 두면 오히려 불편해질 수 있다.

옵토커플러의 트랜지스터는 전기를 한 방향으로만 흐르게 할 수 있으므로 처음 작동해 보는 것이 아니라면 트랜지스터 쪽 연결을 반대로 바꿔 보아 문제가 해결되는지를 확인하자.

일부 리모컨에는 모든 스위치 중에 한쪽이 함께 연결되어 있다(보통 해당 회로의 접지에 연결). 보드의 연결을 추적하여 이를 확인하거나 멀티미터를 사용해 다른 스위치의 트레이스 사이에 저항기가 무엇인지 확인할 수 있다. 트레이스에 공통 연결이 있다면 하나의 전선만 각 공통 그룹에 연결하면 된다. 리모컨의 크기가 작다면 선을 연결하기가 어려울 것이므로 트레이스들이 적을수록 더 용이하다.

리모컨에는 각 버튼에 해당하는 여러 개의 접점이 있을 수 있다. 접점을 연결하려면 각 버튼의 위치별로 옵토커플러가 두 개 이상 필요할 수 있다. 그림 10-5는 단일 아두이노 핀으로 제어되는 세 개의 옵토커플러를 보여 준다.

교류 회선에 흐르는 전류를 제어하기 위한 또 다른 접근법으로는 에이다프룻(품번 2935)이나 스파크펀(품번 14236)에서 사용할 수 있는, 디지털 로거 IoT 파워 릴레이Digital Loggers IoT Power Relay처럼 아두이노 핀에서 직접 켜고 끌 수 있는 독립형 릴레이를 사용하는 것을 들 수 있다. 이 릴레이는 현재 단종된 파워스위치PowerSwitch의 테일Tail을 대신하게 하기에 좋다.

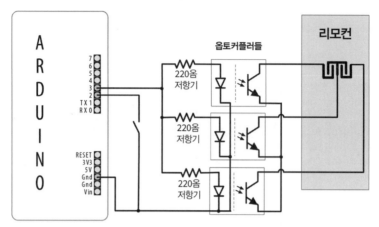

그림 10-5 단일 리모컨 버튼에 연결된 여러 옵토커플러

함께 보면 좋은 내용

옵토커플러는 레시피 10.4에서 사용되므로 회로에서 어떻게 사용되는지에 대한 예제를 해당 레시피에서 확인하자.

11

디스플레이 장치 사용

레시피 11.0 소개

LCD 장치 및 LED 장치를 사용하면 여러분의 프로젝트에서 편리하고 저렴하게 사용자 인터페이스를 구현할 수 있다. 이번 장에서는 아두이노와 일반 텍스트용과 그래픽용 LCD/LED 패널을 연결하고 사용하는 방법을 설명한다. 현재까지 가장 인기 있는 LCD 장치는 히타치의 HD44780 칩을 기반으로 한 텍스트 패널이다. 이 패널은 텍스트를 두 줄이나 네 줄로 표시하며, 각 줄에 열여섯 글자나 스무 자를 표시한다(서른 자나 마흔 자를 표시하는 패널도 사용할 수 있지만 더 비싸다). 텍스트 LCD를 구동하는 라이브러리를 아두이노가 제공하며, LCD 장치와 직렬 디스플레이 장치가 동일한 기본 print 함수를 공유하므로 직렬 모니터(4장 참고)에서 프린트하듯이 LCD 장치에도 텍스트를 쉽게 프린트할 수 있다.

LCD 장치를 사용하면 간단한 텍스트를 표시하는 일 외에도 다양한 일을 할 수 있다. 단어를 스크롤하거나(돌돌 말거나) 강조해서 표시할 수 있으며, 특수 기호나 영문자가 아닌 문자도 표시할 수 있다.

텍스트용 LCD 장치로도 여러분만의 기호를 만들어 표시하거나 블럭들을 선분처럼 써서 그림을 그릴 수도 있지만, 그림을 가는 선분으로 그려야 한다면 그래픽 디스플레이 장치가 필요하다. 그래픽용 LCD(GLCD) 장치 및 그래픽용 LED 장치를 텍스트용 디스플레이 장치보다 더 저렴하게 구입할 수 있다.

이 책에 나오는 대부분의 다른 레시피보다 더 많은 전선을 그래픽용 디스플레이 장치에서 아두이노로 연결할 수 있다. 그래픽용 디스플레이 장치의 주된 문제가 잘못된 연결로 인해 생기므로 배선 작업을 한 다음에는 제대로 연결했는지를 거듭 확인해야 한다. 전압과 저항기를 측정하는 데 쓰는 멀티미터(저렴한 것)를 사용해 배선을 제대로 했는지를 잘 확인해 볼 수 있다. 디스플레이 장치에 아무것도 표시되지 않는 상황에서도 멀티미터를 사용한다면 머리를 긁으며 '어디가 문제지?'라고 생각할 일을 크게 줄일 수 있다. 가장 저렴한 멀티미터라도 핀이 올바르게 연결되어 있는지 또는 전압이 적절한지를 확인하는 데 도움이 되므로 굳이 비싼 것을 사지 않아도 된다.

레시피 11.1 텍스트용 LCD 장치 연결과 사용

문제

여러분에게 업계 표준인 HD44780이나 호환 컨트롤러 칩을 기반으로 한 텍스트용 LCD 장치가 있고, 이 장치에 텍스트와 수치를 표시하려고 한다.

해법

스파크펀 LCD-00255나 에이다프룻 품번 181 같은 HD44780 칩 기반 LCD를 구동하는 데 필요한 LiquidCrystal 라이브러리가 아두이노 소프트웨어에 들어 있다.

 아두이노와 붙여서 사용할 수 있게 공급되는 대부분의 텍스트 표시용 LCD 장치는 히타치 HD44780 컨트롤러와 호환된다. 여러분이 사용하는 컨트롤러에 대해 잘 모르겠다면 44780인지 또는 44780과 호환되는 것인지를 해당 컨트롤러 데이터시트에서 확인하자. LCD에 백팩(즉, 후면 부착) 형태로 된 컨트롤러 보드가 있다면 훨씬 적은 전선을 사용해 직렬 프로토콜을 통해 인터페이스할 수 있다. 더 알고 싶다면 레시피 4.11을 참고하자.

디스플레이 장치를 작동하려면 전원 핀, 데이터 핀, 제어 핀을 연결해야 한다. 데이터 및 상태 표시줄을 디지털 출력 핀에 연결하고 콘트라스트 포텐쇼미터contrast potentiometer(명암 대비 조절용 전위차계)를 배선한 다음에 전력선을 연결하자. 디스플레이 장치에 백라이트가 있다면 일반적으로 저항기를 통해 연결해야 한다.

그림 11-1은 가장 일반적인 LCD 장치 연결 방식을 보여 준다. 핀 연결을 확인하려면 LCD 장치용 데이터시트를 확인해야 한다. 표 11-1에 가장 일반적인 핀 연결 방식이 나오지만, LCD 장치에서 다른 핀을 사용한다면 히타치Hitachi의 HD44780과 호환되는지를 확인하자. 이 레시피는 해당 칩과 호환되는 LCD 장치에서만 작동한다. LCD 장치에는 16개 핀(또는 백라이트가 없다면 14개 핀)이 있다. 여러분은 패널에서 1번 핀을 찾아내야 한다. 그림과 다르게 다른 곳에 있을 수 있기 때문이다.

LCD 장치 관련 문제는 대부분 회선이 제대로 연결되지 않아서 생긴다. 아두이노 선이 적절한 LCD 핀에 연결되어 있는지를 확인하자. 그림 11-1에 표시된 것과 다른 곳에 있거나 다른 번호가 지정되었을 수 있기 때문이다. 또한, 전선이나 헤더가 올바르게 납땜되어 있는지를 확인하자.

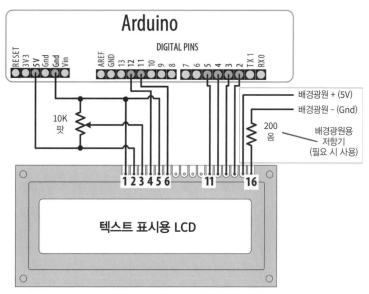

그림 11-1 텍스트 LCD에 대한 연결

 여러분은 왜 7 ~ 10번 LCD 핀들이 연결되지 않는지 궁금할 수도 있다. 데이터 전송을 위해 핀을 네 개나 여덟 개를 사용해 LCD 장치에 연결할 수 있다. 이번 레시피에서는 핀을 네 개 사용하는 방법을 택했다. 이렇게 하면 아두이노 핀 중 네 개를 다른 용도로 쓸 수 있기 때문이다. 핀을 여덟 개 사용하면 이론적으로 성능을 높일 수 있지만, 아두이노 핀 네 개를 남겨 두는 편이 차라리 더 낫다.

표 11-1 LCD 핀 연결

LCD 핀	기능	아두이노 핀
1	GND 또는 0V 또는 Vss	GND
2	+5V 또는 Vdd	5V
3	Vo 또는 대비	
4	RS	12
5	R/W	GND
6	E	11
7	D0	
8	D1	
9	D2	

LCD 핀 연결(계속)

LCD 핀	기능	아두이노 핀
10	D3	
11	D4	5
12	D5	4
13	D6	3
14	D7	2
15	A, 즉 애노드	
16	K, 즉 캐소드	

LCD 장치의 3번 핀에 대비 전압contrast voltage을 제공하려면 10K 포텐쇼미터를 연결해야 한다. 이 핀에 올바른 전압이 없으면 아무것도 표시되지 않을 수 있다. 그림 11-1에서 팟의 한쪽은 GND(접지)에 연결되고 다른 쪽은 아두이노 +5V에 연결되며, 팟의 중심은 LCD 3번 핀으로 이동한다. LCD는 아두이노의 GND 및 +5V를 LCD 1번 핀과 2번 핀에 연결해 전력을 공급한다.

많은 LCD 패널에는 **백라이트**backlight라고 부르는 내부 전등이 있어서 디스플레이 장치를 비춘다. 여러분이 보는 데이터시트에 백라이트가 있는지, 외부 저항기가 필요한지가 표시되어 있어야 한다. 백라이트 LED 어셈블리가 타지 않게 하려면 외부 저항기가 꼭 필요할 경우가 많다(확실하지 않다면 220Ω 저항기를 사용하면 안전하다). 백라이트가 편광되므로 15번 핀이 +5V에, 16번 핀이 GND에 연결되어 있는지를 확인하자(저항은 16번 핀과 GND 사이에 연결되어 있지만, 15번 핀과 +5V 사이에 연결될 수도 있다).

전원 핀을 잘못 연결하면 LCD가 손상될 수 있으므로 전력을 공급하기 전에 배선을 다시 확인하자. 아두이노와 함께 제공된 HelloWorld 스케치를 실행하려면 IDE 파일 메뉴 항목을 클릭하고 Examples ➡ Library ➡ LiquidCrystal ➡ HelloWorld로 이동하자.

다음에 나오는 코드는 예제를 조금 수정한 것이다. LCD의 행/열과 일치하게 numRows/numCols를 변경하자.

```
/*
 * LiquidCrystal 라이브러리: Hello World.
 *
 * 16 × 2 크기인 LCD 디스플레이 장치를 사용하는 방법을 보여 준다.
 * https://www.arduino.cc/en/Tutorial/HelloWorld
 */

#include <LiquidCrystal.h> // 라이브러리 코드를 가져온다.
```

```
// LCD 내의 행과 열의 개수를 나타내는 상수.
const int numRows = 2;
const int numCols = 16;

// 인터페이스 핀의 개수로 라이브러리를 초기화한다.
LiquidCrystal LCD(12, 11, 5, 4, 3, 2);

void setup()
{
  lcd.begin(numCols, numRows);
  lcd.print("Hello, World!"); // LCD에 메시지를 프린트한다.
}

void loop()
{
  // 커서를 0열, 1행으로 설정한다.
  // (행이 0번부터 시작하므로 1번 행이란 두 번째 행에 해당한다.)
  lcd.setCursor(0, 1);

  // 스케치가 실행되기 시작한 후에 흐른 시간을 초 단위로 프린트한다.
  lcd.print(millis()/1000);
}
```

스케치를 실행하자. LCD의 첫 번째 줄에 'hello world'가 표시되어야 한다. 두 번째 줄은 1초마다 하나씩 증가하는 숫자를 표시한다.

토의

텍스트가 전혀 나타나지 않아서 모든 회선이 올바르게 연결되어 있는지를 다시 확인해 보았는데도 문제가 없다면 콘트라스트 팟을 조정해야 할 수 있다. 팟의 축을 한쪽(일반적으로 GND에 연결된 쪽) 으로 돌리면 대비가 최대가 되고 모든 문자 위치에 블록이 나타난다. 팟을 다른 방향으로 끝까지 돌리면 아무것도 보이지 않을 것이다. 시야각과 온도를 포함한 많은 요인에 따라 적절한 설정 위치 가 달라진다. 디스플레이 장치가 가장 잘 보일 때까지 팟의 축을 이리저리 돌려 보자.

팟의 설정에서 픽셀 블록이 표시되지 않으면 LCD가 올바른 핀으로 구동되고 있는지를 확인하자.

화면에서 텍스트를 볼 수 있으면 스케치에서 LCD를 사용하기가 쉽다. 4장에서 다룬 직렬 프린트와 비슷한 프린트 명령을 사용한다. 다음 레시피에서는 프린트 명령을 검토하고 텍스트 위치를 제어하 는 방법을 설명한다.

함께 보면 좋은 내용

LiquidCrystal 참고문헌(https://oreil.ly/J_UEr).

프린트 명령을 더 알고 싶다면 4장을 참고하자.

히타치 HD44780 LCD 컨트롤러 데이터시트는 상세하면서도 저수준 기능을 확실히 참조할 수 있게 해준다. 아두이노 라이브러리를 사용하면 복잡한 면을 대부분 피할 수 있지만, 원시적인 칩 기능을 알고 싶다면 데이터시트(https://oreil.ly/xgocv)를 내려받아서 살펴보자.

아두이노 플레이그라운드Arduino Playground에서 LCD를 다룬 내용(https://oreil.ly/Sz3Hb)에는 소프트웨어 및 하드웨어를 다루는 요령과 관련한 문헌에 대한 연결 주소가 실려 있다.

레시피 11.2 서식 있는 텍스트 구성

문제

LCD 화면에 표시되는 텍스트의 위치를 제어하려고 한다. 예를 들어, 값을 LCD 화면 위의 특정한 곳에 표시하고 싶다.

해법

이 스케치는 9에서 0까지 수를 세어 내려가며 그 수를 표시한다. 그러고 나서 네 문자로 된 세 개의 열에 일련의 숫자를 표시한다. LCD의 행/열과 일치하게 numRows/numCols를 변경하자.

```
/*
 * LiquidCrystal 라이브러리 - FormatText
 */

#include <LiquidCrystal.h> // 라이브러리 코드를 포함한다.

// LCD 내 행과 열의 개수를 나타내는 상수들.
const int numRows = 2;
const int numCols = 16;

int count;

// 인터페이스 핀의 개수로 라이브러리를 초기화한다.
LiquidCrystal lcd(12, 11, 5, 4, 3, 2);

void setup()
{
  lcd.begin(numCols, numRows);
  lcd.print("Starting in "); // 이 문자열은 12개 문자로 이뤄져 있다.
  for(int i=9; i > 0; i--)    // 9부터 세어 내려 간다.
  {
    // 맨 위 줄은 0번 행이다.
    lcd.setCursor(12,0); // 문자열의 끝 자리로 커서를 옮긴다.
    lcd.print(i);
```

```
    delay(1000);
  }
}

void loop()
{
  int columnWidth = 4;    // 열 간의 간격을 지정한다.
  int displayColumns = 3; // 숫자들의 열 개수가 몇 개인지를 나타낸다.
  lcd.clear();


  for(int col = 0; col < displayColumns; col++)
  {
    lcd.setCursor(col * columnWidth, 0); count = count+ 1;
    lcd.print(count);
  }
  delay(1000);
}
```

토의

lcd.print 함수들은 Serial.print와 비슷하다. 또한, LCD 라이브러리에는 커서 위치(텍스트가 프린트될 행과 열)를 제어하는 명령이 있다.

lcd.print 문은 이전 문자 뒤에 새 문자를 표시한다. 줄 끝을 넘어 프린트된 텍스트는 표시되지 않거나 다른 줄에 표시될 수 있다. lcd.setCursor() 명령을 사용하면 다음 lcd.print가 시작될 위치를 지정할 수 있다. 여러분이 행과 열의 위치를 지정한다(왼쪽 상단 모서리는 0,0). 커서를 놓으면 다음 lcd.print가 해당 지점에서 시작되고 기존 텍스트를 덮어쓴다. 이 레시피의 해법에 나오는 스케치는 이를 사용해 고정된 위치에 숫자를 프린트한다.

예를 들어 setup 함수 안에서 다음 코드가 실행되면,

```
lcd.setCursor(12,0); // 커서를 열세 번째 자리로 옮긴다.
lcd.print(i);
```

lcd.setCursor(12,0)은 각 숫자가 이전 열 다음에 표시되는 숫자가 아니라 고정된 위치에 표시된 숫자를 생성하는 첫 번째 열인 첫 번째 열과 같은 위치에 프린트되게 한다.

 행 번호와 열 번호가 0번부터 시작되므로 setCursor(4,0)으로는 첫 번째 행의 다섯 번째 열을 설정하게 된다.

다음에 보이는 코드 줄들에서는 setCursor를 사용해 각 열의 시작 간격을 지정함으로써 이전 열의 시작 부분부터 columnwidth에 이르는 공간을 제공한다.

```
lcd.setCursor(col * columnWidth, 0);
count = count+ 1;
lcd.print(count);
```

lcd.clear는 화면을 지운 후에 커서를 다시 왼쪽 상단 구석으로 옮긴다.

```
lcd.clear();
```

다음 코드는 LCD의 모든 행을 사용해 숫자를 표시하게 loop를 변형한 것이다. loop 코드를 다음에 나오는 코드로 바꾸자(LCD의 행/열과 일치하게 스케치 상단에 numRows/numCols를 설정해야 한다).

```
void loop()
{
  int columnWidth = 4;
  int displayColumns = 3;

  lcd.clear();
  for(int row = 0; row < numRows; row++)
  {
    for(int col = 0; col < displayColumns; col++)
    {
      lcd.setCursor(col * columnWidth, row); count = count+ 1;
      lcd.print(count);
    }
  }
  delay(1000);
}
```

첫 번째 for 루프는 사용할 수 있는 행을 단계별로 진행하고, 두 번째 for 루프는 열을 단계별로 수행한다.

LCD에 맞게 행에 표시되는 숫자 수를 조정하려면 displayColumns 값을 설정하기보다는 계산을 하자.

```
int displayColumns = 3;
```

윗줄을 다음 줄로 바꾼다.

```
int displayColumns = numCols / columnWidth;
```

함께 보면 좋은 내용

LiquidCrystal 라이브러리 자습서(https://oreil.ly/aBU2C).

레시피 11.3 커서 점멸과 디스플레이 장치 켬/끔

문제

커서를 깜박이게 하고 디스플레이 장치를 켜거나 끄고 싶다. 디스플레이 장치의 특정 영역에 주의를 기울이게도 하고 싶다.

해법

이 스케치는 커서를 깜박이게 하는 방법(다음 문자가 표시될 위치에서 커서에 해당하는 네모 모양이 깜박이게 하는 방법)을 보여 준다. 또한, 디스플레이 장치를 켜고 끄는 방법을 보여 준다. 예를 들어, 전체 디스플레이 장치를 깜박이게 해서 사람들의 주의를 끌려면 다음 코드처럼 하면 된다.

```
/*
 * blink(깜박임) 스케치.
 */

// 라이브러리 코드를 포함한다.
#include <LiquidCrystal.h>

// 인터페이스 핀의 개수로 라이브러리를 초기화한다.
LiquidCrystal lcd(12, 11, 5, 4, 3, 2);

void setup()
{
  // LCD의 열 개수와 행 개수를 설정하고
  lcd.begin(16, 2);
  // LCD에 메시지 한 개를 프린트한다.
  lcd.print("hello, world!");
}

void loop()
{
  lcd.setCursor(0, 1);

  lcd.print("cursor blink");
  lcd.blink();
```

```
  delay(2000);

  lcd.noBlink();
  lcd.print(" noBlink");
  delay(2000);

  lcd.clear();

  lcd.print("Display off ...");
  delay(1000);

  lcd.noDisplay();
  delay(2000);

  lcd.display(); // 디스플레이 장치를 다시 켠다.
  lcd.setCursor(0, 0);
  lcd.print(" display flash !");

  displayBlink(2, 250); // 두 번 깜박이게 한다.
  displayBlink(2, 500); // 두 배 더 길게 다시 한다.

  lcd.clear();
}

void displayBlink(int blinks, int duration)
{
  while(blinks--)
  {
    lcd.noDisplay();
    delay(duration);
    lcd.display();
    delay(duration);
  }
}
```

토의

스케치는 blink 함수와 noBlink 함수를 호출해 커서가 사라졌다 나타나게 하는 식으로 토글되게
한다.

전체 디스플레이 장치를 깜박이는 코드는 displayBlink라는 함수에 있으며, 디스플레이 장치를 지
정된 횟수만큼 깜박인다. 이 함수는 lcd.display()와 lcd.noDisplay()를 사용해 화면의 내부 메
모리에서 지우지 않고 디스플레이 텍스트를 사라지게 하거나 나타나게 한다.

텍스트 스크롤

문제

텍스트를 스크롤하려고 한다. 예를 들어, LCD 디스플레이 장치의 한 줄에 들어갈 수 있는 것보다 더 많은 문자를 표시할 수 있게 '움직이는 텍스트_{marquee}'를 생성한다.

해법

이 스케치에서는 lcd.ScrollDisplayLeft와 lcd.ScrollDisplayRight를 모두 시연한다.

이 스케치는 LCD를 기울이면 텍스트 줄을 왼쪽으로, 기울이지 않으면 오른쪽으로 스크롤한다. 틸트 센서_{tilt sensor}(경사계)의 한쪽을 7번 핀에 연결하고 다른 핀을 GND에 연결하자(틸트 센서에 익숙하지 않다면 레시피 6.2 참고).

```
/*
 * Scroll(말기) 스케치.
 * 이 스케치는 센서가 기울면 텍스트를 왼쪽으로 스크롤한다.
 * 기울이지 않으면 텍스트를 오른쪽으로 스크롤한다.
 */

#include <LiquidCrystal.h>

// 인터페이스 핀의 개수로 라이브러리를 초기화한다.
LiquidCrystal lcd(12, 11, 5, 4, 3, 2);

const int numRows = 2;
const int numCols = 16;

const int tiltPin = 7; // 틸트 센서에 연결된 핀.

const char textString[] = "tilt to scroll";
const int textLen = sizeof(textString) - 1; // 문자 개수.

bool isTilted = false;

void setup()
{
  // LCD의 열 개수와 행 개수를 설정한다.
  lcd.begin(numCols, numRows);
  pinMode(tiltPin, INPUT_PULLUP);
  lcd.print(textString);
}

void loop()
{
  if(digitalRead(tiltPin) == LOW && isTilted == false)
```

```
  {
    // 왼쪽으로 기울면 텍스트를 왼쪽으로 스크롤한다.
    isTilted = true;
    for(int position = 0; position < textLen; position++)
    {
      lcd.scrollDisplayLeft();
      delay(150);
    }
  }
  if(digitalRead(tiltPin) == HIGH && isTilted == true)
  {
    // 이전에는 기울었지만 이제는 평평해진 경우에는 이곳으로 와서 텍스트를 오른쪽으로 스크롤한다.
    isTilted = false;
    for(int position = 0; position < textLen; position++)
    {
      lcd.scrollDisplayRight();
      delay(150);
    }
  }
}
```

토의

loop 코드의 전반부에서는 기울어지지 않은 상태에서 기울어진 상태로 변한 경우를 처리한다. 코드는 기울기 스위치가 닫혀 있는지(LOW)나 열려 있는지(HIGH)를 확인한다. 스위치가 LOW이고 현재 상태(isTilted 변수에 저장된)가 기울어지지 않은 상태라면 텍스트가 왼쪽으로 스크롤된다. for 루프를 지연시켜 스크롤 속도를 제어한다. 텍스트가 너무 빠르거나 느리게 움직인다면 지연시간을 조정하자.

코드의 후반부에서는 비슷한 논리를 사용해 기울어지지 않은 상태에서 기울어진 상태로 변한 경우를 처리한다.

스크롤 기능은 LCD 행 개수에 텍스트가 딱 들어 맞는 경우가 아니라 더 많은 텍스트를 표시해야 할 때 특히 유용하다.

이 스케치에는 텍스트를 최대 32자까지 스크롤할 수 있게 하는 marquee 함수가 있다.

```
/*
 * Marquee 스케치.
 * 이 스케치는 매우 긴 텍스트 줄을 스크롤할 수 있다.
 */

#include <LiquidCrystal.h>

LiquidCrystal LCD(12, 11, 5, 4, 3, 2);
const int numRows = 2;
const int numCols = 16;
```

```
void setup()
{
  // LCD의 열 개수와 행 개수를 설정한다.
  lcd.begin(numCols, numRows);
  marquee("This is a very long string of text that will scroll");
}

void loop()
{
}

// 이 함수는 32바이트 길이에 해당하는 메시지를 표시하기 위해 스크롤한다.
void marquee(char *text)
{
  lcd.print(text);
  delay(1000);
  for (int position = 0; position < strlen(text) - numCols; position++)
  {
    lcd.scrollDisplayLeft();
    delay(300);
  }
}
```

스케치는 텍스트가 화면 너비보다 길 때 lcd.scrollDisplayLeft 함수를 사용해 디스플레이 장치를 스크롤한다.

LCD 칩에는 텍스트를 저장하는 내부 메모리가 있다. 이 메모리는 제한적이다(대부분의 4행 디스플레이 장치에서는 32바이트). 더 긴 메시지를 사용하려고 하면 메시지가 자동으로 겹쳐 보이기 시작할 수 있다. 더 긴 메시지(예: 트윗)를 스크롤하거나 더 정확하게 스크롤을 제어하려면 다른 기술이 필요하다. 다음 함수는 아두이노의 RAM에 텍스트를 저장하고 스크롤 효과를 만들기 위해 여러 부분을 화면으로 송신한다. 이러한 메시지들의 길이는 아두이노의 메모리 공간에 맞출 수 있게 다양해질 수 있다.

```
// marquee 함수의 이 버전에서는 메시지가 아주 길 경우에는 수동으로 스크롤하게 한다.
void marquee(char *text)
{
  int length = strlen(text); // 텍스트 안의 문자 개수.
  if(length < numCols)
    lcd.print(text);
  else
  {
    int pos;
    for(pos = 0; pos < numCols; pos++)
      lcd.print(text[pos]);
    delay(1000); // 스크롤하기 전에 첫 번째 줄을 읽는 데 허용된 시간.
```

```
    pos=1;
    while(pos <= length - numCols)
    {
      lcd.setCursor(0,0);
      for(int i = 0; i < numCols; i++)
        lcd.print(text[pos + i]);
      delay(300); pos = pos + 1;
    }
  }
}
```

레시피 11.5 특수 기호 표시

문제

°(각도), €, ÷, π(파이), 또는 그 밖의 어떤 기호이든 LCD 문자 메모리에 저장된 특수 기호를 표시하고 싶다.

해법

LCD 데이터시트의 문자 패턴 표에서 기호를 찾아 여러분이 표시하려는 문자에 해당하는 코드를 알아내자. 이 스케치는 setup 함수에서 몇 가지 일반적인 기호를 프린트한다. 그리고 나서 모든 표시 가능 기호를 loop를 이용해 표시한다.

```
/*
 * LiquidCrystal 라이브러리: 특수 문자
 */

#include <LiquidCrystal.h>

// 행의 개수 및 열의 개수를 나타내는 상수를 LCD와 일치하게 설정한다.
const int numRows = 2;
const int numCols = 16;

// 유용한 기호 중 몇 가지를 정의한다.
const byte degreeSymbol = B11011111;
const byte piSymbol = B11110111;
const byte centsSymbol = B11101100;
const byte sqrtSymbol = B11101000;
const byte omegaSymbol = B11110100; // 옴 단위 기호(Ω).

byte charCode = 32; // 프린트할 수 있는 아스키 문자 중 첫 번째 것.
int col;
int row;
```

```
// 인터페이스 핀의 개수로 라이브러리를 초기화한다.
LiquidCrystal lcd(12, 11, 5, 4, 3, 2);

void setup()
{
  lcd.begin(numRows, numCols);

  showSymbol(degreeSymbol, "degrees");
  showSymbol(piSymbol, "pi");
  showSymbol(centsSymbol, "cents");
  showSymbol(sqrtSymbol, "sqrt");
  showSymbol(omegaSymbol, "ohms");
  lcd.clear();

}

void loop()
{
  lcd.write(charCode);
  calculatePosition();
  if(charCode == 255)
  {
    // 모든 문자를 완성했으므로 몇 초 더 기다린 후에 다시 시작한다.
    delay(2000);
    lcd.clear();
    row = col = 0;
    charCode = 32;
  }
  charCode = charCode + 1;
}

void calculatePosition()
{
  col = col + 1;
  if(col == numCols)
  {
    col = 0;
    row = row + 1;
    if(row == numRows)
    {
      row = 0;
      delay(2000); // 일시정지(pause).
      lcd.clear();
    }
    lcd.setCursor(col, row);
  }
}

// 어떤 기호와 기호에 대한 설명을 표시하기 위한 함수.
void showSymbol(byte symbol, char *description)
{
  lcd.clear();
  lcd.write(symbol);
```

```
   lcd.print(' '); // 설명 앞에 공란을 하나 추가한다.
   lcd.print(description);
   delay(3000);
}
```

토의

LCD 컨트롤러 칩(https://oreil.ly/nv0ZJ)의 데이터시트에는 사용할 수 있는 문자 모양을 보여 주는 표가 있다.

표를 사용하려면 표시하기를 바라는 기호의 위치를 지정한다. 해당 문자를 가리키는 부호code는 원하는 기호의 열과 행에 대한 이진 값을 결합해 결정된다(그림 11-2 참고).

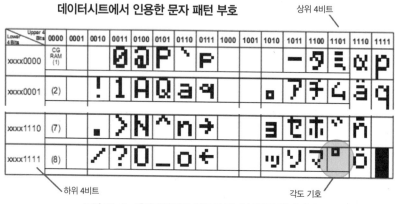

그림 11-2 데이터시트를 사용해 문자 부호를 알아내기

예를 들어, 각도 기호(°)는 그림 11-2에 표시된 표의 맨 아래 행의 끝자리에서부터 세었을 때 세 번째 자리에 있는 항목이다. 이 자리에 해당하는 열은 상위 4개 비트가 1101이라는 점을 알려 주고 있고, 행은 하위 4개 비트가 1111임을 나타내고 있다. 이것들을 결합하면 이 기호의 부호인 B11011111이 나타난다. 이 이진 값을 그대로 사용하거나 16진수 값(0xDF)이나 10진수 값(223)으로 변환해서 사용하면 된다. 그림 11-2는 데이터시트에 나와 있는 전체 16개 행 중에 네 개만 보여 준 것이다.

LCD 화면은 아스키 값을 lcd.write에 전달해 데이터시트에 나열된 아스키 문자를 표시할 수도 있다.

스케치는 showSymbol이라는 함수를 사용해 기호symbol와 설명description을 프린트한다.

```
void showSymbol(byte symbol, char *description)
```

문자열을 사용하는 일이나 문자열을 함수에 전달하는 일과 관련해 문자열을 새로 고쳐서 표시할 일이 있다면 레시피 2.6을 참고하자.

함께 보면 좋은 내용

히타치 HD44780 디스플레이 데이터시트(https://oreil.ly/xu4li).

11.6 사용자 정의 문자 구성

문제

여러분이 직접 정의한 문자나 기호(상형문자)를 작성해 표시하고 싶다고 해보자. 아니면, 여러분이 원하는 기호가 LCD 문자 메모리에 미리 정의되어 있지 않은 경우라고 해보자.

해법

다음에 나오는 코드를 업로드하면 웃는 얼굴과 찡그린 얼굴이 서로 바꿔 가며 나오는 얼굴 애니메이션이 만들어진다.

```
/*
 * custom_char 스케치.
 * 사용자 정의 캐릭터를 사용해 애니메이션 얼굴을 만든다.
 */

#include <LiquidCrystal.h>
LiquidCrystal lcd(12, 11, 5, 4, 3, 2);

byte happy[8] = {
  B00000,
  B10001,
  B00000,
  B00000,
  B10001,
  B01110,
  B00000,
  B00000
};

byte saddy[8] = {
  B00000,
  B10001,
  B00000,
  B00000,
  B01110,
  B10001,
  B00000,
  B00000
};
```

```
void setup()
{
  lcd.createChar(0, happy);
  lcd.createChar(1, saddy);
  lcd.begin(16, 2);
}

void loop()
{
  for (int i=0; i < 2; i++)
  {
    lcd.setCursor(0,0);
    lcd.write(i);
    delay(500);
  }
}
```

토의

LiquidCrystal 라이브러리를 사용하면 사용자 지정 문자를 최대 여덟 개까지 만들 수 있으며, 0~8에 이르는 문자 부호를 사용해 프린트할 수 있다. 화면상에 표시되는 각 문자는 5×8 픽셀 격자에 그려진다. 문자를 정의하려면 8바이트로 이뤄진 배열을 작성해야 한다. 각 바이트는 문자의 행 중 하나를 정의한다. 2진수 형식으로 써넣는다면 1은 픽셀이 켜져 있음을 나타내고 0은 꺼져 있음을 나타낸다(다섯 번째 비트 이후의 값은 무시됨). 스케치 예제에서는 각기 기쁨happy과 슬픔saddy을 나타내는 문자를 만든다(그림 11-3 참고).

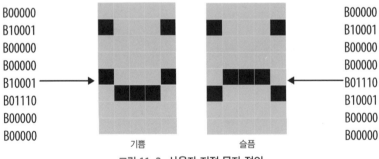

그림 11-3 사용자 지정 문자 정의

setup 함수 안에 있는 다음 줄은 문자 0에 할당된 happy 배열 안에 정의된 데이터를 사용해 문자를 만든다.

```
lcd.createChar(0, happy);
```

사용자 정의 문자를 화면에 프린트하려면 이 줄을 사용하자.

```
lcd.write(0);
```

for 루프에 있는 코드는 문자 0과 문자 1 사이를 전환해 애니메이션을 만든다.

 따옴표를 사용하거나 사용하지 않고 문자를 쓰는 경우의 차이점에 유의하자. 다음 코드는 기쁨을 나타내는 기호를 프린트하기보다는 그저 0을 프린트한다.

```
lcd.write('0'); // 0을 프린트한다.
```

레시피 11.7 단일 문자보다 더 큰 기호 표시

문제

사용자 정의 문자를 두 개 이상 결합하여 단일 문자 크기보다 더 큰 기호를 프린트하려고 한다(예: 높이가 두 배인 숫자를 화면에 표시).

해법

다음 스케치는 사용자 정의 문자를 사용해 높이가 두 배인 숫자를 써넣는다.

```
/*
 * customChars 스케치.
 *
 * 이 스케치는 높이가 두 배인 숫자를 표시한다.
 * bigDigit 배열에 대한 영감을 아두이노 포럼의 회원인 dcb에게서 받았다.
 */

#include <LiquidCrystal.h>

LiquidCrystal lcd(12, 11, 5, 4, 3, 2);

byte glyphs[5][8] = {
  { B11111,B11111,B00000,B00000,B00000,B00000,B00000,B00000 },
  { B00000,B00000,B00000,B00000,B00000,B00000,B11111,B11111 },
  { B11111,B11111,B00000,B00000,B00000,B00000,B11111,B11111 },
  { B11111,B11111,B11111,B11111,B11111,B11111,B11111,B11111 },
  { B00000,B00000,B00000,B00000,B00000,B01110,B01110,B01110 }
};

const int digitWidth = 3; // 어떤 큰 숫자의 입력 상자 크기(즉, 글자 개수).
                          // (문자 사이에 있는 공백을 제외한 크기임)
```

```
// 큰 숫자를 구성하게 될 사용자 지정 문자로 색인을 생성하는 배열
// 숫자 0 ~ 4                                      0      1       2        3        4
const char bigDigitsTop[10][digitWidth]={ 3,0,3,  0,3,32, 2,2,3,   0,2,3,   3,1,3,
// 숫자 5 ~ 9                                      5      6       7        8        9
                                          3,2,2,  3,2,2,  0,0,3,   3,2,3,   3,2,3};

const char bigDigitsBot[10][digitWidth]={ 3,1,3,  1,3,1,   3,1,1,   1,1,3,  32,32,3,
                                          1,1,3,  3,1,3,  32,32,3,   3,1,3,   1,1,3};

char buffer[12]; // 어떤 수를 문자열로 변환하는 데 사용한다.

void setup ()
{
  lcd.begin(20,4);
  // 사용자 정의 상형문자를 생성한다.
  for(int i=0; i < 5; i++)
    lcd.createChar(i, glyphs[i]); // 사용자 정의 상형문자를 다섯 개 생성한다.

  // 카운트다운 타이머를 표시한다.
  for(int digit = 9; digit >= 0; digit--)
  {
    showDigit(digit, 0); // 숫자를 표시한다.
    delay(1000);
  }
  lcd.clear();
}

void loop ()
{
  // 이번에는 스케치가 실행되기 시작한 후에 흐른 시간을 초 단위로 표시한다.
  int number = millis() / 1000;
  showNumber(number, 0);
  delay(1000);
  Serial.begin(9600);
}

void showDigit(int digit, int position)
{
  lcd.setCursor(position * (digitWidth + 1), 0);
  for(int i=0; i < digitWidth; i++)
    lcd.write(bigDigitsTop[digit][i]);
  lcd.setCursor(position * (digitWidth + 1), 1);
  for(int i=0; i < digitWidth; i++)
    lcd.write(bigDigitsBot[digit][i]);
}

void showNumber(int value, int position)
{
  int index; // 프린트되는 숫자에 대한 인덱스. 0은 가장 왼쪽 숫자.
  String valStr = String(value);

  // 각 숫자를 순서대로 표시한다.
  for(index = 0; index < 5; index++) // 숫자를 최대 다섯 개까지 표시한다.
```

```
  {
    char c = valStr.charAt(index);
    if(c == 0)   // 널('0'과는 다르다)인지 확인한다.
      return;   // 문자열의 끝 문자는 널이다.
    c = c - 48; // 아스키 값을 수치로 환산한다(2장을 보자).
    showDigit(c, position + index);
  }
}
```

토의

LCD 디스플레이 장치에는 고정 크기 문자가 있지만, 문자를 조합하면 문자 크기보다 더 큰 기호를 만들 수 있다. 이 레시피는 레시피 11.6에서 설명한 기술을 사용해 다섯 개의 사용자 지정 문자를 생성한다. 이 기호(그림 11-4 참고)를 결합해 2배 크기 숫자를 만들 수 있다(그림 11-5 참고). 스케치는 큰 숫자를 사용해 LCD에 9에서 0에 이르기까지 수를 줄여 가며 표시한다. 그러고 나서 스케치가 시작된 이후의 시간(초)을 표시한다.

glyphs(상형문자) 배열은 다섯 개의 사용자 정의 문자에 대한 픽셀을 정의한다. 배열에는 2개 차원이 있는데, 이것을 대괄호 속에서 볼 수 있다.

```
byte glyphs[5][8] = {
```

[5]는 상형문자 개수에 해당하고 [8]은 각 상형문자를 이루고 있는 행의 개수에 해당한다. 각 원소에는 1과 0이 포함되어 있어서 해당 행에서 픽셀의 켬/끔을 나타낸다. glyphs[0]에 든 값(첫 번째 상형문자)을 그림 11-2와 비교해 보면 1이 어두운 픽셀에 해당함을 알 수 있다.

```
{ B11111, B11111, B00000, B00000, B00000, B00000, B00000, B00000 } ,
```

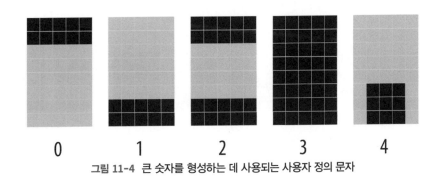

그림 11-4 큰 숫자를 형성하는 데 사용되는 사용자 정의 문자

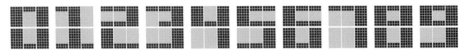

그림 11-5 사용자 정의 상형문자로 구성된 큰 숫자 열 개

큰 숫자 하나는 이러한 상형문자 여섯 개로 구성되며, 그중 세 개는 큰 숫자의 위쪽 절반을 형성하고 세 개는 아래쪽 절반을 형성한다. bigDigitsTop과 bigDigitsBot은 LCD 화면의 상단 행과 하단 행에 사용되는 사용자 정의 상형문자를 정의하는 배열이다.

함께 보면 좋은 내용

실제로 큰 숫자가 필요하다면 7 세그먼트 LED 디스플레이 장치에 대한 정보를 7장에서 참고하자. 7 세그먼트 디스플레이 장치들에 표시되는 숫자 크기는 0.5 ~ 2인치 정도이며, 더 클 수도 있다. 오히려 7 세그먼트 디스플레이 장치가 LCD 장치보다 훨씬 더 많은 전력을 사용할 수 있다. 7 세그먼트 디스플레이 장치가 문자와 기호를 잘 표현하는 장치는 아니지만, 이것들을 크게 표시해야 한다면 오히려 더 좋은 선택지다.

레시피 11.8 단일 문자보다 더 작은 픽셀 표시

문제

개별 문자보다 해상도가 높은 정보를 표시하려고 한다. 예를 들어, 막대 차트를 표시하는 식이다.

해법

레시피 11.7에서는 문자를 두 개 이상 사용해 큰 기호 하나를 만드는 방법을 설명한다. 이 레시피에서는 사용자 지정 문자를 사용해 그 반대로 한다. 즉, 여덟 개의 작은 기호를 만들 텐데, 각 기호는 이전 기호보다 한 픽셀 더 높다(그림 11-6 참고).

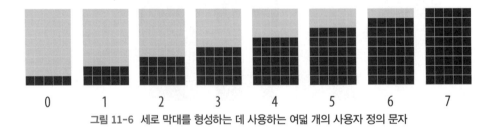

그림 11-6 세로 막대를 형성하는 데 사용하는 여덟 개의 사용자 정의 문자

이러한 기호는 다음에 나오는 스케치에서 볼 수 있듯이 막대 차트를 그리는 데 사용된다.

```
/*
 * customCharPixels(사용자 정의 문자 픽셀) 스케치.
 */

#include <LiquidCrystal.h>

LiquidCrystal lcd(12, 11, 5, 4, 3, 2);

// 행의 개수 및 열의 개수를 나타내는 상수를 LCD와 일치하게 설정한다.
const int numRows = 2;
const int numCols = 16;

// 여덟 개의 사용자 정의 문자에 대한 픽셀을 정의하는 비트 배열.
// 1과 0은 픽셀이 켜져 있는지 아니면 꺼져 있는지를 나타낸다.
byte glyphs[8][8] = {
  {B00000,B00000,B00000,B00000,B00000,B00000,B00000,B11111}, // 0
  {B00000,B00000,B00000,B00000,B00000,B00000,B11111,B11111}, // 1
  {B00000,B00000,B00000,B00000,B00000,B11111,B11111,B11111}, // 2
  {B00000,B00000,B00000,B00000,B11111,B11111,B11111,B11111}, // 3
  {B00000,B00000,B00000,B11111,B11111,B11111,B11111,B11111}, // 4
  {B00000,B00000,B11111,B11111,B11111,B11111,B11111,B11111}, // 5
  {B00000,B11111,B11111,B11111,B11111,B11111,B11111,B11111}, // 6
  {B11111,B11111,B11111,B11111,B11111,B11111,B11111,B11111}  // 7
};

void setup ()
{
  lcd.begin(numCols, numRows);
  for(int i=0; i < 8; i++)
    lcd.createChar(i, glyphs[i]); // 사용자 정의 상형문자를 생성한다.
  lcd.clear();
}

void loop ()
{
  for(byte i=0; i < 8; i++)
    lcd.write(i); // 높이가 같은 막대 여덟 개를 모두 보여 준다.
  delay(2000);
  lcd.clear();
}
```

토의

스케치는 각각 이전보다 한 픽셀만큼 더 높은 문자를 여덟 개 만든다. 그림 11-6을 참고하자. 이
것들은 LCD 상단에 순서대로 표시된다. 이 '막대 차트' 문자는 스케치에서 0에서 7까지의 범위에
매핑할 수 있는 값을 표시하는 데 사용될 수 있다. 예를 들어, 다음은 0번 아날로그 입력에서 읽
은 값을 표시한다.

```
int value = analogRead(A0);
byte glyph = map(value, 0,1023, 0,8); // 0 ~ 7에 비례하는 값
lcd.write(glyph);
delay(100);
```

여러분은 막대를 여러 개 겹쳐 쌓는 식으로 해상도를 높일 수 있다. 다음에 나오는 코드에 표시된 doubleHeightBars(두 배 높이 막대) 함수는 디스플레이 장치의 두 줄을 사용해 16픽셀의 해상도로 0에서 15 사이의 값을 표시한다.

```
void doubleHeightBars(int value, int column)
{
  char upperGlyph;
  char lowerGlyph;

  if(value < 8)
  {
    upperGlyph = ' '; // 어떤 픽셀도 켜지지 않는다.
    lowerGlyph = value;
  }
  else
  {
    upperGlyph = value - 8;
    lowerGlyph = 7; // 모든 픽셀이 켜진다.
  }

  lcd.setCursor(column, 0); // 위쪽 절반에 대해 어떤 조치를 취한다.
  lcd.write(upperGlyph);
  lcd.setCursor(column, 1); // 이번에는 아래쪽 절반에 대해 어떤 조치를 취한다.
  lcd.write(lowerGlyph);
}
```

doubleHeightBars 함수를 다음과 같이 사용해 아날로그 입력값을 표시할 수 있다.

```
for(int i=0; i < 4; i++)
{
  int value = analogRead(A0);
  value = map(value, 0, 1023, 0,16);
  doubleHeightBars(value, i); // 0 ~ 15에 해당하는 값을 보여 준다.
  delay(1000);                // 판독 간에 1초 간격을 둔다.
}
```

가로 막대가 필요하다면 이전 픽셀보다 너비가 한 픽셀만큼 더 넓은 문자 다섯 개를 정의하고 세로 막대와 비슷한 논리를 사용해 표시할 문자를 계산하면 될 것이다.

문제

컬러 디스플레이 장치나 흑백 디스플레이 장치에 그림이나 글을 표시하려고 한다.

해법

아두이노와 함께 사용하기에 적합한 그래픽 디스플레이 장치가 많다. 디스플레이 장치를 선택할 때 고려해야 할 사항은 해상도(픽셀 및 텍스트를 표시하는 줄 수), 디스플레이 장치의 크기, 색상, 터치스크린 기능, 온보드 SD 메모리, 가격이다. 또한, 디스플레이 장치와 인터페이스를 하는 데 쓸 라이브러리가 필요할 것이고, 어떤 장치를 선택하느냐에 따라서는 잘 작성되고 문서화된 라이브러리를 사용하지 못하게 될 수도 있다. 이 레시피에는 여러분의 프로젝트에 딱 맞는 디스플레이 장치를 선택해 사용하는 데 도움이 될 만한 읽을 거리를 제공할 뿐만 아니라, 여러분에게 허용된 것이 무엇인지를 개관해 볼 수 있게 한다.

새로운 스마트폰 및 관련 장치가 점점 더 빠르게 도입되면서 아두이노 보드 구입비 중 일부만으로도 흑백 디스플레이 장치나 컬러 디스플레이 장치를 구매할 수 있게 됨으로써 비용을 절감할 수 있게 되었다. 그래픽 디스플레이 장치를 선택할 때는 그게 단색만 표시하는 것인지 아니면 모든 색을 표시할 수 있는 것인지부터 따져봐야 한다. 이는 부분적으로 보면 미학적 결정이지만, 디스플레이 장치의 크기(일부 경우에는 대형 컬러 패널이 대형 흑백 디스플레이 장치보다 저렴할 수 있다), 전력 소비(나중에 설명하는 OLED 장치는 전력을 덜 쓴다), 터치 기능(컬러 패널이 터치 기능을 더 잘 지원하는 경향이 있다), 연결 유형 같은 것에 영향을 받을 수 있다.

아두이노 프로젝트에 널리 사용되는 그래픽 디스플레이 장치에서는 일반적으로 LCD_{Liquid Crystal Display} 기술이나 OLED_{Organic Light-Emitting Diode} 기술을 사용한다. OLED 라고 부르는 신기술을 사용하면 저조도 상황에서도 백라이트를 켜지 않아도 되므로 LCD보다 전력을 더 적게 소비할 수 있다. 그러나 OLED 패널은 제조 비용이 더 많이 들기 때문에 비슷한 가격의 LCD 패널보다 크기가 훨씬 작다. 컬러 OLED 장치도 이용할 수 있지만 매우 비싸고 아두이노용으로 판매되는 것을 찾기가 쉽지 않다.

토의

흑백 디스플레이 장치는 역사적으로 컬러 디스플레이 장치보다 훨씬 저렴했지만 가격 차이는 줄어들고 있다. 작은 디스플레이 장치를 원하거나 낮은 전류 소비가 중요한 경우에는 흑백 디스플레이 장치를 선택하는 것이 바람직하다. 또한, 단색이 필요한 스케치 메모리는 일반적으로 컬러인 경우보다 훨씬 적기 때문에 사용할 수 있는 메모리가 제한적인 경우에 영향을 줄 수 있다.

SSD1306, SSD1325, SSD1331, SSD1351이라는 OLED 장치용 에이다프룻 라이브러리가 있다. 이 라이브러리의 좋은 점을 하나 꼽자면 향후 전개할 프로젝트에서 단색 패널이나 컬러 패널을 모두 사용하는 경우나, 나중에 작업할 프로젝트에서 화면을 업그레이드해야 하는 경우에 필요한 이 라이브러리의 API가 에이다프룻 컬러 라이브러리의 API와 유사하다는 것이다. 에이다프룻 디스플레이 장치들과 라이브러리들에 대한 설명서(https://oreil.ly/RYQqV)를 참고하자.

60가지가 넘는 컨트롤러 변형을 지원하는 고성능 흑백 라이브러리는 u8g2 라이브러리다. 이러한 컨트롤러에는 SSD1305, SSD1306, SSD1309, SSD1322, SSD1325, SSD1327, SSD1606, SH1106, T6963, RA8835, LC7981, PCD8544, PCF8812, UC1604, UC1608, UC1610, UC1611, UC1701, ST7565, ST7567, NT7534, IST3020, ST7920, LD7032, KS0108 등이 있다.

가장 광범위한 흑백 옵션을 원한다면 u8g2를 선택하는 것이 바람직하다. 변형 컨트롤러를 모두 나열한 내용을 u8g2 웹 사이트에서 찾을 수 있다(https://oreil.ly/P_Hoh).

이 라이브러리는 I2C와 SPI 및 병렬 등의 일반적인 연결 형식을 지원한다. 단색 그래픽 디스플레이 장치가 있다면 u8g2가 작동할 가능성이 높다. 라이브러리의 소스를 여기(https://oreil.ly/3js9H)에서 찾을 수 있다. u8g2 위키(https://oreil.ly/D5UK4)에는 광범위한 문서가 있다.

컬러 디스플레이 장치는 정보를 풀컬러로 표시하는 기능을 제공한다. 에이다프룻 GFX 라이브러리는 Adafruit_ST7735, Adafruit_HX8340B, Adafruit_HX8357D, Adafruit_ILI9340/1, Adafruit_PCD8544 라이브러리처럼 다양한 디스플레이 장치에 특화된 라이브러리를 지원하는 그래픽 처리 원시 요소graphic primitive들의 공통 집합을 제공한다. 이 라이브러리는 많은 자습서를 제공할 뿐 아니라 설명서도 풍부해서 인기가 많다. 이 에이다프룻 자습서(https://oreil.ly/3X4bh)는 모든 에이다프룻 라이브러리에 공통된 그래픽 함수들을 다룬다. 에이다프룻의 Arcada 라이브러리(https://oreil.ly/IHghh)는 GFX 지원 기능과 다양한 사용자 입력 형식뿐만 아니라 게임을 만들거나 풍부한 그래픽 사용자 경험을 만드는 데 유용한 기능들을 많이 모아둔 모음집 한 개를 GFX 지원 기능에 결합한다.

함께 보면 좋은 내용

4선식 저항성 터치스크린 라이브러리(https://oreil.ly/cP5Yc).

터치스크린용 라이브러리(https://oreil.ly/JhdoN).

ITDB02나 ILI9341이라는 디스플레이 컨트롤러를 사용하고, 접촉touch 기능이 있는(또는 없는) 저가형 TFT 화면을 가지고 있다면 UTFT 라이브러리(https://oreil.ly/vcKn2)를 확인해 보자.

URTouch(https://oreil.ly/xVM9X)는 UTFT 지원 터치스크린의 동반자 역할을 하는 라이브러리다.

 저렴하지만 한정판이거나 공급업체가 지원하지 않는 디스플레이 장치에 주의할 것
그래픽 디스플레이 장치가 아주 다양해서 디스플레이 장치를 선택하기가 힘들 수도 있다. 높은 기술 수준이 요구되는 디스플레이 컨트롤러 데이터시트를 이해할 만큼 경험이 많지 않다면 문서도 제공하지 않고 지원도 하지 않는 공급업체가 출시한 저가품에 끌려서는 안 된다. 이러한 제품의 이름이 실린 목록이 아두이노용 소프트웨어에 실려 있을지라도, 실제로는 목록에 실린 디스플레이 장치나 최신 아두이노에서 해당 소프트웨어 코드가 작동하지 않는 경우도 흔하다. 라이브러리와 자습서를 제공할 뿐만 아니라 제품에 대한 지원 포럼도 있는, 에이다프룻이나 스파크펀 같은 공급자의 제품을 선택하는 것이 더 안전하다.

레시피 11.10 풀컬러 LCD 디스플레이 제어

문제

ST7735 기반 그래픽 LCD 등에 그래픽을 풀컬러full color로 표시하려고 한다.

해법

이 레시피에서는 1.8a″ 브레이크아웃(에이다프룻 품번 358)이나 2.0″ IPS 브레이크아웃(품번 4311) 같은 ST7735 및 ST7789 기반 TFT LCD를 지원하는 에이다프룻 ST7735 및 ST7789 라이브러리를 사용한다. 또는 여러분이 단순하고 이상해 보일지라도 모든 것이 다 들어 있는 것을 원한다면 에이다프룻 할로윙 M0Adafruit HalloWing M0가 적절한데, 이것은 SAMD21 개발 보드, 8MB짜리 플래시메모리, 센서들, 스피커 드라이버, 1.44″ 풀컬러 LCD 한 개를 두개골 모양으로 된 PCB 보드에 모두 결합해 놓은 것이다. 아두이노 라이브러리 매니저를 사용해 이 라이브러리를 설치할 수 있다(16장을 참고하자).

스케치는 할로윙 M0의 디스플레이 장치를 초기화하고, 다양한 크기로 텍스트를 세 줄 표시한 다음에 앞뒤로 움직이는 노란색 공 애니메이션으로 전환한다.

```
/*
 * Adafruit GFX ST7735 스케치.
 * 디스플레이 장치에 텍스트와 움직이는 공을 표시한다.
 */

#include <Adafruit_GFX.h>     // 핵심 그래픽 라이브러리.
#include <Adafruit_ST7735.h>  // ST7735용 하드웨어 특화 라이브러리.
#include <SPI.h>

// 패널의 연결을 정의하자.
// 이 스케치는 여러분이 사용하는 디스플레이 장치나 보드에 따라 달라진다.
#define TFT_CS 39
#define TFT_RST 37
```

```
#define TFT_DC 38
#define TFT_BACKLIGHT 7

Adafruit_ST7735 tft = Adafruit_ST7735(TFT_CS, TFT_DC, TFT_RST);

void setup()
{
  tft.initR(INITR_144GREENTAB); // ST7735를 초기화, 녹색 탭 포장.

  pinMode(TFT_BACKLIGHT, OUTPUT); // 배경 조명 핀.
  digitalWrite(TFT_BACKLIGHT, HIGH); // 배경 조명을 켠다.

  tft.setRotation(2); // 이는 패널 장착 방식에 따라 달라진다.

  tft.fillScreen(ST77XX_BLACK); // 화면을 검은색으로 채운다.

  // 다양한 글꼴로 텍스트를 표시한다.
  tft.setCursor(0, 0);
  tft.setTextWrap(false);

  tft.setTextColor(ST77XX_RED);
  tft.setTextSize(1);
  tft.println("Small");

  tft.setTextColor(ST77XX_GREEN);
  tft.setTextSize(2);
  tft.println("Medium");

  tft.setTextColor(ST77XX_BLUE);
  tft.setTextSize(3);
  tft.println("Large");
}

int ballDir = 1; // 현재 움직이는 방향
int ballDiameter = 8; // 지름.
int ballX = ballDiameter; // X 좌표 시동.

void loop()
{
  // 공이 화면의 가장자리에 접근하면 공의 방향을 반전시킨다.
  if (ballX >= tft.width() - ballDiameter || ballX < ballDiameter)
  {
    ballDir *= -1;
  }

  ballX += ballDir; // 공의 X 좌표를 옮긴다.

  // 커서가 있던 좌표를 기준으로 Y 좌표를 계산한다.
  int ballY = tft.getCursorY() + ballDiameter*2;

  tft.fillCircle(ballX, ballY, ballDiameter/2, 0xffff00); // 노란색 공.
  delay(25);
```

```
    tft.fillCircle(ballX, ballY, ballDiameter/2, 0x000000); // 공을 지운다.
}
```

 할로윙 올인원 보드(또는 에이다프룻 보드)를 사용한다면 에이다프룻 URL을 아두이노 IDE(https://oreil.ly/ t_F3z)에 추가하고, Tools ➡ Board ➡ Boards Manager를 선택해 Adafruit HalloWing M0를 설치한 후에 Tools ➡ Board 메뉴에서 Adafruit HalloWing M0를 선택하자.

토의

이 스케치를 독립형 아두이노 보드(또는 호환 보드)에서 사용한다면 에이다프룻에서 판매하는 것 같은 에이다프룻 ST7735/ST7789 라이브러리 지원 그래픽 LCD가 필요하다. 그림 11-7과 같이 보드를 연결해야 한다. MOSI 및 SCLK에 사용되는 핀은 보드에 따라 다르다(우노 배선은 그림에 나와 있지만 다른 보드는 484쪽에 나오는 'SPI' 부분을 참고하자). 우노의 경우에는 다음과 같이 #define과 초기화 부분을 수정해야 한다.

```
#define TFT_CS 10
#define TFT_RST 9
#define TFT_DC 8
#define TFT_BACKLIGHT 7
Adafruit_ST7735 tft = Adafruit_ST7735(TFT_CS, TFT_DC, TFT_RST);
```

칩 선택 및 데이터/명령 핀은 TFT_CS 및 TFT_DC에 의해 정의되며, 다른 핀으로 자유롭게 변경할수 있다. TFT_RST 핀은 디스플레이 장치를 리셋하는 데 사용되며, 이 값도 변경할 수 있다. 이 중하나에 다른 연결을 사용한다면 코드도 바꿔야 한다.

코드는 보드가 정의해 두지 않은 핀에 대해 #define을 설정한 다음에 Adafruit_ST7735의 인스턴스를 tft 객체로 초기화한다. 여러분이 사용 중인 보드가 무엇인지, 이 보드를 어떻게 배선했는지에 따라 이 초기화가 달라질 수 있다. 예를 들어, 소프트웨어 방식 SPI를 사용하면서 MOSI와 SCLK에 대응하는 핀을 다른 것으로 선택할 수 있지만, 이렇게 하면 성능이 저하된다(LCD 보드에 SD 카드가 포함되어 있으면 소프트웨어 방식 SPI에서 작동하지 않는다).

```
#define TFT_SCLK 5
#define TFT_MOSI 6
  Adafruit_ST7735 tft =
  Adafruit_ST7735(TFT_CS, TFT_DC, TFT_MOSI, TFT_SCLK, TFT_RST);
```

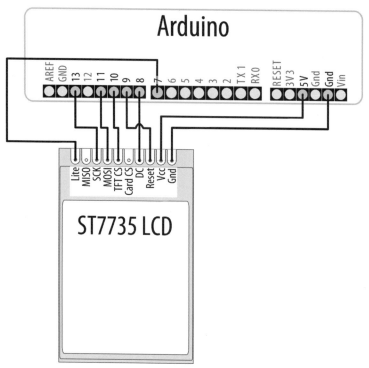

그림 11-7 ST7735 LCD 디스플레이 장치를 아두이노로 배선한다.

setup() 내에서 스케치는 initR()을 호출해 화면을 초기화한다. 이러한 디스플레이 장치에는 여러 변형이 있으므로 해당 설명서를 참고하자(라이브러리에 포함된 그래픽 테스트 예제 프로그램에는 많은 지원 대상 보드에 대한 설명이 있다). 예를 들어, 포장을 뜯을 때 화면에 부착된 테이프의 탭 색상으로 식별할 수 있는 변형 그룹이 있다. 에이다프룻 1.8″ TFT 스크린은 INITR_BLACKTAB을 사용한다. 할로윙 M0의 1.44″ 디스플레이 장치는 거꾸로 장착되었다는 점 빼고는 1.44″ 녹색 탭 디스플레이와 똑같다. 스케치에 표시한 대로 INITR_144GREENTAB 및 setRotation(2)(거꾸로 세로 모드)를 사용하거나 INITR_HALLOWING을 initR()에 전달하면 된다.

초기화가 완료된 다음에 스케치는 전체 화면에 검은색을 긋고 setCursor()를 사용해 커서를 화면에 배치한 다음, 점차 커지는 세 줄의 텍스트를 표시한다. loop() 함수에서 스케치는 화면의 한쪽에서 다른 쪽으로 공을 옮긴다. ballDir 변수를 사용해 공이 오른쪽으로 이동하는지(1) 아니면 왼쪽으로 이동하는지(-1)를 결정한다. 공이 한쪽이나 다른 쪽의 공 너비 내에 있으면 방향이 반대로 된다.

함께 보면 좋은 내용

ST7735 데이터시트(https://oreil.ly/1SO4i).

레시피 11.11 흑백 OLED 디스플레이 제어

문제

SSD13xx 기반 모노크롬 OLED 같은 것들에 그래픽을 단색으로 표시하려고 한다.

해법

이 레시피는 에이다프룻 128x32 SPI SSD1306 OLED 디스플레이 장치 및 에이다프룻 SSD1306 라이브러리를 사용해 디스플레이 장치에 텍스트와 그래픽을 표시한다. SSD1306 라이브러리는 이 칩셋을 사용하는 다양한 OLED 디스플레이와 함께 작동한다. 아두이노 라이브러리 매니저를 사용해 이 라이브러리를 설치할 수 있다(16장을 참고하자).

그림 11-8과 같이 디스플레이 장치에서 아두이노로 전선을 연결하고 이 스케치를 실행하자. 이 스케치는 스크롤 텍스트와 움직이는 공을 차례로 표시한다.

```
/*
 * OLED SSD13xx 스케치.
 * OLED 디스플레이 장치에 텍스트와 움직이는 공을 표시한다.
 */

#include <SPI.h>
#include <Adafruit_GFX.h>
#include <Adafruit_SSD1306.h>

#define WIDTH 128
#define HEIGHT 32

#define OLED_DC 8
#define OLED_CS 10
#define OLED_RESET 9

Adafruit_SSD1306 display(WIDTH, HEIGHT, &SPI, OLED_DC, OLED_RESET, OLED_CS);

#define MODE SSD1306_SWITCHCAPVCC // 디스플레이 전압으로는 내부적으로 3.3V를 얻는다.

void setup()
{
  Serial.begin(9600);
  if(!display.begin(MODE))
  {
    Serial.println("Could not initialize display");
    while(1); // 일시정지
  }

  showAndScroll("Small", 1);
```

```
    showAndScroll("Medium", 2);
    showAndScroll("Large", 3);
}

// 텍스트를 표시한 뒤에 짧게 스크롤한다.
void showAndScroll(String text, int textSize)
{
    display.setTextColor(SSD1306_WHITE); // 흰색 텍스트를 그린다.
    display.setCursor(0, 0);              // 커서를 0,0으로 옮긴다.
    display.clearDisplay();               // 화면을 지운다.

    display.setTextSize(textSize);
    display.println(text);
    display.display();

// 디스플레이 장치를 오른쪽으로 3초 동안 스크롤한다.
    display.startscrollright(0x00, 0x0F);
    delay(3000);
    display.stopscroll();
}

int ballDir = 1;           // 현재 움직이는 방향.
int ballDiameter = 8;      // 지름.
int ballX = ballDiameter;  // 출발 시 X 좌표.
int ballY = ballDiameter*2; // Y 좌표.

void loop()
{
    display.clearDisplay();

    // 공이 화면의 가장자리에 접근하면 공의 방향을 반전시킨다.
    if (ballX >= WIDTH - ballDiameter || ballX < ballDiameter)
    {
        ballDir *= -1;
    }

    // 공의 X 좌표를 옮긴다.
    ballX += ballDir;

    // 공을 그린다.
    display.fillCircle(ballX, ballY, ballDiameter/2, SSD1306_INVERSE);
    display.display();
    delay(25);

    // 공을 지운다.
    display.fillCircle(ballX, ballY, ballDiameter/2, SSD1306_INVERSE);
    display.display();
}
```

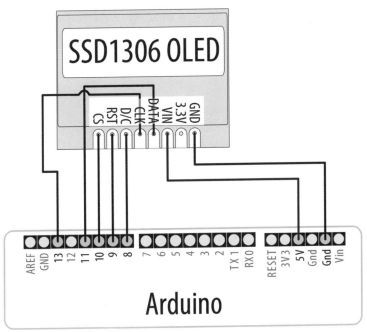

그림 11-8 SSD13xx OLED 디스플레이 장치를 아두이노로 배선한다.

토의

스케치에서 OLED_CS와 OLED_DC를 사용해 칩 선택 및 데이터/명령 핀을 정의한다. OLED_RESET 핀은 디스플레이 장치를 리셋하는 데 사용된다. 그것들에 대해 다른 핀을 사용할 수 있다. MOSI와 SCLK에 사용되는 핀은 보드에 따라 다르다(우노 배선은 그림에 나와 있지만, 다른 보드는 484쪽에 나오는 'SPI' 부분을 참고하자).

해법에 나오는 배선에서는 하드웨어 SPI를 사용한다. 소프트웨어 SPI를 사용하려면 핀마다 #define을 추가하고 핀들을 배선한 다음에 다른 형식의 생성자를 사용해야 한다.

```
#define OLED_CLK   5
#define OLED_MOSI  6
Adafruit_SSD1306
display(WIDTH, HEIGHT,
  OLED_MOSI, OLED_CLK, OLED_DC, OLED_RESET, OLED_CS);
```

에이다프룻 라이브러리는 이 칩셋을 사용하는 다양한 보드를 지원하므로 사용 중인 디스플레이 장치에 맞게 코드를 바꿔야 한다. 디스플레이 크기가 다르지만 SPI도 사용한다면 WIDTH와 HEIGHT에 대한 #define 부분들을 변경하면 된다. 디스플레이 장치가 SPI 대신에 I2C를 사용한다면 더 적은 전선으로 연결할 수 있다. 이전과 같이 재설정 핀을 연결해야 하지만, 아두이노와 디스플레이 간에 SCL 및 SDA 핀만 연결하면 된다. Wire.h를 포함하게 스케치를 수정하고 다른 초기화 형식을 사용해야 한다.

```
#include <Wire.h>
#define WIDTH 128
#define HEIGHT 32
#define OLED_RESET 13
Adafruit_SSD1306 display(WIDTH, HEIGHT, &Wire, OLED_RESET);
```

디스플레이 장치를 초기화하면 디스플레이 장치를 제어하는 데 사용할 수 있는 Adafruit_SSD1306 객체가 제공된다. setup()에서 스케치는 SSD1306_SWITCH CAPVCC 모드에서 디스플레이 장치를 시작한다(디스플레이 장치가 내부적으로 전압을 받게 지시). 그리고 나서 스케치는 showAndScroll 함수를 사용해 텍스트를 세 가지 크기로 표시하고 스크롤한다. 이 함수는 디스플레이 장치가 흰색 텍스트로 그려지게 구성하고, 화면을 지우고 커서 위치를 왼쪽 상단으로 설정한다. 그리고 나서 글꼴을 설정하고 화면에 그린 후에 display.display()를 호출해 그린 것을 표시한다. 이것은 여러분이 그린 것이 무엇이든 즉시 표시되는 컬러 LCD(레시피 11.10) 작업 방식과 다르다. 텍스트가 표시된 다음에 스케치가 화면을 3초 동안 스크롤한다.

loop()에서 스케치는 화면에 공을 그리고 화면을 가로질러 앞뒤로 움직인다. SSD1306_INVERS 색을 사용해 색상을 그릴 때마다 흰색에서 검은색으로 번갈아가며 교체한다. loop() 함수 안에서 루프를 돌 때마다 스케치는 공이 화면의 오른쪽 벽에 닿을 때까지 ballX 변숫값을 늘려나가다가, 공이 오른쪽 벽에 닿은 이후로는 (공이 왼쪽 벽에 닿을 때까지) 그 변숫값을 줄여나간다. 그리고 나서 공을 채 1초가 안 되는 시간 동안 화면에 표시한 다음에 공을 지운다.

u8g2 라이브러리를 사용해 비슷한 표시를 생성할 수도 있다. 코드는 약간 다르지만 그 기능은 대부분 같다. 가장 큰 차이점은 화면에 그림을 그리고 display.display()를 호출해 업데이트하는 대신에 u8g2 라이브러리의 페이지 버퍼를 사용해 디스플레이 장치를 단계별로 업데이트한다는 것이다. 이를 사용하려면 먼저 u8g2.firstPage()를 호출하고 나서, 끝에 u8g2.nextPage()를 호출하는 do-while 루프를 설정해야 한다. 드로잉 명령은 루프 내부로 들어가고, u8g2는 전체 화면을 그리는 데 필요한 횟수만큼 루프를 통과한다. u8g2는 다양한 단색 디스플레이 장치를 지원하며, 디스플레이 장치별로 다양한 변형이 있다(예: 하드웨어 SPI, 소프트웨어, SPI, I2C 및 다양한 프레임 버퍼나 페이지 버퍼 크기에 대한 이전 것들의 순열). 지원되는 장치 목록과 해당 설정 함수(https://oreil.ly/XhGA0)를 참고하자.

```
/*
 * u8g2 oled 스케치.
 * 텍스트를 그리고 공을 움직이게 한다.
 */
```

```
#include <Arduino.h>
#include <U8g2lib.h>
#include <SPI.h>

#define OLED_DC 8
#define OLED_CS 10
#define OLED_RESET 9

U8G2_SSD1306_128X32_UNIVISION_2_4W_HW_SPI u8g2(U8G2_R0, OLED_CS, OLED_DC, OLED_RESET);

u8g2_uint_t displayWidth;

void setup(void)
{
  u8g2.begin();
  u8g2.setFontPosTop();
  displayWidth = u8g2.getDisplayWidth();

  showAndScroll("Small", u8g2_font_6x10_tf);
  showAndScroll("Medium", u8g2_font_9x15_tf);
  showAndScroll("Large", u8g2_font_10x20_tf);
}

int ballDir = 1;          // 현재 운동 방향.
int ballRadius = 4;       // 반지름.
int ballX = ballRadius*2; // 출발 시 X 좌표.
int ballY = ballRadius*4; // Y 좌표.

void loop(void)
{
  u8g2.firstPage(); // 그림을 그리는 루프.
  do
  {
    // 공이 화면의 가장자리에 접근하면 공의 방향을 반전시킨다.
    if (ballX >= displayWidth - ballRadius*2 || ballX < ballRadius*2)
    {
      ballDir *= -1;
    }

    ballX += ballDir; // 공의 X 좌표를 옮긴다.
    u8g2.drawDisc(ballX, ballY, ballRadius); // 공을 그린다.
  } while (u8g2.nextPage());
  delay(25);
}

void showAndScroll(String text, uint8_t *font)
{
  for (int i = 0; i < 20; i++)
  {
    u8g2.firstPage(); // 그림을 그리는 루프.
    do
    {
```

```
        u8g2.setFont(font);
        u8g2.drawStr(10 + i, 10, text.c_str());
    } while (u8g2.nextPage());
    delay(125);
  }
}
```

함께 보면 좋은 내용

에이다프룻 OLED 디스플레이 설명서(https://oreil.ly/Bn3Y8).

SSD1306 데이터시트(https://oreil.ly/TBjHf).

CHAPTER

12

시간과 날짜 사용

레시피 12.0 소개

시간 관리는 상호작용 방식으로 컴퓨터를 사용하는 데 있어서 기본 요소다. 이번 장에서는 내장형 아두이노 함수들을 설명하고 처리 시간 지연, 시간 측정 및 실제 시간 및 날짜에 대한 여러 가지 추가 기술을 소개한다. 스케치에 지연delay을 도입하는 아두이노의 내장 함수들과 간헐적으로 작업을 수행하는 고급 기술에 대해 배운다. 이번 장에 나오는 그 밖의 레시피에서는 시간의 흐름에 맞춰 시간을 측정하는 방법과 시간과 날짜를 추적하기 위해 외부 실시간 클록을 사용하는 방법을 다룬다.

레시피 12.1 millis를 사용해 지속시간 알아내기

문제

이벤트가 발생한 뒤로 시간이 얼마나 많이 지났는지를 알고 싶다. 예를 들어, 스위치가 정지되어 있던 시간을 알고 싶다.

해법

다음 스케치는 millis() 함수를 사용해 버튼을 누른 시간을 프린트한다(스위치 연결 방법을 더 알고 싶다면 레시피 5.2 참고).

```
/*
 * millisDuration 스케치.
 * 버튼을 누른 시간을 밀리초(ms) 단위에 맞춘 개수로 반환한다.
 */
const int switchPin = 2; // 입력 핀의 개수.

unsigned long startTime; // 스위치를 눌렀을 때를 밀리초(ms) 단위로 나타낸 값.
unsigned long duration;  // 지속시간(duration)을 저장하는 변수.

void setup()
{
  pinMode(switchPin, INPUT_PULLUP);
  Serial.begin(9600);
}

void loop()
{
  if(digitalRead(switchPin) == LOW)
  {
    // 스위치가 눌리면 여기로 온다.
    startTime = millis();
    while(digitalRead(switchPin) == LOW)
      ; // 스위치가 눌린 채로 있는 동안에는 대기한다.
    unsigned long duration = millis() - startTime;
    Serial.println(duration);
  }
}
```

토의

millis 함수는 현재 스케치가 실행되기 시작한 이후의 밀리초 수를 반환한다.

 millis 함수는 대략 50일이 지난 후에 **오버플로**(overflow, 다시 0이 되어 버림)를 일으킨다. 초 단위에서
연 단위에 이르는 시간 간격을 처리하기 위해 Time 라이브러리를 사용하는 방법은 레시피 12.4와 12.5
를 참고하자.

이벤트의 시작 시간을 저장하면 다음과 같이 현재 시간에서 시작 시간을 빼서 이벤트 기간을 결
정할 수 있다.

```
unsigned long duration = millis() - startTime;
```

함께 보면 좋은 내용

millis에 대한 아두이노 참고문헌(https://oreil.ly/WwCZl).

Time 라이브러리를 사용해 초 단위부터 연 단위에 이르는 시간 간격을 처리하는 방법은 레시피 12.4와 12.5를 참고하자.

레시피 12.2 스케치에 일시정지 기능 추가

문제

스케치를 일정 시간 동안 일시정지pause시키려고 한다. 일시정지 시간은 몇 밀리초, 초, 분, 시, 일 단위로 줄 수 있다.

해법

아두이노의 delay 함수를 이 책의 전반에 걸쳐 나오는 많은 스케치에서 사용한다. 매개변수로 지정된 밀리초에 해당하는 시간 동안 스케치를 일시정지하게 한다(1초는 1,000㎳다). 다음 스케치는 delay를 사용해 거의 모든 간격을 얻는 방법을 보여 준다.

```
/*
 * delay 스케치.
 */

const unsigned long oneSecond = 1000; // 1초는 1,000㎳다.
const unsigned long oneMinute = oneSecond * 60;
const unsigned long oneHour   = oneMinute * 60;
const unsigned long oneDay    = oneHour * 24;

void setup()
{
  Serial.begin(9600);
  while(!Serial); // 레오나르도 보드나 ARM 기반 보드에 필요한 부분이다.
}

void loop()
{
  Serial.println("delay for 1 millisecond");
  delay(1);
  Serial.println("delay for 1 second");
  delay(oneSecond);
  Serial.println("delay for 1 minute");
  delay(oneMinute);
  Serial.println("delay for 1 hour");
  delay(oneHour);
  Serial.println("delay for 1 day");
  delay(oneDay);
  Serial.println("Ready to start over");
}
```

토의

delay 함수는 정수의 최댓값에 의해 제한되므로 배정도 정수long integer를 사용할 때 이 함수는 $\frac{1}{1000}$초에서 약 25일 사이에 해당하는 범위를 갖게 된다. 부호 없는 배정도 정수unsigned long를 사용한 경우에는 50일 미만에 도달한다. 변수 형식을 더 알고 싶다면 2장을 참고하자.

delayMicroseconds를 사용해 짧은 기간을 지연시킬 수 있다. 1,000밀리초(㎳)가 1초에 해당하며, 100만 마이크로초(㎲)가 1초(s)에 해당한다. delayMicroseconds를 사용하면 1㎲에서 약 16㎳까지 일시정지가 되게 할 수 있지만, 수천 마이크로초보다 더 지연되어야 한다면 delay를 사용해야 한다.

```
delayMicroseconds(10); // 10㎲큼 지연하게 한다.
```

 delay와 delayMicroseconds를 사용하면 최소한 파라미터로 주어진 시간 동안 지연되지만, 지연시간 내에 인터럽트가 발생하면 조금 더 지연될 수 있다.

delay 함수를 사용할 때의 단점은 지연 기간 동안 스케치가 다른 작업을 수행할 수 없다는 것이다. 대안이 될 만한 접근법을 BlinkWithoutDelay 예제(File ➡ Examples ➡ 02. Digital ➡ Blink WithoutDelay)에서 찾을 수 있다. 이 접근 방식은 previousMillis 변수를 사용해 작업이 마지막으로 수행된 시간을 저장한다. 그리고 나서 스케치는 millis() 값을 확인한다(스케치가 실행되고 있을 때마다 밀리초에 한 번씩 탁탁거리며 움직이는 내부 시계를 기준으로 함). millis()와 previousMillis의 현재 값의 차이가 주어진 간격에 도달하거나 초과하면 LED 깜박임 같은 동작을 수행한다. 다음은 해당 스케치를 간단히 한 버전이다.

```
int ledState = LOW;
unsigned long previousMillis = 0;
const long interval = 1000;

void setup()
{
  pinMode(LED_BUILTIN, OUTPUT);
}

void loop()
{
  unsigned long currentMillis = millis();
  if (currentMillis - previousMillis >= interval)
  {
    previousMillis = currentMillis;
    if (ledState == LOW)
```

```
    {
      ledState = HIGH;
    }
    else
    {
      ledState = LOW;
    }
    digitalWrite(LED_BUILTIN, ledState);
  }
  // 여기에서 다른 작업을 수행할 수 있다.
}
```

이 논리를 myDelay라는 함수로 포장하는 방법이 여기에 있는데, 이 함수는 loop에 있는 코드를 지연시키지만 지연 기간 동안에도 일부 동작을 수행할 수 있다. 애플리케이션의 기능을 사용자가 직접 정의할 수 있지만 이번 예제에서는 250㎳마다 LED가 깜박인다.

```
/*
 * 일정 시간 동안 LED를 깜박이게 하는 myDelay 예제 스케치.
 */
const int ledPin = LED_BUILTIN;    // LED 핀의 개수

int ledState = LOW;                // LED를 설정하는 데 쓰이는 ledState는
unsigned long previousMillis = 0; // LED가 업데이트된 마지막 시간을 저장할 것이다.


void setup()
{
  pinMode(ledPin, OUTPUT);
  Serial.begin(9600);
}

void loop()
{
  if (myDelay(blink, 250))
  {
    Serial.println(millis() / 1000.0); // 경과 시간을 초 단위에 맞춰 프린트한다.
  }
}

/*
 * 지정된 기능을 수행하고, 수행된 경우에는 true를 반환한다.
 */
bool myDelay(void (*func)(void), long interval)
{
  unsigned long currentMillis = millis();
  if (currentMillis - previousMillis >= interval)
  {
    // 여러분이 LED를 깜박이게 했을 때 마지막으로 깜박인 시간을 저장한다.
    previousMillis = currentMillis;
```

```
    func(); // 함수를 불러낸다.
    return true;
  }
  return false;
}

void blink()
{
  // LED가 꺼져 있으면 켜고, 켜져 있으면 끈다.
  if (ledState == LOW)
  {
    ledState = HIGH;
  }
  else
  {
    ledState = LOW;
  }
  digitalWrite(ledPin, ledState);
}
```

myDelay를 정의하는 부분에 있는 void(* func)(void) 매개변수는 func 인수가, ((void)) 인수들을 사용하지 않는 어떤 void 함수 한 개를 가리키는 포인터임을 나타낸다. 따라서 myDelay에서 func()를 호출할 때마다 실제로는 blink( )가 호출된다. 구간의 끝에 도달하면 myDelay는 previousMillis를 리셋하고 blink를 호출하고 true를 반환한다.

아두이노 스타일은 스케치에서 포인터를 사용하기보다는 라이브러리에서 사용할 포인터를 예약하는 편이다. 이를 통해 스케치를 사용하는 초보자를 혼동하지 않게 한다. 따라서 라이브러리 매니저에서 사용할 수 있는 Tasker(https://oreil.ly/04Yz6) 같은 제3자 라이브러리를 사용하는 접근방식들도 있다. 이번 예제에서는 두 핀에 연결된 LED들이 서로 다른 속도로 깜박일 텐데, 그중 하나는 내장형 LED이고, 또 다른 하나는 10번 핀에 연결된 LED이다. 스케치는 LED가 현재 켜져 있는지 아니면 꺼져 있는지를 확인하기 위해 digitalRead를 사용해 각 핀의 상태를 읽어 별도의 변수에 저장하지 않아도 된다.

```
/*
 * Tasker 데모 스케치.
 */
#define TASKER_MAX_TASKS 2 // 여러분에게 필요한 작업(task) 개수에 맞춰 설정한다.
#include <Tasker.h>

// Tasker 객체를 선언한다.
Tasker tasker;

void setup()
{
  pinMode(LED_BUILTIN, OUTPUT);
```

```
  pinMode(10, OUTPUT);

  // 매초 내장형 LED를 깜박이게 한다.
  tasker.setInterval(blink, 1000, LED_BUILTIN);

  // 10번 핀에서 1초당 두 번 LED 깜박이게 한다.
  tasker.setInterval(blink, 500, 10);
}

void loop()
{
  tasker.loop(); // 보류 중인 작업이 무엇이든 실행한다.
}

void blink(int pinNumber)
{
  bool ledState = !digitalRead(pinNumber); // 현재 핀 상태를 토글한다.
  if (ledState)
  {
    digitalWrite(pinNumber, HIGH);
  }
  else
  {
    digitalWrite(pinNumber, LOW);
  }
}
```

함께 보면 좋은 내용

delay에 대한 아두이노 참고문헌(https://oreil.ly/6_Jnj).

레시피 12.3 펄스 지속시간을 더 정밀하게 측정하기

문제

마이크로초 정확도로 펄스의 지속시간(디지털 신호가 로우에서 하이로 다시 로우로 전환되거나, 하이에서 로우로 다시 하이로 전환될 때)을 결정하려고 한다. 예를 들어, 핀에서 HIGH 또는 LOW 펄스의 정확한 지속시간을 측정한다.

해법

pulseIn 함수는 디지털 핀의 신호를 변경한다. 이 스케치는 analogWrite에 의해 생성된 HIGH 및 LOW 펄스 시간을 마이크로초 단위로 프린트한다(7장 285쪽에 나오는 '아날로그 출력' 참고). 아두이노가 내부적으로 analogWrite 펄스를 생성하므로 외부 배선이 필요하지 않다.

```
/*
 * PulseIn 스케치.
 * analogWrite에서 높고 낮은 펄스의 지속시간을 표시한다.
 */

const int inputPin = 3; // 모니터링할 아날로그 출력 핀.
unsigned long val;       // pulseIn으로부터 들어온 값을 유지해 준다.

void setup()
{
  Serial.begin(9600);
}

void loop()
{
  analogWrite(inputPin, 128);
  Serial.print("Writing 128 to pin ");
  Serial.print(inputPin);
  printPulseWidth(inputPin);

  analogWrite(inputPin, 254);
  Serial.print("Writing 254 to pin ");
  Serial.print(inputPin);
  printPulseWidth(inputPin);
  delay(3000);
}

void printPulseWidth(int pin)
{
  val = pulseIn(pin, HIGH);
  Serial.print(": High Pulse width = ");
  Serial.print(val);

  val = pulseIn(pin, LOW);
  Serial.print(", Low Pulse width = ");
  Serial.println(val);
}
```

토의

시리얼 모니터는 다음 내용을 표시할 것이다.

```
Writing 128 to pin 3: High Pulse width = 989, Low Pulse width = 997
Writing 254 to pin 3: High Pulse width = 1977, Low Pulse width = 8
```

pulseIn으로는 펄스가 HIGH나 LOW 상태에서 얼마나 오래 지속되었는지를 측정할 수 있다.

```
pulseIn(pin, HIGH); // 펄스가 HIGH인 시간을 마이크로초 단위에 맞춰 반환한다.
pulseIn(pin, LOW);  // 펄스가 LOW인 시간을 마이크로초 단위에 맞춰 반환한다.
```

pulseIn 함수는 펄스가 시작될 때까지(또는 펄스가 없는 경우라면 시간을 넘어설 때까지) 대기한다. 기본적으로 1초 후에 대기를 중단하지만 대기시간을 세 번째 매개변수로, 마이크로초 단위로 지정해 변경할 수 있다(1,000마이크로초는 1밀리초와 동일함).

```
pulseIn(pin, HIGH, 5000); // 펄스가 시작될 때까지 5ms를 기다린다.
```

 타임아웃 값은 펄스가 지정된 단주기 내에 시작되지 않는 경우에만 문제가 된다. 펄스 시작이 감지되면 함수는 타이밍을 시작하고 펄스가 끝날 때까지 복귀하지 않는다.

pulseIn을 사용하면 약 $10\mu s$에서 3분에 이르는 시간 사이의 값을 측정할 수 있지만, 긴 펄스 값은 정확하지 않을 수 있다.

함께 보면 좋은 내용

pulseIn에 대한 아두이노 참고문헌(https://oreil.ly/Qnvoy).

레시피 6.5는 초음파 거리 센서의 펄스 폭을 측정하는 데 사용되는 pulseIn을 보여 준다.

레시피 18.2는 하드웨어 인터럽트 사용에 대한 자세한 정보를 제공한다.

레시피 12.4 아두이노 기반 시계

문제

스케치에서 시간(시, 분, 초)을 사용하되, 외부 하드웨어를 연결하고 싶지 않다.

해법

이 스케치는 Time 라이브러리를 사용해 시간을 표시한다. Time 라이브러리는 아두이노 라이브러리 매니저를 사용해 설치할 수 있다(찾을 수 없다면 아두이노 라이브러리 매니저에서 'timekeeping'을 검색해 보자).

```
/*
 * Time 스케치.
```

```
*/
#include <TimeLib.h>

void setup()
{
  Serial.begin(9600);
  setTime(12,0,0,1,1,2020); // 시간을 2020년 1월 1일 정오로 설정한다.
}

void loop()
{
  digitalClockDisplay();
  delay(1000);
}

// 숫자 앞을 0으로 채운다.
String padDigits(int digit)
{
  String str = String("0") + digit;        // 숫자 앞에 0을 둔다.
  return str.substring(str.length() - 2); // 마지막 두 개의 문자를 제외하고
                                           // 나머지를 모두 지운다.
}

void digitalClockDisplay()
{
  String timestr = String(hour()) + ":" + padDigits(minute()) + ":" + padDigits(second());
  Serial.println(timestr);

  String datestr = String(year()) + "-" + padDigits(month()) + "-" + padDigits(day());
  Serial.println(datestr);
}
```

토의

Time 라이브러리를 사용하면 날짜와 시간을 추적할 수 있다. 많은 아두이노 보드는 타이밍을 맞추기 위해 수정결정quartz crystal을 사용하며, 이 수정결정은 하루에 몇 초밖에 어긋나지 않을 정도로 정확하지만, 전력이 꺼진 시간을 기억해 둘 배터리가 수정결정에는 없다. 따라서 스케치가 시작될 때마다 시간이 0부터 다시 시작되므로 setTime 함수를 사용해 시간을 설정해야 한다. 스케치는 시작될 때마다 2020년 1월 1일 정오로 시간을 설정한다.

 Time 라이브러리는 유닉스 시간(POSIX 시간이나 에포크 시간이라고도 부른다)이라는 표준을 사용한다. 이 값은 1970년 1월 1일 이후로 흐른 시간을 초 수로 나타낸다. 숙련된 C 프로그래머라면 이것이 시간 값을 저장하기 위해 사용되는 ISO 표준 C 라이브러리의 time_t와 똑같다는 점을 알아차릴 것이다.

물론, 시간을 고정된 값 대신에 현재 현지 시간으로 설정하는 것이 더 유용하다. 다음 스케치는 직렬 포트에서 숫자 시간 값(1970년 1월 1일 이후 경과된 초 수)을 가져와서 시간을 설정한다. 여러분은

시리얼 모니터를 사용해 값을 입력할 수 있다(유닉스의 현재 시간은 에포크 컨버터Epoch Converter(https://www.epochconverter.com)를 비롯한 여러 웹 사이트에서 찾을 수 있다).

```
/*
 * SetTimeSerial 스케치.
 * 직렬 포트에서 시간을 설정하자.
 * Time 라이브러리에 들어 있는 TimeSerial 예제를 단순화한 버전.
 *
 * 문자 T와 열 자리 숫자를 차례로 송신해서 시간을 설정하자.
 * 1970년 1월 1일 이후의 초 수가, 예를 들어 T15698880000이라면
 * 이는 2019년 10월 1일 오전 12시를 나타낸다.
 */

#include <TimeLib.h>
#define TIME_HEADER 'T' // 연속적인 시간을 동기화하는 메시지의 헤더.

void setup()
{
  Serial.begin(9600);
  Serial.println("Waiting for time sync message");
}

void loop()
{
  if(Serial.available())
  {
    processSyncMessage();
  }
  if(timeStatus()! = timeNotSet)
  {
    // 시간과 날짜를 표시한다
    digitalClockDisplay();
  }
  delay(1000);
}

// 숫자 앞을 0으로 채운다.
String padDigits(int digit)
{
  String str = String("0") + digit;        // 숫자 앞에 0을 둔다.
  return str.substring(str.length() - 2); // 마지막 두 문자를 제외한 나머지 모든 문자를 제거한다.
}

void digitalClockDisplay()
{
  String timestr = String(hour()) + ":" + padDigits(minute()) + ":" + padDigits(second());
  Serial.println(timestr);

  String datestr = String(year()) + "-" + padDigits(month()) + "-" + padDigits(day());
  Serial.println(datestr);
}
```

```
// 시간 메시지를 파싱한다.
void processSyncMessage()
{
  time_t pctime = 0;
  if(Serial.find(TIME_HEADER))
  {
    pctime = Serial.parseInt();
    setTime(pctime); // 직렬 포트에서 수신한 시간에 맞춰 시계를 설정한다.
  }
}
```

시간과 날짜를 표시하는 코드는 이전과 동일하지만, 이제 스케치는 직렬 포트에서 시간을 수신하기 위해 대기한다. 직렬 포트를 사용해 숫자 데이터를 수신하는 방법에 익숙하지 않다면 레시피 4.3에 나오는 토의 부분을 참고하자.

SyncArduinoClock이라는 프로세싱 스케치는 Time 라이브러리 예제에 들어 있다(Time/Examples/ Processing/SyncArduinoClock 폴더에 있음). 이 프로세싱 스케치는 마우스를 클릭했을 때 컴퓨터에서 아두이노로 현재 시간을 송신한다. 프로세싱에서 SyncArduinoClock을 실행해 직렬 포트가 아두이노에 연결된 포트인지를 확인한다(4장에서는 아두이노와 대화하는 프로세싱 스케치를 실행하는 방법을 설명한다). 아두이노가 보낸 Waiting for time sync message(시간 동기화 메시지를 기다리는 중)가 프로세싱 텍스트 영역(처리 IDE의 맨 아래에 있는 텍스트 메시지의 검은색 영역)에 표시된다. 프로세싱 애플리케이션 창(200픽셀 크기 회색 사각형)을 클릭하면 텍스트 영역에 아두이노 스케치로 프린트된 시간이 표시된다.

현재 유닉스 시간을 얻을 수 있으면 시리얼 모니터에서 시계를 설정할 수도 있다. 에포크 컨버터 Epoch Converter(https://www.epochconverter.com/)는 이 형식으로 시간을 제공하는 많은 웹 사이트 중 하나다. 여러분이 사용하는 해당 변환기가 마이크로초(열 자리로 이뤄진 값, 적어도 2286년도의 어느 때까지는 작동)로 구성되어 있는지를 확인하자. 밀리초로 구성된 경우에는 그 값이 1,000배가 된다. 현재 유닉스 시간으로 표시된 열 자리 숫자를 복사해 시리얼 모니터의 Send 창에 붙여 넣는다. 문자 T로 번호 앞에 숫자를 송신하고 Send를 클릭하자. 예를 들어, T1282041639를 송신하면 아두이노는 1초마다 시간을 표시해 응답해야 한다.

```
10:40:49 17 8 2019
10:40:50 17 8 2019
10:40:51 17 8 2019
10:40:52 17 8 2019
10:40:53 17 8 2019
10:40:54 17 8 2019
. . .
```

틸트 센서나 조이스틱 또는 로터리 인코더rotary encoder 같은 버튼 방식 입력 장치나 그 밖의 입력 장치를 사용해 시간을 설정할 수도 있다.

다음 스케치는 두 개의 버튼을 사용해 시계의 침을 앞뒤로 옮긴다. 그림 12-1은 연결 방식을 보여준다(스위치 사용에 도움이 필요하다면 레시피 5.2 참고).

```
/*
 * AdjustClockTime 스케치.
 * 2번 핀과 3번 핀 상의 버튼을 사용해 시간을 조절한다.
 */

#include <TimeLib.h>

const int btnForward = 2; // 시간을 앞으로 흐르게 하기 위한 버튼.
const int btnBack = 3;    // 시간을 거꾸로 흐르게 하기 위한 버튼.
unsigned long prevtime;   // 시계가 마지막으로 표시된 때.

void setup()
{
  pinMode(btnForward, INPUT_PULLUP); // 내장된 풀업 저항기들을 활성화한다.
  pinMode(btnBack, INPUT_PULLUP);
  setTime(12,0,0,1,1,2020);          // 시간을 2020년 1월 1일 정오로 설정해 시작한다.
  Serial.begin(9600);
}

void loop()
{
  prevtime = now();          // 시간을 알아낸다.
  while(prevtime == now())   // 초가 바뀔 때까지 이 루프에 머무른다.
  {
    // 두 번째 갱신 시기를 기다리는 동안에 설정 버튼이 눌렸는지를 확인한다.
    if(checkSetTime())
      prevtime = now();      // 시간이 바뀌었으므로 시작 시간을 재설정한다.
  }
  digitalClockDisplay();
}

// 시간을 조정해야 하는지 확인하는 함수.
// 시간이 바뀌면 true를 반환한다.
bool checkSetTime()
{
  int step; // 움직이는 데 필요한 초 수(음수라면 뒤로 이동)
  bool isTimeAdjusted = false; // 시간이 조정되면 true로 설정한다.
  step = 1;                    // 앞으로 걸어나가기 위해 준비한다.
  while(digitalRead(btnForward)== LOW)
  {
    adjustTime(step);
    isTimeAdjusted = true;     // 시간이 변경되었음을 사용자에게 알리기 위해
    step = step + 1;           // 단계 수를 1만큼 늘린다.
```

```
    digitalClockDisplay(); // 시계를 업데이트한다.
    delay(100);
  }
  step = -1; // 음수이면 거꾸로 흐르게 된다.
  while(digitalRead(btnBack)== LOW)
  {
    adjustTime(step);
    isTimeAdjusted = true;    // 시간이 변경되었음을 사용자에게 알리기 위해
    step = step - 1;          // 단계 수를 1만큼 줄인다.
    digitalClockDisplay();    // 시계를 업데이트한다.
    delay(100);
  }
  return isTimeAdjusted;      // 시간이 조정되었는지를 사용자에게 알려준다.
}
// 숫자 앞을 0으로 채운다.
String padDigits(int digit)
{
  String str = String("0") + digit;       // 숫자 앞에 0을 둔다.
  return str.substring(str.length() - 2); // 마지막 두 개의 문자를 제외하고
                                          // 나머지를 모두 지운다.

}
void digitalClockDisplay()
{
  String timestr = String(hour()) + ":" + padDigits(minute()) + ":" + padDigits(second());
  Serial.println(timestr);

  String datestr = String(year()) + "-" + padDigits(month()) + "-" + padDigits(day());
  Serial.println(datestr);
}
```

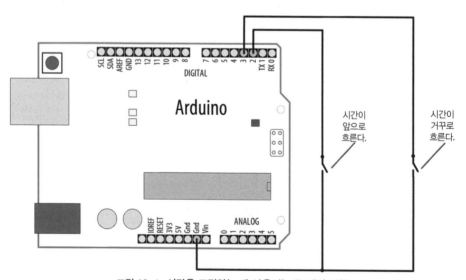

그림 12-1 시간을 조정하는 데 사용되는 두 개의 버튼

스케치는 레시피 12.3과 동일한 digitalClockDisplay 및 printDigits 함수를 사용하므로 스케치를 실행하기 전에 복사하자.

다음은 스위치를 누를 때 가변 저항기의 위치를 사용해 방향과 조정 속도를 결정하는 이 스케치의 변형이다.

```
#include <TimeLib.h>

const int potPin = A0;     // 팟으로 방향과 속도를 결정한다.
const int buttonPin = 2;   // 버튼을 누르면 시간이 조정된다.
unsigned long prevtime;    // 시계가 마지막으로 표시된 때.

void setup()
{
  digitalWrite(buttonPin, HIGH); // 내부 풀업 저항기들을 활성화한다.
  setTime(12,0,0,1,1,2020);      // 시간을 2020년 1월 1일 정오로 설정해 시작한다.
  Serial.begin(9600);
}

void loop()
{
  prevtime = now();           // 시간을 알아낸다.
  while(prevtime == now()) // 초가 바뀔 때까지 이 루프에 머무른다.
  {
    // 두 번째 갱신 시기를 기다리는 동안에 설정 버튼이 눌렸는지를 확인한다.
    if(checkSetTime())
      prevtime = now();       // 시간이 바뀌었으므로 시작 시간을 재설정한다.
  }
  digitalClockDisplay();
}

// 시간을 조정해야 하는지를 확인하는 함수.
// 시간이 바뀌면 true를 반환한다.
bool checkSetTime()
{
  int value; // 팟으로부터 읽어 낸 값.
  int step;  // 시계가 움직이는 데 필요한 초 수(음수라면 뒤로 이동).
  bool isTimeAdjusted = false; // 시간이 조정되면 true로 설정한다.
  while(digitalRead(buttonPin)== LOW)
  {
    // 버튼을 누르고 있는 동안에는 여기로 온다.
    value = analogRead(potPin);          // 팟 값을 읽는다.
    step = map(value, 0,1023, 10, -10); // 값을 바라는 범위에 대응시킨다.
    if(step != 0)
    {
      adjustTime(step);
      isTimeAdjusted = true; // 시간이 변경되었음을 사용자에게 알리기 위해
      digitalClockDisplay(); // 시계를 업데이트한다.
      delay(100);
    }
```

```
  }
  return isTimeAdjusted;
}
```

앞에 나오는 스케치는 레시피 12.3과 동일한 digitalClockDisplay 및 printDigits 함수들을 사용하므로 스케치를 실행하기 전에 복사하자. 그림 12-2는 가변 저항기와 스위치가 어떻게 연결되어 있는지 보여 준다. 5V가 허용되지 않는 3.3V 보드를 사용한다면 가변 저항기의 양극positive 쪽을 5V 대신에 3.3V에 연결하자.

이 모든 예제들에서는 직렬 포트에 프린트하지만, 여러분은 출력 내용을 LED나 LCD에 프린트할 수 있다. 예를 들어, 레시피 7.13에서 소개한 Adafruit LED Bakcpack 라이브러리에는 아날로그 시계를 LED 세그먼트 디스플레이 장치에 표시하는 방식으로 시간을 나타내기 위한 예제 스케치 (clock_sevenseg_ds1307과 clock_sevenseg_gps)가 들어 있다.

Time 라이브러리에는 다양한 시간 형식으로 변환하거나 변환할 수 있는 편리한 함수가 들어 있다. 예를 들어, 하루가 시작된 다음에 경과된 시간과 하루가 끝날 때까지 남은 시간을 확인할 수 있다.

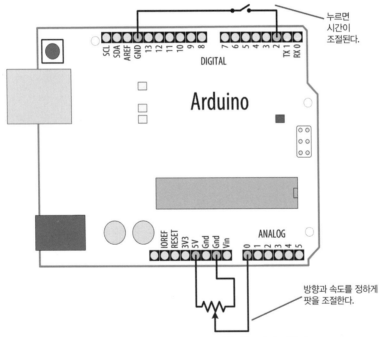

그림 12-2 시간을 조정하는 데 사용되는 가변 저항기

libraries 폴더의 TimeLib.h에서 전체 목록을 찾을 수 있다. 자세한 내용을 더 알고 싶다면 16장을 참고하자.

```
dayOfWeek(now());            // 주 중 요일(일요일은 제1일).
elapsedSecsToday(now());     // 오늘이 시작된 이후로 흐른 시간을 초 수로 반환한다.

nextMidnight(now());         // 하루의 끝에 이르는 시간의 분량.
elapsedSecsThisWeek(now());  // 주간이 시작된 이후로 시간이 흐른 분량.
```

일자와 몇 월인지를 나타내는 텍스트 문자열을 프린트할 수도 있다. 다음은 일자와 달의 이름을 프린트하는 디지털 시계 표시 코드의 변형이다.

```
void digitalClockDisplay()
{
  String timestr = String(hour()) + ":" + padDigits(minute()) + ":" + padDigits(second());
  Serial.println(timestr);

  String datestr = String(dayStr(weekday())) + ", "
                 + String(monthShortStr(month())) + " "
                 + String(year());
  Serial.println(datestr);
}
```

함께 보면 좋은 내용

Time 라이브러리 참고문헌(https://oreil.ly/XxRdv).

유닉스 시간에 관한 위키백과(https://oreil.ly/w3xpW).

에포크 컨버터Epoch Converter(http://www.epochconverter.com)와 온라인컨버전닷컴OnlineConversion.com(https://oreil.ly/1PF2b)은 두 가지 인기 있는 유닉스 시간 환산 도구다.

레시피 12.5 주기적으로 함수를 호출하기 위한 알람 생성

문제

특정 일자와 특정 시간에 맞춰 몇 가지 조치를 수행하려고 한다.

해법

TimeAlarms는 레시피 12.4에서 다룬 Time 라이브러리와 함께 쓰인다. 아두이노의 라이브러리 매니저를 사용해 TimeAlarms 라이브러리를 설치하자(그리고 아직 설치되지 않다면 Time 라이브러리도 설치하자). TimeAlarms를 사용하면 시간과 날짜 알람을 쉽게 만들 수 있다.

```
/*
 * TimeAlarmsExample 스케치.
 *
 * 이 예제는 오전 8:30과 오후 5:45(17:45)에 알람 기능을 호출하고
 * 밤에는 등을 켜고 아침에는 끄는 모의실험을 한다.
 *
 * 타이머는 15초마다 호출된다.
 * 다른 타이머는 10초 후에 한 번만 호출된다.
 *
 * 시작할 때의 시간은 2020년 1월 1일 오전 8시 29분으로 설정된다.
 */

#include <TimeLib.h>
#include <TimeAlarms.h>

void setup()
{
  Serial.begin(9600);
  while(!Serial);
  Serial.println("TimeAlarms Example");
  Serial.println("Alarms are triggered daily at 8:30 am and 17:45 pm");
  Serial.println("One timer is triggered every 15 seconds");
  Serial.println("Another timer is set to trigger only once after 10 seconds");
  Serial.println();
  setTime(8,29,40,1,1,2020); // 시간을 2020년 1월 1일 오전 8시 29분 40초로 설정한다.

  Alarm.alarmRepeat(8, 30, 0, MorningAlarm);  // 매일 오전 8시 30분
  Alarm.alarmRepeat(17, 45, 0, EveningAlarm); // 매일 오후 5시 45분

  Alarm.timerRepeat(15, RepeatTask); // 15초마다 재는 타이머.
  Alarm.timerOnce(10, OnceOnlyTask); // 10초 후에 한 번 호출된다.
}

void MorningAlarm()
{
  Serial.println("Alarm: - turn lights off");
}

void EveningAlarm()
{
  Serial.println("Alarm: - turn lights on");
}

void RepeatTask()
{
  Serial.println("15 second timer");
}

void OnceOnlyTask()
{
  Serial.println("This timer only triggers once");
}
void loop()
```

```
{
  digitalClockDisplay();
  Alarm.delay(1000); // 시계가 표시되는 사이에 1초 동안 대기한다.
}

// 숫자 앞을 0으로 채운다.
String padDigits(int digit)
{
  String str = String("0") + digit;        // 숫자 앞에 0을 둔다.
  return str.substring(str.length() - 2); // 마지막 두 개의 문자를 제외하고
                                          // 나머지를 모두 지운다.
}

void digitalClockDisplay()
{
  String timestr = String(hour()) + ":" + padDigits(minute()) + ":" + padDigits(second());
  Serial.println(timestr);

  String datestr = String(year()) + "-" + padDigits(month()) + "-" + padDigits(day());
  Serial.println(datestr);
}
```

토의

특정 시간에 트리거할 작업task을 예약하거나(이를 **알람**alarm이라고 함) 시간이 경과한 다음에 작업을 예약할 수 있다(**타이머**timer라고 함). 이러한 각 작업이 지속적으로 반복되게 하거나 작업을 한 번만 하게 만들 수 있다.

특정 시간에 작업을 반복적으로 트리거하게(촉발하게) 알람을 지정하려면 다음을 사용하자.

```
Alarm.alarmRepeat(8,30,0, MorningAlarm);
```

이 코드는 매일 아침 8:30에 MorningAlarm을 호출하게 한다.

알람이 한 번만 트리거되게 하려면 alarmOnce 메서드를 사용하면 된다.

```
Alarm.alarmOnce(8,30,0, MorningAlarm);
```

이 함수는 MorningAlarm 함수를 한 번만(다음 번 오전 8시 30분) 호출하며 다시 트리거하지 않는다.

타이머는 특정 시간이 아닌 지정된 시간 간격이 지난 후에 발생하는 작업을 트리거한다. 타이머 간격은 초 단위로나 시, 분, 초 형식으로 지정할 수 있다.

```
Alarm.timerRepeat(15, Repeats); // 15초마다 하는 타이머 작업.
```

타이머는 15초마다 스케치에서 Repeats 함수를 호출한다.

타이머가 한 번만 트리거되게 하려면 timerOnce 메서드를 사용하자.

```
Alarm.timerOnce(10, OnceOnly); // 10초 후에 한 번 호출된다.
```

타이머가 생성되고 10초 후에 스케치에서 onceOnly 함수를 호출한다.

 이 함수는 예약된 모든 이벤트의 상태를 확인하므로 코드에서 Alarm.delay를 정기적으로 호출해야 한다. 정기적으로 Alarm.delay를 호출하지 않으면 알람이 트리거되지 않는다. 스케줄러를 지연 없이 서비스해야 한다면 Alarm.delay(0)을 호출하면 된다. 스케치에서 TimeAlarms를 사용할 때는 항상 delay 대신에 Alarm.delay를 사용하자.

TimeAlarms 라이브러리를 사용하려면 Time 라이브러리가 함께 설치되어 있어야 한다(레시피 12.4 참고). TimeAlarms 라이브러리를 사용하기 위해 내부 하드웨어나 외부 하드웨어가 있어야 하는 것은 아니다. 스케줄러는 인터럽트를 사용하지 않으므로 작업 처리 함수는 스케치에서 생성하는 다른 함수와 똑같다(인터럽트 핸들러의 코드에는 18장에서 설명한 제한 사항이 있지만 TimeAlarms 함수에는 적용되지 않는다).

타이머 간격의 범위는 1초에서 몇 년에 이른다. 타이머 간격을 1초보다 더 짧게 해야 한다면 태스커 Tasker 라이브러리(https://oreil.ly/mD6BF)가 더 적합할 수 있다.

Time 라이브러리에서 시스템 시계로 지정된 특정 시간에 맞춰 작업이 예약된다(더 알고 싶다면 레시피 12.4 참고). 시스템 시간을 변경하면(예: setTime 호출) 트리거 시간이 조정되지 않는다. 예를 들어, setTime을 사용해 한 시간 앞으로 이동하면 모든 알람과 타이머가 한 시간 더 빨리 발생한다. 즉, 한 시(1:00)인데 작업이 두 시간 내(3:00)에 트리거되게 설정하고 나서 현재 시간을 두 시(2:00)로 변경하면 작업이 한 시간 내에 트리거된다. 시스템 시간이 뒤로 설정된 경우(예: 12:00)에 작업은 세 시간 후에(즉, 시스템 시간이 3:00를 나타내는 경우) 트리거된다. 작업이 예약된 시간보다 일찍 시간이 재설정되면 작업이 즉시 트리거된다(실제로 다음 번 Alarm.delay 호출 시).

이는 알람에 기대한 행태로, 작업이 하루 중 특정 시간에 이뤄지게 스케줄링되어 있고 그 시간에 트리거되지만, 타이머에 대한 영향은 덜 명확할 수 있다. 타이머가 5분 후에 트리거되도록 예약되었다가 시계가 한 시간 뒤로 설정된 경우, 타이머는 한 시간 오 분이 경과할 때까지 트리거되지 않는다(반복 타이머라 하더라도 반복 타이머는 트리거 후까지 다시 예약되지 않음).

최대 여섯 개의 알람과 타이머가 동시에 실행되게 예약할 수 있다. 더 많은 작업을 예약할 수 있게 라이브러리를 수정할 수 있다. 레시피 16.3은 이렇게 하는 방법을 보여 준다.

알람과 타이머는 트리거될 때 해제되며 한 번에 여섯 개를 넘지 않는 한 여러분이 원하는 횟수만큼 일정을 조정할 수 있다. 다음에 나오는 코드는 timerOnce 작업을 다시 예약하는 방법을 보여 준다.

```
Alarm.timerOnce(random(10), randomTimer); // 임의의 초 수가 지난 후에 트리거한다.

void randomTimer()
{
  int period = random(2,10);            // 새로운 임의 주기를 얻는다.
  Alarm.timerOnce(period, randomTimer); // 그 밖의 임의 주기에 대해 트리거한다.
}
```

레시피 12.6 실시간 클록 사용

문제

DS1307과 같은 실시간 클록Real-Time Clock, RTC에서 제공한 시간을 사용하려고 한다. 외부 보드에는 일반적으로 배터리 백업 기능이 있기 때문에 아두이노가 재설정되거나 꺼져도 시간은 정확할 것이다.

해법

RTC를 사용하는 가장 간단한 방법은 DS1307RTC.h라는 Time 라이브러리에 따라오는 라이브러리를 사용하는 것이다. 아두이노 라이브러리 매니저를 사용해 DS1307RTC 라이브러리를 설치하자 (그리고 아직 설치되지 않았다면 Time 라이브러리도 설치하자). 이 레시피는 널리 사용되는 DS1307 및 DS1337 RTC 칩을 위한 것이다.

```
/*
 * TimeRTC 스케치.
 * 실시간 클록를 사용하는 Time 라이브러리를 보여 주는 예제 코드.
 *
 */

#include <TimeLib.h>
#include <Wire.h>
#include <DS1307RTC.h> // 시간을 time_t로 반환하는 기본적인 DS1307 라이브러리.

void setup() {
Serial.begin(9600);
```

```
    while(!Serial); // 레오나르도 보드나 32비트 기반 보드에 필요한 부분.

    setSyncProvider(RTC.get); // RTC로부터 시간을 가져오는 부분.
    if(timeStatus()!= timeSet)
      Serial.println("Unable to sync with the RTC");
      else
      Serial.println("RTC has set the system time");
}

void loop()
{
  digitalClockDisplay();
  delay(1000);
}

// 숫자 앞을 0으로 채운다.
String padDigits(int digit)
{
  String str = String("0") + digit;          // 숫자 앞에 0을 둔다.
  return str.substring(str.length() - 2); // 마지막 두 개의 문자를 제외하고 나머지를 모두 지운다.
}

void digitalClockDisplay()
{
  String timestr = String(hour()) + ":" + padDigits(minute()) + ":" + padDigits(second());
  Serial.println(timestr);

  String datestr = String(year()) + "-" + padDigits(month()) + "-" + padDigits(day());
  Serial.println(datestr);
}
```

대부분의 아두이노용 RTC 보드는 I2C 프로토콜을 사용해서 통신한다(I2C를 더 알고 싶다면 13장을 참고하자). 그림 12-3과 같이 SCL(또는 클록)로 표시된 회선을 아두이노 아날로그 5번 핀에, SDA(또는 데이터)를 아날로그 4번 핀에 연결하자(아날로그 4번 핀과 5번 핀이 I2C에 사용된다. 13장을 참고하자). +5V 전원 선과 GND 핀을 올바르게 연결하자.

토의

코드는 Time 라이브러리를 사용하는 다른 레시피와 비슷하지만 직렬 포트에서 가져오거나 하드코 딩된 값에서 가져오지 않고 RTC에서 값을 가져온다. 필요한 추가 줄은 다음과 같다.

```
setSyncProvider(RTC.get); // RTC로부터 시간을 얻는 함수.
```

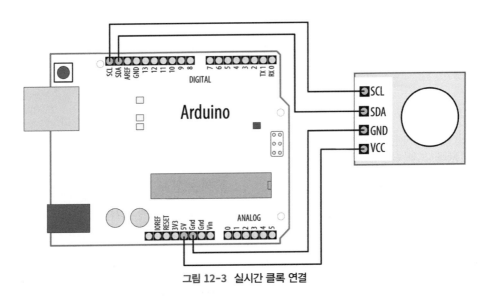

그림 12-3 실시간 클록 연결

setSyncProvider 함수는 Time 라이브러리에 시간 설정 및 업데이트 정보를 얻는 방법을 알려준다. RTC.get은 RTC 라이브러리 내에서 Time 라이브러리(유닉스 시간)가 사용하는 형식으로 현재 시간을 반환하는 메서드다.

아두이노가 시작될 때마다 setup 함수는 RTC.get을 호출해 RTC 하드웨어에서 시간을 설정한다.

모듈에서 정확한 시간을 얻으려면 시간을 설정해야 한다. 다음은 RTC 하드웨어의 시간을 설정할 수 있는 스케치다. 배터리를 처음 RTC에 장착하거나 배터리를 교체할 때 또는 시간을 바꿔야 하는 경우에만 수행해야 한다.

```
/*
 * RTC 시간 설정 스케치.
 *
 * 직렬 포트에서 RTC를 설정하자.
 * Time 라이브러리에 들어 있는 TimeSerial 예제를 단순화한 버전.
 *
 * 문자 T와 열 자리 숫자를 차례로 송신해서 시간을 설정하자.
 * 1970년 1월 1일 이후의 초 수가 T1569888000이라면
 * 이는 2019년 10월 1일 오전 12시를 나타낸다.
 */

#include <TimeLib.h>
#include <Wire.h>
#include <DS1307RTC.h> // 시간을 time_t로 반환하는, 기본적인 DS1307 라이브러리.

void setup() {
  Serial.begin(9600);
  setSyncProvider(RTC.get); // RTC로부터 시간을 가져오는 부분.
  if(timeStatus()!= timeSet)
```

```
    Serial.println("Unable to sync with the RTC");
    else
    Serial.println("RTC has set the system time");
}

void loop()
{
  if(Serial.available())
  {
    processSyncMessage();
  }
  digitalClockDisplay();
  delay(1000);
}

// 숫자 앞을 0으로 채운다.
String padDigits(int digit)
{
  String str = String("0") + digit;          // 숫자 앞에 0을 둔다.
  return str.substring(str.length() - 2); // 마지막 두 개의 문자를 제외하고
                                          // 나머지를 모두 지운다.
}

void digitalClockDisplay()
{
  String timestr = String(hour()) + ":" + padDigits(minute()) + ":" + padDigits(second());
  Serial.println(timestr);

  String datestr = String(year()) + "-" + padDigits(month()) + "-" + padDigits(day());
  Serial.println(datestr);
}

#define TIME_HEADER 'T' // 연속적인 시간을 동기화하는 메시지의 헤더.

// 시간 메시지를 파싱한다.
void processSyncMessage()
{
  time_t pctime = 0;

  if(Serial.find(TIME_HEADER))
  {
    pctime = Serial.parseInt();
    setTime(pctime); // 클록을 직렬 포트로부터 수신한 시간에 맞게 설정한다.
    RTC.set(pctime); // RTC도 그런 식으로 설정한다.
  }
}
```

이 스케치는 레시피 12.4에 나오는 TimeSerial 스케치(직렬 포트에서 시간을 설정할 수 있게 한 스케치)
와 거의 같지만, RTC.set 함수는 RTC를 설정하기 위해 컴퓨터에서 시간 메시지를 수신할 때도 호
출된다.

```
setTime(pctime); // 클록를 직렬 포트로부터 수신한 시간에 맞게 설정한다.
RTC.set(pctime); // RTC도 그런 식으로 설정한다.
```

RTC 칩은 I2C를 사용해 아두이노와 통신한다. I2C를 13장에서 설명한다.

Adafruit_RTCLib 라이브러리를 사용하면 스케치의 컴파일 타임을 `rtc.adjust(DateTime(F(__DATE__), F(__TIME__)));`을 사용해 컴파일함으로써 RTC 시간을 설정할 수 있다. 더 자세한 내용을 알고 싶다면 에이다프룻 페이지(https://oreil.ly/j0yYr)를 참고하자.

더 최신형인 아두이노 보드 중 일부에는 RTC(https://oreil.ly/sifTk) 기능이 내장되어 있는데, 이러한 보드 중에는 Zero(https://oreil.ly/zo71v), MKRZero(https://oreil.ly/t_ckx), MKR1000(https://oreil.ly/Aawqq)도 있으며, 이럴 경우에는 메인 보드에 전력이 공급되지 않을 때에 대비해 보조용 배터리 연결하기만 하면 된다.

함께 보면 좋은 내용

스파크펀 실시간 클록 모듈(BOB-00099)(https://oreil.ly/9vYtm).

에이다프룻 DS1307 실시간 클록 브레이크아웃 보드(제품 ID 3296)(https://oreil.ly/CAqr-).

CHAPTER

13

I2C와 SPI를 사용한 통신

레시피 13.0 소개

I2C~Inter-Integrated Circuit~ 표준과 SPI~Serial Peripheral Interface~ 표준은 센서와 아두이노 같은 마이크로컨트롤러 간에 간단한 방법으로 디지털 정보를 전송할 수 있게 하기 위해 만들어졌다. I2C 및 SPI용 아두이노 라이브러리를 사용하면 쉽게 이 두 프로토콜을 모두 사용할 수 있다.

일반적으로 연결하려는 장치(예: 센서, 액추에이터, 기타 보드)에 따라 I2C와 SPI 중에 한 가지를 선택하면 된다. 어떤 장치는 두 가지 표준을 모두 제공하지만, 장치나 칩은 두 가지 중에 한 가지만 지원하는 것이 일반적이다.

I2C를 사용할 때는 아두이노에 두 개의 신호 연결(클록 및 데이터)만 있으면 된다는 장점이 있는 반면에 SPI에는 네 개가 필요하다. I2C를 사용하면 신호가 올바르게 수신되었다는 점을 승인 acknowledgment받을 수도 있다. 반면에 데이터 속도가 SPI보다 느리고, 데이터가 한 번에 한 방향으로만 이동할 수 있어서 양방향 통신이 필요할 경우에 데이터 속도를 더욱 낮춘다는 단점이 있다. 신호를 안정적으로 전송하려면 풀업 저항기를 연결부에 연결해야 한다(풀업을 더 알고 싶다면 5장 소개 참고). I2C 풀업 저항기의 정확한 저항값은 사용하는 회선의 길이 및 형식과 같은 여러 요인에 따라 달라진다. 일반적으로 4.7K짜리가 가장 잘 작동한다.

브레이크아웃 보드나 쉴드에 있는 I2C 장치에 연결하고 있다면 제조업체에서 풀업을 해당 보드나 쉴드에 포함했을 수 있다. 하지만 이 점은 확실하지 않으므로 데이터시트를 보고 확인해야 한다. 예를 들어, 그림 13-1은 에이다프룻의 I2C HT16K33이라는 16x8 LED 드라이버 백팩 브레이크아웃 보드(품번 1427)에서 풀업이 선명하게 보인다는 점을 자세히 보여 준다. 에이다프룻이 제작한 모든 보드에는 10K 풀업이 있는데, 이는 이렇게 하는 것이 실용적이기 때문이다. 이제 두 개의 브레이크 아웃 보드를 연결하면 두 개의 10K 저항기가 병렬로 생성된다. (10K × 10K) / (10K + 10K)라는 병렬 저항 공식을 적용하면 5K를 얻게 되겠지만, 이 값은 4.7K 값에 가깝다. 우수한 10K 저항기를 사용해 세 개의 장치를 연결하면 $1 / (\frac{1}{10}K + \frac{1}{10}K + \frac{1}{10}K) = 3.3K$가 나오는데, 이 값은 여전히 I2C 풀업들에 일반적으로 허용되는 범위 안에 든다. I2C 풀업 저항값에 대해서는 닉 개먼Nick Gammon의 글(https://oreil.ly/iZKPG)에서 멋지게 설명하고 있으니 이 글을 참고하자.

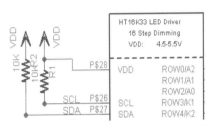

그림 13-1 I2C 풀업 저항기를 보여 주는 계통도의 세부 사항

SPI는 더 높은 데이터 속도로 실행되며, 별도의 입출력 연결부가 있어서 송수신을 동시에 할 수 있다. SPI는 각 장치별로 회선을 하나씩 추가함으로써 활성 장치를 선택한다. 또한, 클록 신호용 신호 접속부를 사용하므로 SPI에는 네 개의 신호 접속부가 필요하다. 연결할 장치가 많은 경우에는 선이 엉켜 버릴 수 있다.

대부분의 아두이노 프로젝트에서는 이더넷 및 메모리 카드 같은 고속 데이터 애플리케이션에 SPI 장치를 사용하며, 장치를 한 개만 붙여서 쓴다. 일반적으로 I2C는 많은 데이터를 전송할 필요가 없는 센서에서 사용한다.

이번 장에서는 I2C 및 SPI를 사용해 일반 장치에 연결하는 방법을 보여 준다. 또한, 멀티보드용 애플리케이션에 I2C를 사용함으로써 아두이노 보드를 두 개 이상 함께 연결하는 방법도 보여 준다. 레시피에 들어가기 전에 I2C 및 SPI에 대한 배경지식을 살펴보고 3.3V 장치가 5V 보드와 작동하게 하는 데 관련된 문제를 살펴보겠다.

I2C

I2C 버스의 두 가지 접속부를 각기 SCL(클록 신호)과 SDA(데이터 전송)라고 한다. 이 두 가지 접속부를 아두이노 우노, 제로 및 SCL과 SDA 핀을 사용하는 호환 보드(레시피 1.2에 표시)에서 사용할 수 있다. 아두이노 나노와 구형 우노 보드에는 SCL과 SDA 핀에 별도의 핀 헤더가 없으므로 5번 아날로그 핀을 SCL용으로 사용하고 4번 아날로그 핀 SDA용으로 사용한다(메가에서는 SDA에 20번 디지

털 핀을 사용하고 SCL에 21번 핀을 사용하자). PJRC의 틴시Teensy 보드나 에이다프룻 피더Feather 보드 같은 그 밖의 보드 폼팩터를 사용한다면 핀 번호에 대해서 설명서나 데이터시트를 참고하자.

I2C 버스에 부착된 장치들 중에 한 가지는 **마스터**master 장치, 즉 **기본**primary 장치로 간주된다. 마스터 장치는 부착된 그 밖의 장치들인 **슬레이브**slave, 즉 **보조**secondary 장치 간 정보 전송을 조정하는 역할을 맡는다. 마스터 장치는 하나만 있어야 하며 대부분은 아두이노가 마스터 장치가 되며, 이 장치에 연결된 그 밖의 칩을 제어하는 역할을 맡는다. 그림 13-2는 여러 보조 I2C 장치가 있는 I2C 마스터를 보여 준다.

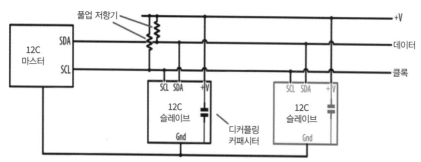

그림 13-2 하나 이상의 I2C 장치를 조정하는 I2C 마스터

 I2C 장치에는 통신용 공통 접지가 필요하다. 아두이노의 GND 핀을 각 I2C 장치의 접지에 연결해야 한다.

슬레이브 장치들을 식별할 때는 주소 번호를 쓴다. 각 주소는 각 장치별로 유일해야 한다. 일부 I2C 장치에는 고정 주소(예: 레시피 13.6의 넌처크)가 있으며, 다른 장치에서는 핀을 하이나 로우로(레시피 13.4 참고) 설정하거나 초기화 명령을 보내 주소를 구성할 수 있다.

 아두이노는 7비트 값을 사용해 I2C 주소를 지정한다. 일부 장치에 대한 데이터시트에서는 8비트 주소 값을 사용한다. 그렇다면 그 값을 2로 나누어 적절한 7비트 값을 알아내자.

I2C 및 SPI에서는 장치 간에 통신이 수행되는 방식만 정의할 뿐이며, 개별 장치들과 그 기능에 따라서 송신해야 하는 메시지가 달라진다. 장치의 데이터시트를 참조해 장치를 작동시키는 데 필요한 명령과 필요한 데이터 및 반환되는 데이터를 확인해야 한다.

아두이노의 Wire 라이브러리는 I2C의 모든 저수준 기능을 숨김으로써 간단한 명령으로 장치를 초기화하고 통신할 수 있게 한다.

레거시(구형) Wire 라이브러리로 작성한 코드를 아두이노 1.0이나 그 이후 버전에 맞게 이식하기

아두이노의 Wire 라이브러리는 1.0 릴리스 이후로 변경되었으므로 1.0에서 컴파일하려면 이전 릴리스용으로 작성된 스케치를 수정해야 한다. 다른 라이브러리와 일관성을 유지하도록 송신 메서드와 수신 메서드의 이름을 변경하였다.

Wire.send()를 Wire.write()로 변경한다.

Wire.receive()를 Wire.read()로 변경한다.

여러분은 리터럴 상수 꼴 인수를 작성할 변수 형식을 지정해야 한다. 예를 들면, 다음과 같다.

Wire.write(0x10)를 Wire.write((byte)0x10)로 변경한다.

5V 보드에서 3.3V 장치 사용

많은 I2C 장치는 3.3V에서 동작하며, 5V 아두이노 보드에 연결하면 손상될 수 있다. 이러한 장치를 연결하려면 스파크펀의 BOB-12009 브레이크아웃 보드나 에이다프룻 품번 757 같은 양방향 로직 레벨 변환기logic-level translator를 사용해 전압 레벨voltage level(전압 준위, 전압 정격)을 변환하자. 그림 13-3을 참고하자. 레벨 컨버터level converter(준위 변환기, 정격 변환기) 보드에는 3.3V용 저전압low voltage, LV 측과 5V용 고전압high voltage, HV 측이 있다.

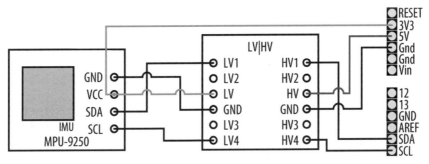

그림 13-3 로직 레벨 변환기가 있는 3.3V 장치를 사용하기

3.3V I2C 장치의 경우에는 다음과 같이 LV 측을 연결하자.

- LV1(에이다프룻 보드에서는 A1) 핀을 3.3V 장치의 I2C SDA 핀으로

- LV2(즉, A2) 핀을 3.3V 장치의 I2C SCL 핀으로

- LV 핀을 3.3V 장치의 VCC(전력 투입)와 여러분의 아두이노 보드에 있는 3.3V 핀과 같은 3.3V 전원으로

- GND 핀을 3.3V 장치의 GND로

다음과 같이 HV(아두이노 우노 같은 5V 장치) 측을 연결한다.

- HV1(즉, B1) 핀을 5V 장치의 I2C SDA 핀으로

- HV2(즉, B2) 핀을 5V 장치의 I2C SCL 핀으로

- HV 핀을 아두이노의 5V 핀 같은 5V 장치의 전력 핀으로

- GND 핀을 5V 장치의 GND로

그림 13-4처럼 로직 레벨 변환기를 한 개 사용해 여러 I2C 장치들을 연결할 수 있다.

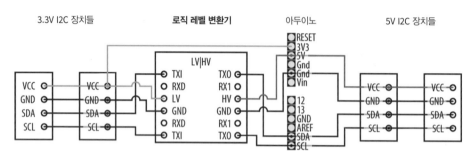

그림 13-4 여러 3.3V 및 5V I2C 장치들을 연결하기

5V 보드의 로직 레벨 변환기가 필요한 예제를 보고 싶다면 MPU-9250에 대한 레시피 6.15, 6.16, 6.17을 참고하자.

SPI

아두이노 IDE에는 SPI 장치와 통신할 수 있는 라이브러리가 들어 있다. SPI에는 별도의 입력('MOSI'로 표시) 및 출력('MISO'로 표시) 선과 클록 선이 있다. 이 세 선은 하나 이상의 슬레이브/보조 장치의 각 선에 연결되며, 어떤 때는 칩 선택Chip Select, CS 선이라고 부르기도 하는 슬레이브 선택Slave Select, SS 선으로 신호를 보내 식별된다. 그림 13-5에서 SPI 연결 방식을 볼 수 있다.

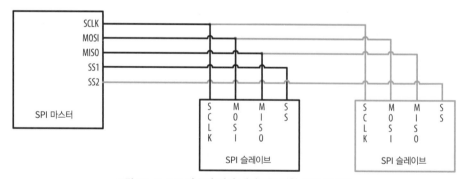

그림 13-5 SPI 마스터 및 슬레이브를 위한 신호 접속부

하드웨어 방식 SPI에 사용할 핀이 표 13-1에 나와 있다.

표 13-1 SPI에 사용되는 아두이노 디지털 핀

SPI 신호	아두이노 우노	아두이노 메가
SCLK(클록)	13	52
MISO(데이터 출력)	12	50
MOSI(데이터 입력)	11	51
SS/CS(슬레이브 선택/칩 선택)	10	53

아두이노 제로, 에이다프룻 M0 익스프레스, 스파크펀 레드보드 터보 같은 일부 보드들은 ICSP 헤더를 통해서만 하드웨어 방식 SPI를 노출한다. 레오나르도 같은 일부 8비트 보드도 ICSP 헤더를 사용해야 한다. 그림 13-6에서 연결하는 방법을 볼 수 있다. 이러한 보드에서는 SS/CS에 디지털 핀(보통 10번 핀)을 사용할 수 있다. 그러나 여러 SPI 장치를 사용한다면 각 장치의 SS/CS 신호에 대해 서로 다른 디지털 핀을 할당해야 한다(SPI 장치는 SCL, MISO 및 MOSI를 공유할 수 있음).

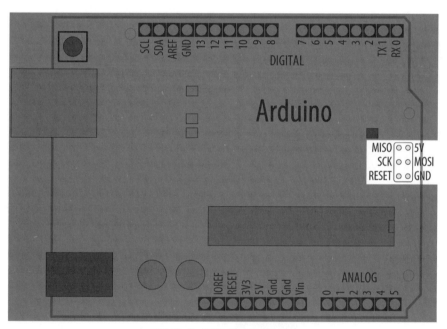

그림 13-6 ICSP 헤더의 SPI 연결

 여러분은 소프트웨어 방식 SPI를 사용할 수 있게 해주는 라이브러리를 만나 볼 수 있을 텐데, 이는 하드웨어 방식 SPI를 사용하지 않으면서 모든 SPI 연산이 소프트웨어 방식으로 된다는 점에서 소프트웨어 방식 직렬(123쪽에 나오는 '디지털 핀으로 직렬 방식 하드웨어를 에뮬레이트하기')과 이론적으로 동일하다. 소프트웨어 방식 직렬과 마찬가지로 이로 인해 성능이 저하되고 그 밖의 한계점도 있을 수 있다. 그러나 어떤 이유로 하드웨어 SPI 핀을 사용할 수 없다면 소프트웨어 SPI를 그에 대한 대안으로 사용하는 편이 무척 유용할 때가 있다. 라이브러리에는 두 가지 형태의 생성자가 있기 때문에 소프트웨어 SPI를 사용할 수 있는 시기를 종종 알 수 있다. 하나는 SS/CS 핀 번호만 전달하는 경우이고(다른 세 개의 핀은 어떤 아두이노 호환 보드에 의해 결정되기 때문에), 그리고 또 다른 경우에서는 네 개의 핀을 모두 전달한다.

ST77xx 컬러 LCD(레시피 11.10 참고) 같은 일부 경우에는 데이터와 명령 모드 사이를 전환하는 데 필요한 추가 핀인 TFT_DC가 있다(ST77xx를 사용하면 생성자에서 리셋 핀을 지정할 수도 있지만, 이는 SPI 프로토콜의 일부가 아니다). 따라서 생성자의 하드웨어 방식 SPI 버전은 다음과 같다.

```
Adafruit_ST7735(TFT_CS, TFT_DC, TFT_RST);
```

그리고 소프트웨어 방식 SPI 버전은 다음과 같다.

```
Adafruit_ST7735(TFT_CS, TFT_DC, TFT_MOSI, TFT_SCLK, TFT_RST);
```

함께 보면 좋은 내용

I2C와 SPI를 비교하는 애플리케이션 노트(https://oreil.ly/PJ0kz).

아두이노 Wire 라이브러리 참고문헌(https://oreil.ly/eQ9UY).

아두이노 SPI 라이브러리 참고문헌(https://oreil.ly/aRJrd).

레시피 13.1 여러 I2C 장치 연결

문제

I2C 장치를 두 개 이상 서로 연결하려고 한다.

해법

다음에 나오는 스케치는 공기질 센서를 사용해 총 휘발성 유기 화합물 농도total volatile organic compound concentration, TVOC를 십억분율parts per billion로 측정해 네 자리 LED 디스플레이 장치에 표시한다. 공기질 센서와 LED 디스플레이 컨트롤러를 모두 I2C에 연결해야 한다. 그림 13-7은 두 개의 I2C 주변 장치와 LED 컨트롤러에 연결된 네 자리 LED 세그먼트 디스플레이 장치의 배선을 보여 준다.

```
/*
 * 두 개의 I2C 장치를 다루는 스케치.
 * 공기질 센서를 읽고 VOC를 표시한다.
 * LED 디스플레이 장치 한 개를 더 밝게 한다.
 */

#include <Adafruit_CCS811.h>
#include <Adafruit_GFX.h>
#include <Adafruit_LEDBackpack.h>

// 센서와 디스플레이 장치를 위한 객체를 생성한다.
Adafruit_CCS811 ccs;
```

```
Adafruit_7segment matrix = Adafruit_7segment();

void setup()
{
  Serial.begin(9600);
  if(! ccs.begin())
  {
    Serial.println("Could not start sensor.");
    while(1); // 일시정지
  }
  while(!ccs.available()); // 센서가 준비될 때까지 기다린다.
  matrix.begin(0x70);       // 매트릭스를 시동한다.
}

void loop()
{
  if(ccs.available())
  {
    if(! ccs.readData())
    {
      int tvoc = ccs.getTVOC(); // VOC 농도를 얻는다.
      matrix.println(tvoc);      // 값을 써넣는다.
      matrix.writeDisplay();     // 디스플레이 장치를 업데이트한다.
    }
  }
  delay(500);
}
```

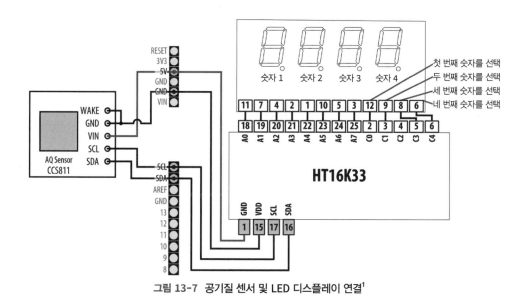

그림 13-7 공기질 센서 및 LED 디스플레이 연결[1]

---

1 [옮긴이] 그림 중에 GND와 VOD의 위치가 바뀐 것 같다는 의견을 다행스럽게도 베타리더가 알려주었고, 그 이후에 원서의 정오표를 확인해 보니 이 그림에 나오는 배선에서 HT16K33에서 나오는 1번 핀과 15번 핀이 아두이노 쪽에 연결된 순서가 서로 바뀌어 있다는 점, 즉 HT16K33의 1번 핀이 아두이노의 GND에 연결되어야 하고 15번 핀이 5V에 연결되어야 한다는 점을 확인했다.

토의

해법에서는 ams CCS811 공기질 센서와 Holtek HT16K33 LED 컨트롤러 드라이버라고 하는 두 가지 I2C 부품을 사용한다. 다양한 공급처가 공급하는 브레이크아웃 보드에서 이 두 가지를 모두 이용할 수 있다. 에이다프룻은 공기질 센서를 품번 3566으로 공급하고 LED 컨트롤러를 품번 1427로 공급한다. 스파크펀은 공기질 센서를 품번 SEN-14193으로 제공한다. 해법에서는 에이다프룻 보드 디자인 및 에이다프룻 라이브러리(에이다프룻 CCS811 라이브러리 및 에이다프룻 LED 백팩 라이브러리)를 사용한다. 아두이노 라이브러리 매니저를 사용해 이 두 라이브러리를 모두 설치할 수 있다.

I2C 장치를 두 개 이상 연결할 때는 모든 SDA 선들과 SCL 선들을 함께 연결하자. 각 장치는 전원과 연결되며, 브레이크아웃 보드에 통합되지 않는 한 $0.1\mu F$ 디커플링 커패시터가 있어야 하는데(브레이크아웃 보드에 대한 데이터시트나 회로도를 확인하자), 이는 센서 및 LED 컨트롤러 드라이버의 경우와 같다. 장치에서 별도의 전력 공급장치(예: 배터리)를 사용하는 경우에도 GND 선을 함께 연결해야 한다.

 브레이크 아웃 보드들에 I2C 선(SCL 및 SDA)에 필요한 풀업 저항기가 들어 있다면 회로에 풀업 저항기를 포함하지 않아도 된다(레시피 13.0 참고). 에이다프룻이 공급하는 보드들에는 이것들이 들어 있지만, 그 밖의 공급업체를 이용한다면 데이터시트나 계통도를 따로 확인해 보아야 한다.

스케치는 setup에서 두 장치를 모두 초기화하고, 루프 내부에서 TVOC 농도를 반복해서 읽으며, 판독값을 입수할 때마다 LED 디스플레이 장치에 값을 표시한다. LED 디스플레이 장치에 있는 핀이 다를 수 있으므로 데이터시트를 참조해 배선을 조정하자.

두 보드 모두 5V를 견딜 수 있으므로 5V 보드를 붙여 사용할 수 있다. CCS811을 3.3V 보드와 함께 사용한다면 5V 대신에 3.3V로 전력을 공급해야 한다. 그렇지 않으면 I2C 핀의 전압이 보드에 비해 너무 높게 된다. HT16K33을 3.3V 보드에 붙여 사용하려면 사양에 따라 해당 보드를 실행하는 데 4.5V 이상이 필요해질 수 있기 때문에 더 복잡해진다. 3.3V 아두이노 호환 보드를 저전압(LV) 측으로 사용해 레벨 컨버터를 사용할 수 있지만(483쪽에 나오는 '5V 보드에서 3.3V 장치 사용' 참고), 어떤 이는 3.3V로 전력을 공급해도 정상적으로 작동한다 말하기도 하므로 3.3V를 먼저 시도해 보자.

HT16K33에는 공통 캐소드 LED가 필요하다. 그림 13-7에 보이는 핀 배치는 일반적인 네 자리 7 세그먼트 디스플레이용이다. HT16K33의 A0 ~ A15는 도트만 아니라 일곱 개의 세그먼트를 제어하는 데 사용된다. 이 스케치는 A0에서 A7까지만 사용한다. LED 매트릭스 디스플레이 장치를 사용할 생각이라면 더 많은 핀을 사용해야 할 것이다. 핀 C0-C7은 어떤 숫자를 지정할지 선택한다. HT16K33은 각 숫자 표시 간에 빠르게 전환함으로써 잔상을 만들어 냄으로써 마치 네 자리 숫자가 모두 한 번에 밝게 표시된 것처럼 보이게 한다.

이러한 디스플레이 장치 중 일부에는 각 숫자 쌍 사이에 콜론을 표시하는 기능이 있으므로 디지털 시계를 만들기에 좋다. 에이다프룻의 LED Backpack 라이브러리는 이것이 C4(4번 핀)에 연결되어 있다고 가정한다. 그러나 이 스케치에서는 이를 사용하지 않으므로 핀 C4는 사용되지 않는다.

에이다프룻의 라이브러리들은 Wire 라이브러리를 사용해 장치와 보이지 않게 상호작용한다. 예를 들어, 여러분은 matrix.setBrightness(1);이라는 문장을 사용해 디스플레이 장치를 최저 밝기로 설정할 수 있을 것이다(15가 최대). 라이브러리는 다음 명령을 실행하여 이를 수행한다(0x70은 HT16K33의 I2C 주소다).

```
#define HT16K33_CMD_BRIGHTNESS 0xE0

Wire.beginTransmission(0x70);
Wire.write(HT16K33_CMD_BRIGHTNESS | 1);
Wire.endTransmission();
```

그리고 스케치가 ccs.readData()에 이어서 ccs.getTVOC()를 호출하면 드라이버는 다음(0x5A는 CCS811의 I2C 주소다)과 같은 일을 한다. 세 번째 바이트와 네 번째 바이트로(C 언어에서는 배열의 원소를 0번부터 세어 나간다는 점에 유념할 것) 1개 워드 값을 만듦으로써 TVOC 판독값을 형성한다.

```
uint8_t buf[8];
Wire.beginTransmission(0x5A);
Wire.write(0x02); // 레지스터 0x02에 쓴다.
Wire.endTransmission();

Wire.requestFrom(0x5A, 8); // CCS811에서 8바이트를 요청한다.
for(int i=0; i < 8; i++)
{
  buf[i] = Wire.read();
}
int tvoc = word(buf[2], buf[3]);
```

함께 보면 좋은 내용

레시피 7.11을 참고하자.

HT16K33 데이터시트(https://oreil.ly/yOFJ8).

CCS811 데이터시트(https://oreil.ly/VMU-G).

레시피 13.2 여러 SPI 장치 연결

문제

SPI 장치를 두 개 이상 서로 연결하려고 한다.

해법

다음에 나오는 스케치는 SD 카드 리더를 사용해 SD 카드에서 비트맵 이미지를 로드한다. 이러한 이미지는 TFT 디스플레이 장치에 표시된다. 이 두 장치는 모두 SPI 장치다. 그림 13-8은 연결 방식을 보여 준다.

```
/*
 * 두 개의 SPI 장치 스케치.
 * 연결된 SD 카드에 모든 비트맵을 로드하고,
 * 그것을 TFT 화면에 표시한다.
 */

#include <Adafruit_GFX.h>
#include <Adafruit_ILI9341.h>
#include <SdFat.h>
#include <Adafruit_ImageReader.h>

#define SD_CS 4   // SD 리더용 칩 선택.
#define TFT_CS 10 // TFT용 칩 선택.
#define TFT_DC 9  // TFT용 데이터/명령.
#define TFT_RST 8 // TFT용 리셋 핀.

// 각 SPI 장치용으로 객체를 생성한다.
SdFat SD;
Adafruit_ILI9341 tft = Adafruit_ILI9341(TFT_CS, TFT_DC, TFT_RST);

SdFile root; // SD 카드의 루트 디렉터리.
Adafruit_ImageReader reader(SD); // 이미지들을 로드하고 표시하는 객체.

void setup()
{
  Serial.begin(9600);
  if(!SD.begin(SD_CS, SD_SCK_MHZ(25))) // SD 카드 리더를 25MHz에서 시동한다.
  {
    Serial.println("Could not initialize SD card");
    while(1); // 일시정지
  }

  tft.begin(); // TFT를 초기화한다.
  if (!root.open("/"))
  {
    Serial.println("Could not read SD card directory");
```

```
    while(1); // 일시정지
  }
}


void loop()
{
  ImageReturnCode rc; // 이미지 연산들로부터 코드를 반환한다.
  SdFile file;         // 현재 파일.
  char filename[256]; // 파일명을 넣을 버퍼.

  while (file.openNext(&root, O_RDONLY)) // SD 카드에서 다음 번 파일을 찾는다.
  {
    file.getName(filename, sizeof(filename)/ sizeof(filename[0]));
    if(isBMP(filename)) // 파일이 BMP 형식 파일이라면 TFT상에 표시한다.
    {
      tft.fillScreen(0);
      rc = reader.drawBMP(filename, tft, 0, 0);
      delay(2000); // 일시정지
    }
    file.close();
  }
  root.rewind(); // 루트 디렉터리에 있는 첫 번째 파일로 다시 돌아간다.
}

// 파일이 비트맵 형식(BMP) 파일인지를 확인한다.
int isBMP(char fname[])
{
  String fn = String(fname);
  fn.toLowerCase();
  return fn.endsWith("bmp");
}
```

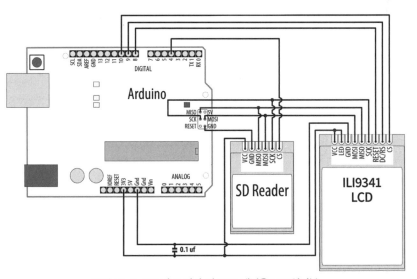

그림 13-8 SD 카드 리더 및 LCD 패널용 SPI 연결부

토의

이 해법은 ILI9341 기반 TFT LCD 디스플레이와 SD 카드 리더 브레이크아웃 보드를 사용한다. 둘다 SPI 장치다. 다양한 공급업체에서 이번에 나오는 장치를 모두 찾을 수 있다. 에이다프룻 품번 1480 같은 일부에는 microSD 카드 리더가 TFT 디스플레이 브레이크아웃에 들어 있다. 이 경우에는 LCD 및 SD 카드 브레이크아웃이 MISO, MOSI, SCK, GND 및 VIN 핀을 공유하기 때문에 연결 수가 줄어든다.

여러 가지 라이브러리가 해법에서 사용되므로 이 라이브러리들을 설치해야 한다. 아두이노 라이브러리 매니저를 통해서 에이다프룻 GFX, 에이다프룻 ILI9341, 에이다프룻 ImageReader 라이브러리를 설치하자. 아두이노 IDE에 자체 SD 카드 라이브러리가 포함되어 있지만, 카드에서 이미지 로드를 담당하는 에이다프룻 ImageReader 라이브러리는 라이브러리 관리자에서 'SdFat-Adafruit Fork'를 검색하면 찾을 수 있는 빌 그레이만Bill Greiman의 SdFat 라이브러리 수정 버전을 사용한다.

 SD 카드 리더는 다양한 형태로 공급된다. 스파크펀 BOB-12941처럼 아주 간단한 카드 리더는 브레이크아웃 보드에 납땜한 SD 카드 커넥터다. SD 카드 자체가 SPI 장치로 작동할 수 있기 때문에 가능하다 (SD 카드에 직접 전선을 납땜할 수 있음). 이러한 형식의 리더는 3.3V에서만 작동할 수 있다. 에이다프룻 품번 254 같은 일부 SD 카드 리더기들에는 레벨 시프터(level shifter, 준위 이동기)가 들어 있으므로 여러분은 5V 로직 핀을 연결해 5V 전력을 그것들에게 공급할 수 있다.

I2C를 사용한다면 장치마다 고유한 주소가 있다. SPI를 사용하면 각 장치에는 라이브러리가 해당 장치와 통신하려는 신호를 송신하는 데 사용하는 칩 선택 선이 있다. 스케치에서 4번 핀은 SD 카드의 칩 선택 선으로 사용되며, 10번 핀은 TFT LCD 디스플레이 장치에 사용된다. Adafruit_ILI9341 라이브러리가 디스플레이와 통신하는 데 사용하는 데이터/명령 핀도 있다.

이 스케치는 SD 카드를 나타내는 객체, TFT 디스플레이 장치를 위한 객체, 카드의 파일 시스템의 루트 디렉터리를 나타내는 객체와 이미지를 로드하고 표시하는 객체를 설정한다. 스케치는 setup 함수 내에서 SD 카드 리더 및 TFT 디스플레이 장치를 초기화하고 나서 읽을 루트 디렉터리를 연다. 스케치는 loop 내에서 openNext()를 호출해 다음 파일을 가져오고, isBMP() 함수를 사용해 파일이 비트맵인지 여부를 결정한다. 이 경우에는 스케치가 일시정지되어 다음 비트로 이동하기 전에 화면에 비트맵을 표시한다.

비트맵 이미지는 압축되지 않은 BMP 파일, 24비트 색상으로 저장해야 한다. 그렇지 않으면 스케치에서 이미지를 로드할 수 없다.

함께 보면 좋은 내용

레시피 11.9, 11.10, 11.11을 참고하자.

레시피 13.3 I2C 집적회로 다루기

문제

직렬 EEPROM 같은 집적 회로 패키지로 제공되는 I2C 주변장치를 사용하려고 한다. 아두이노가 내장한 것보다 더 많은 영구 데이터 저장 장치가 필요하고, 외부 메모리 칩을 사용해 용량을 늘리려고 한다면 이러한 EEPROM을 사용한다.

해법

이 레시피에서는 마이크로칩 테크놀로지Microchip Technology의 24LC128 I2C를 지원하는 직렬 EEPROM을 사용한다. 그림 13-9에서 연결하는 방법을 볼 수 있다. 3.3V 보드를 사용한다면 보드가 손상되지 않게 Vcc를 5V 대신에 3.3V에 연결하자.

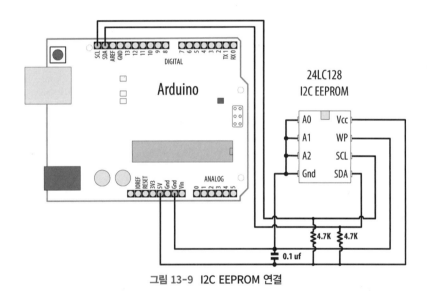

그림 13-9 I2C EEPROM 연결

이 레시피에서는 아두이노 EEPROM 라이브러리와 비슷한 기능을 제공하지만(레시피 18.1 참고), I2C를 사용해 연결한 외부 EEPROM을 사용해 스토리지 용량을 크게 늘렸다.

```
/*
 * I2C EEPROM 스케치.
 * 24LC128에서 데이터를 읽고 쓴다.
 */
#include <Wire.h>

const byte EEPROM_ID = 0x50; // 24LC128 EEPROM에 대한 I2C 주소.

// 사람이 읽을 수 있는 첫 번째 아스키 문자 '!'의 번호는 33이다.
```

```
int thisByte = 33;

void setup()
{
  Serial.begin(9600);
  while(!Serial); // 레오나르도 보드나 대부분의 ARM 기반 보드에 필요한 부분이다.
  Wire.begin();

  Serial.println("Writing 1024 bytes to EEPROM");
  for (int i=0; i < 1024; i++)
  {
    I2CEEPROM_Write(i, thisByte);
    // 다음 문자로 넘어간다.
    thisByte++;

    if (thisByte == 126)  // if (thisByte == '~') 형태로도 사용할 수 있을 것이다.
      thisByte = 33; // 다시 시작한다.
  }

  Serial.println("Reading 1024 bytes from EEPROM");
  int thisByte = 33;
  for (int i=0; i < 1024; i++)
  {
    char c = I2CEEPROM_Read(i);
    if(c != thisByte)
    {
      Serial.println("read error");
      break;
    }
    else
    {
      Serial.print(c);
    }
    thisByte++;
    if(thisByte == 126)
    {
      Serial.println();
      thisByte = 33; // 새 줄에서 다시 시작한다.
    }
  }
  Serial.println();
  Serial.println("Done.");
}

void loop()
{

}

// 이 함수는 아두이노의 EEPROM.write()와 비슷하다.
void I2CEEPROM_Write(unsigned int address, byte data)
{
```

```
  Wire.beginTransmission(EEPROM_ID);
  Wire.write((int)highByte(address));
  Wire.write((int)lowByte(address));
  Wire.write(data);
  Wire.endTransmission();

  delay(5); // I2C EEPROM이 쓰기 주기를 완료할 때까지 대기한다.
}

// 이 함수는 EEPROM.read()와 비슷하다.
byte I2CEEPROM_Read(unsigned int address)
{
  byte data;
  Wire.beginTransmission(EEPROM_ID);

  Wire.write((int)highByte(address));
  Wire.write((int)lowByte(address));
  Wire.endTransmission();

  Wire.requestFrom(EEPROM_ID,(byte)1);
  while(Wire.available() == 0) // 데이터를 기다린다.
    ;
  data = Wire.read();
  return data;
}
```

토의

이 레시피는 메모리 용량이 128K인 24LC128을 보여 주고 있는데, 용량이 더 크거나 작은 유사 칩이 있다(496쪽에 나오는 레시피의 '함께 보면 좋은 내용'에서 마이크로 칩 링크에 대한 상호 참조 정보를 볼 수 있다). 칩 주소는 표 13-2와 같이 A0 ~ A2로 표시된 세 개의 핀을 사용해 설정되며, 범위는 0x50 ~ 0x57이다.

표 13-2 24LC128의 주소 값

A0	A1	A2	주소
GND	GND	GND	0x50
+5V	GND	GND	0x51
GND	+5V	GND	0x52
+5V	+5V	GND	0x53
GND	GND	+5V	0x54
+5V	GND	+5V	0x55
+5V	+5V	GND	0x56
+5V	+5V	+5V	0x57

이 레시피에서 Wire 라이브러리를 사용하는 방식이 이번 장에 나오는 그 밖의 레시피에서 사용하는 방식과 비슷하므로 I2C 장치에서 데이터를 초기화하고 요청하는 코드에 대한 설명을 읽자.

EEPROM에 특화된 쓰기 및 읽기 연산 기능은 i2cEEPROM_Write 및 i2cEEPROM_Read 함수에 들어 있다. 이러한 연산들은 장치의 I2C 주소로 Wire.beginTransmission(전송 시작)을 함으로써 시작된다. 이 다음에 읽기 연산이나 쓰기 연산을 위한 메모리 위치를 나타내는 2바이트 값이 뒤따른다. 쓰기 함수에서, 주소 다음에는 기록할 데이터가 뒤따른다. 이번 예제에서는 1바이트가 메모리 위치에 기록된다.

읽기 연산은 메모리 위치를 EEPROM으로 송신하고 나서 그 뒤에 Wire.requestFrom(EEPROM_ID,(byte) 1);이 뒤따른다. 이것은 방금 설정한 주소의 메모리에서 1바이트의 데이터를 반환한다.

쓰기 속도를 높여야 한다면 5ms 지연을 상태 점검 함수로 대체해 EEPROM이 새 바이트를 쓸 준비가 되었는지 확인할 수 있다. 데이터시트의 7항Section 7에서 설명하는 'Acknowledge Polling(승인 내용 연속 확인)' 기술을 참고하자. 여러분은 또한 데이터를 개별적으로 작성하지 않고 64바이트짜리 페이지에 쓸 수도 있다. 자세한 내용을 더 알고 싶다면 데이터시트의 6항을 보자.

칩은 주어진 주소를 기억하고, 읽기 또는 쓰기가 수행될 때마다 다음 순차 주소로 이동한다. 단일 바이트 이상을 읽는다면 시작 주소를 설정하고 나서 여러 요청 및 수신을 수행할 수 있다.

 Wire 라이브러리를 사용하면 단 한 번의 요청으로 최대 32바이트까지 읽거나 쓸 수 있다. 이 크기보다 더 많이 읽거나 쓰려고 하면 바이트가 사라져 버릴 수도 있다.

WP로 표시된 핀은 쓰기 방지를 설정하기 위한 것이다. 아두이노가 메모리에 쓸 수 있게 해당 핀이 회로의 접지에 연결되어 있다. 이 핀을 5V에 연결하면 쓰기가 발생하지 않는다. 영구 데이터를 메모리에 쓴 다음에 실수로 덮어쓰는 일을 이 핀으로 방지할 수 있다.

함께 보면 좋은 내용

24LC128 데이터시트(https://oreil.ly/yHXAc).

쓰기 속도를 높여야 한다면 5ms 지연을 상태 점검 기능으로 대체해 EEPROM이 새 바이트를 쓸 준비가 되었는지 확인할 수 있다. 데이터시트의 7번 항목Section 7에서 설명하는 'Acknowledge Polling(승인 내용 연속 확인)' 기술을 참고하자.

용량이 아주 큰 유사 I2C EEPROM(https://bit.ly/3krYMwe)의 상호 참조.

온도 읽기 기능, EEPROM 저장 기능, 7 세그먼트 디스플레이 장치를 결합한 쉴드(https://oreil.ly/fteoP)를 사용할 수 있다.

레시피 13.4 I2C 포트 확장기를 사용해 입출력 늘리기

문제

보드가 제공하는 것보다 더 많은 입력/출력 포트를 사용하려고 한다.

해법

I2C를 사용해 제어할 수 있는 여덟 개의 입력/출력 핀이 있는 PCF8574 또는 PCF8574A와 같은 외부 포트 익스팬더port expander(포트 확장기)를 사용할 수 있다. 스케치는 여덟 개의 LED가 있는 막대 그래프를 만든다. 그림 13-10에서 연결하는 방법을 볼 수 있다.

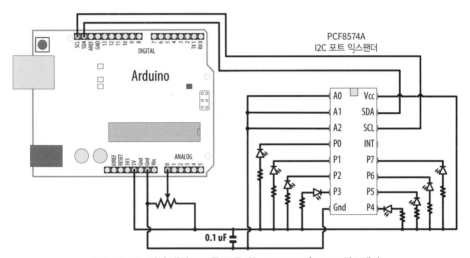

그림 13-10 여덟 개의 LED를 구동하는 PCF8574/A 포트 익스팬더

 3.3V 보드를 사용한다면 보드가 손상되지 않게 Vcc를 5V 대신 3.3V에 연결하자.

스케치에는 레시피 7.6에서 설명한 기능과 같은 것이 있지만, I2C 포트 확장기를 사용해 LED를 구동하므로 두 개의 핀만 필요하다.

```
/*
 * I2C 막대그래프 스케치.
 * I2C 포트를 사용해 막대그래프를 구동한다.
 * 아날로그 센서값에 비례해 연속 형태로 된 LED를 켠다.
 * 레시피 7.6을 참고하자.
 */
```

```
#include <Wire.h>

const int address = 0x20; // PCF8574 주소; PCF8574/A에 대해 0x38을 사용한다.
const int NbrLEDs = 8;

const int analogInPin = A0; // 가변 저항기에 연결된 아날로그 입력 핀.

int sensorValue = 0; // 센서로부터 읽어 낸 값.
int ledLevel = 0;    // LED 막대 형태로 바뀐 센서값.
int ledBits = 0;     // 각 LED에 대응하는 비트들로, 1로 설정되어 LED를 켜게 될 것이다.

void setup()
{
  Wire.begin(); // 아두이노 I2C 지원을 구성한다.
}

void loop()
{
  sensorValue = analogRead(analogInPin);              // 아날로그 값을 읽는다.
  ledLevel = map(sensorValue, 0, 1023, 0, NbrLEDs); // LED 개수에 대응시킨다.
  for (int led = 0; led < NbrLEDs; led++)
  {
    Wire.beginTransmission(address);
    if (led < ledLevel)
    {
      Wire.write(~ (1 << led));
    }
    else
    {
      Wire.write(0xFF); // 모든 LED를 끈다.
    }
    Wire.endTransmission(); // 값을 I2C로 송신한다.
  }
}
```

토의

저항기들의 저항값은 220Ω 이상이어야 한다(저항 선택에 대한 내용은 7장을 참고하자).

스케치는 analogRead에서 값을 읽은 다음에 0과 LED 개수 사이의 값(ledLevel)에 매핑한다. 그러고 나서 스케치는 for 루프로 이동해 각 LED를 반복한다. LED 개수가 ledLevel보다 작으면 스케치가 해당 LED를 켠다. PCF8574/A에서 핀을 활성화하는 명령은 비트 필드다. 0b00000001(10진수로는 1)은 0번 핀을 하이가 되게 하고, 0b11111111(10진수로는 255)은 모든 핀을 하이가 되게 한다. 그러나 여러분은 PCF8574/A로 LED를 밝게 비추기 위해 핀을 하이로 하고 싶지는 않을 것이다!

PCF8574/A는 아두이노보다 LED 구동 용량이 적다. 각 핀은 LED에 전력을 공급하는 데 필요한 것보다 적은 양의 전류만 **소싱**source(들여오기, 공급)할 수 있다. 그러나 각 핀은 최대 25mA를 **싱킹**sink

(내보내기)할 수 있다. 이는 PCF8574/A와 함께 INPUT_PULLUP 모드(레시피 2.4 참고)와 비슷하게 반전된 로직을 사용해야 한다는 것을 의미한다. 이것이 각 LED가 GND 대신 +5V/+3.3V에 연결되는 이유다. 이때 이러한 핀들 중 하나가 LOW가 되고, 전류는 양의 전력 공급장치에서 소싱되며, 핀은 해당 전류를 싱킹한다. 그렇기 때문에 스케치는 부울 연산자 중 Not 연산자(~)를 사용해 값을 반전시킨다. 예를 들면, 0b00000001(10진수로는 1)은 0b11111110(10진수로는 254)가 된다.

게다가 또 다른 한계점도 있다. PCF8574/A는 한 번에 80mA를 초과해 싱킹할 수 없다(즉, 한 번에 80mA 이상인 전류가 흐를 수 없다). 따라서 모든 LED를 켜면(즉, 0b00000000이 되게 하면), 아마도 LED가 작동하기는 하겠지만 칩의 한계limits[2]를 초과하게 될 것이므로 그 수명이 줄어들 것이다. 이것이 스케치에서 왼쪽 부울 시프트를 사용해 그 핀만 활성화되는 비트 필드를 계산한 다음에 이를 반전시켜 한 번에 하나의 LED만 켜는 이유다. 0b11111110로는 0번 핀을 켜고, 0b11110111로는 3번 핀을 켠다. 이러한 현상이 빠르게 벌어지므로 잔상 현상이 발생하고, 이 덕분에 한 번에 여러 개의 조명이 켜지는 것처럼 보이게 할 수 있다. Wire.write(0xFF);를 반드시 거론할 필요는 없겠지만, 빛을 내지 않고 있는 어떤 LED를 처리해야 할 때 앞 문장에서 언급한 방식으로 처리함으로써 스케치가 항상 명령을 동일한 개수만큼 수행하도록 보장할 수 있게 되고, 이로 인해 얼마나 많은 LED가 빛을 내든지 상관없이 LED의 밝기를 일정하게 유지할 수 있다.

PCF8574/A의 한계를 넘지 않으면서 플리커flicker(깜박임)를 최소화하고 싶을 때는 한 번에 네 개의 LED가 빛을 내게 하면 된다.

```
int bitField = 0;

for(int led = 0; led < NbrLEDs; led++)
{
  if(led < ledLevel)
  {
    bitField | =(1 << led);
  }
  if ((led + 1) % 4 == 0)     // 핀 네 개마다 1개 명령을 송신한다.
  {
    Wire.beginTransmission(address);
    Wire.write(~bitField);
    Wire.endTransmission(); // I2C로 값을 송신한다.
    bitField = 0;                // 비트필드를 지운다.
  }
}
```

표 13-3에 표시된 것처럼 A0, A1, A2로 표시된 핀의 연결을 변경해 주소를 변경할 수 있다. PCF8574/

---

2 옮긴이 칩의 '내성 한계(tolerance, 견딤 한계, 허용량)'를 의미하는 것으로 보인다. 그리고 limits라는 식의 복수형으로 표현한 것으로 이러한 한계점이 여러 가지일 수 있음을 알 수 있다. 예를 들면 허용 전압, 허용 전류, 허용 저항 등의 그러한 예다.

A 브레이크아웃 보드를 사용한다면 주소를 선택하기 위한 점퍼나 솔더 패드가 있어야 한다.

표 13-3 PCF8574/A의 주소 값

A0	A1	A2	PCF8574A 주소	PCF8574 주소
GND	GND	GND	0x38	0x20
+5V	GND	GND	0x39	0x21
GND	+5V	GND	0x3A	0x22
+5V	+5V	GND	0x3B	0x23
GND	GND	+5V	0x3C	0x24
+5V	GND	+5V	0x3D	0x25
+5V	+5V	GND	0x3E	0x26
+5V	+5V	+5V	0x3F	0x27

포트 확장기를 사용해 입력하려면 다음과 같이 확장기에서 바이트 한 개를 읽자.

```
Wire.requestFrom(address, 1);
if(Wire.available())
{
  data = Wire.receive();
  Serial.println(data,BIN);
}
```

함께 보면 좋은 내용

PCF8574/A 데이터시트(https://oreil.ly/WjEFj).

더 많은 전류를 처리할 수 있는 해법이 필요하다면 레시피 13.1을 참고하자.

13.5 여러 아두이노 보드 간 통신

문제

아두이노 보드를 두 개 이상 함께 사용하려고 한다. 이렇게 하면 단일 보드에서 달성할 수 있는 것보다 I/O 기능을 높이거나 더 많은 처리를 수행할 수 있을 것이다. I2C를 사용해 보드 간에 데이터를 전달해 작업에 따른 부하를 함께 담당할 수 있다.

해법

이 레시피에 나오는 두 스케치는 I2C가 두 개 이상의 아두이노 보드 사이의 통신 연결 방법으로 사용될 수 있다는 점을 보여 준다. 그림 13-11에서 연결 방법을 볼 수 있다.

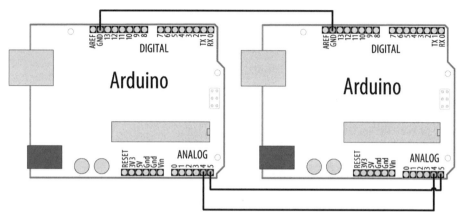

그림 13-11 아두이노를 I2C 마스터 및 슬레이브(보조 장치)로 사용하기

마스터는 직렬 포트로부터 수신한 문자를 I2C를 거쳐 아두이노 슬레이브로 전송한다.

```
/*
 * I2C 마스터 스케치.
 * I2C 보조에 대한 에코 직렬 데이터.
 */

#include <Wire.h>
const int address = 4; // 통신하는 장치가 사용할 주소.

void setup()
{
  Wire.begin();
  Serial.begin(9600);
}

void loop()
{
  char c;
  if(Serial.available() > 0)
  {
    c = Serial.read();
    // 데이터를 송신한다.
    Wire.beginTransmission(address); // 장치로 전송한다.
    Wire.write(c);
    Wire.endTransmission();
  }
}
```

또 다른 아두이노는 수신한 문자를 I2C를 통해 직렬 포트로 프린트한다.

```
/*
 * I2C 슬레이브 스케치.
 * I2C 요청을 모니터링하고 이를 직렬 포트로 에코한다.
 */

#include <Wire.h>
const int address = 4; // 통신하는 장치들이 사용할 주소.

void setup()
{
  Serial.begin(9600);
  Wire.begin(address);          // 이 주소를 사용해 I2C 버스에 참여한다.
  Wire.onReceive(receiveEvent); // 이벤트를 등록해 요청들을 처리한다.
}

void loop()
{
  // 여기에는 아무런 내용도 없다. 모든 작업이 receiveEvent에서 이뤄진다.
}

void receiveEvent(int howMany)
{
  while(Wire.available() > 0)
  {
  char c = Wire.read(); // 바이트를 문자 한 개로 여겨 수신한다.
  Serial.write(c);      // 에코.
  }
}
```

토의

이번 장에서는 다양한 I2C 슬레이브secondary(2차, 보조) 장치들에 액세스하는 I2C 마스터 역할을 하는 아두이노에 중점을 두었다. 여기서 두 번째 아두이노는 다른 아두이노의 요청에 응답하는 I2C 슬레이브 역할을 한다. 데이터를 바이트 단위로 송신하기 위해 4장에서 다룬 기술이 여기에 적용될 수 있다. 예를 들어, print 메서드를 사용해 데이터를 송신할 수 있다.

다음 스케치는 Wire.println을 사용해 I2C를 통해 스케치의 출력 내용을 송신한다. 이전에 나온 I2C 슬레이브용 스케치와 함께 다음 스케치를 사용하면 직렬 포트를 사용하지 않고 마스터에서 데이터를 프린트할 수 있다(슬레이브의 직렬 포트는 출력 내용을 표시하는 데 사용됨).

```
/*
 * I2C 마스터 w/print 스케치.
 * 프린트를 사용해 센서 데이터를 I2C 슬레이브로 송신한다.
```

```
*/

#include <Wire.h>

const int address = 4;    // 통신하는 장치들이 사용하게 될 주소.
const int sensorPin = A0; // 센서에 대응하는 아날로그 입력 핀을 선택한다.

int val; // 센서값을 저장할 변수.

void setup()
{
  Wire.begin();
}

void loop()
{
  val = analogRead(sensorPin);      // 팟의 전압을 읽는다.
                                    // (val의 범위는 0 ~ 1023)
  Wire.beginTransmission(address); // 장치로 전송한다.
  Wire.println(val);
  Wire.endTransmission();
  delay(1000);
}
```

다음 예제는 레시피 4.5에 설명한 대로 I2C 방식이 아닌 직렬 방식으로 여러 값을 처리한다.

이 스케치는 H3, v0, v1, v2 형식의 텍스트 메시지에서 처음 세 개의 아날로그 핀의 값을 전송한다. 여기서 H는 메시지의 시작을 나타내는 문자다.

이번 예제에서는 메시지에 세 개의 값이 있음을 나타낸다. v0, v1, v2는 세 가지 아날로그 입력의 수치들이다.

```
/*
 * I2C 마스터 다중 스케치.
 * 프린트를 사용해 여러 센서 데이터를 I2C 보조 장치로 송신한다.
 */

#include <Wire.h>

const int address = 4;         // 통신하는 장치들에 대한 주소.
const int firstSensorPin = A0; // 시퀀스 중 첫 번째 입력 핀.
const int nbrSensors = 3;      // 순차적으로 나열된 핀 세 개가 사용될 것이다.

int val; // 센서값을 저장할 변수.

void setup()
{
  Wire.begin();
  Serial.begin(9600);
```

```
}

void loop()
{
Wire.beginTransmission(address); // 장치로 전송한다.
  Wire.print('H'); // 메시지의 시작 부분임을 가리키는 헤더.
  Wire.print(nbrSensors);

  for (int i = 0; i < nbrSensors; i++)
  {
    val = analogRead(firstSensorPin + 1); // 센서를 읽는다.
    Wire.print(','); // 쉼표 구분자.
    Wire.print(val);
  }

  Wire.println(); // 메시지의 끝.
  Wire.endTransmission();
  delay(100);
}
```

이 스케치는 이전 스케치에서 보낸 메시지를 처리하고 값을 시리얼 모니터에 프린트한다.

```
/*
 * 여러 개의 I2C 슬레이브에 대한 스케치
 * I2C 요청을 모니터링하고 이를 직렬 포트로 에코한다.
 */

#include <Wire.h>

const int address = 4; // 통신하는 장치들이 사용할 주소.

void setup()
{
  Serial.begin(9600);
  Wire.begin(address);           // 이 주소를 사용해 I2C 버스에 참여한다.
  Wire.onReceive(receiveEvent); // 이벤트를 등록해 요청들을 처리한다.
}

void loop()
{
  // 여기에는 아무런 내용도 없다. 모든 작업이 receiveEvent에서 이뤄진다.
}

void receiveEvent(int howMany)
{
  while(Wire.available() > 0)
  {
    char c = Wire.read(); // 바이트를 문자 한 개로 여겨 수신한다.
    if(c == 'H')
    {
```

```
    // 메시지가 시작되면 여기로 온다.
    int nbrSensors = Wire.parseInt();
    if(nbrSensors > 0)
    {
      for(int i=0; i < nbrSensors; i++)
      {
        int val = Wire.parseInt();
        Serial.print(val);
        Serial.print(" ");
      }
      Serial.println();
    }
  }
 }
}
```

함께 보면 좋은 내용

아두이노 프린트 기능을 사용하는 방법을 4장에서 자세히 설명한다.

레시피 13.6 넌처크 가속도계 사용

문제

가속도계 입력을 사용하는 편리하고 재미있는 방법으로 위Wii가 만든 넌처크nunchuck를 아두이노에 연결하려고 한다. 넌처크는 저렴하면서도 인기가 많은 게임 장치로, 중력의 영향을 측정해 장치의 방향을 나타낸다. 여러분은 넌처크를 사용해도 되지만, 그 밖의 회사에서 만든 복제품(일반적으로 훨씬 저렴함)을 찾아서 써도 된다.

해법

넌처크는 전용 플러그를 사용한다. 위가 만든 그 밖의 제품에 넌처크를 연결해 사용할 일이 다시 없을 것 같다면 리드를 잘라 연결하자. 아니면 매트릭스 보드를 잘게 자른 후에 주의를 기울여 플러그를 연결하거나(그림 13-12에 핀아웃이 표시되어 있음) 솔라보틱스Solarbotics가 내놓은 넌처키NunChucky, 즉 위Wii의 넌처크 I2C 브레이크아웃Wii Nunchuck I2C Breakout(품번 31040) 같은 어댑터를 구입할 수 있다.

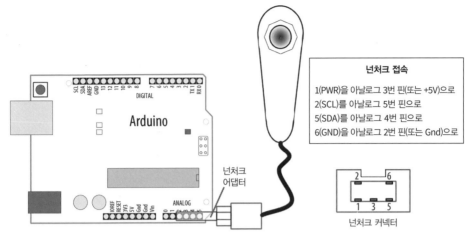

넌처크 접속

1(PWR)을 아날로그 3번 핀(또는 +5V)으로
2(SCL)를 아날로그 5번 핀으로
5(SDA)를 아날로그 4번 핀으로
6(GND)을 아날로그 2번 핀(또는 Gnd)으로

넌처크 커넥터

그림 13-12 넌처크를 아두이노에 연결하기

넌처키(NunChuncky) 같은 어댑터는 여러분이 A4 핀에서 SDA를 사용할 수 있고 A5 핀에서 SCL을 사용할 수 있게 한 아두이노 보드를 사용한다고 가정한다. 이는 아두이노 우노와 ATmega328(및 ATmega168과 같은 이전 칩)을 기반으로 하는 대부분의 보드에 해당된다. 그러나 ARM 기반 아두이노 보드나 레오나르도 및 그 밖의 여러 제품에는 해당되지 않는다. 이러한 보드를 사용하거나 배치 방식이 우노와 다른 보드를 사용한다면 어댑터의 SDA 및 SCL 핀을 보드의 해당 핀에 연결하고 보드의 3.3V 및 GND 핀에서 전원 및 접지를 제공해야 한다. 이렇게 하면 gndPinLOW 및 vccPinHIGH를 설정하는 코드 줄을 제거할 수 있다.

움직임 데이터를 프로세싱 스케치로 송신하는 아두이노 스케치는 다음과 같다.

```
/*
 * nunchuck_lines(넌처크 통신 회선) 스케치.
 * Nunchuck 이동을 따르는 선을 그리기 위해 데이터를 프로세싱으로 송신한다.
 */

#include <Wire.h> // 통신 회선을 초기화한다.

const int vccPin = A3; // 17번 핀이 +v을 제공한다.
const int gndPin = A2; // 16번 핀이 gnd를 제공한다.

const int dataLength = 6;        // 요청하는 바이트 개수.
static byte rawData[dataLength]; // 넌처크 데이터를 저장하는 배열.

enum nunchuckItems { joyX, joyY, accelX, accelY, accelZ, btnZ, btnC };

void setup()
{
  pinMode(gndPin, OUTPUT); // 전원 핀을 적절한 상태로 설정한다.
  pinMode(vccPin, OUTPUT);
  digitalWrite(gndPin, LOW);
  digitalWrite(vccPin, HIGH);
  delay(100); // 이런저런 것들이 안정될 때까지 기다린다.
```

```
  Serial.begin(9600);
  nunchuckInit();
}

void loop()
{
  nunchuckRead();
  int acceleration = getValue(accelX);
  if((acceleration >= 75) && (acceleration <= 185))
  {
    // map 함수는 75 ~ 185에 대응하는 수로 0 ~ 63을 반환한다.
    byte x = map(acceleration, 75, 185, 0, 63);
    Serial.write(x);
    delay(20); // 다시 그리는 작업 사이의 시간을 밀리초(ms) 단위로 지정한다.
  }
}

void nunchuckInit()
{
  Wire.begin(); // I2C 버스를 마스터로 결합한다.
  Wire.beginTransmission(0x52); // 0x52 장치로 전송한다.
  Wire.write((byte)0x40);        // 메모리 주소를 송신한다.
  Wire.write((byte)0x00);        // 0을 한 개 송신한다.
  Wire.endTransmission();        // 전송을 멈춘다.
}

// 데이터를 요청하는 신호를 넌처크로 송신한다.
static void nunchuckRequest()
{
  Wire.beginTransmission(0x52); // 0x52 장치로 전송한다.
  Wire.write((byte)0x00);        // 1개 바이트를 송신한다.
  Wire.endTransmission();        // 전송을 멈춘다.
}

// 넌처크에서 데이터를 다시 수신한다.
// 성공적으로 읽으면 true를 반환하고 그렇지 않으면 false를 반환한다.
bool nunchuckRead()
{
  int cnt = 0;
  Wire.requestFrom (0x52, dataLength); // 넌처크로부터 데이터를 요청한다.
  while (Wire.available ())
  {
    rawData[cnt] = nunchuckDecode(Wire.read());
    cnt++;
  }
  nunchuckRequest(); // 다음 번 데이터 페이로드에 대한 요청을 송신한다.
  if (cnt >= dataLength)
    return true;       // 6바이트를 모두 수신했다면 성공이고
  return false;        // 그렇지 않다면 실패다.
}

// 대부분의 위모트(wiimote) 드라이버들이 사용할 수 있는 형식으로 데이터를 인코딩한다.
```

```
static char nunchuckDecode (byte x)
{
  return (x ^ 0x17) + 0x17;
}

int getValue(int item)
{
  if (item <= accelZ)
    return (int)rawData[item];
  else if (item == btnZ)
    return bitRead(rawData[5], 0) ? 0: 1;
  else if (item == btnC)
    return bitRead(rawData[5], 1) ? 0: 1;
}
```

토의

I2C는 종종 장치 간 통신을 위해 넌처크 같은 상용 제품에 사용된다. 이번 장치에 대한 공식 데이터시트는 없지만, 넌처크 신호를 분석(역 엔지니어링)해 통신에 필요한 명령을 결정했다.

다음에 나오는 프로세싱 스케치를 사용해 그림 13-13에 표시된 것처럼 넌처크의 움직임에 따라 그려지는 선(line) 한 개를 표시할 수 있다(프로세싱을 사용해 아두이노 직렬 데이터를 수신하는 과정을 자세히 알고 싶고 아두이노를 사용해 프로세싱을 설정하고 사용하는 일에 관한 조언도 참고하고 싶다면 4장을 보자).

```
// 넌처크 데이터에 맞춰 선을 긋기 위한 프로세싱 스케치.
import processing.serial.*;

Serial myPort; // Serial 클래스를 사용해 객체를 생성한다.

public static final short portIndex = 1;

void setup()
{
  size(600, 600);
  // 여러분이 사용하는 포트가 무엇이든지 그것을 연다(4장을 참고하자).
  myPort = new Serial(this,Serial.list()[portIndex], 9600);
}

void draw()
{
  if (myPort.available() > 0)
  { // 데이터를 사용할 수 있다면
    int y = myPort.read(); // 포트를 읽어 그것을 변수에 저장한다.
    background(255);       // 배경색을 흰색으로 설정한다.
    line(0,63-y,127,y);    // 선을 긋는다.
  }
}
```

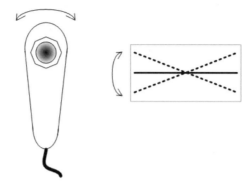

그림 13-13 프로세싱에서 기울어진 선으로 표시되는 넌처크의 운동

스케치에는 I2C 통신을 위한 Wire 라이브러리가 포함되며, 넌처크에 전력을 공급하는 데 사용되는 핀을 정의한다.

```
#include <Wire.h> // 통신선을 초기화한다.

const int vccPin = A3; // 17번 핀이 제공하는 +v(vcc).
const int gndPin = A2; // 16번 핀이 제공하는 gnd.
```

Wire.h는 아두이노 릴리스에 포함된 I2C 라이브러리다. A3은 3번 아날로그 핀(17번 디지털 핀)이고, A2는 2번 아날로그 핀(16번 디지털 핀)이다. 이 핀들이 넌처크에 전력을 공급한다.

enum은 열거된 상수 목록을 생성하기 위한 구성소construct인데(즉, 열거형 자료구조 지정자인데), 이번 경우에서는 넌처크로부터 반환된 센서값 목록을 담고 있다. 이 상수는 넌처크 센서값들 중 하나에 대한 요청을 식별하는 데 사용된다.

```
enum nunchuckItems { joyX, joyY, accelX, accelY, accelZ, btnZ, btnC };
```

setup 함수는 vccPinHIGH와 gndPinLOW를 설정해 넌처크에 전력을 공급하는 데 사용되는 핀을 초기화한다. 이는 넌처크 어댑터가 전력을 공급하는 경우에만 필요하다. 넌처크와 마찬가지로 전력이 공급되는 장치가 핀의 최대 전류 용량(40㎃, 5장을 참고하자)을 초과하지 않는 것이 확실하지 않으면 일반적으로 디지털 핀을 전원으로 사용하지 않는 것이 좋다.

nunchuckInit 함수로는 I2C가 넌처크와 통신하는 방법을 설정한다.

Wire.begin()으로 I2C 통신을 시작한다. 이번 예제에서 마스터 역할을 하는 아두이노는 주소 0x52 에서 원하는 슬레이브(보조 장치)인 넌처크를 초기화한다.

다음 줄은 16진수 주소 52(0x52)에 있는 장치에 메시지를 송신할 준비를 하게 Wire 라이브러리에 지시한다.

```
beginTransmission(0x52);
```

 I2C 문서에는 일반적으로 16진수 값이 있는 주소들이 들어 있으므로 스케치에서 이 표기법을 따르면 편리하다.

Wire.send는 Wire.endTransmission이 실제로 송신을 수행하기 위해 호출될 때까지 데이터가 저장된 Wire 라이브러리 내 버퍼에 지정된 값을 저장한다.

nunchuckRequest와 nunchuckRead는 넌처크에서 데이터를 요청하고 읽는 데 사용한다.

Wire 라이브러리에 있는 requestFrom 함수는 0x52(넌처크) 장치에서 6바이트의 데이터를 가져오는 데 사용한다.

넌처크는 다음과 같이 6바이트를 사용해 데이터를 반환한다.

바이트 번호	설명
바이트 1	x축 아날로그 조이스틱 값
바이트 2	y축 아날로그 조이스틱 값
바이트 3	x축 가속 값
바이트 4	y축 가속 값
바이트 5	z축 가속 값
바이트 6	버튼 상태와 가속 값 최하위 비트

Serial.available(4장을 참고하자)과 마찬가지로 Wire.available은 직렬 인터페이스가 아니라 I2C 인터페이스를 통해 수신된 바이트 수를 나타낸다. 데이터를 사용할 수 있는 경우에는 Wire.read를 사용해 읽은 다음에 nunchuckDecode를 사용해 디코딩한다. 송신된 값을 스케치에서 사용할 수 있는 숫자로 변환하려면 디코딩해야 하며, 이 값이 버퍼(rawData)에 저장된다. 다음으로 나오는 6바이트의 데이터에 대한 요청이 전송되어 다음 호출이 데이터를 가져오기 위해 준비되고 대기한다.

```
int acceleration = getValue(accelX);
```

getValue 함수는 열거된 센서 목록에서 상수 중 하나(이 경우에는 x 축 가속을 위한 accelX 항목)에 전달된다.

쉼표를 사용해 필드를 구분하는 식으로 추가 필드를 송신할 수 있다(레시피 4.4 참고). 이를 달성하기 위해 수정된 loop 함수는 다음과 같다.

```
void loop()
{
  nunchuckRead();
  Serial.print("H,"); // 헤더
  for(int i=0; i < 3; i++)
  {
    Serial.print(getValue(accelX+ i), DEC);
    if(i > 2)
      Serial.write(',');
      else
      Serial.write('\n');
  }
  delay(20); // 다시 그리는 작업들 간의 시간을 밀리초(ms) 단위로 지정한다.
}
```

함께 보면 좋은 내용

넌처크와 인터페이스를 하기 위한 라이브러리는 레시피 16.5를 참고하자.

각 넌처크 값을 보여 주는 실시간 막대 차트를 표시하는 프로세싱 스케치는 레시피 4.4의 '토의' 부분을 참고하자.

14

간단한 무선 통신

레시피 14.0 소개

세상과 상호작용하는 아두이노의 능력은 훌륭하지만, 우리는 아두이노와 멀리 떨어진 곳에서 무선으로, 그리고 완전한 TCP/IP 네트워크를 오버헤드 없이 연결해 통신할 수 있게 되기를 바랄 때가 있다. 이번 장에서는 비용을 낮춰야만 하는 애플리케이션용으로 쓸 수 있을 만큼 간단한 유선 모듈과 다목적 XBee 무선 모듈, 그리고 블루투스처럼 기능이 풍부한 선택지를 다룬다.

RFM69HCW 같은 단순한 패킷 무선 모듈은 장치 간 통신을 안전하고 신뢰할 수 있는 방법으로 할수 있게 한다. XBee를 사용하면 아두이노에서도 유연하게 무선 통신을 할 수 있지만, 그 유연성 때문에 혼란스러워질 수 있다. 이번 장에서는 간단한 무선 직렬 포트 교체부터 여러 보드를 여러 센서에 연결하는 메시 네트워크mesh network(그물형 망)에 이르기까지 다양한 예를 제공한다.

블루투스 클래식Bluetooth Classic(기존 블루투스)과 저전력 블루투스Bluetooth Low Energy는 컴퓨터 및 휴대폰과의 인터페이스에 널리 사용되는 선택지다. 이러한 장치는 일반적으로 블루투스를 사용하기 때문에 전화기나 컴퓨터에 특별한 하드웨어를 추가하지 않은 채 무선 방식으로 편리하게 연결할 수 있다.

레시피 14.1 저가형 무선 모듈 기반 메시지 송신

문제

저렴한 하드웨어를 사용해 두 아두이노 보드 간에 데이터를 전송하려고 한다.

해법

이 레시피에서는 RFM69HCW 모듈을 기반으로 하는 간단한 송수신 모듈을 사용하는데, 이 모듈은 ISM_{Industrial, Scientific, Medical} 대역이라는, 무선 주파수(RF) 스펙트럼 중 비면허 대역_{unlicensed portion}에서 송수신한다. 여러분이 모듈을 어디서 사용하기로 계획하는지에 따라 적절한 주파수를 선택해야 한다. 433㎒ 모듈(에이다프룻 3071, 스파크펀 WRL-12823 브레이크 아웃 보드)은 지역 1(유럽, 아프리카, 구소련, 몽골 및 페르시아만의 서쪽에 해당하는 일부 중동 지역)에서 사용하게 설계되었다. 915㎒ 모듈(에이다프룻 3070 및 스파크펀 WRL-12775 브레이크아웃 보드)은 지역 2(미국, 그린랜드 및 태평양 동부 제도의 일부)에서 사용하게 설계되었다.[1]

베어 모듈_{bare module}(노출형 모듈, 민짜)도 구할 수는 있지만, 브레이크아웃 보드들에는 쉽게 연결할 수 있게 하는 회로가 들어 있다. 에이다프룻 보드에는 레벨 시프터_{level shifter}(준위 변환기, 정격 변환기)가 들어 있으므로 3.3V 로직이나 5V 로직에서 사용할 수 있다(그러나 3.3V 보드를 사용한다면 VIN을 5V 대신에 3.3V에 연결해야 한다). 동일한 주파수를 사용하게 각 모듈을 구성해야 한다. 그림 14-1과 같이 두 개의 브레이크아웃 보드를 배선하자.

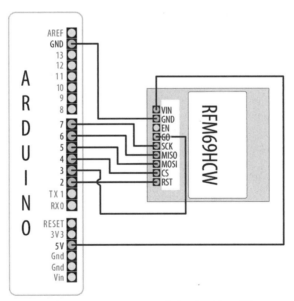

그림 14-1 RFM69HCW 브레이크아웃 보드 배선

---

1 [옮긴이] 433㎒와 915㎒는 비면허 ISM 대역의 중심주파수로서 주파수 대역은 해당 수치보다 조금 더 넓다. 역자가 전파누리(https:// spectrummap.kr/)에서 찾아 본 정보에 의하면 우리나라는 본문에 언급된 지역 1과 지역 2가 아닌 지역 3에 해당하며, 우리나라에서 비면허 대역(즉, 면허 불필요 대역)이 ISM 대역과 용도 미지정 대역으로 나뉘어 있는 것으로 보인다. 그리고 ISM 대역은 433㎒와 915㎒가 아닌 2.4GHz와 5.7GHz이다. 용도 미지정 대역은 기술적인 기준만 갖추면 굳이 산업/과학/의료, 즉 ISM 용도가 아니어도 쓸 수 있는 대역이라고 한다. 자세한 내용을 알고 싶다면 전파누리 홈페이지에서 '주파수 정보'를 확인해 보면 되며, '면허 불필요 대역'과 'ISM 대역'을 검색어로 삼아 검색해 보기 바란다.

전송 스케치는 짧은 텍스트 메시지를 수신 스케치로 전송한다. 이 스케치는 텍스트를 시리얼 모니터로 에코하고 응답을 송신한다.

송수신 스케치는 마이크 맥컬리Mike McCauley가 작성한 **RadioHead** 라이브러리를 사용해 다양한 무선 하드웨어에 대한 일반화된 인터페이스를 제공한다. 이 라이브러리를 내려받을 수도 있지만(https://oreil.ly/3kZca), 에이다프룻과 스파크펀은 하드웨어를 조금 더 잘 지원하는 맞춤형 라이브러리를 자체적으로 만들어 제공한다. 에이다프룻 라이브러리(https://oreil.ly/cRcdE)와 스파크펀 라이브러리(https://oreil.ly/UmESI)를 내려받자(레시피 16.2 참고)

일반 모듈이나 라디오헤드RadioHead에서 지원하는 다른 라디오를 사용한다면 모듈 공급업체가 사용자 정의 버전을 제공하지 않는 한, 마이크 맥컬리가 만든 원래 버전을 사용해야 한다.

```
/*
 * RFM69HCW 전송 스케치.
 * 다른 모듈에 메시지를 송신하고 응답을 찾아낸다.
 */
#include <SPI.h>
#include <RH_RF69.h>
#include <RHReliableDatagram.h>

#define MY_ADDR 2    // 이 노드의 주소.
#define DEST_ADDR 1 // 다른 노드.

#define RF69_FREQ 915.0 // 지원되는 주파수로 설정한다.

// 라디오 드라이버를 정의한다.
#define RFM69_INT 3
#define RFM69_CS 4
#define RFM69_RST 2
RH_RF69 rf69(RFM69_CS, RFM69_INT);

// 이 객체는 메시지 전달을 관리한다.
RHReliableDatagram rf69_manager(rf69, MY_ADDR);

void setup()
{
  Serial.begin(9600);

  pinMode(LED_BUILTIN, OUTPUT);
  pinMode(RFM69_RST, OUTPUT);
  digitalWrite(RFM69_RST, LOW);

  Serial.println("Resetting radio");
  digitalWrite(RFM69_RST, HIGH);
  delay(10);
```

```
  digitalWrite(RFM69_RST, LOW);
  delay(10);

  if (!rf69_manager.init())
  {
    Serial.println("Could not start the radio");
    while (1);    // 일시정지
    if (!rf69.setFrequency(RF69_FREQ))
    {
      Serial.println("Could not set frequency");
      while (1); // 일시정지
    }

    // 고전력 버전의 RF69(RFM69HW / HCW)를 사용하는 경우,
    // 다음이 필요하다.
    rf69.setTxPower(20, true); // 전력 범위는 14 ~ 20이다.
    // 각 노드는 동일한 키를 사용해야 한다.
    uint8_t key[] ={ 0x01, 0x02, 0x03, 0x04, 0x05, 0x06, 0x07, 0x08,
                     0x01, 0x02, 0x03, 0x04, 0x05, 0x06, 0x07, 0x08 };
    rf69.setEncryptionKey(key);

    Serial.print("RFM69 radio running at ");
    Serial.print((int)RF69_FREQ); Serial.println(" MHz");
  }
}

byte response[RH_RF69_MAX_MESSAGE_LEN]; // 그 밖의 장치에서 오는 메시지를 담는다.
byte message[] = "Hello!";

void loop()
{
  delay(1000); // 1초 동안 대기한다.
  if (rf69_manager.sendtoWait((byte *)message, strlen(message), DEST_ADDR))
  {
    byte len = sizeof(response); byte sender; // 송신자 ID.

    // 응답을 기다린다.
    if (rf69_manager.recvfromAckTimeout(response, &len, 2000, &sender))
    {
      response[len] = 0; // 응답 내용의 끝에 널(0)을 한 개 추가한다.
      Serial.print("Got [");
      Serial.print((char *) response);
      Serial.print("] from ");
      Serial.println(sender);

      // LED를 깜박이게 한다.
      digitalWrite(LED_BUILTIN, HIGH);
      delay(100);
      digitalWrite(LED_BUILTIN, LOW);
      delay(100);
    }
    else
    {
```

```
      Serial.print("Received no reply from ");
      Serial.println(sender);
    }
  }
  else
  {
    Serial.print("Failed to send message to "); Serial.println(DEST_ADDR);
  }
}
```

수신 스케치는 두 부분을 제외하고 전송 스케치와 똑같다. 먼저 DEST_ADDR을 정의할 필요가 없으며, MY_ADDR의 정의를 1로 바꿔야 한다.

```
/*
 * RFM69HCW 전송 스케치.
 * 다른 모듈로부터 메시지를 수신하고 응답 내용을 송신한다.
 */
#include <SPI.h>
#include <RH_RF69.h>
#include <RHReliableDatagram.h>

#define MY_ADDR 1 // 이 노드의 주소.
```

다음으로, loop 함수(그리고 그 앞의 두 가지 정의)를 이 버전으로 바꿔야 한다.

```
byte message[RH_RF69_MAX_MESSAGE_LEN]; // 그 밖의 장치에서 오는 메시지를 담는다.
byte reply[] = "Goodbye!";

void loop()
{
  if (rf69_manager.available()) // 메시지 한 개를 수신했다.
  {
    byte len = sizeof(message);
    byte sender; // 송신자 ID.

    if (rf69_manager.recvfromAck(message, &len, &sender)) // 메시지를 기다린다.
    {
      message[len] = 0; // 메시지 내용의 끝에 널(0)을 한 개 추가한다.
      Serial.print("Got [");
      Serial.print((char *) message);
      Serial.print("] from ");
      Serial.println(sender);

      // LED를 깜박이게 한다.
      digitalWrite(LED_BUILTIN, HIGH);
      delay(250);
      digitalWrite(LED_BUILTIN, LOW);
```

```
      delay(250);

      // 송신자에게 응답한다.
      if (!rf69_manager.sendtoWait(reply, sizeof(reply), sender))
      {
        Serial.print("Failed to send message to ");
        Serial.println(sender);
      }
    }
  }
}
```

토의

RadioHead 라이브러리에는 다양한 라디오를 지원하는 여러 드라이버가 들어 있다. 라이브러리를 사용하려면 라디오 드라이버(예: RH_RF69)를 정의해야 한다. 그리고 나서 setup 함수 내에서 일련의 초기화 단계를 수행한다. 라디오마다 정의하는 방법과 초기화하는 방법이 다르지만, 일단 스케치에서 라디오가 작동하고 실행되면 나머지 코드는 일반적으로 장치는 다를지라도 서로 비슷하다.

스케치는 SPI와 두 개의 RadioHead 라이브러리를 가져오는 것으로 시작된다. 첫 번째(RF_RF69)는 RFM69 시리즈 라디오용 드라이버이고, 두 번째(RHReliableDatagram)는 네트워크의 특정 모듈(또는 노드)에 메시지를 안정적으로 전달할 수 있는 API다.

스케치는 이 모듈의 노드 주소(MY_ADDR)를 정의한다. 송신 노드의 경우에는 1이고, 수신 노드의 경우에는 2다. 전송 스케치는 다른 노드의 대상 주소도 정의한다(1). 그 다음에 주파수를 정의한다. 현재 사용 중인 ISM 지역에 따라 모듈의 주파수 범위(일반적으로 915.0 또는 433.0)로 이 값을 변경하자. 어떤 경우에도 지역 2 국가(예: 미국)에서 지역 1 모듈(433㎒)을 사용해서는 안 된다. 433㎒ 주파수는 허가된 아마추어 무선 전송용으로 예약되어 있기 때문이다. 공급업체가 여러분의 지역에 맞지 않는 대역에서 작동하는 라디오를 판매하려고 해도 지역 규정을 이해하고 준수하는 것은 여러분의 책임이다. 공급업체의 설명서 및 현지 법률을 참고하자. 이 위키백과 내용(https://oreil.ly/Adh7k)은 이에 대한 배경지식을 제공한다.

setup 함수는 내장형 LED의 핀을 구성하는 일과 라디오에 대한 리셋 회선을 구성하는 일을 포함하는 여러 초기화 작업을 수행한다. 그리고 나서 리셋 선을 로우에서 하이로, 그리고 다시 로우로 당겨 라디오를 리셋한다. 그리고 나서 라디오를 구성한다.

루프 내에서 스케치는 sendtoWait 메서드를 사용해 다른 노드로 메시지를 송신한다. 그리고 나서 recvfromAckTimeout 함수를 사용해 해당 노드의 응답을 기다린다. 그리고 나서 직렬 포트에 도달한 메시지를 프린트하고 LED를 깜박인다.

수신 노드용 스케치는, loop 함수 안을 제외하면 아주 비슷해서 available 메서드를 반복적으로 점검해 가며 메시지를 수신할 때까지 대기한다. 스케치는 메시지를 받으면 직렬 포트에 표시하고 LED를 깜박인 후에 발신자에게 응답을 송신한다.

두 노드가 모두 작동 중일 때 전송 노드에서 시리얼 모니터를 열면 다음과 같은 출력이 표시된다.

```
Resetting radio
RFM69 radio running at 915 MHz
Got [Goodbye!] from 1
Got [Goodbye!] from 1
Got [Goodbye!] from 1
```

그리고 수신 노드에서 다음 내용을 볼 수 있다.

```
Resetting radio
RFM69 radio running at 915 MHz
Got [Hello!] from 2
Got [Hello!] from 2
Got [Hello!] from 2
```

 32비트 보드인 레오나르도나, 직렬 포트가 열렸을 때 리셋되지 않는 보드에서 스케치를 실행하는 경우에 Serial.begin(9600);이 나온 자리 바로 다음에 while(!Serial);을 추가할 수 있다(122쪽에 '직렬 방식 하드웨어의 행태' 참고). 프로덕션 환경(production environment, 출시 환경, 운영 환경)에서는 이 코드 줄을 원하지 않을 것이다. 이는 스케치가 계속 실행되기 전에 스케치가 직렬 연결을 기다려야 한다는 것을 의미하기 때문이다.

RadioHead 라이브러리는 어셈블리를 여러 바이트로 이뤄진 패킷으로 보고 처리하므로 이진 데이터를 송신하는 일은 데이터의 주소와 송신할 바이트의 개수를 전달하는 일로 구성된다.

다음의 스케치는 이 레시피 해법의 전송 스케치와 비슷하지만, 문자열을 송신하는 대신에 analogRead를 사용해 세 개의 아날로그 입력 포트를 읽은 값이 포함된 구조체struct로 메시지 버퍼를 채운다. 구조체에는 메시지의 시작 부분에 헤더가 들어 있으며, 메시지 형식을 나타내는 데 사용할 수 있다. 구조체는 unsigned short int를 사용해 여러분의 송신기와 수신기의 아키텍처가 서로 다를 때의 아날로그 값들을 나타낸다. int는 8비트 보드에서 2바이트, 32비트 보드에서 4바이트에 해당하지만, 두 아키텍처에서 unsigned short int는 모두 2바이트다(레시피 2.2 참고). 그러나 구조체를 정렬하는 방법이 아키텍처별로 다르다. 다르게 사용되지 않는 padding 구조체 멤버가 없으면 구조체는 8비트 보드에서는 7바이트가 되고, 32비트 보드에서는 8바이트가 된다. 즉, 수신 측에서 데이터가 손상되어 나타난다(레시피 4.6 참고).

라디오를 통해 전송되는 데이터 구조들이 함수 외부에서 정의되므로 그러한 구조들이 함수의 스택에 정의되지 않는다. 데이터 구조가 있는 메모리에 안정적으로 액세스해야 할 때는 RadioHead 라이브러리가 필요하다.

송신기 스케치의 수정된 loop() 함수는 다음과 같다.

```
struct sensor {
  char header = 'H';
  char padding; // 8비트와 32비트의 정렬을 동일하게 해야 한다.
  unsigned short int pin0;
  unsigned short int pin1;
  unsigned short int pin2;
} sensorStruct;

void loop()
{
  delay(1000); // 1초 동안 대기한다.

  sensorStruct.pin0 = analogRead(A0);
  sensorStruct.pin1 = analogRead(A1);
  sensorStruct.pin2 = analogRead(A2);

  byte len = sizeof(sensorStruct);
  memcpy(message, &sensorStruct, len);

  if (!rf69_manager.sendtoWait((byte *)message, len, DEST_ADDR))
  {
    Serial.print("Failed to send message to "); Serial.println(DEST_ADDR);
  }
}
```

다음은 수신기 스케치의 수정된 버전이다.

```
struct sensor {
  char header;
  char padding; // 8비트와 32비트의 정렬을 동일하게 해야 한다.
  unsigned short int pin0;
  unsigned short int pin1; unsigned short int pin2;
} sensorStruct;

// loop 함수 외부의 라디오 채널을 통해 송신하는 모든 것을 정의하여,
// 그것들이 스택 바이트 위에 들어 있지 않게 하자.
byte message[sizeof(sensorStruct)];

void loop()
{
  if (rf69_manager.available()) // 메시지 한 개를 수신했다.
  {
```

```
    byte len = sizeof(message);
    byte sender; // 송신기 ID.

    if (rf69_manager.recvfromAck(message, &len, &sender)) // 메시지를 기다린다.
    {
      memcpy(&sensorStruct, message, len);
      Serial.print("Header: "); Serial.println(sensorStruct.header);
      Serial.print("Sensor 0: "); Serial.println(sensorStruct.pin0);
      Serial.print("Sensor 1: "); Serial.println(sensorStruct.pin1);
      Serial.print("Sensor 2: "); Serial.println(sensorStruct.pin2);
    }
  }
}
```

시리얼 모니터는 수신기에 아날로그 값을 표시한다.

```
Header: H Sensor 0: 289
Sensor 1: 288
Sensor 2: 281
Header: H Sensor 0: 287
Sensor 1: 286
Sensor 2: 280
```

RH_RF69의 최대 버퍼 크기는 60바이트다(상수 RH_RF69_MAX_MESSAGE_LEN은 라이브러리의 헤더 파일에 정의되어 있다).

무선 범위는 공급 전압과 안테나에 따라 최대 500미터 정도이며, 송신기와 수신기 사이에 장애물이 있으면 이 거리가 줄어든다.

함께 보면 좋은 내용

로라LoRa도 라디오헤드RadioHead가 지원하는 저전력 장거리 네트워킹 기술이다. 최적의 운전조건일 때 이 해법에서 다루는 라디오와 비슷한 로라 모듈의 범위가 라디오보다 훨씬 더 넓다. 여러분은 에이다프룻(품번 3072)과 스파크펀(품번 WRL-14916)의 RFM95W 모듈 기반 로라 라디오 모듈을 찾아볼 수 있다.

송신기 및 수신기 모듈에 대한 데이터시트를 여기(https://oreil.ly/xdXXY)나 여기(https://oreil.ly/888zi)에서 내려받자.

문제

아두이노가 ZigBee나 802.15.4 네트워크를 통해 통신하게 하고 싶다.

802.15.4는 디지 인터내셔널Digi International이 만든 저가형 XBee 모듈 같은 제품에서 구현되는 저전력 디지털 라디오의 IEEE 표준이다. ZigBee는 여러 회사가 맺은 연합체의 이름이며, 또한 이 연합체 가 유지하는 표준의 이름이기도 하다. ZigBee는 IEEE 802.15.4를 기반으로 하며 그 상위 집합이다. ZigBee는 디지 인터내셔널의 특정 XBee 모듈을 포함해 다양한 제품에서 구현된다.

XBee 3 모듈처럼 ZigBee 호환 목록에 포함된 XBee 모듈만 ZigBee와 호환됨을 보장받을 수 있다. 즉, 이전 XBee 시리즈 1 모듈에서도 ZigBee의 기능 중 일부(IEEE 802.15.4)를 사용할 수 있다. 실제로, 여기 에 나오는 대부분의 레시피는 시리즈 1 모듈에서 작동한다.

XBee 문제 해결

XBee 간에 대화하는 데 문제가 있다면 두 제품군과 함수 집합(예: 그림 14-4에 나오는 XB3-24 제품군과 Digi XBee 3 Zigbee 3.0 TH 함수 집합)이 서로 같은지를 확인하고, 두 제품군 모두 최신 펌웨어 버전(그림 14-4에 나 오는 펌웨어 버전)을 실행 중인지 확인하자. 계속 문제가 발생하면 두 장치에서 약간 오래된 버전의 펌웨어를 사용해 보자.

포괄적인 XBee 문제 해결 팁은 로버트 팔루디(Robert Faludi)의 'Common XBee Mistakes'(https://oreil. ly/YSoWl)를 참고하자. XBee를 사용하는 일을 더 알고 싶다면 그의 저서인 《Building Wireless Sensor Networks》(O'Reilly)를 참고하자.

해법

형식이 같은 두 개 이상의 XBee 모듈(두 개의 Xbee 3 모듈, 두 개의 시리즈 2, 두 개의 시리즈 1, 기타 등 등)을 확보하고, (이러한 모듈을 아두이노에 연결하기 전에 먼저) 이것들이 서로 간에 통신하도록 모듈을 구성하고('토의' 부분에서 설명한 대로), 그중 하나를 아두이노에 연결하자('토의' 부분에서 지시한 대로 나 머지 모듈 한 개를 컴퓨터에 연결한다). 그림 14-2는 XBee Adapter와 아두이노 간 연결 방식을 보여 준 다. 아두이노의 RX는 XBee의 TX에 연결되며, 그 반대도 마찬가지다.

아두이노를 XBee에 연결하고 이 간단한 스케치를 실행하면 아두이노는 다른 XBee가 송신하는 내 용을 에코하는 식으로 수신하는 모든 메시지에 응답한다. 보드의 종류에 따라 적절한 MYSERIAL 정의를 사용하자(이를 더 알고 싶다면 120쪽에 나오는 '직렬 방식 하드웨어' 부분을 참고하자).

```
/*
 * XBee 에코 스케치.
 * 여러분이 직렬 포트를 통해 받은 것이 무엇이든 그것으로 응답한다.
 */

// 다음 중 하나만 주석을 해제한다.
#define MYSERIAL Serial // 우노와 나노 및 그 밖의 AVR 보드.
//#define MYSERIAL Serial1 // 나노 에브리, 우노 와이파이 R2, 레오나르도 및 그 밖의 ARM 기반 보드.

void setup()
{
  MYSERIAL.begin(9600);
  pinMode(LED_BUILTIN, OUTPUT);
}

void loop()
{
  while (MYSERIAL.available())
  {
    MYSERIAL.write(MYSERIAL.read()); // 수신한 것이 무엇이든 그것에 대해 응답한다.
    digitalWrite(LED_BUILTIN, HIGH); // LED를 깜박여 활동 중이라는 점을 보인다.
    delay(10);
    digitalWrite(LED_BUILTIN, LOW);
    delay(10);
  }
}
```

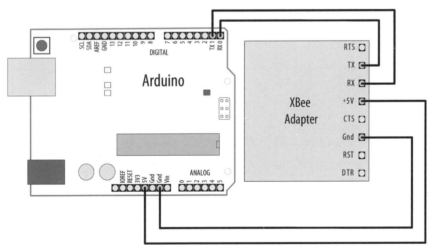

그림 14-2 XBee 어댑터를 사용해 아두이노를 XBee에 연결

여러분이 온보드 전압조정기(onboard voltage regulator, 보드에 장착되어 나온 전압조정기)가 없는 어댑터를 사용한다면 어댑터는 전압을 XBee로 직접 송신한다. 이 경우에는 아두이노의 3.3V 핀이 XBee를 구동하기에 충분한 전력을 공급할 수 없으므로 5V에서 3.3V로 변환하는 전압조정기를 사용해야 한다(더 알고 싶다면 '토의' 부분을 참고하자).

XBee들을 구성하고 컴퓨터나 아두이노에 연결하면 메시지를 송수신할 수 있다.

아두이노 우노나 USB-직렬 간 인터페이스와 0번 핀 및 1번 핀(RX 및 TX)을 공유하는 모델을 사용한다면 아두이노를 프로그래밍하기 전에 XBee에서 아두이노를 분리해야 한다. 그렇지 않고 XBee가 해당 핀에 연결되면 신호가 교차된다.

토의

여러분의 XBee들을 구성하려면 그것을 패럴랙스의 USB XBee Adapter(품번 32400)나 스파크펀의 XBee Explorer USB(WRL-11812) 같은 XBee 어댑터에 연결한 다음에 윈도우, macOS, 리눅스 같은 운영체제로 작동하는 컴퓨터에 연결한다. 이러한 보드들은 XBee를 PC에 연결하는 데 쓰는 USB-직렬 간 어댑터 역할과 XBee를 납땜이 필요하지 않은solderless 브레드보드에 연결하는 데 쓰는 브레이크아웃 보드 역할을 모두 다 할 수 있다(XBee 핀의 크기는 브레드보드에 들어맞지 않는다). XBee를 아두이노에 이미 연결한 경우에는 USB를 통해 컴퓨터에 연결하기 전에 네 개의 아두이노 연결(5V, GND, TX, RX)을 분리해야 한다(초기 구성을 위해서는 XBee를 컴퓨터에 연결하기만 하면 됨).

USB 없는 XBee 브레이크아웃 보드도 있지만, 브레이크아웃 보드를 컴퓨터에 연결하려면 별도의 USB-직렬 어댑터를 사용해야 한다. XBee 제품들을 아두이노나 그 밖의 장치에 연결하는 데 필요한 USB 지원 어댑터 중 하나와 더 저렴한 보드를 구입하는 것도 생각해 볼 만한 선택지다. 문제는 USB가 없는 저가형 브레이크아웃 보드에는 전압조정기가 들어 있지 않을 때가 많다는 점이다. 즉, XBee를 5V에서 직접 전력을 공급할 수 없으며, 아두이노의 3.3V 공급이 일반적으로 XBee에 충분하지 않기 때문에 LD1117V33과 같은 전압조정기가 필요하다는 점이다. 전압조정기를 가로지를 두 개의 디커플링 커패시터가 필요하다. 즉, 5V와 GND 사이에 $10\mu F$, 3V와 GND 사이에 $1\mu F$짜리가 있어야 한다(이를 연결하는 방법에 대한 예제를 보고 싶다면 레시피 15.5를 참고하자).

XBee를 5V 보드에 붙여 사용한다면 아두이노의 TX/RX 핀과 XBee 사이에 레벨 시프터를 추가할 수 있지만 일반적으로 필요하지는 않다. 디지 인터내셔널(XBee 모듈 제조업체)의 수석 혁신가였던 로버트 팔루디Robert Faludi는 XBee가 '아두이노와 더불어 5V 신호를 작동시킬 수 있다'면서 레벨 시프트 회로가 항상 필요한 것은 아니지만, '모듈을 전체 온도 범위에서 안정시켜야 할 상용 애플리케이션'에 쓰기를 추천한다고 말한다(https://oreil.ly/eqzQ7).

두 개 이상의 어댑터를 구입해 컴퓨터에 두 개의 XBee를 동시에 연결하자. 이 동일한 어댑터를 사용해 XBee를 아두이노에 연결할 수 있다.

XBee 구성

초기 구성을 위해서는 XBee를 컴퓨터에 연결해야 한다. 지금은 컴퓨터에 하나만 연결하자. XBee USB 브레이크아웃 보드를 사용하려면 드라이버를 설치해야 할 수 있으므로 제조업체의 제품 웹 페이지를 확인하고 설명서나 다운로드할 드라이버를 찾아야 한다. 대부분은 FTDI 칩셋을 사용한다 (레시피 1.1의 FTDI 드라이버에 대한 설명 참고).

 XCTU를 사용하는 데 문제가 있다면 지원 문서를 보자(https://oreil.ly/wrMpb).

진도를 빼기 전에 윈도우, macOS, 리눅스에서 사용할 수 있는 XCTU 애플리케이션(https://oreil.ly/UTYaR)을 내려받아 설치하자. 그리고 나서 각 XBee에 대해 다음 단계를 수행하자.

1. XCTU 애플리케이션을 실행하고 나서 XCTU 메뉴를 클릭하고 Discover Radio Modules(라디오 모듈 찾기)를 선택하자. XCTU는 컴퓨터의 직렬 포트 목록을 보여 준다. XBee가 연결되어 있다고 생각하는 것을 선택하자(모두 선택을 클릭하는 것이 제일 바람직하다). Next를 클릭하자.

2. 포트 매개변수들을 설정하라는 메시지가 표시된다. 이는 XCTU가 연결된 장치와 통신하는 방법을 결정한다. 다른 전송 속도, 데이터 비트 수, 패리티, 정지 비트, 흐름 제어를 사용하게 XBee를 재구성하지 않았다면 기본값을 그대로 둘 수 있다(그렇지 않으면 적용 가능한 모든 옵션 선택). Finish를 클릭하면 XCTU가 부착된 XBee들을 검색한다.

3. XCTU는 직렬 장치를 스캔한다. 완료되면 찾아낸 XBee 목록이 표시되고 그림 14-3에 표시된 것처럼 기본적으로 선택된다. 구성하려는 장치를 선택했는지를 확인하고 Add Selected Devices(선택한 장치 추가)를 클릭하자.

4. 구형(시리즈 1이나 시리즈 2) XBee를 처음 연결한다면 XCTU는 펌웨어 라이브러리를 업데이트하라는 메시지를 표시한다(Yes를 클릭하고 나서 레거시 펌웨어 패키지를 설치하자). XCTU는 모듈의 현재 설정을 읽는다. 최상의 결과를 얻으려면 방금 연결한 각 XBee 모듈에 대해 두 가지 작업을 수행하고, XBee를 다시 구성할 때마다 이 작업을 해야 한다.

   a. device(장치)를 클릭해서 선택하고 나서 Update(업데이트) 버튼을 클릭하자. 펌웨어 업데이터가 나타난다. 사용할 수 있는 펌웨어의 최신 버전을 선택하자. XBee 3의 경우에는 Digi XBee 3 Zigbee 3.0 TH 펌웨어를 선택하자. XBee 시리즈 2의 경우에는 첫 번째(ZigBee Coordinator AT)와 두 번째(ZigBee Router AT)에 다른 펌웨어를 사용한다. XBee 시리즈 1의 경우에는 XBEE 802.15.4를 선택하자. Update(업데이트)를 클릭하자. 이미 최신 버전의 펌웨어를 사용하고 있는 경우에 이 단계를 건너뛸 수 있다.

b. Default(기본) 버튼을 클릭하고 나서 Write(쓰기)를 클릭하자. 이렇게 하면 장치가 기본 설정으로 다시 돌아간다.

그림 14-3. 컴퓨터에 연결된 XBee 찾아내기

첫 번째 XBee에 테이프나 스티커를 붙이고 번호를 1로 지정하자(또는 A로 지정하거나, 무엇이든지 구성한 첫 번째 것을 기억하는 데 도움이 되는 방법을 쓰자). 그러고 나서 두 번째 XBee를 연결하고 앞의 단계를 반복하자(처음 연결된 것을 유지할 수 있음). 두 번째 XBee에는 2나 B 또는 어떤 것이 어떤 것인지를 알아보기 쉽게 할 만한 딱지를 붙이자(여러분이 시리즈 2 XBee를 사용 중이라면 ZigBee Coordinator AT 펌웨어를 #1에 설치할 것이고, ZigBee Router AT 펌웨어를 #2에 설치할 것이다). 이제 구성의 마지막 단계를 수행할 준비가 되었다(그림 14-4 참고).

1. XCTU에서 첫 번째 XBee를 클릭하자. XBee 3의 경우에는 다음 옵션을 구성하자.

   a. CE Device Role(장치의 역할): Form Network[1]

   b. ID Extended Pan ID(확장된 팬 ID): 1234(또는 동일한 네트워크의 모든 장치에 대해 동일한 PAN ID를 사용하는 한 여러분이 원하는 16진수라면 무엇이든지)

   c. DH Destination Address High(수신지의 상위 주소): 0

   d. DL Destination Address Low(수신지의 하위 주소): FFFF(코디네이터 XBee가 라우터 XBee에 브로드캐스트할 수 있게 한다)

XBee 시리즈 2의 경우에는 다음 옵션을 구성하자.

a. ID Pan ID(팬 ID): 1234

b. DH Destination Address High(수신지의 상위 주소): 0

c. DL Destination Address Low(수신지의 하위 주소): FFFF

XBee 시리즈 1의 경우에는 다음 옵션을 구성하자.

a. ID Pan ID(팬 ID): 1234

b. DH Destination Address High(수신지의 상위 주소): 0

c. DL Destination Address Low(수신지의 하위 주소): 2222

d. MY 16-Bit Source Address(16비트 발신지 주소): 1111

MY 명령은 XBee의 식별자를 설정한다. DL 및 DH는 대상 XBee의 하위 바이트 및 상위 바이트를 설정한다. ID는 네트워크 ID를 설정한다(XBee 시리즈 1이 서로 통신하려면 동일해야 함).

2. Write(쓰기) 버튼을 클릭하자.

3. XCTU에서 두 번째 XBee를 클릭하자.

    XBee 3의 경우에는 다음 옵션을 구성하자.

    a. CE Device Role(장치의 역할): Join Network[0]

    b. ID Extended Pan ID(확장된 팬 ID): 1234

    c. JV Coordinator Verification(코디네이터 검증): Enabled(허용). 이를 통해 XBee가 올바른 채널에 있는지를 확인해 코디네이터와 연결하는 일을 더 안정시킬 수 있다.

    XBee 2의 경우에는 다음 옵션을 구성하자.

    a. ID Pan ID(팬 ID): 1234

    b. JV Channel Verification(채널 검증): Enabled(허용)

    XBee 시리즈 1의 경우에는 다음 옵션을 구성하자.

    a. ID Pan ID(팬 ID): 1234

    b. DH Destination Address High(수신지의 상위 주소): 0

    c. DL Destination Address Low(수신지의 하위 주소): 1111

d. MY 16-Bit Source Address(16비트 발신지 주소): 2222

4. Write(쓰기) 버튼을 클릭하자.

 여러분에게 컴퓨터 두 대가 있다면 각 XBee를 컴퓨터에 따로따로 연결할 수 있다.

그림 14-4 XBee 구성

그러고 나서 XCTU에서 Console 아이콘을 클릭하거나 Working Modes ➡ Consoles Working Mode를 선택하자. 왼쪽에 나오는 목록에서 각 XBee를 클릭하고 나서 콘솔 창의 오른쪽 창에서 열기 아이콘을 클릭하자. 두 XBee를 모두 연결한 다음에 그것들 간에 전환하고, Console Log에 직접 타이핑해 넣을 수 있다. 하나의 XBee에 입력한 내용이 파란색 텍스트로 표시된다. 다른 XBee를 클릭해 콘솔을 보면 두 번째 XBee에서 입력한 내용이 빨간색 텍스트로 표시된다.

아두이노와 대화하기

이제 XBee 모듈을 구성했으므로 XBee들 중 하나를 선택하고 연결된 직렬 터미널을 닫고 컴퓨터에서 분리하자. 다음으로 이 레시피 해법에 표시된 코드로 아두이노를 프로그래밍하고 그림 14-2에 표시한 대로 XBee를 아두이노에 연결하자. 다른 XBee에 연결된 XCTU 콘솔에 문자를 입력하면 다시 문자가 표시된다(a를 입력하면 aa가 표시됨). 아두이노가 문자를 수신하면 내장형 LED가 깜박인다.

함께 보면 좋은 내용

레시피 14.3, 14.4, 14.5를 참고하자.

특정 XBee 기반 메시지 송신

문제

아두이노 스케치로부터 메시지가 가야 할 노드를 구성하고 싶다.

해법

직렬 포트를 통해 연결된 장치에 제어 명령을 전송하는 표준 방법인 AT$_{\text{attention}}$(주의) 문자가 앞에 붙은 구성 명령을 아두이노 스케치로부터 직접 송신한다.

```
/*
 * XBee 메시지 스케치.
 * 주소를 사용해 XBee에 메시지를 송신한다.
 */

// 다음 중 하나만 주석을 해제한다.
#define MYSERIAL Serial // 우노와 나노 및 그 밖의 AVR 보드.
//#define MYSERIAL Serial1 // 나노 에브리, 우노 와이파이 R2, 레오나르도 및 그 밖의 ARM 보드.

bool configured;

bool configureRadio()
{
  // 무선을 명령 모드로 둔다.
  MYSERIAL.flush();
  MYSERIAL.print("+++");
  delay(100);

  String ok_response = "OK\r"; // 우리가 기대한 응답.

  // 응답 내용에 담긴 텍스트를 응답 변수로 읽어들인다.
  String response = String("");
  while(response.length() < ok_response.length())
  {
    if (MYSERIAL.available() > 0)
    {
      response += (char) MYSERIAL.read();
    }
  }

  // 올바른 응답을 수신했다면 라디오를 구성하고 true를 반환한다.
```

```
  if (response.equals(ok_response))
  {
    MYSERIAL.print("ATDH0013A200\r"); // 수신지의 상위 주소-0013A200를 교체한다.
    delay(100);
    MYSERIAL.print("ATDL403B9E1E\r"); // 수신지의 하위 주소-403B9E1E를 교체한다.
    delay(100);
    MYSERIAL.print("ATCN\r"); // 데이터 모드로 돌아간다.
    return true;
  }
  else
  {
    return false; // 이것은 응답이 잘못되었다는 점을 가리킨다.
  }
}

void setup ()
{
  MYSERIAL.begin(9600); // 직렬 장치를 시동한다.
  delay(1000);
  configured = configureRadio();
}

void loop ()
{
  if (configured)
  {
    MYSERIAL.print("Hello!");
    delay(3000);
  }
  else
  {
    delay(30000); // 30초 동안 대기한다.
    configured = configureRadio(); // 다시 시도한다.
  }
}
```

토의

레시피 14.2에 나온 구성들이 두 개의 XBee에서 작동하지만, XBee를 두 개 넘게 사용하면 융통성이 떨어진다.

예를 들어, 시리즈 2 XBee들이나 XBee 3들로 구성된 3 노드 네트워크를 생각해 보자. 그것들 중 하나는 Coordinator AT 펌웨어로 구성되어 있고(아니면 XBee 3의 경우라면 한 네트워크를 형성하게 구성되어 있고), 나머지 두 개는 Router AT 펌웨어로 구성되어(또는 네트워크에 조인하도록 구성되어) 있다고 하자. 코디네이터에서 보낸 메시지는 두 라우터로 브로드캐스트된다. 각 라우터에서 보낸 메시지는 코디네이터에게 전송된다.

이 레시피의 시리즈 1 구성은 명시적인 대상을 지정한다는 점에서 좀 더 유연하다. AT 명령들로 장치를 구성하고 나서 구성을 작성하면 펌웨어에서 대상 주소를 효과적으로 하드코딩할 수 있다.

그 대신에 이 해법을 사용하면 아두이노 코드에서 AT 명령을 보내 XBee들을 즉시 구성할 수 있다. 해법의 핵심은 configureRadio() 함수다. 레시피 14.2의 끝에서 시리즈 1 구성이 했던 것처럼 +++ 이스케이프 시퀀스를 전송해 XBee를 명령 모드로 설정한다. 이 이스케이프 시퀀스를 전송한 다음에 아두이노 스케치는 다음 AT 명령을 전송하기 전에 OK 응답을 기다린다.

```
ATDH0013A200
ATDL403B9E1E
ATCN
```

처음 두 명령은 레시피 14.2의 끝에서 시리즈 1 구성에 표시된 것과 비슷하지만 숫자가 더 길다. 레시피에 나오는 해법에 표시된 예제에서는 시리즈 2 스타일 주소를 사용하기 때문이다. 레시피 14.2에서 보았듯이 ATMY 명령으로 시리즈 1 XBee의 주소를 지정할 수 있지만, 시리즈 2 XBee의 각 모듈에는 각 칩에 내장된 고유한 주소가 있다.

여러분의 코드에서 0013A200(DH)와 403B9E1E(DL)를 수신지 라디오의 상위 주소 및 하위 주소로 반드시 대체해야 한다. 그림 14-5와 같이 XCTU를 사용해 수신지 라디오에 연결하면 일련번호의 상위(ATDH) 및 하위(ATDL) 부분을 조회할 수 있다. 코드 내에서는 DH에 대해서 수신지 라디오의 SH(일련 번호 상위)를 사용할 수 있고, DL에 대해서는 수신지 라디오의 SL(일련 번호 하위)을 사용할 수 있다. 이 번호는 XBee 아래 라벨에도 프린트되어 있다. (시리즈 1 XBee의 경우에는 DH에 0을 사용하고 DL의 경우에는 대화하려는 XBee의 MY 주소를 사용하자.)

이 레시피는 레시피 14.2에 설명한 두 번째 XBee로 구성된 세 번째 XBee에서 가장 효과적이다. 시리즈 1 XBee를 사용한다면 장치에 3333과 같은 고유한 MY ID를 제공하자. 이 세 번째 XBee를 컴퓨터에 연결된 상태로 두고 해당 레시피에서 그랬던 것처럼 XCTU에서 Console(콘솔) 모드로 전환하고 Open(열기)을 클릭하자. 아두이노 스케치가 시작되면 Hello!라는 메시지가 콘솔에 나타난다.

ATCN 명령으로 명령 모드에 탈출하게 되는데, 이것을 +++ 시퀀스가 한 일의 역이라고 생각하자.

함께 보면 좋은 내용

레시피 14.2를 참고하자.

그림 14-5 XCTU에서 높고 낮은 일련번호 조회

레시피 14.4 XBee 간 센서 데이터 송신

문제

XBee로부터 받은 명령에 따라 디지털 핀이나 아날로그 핀 또는 제어 핀의 상태를 송신하려고 한다.

해법

XBee(전송 XBee)들 중 하나를 아날로그 센서에 연결해 센서를 읽고 주기적으로 값을 전송하게 구성하자. API 모드에서 구성한 XBee(수신 XBee)에 아두이노를 연결하고 다른 XBee에서 수신한 API 프레임의 값을 읽는다.

토의

XBee에는 정기적으로 폴링polling할 수 있는 내장형 아날로그-디지털 변환기(ADC)가 있다. XBee는 값을 0에서 1,023 사이로 네트워크에 있는 그 밖의 XBee들을 향해 전송하게 구성할 수 있다.

구성

524쪽에 나오는 'XBee 구성'에서 설명한 대로 XCTU를 사용해 장치를 구성하되, 다음과 같이 변경하자.

1. XBee 3의 경우:

   a. 두 번째 (전송) XBee는 여러분이 Join Network네트워크에 연결라는 장치 역할(CE)을 하게 구성한 것이다. 두 번째 XBee에 대해서 524쪽에 나오는 'XBee 구성'(CE = Join Network[0], ID = 1234, JV = Enabled[1])에서 수행한 구성 외에도 XCTU에서 다음 옵션을 설정해 모듈에 쓰자. I/O 설정 내용을 바탕으로, **D0 AD0 / DIO0** 커미셔닝 버튼 구성Commissioning Button Configuration을 ADC[2]로 설정하고 **IR** 샘플링률IR Sampling Rate을 64(100㎳를 나타낸 16진수)로 설정하자. 이게 여러분이 센서에 연결할 XBee이다.

2. XBee 시리즈 2의 경우:

   a. ZigBee Coordinator AT 펌웨어로 첫 번째 XBee를 플래시하는 대신에 ZigBee Coordinator API 펌웨어로 그것을 플래시하자. 이렇게 하면 첫 번째 XBee가 API 프레임들을 수신할 수 있다. 나머지 구성은 똑같다(ID = 1234, DL = FFFF). 이것이 아두이노에 연결할 XBee다.

   b. 두 번째 (전송) XBee는 ZigBee Router AT 펌웨어로 플래시한 것이다(API 펌웨어로 플래시하지 않아도 됨). 두 번째 XBee에 대해서 524쪽에 나오는 'XBee 구성'(ID = 1234, JV = Enabled[1])에서 수행한 구성 외에도 XCTU에서 다음 옵션을 설정해 모듈에 쓰자: I/O 설정 내용을 바탕으로, **D0 AD0 / DIO0** 구성을 ADC[2]로 설정하고 **IR** 샘플링률을 64(100㎳를 나타낸 16진수)로 설정하자. 이것은 센서에 연결할 XBee다.

3. 시리즈 1의 경우:

   a. 두 번째 (전송) XBee는 2222의 16비트 소스 주소(MY)로 구성한 것이다. 두 번째 XBee에 대해 524쪽에 나오는 'XBee 구성'에서 수행한 구성(ID: 1234, DH: 0, DL: 1111, MY: 2222) 외에 XCTU에서 다음 옵션들을 설정하고 이것을 모듈에 쓰자: I/O 설정 내용들을 바탕으로 **D0 DIO0** 구성을 ADC[2]로 설정하고 **IR** 샘플링률을 64(100㎳를 나타낸 16진수)로 설정하자. 이것은 센서에 연결할 XBee다.

XBee 3 및 XBee 시리즈 2의 경우에는 라우터가 기본적으로 코디네이터와 통신하므로 수신지 주소 값들(DH, DL)을 설정할 필요가 없다. 여러분이 네트워크를 다르게 구성하려고 하는 경우라면 이러한 추가 설정 내역들로 전송 XBee를 구성하여 데이터를 송신할 XBee를 다음 위치에 표시하자:

- 수신지 상위 주소(Destination Address High, DH): 그 밖의 XBee의 상위 주소(SH)이며, 보통 13A200이다.
- 수신지 하위 주소(Destination Address Low, DL): 그 밖의 XBee의 하위 주소(SL)다.

다음으로, 레시피 14.2와 같이 수신 XBee를 아두이노에 연결하자. 또한, LED를 5번 핀과 GND에 연결하고 레시피 7.2에 설명한 대로 전류 제한 저항기를 사용해야 한다. 보드가 5번 디지털 핀에서

PWM을 지원하지 않으면 배선을 변경하고 적절히 스케치하자.

사용 중인 XBee에 따라 배선이 달라진다. XBee 시리즈 2와 XBee 3의 배선 방법은 똑같다. XBee 시리즈 1의 배선 방법은 다르다. 스케치 코드도 약간 다르다. XBee 시리즈 2에서 API 모드는 실행 중인 펌웨어에 따라 결정된다. XBee 시리즈 1 및 XBee 3에서 ATAP 명령을 사용해 API 모드로 들어 갈 수 있다.

 브레이크아웃 보드의 핀이 항상 XBee 자체의 핀과 정확히 일치하는 것은 아니므로 XBee 브레이크아웃 보드의 핀아웃을 주의 깊게 확인해 보자. 예를 들어, 일부 브레이크아웃 보드에서 왼쪽 상단 핀은 GND 이고, 그 아래 핀은 3.3V다. 마찬가지로, VREF 핀(스파크펀 XBee Explorer USB에서 RES로 표시됨)은 오른 쪽 아래에서 다섯 번째이고, XBee 자체에서는 아래에서 네 번째다.

시리즈 2Series 2 또는 XBee 3의 경우, 그림 14-6과 같이 전송 XBee를 센서에 연결하자. R1의 값은 포텐쇼미터와 상관없이 두 배가 되어야 한다(10K 팟을 사용한다면 20K 저항기를 사용). 시리즈 2 XBee 들의 아날로그-디지털 변환기는 0 ~ 1.2V의 범위를 읽고 R1이 3.3V를 줄여 1.2V 미만으로 유지하기 때문이다.

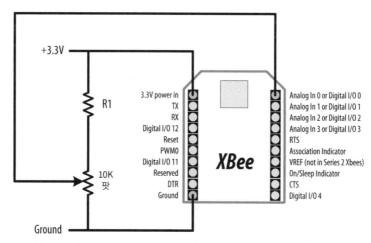

그림 14-6 전송 담당 시리즈 2 XBee나 XBee 3을 아날로그 센서에 연결하기

시리즈 1 XBee의 경우에는 그림 14-7과 같이 전송 XBee를 센서에 연결하자.

 시리즈 2나 XBee 3과 다르게, 시리즈 1 XBee는 3.3V에 연결된 외부 기준(reference, 기준 전압)을 사용한 다. 포트 슬라이더의 전압은 기준 전압보다 클 수 없으므로 그림 14-6에 표시된 저항은 필요하지 않다.

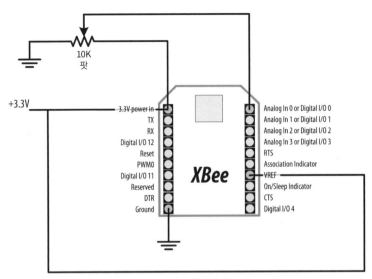

그림 14-7 아날로그 센서에 연결된 시리즈 1 XBee

XBee 시리즈 2의 경우, 다음 스케치를 아두이노에 로드하고 레시피 14.2처럼 전송 XBee를 아두이
노에 연결하자. 아두이노를 다시 프로그래밍해야 한다면 먼저 XBee에서 분리해야 한다.

```
/*
 * XBeeAnalogReceive 시리즈 2 스케치.
 * XBee API 프레임으로부터 아날로그 값을 읽어
 * 이 값에 따라 LED의 휘도를 설정한다.
 */

// 다음 중 하나만 주석을 해제한다.
#define MYSERIAL Serial // 우노, 나노 및 그 밖의 AVR 기반 보드.
//#define MYSERIAL Serial1 // 나노 에브리, 우노 와이파이 R2, 레오나르도 및 그 밖의 ARM 기반 보드.

#define MIN_CHUNK 24
#define OFFSET 18

const int ledPin = A5; // 5번 아날로그 핀.

void setup()
{
  MYSERIAL.begin(9600);
}

void loop()
{
  if (MYSERIAL.available() >= MIN_CHUNK) // 충분한 데이터를 지니게 될 때까지 기다린다.
  {
    if (MYSERIAL.read() == 0x7E) // 한 프레임의 구분자가 시작된다.
    {
      // 우리가 신경 쓰지 않는 API 프레임 내 바이트들을 건너뛴다.
```

```
      for (int i = 0; i < OFFSET; i++)
      {
        MYSERIAL.read();
      }

      // 다음 2개 바이트는 센서 판독값의 상위 바이트와 하위 바이트에 해당한다.
      int analogHigh = MYSERIAL.read();
      int analogLow = MYSERIAL.read();
      int analogValue = analogLow + (analogHigh * 256);

      // 휘도를 아두이노 PWM 범위에 맞게 조정한다.
      int brightness = map(analogValue, 0, 1023, 0, 255);

      // LED가 빛을 내게 한다.
      analogWrite(ledPin, brightness);
    }
  }
}
```

XBee 시리즈 1이나 XBee 3이라면 다음 스케치를 아두이노에 로드하자. 아두이노를 다시 프로그래밍해야 한다면 먼저 XBee에서 분리하자. XBee 시리즈 1을 사용한다면 XBee 3에 대한 MIN_CHUNK 및 OFFSET 값을 주석 처리하고 XBee 시리즈 1에 대한 값을 사용하자.

```
/*
 * XBeeAnalogReceive 시리즈 1 또는 XBee 3 스케치.
 * XBee API 프레임으로부터 아날로그 값을 읽어 와서
 * 이 값에 따라 LED의 휘도를 설정한다.
 */

// 다음 중 하나만 주석을 해제한다.
#define MYSERIAL Serial // 우노, 나노 및 그 밖의 AVR 기반 보드.
//#define MYSERIAL Serial1 // 나노 에브리, 우노 와이파이 R2, 레오나르도 및 그 밖의 ARM 보드.

// XBee 3에 다음 설정을 사용하자.
#define MIN_CHUNK 21
#define OFFSET 18

// XBee 시리즈 1에 다음 설정을 사용한다.
//#define MIN_CHUNK 14
//#define OFFSET 10

const int ledPin = A5;

void setup()
{
  MYSERIAL.begin(9600);
  delay(1000);
  configureRadio(); // 오류 처리가 필요하다면 반환값을 확인하자.
}
```

```
bool configureRadio()
{
  // 라디오를 명령 모드로 둔다.
  MYSERIAL.flush();
  MYSERIAL.print("+++");
  delay(100);

  String ok_response = "OK\r"; // 우리가 기대한 응답.

  // 응답 내용에 담긴 텍스트를 응답 변수로 읽어들인다.
  String response = String("");
  while (response.length() < ok_response.length())
  {
    if (MYSERIAL.available() > 0)
    {
      response += (char) MYSERIAL.read();
    }
  }

  // 올바른 응답을 수신했다면 라디오를 구성하고 true를 반환한다.
  if (response.equals(ok_response))
  {
    MYSERIAL.print("ATAP1\r"); // API 모드로 들어간다.
    delay(100);
    MYSERIAL.print("ATCN\r");  // 데이터 모드로 돌아간다.
    return true;
  }
  else
  {
    return false; // 이것은 응답이 잘못되었다는 점을 가리킨다.
  }
}

void loop()
{
  if (MYSERIAL.available() >= MIN_CHUNK) // 충분한 데이터를 지니게 될 때까지 기다린다.
  {
    if (MYSERIAL.read() == 0x7E) // 프레임 구분 문자를 시작한다.
    {
      // 우리가 신경 쓰지 않는 API 프레임 내 바이트를 건너뛴다.
      for (int i = 0; i < OFFSET; i++)
      {
        MYSERIAL.read();
      }
      // 다음 2개 바이트는 센서 판독값의 상위 바이트와 하위 바이트에 해당한다.
      int analogHigh = MYSERIAL.read();
      int analogLow = MYSERIAL.read();
      int analogValue = analogLow + (analogHigh * 256);

      // 휘도를 아두이노 PWM 범위에 맞게 조정한다.
      int brightness = map(analogValue, 0, 1023, 0, 255);
```

```
      // LED가 빛을 내게 한다.
      analogWrite(ledPin, brightness);
    }
  }
}
```

 시리즈 1 XBee들과 XBee 3에서 아두이노 코드는 AT 명령(ATAP1)을 사용해 API 모드용 라디오를 구성
해야 한다. 시리즈 2 XBee들에서는 XBee를 다른 펌웨어 버전으로 플래시하여 이를 수행한다. 데이터
모드(ATCN)로 복귀하는 이유는 명령 모드가 +++를 사용해 일찍 입력되었고, 데이터를 수신하기 위해 데
이터 모드로 복귀해야 하기 때문이다.

함께 보면 좋은 내용

레시피 14.2를 참고하자.

레시피
14.5 XBee에 연결된 액추에이터 활성화

문제

핀을 활성화하게 XBee에 지시하려고 한다. 핀은 릴레이나 LED처럼 연결된 액추에이터를 켜는 데
사용할 수 있다.

해법

액추에이터에 연결된 XBee가 다른 XBee의 지시를 받아들이게 구성하자. 다른 XBee를 아두이노에
연결해 액추에이터가 연결된 디지털 I/O 핀을 활성화하는 데 필요한 명령을 송신한다.

토의

XBee 디지털/아날로그 I/O 핀을 디지털 출력용으로 구성할 수 있다. 또한, XBee들은 다른 XBee의
명령을 수락해 해당 핀을 하이나 로우로 구성할 수 있다. 시리즈 2 XBee에서는 원격 AT 명령 기능을
사용하게 된다. 시리즈 1 XBee들에서는 직접 I/O를 사용해 XBee들 간의 가상 선을 생성할 수 있다.

시리즈 2 및 시리즈 3 XBee

XCTU를 사용해(524쪽에 나오는 'XBee 구성' 참고) **수신**receiving XBee(LED에 연결할 XBee)를 구성하자.
XBee 시리즈 2라면 ZigBee 라우터 AT(API가 아님) 함수 세트로 플래시한다. 그런 후에 다음에 나오
는 설정 내용을 적용하자.

- (XBee 3만 해당) **CE** Device Role(장치 역할): Join Network[0]

- **ID** Extended PAN ID(확장된 PAN ID): 1234(또는 두 XBee에 동일한 번호를 사용하는 한, 여러분이 고른 번호)

- **JV** Channel Verification(채널 검증): Enabled[1]

- I/O 설정을 바탕으로, **D1** DIO1/AD1/SPI_nATTN Configuration(구성): Digital Out, Low[4]

그리고 나서 **전송**transmitting XBee(아두이노에 연결할 XBee)를 구성하자. XBee 시리즈 2의 경우에는 Zig Bee Coordinator API(AT가 아님)로 플래시해야 한다. 다음으로, 다음에 나오는 내용대로 설정하자.

- (XBee 3만 해당) **CE** Device Role(장치 역할): Form Network[1]

- (XBee 3만 해당) **AP** API Enable(API 허용): API Mode Without Escapes [1](이스케이프 없는 API 모드[1])

- **ID** Extended PAN ID(확장된 팬 ID): 1234(또는 두 XBee에 동일한 번호를 사용하는 한, 여러분이 고른 번호)

- **DH** Destination Address High(수신지 상위 주소): 0

- **DL** Destination Address Low(수신지 하위 주소): FFFF

그림 14-8처럼 수신 XBee를 LED에 배선한다.

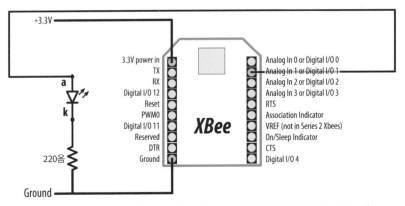

그림 14-8 XBee의 디지털 I/O 1번 핀에 LED를 연결하기(시리즈 1과 시리즈 2)

다음으로, 레시피 14.2와 같이 아두이노에 다음 스케치를 로드하고 전송 XBee를 아두이노에 연결한다. 아두이노를 다시 프로그래밍해야 한다면 먼저 XBee에서 분리해야 한다는 점을 기억하자. 이 스케치는 Remote AT 명령(ATD14나 ATD15)을 한 개 송신하는데, 이 명령은 1번 핀(ATD1)의 상태를 켜짐(디지털 출력이 하이, 5)과 꺼짐(디지털 출력이 로우, 4)이 되게 교대로 설정한다.

```
/*
 * XBeeActuate 스케치.
 * 다른 XBee에서 디지털 핀을 활성화하려면 원격 AT 명령을 송신한다.
 */

// 다음 중 하나만 주석을 해제한다.
#define MYSERIAL Serial // 우노, 나노 및 그 밖의 AVR 기반 보드.
//#define MYSERIAL Serial1
// 나노 에브리, 우노 와이파이 R2, 레오나르도 및 그 밖의 ARM 기반 보드.

const byte frameStartByte = 0x7E;
const byte frameTypeRemoteAT = 0x17;
const byte remoteATOptionApplyChanges = 0x02;

void setup()
{
  MYSERIAL.begin(9600);
}

void loop()
{
  toggleRemotePin(1);
  delay(2000); toggleRemotePin(0);
  delay(2000);
}

byte sendByte(byte value)
{
  MYSERIAL.write(value); return value;
}

void toggleRemotePin(int value) // 0 = 꺼짐, 0이 아닌 경우 = 켜짐.
{
  byte pin_state;
  if (value)
  {
    pin_state = 0x5;
  }
  else
  {
    pin_state = 0x4;
  }

  sendByte(frameStartByte); // API 프레임을 시작한다.

  // 프레임 길이의 상위 부분과 하위 부분(체크섬을 계산하지 않음)
  sendByte(0x0);
  sendByte(0x10);

  long sum = 0; // 체크섬을 누산한다.
  sum += sendByte(frameTypeRemoteAT); // 이 프레임이 원격 AT 명령을 담고 있음을 가리킨다.
  sum += sendByte(0x0); // 응답이 없는 프레임 ID가 0으로 설정된다.
```

```
    // 다음 8바이트는 수신자의 ID를 나타낸다.
    // 0xFFFF를 사용해 모든 노드에 브로드캐스트한다.
    sum += sendByte(0x0);
    sum += sendByte(0x0);
    sum += sendByte(0x0);
    sum += sendByte(0x0);
    sum += sendByte(0x0);
    sum += sendByte(0x0);
    sum += sendByte(0xFF);
    sum += sendByte(0xFF);

    // 다음 2바이트는 수신자의 16비트 주소를 나타낸다.
    // 0xFFFE를 사용해 모든 노드에 브로드캐스트한다.
    sum += sendByte(0xFF);
    sum += sendByte(0xFF);

    sum += sendByte(remoteATOptionApplyChanges); // 원격 AT 옵션들을 송신한다.
    // AT 명령의 텍스트 부분.
    sum += sendByte('D');
    sum += sendByte('1');

    // 값(꺼진 경우에는 0x4, 켜진 경우에는 0x5).
    sum += sendByte(pin_state);

    // 체크섬을 송신한다.
    sendByte(0xFF - (sum & 0xFF));

    delay(10); // 필요하다면 마이크로컨트롤러가 정지되게 일시 정지한다.
}
```

시리즈 1 XBee들

XCTU를 사용해 다음과 같이 전송 XBee(아두이노에 연결할 것)를 구성하자.

- **ID** Pan ID(팬 ID): 1234

- **DH** Destination Address High(수신지 상위 주소): 0

- **DL** Destination Address Low(수신지 하위 주소): 2222

- **MY** 16-Bit Source Address(16비트 발신지 주소): 1111

- **D1** DIO1 구성: DI[3]. XBee의 아날로그/디지털 입력 1이 디지털 입력 모드가 되게 구성한다. 이 핀의 상태는 송신 XBee에서 수신 XBee로 릴레이relay(중계)된다.

- **IC** DIO 변화 감지: FF. 이것은 XBee에게 모든 디지털 입력 핀을 확인하고 그 값을 ATDL 및 ATDH에 의해 지정된 XBee에 보내게 지시한다.

다음으로, 수신 XBee에서 다음 구성을 설정하자.

- **ID** Pan ID(팬 ID): 1234

- **DH** Destination Address High(수신지 상위 주소): 0

- **DL** Destination Address Low(수신지 하위 주소): 1111

- **MY** 16-Bit Source Address(16비트 발신지 주소): 2222

- **D1** DIO1 Configuration(DIO1 구성): DO Low[4]. 19번 핀(아날로그 또는 디지털 입력 1)을 디지털 출력 모드(기본적으로 꺼짐)의 로우low로 설정한다.

- **IU** I/O Output Enable(I/O 출력 허용): Disabled[0]. 이는 XBee가 수신한 프레임을 직렬 포트로 송신하지 않게 지시한다.

- **IA** I/O Input Address(I/O 입력 주소): 1111. 다른 XBee(이것의 MY 주소는 1111)의 명령을 수락하게 XBee를 구성한다.

그림 14-9처럼 아두이노에 송신 XBee를 배선한다.

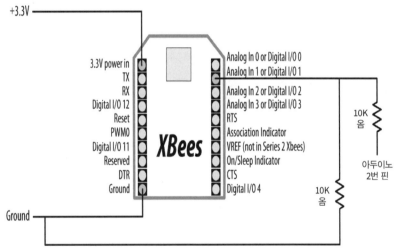

그림 14-9 XBee의 1번 디지털 I/O 핀을 전송하는 아두이노를 시리즈 1에 연결

다음으로, 그림 14-8처럼 수신 XBee를 LED에 연결한다. 직렬 포트를 통해 AT 명령을 송신하는 대신, 전기 연결을 사용해 XBee의 핀을 하이가 되게 한다. 두 개의 10K 저항기는 아두이노의 5V 로직을 약 2.5V(XBee가 인식할 만큼 높기는 하지만 XBee의 3.3V 로직 핀이 손상되지 않을 만큼 낮음)로 떨어뜨리는 전압 분배기를 형성한다.

그리고 나서 다음 스케치를 전송 아두이노에 로드하자. 이 스케치는 XBee의 1번 디지털 I/O 핀을 교대로 켜고(디지털 출력 HIGH, 5) 끈다(디지털 출력 LOW, 4). 송신 XBee는 핀 상태를 수신하여 XBee로 릴레이하게(중계하게) 구성되어 있으므로 1번 핀이 상태를 변경하면 수신 XBee의 1번 핀도 변경된다.

```
/*
 * XBeeActuateSeries1
 * 다른 XBee에서 디지털 핀을 활성화한다.
 */
const int xbeePin = 2;

void setup()
{
  pinMode(xbeePin, OUTPUT);
}
void loop()
{
  digitalWrite(xbeePin, HIGH);
  delay(2000);
  digitalWrite(xbeePin, LOW);
  delay(2000);
}
```

함께 보면 좋은 내용

레시피 14.2를 참고하자.

레시피 14.6 구형 블루투스 장치 통신

문제

블루투스를 사용해 다른 장치(예: 랩톱이나 휴대폰)와 정보를 송수신하려고 한다.

해법

아두이노를 BlueSMiRF, Bluetooth Mate, Bluetooth Bee 같은 블루투스 모듈에 연결하자.

다음 스케치는 레시피 4.11에 나오는 스케치와 비슷하다. 하드웨어 방식 직렬 포트와 소프트웨어 방식 직렬 포트나 Serial1(블루투스 모듈의 TX/RX 핀들에 연결된)에서 수신된 문자를 모니터링하므로 수신된 모든 것이 다른 쪽으로 전송된다.

그림 14-10처럼 모듈을 연결하자. 레오나르도나 32비트 보드들을 사용한다면 #define USESERIAL1 문에서 주석을 해제하고, 적당한 RX/TX 핀들(우노 폼팩터로 된 보드들의 0번 핀과 1번 핀)에 블루투스 모듈을 연결한다.

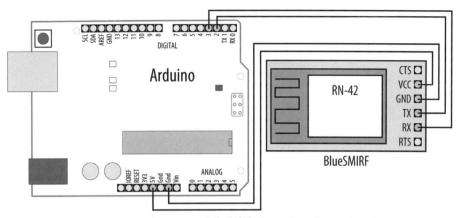

그림 14-10 SoftwareSerial에 배선된 BlueSMiRF Bluetooth 모듈

```
/*
 * 구형 블루투스 스케치.
 * SoftwareSerial 또는 Serial1을 사용해 BlueSMiRF 모듈과 통신.
 * 페어링(pairing, 짝 지음) 코드는 일반적으로 1234다.
 */

//#define USESERIAL1 // ARM이나 레오나르도를 사용한다면 이 줄의 주석을 제거한다.
#ifdef USESERIAL1
  #define BTSERIAL Serial1
#else
  #include <SoftwareSerial.h>
  const int rxpin = 2; // 수신하는 데 사용하는 핀.
  const int txpin = 3; // 송신하는 데 사용하는 핀.
  SoftwareSerial mySerial(rxpin, txpin); // 주어진 핀들에 놓인 새로운 직렬 포트.
  #define BTSERIAL mySerial // 소프트웨어 방식 직렬.
#endif

void setup()
{
  Serial.begin(9600);
  BTSERIAL.begin(9600); // 소프트웨어 방식 직렬 포트를 초기화한다.
  Serial.println("Serial ready");
  BTSERIAL.println("Bluetooth ready");
}

void loop()
{
  if (BTSERIAL.available())
  {
    char c = (char)BTSERIAL.read();
    Serial.write(c);
  }
  if(Serial.available())
  {
```

```
    char c =(char) Serial.read(); BTSERIAL.write(c);
  }
}
```

토의

이 스케치와 통신하려면 컴퓨터에 블루투스 기능이 필요하다. 블루투스 대화에 참여하는 양쪽은
페어링되어야 한다. 아두이노에 연결된 모듈의 ID는 다른 쪽 끝을 알아야 한다. BlueSMiRF의 기본
핀 코드는 1234다. 페어링 ID를 설정하고 연결을 수락하려면 컴퓨터의 블루투스에 대한 설명서를
참고하자.

컴퓨터를 블루투스 모듈과 페어링하고 나면 컴퓨터에 새 직렬 포트가 몇 개 있다는 점을 알 수 있
을 것이다. 윈도우에서 장치관리자의 Ports (COM & LPT) 부분을 확인하고 Bluetooth Link 포트들
을 거쳐 직렬 포트들을 찾아보자(두 개 이상이 나타나면 둘 다 시도해 보자). macOS에서는 터미널 애
플리케이션을 열고 ls /dev/{cu,tty}.* 명령을 실행해 직렬 포트 목록을 얻을 수 있다. 여러분이
사용하기를 바라는 포트는 /dev/cu.RN42-22AC-SPP처럼 보일 것이다.

아두이노와 함께 사용되는 모든 공통 블루투스 모듈은 블루투스의 직렬 포트 프로필(Serial Port Profile,
SPP)을 구현한다. 장치가 페어링되면 컴퓨터나 전화기에서 모듈을 직렬 포트로 인식한다. 이 모듈은 블
루투스 마우스나 블루투스 키보드 같은 다른 형식의 블루투스 서비스로 표시될 수 없다.

컴퓨터에 있는 블루투스 직렬 포트에 연결하려면 윈도우에서는 PuTTY(https://oreil.ly/Zy-OO)를 사용
하면 되고, 리눅스나 macOS에서는 screen 명령을 사용하면 된다. screen 명령을 사용해 9,600보에
맞춰 직렬 포트에 연결하려면 터미널을 열고 이 명령을 입력하자(tty.RN42-22AC-SPP를 직렬 포트 이름
으로 대체).

```
screen /dev/cu.RN42-22AC-SPP 9600
```

블루투스의 범위는 클래스 3, 2, 1 중 어느 것인지에 따라 5~100미터가 된다.

함께 보면 좋은 내용

이 스파크펀 자습서(https://oreil.ly/jtwsm)에서는 블루투스를 설치하고 사용하는 방법을 설명한다.

Bluetooth Bee(https://oreil.ly/ulf8K)는 XBee 소켓에 연결되어 XBee용으로 설계된 쉴드 및 어댑터를
사용할 수 있는 Bluetooth 모듈이다.

레시피 14.7 저전력 블루투스 장치 통신

문제

블루투스 클래식Bluetooth Classic의 유연하고 현대적인 대안인 저전력 블루투스Bluetooth Low Energy, BLE를 사용해 다른 장치와 정보를 송수신하려고 한다. 저전력 블루투스는 블루투스 클래식과 매우 다른 방식으로 동작하며 여러 문제를 해결한다. 블루투스 클래식은 비교적 많은 양의 데이터를 전송하는 데 적합하지만, 저전력 블루투스는 센서 같은 빈도가 적은 짧은 메시지를 전송하는 장치용으로 쓸 수 있게 설계되었다.

해법

나노 33 BLE, 나노 33 IoT, 우노 와이파이 Rev 2, MKR 와이파이 1010 등 블루투스 4.0 이상에 BLE가 내장되어 있는 여러 아두이노 보드 중 하나를 사용하자. 어느 것이든 ArduinoBLE 라이브 러리(https://oreil.ly/nWQ7O)를 지원하므로 저전력 블루투스를 손쉽게 여러분의 프로젝트에 통합할 수 있다.

스케치는 아두이노 BLE 라이브러리에 포함된 예제 중 하나를 간단하게 한 것이다. 라이브러리 매니 저를 사용해 아두이노 BLE 라이브러리를 설치하고 다음 스케치를 실행하자.

```
/*
 * ArduinoBLE 스케치.
 * 저전력 블루투스를 사용해 온보드 LED를 제어할 수 있게 하기.
 */

#include <ArduinoBLE.h>

#define SERVICE_ID "19B10010-E8F2-537E-4F6C-D104768A1214"
#define CHAR_ID    "19B10011-E8F2-537E-4F6C-D104768A1214"

// 서비스 ID와 특성(읽기-쓰기)을 생성한다.
BLEService ledService(SERVICE_ID);
BLEByteCharacteristic ledCharacteristic(CHAR_ID, BLERead | BLEWrite);
BLEDescriptor ledDescriptor("2901", "LED state");

void setup()
{
  Serial.begin(9600);
  pinMode(LED_BUILTIN, OUTPUT);

  if (!BLE.begin())
  {
    Serial.println("Failed to start BLE");
    while (1); // 일시정지
```

```
    }

    // 이름을 정하고 ledService를 보급된 서비스로 추가한다.
    BLE.setLocalName("RemoteLED");
    BLE.setAdvertisedService(ledService);

    // 특성에 설명자를 추가한다.
    ledCharacteristic.addDescriptor(ledDescriptor);

    // 서비스에 특성을 추가한다.
    ledService.addCharacteristic(ledCharacteristic);
    BLE.addService(ledService); // 서비스를 BLE 시스템에 추가한다.

    ledCharacteristic.writeValue(0); // 0으로 초기화한다.
    BLE.advertise();
}

void loop()
{
  BLE.poll();

  if(ledCharacteristic.written())
  {
    if(ledCharacteristic.value())
    {
      digitalWrite(LED_BUILTIN, HIGH);
    }
    else
    {
      digitalWrite(LED_BUILTIN, LOW);
    }
  }
}
```

토의

스케치는 아두이노 자체를 나타내는 것으로 생각할 수 있는 서비스(ledService)를 만든다. 다음으로, 온보드 LED와 이 LED로 수행할 수 있는 작업(켜기 및 끄기)을 나타내는 읽기/쓰기 특성(ledCharacteristic)을 만든다. 장시간 지속되는 서비스와 특정 ID들을 ButtonLED 예제 프로그램에서 가져오면 되는데, 이것을 File ➡ Examples (Examples from Custom Libraries) ➡ ArduinoBLE ➡ Peripheral ➡ ButtonLED에서 찾을 수 있다. 스케치는 특성에 대한 설명자를 작성해 친숙한 이름을 지정한다.

설정 기능 내에서 스케치는 직렬 포트를 열고 LED 핀을 구성한 다음에 BLE 시스템을 시작하려고 한다. 그러고 나서 장치 이름(RemoteLED)을 설정하고 ledService를 보급된 서비스로 구성한다. 그러고 나서 특성을 추가한다

서비스에 등록하고 BLE 시스템에 서비스 자체를 등록한다. 스케치는 마지막으로 ledCharacteristic 값을 0으로 설정하고 서비스를 광고하기 시작한다.

loop 안에서, 스케치는 BLE 시스템을 반복해서 폴링poll한다. 특성이 원격으로 기록된 경우에는 상태가 변경된 상태에 따라 LED가 켜지거나 꺼진다. 원격으로 제어하려면 휴대폰(Android 또는 iOS)에 LightBlue라고 하는 저전력 블루투스 앱을 설치하고 그림 14-11에 표시된 것처럼 RemoteLED 장치가 목록에 나타날 때까지 기다릴 수 있다.

그림 14-11 RemoteLED 서비스에 연결

이전에 페어링된 장치가 많은 경우에는 오른쪽 상단의 3점 아이콘을 클릭하고 페어링된 장치 표시를 선택 해제할 수 있다. RemoteLED를 클릭해 그것에 연결한 다음에 Generic Attribute로 스크롤하여 Readable, Writable로 태그가 지정되고 a1214로 끝나는 속성 레이블을 찾자. 해당 줄을 클릭하고 나서 값을 아래로 스크롤하고 값을 1로 설정하고 나서 쓰기를 클릭하자. 여러분은 LED가 켜지는 것을 볼 수 있어야 한다. 값을 0으로 설정해 LED를 끌 수 있다.

ArduinoBLE 라이브러리를 사용하면 온도 센서, 심박수 모니터, 자력계 등의 다양한 BLE 기능을 나타내는 장치를 만들 수 있다. 또한, 다양한 저전력 블루투스 장치와 상호작용하는 기능을 제공하므로 BLE 주변장치에 연결하고 데이터를 교환할 수 있다.

함께 보면 좋은 내용

케빈 타운센드Kevin Townsend, 카를레스 쿠피Carles Cufi, 아키바Akiba, 로버트 데이비슨Robert Davidson이 쓴 《Getting Started with Bluetooth Low Energy》(O'Reilly).

알라스데어 앨런Alasdair Allan, 돈 콜맨Don Coleman, 샌딥 미스트리Sandeep Mistry가 쓴 《Make: Bluetooth》 (Make Community).

BLE(서비스, 특성, 설명)에 대한 GATT 사양서(https://oreil.ly/ Qgp7S).

15

와이파이와 이더넷

레시피 15.0 소개

여러분이 지닌 센서 데이터를 공유하고 싶은가? 다른 사람들이 아두이노의 행동을 통제하게 할 것인가? 아두이노는 이더넷 및 와이파이 네트워크를 통해 더 넓은 세계와 통신할 수 있다. 이번 장에서는 인터넷에서 아두이노를 사용할 수 있는 여러 방법을 설명한다. 이번 장에서는 웹 클라이언트와 서버를 구축하고 사용하는 방법을 보여 주는 예제와 아두이노에서 가장 일반적인 인터넷 통신 프로토콜을 사용하는 방법을 보여 준다.

인터넷을 통해 클라이언트(예: 웹 브라우저)는 서버(웹 서버나 그 밖의 인터넷 서비스 제공자)에 정보를 요청할 수 있다. 이번 장에는 웹 서비스에서 정보를 검색하는 인터넷 클라이언트를 만드는 방법을 보여 주는 레시피가 들어 있다. 이번 장에 나오는 그 밖의 레시피들에서는 아두이노가 인터넷 프로토콜을 사용해 클라이언트에게 정보를 제공하는 인터넷 서버가 될 수 있게 하고, 웹 브라우저에서 볼 수 있는 페이지를 생성하는 웹 서버 역할까지 할 수 있게 하는 방법을 보여 준다.

아두이노의 이더넷 및 와이파이 라이브러리는 스케치가 인터넷 클라이언트나 서버가 될 수 있게 하는 방법(프로토콜)을 다양하게 지원한다. 이 라이브러리들은 표준 인터넷 프로토콜 모음을 사용하며 대부분의 저수준 처리 흐름plumbing이 숨겨져 있다. 클라이언트나 서버를 가동해 유용한 작업을 실행하려면 네트워크 주소 지정 및 프로토콜의 기본 사항을 이해해야 하므로 온라인 참조 문서나 다음에 소개하는 문서 중 하나를 참고하자.

- 알 앤더슨Al Anderson, 라이언 베니데티Ryan Benedetti가 쓴 《초고속 통신을 가능하게 하는 네트워크의 비밀Head First Networking》(한빛미디어)

- 론 로스John Ross가 쓴 《Network Know-how: An Essential Guide for the Accidental Admin》(No Starch Press)

- 톰 이고Tom Igoe가 쓴 《Making Things Talk》(Make Community)

이번 장의 핵심 개념들은 다음과 같다. 이러한 개념들을 더 깊이 탐구하고 싶다면 다음 내용을 참고하자.

이더넷(Ethernet)

이더넷은 기초적인 물리적 메시지 전달 기능을 제공하는 저수준 신호 계층이다. 이러한 메시지의 원래 주소와 대상 주소를 MACMedia Access Control(매체 접근 제어) 주소로 식별한다. 아두이노 스케치는 네트워크에서 고유해야 하는 MAC 주솟값을 정의한다.

와이파이(WiFi)

여러 측면에서 볼 때 와이파이는 이더넷을 대체하는 기능이다. 이더넷이 그러하듯이, 와이파이도 저수준 신호 계층이며, MAC 주소를 사용해 네트워크에 놓인 장치를 고유하게(즉, 개별적으로) 식별한다. MAC 주소는 라디오에 사전구성이 되어 있으므로 스케치에 MAC 주소를 하드코딩하지 않아도 된다. 네트워크 작업에 필요한 스택을 쌓는 데 쓰이는 여러 계층 중에서도 와이파이와 이더넷은 최하위 계층에 속해 있으므로 실질적인 측면에서 볼 때 적어도 아두이노 프로그래머의 관점에서는 이 두 가지는 서로 교체해서 쓸 수 있다. 설정 및 초기화 코드는 와이파이와 이더넷 간에 약간 다르지만 일단 연결이 설정되어 실행되면 나머지 코드는 동일할 수 있다.

TCP 및 IP

TCPTransmission Control Protocol(전송 제어 규약) 및 IPInternet Protocol(인터넷 규약)는 이더넷이나 와이파이를 바탕으로 삼아 구축된 핵심 인터넷 프로토콜이다. 전 지구에 걸친 인터넷을 통해 작동하는 메시지 전달 기능을 제공한다. TCP/IP 메시지들은 송신자와 수신자를 가리키는 고유한 IP 주소를 통해 전달된다. 인터넷의 서버는 다른 서버에 없는 숫자 레이블(주소)을 사용해 고유하게 식별할 수 있다. 이 주소는 보통 점으로 구분하는 4바이트 표현 체계로 이뤄져 있다. 예를 들어, 주소가 207.241.224.2인 경우, 이 책을 쓰던 당시에는 인터넷 아카이브Internet Archive에서 사용하는 IP 주소였다. 인터넷은 DNSDomain Name System 서비스를 사용해 호스트 이름(google.com)을 숫자 IP 주소로 변환한다.

로컬 IP 주소

(광대역 라우터나 게이트웨이 기반 인터넷 접속 서비스를 받는 여러분의 홈 네트워크로부터 인터넷에 연결한) 컴퓨터가 두 대 이상이라면 아마도 각 라우터는 컴퓨터별로 로컬 IP 주소를 부여할 것이다. 이러한 로컬 주소는 라우터의 DHCP_{Dynamic Host Configuration Protocol}(동적 호스트 구성 규약) 서비스를 사용해 생성되며, 아두이노의 Ethernet 라이브러리와 WiFi 라이브러리가 IP 주소를 라우터로부터 가져오는 일에 사용할 수 있다.

웹 브라우저의 웹 요청 및 결과 응답은 HTTP_{Hypertext Transfer Protocol}(하이퍼텍스트 전송 규약) 메시지를 사용한다. 웹 클라이언트나 서버가 올바르게 응답하려면 HTTP 요청 및 HTTP 응답을 이해하고 응답해야 한다. 이번 장의 많은 레시피에서는 이 프로토콜을 사용하며, 이 점을 더 알고 싶다면 앞에서 언급한 참고문헌을 참고하면 되며, 이를 통해 이러한 레시피가 어떻게 작동하는지를 더 잘 이해할 수 있다.

웹 페이지는 일반적으로 HTML_{Hypertext Markup Language}(하이퍼텍스트 표시 언어)을 사용해 형식이 지정된다. 아두이노 웹 서버를 만들 때 HTML을 반드시 사용해야 하는 것은 아니지만 레시피 15.11에서 설명하듯이, 여러분이 서비스하는 웹 페이지에서 이 기능을 사용할 수 있다.

웹 브라우저를 사용하는 사람들이 볼 수 있게 웹 서버 페이지에서 데이터를 추출하는 일은, 일반적인 웹 페이지에 사용되는, 모든 관련 없는 텍스트나 이미지 및 서식 태그 때문에 건초 더미에서 바늘을 찾는 것과 조금 비슷할 수 있다. 아두이노의 스트림 파싱_{parsing}(구문 분석) 기능을 사용해 특정 문자 시퀀스를 찾고 데이터 스트림에서 문자열과 수치를 가져와 이 작업을 단순화할 수 있다. 실제로 웹 서버에 요청하는 자동화된 시스템을 사람이 사용하게 만드는 것은 현명하지 않으며 잠재적으로 위험하다. 예를 들어, 여러분이 실수로(또는 일부러) 5초마다 구글에서 검색하게 코드를 만들었다면 여러분이 검색을 중단하기 전까지는 구글 측에서 서비스에 액세스하지 못하게 IP 주소를 차단할 것이다. 네트워크에 연결된 모든 장치가 게이트웨이의 후방에 해당하는 사무실이나 학교 네트워크에 있다면 게이트웨이의 IP 주소 자체가 차단될 수 있으며, 이런 경우에 여러 사람이 크게 불편하게 된다. 그러므로 이번 장 전체에 걸쳐서 수행되는 문서화된 웹 API를 사용하는 것이 제일 바람직하다. API를 사용하면 JSON이나 XML 또는 CSV처럼 HTML보다 작은 형식으로 웹 응답을 수신할 수 있다. 이를 통해 요청하는 데이터의 양을 제한할 수 있으며, API 인수를 사용해 해당 요청을 필요한 데이터로만 나눌 수 있다. API를 사용하고 규칙을 준수하면서 웹 서버 운영자가 설정한 합의된 매개변수 내에서 작업하는 것이 가장 중요하다.

이더넷 네트워크 연결

문제

여러분은 아두이노 이더넷_{Arduino Ethernet} 쉴드나 에이다프룻 이더넷 피더윙_{Adafruit Ethernet FeatherWing}(에이다프룻 피더 폼팩터 보드에 연결되는 것) 같은 이더넷 모듈을 사용해 아두이노를 이더넷 네트워크에 연결하려고 한다.

해법

이 스케치는 아두이노 IDE에 포함된 Ethernet 라이브러리를 사용해 인터넷 아카이브에 보관된 정보 중 일부를 요청한다. 라이브러리는 여러 이더넷 모듈을 지원한다. 이 스케치가 올바르게 작동하려면 DNS 서버 IP 주소, 기본 게이트웨이 IP 주소, 사용 가능한 정적 IP 주소(자동으로 할당된 주소 풀 외부에 있는 주소) 등을 포함해 네트워크에 대한 몇 가지 사항을 알아야 한다. 이 정보는 일반적으로 웹 브라우저를 통해 액세스하는 네트워크 라우터의 구성 유틸리티에서 찾을 수 있다.

```
/*
 * 이더넷 웹 클라이언트 스케치.
 * 장치에 대해 하드코딩된 IP 주소를 사용해
 * DHCP가 없는 네트워크에 연결하기.
 */

#include <SPI.h>
#include <Ethernet.h>

byte mac[] = { 0xDE, 0xAD, 0xBE, 0xEF, 0xFE, 0xED }; // 유일해야 한다.
IPAddress ip(192, 168, 1, 177); // 여러분의 네트워크에 유효한 주소여야 한다.
char serverName[] = "archive.org";

EthernetClient client;

String request = "GET /advancedsearch.php?q=arduino&fl%5B%5D=description"
                 "&rows=1&sort%5B%5D=downloads+desc&output=csv#raw HTTP/1.0";

void setup()
{
  Serial.begin(9600);
  while(!Serial); // 레오나르도 보드 및 32비트 보드용.

  Ethernet.begin(mac, ip);
  delay(1000); // 이더넷 하드웨어를 초기화할 수 있게 시간을 1초만큼 준다.

  Serial.println("Connecting to server...");
  int ret = client.connect(serverName, 80);
  if (ret == 1)
  {
```

```
    Serial.println("Connected");
    client.println(request);
    client.print("Host: ");
    client.println(serverName);
    client.println("Connection: close");
    client.println(); // HTTP가 요구하는 종료 알림 빈 줄을 송신한다.
  }
  else
  {
    Serial.println("Connection failed, error was: ");
    Serial.print(ret, DEC);
  }
}

void loop()
{
  if(client.available())
  {
    char c = client.read();
    Serial.print(c); // 수신된 모든 데이터를 시리얼 모니터로 에코한다.
  }
  if(! client.connected())
  {
    Serial.println();
    Serial.println("Disconnecting.");
    client.stop();
    while(1); // 일시 정지.
  }
}
```

토의

이 스케치는 이더넷 보드가 올바르게 연결되며 구성되어 있고 원격 서버에 도달할 수 있는지를 확인하는 데 도움이 되는 간단한 코드를 제공한다. Internet Archive API를 사용해 요청에 매개변수 q = arduino를 사용해 아두이노를 검색한다. 이 request 변수에는 요청 메서드(GET), 요청 경로(/advancedsearch.php), 쿼리 문자열이 있는데, ?로 시작되어 HTTP 프로토콜(HTTP/1.0) 앞쪽에 있는 빈칸까지 모두 포함되어 있다. 검색어 다음에 나오는 쿼리 문자열에서는 응답 내 단 하나의 필드(fl % 5B % 5D = description 또는 fl[] = description unscaped)와 단 하나의 결과(rows=1)만을 지정한다. 쿼리가 다운로드 횟수를 기준으로 삼아 내림차순으로 분류(sort%5B%5D=downloads+desc)하기 때문으로, 한 가지 결과로 Archive.org상에서 제일 많이 다운로드한 아두이노 리소스를 들 수 있다. HTTP 1.1 서버는 스케치 수명을 더욱 복잡하게 하는 기능을 사용할 수 있기 때문에 스케치는 HTTP 1.1 프로토콜 대신에 HTTP 1.0 프로토콜을 사용한다. 예를 들어, HTTP 1.1 클라이언트는 청크 응답을 지원해야 하므로 서버는 응답을 각 청크의 길이를 나타내는 구분 기호로 구분된 하나 이상의 청크로 분할한다. 청크 응답을 보내는지 여부는 서버에 달려 있지만, 클라이언트가 요청 시에

레시피 15.1 이더넷 네트워크 연결 553

HTTP/1.0을 지정하면 HTTP/1.1 기능들을 클라이언트가 사용하지 않을 것임을 서버가 알게 된다.

 아두이노는 SPI를 사용해 이더넷 하드웨어와 통신하기 때문에 Ethernet 라이브러리가 제대로 작동하려면 스케치 상단에 <SPI.h>가 포함된 줄이 있어야 한다.

스케치가 성공적으로 연결되고 검색 결과가 시리얼 모니터에 표시되게 구성해야 할 몇 가지 주소가 있다.

byte mac[] = { 0xDE, 0xAD, 0xBE, 0xEF, 0xFE, 0xED };

MAC 주소를 사용해 여러분의 이더넷 쉴드를 유일하게 식별할 수 있다. 모든 네트워크 장치에는 서로 다른 MAC 주소가 있어야 하며, 네트워크에서 아두이노 쉴드를 두 개 이상 사용한다면 아두이노마다 서로 다른 주소를 사용해야 한다. 지금 나오는 이더넷 쉴드들의 보드 밑면에 붙은 스티커에 MAC 주소가 프린트되어 있다. 이더넷 쉴드가 하나만 있다면 MAC 주소를 변경하지 않아도 되는데, 우연의 일치로 이번 예제에서 사용한 MAC 주소와 같은 주소를 사용하는 장치가 네트워크에 존재하지 않는다면 말이다. 대부분의 MAC 주소는 중앙 기관이 부여하므로 여러분이 원하는 대로 MAC 주소를 구성할 수 없다. 그러나 여러분이 로컬 주소를 지정하는 데 사용할 수 있는 MAC 주소의 집합이 정의되어 있으므로 여러분이 동일한 주소를 여러 장치에 할당하지 않는 한은 문제가 생기지 않을 것이다.

MAC 주소는 일련의 바이트들로 구성되며, 이것을 **옥텟**octet이라고 부르는데, 스케치에서는 그것들을 한 쌍의 니블(4비트, 한 개의 16진 문자로 나타낼 수 있는 반 바이트)로 표현한다. 첫 번째 옥텟(0xDE)의 경우에 상위 니블은 D이고 하위 니블은 E다. 첫 번째 옥텟의 두 번째 니블이 2, 6, A, E 중 하나이면 로컬 MAC 주소로 사용할 수 있다. 그러나 예를 들어 { 0xAD, 0xDE, 0xBE, 0xEF, 0xFE, 0xED }는 첫 번째 옥텟(D)의 두 번째 니블로 인해 실격 대상이 되므로 로컬 MAC 주소가 되지 못한다. 따라서 여러 장치를 한 가지 네트워크에 배치해 MAC 주소를 만들어야 하는 경우라면 이 규칙을 지켜 예기치 않은 문제가 생기지 않게 하자.

IPAddress ip(192, 168, 1, 177);

IP 주소는 인터넷에서 통신 중인 장치를 식별하는 데 사용되며, 여러분의 네트워크에서 고유해야 한다. 주소는 4바이트로 구성되며, 각 바이트에 대한 유횻값의 범위는 여러분의 네트워크가 어떤 식으로 구성되어 있는가에 따라 달라진다. 일반적으로 IP 주소를 표현할 때는 각 바이트를 분리하는 구분점을 사용한다(예: 192.168.1.177). 모든 아두이노 스케치에서 IPAddress 클래스가 내부적으로는 IP 주소를 바이트 배열 형태로 나타내기 때문에 점 대신에 쉼표가 사용된다(레시피 2.4 참고).

여러분이 사용하는 네트워크가 라우터나 게이트웨이를 사용해 인터넷에 연결되어 있다면 Ethernet.begin 함수를 호출할 때 게이트웨이의 IP 주소를 제공해야 할 수 있다. 여러분이 그렇게 하지 않는다면 Ethernet 라이브러리가 마지막 자리(이 예에서는 177)를 1로 대체하여 게이트웨이와 DNS 주소들을 결정하는데, 대체로 이런 식으로 추측하는 것이 맞아 들어간다. 라우터의 구성 유틸리티에서 게이트웨이와 DNS 서버의 주소를 찾을 수 있는데, 이때 사용하는 유틸리티는 종종 웹을 기반으로 한다. 스케치 상단의 IP 및 서버 주소 다음에 DNS 서버 및 게이트웨이의 주소로 두 줄을 추가하자.

```
// 여러분의 라우터나 게이트웨이에 필요하다면 추가하자.
IPAddress dns_server(192, 168, 1, 2); // DNS 서버의 주소.
IPAddress gateway(192, 168, 1, 254);  // 게이트웨이 주소.
```

이더넷의 시작 값에 게이트웨이 주소를 포함하도록 setup 함수의 첫 번째 줄을 바꾸자.

```
Ethernet.begin(mac, ip, dns_server, gateway);
```

게이트웨이가 기본적으로 하는 일은 네트워크 패킷을 네트워크 외부로 라우팅하는 것이며, DNS 서버는 archive.org 같은 서버 이름을 207.241.224.2 같은 IP 주소로 바꿔 Ethernet 라이브러리가 연결하려는 서버의 주소를 알아내는 일을 한다. Ethernet 라이브러리는 드러나지 않게 해당 IP 주소를 기본 게이트웨이로 전달해 지역 우체국 같은 역할을 하며, 여러분과 여러분의 목적지 사이에 자리 잡은 후에 우체국에 도착할 수 있게 적절한 '트럭'에 메시지를 올려놓을 것이다. 각 우체국은 archive.org에 도달할 때까지 다음 우체국으로 메시지를 송신한다.

DNS 서버가 호스트 이름을 IP 주소로 확인하고 클라이언트가 성공적으로 연결할 수 있으면 client.connect 함수는 1을 반환한다. client.connect에서 반환할 수 있는 값은 다음과 같다.

```
 1 = 성공
 0 = 연결 실패
-1 = DNS 서버가 제공되지 않음
-2 = DNS 레코드가 없음
-3 = 시간 초과
```

에러 값이 –1이면 이 레시피의 앞부분에서 설명한 대로 DNS 서버를 수동으로 구성해야 한다.

대부분의 이더넷 애드온 모듈은 추가 구성을 하지 않아도 작동한다. 그러나 어떤 경우에는 이더넷 모듈이 올바르게 작동하게 칩 선택 핀을 지정해야 할 때가 있다. 다음은 몇 가지 가능성을 보여 주는 Ethernet 라이브러리 예제 스케치에서 발췌한 것이다.

```
//Ethernet.init(10); // 대부분의 아두이노 쉴드.
//Ethernet.init(5);  // MKR ETH 쉴드.
//Ethernet.init(0);  // 틴시 2.0.
//Ethernet.init(20); // 틴시++ 2.0.
//Ethernet.init(15); // 에이다프룻 피더윙 이더넷을 사용하는 ESP8266.
//Ethernet.init(33); // 에이다프룻 피더윙을 사용하는 ESP32.
```

이 중 하나를 사용해야 한다면 주석 처리를 제거하고 스케치에 추가할 수 있다. Ethernet.begin을 시작하기 전에 Ethernet.init를 호출해야 한다. 더 알고 싶다면 이더넷 모듈 설명서를 참고하자. 스케치가 올바르게 실행되면 다음 출력이 표시되는데, 이 출력에는 HTTP 헤더와 빈 줄이 표시되고 그 뒤에 응답 본문이 표시된다. 연결이 시작될 때와 클라이언트가 서버에서 연결을 끊을 때를 나타내는 진단 정보도 표시된다.

```
Connecting to server...
Connected
HTTP/1.1 200 OK
Server: nginx/1.14.0 (Ubuntu)
Date: Sun, 24 Nov 2019 03:36:50 GMT
Content-Type: text/csv;charset=UTF-8
Connection: close
Content-disposition: attachment; filename=search.csv
Strict-Transport-Security: max-age=15724800
"description"
"Arduino The Documentary 2010"
Disconnecting.
```

함께 보면 좋은 내용

아두이노 Ethernet 라이브러리에 대한 웹 참고(https://oreil.ly/JPlKM).

레시피 15.2 IP 주소 자동 획득

문제

이더넷 쉴드에 사용하는 IP 주소는 여러분의 네트워크에서 고유해야 하며, 여러분은 이 주소를 자동으로 할당하기를 원한다. 이더넷 쉴드가 DHCP 서버에서 IP 주소를 얻게 하고 싶다.

해법

이 스케치는 레시피 15.1과 비슷한 구성 과정을 거치지만 IP 주소를 이더넷으로 전달하지는 않는다.

```
/*
 * DHCP 스케치.
 * DHCP 서버에서 IP 주소를 가져와서 표시한다.
 */

#include <SPI.h>
#include <Ethernet.h>

byte mac[] = { 0xDE, 0xAD, 0xBE, 0xEF, 0xFE, 0xED }; // 고유해야 한다.
EthernetClient client;

void setup()
{
  Serial.begin(9600);
  while(!Serial); // 레오나르도 보드 및 32비트 보드용.

  if (Ethernet.begin(mac) == 0)
  {
    Serial.println("Failed to configure Ethernet using DHCP");
    while(1); // 정지.
  }
  delay(1000); // 이더넷 하드웨어를 초기화할 수 있게 시간을 1초만큼 준다.
}


#define MAINTAIN_DELAY 750 // 0.75초마다 DHCP를 임대하게 유지한다.

void loop()
{
  static unsigned long nextMaintain = millis() + MAINTAIN_DELAY;
  if (millis() > nextMaintain)
  {
    nextMaintain = millis() + MAINTAIN_DELAY;
    int ret = Ethernet.maintain();
    if (ret == 1 || ret == 3)
    {
      Serial.print("Failed to maintain DHCP lease. Error: ");
      Serial.println(ret);
    }
    Serial.print("Current IP address: ");
    IPAddress myIPAddress = Ethernet.localIP();
    Serial.println(myIPAddress);
  }
}
```

토의

레시피 15.1에 나오는 스케치와 크게 차이 나는 점은 IP(또는 게이트웨이 또는 DNS 서버) 주소 변수가 없다는 것이다. 이 값은 스케치가 시작될 때 DHCP 서버에서 가져온다. 또한, Ethernet.begin 문이 성공적으로 수행되었는지도 확인한다. 이는 DHCP 서버가 유효한 IP 주소를 제공했는지를 확인하는 데 필요하다(유효한 IP 주소가 없으면 네트워크 액세스가 불가능하다).

DHCP 서버가 IP 주소를 할당하면 아두이노는 해당 주소를 **임대**lease[1]하는 꼴이 된다. 임대가 만료되면 DHCP 서버가 동일한 IP 주소를 제공하거나 새 IP 주소를 제공할 수 있다. 아두이노가 활성 상태임을 DHCP 서버에 알리려면 Ethernet.maintain()을 주기적으로 호출해야 한다. 초당 1회 이상 호출하지 않으면 제때에 임대를 갱신renewal하지 못할 수도 있다. DHCP 임대 동작(임대 기간, 임대가 갱신될 때 DHCP 서버가 수행하는 작업)은 네트워크 라우터의 구성에 따라 달라진다. 이 코드는 매번 IP 주소를 시리얼 모니터에 프린트한다.

 DHCP 기능들을 사용하면 수 킬로바이트에 해당하는 프로그램 저장 공간만큼 여러분의 스케치 크기를 늘릴 것이다. 저장 공간이 작다면 고정 IP 주소를 사용하면 된다(레시피 15.1 참고).

레시피 15.3 간단한 메시지 송수신(UDP)

문제

인터넷을 통해 간단한 메시지를 송수신하려고 한다.

해법

이 스케치는 내장된 이더넷 라이브러리와 번들링된 이더넷 UDP User Datagram Protocol 라이브러리를 사용해 문자열을 송수신한다. 비슷한 라이브러리들이 WiFiNINA(WiFiUDP)와 ESP8266WiFi(WiFiUdp, 경우에 따라 달라질 수 있음)에도 들어 있다. UDP는 TCP에 비교한다면 더 단순하면서도 약간은 더 복잡한 메시지 프로토콜이다. TCP 메시지를 송신하는 동안에 메시지가 원래 목적지에 도달할 수 없다면 오류가 발생하지만, UDP 메시지가 제대로 도달하지 않거나 전혀 도달하지 않을 수 있으며, 이처럼 전달 과정에 문제가 생겨도 스케치에서는 오류 정보를 받아들이지 않을 것이다. 이런 상황이 벌어질 수는 있지만 어쨌든 UDP가 TCP보다 오버헤드가 적으므로 신뢰성을 희생해서라도 속도를 높여야 할 때 쓰기에는 UDP가 더 적합하다. 이 간단한 예에서 아두이노는 수신된 문자열을 시리얼 모니터에 프린트한 다음에 문자열을 보낸 사람에게 '승인됨acknowledged'을 나타내는 문자열을 다시 송신한다.

```
/*
 * UDPSendReceiveStrings 스케치.
 * 이 스케치는 UDP 메시지 문자열을 수신해 직렬 포트로 프린트하고
 * "acknowledge" 문자열을 발신자에게 다시 송신한다.
 */
```

---

1 옮긴이 정확한 용어를 쓰자면 '임차'다. 즉, 빌려주는 일이 임대이고, 빌리는 일이 임차인 것이다. 따라서 아두이노가 임차를 하고, 서버가 임대하는 것이다. 하지만, 관례를 따라 빌리는 일도 임대로 번역했다.

```
#include <SPI.h>
#include <Ethernet.h>
#include <EthernetUdp.h>

byte mac[] = { 0xDE, 0xAD, 0xBE, 0xEF, 0xFE, 0xED }; // 사용할 MAC 주소.
unsigned int localPort = 8888; // 청취(listen)를 할 로컬 포트.
// 데이터 수신 및 전송을 위한 버퍼.
char packetBuffer[UDP_TX_PACKET_MAX_SIZE]; // 들어오는 패킷을 보관하기 위한 버퍼.
char replyBuffer[] = "acknowledged";        // 다시 송신할 문자열.

// UDP를 거쳐 패킷들을 송수신하는 데 쓰는 UDP 인스턴스.
EthernetUDP Udp;

void setup()
{
  Serial.begin(9600);

  // 이더넷과 UDP를 시동한다.
  Ethernet.begin(mac);
  Udp.begin(localPort);
}

void loop()
{
  // 사용할 수 있는 데이터가 있다면 패킷을 하나 읽는다.
  int packetSize = Udp.parsePacket();
  if(packetSize)
  {
    Serial.print("Received packet of size ");
    Serial.println(packetSize);

    // 패킷을 packetBuffer로 읽고 발신자의 IP 주소와 포트 번호를 얻는다.
    Udp.read(packetBuffer,UDP_TX_PACKET_MAX_SIZE);
    Serial.println("Contents:");
    Serial.println(packetBuffer);

    // 송신자에게 문자열 한 개를 다시 송신한다.
    Udp.beginPacket(Udp.remoteIP(), Udp.remotePort());
    Udp.write(replyBuffer);
    Udp.endPacket();
  }
  maintainLease(); // DHCP 연결 상태를 유지한다.
  delay(10);
}

#define MAINTAIN_DELAY 750 // 0.75초마다 DHCP를 임대하게 유지한다.

void maintainLease()
{
  static unsigned long nextMaintain = millis() + MAINTAIN_DELAY;
  if (millis() > nextMaintain)
  {
```

```
      nextMaintain = millis() + MAINTAIN_DELAY;
      int ret = Ethernet.maintain();
      if (ret == 1 || ret == 3)
      {
        Serial.print("Failed to maintain DHCP lease. Error: ");
        Serial.println(ret);
      }
      Serial.print("Current IP address: ");
      IPAddress myIPAddress = Ethernet.localIP();
      Serial.println(myIPAddress);
  }
}
```

다음에 보이는 프로세싱 스케치를 컴퓨터에서 실행함으로써 이를 테스트해 볼 수 있다(125쪽에 나오는 '프로세싱 개발 환경'을 참고하자). Processing 스케치는 Sketch ➡ Import Library ➡ Add Library 를 클릭해서 설치하는 UDP 라이브러리를 사용하고 나서 스테판 쿠소Stephane Cousot가 작성한 UDP 라이브러리를 찾아서 선택한다. 아두이노 스케치를 실행하면 현재 IP 주소가 표시된다. 아두이노의 IP 주소와 일치시키려면 프로세싱 스케치에서 String ip = "192.168.1.177" 줄에 나오는 IP 주소를 바꿔야 한다.

```
// 아두이노에서 문자열 데이터를 송수신하기 위한 프로세싱 UDP 예제.
// "Hello Arduino" 메시지를 송신하려면 아무 키나 누른다.
import hypermedia.net.*; // 스테판 쿠소가 작성한 프로세싱용 UDP 라이브러리.
UDP udp;                 // UDP 객체를 정의한다.

void setup()
{
  udp = new UDP(this, 6000); // 6000번 포트에 데이터그램 연결을 생성한다.
  //udp.log(true);           // <-- 연결 활동을 프린트하고,
  udp.listen(true);          // 들어오는 메시지를 기다린다.

}

void draw()
{
}

void keyPressed()
{
  String ip = "192.168.1.177"; // 원격 IP 주소.
  int port = 8888;             // 도착지 포트.

  udp.send("Hello World", ip, port); // 송신할 메시지.
}

void receive(byte[] data)
{
```

```
    for(int i=0; i < data.length; i++) print(char(data[i]));
    println();
}
```

토의

이더넷 쉴드를 아두이노에 꽂은 후에 이더넷 케이블을 컴퓨터에 연결하자. 아두이노 스케치를 업로 드하고 컴퓨터에서 프로세싱 스케치를 실행하자. 'Hello Arduino' 메시지를 송신하려면 아무 키나 누른다. 아두이노는 처리 중 텍스트 창에 표시되는 'acknowledged(승인됨)'을 다시 송신한다. 문자열 길이는 **Ethernet.h** 라이브러리 파일에 설정된 상수로 제한된다. 기본값은 24바이트이지만 더 긴 문 자열을 송신하려면 Udp.h에서 다음 줄을 편집하여 이 값을 늘릴 수 있다.

```
#define UDP_TX_PACKET_MAX_SIZE 24
```

UDP는 이더넷을 통해 메시지를 간단하고 빠르게 송수신하는 방법이다. 그러나 메시지 전송을 보 장하지는 않으며, 사용량이 많은 네트워크에서는 일부 메시지가 전송된 순서와 다른 순서로 손실되 거나 전달될 수 있다. 그러나 UDP는 아두이노 센서의 상태를 표시하는 것 같은 작업에 효과적이 다. 각 메시지에는 표시할 현재 센서값이 들어 있으며, 손실된 메시지는 다음 메시지로 대체된다.

이 스케치는 센서 메시지 송수신을 보여 준다. 스케치는 아날로그 출력 포트에 써넣을 값들이 포함 된 메시지를 수신하고 아날로그 입력 핀들의 값들을 사용해 발신자에게 회신한다.

```
/*
 * UDPSendReceive 스케치.²
 */
#include <SPI.h>
#include <Ethernet.h>
#include <EthernetUDP.h>

byte mac[] = { 0xDE, 0xAD, 0xBE, 0xEF, 0xFE, 0xED }; // 사용할 MAC 주소.

unsigned int localPort = 8888; // 청취를 할 로컬 포트.

char packetBuffer[UDP_TX_PACKET_MAX_SIZE]; // 들어오는 패킷을 보관할 버퍼.
int packetSize; // 수신된 패킷 크기를 보관한다.

const int analogOutPins[] = { 3,5,6,9 };

// UDP를 거쳐 패킷들을 송수신하는 데 쓰는 UDP 인스턴스다.
```

---

2 옮긴이 이 스케치를 수정한 버전이 https://bit.ly/3sA5JiW 및 https://bit.ly/3BmMug9에 나와 있다.

```
EthernetUDP Udp;

void setup()
{
  Ethernet.begin(mac);
  Udp.begin(localPort);

  Serial.begin(9600);
  Serial.println("Ready");
}

void loop()
{
  // 사용할 수 있는 데이터가 있다면 패킷을 하나 읽는다.
  packetSize = Udp.parsePacket();
  if(packetSize > 0)
  {
    Serial.print("Received packet of size ");
    Serial.print(packetSize);
    Serial.println(" with contents:");

    // 패킷을 packetBuffer로 읽어들이고 송신자의 IP 주소와 포트 번호를 얻는다.
    packetSize = min(packetSize,UDP_TX_PACKET_MAX_SIZE);
    Udp.read(packetBuffer,UDP_TX_PACKET_MAX_SIZE);

    for(int i=0; i < packetSize; i++)
    {
      byte value = packetBuffer[i];
      if(i < 4)
      {
        // 처음에 나오는 네 개의 아날로그 출력 핀에만 쓴다.
        analogWrite(analogOutPins[i], value);
      }
      Serial.println(value, DEC);
    }
    Serial.println();
    // 우리의 아날로그 포트들의 값들을 송신자에게 말해 준다.
    sendAnalogValues(Udp.remoteIP(), Udp.remotePort());
  }
  // 비트 한 개를 기다린다.
  delay(10);
}

void sendAnalogValues(IPAddress targetIp, unsigned int targetPort)
{
  int index = 0;
  for(int i=0; i < 4; i++)
  {
    int value = analogRead(i);

    packetBuffer[index++] = lowByte(value);  // 하위 바이트.
    packetBuffer[index++] = highByte(value); // 상위 바이트.
  }
```

```
  // 패킷 하나를 다시 송신자에게 송신한다.
  Udp.beginPacket(targetIp, targetPort);
  Udp.write(packetBuffer);
  Udp.endPacket();
}
```

스케치는 이진 데이터를 사용해 0 ~ 5번 아날로그 포트의 값을 송수신한다. 이진 데이터가 포함된 메시지에 익숙하지 않다면 아두이노에서 이 작업을 수행하는 방법을 더 알 수 있게 레시피 4.6과 4.7뿐만 아니라 4장에 나오는 '소개' 부분을 참고하자.

차이점은 Serial.write 대신에 Udp.write를 사용해 데이터가 전송된다는 것이다.

다음에 나오는 스케치는 이전에 나온 스케치와 함께 사용할 수 있는 프로세싱 스케치다. 여섯 개의 analogWrite 레벨을 설정할 수 있는 여섯 개의 스크롤 막대가 있으며, 스케치는 수신된 센서 데이터를 프로세싱 텍스트 창에 프린트한다. 슬라이더를 설정한 다음에 아무 키나 눌러 값을 아두이노로 송신한다.

```
// UDPTest 프로세싱.
// 데모용 스케치는 UDP를 사용해 아두이노 쪽으로(부터) 데이터를 송수신한다.
import hypermedia.net.*;

UDP udp; // UDP 객체를 정의한다.

HScrollbar[] scroll = new HScrollbar[6]; // 참고: topics/gui/scrollbar

void setup()
{
  size(600, 600);
  noStroke();
  for (int i=0; i < 6; i++) // 스크롤바들을 만든다.
    scroll[i] = new HScrollbar(0, 10 + (height / 6) * i, width, 10, 3*5+1);

  udp = new UDP(this, 6000); // 6000번 포트에 데이터그램 연결을 만들고,
  udp.listen(true);          // 들어오는 메시지를 기다린다.
}

void draw()
{
  background(255);
  fill(255);
  for (int i=0; i < 6; i++)
  {
    scroll[i].update();
    scroll[i].display();
  }
}
```

```
void keyPressed()
{
  String ip = "192.168.137.64"; // 원격 IP 주소(이것을 바꾸자!).
  int port = 8888;              // 수신지 포트.
  byte[] message = new byte[6] ;

  for(int i = 0; i < 6; i++)
  {
    message[i] = byte(scroll[i].getPos());
    println(int(message[i]));
  }
  println();
  udp.send(message, ip, port);
}

void receive(byte[] data)
{
  println("incoming data is:");
  for(int i = 0; i < min(6, data.length); i++)
  {
    scroll[i].setPos(data[i]);
    print(i);
    print(":");
    println((int) data[i]);
  }
}

class HScrollbar
{
  int swidth, sheight;   // 막대의 너비와 높이.
  int xpos, ypos;        // 막대의 x 좌표와 y 좌표.
  float spos, newspos;   // 슬라이더의 x 좌표.
  int sposMin, sposMax;  // 슬라이더의 최댓값과 최솟값.
  int loose;             // 얼마나 가볍거나 무거운가?
  Boolean over;          // 마우스가 슬라이더 위에 있는가?
  Boolean locked;
  float ratio;

  HScrollbar(int xp, int yp, int sw, int sh, int l)
  {
    swidth = sw;
    sheight = sh;
    int widthtoheight = sw - sh;
    ratio = (float)sw / (float) widthtoheight;
    xpos = xp;
    ypos = yp-sheight/2;
    spos = xpos + swidth/2 - sheight/2;
    newspos = spos;
    sposMin = xpos;
    sposMax = xpos + swidth - sheight;
    loose = l;
  }
```

```
void update()
{
  if (over())
  {
    over = true;
  }
  else
  {
    over = false;
  }
  if (mousePressed && over)
  {
    locked = true;
  }
  if (!mousePressed)
  {
    locked = false;
  }
  if (locked)
  {
    newspos = constrain(mouseX - sheight / 2, sposMin, sposMax);
  }
  if (abs(newspos - spos) > 1)
  {
    spos = spos + (newspos - spos) / loose;
  }
}

int constrain(int val, int minv, int maxv)
{
  return min(max(val, minv), maxv);
}

Boolean over()
{
  if (mouseX > xpos && mouseX < xpos+swidth &&
      mouseY > ypos && mouseY < ypos+sheight)
  {
    return true;
  }
  else
  {
    return false;
  }
}

void display()
{
  fill(255);
  rect(xpos, ypos, swidth, sheight);
  if (over || locked)
  {
    fill(153, 102, 0);
```

```
    }
    else
    {
      fill(102, 102, 102);
    }
    rect(spos, ypos, sheight, sheight);
  }

  float getPos()
  {
    return spos * ratio;
  }

  void setPos(int value)
  {
    spos = value / ratio;
  }
}
```

레시피 15.4 와이파이 내장 아두이노 사용

문제

와이파이 보조 프로세서가 내장된 아두이노 보드를 사용해 무선 네트워크 구축 프로젝트를 진행하려고 한다.

해법

선택한 아두이노 보드 개수에 따라 ARM 프로세서나 AVR 프로세서를 작은 폼팩터에 들어 있는 와이파이 보조 프로세서와 결합한다. 최신형 보드는 에스프레시프Espressif의 ESP32 모듈로 구동되는, 유블록스u-blox가 제조한 NINA-W102 모듈을 기반으로 한다.

이 스케치는 라이브러리 매니저에서 사용할 수 있는 WiFiNINA 라이브러리를 사용한다. 이 라이브러리는 아두이노 우노 와이파이 Rev 2, 나노 33 IoT, MKR 1010, MKR VIDOR 4000에 내장된 와이파이 모듈을 지원한다. 브레이크아웃 보드(4201)와 쉴드(4285) 같은 에이다프룻 에어리프트 모듈들은 이 레시피와 호환되지만, 에이다프룻은 사용자 정의 WiFiNINA 라이브러리(https://oreil.ly/OSay1)를 사용하라고 권고한다.

와이파이 네트워크에 연결하려면 YOUR_SSID(여러분의 SSID)와 YOUR_PASSWORD(여러분의 비밀번호)를 스케치에 표시된 위치에 추가하자.

```
/*
 * WiFiNINA 웹 클라이언트 스케치.
 * 인터넷 아카이브에서 일부 데이터를 요청한다.
 */

#include <SPI.h>
#include <WiFiNINA.h>

const char ssid[] = "YOUR_SSID";
const char password[] = "YOUR_PASSWORD";

WiFiClient client; // 와이파이 클라이언트
char serverName[] = "archive.org";
String request = "GET /advancedsearch.php?q=arduino&fl%5B%5D=description"
                 "&rows=1&sort%5B%5D=downloads+desc&output=csv#raw HTTP/1.0";

bool configureNetwork()
{
int status = WL_IDLE_STATUS; // 와이파이 상태.

  if (WiFi.status() == WL_NO_MODULE)
  {
    Serial.println("Couldn't find WiFi hardware.");
    return false;
  }

  String fv = WiFi.firmwareVersion();

  if (fv < WIFI_FIRMWARE_LATEST_VERSION)
  {
    Serial.println("Please upgrade the WiFi firmware");
  }

  while (status != WL_CONNECTED)
  {
    Serial.print("Attempting WiFi connection to ");
    Serial.println(ssid);
    status = WiFi.begin(ssid, password); // 성공할 때까지 접속을 시도한다.
    delay(1000); // 1초 동안 대기한다.
  }
  return true;
}

void setup()
{
  Serial.begin(9600);
  if(! configureNetwork())
  {
    Serial.println("Stopping.");
    while(1); // 일시 정지.
  }
```

```
  Serial.println("Connecting to server...");
  int ret = client.connect(serverName, 80);
  if (ret == 1)
  {
    Serial.println("Connected"); client.println(request);
    client.print("Host: "); client.println(serverName); client.println("Connection:
    close"); client.println();
  }
  else
  {
    Serial.println("Connection failed, error was: ");
    Serial.print(ret, DEC);
  }
}

void loop()
{
  if(client.available())
  {
    char c = client.read();
    Serial.print(c); // 수신된 모든 데이터를 시리얼 모니터로 에코한다.
  }
  if(! client.connected())
  {
    Serial.println();
    Serial.println("Disconnecting.");
    client.stop();
    while(1); // 일시 정지.
  }
}
```

 SSL 서버에 연결해야 한다면 WiFiClient 대신에 WiFiSSLClient를 사용하고, client.connect를
호출할 때 포트 80 대신에 서버의 SSL 포트(일반적으로 443)에 연결하자.

토의

이 스케치는 레시피 15.1에 나오는 스케치와 아주 비슷하며 몇 가지 눈에 띄는 변화가 있다. 요청 구
조와 HTTP 프로토콜을 더 알고 싶다면 레시피 15.1에 나오는 '토의' 부분을 참고하자. 가장 중요하
고 확실한 것은 이더넷 대신에 와이파이를 사용해 연결해야 한다는 점이다. 와이파이 모듈 구성 코
드가 이더넷보다 약간 복잡하기 때문에 configureNetwork라는 별도의 함수에 들어 있다. 그 외에
도, loop와 setup에 있는 나머지 코드는 Ethernet 스케치와 똑같다.

이 스케치는 하드코딩된 IP 주소를 사용하지 않고 대신에 DHCP에서 주소를 가져온다. 이더넷 쉴
드에서 DHCP를 사용하면 스케치 크기가 많이 늘어난다. 와이파이 보조 프로세서 모듈이 많은 작

업을 처리하므로 WiFiNINA 라이브러리의 경우에는 해당되지 않는다. 여러분이 WiFiNINA 라이브러리에서 고정 IP 주소를 사용하려면 IP 주소 한 개를 선언하고(예: IPAddress ip(192, 168, 0, 177);), 그런 다음에 WiFi.config(ip);를 먼저 호출하고 WiFi.begin()을 호출하자. 모든 와이파이 지원 아두이노 보드에는 와이파이 모듈에 MAC 주소가 정의되어 있으므로 스케치에서 MAC 주소를 정의하지 않아도 된다.

이 스케치를 실행하려면 여러분이 아두이노 IDE에 올바른 보드를 지원하도록 설치했는지 확인한 다음에 WiFiNINA 라이브러리도 설치해야 한다. Tools ➡ Board ➡ Boards Manager를 선택한다. 우노 와이파이 Rev 2용으로 쓸 수 있도록 아두이노의 megaAVR 보드 지원을 설치하자. Nano 33 IoT, MKR WiFi 1010, MKR Vidor 4000이라면 아두이노 SAMD 보드 지원을 설치하자. 모든 보드에 대해 라이브러리 매니저를 사용해 WiFiNINA 라이브러리를 설치하자. 보드 및 WiFiNINA 라이브러리에 대한 지원 항목을 설치한 다음에 Tools ➡ Board와 Tools ➡ Port를 사용해 보드를 연결하고 나서 보드 및 포트를 선택하면 스케치를 업로드할 수 있다.

시리얼 모니터를 열어 모든 것이 제대로 작동하면 와이파이 네트워크에 연결되고 인터넷 아카이브의 응답이 나타난다.

```
Please upgrade the WiFi firmware
Attempting WiFi connection to YOUR_SSID
Connecting to server...
Connected HTTP/1.1 200 OK
Server: nginx/1.14.0 (Ubuntu)
Date: Sun, 24 Nov 2019 03:36:50 GMT
Content-Type: text/csv;charset=UTF-8
Connection: close
Content-disposition: attachment; filename=search.csv
Strict-Transport-Security: max-age=15724800

"description"
"Arduino The Documentary 2010"

Disconnecting.
```

위의 출력 상단에 Please upgrade the WiFi firmware라는 메시지가 표시된다면, 와이파이 모듈의 펌웨어가 오래되어서 그런 것일 수 있다. 이럴 때는 와이파이 펌웨어를 업그레이드하자. 와이파이 모듈을 업데이트하려면 Tools ➡ WiFi101/WiFiNINA Firmware Updater를 열자. 나타나는 대화 상자를 사용해 먼저 여러분의 보드를 선택하고 나서 업데이터updater 스케치를 열고 이것을 여러분의 보드에 올린다flash. 스케치를 올린 다음에 보드의 최신 펌웨어를 선택하고 펌웨어 업데이트를 클릭하자.

15.5 저가형 모듈 기반 와이파이 연결

문제

아두이노 환경을 사용해 저렴한 매입형 와이파이 지원 프로젝트를 구축하려고 한다.

해법

아두이노 환경은 웹 서버 및 웹 클라이언트 같은 네트워크 가능 프로젝트를 지원한다. 와이파이 지원 보드를 사용하면 무선 네트워킹 프로젝트를 구축할 수 있다. 와이파이를 지원하는 아두이노와 아두이노 호환 보드는 많지만, 2,400원(2달러) 이하(수량)에 구입할 수 있는 기판은 에스프레시프 시스템즈Espressif Systems에서 제공하는, ESP8266으로 구동되는 ESP-01 단 하나뿐이다. 대부분의 다른 보드와 달리 ESP8266에는 내장형 USB가 없다. 여기에 표시한 대로 USB-직렬 간 어댑터(120쪽에 나오는 '직렬 방식 하드웨어' 참고)를 사용하거나 아두이노 보드를 USB-직렬 간 어댑터로 사용할 수 있다. 빈 스케치를 업로드(File ➡ Examples ➡ 01.Basics ➡ Bare Minimum)하고 나서 그림 15-1과 같이 ESP8266과 아두이노를 연결하자. 아두이노는 ESP8266을 구동하기 위해 3.3V 핀에 전력을 충분히 공급하지 않기 때문에 ESP8266에는 LD1117V33과 같은 3.3V 전압조정기가 필요하다.

또한 ESP8266(2821)이 장착된 에이다프룻 피더 HUZZAH나 스파크펀 ESP8266 Thing Dev Board(WRL-13711)처럼 내장형 USB 지원 기능이 있는 보드를 사용할 수 있다. 여전히 ESP8266 보드 지원 패키지를 설치해야 하지만, 여기에 표시한 대로 모듈을 연결할 필요가 없으며 아두이노를 USB 호스트로 사용할 필요도 없다. 이 보드는 노출형 모듈만큼 저렴하지는 않지만 매우 편리한다. 이러한 보드의 부트로더가 리셋 순서를 처리하므로 ESP-01 모듈과 마찬가지로 PROG 버튼이나 RESET 버튼을 배선하거나 누를 필요가 없다.

ESP8266을 프로그래밍하기 전에 아두이노 IDE에서 ESP8266 지원을 설치해야 한다. Preferences(환경구성) 대화 상자(File ➡ Preferences)를 열고 'Additional Boards Manager URLs' 필드의 오른쪽에 있는 아이콘을 클릭하자. http://arduino.esp8266.com/stable/package_esp8266com_index.json을 자체 줄에 추가한 다음에 OK를 누르고, 다시 OK를 눌러 Preferences 대화 창을 닫는다. 그러고 나서 보드 매니저(Tools ➡ Board ➡ Boards Manager)를 열어 ESP8266을 검색하자. 'esp8266 by ESP8266 Community'라고 하는 보드 패키지를 설치하자.

Use Tools ➡ Board ➡ Generic ESP8266 Module을 사용해 ESP8266 보드를 선택하고 나서 Tools ➡ Port 메뉴를 사용해 ESP8266 모듈에 연결된 아두이노의 포트를 지정하자. Tools ➡ Builtin Led를 선택한 다음에 2로 설정하면 되는데, 외부 LED가 2번 GPIO에 연결되어 있기 때문에 이렇게 하는 것이다(온보드 LED가 있지만 이것을 사용하면 직렬 출력과 서로 간섭될 수 있다). 그러고 나서 스케치를 편집하고 ssid를 2.4GHz 와이파이 네트워크 이름으로 설정하고 password 값을 비밀번호로 설정하자.

PROG 버튼을 누른 상태에서 스케치를 업로드하자. IDE 출력에 'Connecting'이라는 단어가 몇 초이상 나타나면 RESET 버튼을 눌렀다가 떼고 나서(PROG 버튼을 계속 누르고 있자) 몇 초 동안 기다리자. 이 일을 한 번 이상 해야 할 수도 있고, 제대로 이해하려면 몇 번에 걸쳐서 해야 할 수도 있다. Writing at 0x00000000... (7 %) 같은 메시지를 보게 된다면 제대로 되고 있는 것이다. 나머지 출력은 자동 스크롤되지 않을 수 있지만 Done uploading(업로드 완료)이 표시될 때까지 PROG 버튼을계속 누르고 있는다. 그러고 나서 RESET 버튼을 눌러 모듈을 재부팅하자. 시리얼 모니터를 연 다음에 웹 브라우저를 사용해 시리얼 모니터에 표시된 URL을 방문하자. 버튼을 클릭할 때마다 LED가 깜박인다. ESP-01을 프로그래밍한 후에는 아두이노나 USB-직렬 어댑터에서 연결을 끊고 3V 소스에서 전력을 공급할 수 있으며, 전력이 공급되는 한 계속 실행된다.

```
/*
 * ESP-01 스케치.
 * 웹 페이지에서 LED를 제어한다.
 */

#include <ESP8266WiFi.h>
#include <ESP8266WebServer.h>

const char* ssid = "YOUR_SSID";
const char* password = "YOUR_PASSWORD";

ESP8266WebServer server(80);

const int led = LED_BUILTIN;
int ledState = LOW;

// 버튼이 한 개 있는 HTML 폼.
static const char formText[] PROGMEM =
  "<form action=\"/\">\n"
  "<input type=\"hidden\" name=\"toggle\"/>\n"
  "<button type=\"submit\">Toggle LED</button>\n"
  "</form>\n";

// 루트 문서(/)에 대한 요청을 처리한다.
void handleRoot()
{
  // 서버가 "toggle"이라는 매개변수를 획득했다면 LED를 토글한다.
  if (server.hasArg("toggle"))
  {
    ledState = !ledState;
    digitalWrite(led, !ledState);
  }

  // 폼(form, 웹 양식)을 표시한다.
  server.send(200, "text/html", FPSTR(formText));
}
```

```
// 알 수 없는 파일 요청 내용에 대한 오류 메시지.
void handleNotFound()
{
  server.send(404, "text/plain", "File not found\n\n");
}

void setup()
{
  Serial.begin(9600);

  pinMode(led, OUTPUT);
  digitalWrite(led, !ledState);

  // 와이파이를 초기화한다.
  WiFi.mode(WIFI_STA);
  WiFi.begin(ssid, password);

  // 연결을 기다린다.
  while (WiFi.status() != WL_CONNECTED)
  {
    delay(500);
    Serial.print(".");
  }
  Serial.println();

  // 루트 페이지(/)와 그 밖의 모든 것에 대한 핸들러를 설정한다.
  server.on("/", handleRoot);
  server.onNotFound(handleNotFound);

  server.begin(); // 서버를 시동한다.
}

#define MSG_DELAY 10000

void loop()
{
  static unsigned long nextMsgTime = 0;
  server.handleClient(); // HTTP 클라이언트로부터 오는 요청을 처리한다.
  if (millis() > nextMsgTime)
  {
    // 시리얼 포트에 URL을 표시한다.
    Serial.print("Visit me at http://");
    Serial.println(WiFi.localIP());
    nextMsgTime = millis() + MSG_DELAY;
  }
}
```

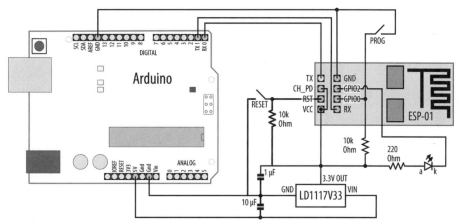

그림 15-1 ESP8266의 USB- 직렬 어댑터로 아두이노 사용

토의

이 스케치에는 와이파이에 연결하고 웹 서버를 구성하는 데 필요한 ESP8266 헤더가 들어 있다. 웹 서버의 객체만이 아니라 와이파이 네트워크의 SSID와 비밀번호(스케치를 업로드하기 전에 설정해야 함)에 대한 변수를 정의한다. 또한, 여러분이 깜박이게 할 LED(LED_BUILTIN)에 대한 변수, LED 상태 및 버튼을 표시하는 HTML 조각을 보유하는 변수(formText)를 만든다. 이 변수는 동적 메모리가 아닌 플래시 메모리에 저장된다(레시피 17.3 참고). ESP-01 보드를 사용할 때 부팅 시 GPIO2를 GND에 연결하면 보드가 제대로 부팅되지 않으므로 우리는 반전된 로직을 사용한다. LED가 3.3V에 연결되어 있으므로 GPIO2 LOW를 구동하면 LED가 켜진다.

해법에 나오는 예제에서는 이더넷이나 내장형 와이파이가 있는 보드에 대한 예제보다 조금 더 복잡하다. 이는 ESP8266WebServer가 내장형 서버 클래스보다 성능이 조금 더 낮기 때문이다. 특히 웹 문서를 더 쉽게 제공할 수 있게 하는 여러 기능이 들어 있다. 다른 보드로도 동일한 작업을 수행할 수 있지만, ESP8266 보드 패키지에 포함된 라이브러리 덕분에 개발하기가 훨씬 쉽다.

다음 두 함수는 **핸들러**handler다. 웹 페이지 같은 리소스에 대한 요청을 처리하는 것이 핸들러가 하는 일이다. 모든 웹 서버에는 루트 문서가 있다. 여러분이 http://oreilly.com으로 가보면 /가 뒤에 따라 나오든지 그렇지 않든지 간에, 웹사이트의 루트(/)에 대한 요청을 한다. 루트 핸들러인 handleRoot는 요청 내용 속에 toggle이라는 이름이 부여된 파라미터가 존재하는지를 확인한다. 그렇다면 핸들러는 LED의 상태를 토글(HIGH를 LOW가 되게 하거나 그 반대로 하는 일)한다. 그런 다음에 formText 안에 담겨 있는 HTML 조각을 표시한다.

HTML 조각 속에 폼이 한 개 들어 있는데, 이 폼에는 관련 동작(/, 웹 서버의 루트)이 들어 있다. 이 폼이 제출되면 input 요소들이 무엇이든지 그것을 인수로 삼아 핸들러로 전송된다. 이 폼에는

toggle이라는 이름이 부여된 숨겨진 요소와 제출 트리거(type="submit")로 설계된 버튼이 있다. 여러분이 Submit(제출) 버튼을 클릭하면 핸들러는 toggle을 인수로 삼아 송신함으로써 LED가 켜지거나 꺼지게 한다.

그런 후에 핸들러가 할 일은 서버가 요청받은 다른 리소스에 대해 404 오류 코드를 송신하는 것이다. 그런 후에 setup 함수로 오게 되는데 여기서 Serial을 초기화하고, LED를 구성하고, 와이파이를 초기화하고, 네트워크에 연결한다. 그리고 나서 두 핸들러를 구성하고 서버를 시동한다.

루프 내에서 스케치는 server.handleClient()를 호출해 요청을 처리한다. 10초 이상(MSG_DELAY)이 지난 경우에는 URL을 직렬 포트에 프린트한다. 이런 식으로 여러분은 언제라도 시리얼 모니터를 열어 URL을 볼 수 있다. ESP-01과 동일한 네트워크에 있는 브라우저에서 이를 열고 버튼을 사용해 보자.

이 책을 쓰고 있는 시점에서, 칩 제조업체인 에스프레시프 시스템즈(https://espressif.com/)에서는 16종에 이르는 ESP8266 모듈들을 출시했다. 이것들은 메모리 용량, 핀 수, 모듈 크기에 따라 달라진다. ESP8266 커뮤니티 위키(https://oreil.ly/bK8-w)에서 각 모듈을 잘 개관할 수 있다.

이러한 모듈들을 IoT 프로젝트에 쉽게 사용할 수 있도록 제조업 협회에 속한 많은 공급업체가, 아두이노 IDE에 연결할 때 배터리를 충전하고 간단히 프로그램을 작성할 수 있게 USB를 연결하는 기능과 그 밖의 기능을 더한 보드를 제작했다. 아주 쉽게 착수하는 방법을 들자면, USB를 사용해 에이다프룻 피터 HUZZAH(품번 2821)나 스파크펀 ESP8266 Thing(WRL-13231) 중 하나를 선택하는 것이다. 두 제품 모두 비교적 저렴하지만 ESP-01 같은 베어 ESP8266 보드만큼 저렴하지는 않다. '함께 보면 좋은 내용' 부분에 이 두 보드를 시작하기 위한 단계별 자습서로 연결하는 주소가 있다.

이들 모두는 대부분의 프로젝트를 지원하기에 충분한 메모리와 컴퓨팅 성능을 갖추고 있다. ESP8266에는 기본적으로 80㎒로 실행되는 32비트 마이크로프로세서 코어가 있다. RAM은 80K이며, 사용하는 보드에 따라 플래시 스토리지 용량은 512K에서 16MB에 이른다.

함께 보면 좋은 내용

스파크펀 ESP8266-thing 자습서(https://oreil.ly/IAzBN).

에이다프룻 피터 Huzzah esp8266 자습서(https://oreil.ly/woknW).

ESP8266 연결에 대한 메이크 매거진Make Magazine의 글(https://oreil.ly/ZgaaE).

ESP32는 ESP8266보다 더 많은 기능을 제공한다. 메모리가 더 많고. 더 빠르게 실행되며. 저전력 블루투스를 지원할 수도 있다. 여러분은 이것을 독립형 마이크로컨트롤러 보드로 사용할 수도 있지만, 아두이노 MKR 와이파이 1010 및 아두이노 우노 와이파이 Rev2(레시피 15.4) 같은 보드에서 와이파이 보조 프로세서로도 사용할 수 있다.

레시피 15.6 웹 응답 내용에서 데이터 추출

문제

아두이노가 웹 서버에서 데이터를 가져오기를 바란다고 하자. 예를 들어, 웹 서버의 응답 내용으로부터 가져온 문자열, 부동소수점, 정수 데이터를 파싱하려고 한다.

해법

이 스케치는 오픈 노티파이_{Open Notify}(http://open-notify.org/Open-Notify-API) 웹 서비스를 사용해 국제 우주 정거장_{International Space Station, ISS}의 위치를 결정한다. 응답 시간, ISS의 위도와 경도 위치를 파싱해 그 결과를 시리얼 모니터에 프린트한다. 이 스케치는 Ethernet 라이브러리, WiFiNINA 라이브러리 또는 ESP8266 보드와 함께 작동하게 설계되었다. 스케치 상단에서 해당 #include 부분의 주석을 해제해야 한다. 이 스케치는 네 개의 파일로 구성된다. 기본 스케치가 먼저 표시되고 그 뒤에 세 개의 헤더 파일이 표시된다. 이 스케치를 컴파일하기 전에 Time 라이브러리를 설치해야 한다(레시피 12.4 참고).

```
/*
 * 클라이언트에 구애받지 않는 웹 데이터 추출 스케치.
 * ESP8266, WiFiNINA 및 이더넷 보드들과 함께 사용할 수 있는 스케치.
 */

// 다음 중 하나만 주석을 해제한다.
//#include "USE_NINA.h"      // WiFiNINA 보드들.
//#include "USE_Ethernet.h" // 이더넷 보드들.
//#include "USE_ESP8266.h"  // ESP8266 보드들.

#include <TimeLib.h>

char server[] = "api.open-notify.org";

void setup()
{
  Serial.begin(9600);
  if (!configureNetwork()) // 네트워크를 시동한다.
  {
    Serial.println("Failed to configure the network");
    while(1)
    {
      delay(0); // 정지; ESP8266은 전혀 지연이 되지 않는 무한 루프를 선호하지 않는다.
    }
  }

  int ret = client.connect(server, 80);
```

```
    if (ret == 1)
    {
      Serial.println("Connected");
      client.println("GET /iss-now.json HTTP/1.0"); // HTTP 요청.
      client.print("Host: "); client.println(server);
      client.println("Connection: close"); client.println();
    }
    else
    {
      Serial.println("Connection failed, error was: ");
      Serial.print(ret, DEC);
      while(1)
      {
        delay(0); // 정지; ESP8266은 전혀 지연이 되지 않는 무한 루프를 선호하지 않는다.
      }
    }
}

char timestampMarker[] = "\"timestamp\":";
char posMarker[] = "\"iss_position\":";

void loop()
{
  if (client.available())
  {
    if (client.find('"')) // 문자열 식별자의 시작 부분.
    {
      String id = client.readStringUntil('"');
      if (id.equals("timestamp")) // 타임스탬프(time stamp, 시각 소인)를 시동한다.
      {
        if(client.find(':')) // ":" 뒤에 각 식별자가 나온다.
        {
          unsigned long timestamp = client.parseInt();
          setTime(timestamp); // 클록을 응답 시간에 맞게 설정한다.
          digitalClockDisplay();
        }
        else
        {
          Serial.println("Failed to parse timestamp.");
        }
      }

      if (id.equals("iss_position")) // Start of position data
      {
        if (client.find(':')) // ":" 뒤에 각 식별자가 나온다.
        {
          // 레이블은 "로 시작되고 좌표 데이터는 }로 끝난다.
          while (client.peek() != '}' && client.find('"'))
          {
            String id = client.readStringUntil('"'); // 레이블을 읽는다.
            float val = client.parseFloat();          // 값을 읽는다.
            client.find('"');                          // float 다음에 후행 "을 사용한다.
```

```
            Serial.print(id + ": ");
            Serial.println(val, 4);
          }
        }
        else
        {
          Serial.println("Failed to parse position data.");
        }
      }
    }
  }

  if(! client.connected())
  {
    Serial.println();
    Serial.println("disconnecting.");
    client.stop();
    while(1)
    {
      delay(0); // 정지; ESP8266은 전혀 지연이 되지 않는 무한 루프를 선호하지 않는다.
    }
  }
}

String padDigits(int digit)
{
  String str = String("0") + digit;          // 숫자 앞에 0을 한 개 둔다.
  return str.substring(str.length() - 2); // 마지막 문자 두 개를 제외한 나머지 모든 문자를 제거한다.
}

void digitalClockDisplay()
{
  String datestr = String(year()) + "-" + padDigits(month()) + "-" + padDigits(day());
  String timestr = String(hour()) + ":" + padDigits(minute()) + ":" + padDigits(second());
  Serial.println(datestr + ""+ timestr);
}
```

다음은 ESP8266 헤더 파일의 소스 코드다. 기본 스케치의 이름은 중요하지 않지만 아두이노 IDE
의 오른쪽(시리얼 모니터 아이콘 바로 아래)에 있는 아래쪽 화살표 아이콘을 클릭하고 새 탭을 선택하
여 이를 생성해야 한다. 아두이노가 새 파일 이름을 입력하라는 메시지를 표시하면 이름을 **USE_
ESP8266.h**로 지정해야 한다. 이 헤더를 사용한다면 **YOUR_SSID**와 **YOUR_PASSWORD**를 바꾸자.

```
#include <SPI.h>
#include <ESP8266WiFi.h>

const char ssid[] = "YOUR_SSID";
const char password[] = "YOUR_PASSWORD";
```

```
WiFiClient client;

bool configureNetwork()
{
  WiFi.mode(WIFI_STA); WiFi.begin(ssid, password);
  while (WiFi.status() != WL_CONNECTED) // 연결이 되기를 기다린다.
  {
    delay(1000);
    Serial.print("Waiting for connection to ");
    Serial.println(ssid);
  }
  return true;
}
```

이더넷 헤더 파일의 소스 코드는 다음과 같다. ESP8266 헤더 파일을 만들 때 같은 방법으로 만들어야 하지만 이름을 **USE_Ethernet.h**로 지정하자. 하드코딩된 IP 주소를 사용하려면 레시피 15.1을 참조하여 이 코드를 적절히 수정하자.

```
#include <SPI.h>
#include <Ethernet.h>

byte mac[] = {0xDE, 0xAD, 0xBE, 0xEF, 0xFE, 0xED };
EthernetClient client;

bool configureNetwork()
{
  if(Ethernet.begin(mac))
  {
    delay(1000); // Ethernet 모듈을 초기화할 수 있게 1초를 기다린다.
    return true;
  }
  else
  {
    return false;
  }
}
```

 레시피 15.2와 다르게, 이 레시피에서는 DHCP 임대를 유지하기 위해 Ethernet.maintain()을 호출하지 않는다. WiFiNINA나 ESP8266 모두 주기적으로 Maintain()을 호출할 필요는 없지만, 오래 실행되는 이더넷 프로젝트를 만들 계획이라면 필요하다. 스케치에 Maintain()을 추가하는 방법을 알고 싶다면 레시피 15.8을 참고하자.

WiFiNINA 헤더 파일의 소스 코드는 다음과 같다. ESP8266 헤더 파일을 만들 때 같은 방법으로 만들어야 하지만 이름을 **USE_NINA.h**로 지정하자. 이 헤더를 사용한다면 **YOUR_SSID**와 **YOUR_PASSWORD**를 바꾸자.

```
#include <SPI.h>
#include <WiFiNINA.h>

const char ssid[] = "YOUR_SSID";
const char password[] = "YOUR_PASSWORD";
WiFiClient client;

bool configureNetwork()
{
  int status = WL_IDLE_STATUS; // 와이파이 상태.

  if (WiFi.status() == WL_NO_MODULE)
  {
    Serial.println("Couldn't find WiFi hardware.");
    return false;
  }

  String fv = WiFi.firmwareVersion();

  if (fv < WIFI_FIRMWARE_LATEST_VERSION)
  {
    Serial.println("Please upgrade the WiFi firmware");
  }

  while (status != WL_CONNECTED)
  {
    Serial.print("Attempting WiFi connection to ");
    Serial.println(ssid);
    status = WiFi.begin(ssid, password); // 성공할 때까지 접속을 시도한다.
    delay(1000); // 1초 동안 대기한다.
  }
  return true;
}
```

토의

오픈 노티파이Open Notify의 ISS 웹 서비스 API는 "attribute": value 형식, 즉 속성/값 쌍으로 구성된 JSONJavaScript Object Notation 형식으로 결과를 반환한다. 스케치는 레시피 15.1과 15.4에 표시된 것과 동일한 기술을 사용해 웹 서버에 요청한다.

스케치는 레시피 4.5에서 설명한 스트림 파싱 기능을 사용해 값에 대한 JSON 응답을 검색한다. 루프에서 'timestamp' 같은 레이블의 시작을 나타내는 큰따옴표(")를 찾는다. 스케치가 타임스탬프 속성 레이블을 찾은 다음, 그 다음에 오는 첫 번째 정수를 검색한다. 이 숫자는 유닉스의 기원epoch이 시작된 이후로 경과한 시간(초)을 나타낸다. 편리하게도 레시피 12.4에서 본 Time 라이브러리의 기능과 호환되므로 스케치에서 해당 기능을 사용해 현재 시간을 설정할 수 있다. 그리고 나서 해당 레시피와 비슷한 digitalClockDisplay 함수를 사용해 시간을 프린트한다.

스케치가 "iss_position" 식별자를 찾으면 위도와 경도가 될 레이블을 두 개 더 찾아서 그와 관련된 float 값을 파싱하고 각각 표시한다. 스케치가 레이블을 더 이상 찾을 수 없거나(레이블이 두 개만 있어야 한다), } 문자("iss_position" 식별자의 끝부분)에 도달하면 스케치는 일을 마친다. 다음은 웹 서비스의 샘플 출력인데, 속성값을 굵게 해서 강조 표시했다.

```
{"message": "success", "timestamp": 1574635904, "iss_position":
{"latitude": "-37.7549", "longitude": "95.5304"}}
```

다음은 스케치가 시리얼 모니터에 표시하는 출력 내용이다.

```
Connected

2019-11-24 22:51:44
latitude: -37.7549
longitude: 95.5304

disconnecting.
```

함께 보면 좋은 내용

오픈 노티파이Open Notify의 API 문서(https://oreil.ly/OaTHs).

공개적으로 접속할 수 있는 웹 API 목록(https://oreil.ly/_3OTa).

레시피 15.7 XML 기반 웹 서버 데이터 요청

문제

여러분은 XML 형식으로 정보를 게시하는 사이트에서 데이터를 검색하려고 한다. 예를 들어, XML API 서비스를 제공하는 날씨 제공 업체의 특정 필드값을 사용하려고 한다.

해법

이 스케치는 오픈 웨더Open Weather 서비스에서 런던의 날씨를 검색한다. 레시피 15.6에 설명한 대로 세 개의 헤더 파일을 설정하고 사용할 네트워크 연결 종류를 선택하려면 #include 행 중 하나에 대한 주석 처리를 해제해야 한다. WiFiNINA 보드나 ESP8266 보드를 사용한다면 해당 헤더 파일에서 SSID와 비밀번호를 바꿔야 한다.

```
/*
 * 간단한 날씨 클라이언트.
 * http://openweathermap.org/에서 XML 데이터를 가져온다.
 * 필드에서 온도를 읽는다. <temperature value="44.89"
 * 아날로그 출력 포트에 온도를 써넣는다.
 */

// 다음 중 하나만 주석을 해제한다.
//#include "USE_NINA.h"      // WiFiNINA 보드들.
//#include "USE_Ethernet.h" // 이더넷 보드들.
//#include "USE_ESP8266.h"  // ESP8266 보드들.

char serverName[] = "api.openweathermap.org";
  String request =
  "GET /data/2.5/weather?q=London,UK&units=imperial&mode=xml&APPID=";
String APIkey = "YOUR_KEY_HERE"; // 본문을 참고하자.

void setup()
{
  Serial.begin(9600);
  if (!configureNetwork()) // 네트워크를 시동한다.
  {
    Serial.println("Failed to configure the network");
    while(1)
    delay(0); // 정지; ESP8266은 전혀 지연이 되지 않는 무한 루프를 선호하지 않는다.
  }
}

void loop()
{
  if (client.connect(serverName, 80) > 0)
  {
    Serial.println("Connected");

    // 날씨를 알아낸다.
    client.println(request + APIkey + " HTTP/1.0");
    client.print("Host: ");
    client.println(serverName);
    client.println("Connection: close");
    client.println();
  }
  else
  {
    Serial.println(" connection failed");
  }

  if(client.connected())
  {
    if (client.find("<temperature value="))
    {
      int temperature = client.parseInt();
      Serial.print("Temperature: ");
```

```
      Serial.println(temperature);
    }
    else
      Serial.print("Could not find temperature field");

    if (client.find("<humidity value="))
    {
      int humidity = client.parseInt();
      Serial.print("Humidity: ");
      Serial.println(humidity);
    }
    else
      Serial.print("Could not find humidity field");
  }
  else
  {
    Serial.println("Disconnected");
  }

  client.stop(); client.flush();
  delay(60000); // 다음 번 업데이트 전에 잠시 대기한다.
}
```

토의

오픈 웨더 Open Weather(https://oreil.ly/dLliX)는 전 세계 20만 개가 넘는 도시에 대한 날씨 데이터를 제공한다. 이것을 무료로 사용할 수 있지만 API 키를 받으려면 회원으로 가입해야 한다. 키를 얻는 방법과 이용 약관에 대한 정보를 알고 싶다면 여기(https://oreil.ly/p-IRB)를 참고하자.

스케치는 api.openweathermap.org에 연결한 후에 다음 요청을 웹 서비스(http://api.openweathermap.org/data/2.5/weather)로 송신한다.

```
?q=London,UK&units=imperial&mode=xml&APPID=YOUR_KEY_HERE
```

q=에 이어 나오는 문자열로는 도시와 나라를 지정한다. https://oreil.ly/oXLrI에서 도시 목록을 다 볼 수 있다. units=imperial은 온도를 화씨 단위에 맞춰 반환하게 하고 mode=xml은 API가 결과들을 XML 서식에 맞춰 반환하게 한다. Open Weather Map API 키를 넣으려면 다음 코드 줄을 바꿔야 한다.

```
String APIkey = "YOUR_KEY_HERE";.
```

반환된 XML 데이터는 다음처럼 된다.

```
<current>
<city id="2643743" name="London">
  <coord lon="-0.13" lat="51.51"/>
    <country>GB</country>
    <timezone>0</timezone>
    <sun rise="2019-11-25T07:34:34" set="2019-11-25T16:00:36"/>
  </city>
  <temperature value="48" min="45" max="51.01" unit="fahrenheit"/>
  <humidity value="93" unit="%"/>
  <pressure value="1004" unit="hPa"/>
  <wind>
    <speed value="6.93" unit="mph" name="Light breeze"/>
    <gusts/>
    <direction value="100" code="E" name="East"/>
  </wind>
  <clouds value="75" name="broken clouds"/>
  <visibility value="10000"/>
  <precipitation mode="no"/>
  <weather number="803" value="broken clouds" icon="04n"/>
  <lastupdate value="2019-11-25T02:02:46"/>
</current>
```

스케치는 client.find( )를 사용해 온도 태그와 습도 태그를 찾아 데이터를 파싱하고 나서 client.parseInt()를 사용해 각 값을 검색한다. 스케치는 60초마다 날씨 데이터를 검색한다. 날씨 데이터는 비교적 작은 XML 메시지다. 매우 큰 XML 메시지를 처리한다면 너무 많은 아두이노 리소스(CPU 및 RAM)가 사용되어야 할 수 있다. JSON이 더 간결할 때가 많다(레시피 15.6 참고).

레시피 15.8 아두이노 기반 웹 서버 구성

문제

아두이노가 웹 페이지를 서비스하게 하고 싶다. 예를 들어, 웹 브라우저를 사용해 아두이노의 아날로그 핀에 연결된 센서값을 볼 수 있게 하고 싶다.

해법

이는 아두이노와 함께 배포된 표준 아두이노 웹 서버 이더넷Arduino Web Server Ethernet 예제 스케치를 기반으로 아날로그 입력 핀들의 값을 보여 준다. 이 스케치를 ESP8266(레시피 15.5)뿐만 아니라 WiFiNINA 모듈(레시피 15.4)이 탑재된 보드들에도 적용될 수 있도록 수정했다. 스케치 상단에서 해당 #include 부분의 주석을 해제해야 한다. 이 스케치는 네 개의 파일로 구성된다. 기본 스케치가 먼저 표시되고 그 뒤에 세 개의 헤더 파일이 표시된다.

```
/*
 * 웹 서버 스케치.
 */

// 다음 중 하나만 주석을 해제한다.
//#include "USE_NINA.h"      // WiFiNINA 보드들.
//#include "USE_Ethernet.h" // 이더넷.
//#include "USE_ESP8266.h"  // ESP8266 보드들.

void setup()
{
  Serial.begin(9600);

  if (!configureNetwork()) // 네트워크를 시동한다.
  {
    Serial.println("Failed to configure the network");
    while(1)
    delay(0); // 정지; ESP8266은 전혀 지연이 되지 않는 무한 루프를 선호하지 않는다.
  }
  server.begin();
}

#define MSG_DELAY 10000

void loop()
{
  static unsigned long nextMsgTime = 0;
  if (millis() > nextMsgTime)
  {
    Serial.print("Visit me at http://");
    Serial.println(getIP());
    nextMsgTime = millis() + MSG_DELAY;
  }

  maintain(); // 필요하다면 DHCP 임대를 수작업으로 유지한다.
  client = server.available(); // 연결되는지를 청취한다.

  if (client)
  {
    Serial.println("New client connection");

    // http 요청이 빈 줄로 끝이 난다.
    boolean currentLineIsBlank = true;
    while(client.connected())
    {
      if(client.available())
      {
        char c = client.read();
        Serial.write(c);
        // 여러분이 빈 줄의 끝에 도달해 또 다른 \n을 찾아냈다면,
        // 여러분은 헤더들의 끝에 도착한 것이다.
        if (c == '\n' && currentLineIsBlank)
```

```
      {
        // 표준 http 응답 헤더를 송신한다.
        client.println("HTTP/1.1 200 OK"); client.println("Content-Type: text/html");
        client.println("Connection: close"); // 응답이 있은 후에 연결을 닫는다.
        client.println("Refresh: 5");        // 5초마다 새로고침한다.
        client.println();                    // 헤더의 끝.

        client.println("<! DOCTYPE HTML>");
        client.println("<HTML>");

        // 각 아날로그 입력 핀의 값을 표시한다.
        for(int analogChannel = 0; analogChannel < 6; analogChannel++)
        {
          int sensorReading = analogRead(analogChannel);
          client.print("A"); client.print(analogChannel);
          client.print(" = "); client.print(sensorReading);
          client.println("<BR />");
        }
        client.println("</HTML>");
        break; // while 루프를 중단하고 빠져나온다.
      }
      if(c == '\n')
      {
        // 새 줄이 시작된다.
        currentLineIsBlank = true;
      }
      else if (c != '\r')
      {
        // 현재 줄에서 문자 한 개를 얻었다.
        currentLineIsBlank = false;
      }
    }
  }
  // 웹 브라우저가 데이터를 수신할 수 있게 웹 브라우저에 시간을 준다.
  delay(100);

  // 연결을 닫는다.
  client.stop();
  Serial.println("Client disonnected");
  }
}
```

이더넷 헤더 파일의 소스 코드는 다음과 같다. ESP8266 헤더 파일을 만들 때 같은 방법으로 만들어야 하지만 이름을 **USE_Ethernet.h**로 지정하자. 이 스케치는 오래 실행되는 서버이므로 maintain() 함수가 들어 있으며, 스케치의 loop 함수 내에서 호출된다. 그러면 DHCP 임대가 활성 상태로 유지된다(레시피 15.2 참고). 하드코딩된 IP 주소를 사용하려면 레시피 15.1을 참조하여 이 코드를 적절히 수정하자.

```
#include <SPI.h>
#include <Ethernet.h>

byte mac[] = {0xDE, 0xAD, 0xBE, 0xEF, 0xFE, 0xED };

EthernetClient client;
EthernetServer server(80);

bool configureNetwork()
{
  if(Ethernet.begin(mac))
  {
    delay(1000); // Ethernet 모듈을 초기화할 수 있게 1초를 기다린다.
    return true;
  }
  else
  {
    return false;
  }
}

IPAddress getIP()
{
  return Ethernet.localIP();
}

#define MAINTAIN_DELAY 750 // 0.75초마다 DHCP를 임대하게 유지한다.

void maintain()
{
  static unsigned long nextMaintain = millis() + MAINTAIN_DELAY;
  if (millis() > nextMaintain)
  {
    nextMaintain = millis() + MAINTAIN_DELAY;
    int ret = Ethernet.maintain();
    if (ret == 1 || ret == 3)
    {
      Serial.print("Failed to maintain DHCP lease. Error: ");
      Serial.println(ret);
    }
  }
}
```

다음에 보이는 것은 ESP8266 헤더 파일의 소스 코드다. 기본 스케치의 이름은 중요하지 않지만, 아
두이노 IDE 오른쪽(시리얼 모니터 아이콘 바로 아래)에 있는 아래쪽 화살표 아이콘을 클릭해 새 스
케치를 선택해야 한다. 아두이노가 새 파일 이름을 입력하라는 메시지를 표시하면 이름을 **USE_**
ESP8266.h로 지정해야 한다. 이 헤더를 사용한다면 **YOUR_SSID**와 **YOUR_PASS WORD**를 교체하
자. ESP8266(또는 WiFiNINA)을 사용해 임대를 수동 방식으로 활성 상태를 유지할 필요가 없으므
로 maintain 함수가 비어 있다.

```
#include <SPI.h>
#include <ESP8266WiFi.h>

const char ssid[] = "YOUR_SSID";
const char password[] = "YOUR_PASSWORD";

WiFiClient client;
WiFiServer server(80);

bool configureNetwork()
{
  WiFi.mode(WIFI_STA);
  WiFi.begin(ssid, password);
  while (WiFi.status() != WL_CONNECTED) // 연결되기를 기다린다.
  {
    delay(1000);
    Serial.print("Waiting for connection to ");
    Serial.println(ssid);
  }
  return true;
}

IPAddress getIP()
{
  return WiFi.localIP();
}

void maintain()
{
  // 아무 일도 하지 않는다.
}
```

WiFiNINA 헤더 파일의 소스 코드는 다음과 같다. ESP8266 헤더 파일을 만들 때 같은 방법으로 만들어야 하지만 이름을 USE_NINA.h로 지정하자. 이 헤더를 사용한다면 YOUR_SSID와 YOUR_PASSWORD를 바꾸자.

```
#include <SPI.h>
#include <WiFiNINA.h>

const char ssid[] = "YOUR_SSID";
const char password[] = "YOUR_PASSWORD";
WiFiClient client;

WiFiServer server(80);

bool configureNetwork()
{
  int status = WL_IDLE_STATUS; // WiFistatus

  if (WiFi.status() == WL_NO_MODULE)
```

```
  {
    Serial.println("Couldn't find WiFi hardware.");
    return false;
  }
  String fv = WiFi.firmwareVersion();
  if (fv < WIFI_FIRMWARE_LATEST_VERSION)
  {
    Serial.println("Please upgrade the WiFi firmware");
  }
  while (status != WL_CONNECTED)
  {
    Serial.print("Attempting WiFi connection to ");
    Serial.println(ssid);
    status = WiFi.begin(ssid, password); // 성공할 때까지 접속을 시도한다.
    delay(1000);                         // 1초 동안 대기한다.
  }
  return true;
}

IPAddress getIP()
{
  return WiFi.localIP();
}

void maintain()
{
  // 아무 일도 하지 않는다.
}
```

토의

레시피 15.6과 마찬가지로 이 스케치는 세 개의 헤더 파일 중 하나를 사용해 네트워크에 연결하는 방법을 결정한다. **USE_Ethernet.h** 헤더를 포함하면 이 스케치는 DHCP를 사용해 이더넷에 연결된다. 이더넷이 포함된 DHCP에서는 DHCP 임대를 수동으로 유지보수해야 하므로 loop 내에서 호출해야 하는 유지보수 함수가 있다. 스케치가 한 번 실행되고 중단되므로 이 코드는 레시피 15.6에 포함되지 않았다. ESP8266 보드를 사용한다면 **USE_ESP8266.h** 헤더 파일을 포함해야 하며, WiFiNINA 보드를 사용한다면 **USE_NINA.h**를 포함해야 한다. 각 헤더 파일도 클라이언트와 서버 변수를 정의하고, 네트워크를 구성하고(configureNetwork) 할당된 IP 주소를 획득하는(getIP) 메서드들을 노출한다.

직렬 포트를 시동함으로써 스케치가 시작되게 한 뒤, 하드웨어에 특화된 함수를 사용해 네트워크를 구성하고 서버를 시작한다. 루프 내에서 10초마다 서버에 연결해야 하는 URL을 나타내는 메시지가 표시된다. 웹 브라우저에서 이 URL을 열면 0 ~ 6번 아날로그 입력 핀의 값을 보여 주는 페이지가 표시된다(아날로그 포트를 더 알고 싶다면 5장을 참고하자).

setup 함수 안에 있는 두 줄은 Ethernet 라이브러리를 초기화하고 웹 서버를 제공한 IP 주소로 구성한다. loop 함수는 웹 서버가 수신한 각 요청을 기다렸다가 처리한다.

```
client = server.available();
```

여기서 client 객체는 웹 서버에 연결된 클라이언트를 나타낸다. 포함한 헤더에 따라 Ethernet Client 또는 WiFiClient 객체가 된다.

if(client)는 클라이언트가 성공적으로 연결되었는지를 테스트한다.

while(client.connected())는 웹 서버가 요청하는 클라이언트에 연결되어 있는지를 테스트한다.

client.available() 및 client.read()는 클라이언트에서 데이터를 사용할 수 있는지 확인하고 데이터가 있으면 한 바이트를 읽는다. 이것은 데이터가 직렬 포트가 아닌 인터넷에서 온다는 점을 제외하고 4장에서 설명한 Serial.available()과 비슷하다. 코드는 데이터가 없는 첫 번째 줄을 찾을 때까지 데이터를 읽으며 요청의 끝을 나타낸다. client.println 명령을 사용해 HTTP 헤더는 전송한 다음에 아날로그 포트들의 값들을 프린트한다.

ESP8266 보드 패키지에는 웹 서버를 만드는 데 필요한 라이브러리 세트가 풍부하게 들어 있다. 다양한 네트워킹 하드웨어를 지원해야 하는 코드를 작성하지 않는 한 해당 기능을 사용할 수 있다. 자세한 내용을 더 알고 싶다면 레시피 15.5를 참고하자.

레시피 15.9 웹 요청 처리

문제

여러분은 웹 서버 역할을 하는 아두이노를 사용해 디지털 출력과 아날로그 출력을 제어하기를 바란다. 예를 들어, 웹 브라우저에서 전송된 매개변수를 통해 특정 핀의 값을 제어하려고 한다.

해법

이 스케치는 브라우저에서 전송된 요청을 읽고 요청에 따라 디지털 출력과 아날로그 출력 포트의 값을 변경한다. 스케치에 연결하는 데 사용할 URL을 보려면 시리얼 모니터를 열어야 한다.

URL(브라우저 요청으로부터 수신한 텍스트)에는 pin이라는 낱말로 시작되는 필드가 한 개 이상 있고, 그 뒤를 따라서 디지털은 D자가 나오는 한편으로 아날로그는 A자가 나오고, 그 다음에 핀 번호가 나온다. 핀의 값은 등호를 뒤따라 나온다.

예를 들어, 브라우저의 주소 표시 줄에서 http://IP_ADDRESS/?pinD2=1을 송신하면 2번 디지털 핀이
켜진다. http://IP_ADDRESS/?pinD2=0은 2번 핀을 끈다(LED를 아두이노 핀에 연결하는 방법에 대한 정보를
7장에서 참고하자). 다만, 여러분이 **IP_ADDRESS**를 시리얼 모니터에 표시된 IP 주소로 바꿔 주면 된다.

레시피 15.8에서 설명한 대로 세 개의 헤더 파일을 설정하고 사용할 네트워크 연결 종류를 선택하려면
#include 행 중 하나의 주석 처리를 해제해야 한다. WiFiNINA나 ESP8266을 사용한다면 해당 헤더
파일에서 SSID와 비밀번호를 바꿔야 한다. ESP8266에는 출력에 사용할 수 있는 핀 수가 제한되어 있으
므로 사용할 수 있는 핀을 찾으려면 ESP8266 보드의 설명서를 참조해야 한다. 일부 핀에 쓰기를 하면
보드가 제대로 작동하지 않을 수 있다.

그림 15-2는 다음에 나오는 웹 서버 코드에 연결되었을 때 웹 브라우저에 표시되는 내용을 보여 준다.

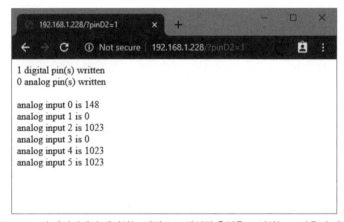

그림 15-2 이 레시피에서 제시하는 해법으로 생성된 출력을 표시하는 브라우저 페이지

```
/*
 * 들어오는 요청을 다룬 스케치.
 * URL의 요청에 응답해 디지털 출력 포트와 아날로그 출력 포트를 변경한다.
 * 변경된 포트 수와 아날로그 입력 핀의 값이 표시된다.
 * 예를 들면, 다음과 같다.
 * http://IP_주소/?pinD2=1을 송신하면 디지털 2번 핀이 켜진다.
 * http://IP_주소/?pinD2=0을 송신하면 2번 핀이 꺼진다.
 * 이 스케치는 아두이노의 Stream 클래스를 사용해
 * 텍스트를 파싱하는 방법을 보여 준다.
 */

// 다음 중 하나만 주석을 해제한다.
//#include "USE_NINA.h"     // WiFiNINA 보드들.
//#include "USE_Ethernet.h" // 이더넷.
//#include "USE_ESP8266.h"  // ESP8266 보드들.

void setup()
{
  Serial.begin(9600);
```

```
  if (!configureNetwork()) // 네트워크를 시동한다.
  {
    Serial.println("Failed to configure the network");
    while(1)
    delay(0); // 정지; ESP8266은 전혀 지연이 되지 않는 무한 루프를 선호하지 않는다.
  }
  server.begin();
}

#define MSG_DELAY 10000

void loop()
{
  static unsigned long nextMsgTime = 0;
  if (millis() > nextMsgTime)
  {
    Serial.print("Try http://");
    Serial.print(getIP());
    Serial.println("?pinD2=1");
    nextMsgTime = millis() + MSG_DELAY;
  }

  maintain(); // 필요하다면 DHCP 임대를 수작업으로 유지한다.
  client = server.available();
  if (client)
  {
    while(client.connected())
    {
      if (client.available())
      {
        // 핀 변경 요청들의 개수를 보여 주는 카운터들.
        int digitalRequests = 0;
        int analogRequests = 0;
        if(client.find("GET /")) // 'GET'을 검색
        {
          // "pin"으로 시작하는 토큰들을 찾고, 줄의 끝에서 중단한다.
          while(client.findUntil("pin", "\r\n"))
          {
            char type = client.read(); // D 또는 A.
            // 스트립 내의 다음 차례 아스키 정숫값은 핀이다.
            int pin = client.parseInt();
            int val = client.parseInt(); // 그런 후의 정수는 값이다.
            if(type == 'D')
            {
              Serial.print("Digital pin ");
              pinMode(pin, OUTPUT);
              digitalWrite(pin, val);
              digitalRequests++;
            }
            else if(type == 'A')
            {
```

```
          Serial.print("Analog pin ");
          analogWrite(pin, val);
          analogRequests++;
        }
        else
        {
          Serial.print("Unexpected type ");
          Serial.print(type);
        }
        Serial.print(pin);
        Serial.print("=");
        Serial.println(val);
      }
    }
    Serial.println();

    // findUntil이 빈 줄(lf 다음에 cr)을 감지했다.
    // http 요청이 종료되어 회신을 송신할 수 있다.
    // 표준 http 응답 헤더를 송신한다.
    client.println("HTTP/1.1 200 OK");
    client.println("Content-Type: text/html");
    client.println();

    // 요청에 의해 처리된 핀의 개수를 출력한다.
    client.print(digitalRequests);
    client.print(" digital pin(s) written");
    client.println("<br />");
    client.print(analogRequests);
    client.print("  analog pin(s) written");
    client.println("<br />");
    client.println("<br />");

    // 각 아날로그 입력 핀의 값을 출력한다.
    for (int i = 0; i < 6; i++)
    {
      client.print("analog input ");
      client.print(i);
      client.print(" is ");
      client.print(analogRead(i));
      client.println("<br  />");
    }
    break; // while() 루프에서 빠져나온다.
    }
  }
  // 웹 브라우저가 데이터를 수신할 수 있게 웹 브라우저에 시간을 준다.
  delay(100);
  client.stop();
 }
}
```

토의

여러분이 http://IP_ADDRESS/?pinD2=1이라는 명령어를 송신한다면(직렬 모니터에 표시된 IP 주소가 있는 **IP_ADDRESS**를 대체하는 명령) 스케치는 2번 핀이 HIGH가 되게 할 것이다. URL에 들어 있는 지시 사항은 다음과 같다. 물음표 앞의 모든 것은 웹 서버의 주소로 취급된다(예: 192.168.1.177). 나머지 데이터는 필드 리스트이며, 각 필드 리스트는 **pin**이라는 단어로 시작되고 그 뒤에 **D**자가 오면 이는 디지털 핀이라는 뜻이며 **A**자가 오면 이는 아날로그 핀이라는 뜻이다.

D 또는 **A** 다음에 나오는 숫자는 핀 번호를 나타낸다. 그 뒤에 등호가 나오고 마지막으로 여러분이 설정하려는 핀값이 온다. pinD2=1은 2번 디지털 핀을 HIGH로 설정한다. 핀당 하나의 필드가 있으며, 후속 필드는 앰퍼샌드로 구분된다. 여러분이 변경하려는 아두이노 핀 수만큼 필드가 있게 될 수 있다.

앰퍼샌드를 사용해 여러 필드를 분리해 여러 매개변수를 처리하게 요청 내용을 확장할 수 있다. 예를 들면, 다음과 같다.

```
http://IP_ADDRESS/?pinD2=1&pinD3=0&pinA9=128&pinA11=255
```

각 앰퍼샌드 기호에 뒤따라 나오는 각 필드는 앞에서 설명한 대로 처리된다. 여러분은 변경하려는 아두이노 핀의 개수만큼 필드를 둘 수 있다.

레시피 15.10 특정 페이지로 들어오는 수신 요청 처리

문제

여러분은 웹 서버에 페이지가 두 개 이상 있기를 바란다. 예를 들어, 서로 다른 페이지에 서로 다른 센서의 상태를 표시하는 식이다.

해법

이 스케치는 'analog' 또는 'digital'이라는 페이지에 대한 요청 내용을 살핀 다음에 이에 맞춰 핀값을 표시한다.

 레시피 15.8에서 설명한 대로 세 개의 헤더 파일을 설정하고 사용할 네트워크 연결 종류를 선택하려면 #include 행 중 하나에 대한 주석 처리를 해제해야 한다. WiFiNINA나 ESP8266을 사용한다면 해당 헤더 파일에서 SSID(YOUR_SSID)와 비밀번호(YOUR_PASSWORD)를 바꿔야 한다.

```
/*
 * WebServerMultiPage 스케치.
 * URL의 요청에 응답해 디지털 출력 포트와 아날로그 출력 포트를 보자.
 * http://IP_ADDRESS/analog/ 아날로그 핀 데이터를 표시한다.
 * http://IP_ADDRESS/digital/ 디지털 핀 데이터를 표시한다.
 */

// 다음 중 하나만 주석을 해제한다.
//#include "USE_NINA.h"     // WiFiNINA 보드들.
//#include "USE_Ethernet.h" // 이더넷.
//#include "USE_ESP8266.h"  // ESP8266 보드들.

const int MAX_PAGE_NAME_LEN = 8;  // 페이지 이름을 이루는 문자들의 최대 개수.
char buffer[MAX_PAGE_NAME_LEN+1]; // 페이지 이름 + 끝을 나타내는 널.

void setup()
{
  Serial.begin(9600);

  if (!configureNetwork()) // 네트워크를 시동한다.
  {
    Serial.println("Failed to configure the network");
    while(1)
    delay(0); // 정지; ESP8266은 전혀 지연이 되지 않는 무한 루프를 선호하지 않는다.
  }
  server.begin();
}

#define MSG_DELAY 10000

void loop()
{
  static unsigned long nextMsgTime = 0;
  if (millis() > nextMsgTime)
  {
    Serial.print("Try http://");
    Serial.print(getIP());
    Serial.println("/analog/");
    nextMsgTime = millis() + MSG_DELAY;
  }

  maintain(); // 필요하다면 DHCP 임대를 수작업으로 유지한다.
  client = server.available();
  if (client)
  {
    while(client.connected())
    {
      if(client.available())
      {
        if(client.find("GET "))
        {
          // 페이지 이름을 찾는다.
          memset(buffer,0, sizeof(buffer)); // 버퍼를 지운다.
```

```
          if(client.find("/"))
            if(client.readBytesUntil('/', buffer, MAX_PAGE_NAME_LEN))
            {
              if(strcmp(buffer, "analog") == 0)
                showAnalog();
              else if(strcmp(buffer, "digital") == 0)
                showDigital();
              else
                unknownPage(buffer);
            }
        }
        Serial.println();
        break; // while() 루프에서 빠져나온다.
      }
    }
    // 웹 브라우저가 데이터를 수신할 수 있게 웹 브라우저에 시간을 준다.
    delay(100);
    client.stop();
  }
}

void showAnalog()
{
  Serial.println("analog");
  sendHeader();
  client.println("<h1>Analog Pins</h1>");
  // 각 아날로그 입력 핀의 값을 출력한다.
  for (int i = 0; i < 6; i++)
  {
    client.print("analog pin ");
    client.print(i);
    client.print(" = ");
    client.print(analogRead(i));
    client.println("<br   />");
  }
}

void showDigital()
{
  Serial.println("digital");
  sendHeader();
  client.println("<h1>Digital Pins</h1>");
  // 각 디지털 핀의 값을 보여 준다.
  for (int i = 2; i < 8; i++)
  {
    pinMode(i, INPUT_PULLUP);
    client.print("digital pin ");
    client.print(i);
    client.print(" is ");
    if(digitalRead(i) == LOW)
      client.print("HIGH");
    else
      client.print("LOW");
```

```
      client.println("<br />");
    }
    client.println("</body></html>");
  }

  void unknownPage(char *page)
  {
    sendHeader();
    client.println("<h1>Unknown Page</h1>");
    client.print(page);
    client.println("<br />");
    client.println("Recognized pages are:<br />");
    client.println("/analog/<br />");
    client.println("/digital/<br />");
    client.println("</body></html>");
  }

  void sendHeader()
  {
    // 표준 http 응답 헤더를 송신한다.
    client.println("HTTP/1.1 200 OK");
    client.println("Content-Type: text/html");
    client.println();
    client.println("<html><head><title>Web server multi-page Example</title>");
    client.println("<body>");
  }
```

토의

웹 브라우저에서 http://IP_ADDRESS/analog/나 http://IP_ADDRESS/digital/(IP_ADDRESS를 직렬 모니
터에 표시된 IP 주소로 교체하자)을 입력하여 이를 테스트할 수 있다.

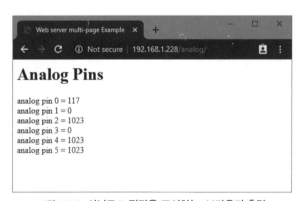

그림 15-3 아날로그 핀값을 표시하는, 브라우저 출력

그림 15-3에는 기대되는 출력이 나온다. 이를 테스트하기 위해 하나 이상의 버튼을 디지털 핀에 연
결하고 하나 이상의 포텐쇼미터를 아날로그 핀에 연결할 수 있다. 스케치는 내장 풀업 저항기들(레

시피 2.4 참고)을 사용하기 때문에 로직이 반전된다(LOW는 버튼을 눌렀음을 의미하고, HIGH는 그렇지 않음을 의미한다). 포텐쇼미터 작업에 대한 지침은 레시피 5.6을 참고하자.

스케치는 페이지 이름의 끝인지를 정하기 위해 '/' 문자를 찾는다. 서버는 '/' 문자로 페이지 이름이 끝나지 않는 경우에는 'unknown page(알 수 없는 페이지)'라고 알린다.

레시피 15.9의 일부 코드를 사용해 update라는 이름이 부여된 다른 페이지에서 나온 아두이노 핀들을 제어할 수 있게 함으로써 이를 쉽게 향상시킬 수 있다. 여러분이 바꿔야 하는 loop 부분은 이렇다(추가한 줄들을 **굵게** 표시했다):

```
if(client.readBytesUntil('/', buffer, MAX_PAGE_NAME_LEN))
{
  if(strcmp(buffer, "analog") == 0)
    showAnalog();
  else if(strcmp(buffer, "digital") == 0)
    showDigital();
  // 이 코드를 named라는 이름이 부여된 새 페이지에 추가한다.
  else if(strcmp(buffer, "update") == 0)
    doUpdate();
  else
    unknownPage(buffer);
}
```

doUpdate 함수는 다음과 같다. ESP8266에는 출력에 사용할 수 있는 핀의 개수가 제한되어 있으므로 사용할 수 있는 핀을 찾으려면 ESP8266 보드의 설명서를 참조해야 한다. 일부 핀들에 쓰기를 하면 보드가 제대로 작동하지 않을 수 있다.

```
void doUpdate()
{
  Serial.println("update");
  sendHeader();
  // "pin"으로 시작하는 토큰들을 찾고, 첫 번째 빈 줄에서 중단한다.
  while (client.findUntil("pin", "\n\r"))
  {
    char type = client.read(); // D 또는 A
    int pin = client.parseInt();
    int val = client.parseInt();
    if(type == 'D')
    {
      client.print("Digital pin ");
      pinMode(pin, OUTPUT);
      digitalWrite(pin, val);
    }
    else if (type == 'A')
    {
```

```
      client.print("Analog pin "); analogWrite(pin, val);
    }
    else
    {
      client.print("Unexpected type ");
      Serial.print(type);
    }
    client.print(pin);
    client.print("=");
    client.println(val);
  }
  client.println("</body></html>");
}
```

브라우저 주소 표시줄에서 http://IP_ADDRESS/update/?pinA5=128을 송신하면 5번 아날로그 출력
핀에 값이 128로 써진다.

ESP8266 보드 패키지에는 웹 서버용 라이브러리 세트가 풍부하게 들어 있다. 다양한 네트워킹 하드웨어를 지원해야 하는 코드를 작성하지 않는 한 해당 기능들을 사용할 수 있다. 자세한 내용을 더 알고 싶다면 레시피 15.5를 참고하자.

레시피 15.11 HTML 기반 웹 서버 응답 형식 지정

문제

아두이노에서 제공하는 웹 페이지의 모양을 개선하기 위해 테이블이나 이미지 같은 HTML 요소를
사용하려고 한다. 예를 들어, 레시피 15.10의 출력을 HTML 테이블에 렌더링하려고 한다.

해법

그림 15-4에는 이 레시피에 나온 해법에서 웹 서버가 브라우저 페이지에 서식을 지정해 핀값을 표시
하는 방법이 나와 있다(그림 15-3에 나온, 서식을 지정하지 않은 값들과 비교해 볼 수 있다).

이 스케치는 레시피 15.10의 기능을 HTML을 사용해 형식화된 출력으로 보여 준다.

레시피 15.8에서 설명한 대로 세 개의 헤더 파일을 설정하고 사용할 네트워크 연결 종류를 선택하려면 #include 행 중 하나의 주석 처리를 해제해야 한다. WiFiNINA나 ESP8266을 사용한다면 해당 헤더 파일에서 SSID와 비밀번호를 바꿔야 한다. ESP8266에는 출력에 사용할 수 있는 핀의 개수가 제한되어 있으므로 사용할 수 있는 핀을 찾으려면 ESP8266 보드의 설명서를 참조해야 한다. 일부 핀에 써넣기를 하면 보드가 제대로 작동하지 않을 수 있다.

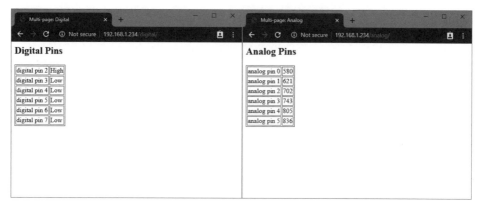

그림 15-4 HTML 형식을 사용하는 브라우저 페이지

```
/*
 * WebServerMultiPageHTML 스케치.
 * HTML 형식을 사용해 아날로그 및 디지털 핀값을 표시한다.
 */

// 다음 중 하나만 주석을 해제한다.
//#include "USE_NINA.h"    // WiFiNINA 보드들.
//#include "USE_Ethernet.h" // 이더넷.
//#include "USE_ESP8266.h"  // ESP8266 보드들.

const int MAX_PAGE_NAME_LEN = 8;  // 페이지 이름을 이루는 문자들의 최대 개수.
char buffer[MAX_PAGE_NAME_LEN+1]; // 페이지 이름 + 끝을 나타내는 널.

void setup()
{
  Serial.begin(9600);

  if (!configureNetwork()) // 네트워크를 시동한다.
  {
    Serial.println("Failed to configure the network");
    while(1)
      delay(0); // 정지; ESP8266은 전혀 지연이 되지 않는 무한 루프를 선호하지 않는다.
  }
  server.begin();
  pinMode(LED_BUILTIN, OUTPUT);
  for(int i=0; i < 3; i++)
  {
    digitalWrite(LED_BUILTIN, HIGH);
    delay(500);
    digitalWrite(LED_BUILTIN, LOW);
    delay(500);
  }
}

#define MSG_DELAY 10000
```

```
void loop()
{
  static unsigned long nextMsgTime = 0;
  if (millis() > nextMsgTime)
  {
    Serial.print("Try http://");
    Serial.print(getIP());
    Serial.println("/analog/");
    nextMsgTime = millis() + MSG_DELAY;
  }
  maintain(); // 필요하다면 DHCP 임대를 수작업으로 유지한다.

  client = server.available();
  if (client)
  {
    while (client.connected())
    {
      if (client.available())
      {
        if (client.find("GET "))
        {
          // 페이지 이름을 찾는다.
          memset(buffer,0, sizeof(buffer)); // 버퍼를 지운다.
          if(client.find("/"))
            if(client.readBytesUntil('/', buffer, MAX_PAGE_NAME_LEN))
            {
              if(strcasecmp(buffer, "analog") == 0)
                showAnalog();
              else if(strcasecmp(buffer, "digital") == 0)
                showDigital();
              else
                unknownPage(buffer);
            }
        }
        break;
      }
    }
    // 웹 브라우저가 데이터를 수신할 수 있게 웹 브라우저에 시간을 준다.
    delay(100);
    client.stop();
  }
}

void showAnalog()
{
  sendHeader("Multi-page: Analog");
  client.println("<h2>Analog Pins</h2>");
  client.println("<table border='1' >");
  for (int i = 0; i < 6; i++)
  {
    // 각 아날로그 입력 핀의 값을 출력한다.
    client.print("<tr><td>analog pin ");
    client.print(i);
```

```
      client.print(" </td><td>");
      client.print(analogRead(i));
      client.println("</td></tr>");
  }
  client.println("</table>");
  client.println("</body></html>");
}

void showDigital()
{
  sendHeader("Multi-page: Digital");
  client.println("<h2>Digital Pins</h2>");
  client.println("<table border='1'>");
  for (int i = 2; i < 8; i++)
  {
    // 디지털 핀들의 값을 보여 준다.
    pinMode(i, INPUT_PULLUP);
    digitalWrite(i, HIGH); // 풀업을 켠다.
    client.print("<tr><td>digital pin ");
    client.print(i);
    client.print(" </td><td>");
    if(digitalRead(i) == LOW)
      client.print("High");
    else
      client.print("Low");
    client.println("</td></tr>");
  }
  client.println("</table>");
  client.println("</body></html>");
}

void unknownPage(char *page)
{
  sendHeader("Unknown Page");
  client.println("<h1>Unknown Page</h1>");
  client.print(page);
  client.println("<br />");
  client.println("Recognized pages are:<br />");
  client.println("/analog/<br />");
  client.println("/digital/<br />");
  client.println("</body></html>");
}

void sendHeader(char *title)
{
  // 표준 http 응답 헤더를 송신한다.
  client.println("HTTP/1.1 200 OK");
  client.println("Content-Type: text/html");
  client.println();
  client.print("<html><head><title>");
  client.println(title);
  client.println("</title><body>");
}
```

토의

레시피 15.10에서와 동일한 정보가 제공되지만 여기서는 데이터가 HTML 테이블을 사용해 서식화된다. 다음에 나오는 코드는 웹 브라우저가 테두리 너비가 1인 테이블을 만들어야 함을 나타낸다.

```
client.println("<table border='1' >");
```

for 루프는 <td> 태그로 테이블 데이터 셀을 정의하고 <tr> 태그로 행 항목을 정의한다. 다음에 나오는 코드는 문자열 "analog pin"을 새 행에서 시작하는 셀에 배치한다.

```
client.print("<tr><td>analog pin ");
```

그 뒤에 변수 i의 값이 온다.

```
client.print(i);
```

다음 줄에는 셀을 닫고 새 셀을 시작하는 태그가 있다.

```
client.print(" </td><td>");
```

이것은 analogRead로부터 반환되어 온 값을 써넣는다.

```
client.print(analogRead(i));
```

셀을 종료하고 행을 종료하는 태그를 다음과 같이 써넣는다.

```
client.println("</td></tr>");
```

for 루프는 여섯 개의 아날로그 값을 모두 써넣을 때까지 이 일을 반복한다.

함께 보면 좋은 내용

제니퍼 로빈스Jennifer Robbins이 쓴 《Learning Web Design》(O'Reilly)과 《Web Design in a Nutshell》(O'Reilly).

척 무시아노Chuck Musciano와 빌 케네디Bill Kennedy가 쓴 《HTML & XHTML: The Definitive Guide》(O'Reilly).

문제

사용자가 아두이노에서 수행할 작업을 선택할 수 있는 폼으로 웹 페이지를 만들려고 한다. 그림 15-5는 이 레시피에 나오는 해법으로 생성된 웹 페이지를 보여 준다.

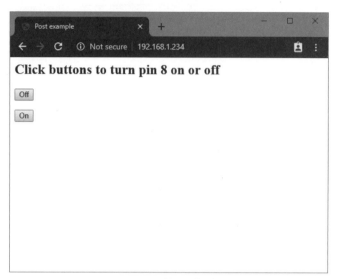

그림 15-5 버튼이 있는 웹 폼

해법

이 스케치는 버튼이 있는 폼에 맞춰 작성한 웹 페이지를 작성한다. 이 페이지로 이동하는 사용자는 웹 브라우저에 버튼이 표시되고 아두이노 웹 서버는 버튼 클릭에 응답한다. 이 예에서 스케치는 누른 버튼에 따라 핀을 켜거나 끈다.

```
/*
 * WebServerPost 스케치.
 * HTML 폼을 사용해 핀을 켜거나 끈다.
 */

// 다음 중 하나만 주석을 해제한다.
//#include "USE_NINA.h"    // WiFiNINA 보드들.
//#include "USE_Ethernet.h" // 이더넷
//#include "USE_ESP8266.h"  // ESP8266 보드들.

const int MAX_PAGE_NAME_LEN = 8;  // 페이지 이름을 이루는 문자들의 최대 개수.
char buffer[MAX_PAGE_NAME_LEN+1]; // 페이지 이름 + 끝을 나타내는 널.
```

```
void setup()
{
  Serial.begin(9600);

  if (!configureNetwork()) // 네트워크를 시동한다.
  {
    Serial.println("Failed to configure the network");
    while(1)
      delay(0); // 정지; ESP8266은 전혀 지연이 되지 않는 무한 루프를 선호하지 않는다.
  }
  server.begin();
}

#define MSG_DELAY 10000

void loop()
{
  static unsigned long nextMsgTime = 0;
  if (millis() > nextMsgTime)
  {
    Serial.print("Try http://");
    Serial.println(getIP()); nextMsgTime = millis() + MSG_DELAY;
  }

  maintain(); // 필요하다면 DHCP 임대를 수작업으로 유지한다.
  client = server.available();
  if (client)
  {
    int type = 0;
    while (client.connected())
    {
      if (client.available())
      {
        // GET, POST, 또는 HEAD
        memset(buffer,0, sizeof(buffer)); // 버퍼를 지운다.
        if(client.readBytesUntil('/', buffer,sizeof(buffer)))
        {
          Serial.println(buffer);
          if(strcmp(buffer,"POST ") == 0)
          {
            client.find("\r\n\r\n"); // 본문으로 건너뛴다.

            // "pin"으로 시작하는 문자열들을 찾은 다음, 줄의 첫 번째 끝에서 멈춘다.
            // pinDx=Y 형태 안에 있을 것으로 기대되는 POST 파라미터들.
            // 여기서 x는 핀 번호이고, Y는 LOW일 때 0이고 HIGH일 때 1이다.
            while(client.findUntil("pinD", "\r\n"))
            {
              int pin = client.parseInt(); // 핀 번호.
              int val = client.parseInt(); // 0 또는 1.
              pinMode(pin, OUTPUT);
              digitalWrite(pin, val);
            }
```

```
        }
        else // 아마도 GET일 것이다.
        {
            if (client.find("favicon.ico")) // 파비콘에 대해 404를 송신한다.
            sendHeader("404 Not Found", "Not found");
        }
        sendHeader("200 OK", "Post example");

        // 8번 핀을 끄는 HTML 버튼을 만든다.
        client.println("<h2>Click buttons to turn pin 8 on or off</h2>");
        client.print("<form action='/' method='POST'><p><input type='hidden' name='pinD8'");
        client.println(" value='0'><input type='submit' value='Off'/></form>");

        // 8번 핀을 켜는 HTML 버튼을 만든다.
        client.print("<form action='/' method='POST'><p><input type='hidden' name='pinD8'");
        client.print(" value='1'><input type='submit' value='On'/></form>");
        client.println("</body></html>");
        client.stop();
    }
    break; // while 루프에서 빠져나온다.
    }
}
// 웹 브라우저가 데이터를 수신할 수 있게 웹 브라우저에 시간을 준다.
delay(100);
client.stop();
    }
}

void sendHeader(char *code, char *title)
{
    // 표준 http 응답 헤더를 송신한다.
    client.print("HTTP/1.1 ");
    client.println(code); client.println("Content-Type: text/html");
    client.println(); client.print("<html><head><title>");
    client.print(title); client.println("</title><body>");
}
```

토의

사용자 인터페이스 폼이 있는 웹 페이지는 사용자 인터페이스를 구성하는 컨트롤(버튼, 체크박스, 레이블 등)을 식별하는 HTML 태그로 구성된다. 이 레시피는 사용자 상호작용을 위해 버튼을 사용한다.

이 줄은 'OFF'라고 표시된 pinD8이라는 버튼이 있는 폼을 작성한다. 이 버튼을 클릭하면 0을 반환한다.

```
client.print("<form action='/' method='POST'><p><input type='hidden' name='pinD8'");
client.println(" value='0'><input type='submit' value='Off'/></form>");
```

브라우저로부터 요청을 받은 서버는 게시된 폼이 시작되는 부분을 식별하기 위해 "POST" 문자열을 찾는다.

```
if (strcmp(buffer,"POST ") == 0) // 게시된 폼의 시작 부분을 찾는다.
  client.find("\r\n\r\n"); // 본문으로 건너뛴다.
  // "pin"으로 시작하고 첫 번째 빈 줄에서 멈추는 파라미터들을 찾는다.
  // pinDx=Y 폼 안에 있을 것으로 기대되는 POST 파라미터들.
  // 여기서 x는 핀 번호이고, Y는 LOW일 때 0이고 HIGH일 때 1이다.
```

OFF 버튼이 눌렸다면 수신된 페이지에는 pinD8=0 문자열이 들어 있을 것이고, ON 버튼이 눌렸다면 pinD8=1이 들어 있을 것이다.

스케치는 버튼 이름(pinD)을 찾을 때까지 검색을 한다.

```
while(client.findUntil("pinD", "\r\n"))
```

선행 코드의 findUntil 메서드는 'pinD'를 찾고 나서 줄의 끝에서 검색을 중단한다(\r\n은 폼의 끝에서 웹 브라우저가 송신하는 라인피드 문자와 캐리지리턴 문자다).

pinD 다음에 오는 핀 번호는 다음과 같다.

```
int pin = client.parseInt(); // 핀 번호
```

핀 번호 다음의 값은 OFF 버튼이 눌려 있으면 0이 되고, ON 버튼이 눌려 있으면 1이 된다.

```
int val = client.parseInt(); // 0 또는 1
```

핀 모드를 출력으로 설정한 다음에 수신된 값이 핀에 기록된다.

```
pinMode(pin, OUTPUT);
digitalWrite(pin, val);
```

추가 컨트롤에 태그를 삽입해 더 많은 버튼을 추가할 수 있다. 다음 줄은 9번 디지털 핀을 켜기 위해 다른 버튼을 추가한다.

```
// 9번 핀을 켜는 HTML 버튼을 만든다.
client.print("<form action='/' method='POST'><p><input type='hidden' name='pinD9'");
client.print(" value='1'><input type='submit' value='On'/></form>");
```

레시피 15.13 데이터가 많은 웹 페이지 제공

문제

웹 페이지에 사용할 수 있는 것보다 많은 메모리가 필요하므로 프로그램 메모리(progmem 또는 **플래시 메모리**라고도 함)를 사용해 데이터를 저장하려고 한다(레시피 17.4 참고).

해법

다음에 나오는 스케치에서는 레시피 5.12에 나오는 POST 코드와 레시피 15.11에 나오는 HTML 코드를 결합한 다음에 새로운 코드를 추가해 progmem에 저장된 텍스트에 접근한다. 다음 스케치는 레시피 15.12의 POST 코드와 레시피 15.11의 HTML 코드를 결합하고 새로운 코드를 추가해 프로그램에 저장된 텍스트에 액세스한다.

레시피 15.8에서 설명한 대로 세 개의 헤더 파일을 설정하고 사용할 네트워크 연결 종류를 선택하려면 #include 행 중 하나에 대한 주석 처리를 해제해야 한다. WiFiNINA나 ESP8266을 사용한다면 해당 헤더 파일에서 SSID와 비밀번호를 바꿔야 한다. ESP8266에는 출력에 사용할 수 있는 핀의 개수가 제한되어 있으므로 사용할 수 있는 핀을 찾으려면 ESP8266 보드 설명서를 참조해야 한다. 일부 핀들에 써넣기를 하면 보드가 제대로 작동하지 않을 수 있다.

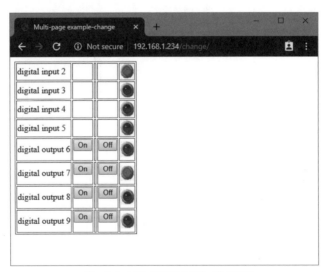

그림 15-6 LED 이미지가 있는 웹 페이지

```
/*
 * WebServerMultiPageHTMLProgmem 스케치.
 *
 * URL의 요청에 응답해 디지털 출력 포트와 아날로그 출력 포트를 변경하자.
```

```
 *  변경된 포트 수와 아날로그 입력 핀의 값을 보여 준다.
 *
 *  http://192.168.1.177/analog/ 아날로그 핀 데이터를 표시한다.
 *  http://192.168.1.177/digital/ 디지털 핀 데이터를 표시한다.
 *  http://192.168.1.177/change/ 디지털 핀 데이터를 변경할 수 있게 한다.
 *
 */

// 다음 중 하나만 주석을 해제한다.
//#include "USE_NINA.h"      // WiFiNINA 보드들.
//#include "USE_Ethernet.h" // 이더넷.
//#include "USE_ESP8266.h"  // ESP8266 보드들.

#include <avr/pgmspace.h> // 프로그램용.
#define P(name) static const char name[] PROGMEM // 정적 문자열을 선언한다.

const int MAX_PAGENAME_LEN = 8;   // 페이지 이름을 구성하는 문자의 최대 개수.
char buffer[MAX_PAGENAME_LEN+1]; // 끝을 알리는 널 문자를 위한 추가 문자.

void setup()
{
  Serial.begin(9600);

  if (!configureNetwork()) // 네트워크를 시동한다.
  {
    Serial.println("Failed to configure the network");
    while(1)
    delay(0); // 정지; ESP8266은 전혀 지연이 되지 않는 무한 루프를 선호하지 않는다.
  }
  server.begin();
  Serial.println(F("Ready"));
}

#define MSG_DELAY 10000

void loop()
{
  static unsigned long nextMsgTime = 0;
  if (millis() > nextMsgTime)
  {
    Serial.print("Try http://");
    Serial.print(getIP());
    Serial.println("/change/");
    nextMsgTime = millis() + MSG_DELAY;
  }

  maintain(); // 필요하다면 DHCP 임대를 수작업으로 유지한다.
  client = server.available();
  if (client)
  {
    int type = 0;
    while(client.connected())
    {
```

```
        if (client.available())
        {
          // GET, POST, 또는 HEAD
          memset(buffer,0, sizeof(buffer)); // 버퍼를 지운다.
          if(client.readBytesUntil('/', buffer,MAX_PAGENAME_LEN))
          {
            if(strcmp(buffer, "GET ") == 0)
              type = 1;
            else if(strcmp(buffer, "POST ") == 0)
              type = 2;

            // 페이지 이름을 찾는다.
            memset(buffer,0, sizeof(buffer)); // 버퍼를 지운다.
            if(client.readBytesUntil('/', buffer,MAX_PAGENAME_LEN))
            {
              if(strcasecmp(buffer, "analog") == 0)
                showAnalog();
              else if(strcasecmp(buffer, "digital") == 0)
                showDigital();
              else if(strcmp(buffer, "change")== 0)
                showChange(type == 2);
              else
                unknownPage(buffer);
            }
          }
          break;
        }
      }
      // 웹 브라우저가 데이터를 수신할 수 있게 웹 브라우저에 시간을 준다.
      delay(100);
      client.stop();
    }
  }

void showAnalog()
{
  Serial.println(F("analog"));
  sendHeader("Multi-page example-Analog");
  client.println("<h1>Analog Pins</h1>");
  // 각 아날로그 입력 핀의 값을 출력한다.
  client.println(F("<table border='1' >"));

  for (int i = 0; i < 6; i++)
  {
    client.print(F("<tr><td>analog pin "));
    client.print(i);
    client.print(F(" </td><td>"));
    client.print(analogRead(i));
    client.println(F("</td></tr>"));
  }
  client.println(F("</table>"));
  client.println(F("</body></html>"));
}
```

```cpp
// LED 켬 및 끔 이미지에 대해 인코딩된 데이터를 모방한다.
// 참고: http://www.motobit.com/util/base64-decoder-encoder.asp
P(led_on) = "<img src=\"data:image/jpg;base64,"
```
```
"/9j/4AAQSkZJRgABAgAAZABkAAD/7AARRHVja3kAAQAEAAAAHgAA/+4ADkFkb2JlAGTAAAAAAf/b"
"AIQAEAsLCwwLEAwMEBcPDQ8XGxQQEBQbHxcXFxcXHx4XGhoaGhceHiMlJyUjHi8vMzMvL0BAQEBA"
"QEBAQEBAQEBAQEBAQAERDw8RExEVEVhIVFBEUERQaFBYWFBomGhocGhomMCMeHh4eIzArLicnJy4rNTUw"
"MDU1QEA/QEBAQEBAQEBAQEBA/8AAEQgAGwAZAwEiAAIRAQMRAf/EAIIAAAICAwAAAAAAAAAAAAAA"
"AAUGAAcCAwQBAAMBAAMBAAAAAAAAAAAAAAAAAAAACBAUQAAECBAQBCgcAAAAAAAAAAAAECAwARMRIhQQQF"
"UWFxkaHRMoITUwYiQnKSIxQ1EQAAwYEBwAAAAAAAAAAAAARECEgMTBBQhQWEiMVGBMkJiJP/a"
"AAwDAQACEQMRAD8AcNz3BGibKie0nhC0v3A+teKJt8JmZEdHuZalOitgUoHnEpQEWtSyLqgACWFI"
"nixWiaQhsUFFBiQSbiMvvrmeCBp27eLnG7lFTDxs+Kra8oOyium3ltJUAcDIy4EUMN/7Dnq9cPMO"
"W90E9kxeyF2d3HFOQ175olKudUm7TqlfKqDQEDOFR1sNqtC7k5ERYjndNPFSArtvnI/nV+ed9coI"
"ktd2BgozrSZO3J5jVEXRcwD2bbXNdq0zT+BohTyjgPp5SYdPJZ9NP2jsiIz7vhjLohtjnqJ/ouPK"
"co//2Q=="
```
```cpp
"\"/>";

P(led_off) = "<img src=\"data:image/jpg;base64,"
```
```
"/9j/4AAQSkZJRgABAgAAZABkAAD/7AARRHVja3kAAQAEAAAAHgAA/+4ADkFkb2JlAGTAAAAAAf/b"
"AIQAEAsLCwwLEAwMEBcPDQ8XGxQQEBQbHxcXFxcXHx4XGhoaGhceHiMlJyUjHi8vMzMvL0BAQEBA"
"QEBAQEBAQEBAQEBAQAERDw8RExEVEVhIVFBEUERQaFBYWFBomGhocGhomMCMeHh4eIzArLicnJy4rNTUw"
"MDU1QEA/QEBAQEBAQEBA/8AAEQgAHAAZAwEiAAIRAQMRAf/EAHgAAQEAAwAAAAAAAAAAAAAAAAAA"
"AAYFAgQHAQEBAQAAAAAAAAAAAAAAAAACAQQQAAECBQAHBQkAAAAAAAAAAECAwARElEhMEITFhoSIF"
"FUFR0UIGgZHBMlIjM1MwEQABwQDAQEAAAAAAAAAAAAABABECIWESA1ETIyIE/9oADAMBAAIRAxEA"
"PwBv15SWEkkylpJMGsj1XjXSE1kCQuJ8Iy9W5DoxradFa6VDf8IJZAQ6loNtBooTJaqp3DP5oBlV"
"nWrTpEouQS/Cf4PO0uKbqwWHGXTSlztSvuVFiZjmfLH3GUuMkzSoTMu8aiNsXet5/17hFyo6PR64V"
"ZnuqfqDDDySFpNpYH3E6aFjzGBr2DkMuFBSFDsWkilUdLftW13pWpcdWqnbBzI/l6hVXKZlROUSe"
"L1KX5zvAPXESjdHsTFWpxLKOJ54hIA1DZCj+Vx/3r96fCNrkvRaT0+V3zV/llplr9sVeHZui/ONk"
"H3dzt6cL/9k="
```
```cpp
"\"/>";

void showDigital()
{
  Serial.println(F("digital"));
  sendHeader("Multi-page example-Digital");
  client.println(F("<h2>Digital Pins</h2>"));
  // 디지털 핀들의 값을 보여 준다.
  client.println(F("<table border='1'>"));
  for (int i = 2; i < 8; i++)
  {
    pinMode(i, INPUT_PULLUP);
    client.print(F("<tr><td>digital pin "));
    client.print(i);
    client.print(F(" </td><td>"));
    if(digitalRead(i) == HIGH)
      printP(led_off);
    else
     printP(led_on);
    client.println(F("</td></tr>"));
  }
  client.println(F("</table>"));

  client.println(F("</body></html>"));
```

```
}

void showChange(bool isPost)
{
  Serial.println(F("change"));
  if(isPost)
  {
    Serial.println("isPost");
    client.find("\r\n\r\n"); // 본문으로 건너뛴다.
    // "pin"으로 시작하는 파라미터들을 찾고 첫 번째 빈 줄에서 중단한다.
    Serial.println(F("searching for parms"));
    while(client.findUntil("pinD", "\r\n"))
    {
      int pin = client.parseInt(); // 핀 번호.
      int val = client.parseInt(); // 0 또는 1.
      Serial.print(pin);
      Serial.print("=");
      Serial.println(val);
      pinMode(pin, OUTPUT);
      digitalWrite(pin, val);
    }
  }
  sendHeader("Multi-page example-change");

  // 2에서 9까지의 버튼이 있는 테이블.
  // 2 ~ 5에 해당하는 버튼들은 입력용이고 다른 버튼들은 출력용이다.
  client.println(F("<table border = '1'>"));

  // 입력 핀들을 보여 준다.
  for (int i = 2; i < 6; i++) // 2 ~ 5번 핀들은 입력용이다.
  {
    pinMode(i, INPUT_PULLUP);
    client.print(F("<tr><td>digital input "));
    client.print(i);
    client.print(F(" </td><td>"));

    client.print(F("  </td><td>"));
    client.print(F(" </td><td>"));
    client.print(F("  </td><td>"));

    if(digitalRead(i) == HIGH)
      printP(led_off);
    else
      printP(led_on);
    client.println("</td></tr>");
  }

  // 출력용 6 ~ 9번 핀들을 보여 준다.
  // 10 ~ 13번 핀들을 이더넷 쉴드가 사용한다.
  for (int i = 6; i < 10; i++)
  {
    client.print(F("<tr><td>digital output "));
    client.print(i);
```

```
      client.print(F(" </td><td>"));
      htmlButton("On", "pinD", i, "1");
      client.print(F(" </td><td>"));
      client.print(F("    </td><td>"));
      htmlButton("Off", "pinD", i, "0");
      client.print(F(" </td><td>"));

      if(digitalRead(i) == LOW)
        printP(led_off);
      else
        printP(led_on);
      client.println(F("</td></tr>"));
   }
   client.println(F("</table>"));
}

// HTML 버튼을 만든다.
void htmlButton(char * label, char *name, int nameId, char *value)
{
   client.print(F("<form action='/change/' method='POST'><p><input type='hidden' name='"));
   client.print(name);
   client.print(nameId);
   client.print(F("' value='"));
   client.print(value);
   client.print(F("'><input type='submit' value='"));
   client.print(label);
   client.print(F("'/></form>"));
}

void unknownPage(char *page)
{
   Serial.print(F("Unknown : "));
   Serial.println(F("page"));

   sendHeader("Unknown Page");
   client.println(F("<h1>Unknown Page</h1>"));
   client.println(page);
   client.println(F("</body></html>"));
}

void sendHeader(char *title)
{
   // 표준 http 응답 헤더를 송신한다.
   client.println(F("HTTP/1.1 200 OK"));
   client.println(F("Content-Type: text/html"));
   client.println();
   client.print(F("<html><head><title>"));
   client.println(title);
   client.println(F("</title><body>"));
}

void printP(const char *str)
{
```

```
   // 프로그램 메모리에서 로컬 스토리지로 데이터를 복사하고,
   // 여분의 짧은 TCP/IP 패킷을 피하기 위해 32바이트에 해당하는 청크로 써넣는다.
   // 웹두이노(webduino)라이브러리에서 가져옴. Copyright 2009 Ben Combee, Ran Talbott
   uint8_t buffer[32];
   size_t bufferEnd = 0;

   while (buffer[bufferEnd++] = pgm_read_byte(str++))
   {
     if(bufferEnd == 32)
     {
       client.write(buffer, 32);
       bufferEnd = 0;
     }
   }

   // NUL 뒤에 오는 것 외에는 남은 모든 것을 써넣는다.
   if (bufferEnd > 1)
     client.write(buffer, bufferEnd - 1);
}
```

토의

웹 페이지를 작성하는 데 사용하는 로직은 이전 레시피에서 사용한 것과 비슷하다. 여기에 나오는 양식은 레시피 15.12를 기반으로 하지만 테이블에 더 많은 요소가 있으며, 내장 그래픽 객체들을 사용해 핀의 상태를 나타낸다. 여러분이 웹 페이지를 만들어 본 적이 있다면 페이지 내에서 JPEG 형식 이미지들을 사용하는 일에 익숙할 것이다. 아두이노 Ethernet 라이브러리에는 이미지를 .jpg 형식으로 처리할 수 있는 기능이 없다.

MIME Multipurpose Internet Mail Extension 같은 인터넷 표준 중 하나를 사용해 이미지를 인코딩해야 한다. MIME 방식으로는 텍스트를 사용해 그래픽(또는 다른 것) 미디어를 나타낼 수 있다. 이 레시피의 해법에 나오는 스케치는 LED 이미지가 MIME 방식으로 인코딩된 모습을 보여 준다. 많은 웹 기반 서비스에서는 여러분의 이미지들을 MIME 방식으로 인코딩한다. 이 레시피에 나오는 이미지들은 이 서비스(https://oreil.ly/7YWLw)를 사용해 만든 것이다.

이번 예제에서 사용하는 작은 LED 이미지조차도 너무 커서 AVR RAM에 맞지 않는다. 프로그램 메모리(플래시)가 사용된다. P(name) 표현식에 대한 설명은 레시피 17.3을 참고하자. 스케치는 AVR에서 실행되는 경우에만 이 같은 기능을 사용한다. 32비트 아두이노 보드에서는 더 많은 것을 저장할 수 있으며, 컴파일러는 일반적으로 정적 문자열을 더 똑똑한 방법으로 저장한다.

LED 켜짐 상태와 꺼짐 상태를 나타내는 이미지는 일련의 문자로 저장된다. 어레이의 LED는 다음과 같이 시작된다.

```
P(led_on) = "<img src=\"data:image/jpg;base64,"
```

P(led_on) = led_on을 배열의 이름으로 저장한다. 문자에 이어서 이미지를 식별하는 HTML 태그와 이미지를 포함하는 MIME 인코딩 데이터가 뒤따른다.

이번 예제는 웹두이노Webduino 웹 서버용으로 생성된 코드를 기반으로 한다. 이 문서를 작성할 당시에는 활발하게 관리되지 않았지만, 이번 장에 나온 예제들보다 애플리케이션이 더 복잡하다면 웹 페이지를 작성하는 일에 웹두이노가 도움이 될 수 있다.

함께 보면 좋은 내용

플래시 메모리에 텍스트를 저장하기 위해 F("text") 구문을 사용하는 방법을 더 알고 싶다면 레시피 17.4를 참고하자.

웹두이노 웹 페이지(https://oreil.ly/LJodK).

레시피 15.14 트위터 메시지 송신

문제

아두이노가 트위터에 메시지를 보내길 원한다. 예를 들어, 센서가 트위터를 통해 모니터링하려는 일부 활동을 감지한 경우다.

해법

이 스케치는 스위치가 닫힐 때 트위터 메시지를 송신한다. 스케치에서는 씽스피크ThingSpeak(http://www.thingspeak.com)의 프록시 서비스를 사용해 인증을 제공하므로 (무료) API 키를 얻으려면 해당 사이트에 가입해야 한다. 홈페이지에서 가입 버튼을 클릭하고 양식을 작성하자. 계정을 생성하면 씽스피크 API 키를 얻게 된다. 씽스피크 서비스를 사용하려면 씽트윗ThingTweet이 계정에 메시지를 게시할 수 있도록 트위터 계정을 지녀야 한다. 계정을 지니려면 씽트윗 홈페이지(https://oreil.ly/5UZrP)에서 가입하면 된다. 설정이 완료되면 "YourThingTweetAPIKey"를 제공된 키 문자열로 바꾸고 다음 스케치를 업로드하고 실행하자.

 레시피 15.6에서 설명한 대로 세 개의 헤더 파일을 설정하고 사용할 네트워크 연결 종류를 선택하려면 #include 행 중 하나의 주석 처리를 제거해야 한다. WiFiNINA나 ESP8266을 사용한다면 해당 헤더 파일에서 SSID와 비밀번호를 바꿔야 한다.

```
/*
 * ThingTweet Sketch: 2번 핀의 스위치를 누르면 트윗을 게시한다.
 */

// 다음 중 하나만 주석을 해제한다.
//#include "USE_NINA.h"      // WiFiNINA 보드들.
//#include "USE_Ethernet.h" // 이더넷.
//#include "USE_ESP8266.h"   // ESP8266 보드들.

char *thingtweetAPIKey = "YourThingTweetAPIKey"; // 여러분의 ThingTweet API 키.
char serverName[] = "api.thingspeak.com";

bool MsgSent = false;
const int btnPin = 2;

void setup()
{
  Serial.begin(9600);
  while (!Serial);
  if (!configureNetwork()) // 네트워크를 시동한다.
  {
    Serial.println("Failed to configure the network");
    while (1)
      delay(0); // 정지; ESP8266은 지연이 없는 무한 루프를 선호하지 않는다.
  }
  pinMode(btnPin, INPUT_PULLUP);
  delay(1000);
  Serial.println("Ready");
}

void loop()
{
  if (digitalRead(btnPin) == LOW) // 버튼이 눌리면 여기로 온다.
  {
    if (MsgSent == false) // 메시지가 이미 전송되었는지를 확인한다.
    {
      MsgSent = sendMessage("I pressed a button on something #thingspeak");
      if (MsgSent)
        Serial.println("Tweeted successfully");
      else
        Serial.println("Unable to Tweet");
    }
  }
  else
  {
    MsgSent = false; // 버튼이 눌리지 않았다.
  }
  delay(100);
}

bool sendMessage(char * message)
{
```

```
bool result = false;

const int tagLen = 16;  // 메시지를 프레임화하는 데 사용되는 태그 문자의 개수.
int msgLen = strlen(message) + tagLen + strlen(thingtweetAPIKey);
Serial.println("Connecting ...");
if (client.connect(serverName, 80))
{
  Serial.println("Making POST request...");
  client.println("POST /apps/thingtweet/1/statuses/update HTTP/1.1");
  client.print("Host: "); client.println(serverName);
  client.println("Connection: close");
  client.println("Content-Type: application/x-www-form-urlencoded");
  client.print("Content-Length: ");
  client.println(msgLen); client.println();
  client.print("api_key=");          // 메시지 태그.
  client.print(thingtweetAPIKey); // api 키.
  client.print("&status=");          // 메시지 태그.
  client.print(message);           // 메시지.
  client.println();
}
else
{
  Serial.println("Connection failed");
}
// 응답 문자열.
if(client.connected())
{
  Serial.println("Connected");
  if (client.find("HTTP/1.1") && client.find("200 OK"))
  {
    result = true;
  }
  else
  Serial.println("Dropping connection - no 200 OK");
}
else
{
  Serial.println("Disconnected");
}
client.stop();
client.flush();

return result;
}
```

토의

스케치는 핀이 LOW가 될 때까지 기다린 다음에 씽트윗 API를 통해 메시지를 트위터에 게시한다.

웹 인터페이스는 주어진 메시지 문자열을 트윗하는 sendMessage() 함수로 처리된다. 이 스케치에서는 'Mail has delivery'라는 메시지 문자열을 트위터로 송신하려고 시도하고, 연결할 수 있으면 true를 반환한다.

더 알고 싶다면 씽트윗 사이트(https://oreil.ly/QNT5h)의 설명서를 참고하자.

함께 보면 좋은 내용

씽스피크 아두이노 자습서(https://oreil.ly/ev78V).

트위터와 직접 통신하는 아두이노 트위터 라이브러리 정보(https://oreil.ly/dNHMr).

레시피 15.15 사물 인터넷용 데이터 교환

문제

인터넷을 통해 연결된 장치 간에 데이터를 교환하려고 한다.

해법

인터넷에 연결된 아두이노의 MQTT_{Message Queue Telemetry Transport}(메시지 큐 원격측정 수송) 프로토콜을 사용해 데이터를 송수신할 수 있다. MQTT는 데이터 송신(게시) 및 데이터 수신(구독)을 위한 빠르고 가벼운 프로토콜이다. MQTT는 아두이노에서 잘 작동하고 사용하기 쉽기 때문에 사물인터넷 프로젝트에 쓰기에 적합하다.

MQTT는 인터넷에 연결된 서버(브로커라고 함)를 사용해 게시된 데이터를 클라이언트에 중계relay한다. 데이터 생산자는 주제에 대한 메시지를 브로커broker(중개인)에게 송신한다(게시). 소비자는 브로커에 연결하고 하나 이상의 주제를 구독한다. 브로커는 주제에 게시된 수신 메시지를 일치시키고 해당 주제의 모든 구독자에게 이를 전달한다.

우노처럼 메모리가 제한된 보드는 게시도 하고 구독도 할 수 있지만, 이 보드에서는 브로커를 실행하는 데 필요한 성능이 충분하지 않다. 윈도우, 리눅스, macOS가 깔린 컴퓨터에서 자신만의 브로커를 실행하거나, mqtt.eclipse.org와 test.mosquitto.org처럼 자유롭게 사용할 수 있는 클라우드 기반 공개 브로커 중 하나를 사용할 수 있다. 더 알고 싶다면 여기(https://oreil.ly/vnniF)를 참고하자.

다음 레시피는 이클립스Eclipse의 IoT 브로커에 연결하는 방법을 보여 준다. 해당 사이트에서 다른 공개 브로커에 연결하는 방법에 대한 정보를 찾을 수 있다.

컴퓨터에 브로커를 설치하려고 할 때 널리 사용되는 브로커는 오픈소스 방식 프로젝트인 모스키토_{Mosquitto} 프로젝트(https://mosquitto.org)이다.

토의

아두이노는 라이브러리를 사용해 MQTT 브로커와 통신한다. 라이브러리 매니저를 사용해 설치할 수 있는 두 가지 인기 해법은 다음과 같다.

- 닉 오리어리Nick O'Leary가 만든 PubSubClient(https://oreil.ly/_lW-B)
- 에이다프룻의 MQTT 라이브러리(https://oreil.ly/Z3GKn)

다음 두 가지 레시피는 PubSubClient MQTT 라이브러리를 사용해 공개하고 구독하는 방법을 보여준다.

함께 보면 좋은 내용

MQTT에 대한 자세한 내용(http://mqtt.org).

레시피 15.16 MQTT 브로커에 데이터 공개

문제

MQTT 브로커에 데이터를 공개하려고 한다.

해법

이 스케치는 닉 오리어리Nick O'Leary의 PubSubClient 라이브러리를 사용해 0번 아날로그 핀값을 'esp/alog'라는 항목에 게시한다. 아두이노 라이브러리 매니저를 사용해 이 라이브러리를 설치할 수 있다. 레시피 15.6에서 설명한 3개의 헤더 파일을 설정하고 #include로 시작되는 줄 중 하나를 주석 해제하여 사용할 네트워크 연결의 종류를 선택해야 한다. WiFiNINA나 ESP8266을 사용한다면 해당 헤더 파일에서 SSID와 비밀번호를 바꿔야 한다.

```
/*
 * 기본 MQTT 게시 스케치.
 */

// 다음 중 하나만 주석을 해제한다.
//#include "USE_NINA.h"    // WiFiNINA 보드들.
//#include "USE_Ethernet.h" // 이더넷.
//#include "USE_ESP8266.h"  // ESP8266 보드들.

#include <PubSubClient.h>

const char* broker = "mqtt.eclipse.org"; // MQTT 브로커의 주소.
```

```
const int interval = 5000; // 이벤트들 사이의 간격을 밀리초(ms) 단위로 지정한다.

unsigned int timePublished; // 가장 최근에 게시된 밀리초(ms) 단위 시간.

PubSubClient psclient(client);

void setup()
{
  Serial.begin(9600);
  if (!configureNetwork()) // 네트워크를 시동한다.
  {
    Serial.println("Failed to configure the network");
    while(1)
      delay(0); // 정지; ESP8266은 지연이 없는 무한 루프를 선호하지 않는다.
  }
  psclient.setServer(broker, 1883);
}

void loop(void)
{
  if (millis() - timePublished > interval)
  {
    if (!psclient.connected())
      psclient.connect("arduinoCookbook3Pub");
    if (psclient.connected())
    {
      int val = analogRead(A0);
      psclient.publish("arck3/alog", String(val).c_str());
      timePublished = millis();
      Serial.print("Published ");
      Serial.println(val);
    }
  }
  if(psclient.connected())
    psclient.loop();
}
```

토의

broker라는 이름이 붙은 변숫값은 여러분이 연결하기를 바라는 MQTT 브로커의 주소 값으로 설정된다. 이번 예제는 공개 브로커인 mqtt.eclipse.org로 연결된다. 이 코드는 브로커 주소와 사용할 포트를 설정한다(1883번 포트는 MQTT 연결 시의 기본 포트로 사용되며, 브로커가 다른 포트를 요구하는지를 확인하고 싶다면 관련 문서를 참고하자).

```
const char* broker = "mqtt.eclipse.org"; // MQTT 브로커의 주소
psclient.setServer(broker, 1883);
```

loop 함수 내 코드는 다른 샘플을 게시하기에 충분한 시간이 경과했는지를 확인하고, 그렇다면 val 변수는 0번 아날로그 핀의 값으로 설정된다. 데이터를 게시하는 라이브러리 함수는 토픽 문자열 및 문자열 값으로 호출된다.

```
psclient.publish("arck3/alog", String(val).c_str());
```

publish 메서드는 C 문자열(널로 끝나는 문자 시퀀스)이 들어올 것으로 기대하기 때문에 String(val).c_str()) 식은 정숫값을 아날로그 읽기에서 아두이노 문자열로 변환하고 그 값을 C 문자열로 반환한다.

공개된 데이터를 보려면 esp/alog 주제에 등록된 MQTT 클라이언트가 필요하다. 적합한 클라이언트는 다음 레시피에 설명되어 있다.

함께 보면 좋은 내용

아두이노 문자열을 더 알고 싶다면 레시피 2.5를 참고하자.

레시피 15.17 MQTT 브로커에서 데이터 구독

문제

MQTT 브로커에 공개된 데이터를 구독하려고 한다.

해법

이 스케치는 이전 레시피에서 언급한 PubSubCLient 라이브러리를 사용해 해당 레시피에 게시된 데이터를 구독한다. 레시피 15.6에 설명한 대로 세 개의 헤더 파일을 설정하고 사용할 네트워크 연결 유형을 선택하려면 #include 행들 중 하나의 주석 처리를 해제해야 한다. WiFiNINA나 ESP8266을 사용한다면 해당 헤더 파일에서 SSID와 비밀번호를 바꿔야 한다.

```
/*
 * 기본 MQTT 구독 스케치.
 */

// 다음 중 하나만 주석을 해제한다.
//#include "USE_NINA.h"     // WiFiNINA 보드들.
//#include "USE_Ethernet.h" // 이더넷.
//#include "USE_ESP8266.h"  // ESP8266 보드들.
```

```
#include <PubSubClient.h>

const char* broker = "mqtt.eclipse.org"; // MQTT 브로커의 주소.
const int interval = 5000;               // 이벤트들 사이의 밀리초(ms) 단위 간격.
unsigned int timePublished;              // 가장 최근에 게시된 시간.

PubSubClient psclient(client);

void callback(char* topic, byte* payload, unsigned int length)
{
  Serial.print("Message on topic [");
  Serial.print(topic);
  Serial.print("] ");
  for (int i=0; i < length; i++)
  {
    Serial.write(payload[i]);
  }
  Serial.println();
}

void setup()
{
  Serial.begin(9600);
  if (!configureNetwork()) // 네트워크를 시동한다.
  {
    Serial.println("Failed to configure the network");
    while(1)
      delay(0); // 정지; ESP8266은 지연이 없는 무한 루프를 선호하지 않는다.
  }
  psclient.setServer(broker, 1883);
  psclient.setCallback(callback);
}

void loop(void)
{

  if(! psclient.connected())
  {
    if(psclient.connect("arduinoCookbook3Sub"))
    {
      Serial.println("Subscribing to arck3/alog");
      psclient.subscribe("arck3/alog");
    }
  }
  if(psclient.connected())
    psclient.loop();
}
```

브로커에 대한 연결은 이전 스케치와 비슷하다. 주요 차이점은 다음과 같다.

- 구독된 주제에 대한 이벤트가 공개될 때 호출될 콜백 함수가 정의된다.
- 스케치는 connect를 호출할 때 식별자(arduinoCookbook3Sub)를 보내므로 고유하게 식별될 수 있게 한다.
- loop 함수는 어떤 토픽topic(주제, 항목)을 구독한다. 이전 레시피에서 루프는 데이터를 토픽에 게시했다.

토의

콜백 함수란 두 번째 함수로 전달되는 함수를 말하는데, 두 번째 함수가 콜백 함수의 실행 여부를 결정하고 실행한다. 이번 경우에서 두 번째 함수는 구독된 토픽에 대해 무언가가 공개될 때 콜백을 실행하는 MQTT 라이브러리다.

콜백 함수는 토픽과 페이로드payload를 수신한다. 토픽은 널null로 끝나는 문자열을 말한다. 그러나 페이로드 데이터는 널 값이 있는 이진 정보를 포함할 수 있으므로 메시지의 끝부분을 알리기 위한 데이터 길이 정보가 제공된다.

레시피 15.18 인터넷 시간 서버에서 시간을 알아내기

문제

인터넷 시간 서버에서 현재 시각을 알아 내려고 한다. 예를 들어, 아두이노에서 실행되는 시계 소프트웨어를 동기화하는 식이다.

해법

이 스케치는 NTP_{Network Time Protocol} 서버에서 시간을 가져와 그 결과를 1900년 1월 1일 이후로 흐른 시간을 초 단위로 나타낸 정보(NTP 시간)와 1970년 1월 1일 이후로 흐른 시간에 해당하는 초로 변환해 프린트한다.

```
/*
 * UdpNtp 스케치.
 * NTP 시간 서버에서 시간을 얻는다.
 * UDP를 사용해 NPT 서버와 통신하는 방법을 시연한다.
 */

#include <SPI.h>
#include <Ethernet.h>
#include <EthernetUDP.h>
```

```
byte mac[] = { 0xDE, 0xAD, 0xBE, 0xEF, 0xFE, 0xED }; // 사용할 MAC 주소.
unsigned int localPort = 8888; // UDP 패킷들을 청취하는 로컬 포트.

IPAddress timeServer(192, 43, 244, 18); // time.nist.gov NTP 서버.
const int NTP_PACKET_SIZE= 48; // NTP 타임 스탬프(time stamp, 시각 소인)는 첫 48바이트에 들어 있다.

// 메시지의 바이트 단위 개수.
byte packetBuffer[ NTP_PACKET_SIZE]; // 들어오고 나가는 패킷들을 보관할 버퍼.

// UDP를 거쳐 패킷들을 송수신하는 데 쓰는 UDP 인스턴스.
EthernetUDP Udp;

void setup()
{
  Serial.begin(9600);
  // 이더넷 및 UDP를 시동한다.
  if (Ethernet.begin(mac) == 0)
  {
    Serial.println("Failed to configure Ethernet using DHCP");
    while(1); // 정지
  }
  Udp.begin(localPort);
}

void loop()
{
  sendNTPpacket(timeServer); // NTP 패킷 한 개를 시간 서버로 송신한다.
  // 응답이 가능한지를 살펴보기 위해 기다린다.
  delay(1000);
  if (Udp.parsePacket())
  {
    Udp.read(packetBuffer,NTP_PACKET_SIZE); // 버퍼 쪽으로 패킷을 읽어들인다.

    // 타임스탬프는 40번 바이트에서 시작되고, 바이트 네 개를 배정도 정수형 한 개로 변환한다.
    unsigned long hi = word(packetBuffer[40],
    packetBuffer[41]);

    unsigned long low = word(packetBuffer[42],
    packetBuffer[43]);

    unsigned long secsSince1900 = hi << 16 | low; // 이게 NTP 시간이다.
    unsigned long secsSince1900 = hi << 16 | low; // 이게 NTP 시간이다.
    unsigned long secsSince1900 = hi << 16 | low; // 이게 NTP 시간이다.

    // (1990년 1월 1일 이후로 흐른 시간을 초 단위에 맞춤)
    Serial.print("Seconds since Jan 1 1900 = ");
    Serial.println(secsSince1900);

    Serial.print("Unix time = "); // 유닉스에서는 시간의 출발 기준이 1970년 1월 1일이다.
    const unsigned long seventyYears = 2208988800UL;
    unsigned long epoch = secsSince1900 - seventyYears; // 70년을 뺀다.
    Serial.println(epoch); // 유닉스 시간을 프린트한다.
```

```
   //시, 분, 초를 프린트한다.
   // UTC는 그리니치 자오선 시간(Greenwich Meridian Time, GMT)이다.
   Serial.print("The UTC time is ");
   // 시를 프린트한다(1일은 86400초) .
   Serial.print((epoch % 86400L) / 3600);
   Serial.print(':');
   if (((epoch % 3600) / 60) < 10)
   {
      // 각 시간별로 해당 시간의 0 ~ 9분 앞에 0을 추가한다.
      Serial.print('0');
   }

      // 분을 프린트(1분은 3,600초)한다.
      Serial.print((epoch % 3600) / 60);
      Serial.print(':');
      if ((epoch % 60) < 10)
      {
         // 각 분별로 해당 초의 0 ~ 9초 앞에 0을 추가한다.
         Serial.print('0');
      }

      // 초를 프린트한다.
      Serial.println(epoch %60);
   }
   // 다시 시간을 알려 달라고 요청하기 전에 10초 동안 기다린다.
   delay(10000);
}

// NTP 요청 한 개를 주어진 주소에 있는 시간 서버로 송신한다.
unsigned long sendNTPpacket(IPAddress& address)
{
   memset(packetBuffer, 0, NTP_PACKET_SIZE); // 버퍼 내 모든 바이트를 0으로 설정한다.

   // NTP 요청을 구성하는 데 필요한 값을 초기화한다.
   packetBuffer[0] = B11100011; // LI, 버전, 모드.
   packetBuffer[1] = 0; // 층(stratum).
   packetBuffer[2] = 6; // 메시지들 간의 최대 간격(초 단위).
   packetBuffer[3] = 0xEC; // 시계의 정밀도.

   // 4번 ~ 11번 바이트들은 루트 지연 및 분산을 위한 것이며, memset에 의해 0으로 설정되었다.
   packetBuffer[12] = 49; // 네 개 바이트 참조 ID 식별.
   packetBuffer[13] = 0x4E;
   packetBuffer[14] = 49;
   packetBuffer[15] = 52;

   // 모든 NTP 필드에 값이 주어졌다.
   // 타임스탬프를 요청하는 패킷을 송신할 수 있다.
   Udp.beginPacket(address, 123); // NTP 요청들이 123번 포트로.
   Udp.write(packetBuffer,NTP_PACKET_SIZE);
   Udp.endPacket();
}
```

토의

NTP는 인터넷 메시지를 통해 시간을 동기화하는 데 사용되는 프로토콜이다. NTP 서버는 1900년 1월 1일 이후 경과한 시간(초 단위) 값으로 시각을 알려준다. NTP 시간은 UTC(그리니치 표준시와 비슷한 협정 세계 시)이며, 표준 시간대나 일광 절약 시간을 고려하지 않는다.

NTP 서버는 UDP 메시지를 사용한다. UDP에 대한 소개는 레시피 15.3을 참고하자. NTP 메시지는 sendNTPpacket이라는 함수로 구성되며, 해당 함수에서 코드를 변경하지 않아도 된다. 이 함수는 NTP 서버의 주소를 사용한다. 앞의 예에서 IP 주소를 사용하거나 구글에서 검색어로 'NTP 주소'를 사용해 더 많은 목록을 찾을 수 있다. NTP 필드의 용도를 더 자세히 알고 싶다면 설명서 (http://www.ntp.org/)를 참고하자.

NTP의 응답 내용은 고정 서식 메시지다. 시간 정보는 40번 바이트에서 시작하는 4바이트로 구성된다. 이 4바이트는 32비트 값(부호 없는 배정도 정수)이며, 1900년 1월 1일 이후의 초 수다. 이 값(및 유닉스 시간으로 변환된 시간)이 프린트된다. 시, 분, 초 및 일, 월, 년을 사용해서 NTP 서버에 친숙한 형식으로 시간을 변환하려면 아두이노의 Time 라이브러리를 사용할 수 있다(12장을 참고하자). 다음은 2010년 1월 18일 월요일 14:32:56으로 시간을 프린트하는 이전 코드의 변형이다.

```
/*
 * Time_NTP 스케치.
 * NTP 시간 출처와 시간을 동기화하는 것을 보여 주는 예제.
 * 이 스케치는 Time 라이브러리와
 * 아두이노의 Ethernet 라이브러리를 사용한다.
 */
#include <TimeLib.h> // 본문을 참고하자.
#include <SPI.h>
#include <Ethernet.h>
#include <EthernetUDP.h>

byte mac[] = { 0xDE, 0xAD, 0xBE, 0xEF, 0xFE, 0xED };
byte ip[] = { 192, 168, 1, 44 };        // 이것을 유효한 IP 주소로 설정한다(또는 DHCP를 사용한다).
unsigned int localPort = 8888;          // UDP 패킷들을 청취할 로컬 포트.
IPAddress timeServer(192, 43, 244, 18); // time.nist.gov NTP 서버.
const int NTP_PACKET_SIZE= 48;          // NTP 타임스탬프는 메시지를 이루는 바이트들 중에
                                        // 처음에 나오는 48개 바이트에 들어 있다.
packetBuffer[ NTP_PACKET_SIZE];         // 들어오고 나가는 패킷들을 보관하는 버퍼.

time_t prevDisplay = 0; // 디지털 시계가 표시되었을 때.

// UDP를 거쳐 패킷들을 송수신하는 데 쓰는 UDP 인스턴스.
EthernetUDP Udp;

void setup()
{
```

```
   Serial.begin(9600); Ethernet.begin(mac,ip); Udp.begin(localPort);
   Serial.println("waiting for sync");
   setSyncProvider(getNtpTime);
   while(timeStatus()== timeNotSet)
     ; // 동기화 공급자(sync provider)가 시간을 설정할 때까지 기다린다.
}

void loop()
{
   if(now() != prevDisplay) // 시간이 변경된 경우에만 디스플레이 장치를 업데이트한다.
   {
     prevDisplay = now();
     digitalClockDisplay();
   }
}

void digitalClockDisplay()
{
   // 시간을 디지털 시계 형태로 표시.
   Serial.print(hour());
   printDigits(minute());
   printDigits(second());
   Serial.print(" ");
   Serial.print(dayStr(weekday()));
   Serial.print(" ");
   Serial.print(day());
   Serial.print("");
   Serial.print(monthShortStr(month()));
   Serial.print("");
   Serial.print(year());
   Serial.println();
}

void printDigits(int numerics)
{
   // 디지털 시계 표시를 위한 유틸리티 함수다.
   // 앞에 나오는 :과 뒤따라 나오는 0을 프린트한다.
   Serial.print(":");
   if(digits < 10)
     Serial.print('0');
   Serial.print(digits);
}

/*-------- NTP 코드 ----------*/

unsigned long getNtpTime()
{
   sendNTPpacket(timeServer); // NTP 패킷 한 개를 시간 서버로 송신한다.
   delay(1000);
   if(Udp.parsePacket())
   {
     Udp.read(packetBuffer,NTP_PACKET_SIZE); // 버퍼 쪽으로 패킷을 읽어들인다.
```

```
        // 타임스탬프는 40번 바이트에서 시작되고, 바이트 네 개를 배정도 정수형 한 개로 변환한다.
        unsigned long hi = word(packetBuffer[40], packetBuffer[41]);
        unsigned long low = word(packetBuffer[42], packetBuffer[43]);

        // 이게 NTP 시간(1900년 1월 1일 이후로 경과한 시간)이다.
        unsigned long secsSince1900 = hi << 16 | low;

        // 유닉스에서는 시간의 출발 기준이 1970년 1월 1일이다.
        const unsigned long seventyYears = 2208988800UL;
        unsigned long epoch = secsSince1900 - seventyYears; // 70년을 뺀다.
        return epoch;
    }
    return 0; // 시간을 얻을 수 없으면 0을 반환한다.
}

// NTP 요청 한 개를 주어진 주소에 있는 시간 서버로 송신한다.
unsigned long sendNTPpacket(IPAddress address)
{
    memset(packetBuffer, 0, NTP_PACKET_SIZE); // 버퍼 내 모든 바이트를 0으로 설정한다.

    // NTP 요청을 구성하는 데 필요한 값을 초기화한다.
    packetBuffer[0] = B11100011; // LI, 버전, 모드.
    packetBuffer[1] = 0; // 층(stratum).
    packetBuffer[2] = 6; // 메시지들 간의 최대 간격(초 단위).
    packetBuffer[3] = 0xEC; // 시계의 정밀도.

    // 4번 ~ 11번 바이트들은 루트 지연 및 분산을 위한 것이며, memset에 의해 0으로 설정되었다.
    packetBuffer[12] = 49; // 네 개 바이트 참조 ID 식별.
    packetBuffer[13] = 0x4E;
    packetBuffer[14] = 49;
    packetBuffer[15] = 52;

    // 타임스탬프를 요청하는 패킷을 송신한다.
    Udp.beginPacket(address, 123); // NTP 요청들이 123번 포트로.
    Udp.write(packetBuffer,NTP_PACKET_SIZE);
    Udp.endPacket();
}
```

 이 범위에서 '무엇인가'가 선언되지 않았다는 점을 나타내는 에러 메시지
아두이노 IDE가 무언가를 인식하지 못한다고 알려 준다. 누락된 항목이 setSyncProvider 같은 라이브러리 기능이라면 라이브러리를 포함하지 않았거나 설치하지 않은 것이다. 이 메시지가 표시되면 Time 라이브러리 설치에 대한 정보는 12장을 참고하자.

함께 보면 좋은 내용

12장에서는 아두이노의 Time 라이브러리를 사용하는 방법을 자세히 설명한다.

NTP에 대한 상세 정보(http://www.ntp.org).

제시 재거스Jesse Jaggars가 작성한 NTP 코드(https://github.com/jhjaggars/arduino-ntp)는 이 레시피에서
사용한 스케치에 영감을 주었다.

1.0 이전의 아두이노 릴리스를 실행 중인 경우에 이 UDP 라이브러리(http://bit.ly/3qe3Vt4)를 내려받
을 수 있다.

CHAPTER

16

라이브러리 사용, 수정, 작성

레시피 16.0 소개

라이브러리는 아두이노 환경에 기능성을 보탠다. 라이브러리는 핵심 아두이노 언어에서 사용할 수 없는 기능들을 제공할 명령들을 보태어 사용할 수 있게 한다. 라이브러리를 설치하고 나면, 스케치에서 액세스할 수 있는 기능을 추가하는 방법을 라이브러리들로부터 제공받을 수 있다.

아두이노 소프트웨어 배포판에는 일반적인 작업을 다루는 내장 라이브러리들이 들어 있다. 이 라이브러리들을 레시피 16.1에서 설명한다.

라이브러리는 사람들이 다른 사람에게 유용한 코드를 공유할 수 있는 좋은 방법이기도 하다. 많은 제3자 라이브러리는 특수한 기능들을 제공한다. 이러한 라이브러리들을 아두이노 라이브러리 매니저뿐만 아니라 깃허브에서도 내려받을 수 있다. 라이브러리는 종종 특정 하드웨어를 쉽게 사용할 수 있게 작성된다. 이전 장에서 다룬 많은 장치들은, 이러한 장치에 더 쉽게 연결할 수 있게 하는 라이브러리도 제공한다.

복잡한 코드를 여러분에게 더 친숙한 래퍼wrapper(포장지)로 두르면 라이브러리를 사용하기가 더 쉬워진다. 예를 들어, 아두이노와 함께 배포되는 Wire 라이브러리는 저수준 하드웨어 통신에 필요한 복잡한 기능들 중에 상당히 많은 부분을 드러나지 않게 감추고 이를 간단한 고수준 기능으로 대체해 준다(13장을 참고하자).

이번 장에서는 라이브러리들을 그대로 사용하는 방법이나 고쳐 쓰는 방법을 설명한다. 또한, 자신만의 라이브러리를 만드는 방법을 다루는 예제들도 제공한다.

내장 라이브러리 사용

문제

아두이노가 배포될 때 함께 들어 있던 라이브러리를 스케치에서 사용하려고 한다.

해법

이 레시피에서는 스케치에서 아두이노 라이브러리 기능을 사용하는 방법을 보여 준다.

IDE 메뉴에서 사용할 수 있는 라이브러리 목록을 보려면 Sketch ➡ Include Library를 클릭하자. 사용할 수 있는 모든 라이브러리가 표시된 목록이 드롭다운된다. 목록 중 첫 부분에 나오는 12개 정도가 아두이노와 함께 배포된 라이브러리에 해당한다. 여러분이 내려받아서 설치한 라이브러리와 이 목록이 가로선으로 구분되어 있다.

라이브러리를 한 개 클릭하면 스케치의 상단에 다음 줄이 넣어지면서 해당 라이브러리가 현재 스케치에 추가된다.

```
#include <선택한_라이브러리_이름.h>
```

이렇게 하면 라이브러리에 들어 있는 함수들을 스케치에 사용할 수 있다.

> 아두이노 IDE는 컴퓨터에서 IDE가 처음 시작될 때만 사용할 수 있는 라이브러리 목록을 업데이트한다. IDE가 실행된 다음에 라이브러리를 수작업으로 설치하려고 한다면 일단 IDE를 닫았다가 다시 실행해 IDE가 새 라이브러리를 인식하게 해야 한다. 라이브러리 매니저를 사용해 라이브러리를 설치한다면 IDE를 다시 시작하지 않아도 된다.

아두이노 라이브러리는 아두이노 레퍼런스(https://oreil.ly/ZlfnW)에 문서로 정리되어 있으며, 각 라이브러리에는 사용 방법을 보여 주는 예제 스케치가 들어 있다. IDE의 예제를 탐색하는 방법을 1장에서 자세하게 설명했다.

버전 1.8.10부터 아두이노에 포함된 라이브러리들은 다음과 같다.

Adafruit Circuit Playground

빠르고 쉽게 프로토타이핑을 할 수 있게, 많은 센서와 출력이 들어 있는 에이다프룻 서킷 플레이그라운드_{Circuit Playground} 보드를 지원한다.

Bridge

지금은 생산되지 않는 아두이노 윤_{Arduino Yun}과 윤 쉴드_{Yun Shield} 및 TRE에서 사용된다. 리눅스 시스템과 해당 보드의 마이크로컨트롤러 간에 통신할 수 있다.

Esplora

센서, 조이스틱, LED, 버저나 그 밖의 입출력을 포함하는 올인원 보드인 아두이노 에스플로라_{Esplora}

보드에서 사용한다.

EEPROM

전력이 끊겨도 유지되는 정보를 메모리에 저장하고 읽는 데 사용된다. 18장을 참고하자.

Ethernet

아두이노의 이더넷 쉴드 또는 에이다프룻의 이더넷 피더윙_{Ethernet FeatherWing} 같은 호환 모듈이나

아두이노 이더넷 보드와 통신하는 데 사용된다. 15장을 참고하자.

Firmata

직렬 통신 및 보드 제어를 단순화하는 데 사용되는 프로토콜이다.

GSM

아두이노를 셀룰러 데이터 네트워크에 연결하는, 현재는 공급이 중단된 아두이노 GSM 쉴드를

지원한다.

HID

아두이노 레오나르도 및 SAMD 기반 보드 같은 특정 보드를 마우스나 키보드로 작동할 수 있

다. 여러분은 이 라이브러리를 직접 사용하고 싶지는 않겠지만, 키보드와 마우스를 구동하는

데 필요한 라이브러리는 이 라이브러리에 의존한다.

Keyboard

아두이노 레오나르도 및 SAMD 기반 보드 같은 특정 보드를 USB 키보드로 작동할 수 있다.

LiquidCrystal

호환되는 LCD를 제어하려면 11장을 참고하자.

Mouse

아두이노 레오나르도 및 SAMD 기반 보드 같은 특정 보드를 USB 마우스로 작동할 수 있다.

Robot Control

지금은 단종된 아두이노 로봇_{Robot}의 제어 보드를 조작할 수 있게 한다.

Robot IR Remote

지금은 단종된 아두이노 로봇의 적외선 리모컨을 조작할 수 있게 한다.

Robot Motor

지금은 단종된 아두이노 로봇의 모터 보드를 조작할 수 있게 한다.

SD

외부 하드웨어를 사용해 SD 카드에 파일을 읽고 쓸 수 있게 지원한다.

Servo

서보 모터를 제어하는 데 사용된다. 8장을 참고하자.

SoftwareSerial

추가 시리얼 포트들을 사용할 수 있게 한다.

SpacebrewYun

지금은 단종된 아두이노 윤과 웹 소켓 기반 통신을 할 수 있게 한다.

SPI

이더넷과 SPI 하드웨어에 사용되며, 이에 대해서는 13장을 참고하자.

Stepper

스테퍼 모터를 사용해 일하는 데 필요하며, 이에 대해서는 8장을 참고하자.

Temboo

아두이노를 API, 데이터베이스, 코드 유틸리티에 연결하는 플랫폼인 템부_{Temboo}(https://temboo.com)에 연결한다.

TFT

지금은 단종된 아두이노 LCD의 화면을 지원하는 라이브러리다. 사용자 정의 라이브러리들을 사용하면 제3자 보드들이나 제3자 모듈들도 다룰 수 있다.

WiFi

지금은 단종된 아두이노 와이파이_{WiFi} 쉴드를 지원한다. 이 보드는 와이파이가 내장된 아두이노 보드와 제3자 보드 및 모듈로 대체되었다.

Wire

아두이노에 연결된 I2C 장치와 함께 작동한다. 13장을 참고하자.

다음에 나오는 두 라이브러리는 아두이노 1.0 이전 릴리스에서 찾을 수 있지만 이제는 아두이노 릴리스에 들어 있지 않다.

Matrix

LED 매트릭스를 관리할 수 있다. 7장을 참고하자.

Sprite

LED 매트릭스와 함께 스프라이트를 사용할 수 있다.

토의

아두이노 컨트롤러 칩을 바탕으로 특정 하드웨어에서만 작동하는 라이브러리들은 미리 정의해 둔 핀들에서만 작동한다. Wire 라이브러리와 SPI 라이브러리는 이러한 라이브러리 유형에 해당하는 예다. 사용자가 핀을 선택할 수 있는 라이브러리는 일반적으로 setup에서 이 값을 지정한다. Servo, LiquidCrystal, Stepper는 이러한 라이브러리 유형을 보여 주는 사례다. 라이브러리를 구성하는 방법을 더 알고 싶다면 라이브러리 문서를 참고하자.

라이브러리를 가져오면include 드러나지 않게 라이브러리 코드가 스케치에 추가된다. 이로 인해 컴파일 프로세스가 끝날 때 보고되는 스케치의 크기가 늘어나지만, 아두이노 빌드 프로세스는 스케치가 실제로 라이브러리에서 사용하는 코드만 포함할 수 있을 정도로 똑똑하다는 것을 의미하므로 여러분은 사용되지 않은 메서드들의 메모리 오버헤드에 대해서 걱정하지 않아도 된다. 따라서 스케치에 넣을 수 있는 코드의 분량을 줄이는 미사용 함수에 대해서도 걱정하지 않아도 된다.

아두이노에 포함된 라이브러리(및 많은 기여 라이브러리)에는 라이브러리를 사용하는 방법을 보여 주는 스케치 예제들이 들어 있다. File ➡ Examples 메뉴에서 이러한 예제들을 볼 수 있다.

함께 보면 좋은 내용

라이브러리에 대한 아두이노 참고문헌(https://oreil.ly/1qFrt).

레시피 16.2 제3자 라이브러리 설치

문제

표준 릴리스가 아닌 아두이노에서 쓸 수 있게 만든 라이브러리를 사용하려고 한다.

해법

먼저 라이브러리 매니저를 점검하여 사용할 만한 라이브러리가 있는지 살펴보자. Tools ➡ Manage Libraries를 선택한 다음에 찾으려는 라이브러리를 검색하자(또는 부품 이름으로 검색하자. 특정 부품용으로 설계된 라이브러리를 찾을 수 있다). 결과 목록에서 해당 항목 위로 마우스를 가져간 다음에 Install을 클릭하자(그림 16-1 참고). 그러면 라이브러리를 즉시 사용할 수 있다.

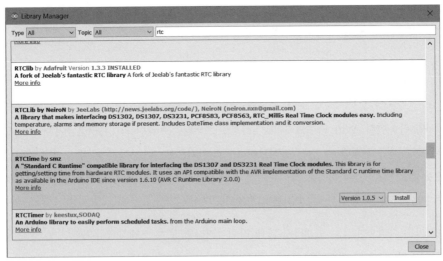

그림 16-1 라이브러리 매니저를 사용해 라이브러리를 설치하기

라이브러리 매니저에서 라이브러리를 사용할 수 없다면 라이브러리를 직접 내려받아야 한다. 깃허 브에서 라이브러리를 내려받을 때는 **README**를 주의해서 읽어 보자. 대체로 파일 목록 바로 위에 있는 Releases(릴리스, 발매판) 탭에서 파일을 내려받거나, Clone(복제)이나 Download(내려받기) 버튼 을 클릭한 다음에 Download Zip(압축 파일로 내려받기)을 선택하면 된다. 라이브러리를 다른 방식으 로 사용할 수 있게 한 경우가 있는데, 이런 경우에는 대체로 **.zip** 파일로 되어 있다. 이 파일의 압축 을 풀면 라이브러리와 이름이 같은 폴더가 생성된다. 이 폴더를 아두이노의 스케치 폴더 안에 있는 **libraries** 폴더에 넣어야 한다. 아두이노의 스케치 폴더를 찾으려면 Preferences(기본 설정)를 열어 스 케치북 위치를 확인하자. macOS라면 Arduino ➡ Preferences(아두이노 ➡ 기본 설정)를 선택해 스케 치북의 위치를 확인하면 되며, 윈도우나 리눅스라면 File ➡ Preferences(파일 ➡ 기본 설정)를 선택하 면 된다. 파일 시스템 브라우저(예: 윈도우 탐색기 또는 macOS Finder)나 터미널에서 해당 디렉터리로 이동하자. **libraries** 폴더가 없다면 한 개를 만들고, 압축을 푼 폴더를 그 안에 넣자.

아두이노 IDE가 여전히 실행 중이면 종료했다가 다시 시작하자. IDE가 실행될 때 IDE는 **libraries** 폴 더를 뒤져서 라이브러리를 찾는다. 이제 Sketch ➡ Import Library(스케치 ➡ 라이브러리 가져오기) 메뉴 의 아래 회색 선과 **Contributed**(기여)라는 단어로 이동하면 추가한 라이브러리가 표시되어야 한다.

라이브러리가 예제 스케치를 제공하는 경우, IDE 메뉴에서 해당 예제를 볼 수 있다. File ➡ Examples(파일 ➡ 예제)를 클릭하면 일반 예제와 아두이노 분산 라이브러리 예제 목록 사이의 부분 에 있는 라이브러리 이름 아래에 라이브러리 예제가 있다.

토의

여러 업체에서 다양한 라이브러리를 제공한다. 많은 사람이 매우 높은 품질을 유지하고 적극적으로 관리하며 훌륭한 문서와 예제 스케치를 제공한다. 아두이노 **라이브러리즈**Libraries에서는 이용할 수 있는 라이브러리 목록을 정기적으로 갱신해 준다(https://www.arduinolibraries.info). 아두이노 플레이그라운드Playground는 더 이상 업데이트를 제공하지 않지만 라이브러리를 찾기에 좋은 곳이다(https://oreil.ly/kgfit).

명확한 문서와 예제가 있는 라이브러리를 찾자. 라이브러리를 논의하는 스레드threads(토의 주제)가 있는지를 아두이노 포럼에서 확인하자. 초기 아두이노 릴리스에서 사용할 수 있게 설계된 라이브러리를 최신 아두이노 버전에서 사용한다면 문제가 생길 수 있으므로 최신 아두이노 릴리스에서 오래된 라이브러리를 사용하는 방법에 관한 정보를 찾으려면 많은 자료(인기 있는 라이브러리들에 관한 정보는 주제별로 수백 편의 글이 있을 수 있다)를 읽어야 할 수도 있다.

라이브러리 예제가 Examples(예제) 메뉴에 나타나지 않거나, 라이브러리를 사용할 때 'Library not found(라이브러리를 찾을 수 없음)'라는 메시지가 표시되면 libraries 폴더의 이름을 정확하게 기입했는지, 이 폴더가 제 위치에 있는지를 확인해 보자. <LibraryName>이라는 이름을 지닌 라이브러리 폴더(여기서 <LibraryName>은 라이브러리의 이름을 의미함)는 철자와 대소문자 구분까지 아주 똑같은, <LibraryName>.h라는 이름의 파일을 포함해야 한다. 라이브러리에 필요한 추가 파일이 폴더에 있는지를 확인하자.

레시피 16.3 라이브러리 수정

문제

여러분은 기존 라이브러리의 행태를 바꾸고 싶어 하는데, 기존 라이브러의 기능을 확장하는 경우를 그러한 예로 들 수 있을 것이다. 구체적인 예를 들자면, 12장에 나오는 TimeAlarms 라이브러리는 여섯 개의 알람만 지원하는데 여러분은 더 많은 알람이 필요하다고 하자(레시피 12.5 참고).

해법

Time과 TimeAlarms 라이브러리를 12장에서 설명하고 있으므로 표준 기능을 숙지하려면 해당 레시피를 참고하자. 라이브러리 매니저를 사용해 라이브러리를 설치할 수 있다. Time 라이브러리를 찾는 데 문제가 있으면 라이브러리 매니저에서 'timekeeping'을 검색하자.

일단 여러분이 Time과 TimeAlarms 라이브러리를 설치했다면 다음 스케치를 컴파일해서 AVR 기반 보드에 업로드하면 되는데, 이 보드는 라이브러리가 지원하는 개수보다 한 개 더 많은 일곱 가지를 생성하려고 시도한다(AVR의 경우에 이 말은 ARM 및 ESP8266 보드가 많이 지원한다는 뜻이다). 각 Alarm 작업에서는 단순히 작업 번호를 프린트한다.

```
/*
 * multiple_alarms 스케치.
 * 바로 사용할 수 있게 라이브러리에서 지원하는 것보다
 * 더 많은 타이머가 동작하게 한다.
 * 알람(alarm, 시보)을 일곱 개 이상 사용하려면 헤더 파일을 편집해야 한다.
 */

#include <TimeLib.h>
#include <TimeAlarms.h>

int currentSeconds = 0;

void setup()
{
  Serial.begin(9600);

  // 알람 작업 일곱 개를 생성한다.
  Alarm.timerRepeat(1, repeatTask1);
  Alarm.timerRepeat(2, repeatTask2);
  Alarm.timerRepeat(3, repeatTask3);
  Alarm.timerRepeat(4, repeatTask4);
  Alarm.timerRepeat(5, repeatTask5);
  Alarm.timerRepeat(6, repeatTask6);
  Alarm.timerRepeat(7, repeatTask7); // 일곱 번째 타이머를 반복하게 한다.
}

void repeatTask1()
{
  Serial.print("task 1 ");
}
void repeatTask2()
{
  Serial.print("task 2 ");
}
void repeatTask3()
{
  Serial.print("task 3 ");
}

void repeatTask4()
{
  Serial.print("task 4 ");
}

void repeatTask5()
{
```

```
    Serial.print("task 5 ");
}

void repeatTask6()
{
    Serial.print("task 6 ");
}

void repeatTask7()
{
    Serial.print("task 7 ");
}

void loop()
{
    if(second() != currentSeconds)
    {
        // 시간을 매초 프린트한다.
        // 해당 작업에 대한 알람이 트리거되면 작업 번호가 프린트된다.
        Serial.println();
        Serial.print(second());
        Serial.print("->");
        currentSeconds = second();
        Alarm.delay(1); // 알람들을 서비스하려면 Alarm.delay가 호출되어야 한다.
    }
}
```

시리얼 모니터를 열고 출력 내용이 프린트되는 것을 보자. 9초 후에 다음과 같이 출력 내용이 표시된다.

```
1->task 1
2->task 1 task 2
3->task 1 task 3
4->task 1 task 2 task 4
5->task 1 task 5
6->task 1 task 2 task 3 task 6
7->task 1
8->task 1 task 2 task 4
9->task 1 task 3
```

라이브러리는 타이머 '객체'를 여섯 개만 제공하므로 7초마다 동작하게 한 작업이 트리거되지 않았다.

라이브러리를 수정하여 이를 늘릴 수 있다. 아두이노 **Documents** 폴더의 **libraries** 폴더로 이동하자.

 IDE에서 File ➡ Preferences(윈도우나 리눅스인 경우) 또는 Arduino ➡ Preferences(macOS인 경우) 메뉴 항목을 클릭해 스케치북 폴더가 포함된 디렉터리를 찾을 수 있다. 스케치북 위치를 보여 주는 대화 상자가 열린다.

Time 및 TimeAlarms 라이브러리를 설치한 경우(두 라이브러리 모두 내려받은 파일에 있음), **Libraries\\TimeAlarms** 폴더로 이동하자. **TimeAlarms.h** 헤더 파일을 연다(헤더 파일에 관해 더 알고 싶다면 레시피 16.4를 참고하자). 윈도우의 메모장이나 macOS의 TextEdit 같은 텍스트 에디터를 사용해 파일을 편집할 수 있다.

TimeAlarms.h 파일의 맨 위에 다음 내용이 표시되어야 한다.

```
#ifndef TimeAlarms_h
#define TimeAlarms_h

#include <Arduino.h>
#include "TimeLib.h"

#if defined(AVR)
#define dtNBR_ALARMS 6  // 최댓값은 255.
#else
#define dtNBR_ALARMS 12 // AVR이 아닌 것에 메모리가 더 많이 있다고 가정한다.
#endif
```

최대 알람 수는 dtNbr_TimeAlarms에 정의된 값으로 지정된다.

```
#define dtNBR_ALARMS 6
```

윗줄을 다음의 줄로 바꾸고 파일을 저장한다.

```
#define dtNBR_ALARMS 7
```

스케치를 아두이노에 다시 업로드하면 이번에는 직렬 출력 내용이 다음과 같아야 한다.

```
1->task 1
2->task 1 task 2
3->task 1 task 3
4->task 1 task 2 task 4
5->task 1 task 5
6->task 1 task 2 task 3 task 6
7->task 1 task 7
8->task 1 task 2 task 4
9->task 1 task 3
```

이제 7초 후에 task 7이 활성화되는 것을 볼 수 있다.

토의

라이브러리에는 라이브러리가 사용하는 리소스들과 스케치에서 사용할 수 있게 여분으로 남겨 둔 리소스들 간에 균형을 유지하는 기능들이 있는데, 필요하다면 종종 이러한 기능들을 변경할 수 있다. 예를 들어, 여러분이 Serial 라이브러리에 사용되는 메모리량을 줄여 스케치의 다른 코드들이 더 많은 RAM을 쓸 수 있게 해야 할 때가 있다. 또한, 여러분의 애플리케이션에 쓰는 어떤 한 가지 라이브러리에서 사용할 메모리량을 늘려야 할 때도 있다. 일반적으로 라이브러리 작성자는 일반적인 시나리오에 맞춰 라이브러리를 작성하게 되므로, 라이브러리 작성자가 제공하지 않는 기능이 여러분의 애플리케이션에 필요할 때는 해당 시나리오에 맞게 라이브러리를 수정할 수 있어야 한다.

이번 예제에서 TimeAlarms 라이브러리는 여섯 개의 알람에 대한 공간(RAM)을 할당한다. 공간별로 십여 바이트가 필요하며, 이 중 몇 바이트만 사용하더라도 해당 공간이 다 예비된다reserved(예약된다). 라이브러리 헤더 파일에 알람 개수가 정해져 있다(헤더는 **TimeAlarms** 폴더에 있는 **TimeAlarms.h** 라는 파일이다).

TimeAlarms 라이브러리에서는 최대 알람 수를 #define 문을 사용해 설정한다. 여러분이 스케치를 다시 컴파일해 업로드할 때 이러한 상한을 변경해 헤더 파일을 저장했으므로 새로운 상한이 사용된다.

때로는 보드의 시계 속도 같은 특성을 정의하기 위해 define 문들(즉, 상수 정의문들)을 사용하기도 하는데, 이렇게 정의한 속도와 기반의 속도가 서로 다르면 예상하지 못한 결과가 나올 수 있다. 헤더 파일의 이 값을 사용 중인 보드에 맞는 값으로 편집하면 이 문제가 해결된다.

헤더 파일을 편집하는 바람에 라이브러리가 작동하지 않게 되었더라도 언제든지 라이브러리를 다시 내려받아 전체 라이브러리를 교체함으로써 원래 상태로 되돌릴 수 있다.

함께 보면 좋은 내용

레시피 16.4에서는 라이브러리에 기능을 추가하는 방법을 자세히 설명한다.

레시피 16.4 자신만의 라이브러리 제작

문제

자신만의 라이브러리를 만들려고 한다. 라이브러리를 활용하면 편리한 방식으로 여러 스케치에서 코드를 재사용할 수 있으며, 다른 사용자와 코드를 공유하기에도 좋다.

해법

라이브러리는 사용자가 표준화된 방식으로 함수와 변수에 액세스할 수 있는 형식으로 결합한, 메서드와 변수의 모음이다.

대부분의 아두이노 라이브러리는 클래스 형태로 작성된다. C++나 자바에 익숙하다면 클래스에도 익숙할 것이다. 그러나 클래스를 사용하지 않고도 라이브러리를 작성할 수 있으며 이 레시피에서는 이 방법을 보여 준다.

이 레시피에서는 레시피 7.1을 고쳐서 BlinkLED 함수를 라이브러리로 옮겨 두기 위한 방법을 설명한다.

배선도에 대한 내용과 회로에 대한 설명이 레시피 7.1에 나와 있다. 라이브러리에는 해당 레시피에 나오는 blinkLED 함수가 들어 있다. 라이브러리를 테스트하는 데 사용되는 스케치는 다음과 같다.

```
/*
 * blinkLibTest 스케치.
 */

#include "blinkLED.h"

const int firstLedPin  = 3; // 각 LED에 대응하는 핀을 선택한다.
const int secondLedPin = 5;
const int thirdLedPin  = 6;

void setup()
{
  pinMode(firstLedPin, OUTPUT);   // 첫 번째 LED 핀을 출력용으로 선언한다.
  pinMode(secondLedPin, OUTPUT);  // 두 번째 LED 핀을 출력용으로 선언한다.
  pinMode(thirdLedPin, OUTPUT);   // 세 번째 LED 핀을 출력용으로 선언한다.
}

void loop()
{
  // 각 LED를 1000ms(1초) 동안 깜박인다.
  blinkLED(firstLedPin, 1000);
  blinkLED(secondLedPin, 1000);
  blinkLED(thirdLedPin, 1000);
}
```

레시피 7.1에서 blinkLED 함수를 스케치에서 제거하고 **blinkLED.cpp**라는 별도의 파일로 옮겨야 한다(**.cpp** 파일에 관해 더 알고 싶다면 '토의' 부분을 참고하자).

```
/* blinkLED.cpp
 * 밀리초(ms) 단위로 LED를 점등시키는 간단한 라이브러리.
 */
```

```
#include "Arduino.h" // 용법: 1.0 버전 이전에 나온 아두이노라면 Wprogram.h
#include "blinkLED.h"

// 지정된 핀에 대응하는 LED를 여러 ms에 해당하는 지속시간 동안 깜박인다.
void blinkLED(int pin, int duration)
{
  digitalWrite(pin, HIGH); // LED를 켠다.
  delay(duration);
  digitalWrite(pin, LOW);  // LED를 끈다.
  delay(duration);
}
```

대부분의 라이브러리 저자(프로그래머)들은 선호하는 에디터로 라이브러리를 작성하는 편이지만, 일반 텍스트 편집기를 사용해서도 이러한 파일을 만들 수 있다.

다음과 같이 **blinkLED.h** 헤더 파일을 작성하자.

```
/*
 * blinkLED.h
 * BlinkLED 라이브러리의 라이브러리 헤더 파일
 */
#include "Arduino.h"
void blinkLED(int pin, int duration); // 함수의 프로토타입
```

토의

라이브러리의 이름은 'blinkLED'이며 **libraries** 폴더에 있다(레시피 16.2 참고). 라이브러리 폴더에 **blinkLED**라는 서브 디렉터리를 작성하고 **blinkLED.h** 및 **blinkLED.cpp**를 여기로 옮기자. 그리고 나서 **examples**라는 폴더의 하위 디렉터리와 그 폴더 아래에 **blinkLibTest**라는 하위 디렉터리를 만든다. 다음으로, 앞에서 보여 준 스케치의 내용을 **examples/blinkLibTest/blinkLibTestest.ino**라는 파일에 넣는다.

레시피 7.1에 나오는 blinkLED 함수는 스케치에서 나와 **blinkLED.cpp**라는 이름을 지닌 라이브러리 파일로 이동한다(.cpp 확장자는 'C plus plus'를 나타내며, 이런 확장자를 지닌 파일 안에 라이브러리의 소스 코드가 담겨 있다).

 함수(function)와 **메서드**(method)라는 용어는 아두이노 라이브러리 설명서에서 blinkLED 같은 코드 블록을 지칭하는 데 사용된다. 메서드라는 용어는 클래스의 기능적인 블록을 지칭하기 위해 도입된 말이다. 두 용어는 라이브러리에서 액세스할 수 있게 이름을 붙인 기능 블록을 나타낸다.

blinkLED.cpp 파일에는 레시피 7.1의 코드와 동일하지만 다음 두 줄이 상단에 추가된 blinkLED 함수가 들어 있다.

```
#include "Arduino.h" // 아두이노를 가져온다.
#include "blinkLED.h"
```

아두이노가 제공하는 함수나 상수를 사용하는 라이브러리에는 #include "Arduino.h" 줄이 필요하다. 이것이 없으면 컴파일러는 스케치에 사용된 모든 아두이노 함수에 오류가 있다고 알려준다.

Arduino.h가 1.0 릴리스에 추가되면서 WProgram.h를 대체하게 되었다. 이전 릴리스를 사용해 스케치를 컴파일하면 다음 조건부 include 문을 사용해 적절한 버전을 가져올 수 있다.
```
#if ARDUINO >= 100
#include "Arduino.h // 1.0 버전과 그 이후에 나온 릴리스들.
#else
#include "WProgram.h" // 그 이전에 나온 릴리스들.
#endif
```

다음 줄인 #include "blinkLED.h"에는 여러분의 라이브러리에 필요한 함수들을 정의해 둔 부분(프로토타입이라고 알려진 것)이 들어 있다. 아두이노를 빌드하는 과정에서 스케치를 컴파일할 때 스케치 내의 모든 함수에 대한 **프로토타입**prototype이 자동으로 생성되지만, 라이브러리 코드에 대한 프로토타입을 생성하지는 않으므로 라이브러리를 만들 경우에는 이러한 프로토타입으로 헤더를 생성해야 한다. IDE에서 라이브러리를 가져올 때 이 헤더 파일이 스케치에 추가된다(레시피 16.1 참고).

모든 라이브러리에는 노출될 함수들의 이름을 선언하는 파일이 있어야 한다. 이 파일을 헤더 파일(인클루드 파일이라고도 함)이라고 <LibraryName>.h 꼴로 이름을 짓는다(여기서 <LibraryName>은 라이브러리의 이름을 말함). 이번 예제에서 헤더 파일의 이름은 blinkLED.h이며, blinkLED.cpp와 같은 폴더에 있다.

이 라이브러리의 헤더 파일은 간단하다. 이 파일에서는 함수를 한 개 선언한다.

```
void blinkLED(int pin, int duration); // 함수의 프로토타입
```

이는 blinkLED.cpp 파일에 나오는 함수 정의 부분과 비슷하다.

```
void blinkLED(int pin, int duration)
```

그 차이는 미묘하지만 중요하다. 헤더 파일의 프로토타입에는 세미콜론이 뒤따라 나온다. 이 세미콜론은 이것이 함수에 대한 형식의 선언일 뿐 코드가 아니라는 점을 컴파일러에 알려 주는 역할을 한다. 소스 파일인 blinkLED.cpp에는 줄 뒤에 나오는 세미콜론이 들어 있지 않으며, 이는 그 부분이 함수의 실제 소스 코드임을 컴파일러에 알린다.

라이브러리에는 헤더 파일이 두 개 이상 있을 수 있고, 구현 파일도 두 개 이상 있을 수 있다. 그러나 적어도 헤더 파일이 한 개는 있어야 하며, 이 파일의 이름이 라이브러리의 이름과 같아야 한다. 스케치에서 라이브러리를 가져올 때 스케치의 상단에 포함(including)하게 하는 것이 이 파일이다.

C++를 잘 설명하고 있는 책에서는 헤더와 .cpp 파일을 사용해 코드 모듈을 만드는 방법을 자세히 설명하는 경우가 있다. 이 레시피에 나오는 '함께 보면 좋은 내용' 부분에는 몇 가지 인기 있는 선택 사항이 나온다.

blinkLED.cpp, **blinkLED.h** 및 **blinkLibTest.ino** 파일을 라이브러리 폴더 내의 올바른 위치에 두고 IDE를 닫았다가 다시 열자. 디렉터리 구조는 다음과 같아야 한다.

```
libraries/
└── blinkLED/
    ├── blinkLED.cpp
    ├── blinkLED.h
    └── examples/
        └── blinkLibTest/
            └── blinkLibTest.ino
```

 아두이노 IDE는 컴퓨터에서 IDE가 처음 시작될 때만 사용할 수 있는 라이브러리 목록을 업데이트한다. IDE가 실행된 다음에 라이브러리를 작성하려고 한다면 일단 IDE를 닫았다가 다시 실행함으로써 IDE가 라이브러리를 인식할 수 있게 해야 한다. 라이브러리 폴더에 라이브러리를 처음으로 추가할 때 IDE를 닫았다가 다시 시작해야 하지만, 이후에 라이브러리를 변경한 후에는 그렇게 하지 않아도 된다.

File ➡ Examples(사용자 정의 라이브러리 예제들) ➡ blinkLED ➡ blinkLibTest를 클릭해 스케치 예제를 연다. blinkLibTest 스케치를 업로드하면 세 개의 LED가 깜박인다.

라이브러리에 기능을 추가하기는 쉽다. 예를 들어, 여러분은 라이브러리 사용자가 밀리초 값 대신에 그 값의 의미를 알 수 있게 하는 이름을 지은 상수를 사용할 수 있도록 흔히 쓰는 지연값들을 상수로 표현해 둘 수 있을 것이다.

상숫값을 지정한 세 줄을 다음과 같이 여러분의 헤더 파일에 추가해 보자. 전통적으로 이 줄들을 함수 프로토타입의 바로 앞쪽에 둔다.

```
// 지속시간을 지정하는 상수.
const int BLINK_SHORT = 250;
const int BLINK_MEDIUM = 500;
const int BLINK_LONG = 1000;

void blinkLED(int pin, int duration); // 함수의 프로토타입.
```

다음에 보이는 것처럼 loop에서 코드를 변경한 후에 스케치를 업로드하여 깜박임 속도가 달라지는
지를 확인하자.

```
void loop()
{
  blinkLED(firstLedPin, BLINK_SHORT);
  blinkLED(secondLedPin, BLINK_MEDIUM);
  blinkLED(thirdLedPin, BLINK_LONG);
}
```

새 함수들을 쉽게 추가할 수 있다. 이 예제는 스케치에서 부여한 횟수에 맞춰 계속 깜박이게 하는
함수 한 개를 추가한다. loop 코드는 다음과 같다.

```
void loop()
{
  blinkLED(firstLedPin, BLINK_SHORT, 5);   // 다섯 번 깜박인다.
  blinkLED(secondLedPin, BLINK_MEDIUM, 3); // 세 번 깜박인다.
  blinkLED(thirdLedPin, BLINK_LONG);       // 한 번 깜박인다.
}
```

이 기능을 라이브러리에 추가하려면 다음과 같이 프로토타입을 **blinkLED.h**에 추가하자.

```
/*
 * blinkLED.h
 * BlinkLED 라이브러리용 헤더 파일.
 */
#include "Arduino.h"

// 지속시간을 지정하는 상수들.
const int BLINK_SHORT = 250;
const int BLINK_MEDIUM = 500;
const int BLINK_LONG = 1000;

void blinkLED(int pin, int duration);

// 반복 실행 횟수를 세기 위한 새 함수.
void blinkLED(int pin, int duration, int repeats);
```

이 함수를 blinkLED.cpp에 추가하자.

```
/*
 * blinkLED.cpp
 * 밀리초(ms) 단위로 LED를 켜기 위한 간단한 라이브러리.
```

```
*/
#include "Arduino.h"
#include "blinkLED.h"

// 지정된 핀에 대응하는 LED를 여러 밀리초(ms)에 해당하는 지속시간 동안 깜박인다.
void blinkLED(int pin, int duration)
{
  digitalWrite(pin, HIGH); // LED를 켠다.
  delay(duration);
  digitalWrite(pin, LOW);  // LED를 끈다.
  delay(duration);
}

/* 깜박임을 반복하게 하기 위한 함수 */
void blinkLED(int pin, int duration, int repeats)
{
  while(repeats)
  {
    blinkLED(pin, duration);
    repeats = repeats -1;
  }
}
```

구문 강조syntax highlighting 기능(IDE 내에서 스케치를 볼 때 여러분의 라이브러리에서 사용하는 키워드들에 색칠을 하는 기능)을 쓰고 싶다면 **keywords.txt** 파일을 생성하면 된다. 이 텍스트 파일에는 키워드의 이름과 키워드의 종류가 들어 있으며, 종류별로 서로 다른 색을 사용한다. 키워드와 종류 사이를 탭 문자(스페이스 문자가 아니어야 함)로 구분해야 한다. 예를 들면, 다음 파일을 **blinkLED** 폴더에 **keywords.txt**로 저장한다(**keywords.txt** 파일을 추가하거나 수정할 때 IDE를 종료했다가 다시 시작해야 한다).

```
###################################
# Methods and Functions (KEYWORD2)
###################################
blinkLED        KEYWORD2
###################################
# Constants (LITERAL1)
###################################
BLINK_SHORT     LITERAL1
BLINK_MEDIUM    LITERAL1
BLINK_LONG      LITERAL1
```

함께 보면 좋은 내용

라이브러리 작성에 대한 추가 예제를 보고 싶다면 레시피 16.5를 참고하자.

'Writing a Library for Arduino' 참고문헌(https://oreil.ly/vLNvx).

C++에 관해서는 다음 책들도 참고하자:

- 스티브 우알린Steve Oualline이 쓴 《Practical C++ Programming》(O'Reilly)

- 스티븐 프라타Stephen Prata가 쓴 《C++ Primer Plus》(Sams)

- 스탠리 B. 립먼Stanley B. Lippman, 조세 라조이Josée Lajoie, 바바라 E. 무유Barbara E. Moo가 쓴 《C++ Primer》(Addison-Wesley Professional)

레시피 16.5 다른 라이브러리를 사용하는 라이브러리를 만들기

문제

기존 라이브러리들이 제공하는 기능을 사용하는 라이브러리를 만들려고 한다. 예를 들어, Wire 라이브러리를 사용해 넌처크 게임 컨트롤러에서 데이터를 가져오고 싶다고 해보자.

해법

이 레시피는 레시피 13.6에서 설명한 함수들을 사용하며, Wire 라이브러리를 사용해 넌처크Wii nunchuck와 통신한다.

Nunchuck라는 이름을 붙인 폴더를 libraries 디렉터리 안에 만들어 두자(라이브러리 파일의 구조에 대해서 자세히 알고 싶다면 레시피 16.4를 참고하자). 다음에 나오는 코드를 사용해 Nunchuck.h라는 이름을 지닌 파일을 하나 만든다.

```
/*
 * Nunchuck.h
 * 넌처크와 인터페이스하기 위한 아두이노 라이브러리.
 */

#ifndef Nunchuck_included
#define Nunchuck_included

// 넌처크에서 제공하는 각 필드의 ID
enum nunchuckItems { wii_joyX, wii_joyY, wii_accelX, wii_accelY, wii_accelZ,
                     wii_btnC, wii_btnZ, wii_ItemCount };

// 넌처크의 전원 및 접지로 I2C 핀에 인접한 핀을 사용한다.
void nunchuckSetPowerpins();

// 넌처크에 대한 I2C 인터페이스를 초기화한다.
void nunchuckInit();
```

```
// 넌처크로부터 데이터 요청
void nunchuckRequest();

// 넌처크에서 데이터를 다시 수신한다.
// 읽기에 성공하면 true를, 그렇지 않으면 false를 반환한다.
bool nunchuckRead();

// 대부분의 위모트(wiimote) 드라이버가 사용할 수 있는 형식으로 데이터를 인코딩한다.
char nunchuckDecode(uint8_t x);

// 주어진 항목에 대한 값을 반환한다.
int nunchuckGetValue(int item);

#endif
```

다음과 같이 **Nunchuck** 폴더에 **Nunchuck.cpp**라는 파일을 만든다.

```
/*
 * Nunchuck.cpp
 * Wii Nunchuck과 인터페이스하기 위한 아두이노 라이브러리.
 */

#include "Arduino.h"  // 아두이노가 정의되어 있음.

#include "Wire.h"     // Wire(I2C)가 정의되어 있음.
#include "Nunchuck.h" // 이 라이브러리에 필요한 것들이 정의되어 있음.

// 우노 보드용 상수(메가인 경우에는 19번 핀과 18번 핀을 사용한다).
const int vccPin = A3;              // 이러한 핀들을 거쳐 제공되는 +v와 gnd.
const int gndPin = A2;
const int dataLength = 6;         // 요청하는 바이트 개수.
static byte rawData[dataLength]; // 청크(chunk, 덩어리)가 아닌 데이터를 저장하는 배열.

// 넌처크의 전원 및 접지로 I2C 핀에 인접한 핀을 사용한다.
void nunchuckSetPowerpins();
{
  pinMode(gndPin, OUTPUT); // 전원 핀들을 적절한 상태로 설정한다.
  pinMode(vccPin, OUTPUT);
  digitalWrite(gndPin, LOW);
  digitalWrite(vccPin, HIGH);
  delay(100); // 전원이 안정될 때까지 기다린다.
}

// nunchuck에 대한 I2C 인터페이스를 초기화한다.
void nunchuckInit();
{
  Wire.begin(); // i2c 버스를 마스터로 여겨 결합한다.
  Wire.beginTransmission(0x52); // 0x52 장치로 전송한다.
  Wire.write((byte)0x40);       // 메모리 주소를 송신한다.
  Wire.write((byte)0x00);       // 0을 한 개 송신한다.
```

```
    Wire.endTransmission();        // 전송을 멈춘다.
}

// 넌처크로부터의 데이터 요청.
void nunchuckRequest();
{
  Wire.beginTransmission(0x52); // 0x52 장치로 전송한다.
  Wire.write((byte)0x00);        // 1개 바이트를 송신한다.
  Wire.endTransmission();        // 전송을 멈춘다.
}

// Nunchuck에서 데이터를 다시 수신한다.
// 읽기에 성공하면 true를, 그렇지 않으면 false를 반환한다.
bool nunchuckRead();
{
  byte cnt=0;
  Wire.requestFrom (0x52, dataLength); // 넌처크로부터의 데이터 요청.
  while (Wire.available ())
  {
    byte x = Wire.read();
    rawData[cnt] = nunchuckDecode(x);
    cnt++;
  }
  nunchuckRequest(); // 다음 번 데이터 페이로드에 대해 요청을 송신한다.
  if (cnt >= dataLength)
    return true;      // 6바이트를 모두 수신했다면 성공이고 그렇지 않다면
  return false;       // 실패다.
}

// 대부분의 위모트 드라이버가 사용할 수 있는 형식으로 데이터를 인코딩한다.
char nunchuckDecode(byte x);
{
  return (x ^ 0x17) + 0x17;
}

// 주어진 항목에 대한 값을 반환한다.
int nunchuckGetValue(int item);
{
  if(item <= wii_accelZ)
    return (int)rawData[item];
  else if(item == wii_btnZ)
    return bitRead(rawData[5], 0) ? 0: 1;
  else if(item == wii_btnC)
    return bitRead(rawData[5], 1) ? 0: 1;
}
```

레시피 13.6에 표시한 대로 넌처크를 연결하되, 다음에 보이는 스케치를 사용해 라이브러리를 테스
트하자(이전에 나온 두 파일을 작성하는 동안 아두이노가 실행 중이었다면 아두이노에서 빠져나와 다시 실행
함으로써 새 라이브러리가 표시되게 하자). 여러분이 원한다면 **Nunchuck** 라이브러리 폴더 아래에 있는
examples/WiichuckSerial 폴더에 **WiichuckSerial.ino**라는 이름으로 파일을 만들어 예제 프로그램

으로 사용할 수 있다.

```
/*
 * WiichuckSerial.
 *
 * Nunchuck 라이브러리를 사용해 센서값을 직렬 포트로 송신한다.
 */

#include <Wire.h>
#include "Nunchuck.h"

void setup()
{
  Serial.begin(9600); nunchuckSetPowerpins();
  nunchuckInit(); // 초기화 핸드셰이크를 송신한다.
  nunchuckRead(); // 첫 번째 것을 무시한다.
  delay(50);
}

void loop()
{
  nunchuckRead();
  Serial.print("H,");      // 헤더.
  for(int i=0; i < 5; i++) // 가속도계 값들과 버튼 값들을 프린트한다.
  {
    Serial.print(nunchuckGetValue(wii_accelX + i), DEC);
    Serial.write(',');
  }
  Serial.println();
  delay(20); // 송신 작업들 사이의 시간을 밀리초(ms) 단위로 지정한다.
}
```

토의

다른 라이브러리를 포함하려면 스케치에서 그랬던 것처럼 코드에서 include 문을 사용하자. 특히 아두이노에 들어 있지 않은 라이브러리가 필요하다면 다른 사용자도 그런 라이브러리를 사용할 수 있도록, 추가한 라이브러리에 대한 정보를 문서에 넣어 두는 것이 바람직하다.

라이브러리 코드와 레시피 13.6에 나오는 스케치 간의 주요 차이점은 함수 프로토타입이 포함된 **Nunchuck.h** 헤더 파일이 추가된 것이다(아두이노 스케치 코드는 명시적인 프로토타입이 필요한 아두이노 라이브러리와 달리 자동으로 프로토타입을 생성한다).

다음은 라이브러리를 만드는 방법을 보여 주는 또 다른 예제다. 이 예제에서는 C++ 클래스를 사용해 라이브러리 함수를 캡슐화한다. 클래스는 함수와 변수를 함께 그룹화하는 프로그래밍 기술로, 대부분의 아두이노 라이브러리에 널리 사용된다.

이 라이브러리는 Wire 라이브러리를 사용해 프린트 출력을 두 번째 아두이노 보드로 보내 디버깅 보조 장치로 사용할 수 있다. 이는 하드웨어 방식 직렬 포트를 사용할 수 없고 소프트웨어 방식 직렬 해법이 타이밍 지연으로 인해 적합하지 않을 때 특히 유용하다. 여기서 핵심 아두이노 프린트 기능은 프린트된 출력을 I2C로 송신하는 새 라이브러리를 만드는 데 사용된다. 연결부들과 코드에 대해서는 레시피 13.5에서 다룬다. 다음 설명은 해당 코드를 라이브러리로 변환하는 방법을 보여 준다.

라이브러리 디렉터리에 **i2cDebug**라는 폴더를 작성하자(라이브러리의 파일 구조에 대한 세부 사항에 대해서는 레시피 16.4를 참고하자). 다음에 나오는 코드를 사용해 **i2cDebug.h**라는 파일을 작성하자.

```
/*
 * i2cDebug.h
 */
#ifndef i2cDebug_included
#define i2cDebug_included

#include <Arduino.h>
#include <Print.h> // 아두이노의 프린트를 담당하는 클래스다.
class i2cDebugClass : public Print
{
  private:
    int i2cAddress;
    byte count;
    size_t write(byte c);
  public:
    i2cDebugClass();
    bool begin(int id);
};
externi2cDebugClassi2cDebug; // I2C 디버그 객체.
#endif
```

다음과 같이 i2cDebug 폴더에 i2cDebug.cpp라는 파일을 작성해 넣자.

```
/*
 * i2cDebug.cpp
 */

#include <i2cDebug.h>
#include <Wire.h> // 아두이노 I2C 라이브러리.

i2cDebugClass::i2cDebugClass()
{
}

bool i2cDebugClass::begin(int id)
{
  i2cAddress = id; // 슬레이브의 주소를 저장한다.
```

```
    Wire.begin();      // I2C 버스를 결합한다(마스터에 대한 선택적인 주소).
    return true;
}


size_t i2cDebugClass::write(byte c)
{
  if(count == 0)
  {
    // 전송 내용에 들어 있는 첫 번째 문자라면 여기로 온다.
    Wire.beginTransmission(i2cAddress); // 장치 쪽으로 전송한다.
  }
  Wire.write(c);
  // I2C 버퍼가 꽉 찼거나 줄 끝에 도달하면 데이터를 송신한다.
  // Wire 라이브러리에 BUFFER_LENGTH가 정의되어 있다면.
  if(++count >= BUFFER_LENGTH || c == '\n')
  {
    // 버퍼가 가득 찼거나 라인피드 문자라면 데이터를 송신한다.
    Wire.endTransmission();
    count = 0;
  }
  return 1; // 기록된 문자가 한 개.
}


i2cDebugClass i2cDebug; // I2C 디버그 객체를 하나 생성한다.
```

 write 메서드는 size_t를 반환하는데, 이 값은 print 함수에서 프린트된 문자의 개수를 반환하게 할 때 사용하는 값이다. 이 메서드는 아두이노 1.0에서 새롭게 된 것으로, 이전에 나온 버전들에서는 write나 print로부터 나온 값을 반환하지 않았다. Stream이나 Print를 기반으로 하는 라이브러리가 있다면 반환 형식을 size_t로 바꿔야 한다.

이번에 나온 예제 스케치를 IDE에 로드하자.

```
/*
 * i2cDebug 스케치.
 * i2cDebug 라이브러리에 나오는 스케치 예제.
 */

#include <Wire.h> // 아두이노의 I2C 라이브러리.
#include <i2cDebug.h>

const int address = 4;    // 통신하는 장치들이 사용하게 될 주소.
const int sensorPin = 0; // 센서에 대응하는 아날로그 입력 핀을 선택한다.

int val; // 센서값을 저장할 변수.

void setup()
{
  Serial.begin(9600);
  i2cDebug.begin(address);
}
```

```
void loop()
{
  // 팟의 전압을 읽는다(val의 범위는 0 ~ 1023).
  val = analogRead(sensorPin);
  Serial.println(val);
  i2cDebug.println(val);
}
```

라이브러리 폴더를 만든 다음에 IDE를 다시 시작해야 한다는 점을 기억하자. 라이브러리 생성에 관해 더 알고 싶다면 레시피 16.4를 참고하자.

레시피 13.5에서 설명한 대로 슬레이브 I2C 스케치를 다른 아두이노 보드에 업로드하고 보드를 연결하면 라이브러리를 실행하는 아두이노 보드의 출력이 두 번째 보드에 표시된다.

다음 참고문헌에서는 C++ 클래스에 초보인 사람들에게 클래스를 소개하고 있다.

- 조슈아 노블Joshua Noble이 쓴 《Programming Interactivity》(O'Reilly)
- 스탠리 B. 립만Stanley B. Lippman, 조세 라조이Josée Lajoie, 바바라 E. 무Barbara E. Moo가 쓴 《C++ Primer》 (Addison-Wesley Professional)

레시피 16.6 아두이노 1.0용 제3자 라이브러리 업데이트

문제
1.0 이전의 아두이노 릴리스용으로 작성된 제3자 라이브러리를 사용하려고 한다.

해법
이러한 라이브러리들 중 대부분의 라이브러리의 경우에는 몇 줄만 변경하면 아두이노 1.0에서 작동된다. 예를 들어, 1.0 릴리스 이전에 쓰이던 라이브러리들에는 다음에 보이는 여러 가지 include 문중에 한 개나 여러 개가 들어 있다.

```
#include "wiring.h"
#include "WProgram.h"
#include "WConstants.h"
#include "pins_arduino.h"
```

이 include 문들을 다음과 같은 단일 include 문으로 바꿔야 한다.

```
#include "Arduino.h"
```

 파일 이름을 지정할 때는 꺾쇠나 따옴표를 사용하면 된다.

토의

아두이노 1.0에서 컴파일하지 않은 오래된 라이브러리들은 일반적으로 다음 에러 메시지 중 하나 이상을 생성한다.

```
source file: error: wiring.h: No such file or directory
source file: error: WProgram.h: No such file or directory
source file: error: WConstants.h: No such file or directory
source file: error: pins_arduino.h: No such file or directory
```

source file은 업데이트해야 하는 라이브러리 파일의 전체 경로를 의미한다. 에러 메시지에 표시된 이름에 해당하는 파일을 1.0 릴리스에서 찾을 수 없기 때문에 해당 이름 뒤에 파일이나 디렉터리를 찾을 수 없다는 문구가 표시되지만, 앞에서 설명했듯이 include 문에 끼워 넣을 헤더 파일 이름들을 **Arduino.h**로 바꾸면 이러한 메시지들이 모두 사라진다. wiring.h 등의 1.0 이전 릴리스용 헤더 파일들에 들어 있는 정의 부분이 이제는 모두 **Arduino.h**에 들어 있게 되었으므로, 1.0 이전 릴리스에서 쓰이던 헤더 파일들을 포함시키는(include) 문장들을 모두 **Arduino.h**를 포함시키는 단 한 문장으로 바꾸면 되는 것이다.

이전 버전과 함께 현재 버전의 아두이노를 실행하고 싶다면 조건부 정의를 사용해 볼 수 있다(레시피 17.6 참고).

```
#if ARDUINO >= 100
#include "Arduino.h"
#else
// 이것들은 원래 버전의 라이브러리에서 사용되는 파일 이름이다.
#include "wiring.h"
#include "pins_arduino.h"
#endif
```

직렬, 이더넷 또는 아두이노 1.0에서 구문이 변경된 기타 기능을 사용하는 제3자 라이브러리에는 추가 코드 변경이 필요할 수 있다.

17

고수준 코딩 및 메모리 처리

레시피 17.0 소개

아두이노로 더 많은 일을 해야 한다면 여러분이 작성한 스케치들의 효율성이 높아져야 한다. 이번 장에 나오는 기술은 성능을 높이고 스케치의 코드 크기를 줄이는 데 도움이 된다. 스케치를 더 빠르게 실행하거나 더 적은 RAM을 사용해야 한다면 여기에 나오는 레시피들이 도움이 될 수 있다. 여기에 나오는 레시피들은 대부분 이 책에 나오는 그 밖의 레시피들보다 더 고급스러운 기술을 사용하고 있는데, 이는 여러분에 친숙한 아두이노 래퍼를 통해 일반적으로 숨겨져 있는 것들까지 여기서 다루기 때문이다.

아두이노 빌드 프로세스build process(구축 과정)에서는 아두이노 보드에 업로드하여 실행될 수 있게 스케치를 바이트로 변환할 뿐만 아니라, C 및 C++의 복잡한 측면을 숨겨준다. 그러나 프로젝트에 표준 아두이노 환경의 기능 이상으로 성능 및 리소스가 더 요구된다면 여기에 나온 설명 내용이 유용할 것이다.

아두이노 보드는 메모리를 사용해 정보를 저장한다. 메모리 종류로는 프로그램 메모리, EEPROM 이라고 하는 세 가지가 있다. 메모리 종류별로 그 특성과 용도가 다르다. 이번 장에 나오는 많은 기술에서는 한 종류의 메모리가 충분하지 않을 때 수행할 작업을 다룬다.

프로그램 메모리를 보통 **플래시**flash 메모리라고도 부르는데, 실행 가능한 스케치 코드가 이 메모리에 저장된다. 컴퓨터에서 실행되는 아두이노 소프트웨어에 의해 시작되는 업로드 과정 중에 **부트로더**bootloader를 통해서만 프로그램 메모리의 내용이 변경될 수 있다. 업로드 과정이 끝나면 업로드를 다시 하게 될 때까지 메모리를 변경할 수 없다. 아두이노 보드에서는 프로그램 메모리의 용량이 RAM 용량보다 훨씬 더 많으므로 코드가 실행되는 동안에도 변하지 말아야 할 값(즉, 상수)을 프로그램 메모리에 저장하는 것이 더 나을 수 있다. 부트로더는 프로그램 메모리 공간 중에 조금만 차지한다. 프로그램 메모리에 맞게 코드를 최소화하고 온갖 시도를 해보았는데도 모두 실패했다면 부트로더를 제거해 공간을 확보할 수 있지만, 그렇게 한 후에 다시 코드를 보드로 가져오려면 그 일을 담당할 하드웨어 프로그래머를 채용해야 할 것이다.

칩에서 사용할 수 있는 프로그램 메모리 공간보다 코드가 더 크다면 코드는 업로드되지 않으며, 컴파일할 때 스케치가 너무 크다는 경고를 IDE가 표시해 준다.

RAM을 사용하는 주체는 코드인데, 코드는 실행되면서 여러분의 스케치에서 사용되는 변수들(여러분의 스케치에서 사용하는 라이브러리들에 들어 있는 변수들도 포함)의 값을 RAM에 저장한다. RAM은 **휘발성**volatile을 띄기 때문에 여러분은 스케치 코드로 해당 기억 장치에 담긴 내용을 변경할 수 있다. 또한, 전력이 차단되면 이 메모리에 저장된 모든 내용이 손실된다. 아두이노에 있는 RAM 용량은 프로그램 메모리 용량보다 훨씬 적다. 스케치가 보드에서 실행되는 중간에 RAM이 부족해지면(코드가 실행되는 동안 변수가 만들어지고 파괴되는 과정에서 이럴 수 있음) 보드가 오작동한다(즉, 충돌을 일으킨다).

EEPROMelectrically erasable programmable read-only memory(전기적으로 소거 가능한 프로그램 가능 읽기 전용 메모리)은 아두이노에서 실행되는 코드가 읽고 쓸 수 있는 메모리이지만 전력이 꺼진 경우에도 값을 유지하는 비휘발성 메모리다. EEPROM에 액세스하는 속도가 RAM보다 훨씬 느리므로 EEPROM은 일반적으로 이전 세션에서 정보를 복원하기 위해 시작할 때의 읽은 구성 내용이나 그 밖의 데이터를 저장하는 데 사용된다.

이러한 문제를 이해하려면 아두이노 IDE가 코드에 들어가기 위해 코드를 준비하는 방법과 생성된 결과를 검사하는 방법을 이해하는 것이 좋다.

프리프로세서

여기에 나오는 레시피들 중에 일부는 **프리프로세서**preprocessor(앞-처리기, 전처리기)를 사용해 원하는 결과를 얻는다. 프리프로세싱preprocessing(전처리)은 소스 코드(스케치)를 컴파일하기 위해 준비해야 하는 빌드 과정 중의 첫 자리를 차지한다. 이 과정에서 함수들을 찾아 대체하는 일이 이뤄진다. 프리프로세서 명령들은 #으로 시작된다. 여러분은 이미 라이브러리를 사용하는 스케치들에서 그러한 프로프로세서들을 본 적이 있다. #include는 이름이 있는 라이브러리 파일을 코드에 끼워 넣으라고 프리프로세서에 지시하는 역할을 한다. 프리프로세서가 필요한 것을 달성하는 유일한 방법일 때가 있지만, 프리프로세서의 구문이 C 및 C++ 코드와 다르기 때문에 미묘하고 추적하기 어려운 버그가 발생할 수 있으므로 주의해서 사용하자.

함께 보면 좋은 내용

AVRfreaks는 소프트웨어 엔지니어를 위한 웹 사이트(https://www.avrfreaks.net)이며, 아두이노에서 사용하는 컨트롤러 칩에 대한 기술적인 세부 정보를 제공하는 훌륭한 정보 원천이다.

C 프리프로세서에 대한 기술 정보(https://oreil.ly/kh_XU).

모든 공식 보드의 메모리 사양은 아두이노 웹 사이트(https://oreil.ly/sWbi2)에서 확인할 수 있다.

레시피 17.1 아두이노 빌드 프로세스

문제

스케치를 컴파일하고 업로드할 때 그 이면에서 무슨 일이 일어나고 있는지를 확인하려고 한다.

해법

Preferences(환경 구성) 대화 상자를 통해 스케치를 컴파일하거나 업로드할 때 발생하는 모든 명령줄 활동을 표시하게 선택할 수 있다. File ➡ Preferences(리눅스나 윈도우인 경우)나 Arduino ➡ Preferences(macOS인 경우)를 선택해 컴파일 메시지나 업로드 메시지를 자세하게 출력하도록 하는 활성 상자를 선택하거나 해당 선택을 취소하는 대화 상자를 표시하자. 컴파일러 경고를 활성화할지 여부와 해당 경고를 얼마나 자세하게 표시할지를 선택할 수도 있다(None, Default, More, All).

토의

Compile(컴파일)이나 Upload(업로드)를 클릭하면 일반적으로 화면에 표시되지 않는 많은 활동이 발생한다. 아두이노 IDE가 숨기게 만들어진 명령줄 도구는 코드를 컴파일하고 링크하며 보드에 업로드하는 데 사용된다.

먼저 스케치 파일이 컴파일러(AVR-GCC)가 처리하기에 적합한 파일로 변환된다. 스케치가 들어 있는 폴더 안에 함께 들어 있고, 기본 아두이노(.ino) 파일 확장자를 가진 모든 소스 파일이 함께 결합되어 1개 파일이 된다. .c나 .cpp로 끝나는 모든 파일은 개별적으로 컴파일된다. 헤더 파일(확장명이 .h)은 결합 중인 파일에 명시적으로 포함되지 않으면 무시된다.

#include "Arduino.h"(이전에 나온 아두이노 릴리스들에서는 이름이 WProgram.h였음)는 파일의 제일 위에 추가되어 digitalWrite()와 analogRead() 같은 아두이노에 특화된 모든 코드 정의문들이 들어 있는 헤더 파일을 포함되게 한다. 해당 파일의 내용을 확인하려면 아두이노가 설치된 디렉터리로 변경하자. 거기에서 hardware/arduino/avr/cores/arduino로 이동해 헤더 파일을 찾을 수 있다.

맥에서 아두이노 애플리케이션 아이콘을 마우스 오른쪽 버튼으로 클릭하고 드롭다운 메뉴에서 Show Package Contents(패키지 내용 보기)를 선택하자. 그러면 폴더가 열릴 텐데, 이 폴더에서 **Contents/Java**/로 이동하자. 거기에서 **hardware/arduino/avr/cores/arduino** 폴더를 찾을 수 있다.

 아두이노 디렉터리 구조가 새 릴리스에서 변경될 수 있으므로 사용 중인 릴리스에 대한 설명서 내용을 살펴보자.

코드를 유효한 C++ 코드로 만들기 위해 코드 안에서 선언한 함수들의 프로토타입이 다음으로 생성되어 삽입된다.

마지막으로, 보드 메뉴의 설정 내용은 선택된 보드의 컨트롤러 칩에 사용되는 다양한 상수를 정의하는 값(**boards.txt** 파일에서 가져옴)을 삽입하는 데 사용된다.

이 파일은 아두이노 IDE 설치 내용에 포함된 AVR-GCC에 의해 컴파일된다. 이것은 아두이노를 설치한 곳 아래의 **hardware/tools/avr/bin** 폴더에 있다(macOS의 경우에는 **hardware** 디렉터리가 앞에서 설명한 아두이노 앱의 **Contents/Java**/ 폴더에 있다).

컴파일러는 여러 개의 객체 파일(링크 도구로 결합되는, 확장자가 .o인 파일)을 생성한다. 이 파일들은 임시 디렉터리에 저장된다. 그 안에서, 모든 빌드 아티팩트가 들어 있는 **arduino_build_137218** 같은 디렉터리를 찾을 수 있다. **TEMP** 환경 변숫값을 확인해 윈도우에서 임시 디렉터리를 결정할 수 있다. 이러려면 명령 프롬프트를 열고 echo %TEMP% 명령을 실행한다. macOS에서 터미널 쉘을 열고 echo $TMPDIR 명령을 실행하자. 리눅스에서는 /tmp에서 빌드 아티팩트들을 찾을 수 있다.

그리고 나서 오브젝트 파일을 서로 링크하고link, 이렇게 링크한 16진 파일을 보드에 업로드한다. 아두이노 컨트롤러로 파일을 전송하는 유틸리티인 Avrdude는 보드에 업로드하는 데 사용된다.

AVR 빌드 프로세스를 구현하는 데 사용되는 도구를 **hardware/tools/avr/bin**/ 디렉터리에서 찾을 수 있다.

숙련된 프로그래머에게 유용한 또 다른 도구는 avr-objdump이며, 아두이노가 설치된 폴더 아래의 **hardware/tools/avr/bin** 폴더에 있다. 이 도구를 통해 여러분은 컴파일러가 스케치를 컨트롤러 칩이 실행하는 코드로 바꾸는 방법을 볼 수 있다. 이 도구는 소스 코드와 섞인 객체 코드를 보여 주는 스케치의 디스어셈블리disassembly 목록을 생성한다. 또한, 이 도구로 스케치에 사용된 모든 변수의 메모리 맵을 표시할 수도 있다. 이 도구를 사용하려면 스케치를 컴파일하고 아두이노 빌드 폴더(이전에 설명한 임시 디렉터리의 하위 디렉터리임)로 이동하자. 또한, 컴파일러가 출력 내용을 자세하게 내도록 해서 디렉터리 이름을 찾아서 이 항목을 찾아낼 수 있다. 확장자가 **.elf**인 파일이 들어 있는 폴더로 이동하자. avr-objdump가 사용하는 파일은 확장자가 **.elf**인 파일이다. 예를 들어, 여러분이 Blink 스케치를 컴파일했다면 윈도우 명령줄에서 다음에 나오는 명령을 실행하면 컴파일된 출력 내용(기계어 코드)을 볼 수 있다(PATH 명령을 사용해 아두이노 **bin** 폴더를 이 세션의 경로만 해당). 방금 컴파일한 스케치를 위해 706012를 **arduino_build** 폴더의 접미사로 바꿔야 한다.

```
cd %TEMP%
cd arduino_build_706012
PATH "\Program Files (x86)\Arduino\hardware\tools\avr\bin\";%PATH% avr-objdump -S Blink.
ino.elf
```

리눅스에서는 다음처럼 하면 될 것이다.

```
cd /tmp/arduino_build_700798/
PATH=~/arduino-1.8.9/hardware/tools/avr/bin/:$PATH
avr-objdump -S Blink.ino.elf
```

그리고 macOS에서는 다음처럼 하면 될 것이다.

```
cd $TMPDIR
cd arduino_build_97987/
PATH=/Applications/Arduino.app/Contents/Java/hardware/tools/avr/
bin/:$PATH avr-objdump -S Blink.ino.elf
```

텍스트 에디터에서 읽을 수 있는 형식으로 파일을 출력하게 지시하면 편리하다. 다음과 같이 하면 된다.

```
avr-objdump -S Blink.ino.elf > blink.txt
```

-h 옵션을 추가해 섹션 헤더들의 목록을 추가할 수 있다(메모리 사용 결정에 도움이 됨).

```
avr-objdump -S -h Blink.ino.elf > blink.txt
```

ARM 기반 보드나 ESP8266과 같은 비 AVR 보드의 경우에 아두이노 코어(도구, 헤더 파일 및 특정 하드웨어 아키텍처에서 컴파일을 지원하는 기타 파일 모음)는 홈 디렉터리 어딘가에 저장된다. macOS에서 코어는 **~/Library/Arduino15/packages**에 저장된다. 윈도우에서는 **%LOCALAPPDATA%\Arduino15\packages**이다. 리눅스에서는 **~/.arduino15/packages**에 저장된다. 예를 들어, 이 문서를 작성할 당시 SAMD 보드의 **objdump** 파일은 **packages** 폴더 아래의 **arduino/tools/arm-none-eabi-gcc/4.8.3-2014q1/arm-none-eabi/bin/** 폴더에 있다.

```
PATH=~/.arduino15/packages/arduino/tools/arm-none-eabi-gcc/4.8.3-2014q1/bin:$PATH arm-
none-eabi-objdump -S Blink.ino.elf
```

에이다프룻이나 스파크펀 또는 ESP8266 커뮤니티의 코어를 포함해 많은 코어가 설치된 경우라면 그 안에 ARM 툴체인이 몇 개 들어 있을 수 있다. 어느 코어가 어떤 코어와 함께 사용되는지를 결정하는 가장 좋은 방법은 스케치를 컴파일할 때 문구를 자세하게 보이도록 하면서 도구의 전체 경로를 찾는 것이다. arm-none-eabi-g++ -mcpu=cortex-m0plus나 xtensa-lx106-elf-gcc -CC -E -P -DVTABLES_IN_FLASH 같은 명령이 스크롤되어 지나가는 것을 보게 된다면 도구의 전체 경로를 적어 두자.

함께 보면 좋은 내용

아두이노 빌드 과정에 대한 정보(https://oreil.ly/viClX).

레시피 17.2 사용 가능 RAM과 사용된 RAM 알아내기

문제

RAM이 부족하지는 않은지를 확인하고 싶다. 메모리가 충분하지 않으면 스케치가 제대로 실행되지 않아 감지가 어려울 수 있다.

해법

이 레시피는 스케치에 사용할 수 있는 여유 메모리의 양을 결정하는 방법을 보여 준다. 이 스케치에는 AVR에서 사용할 수 있는 RAM의 양을 알려 주는 함수인 memoryFree가 들어 있다.

```
/*
 * AVR을 위한 사용 가능 메모리 스케치.
 */

void setup()
{
  Serial.begin(9600);
}

void loop()
```

```
{
  Serial.println(memoryFree()); // 사용할 수 있는 메모리를 프린트한다.
  delay(3000);
}

// 스케치를 컴파일할 때 빌드 과정에서 생성된 변수.
extern int * brkval; // 힙(즉, 0)에 할당된 마지막 주소를 가리키는 포인터.

// 사용할 수 있는 RAM의 양을 반환하는 함수.
int memoryFree()
{
  int freeValue; // 이 변수가 스택상에 할당된 최신 객체가 될 것이다.
  if((int) brkval == 0) // 힙이 비어 있으면 힙을 사용하기 시작한다.
  {
    freeValue =((int) & freeValue) - ((int) malloc_heap_start);
  }
  else // 힙이 비어 있지 않으면 마지막 힙 주소를 사용한다.
  {
    freeValue =((int) & freeValue) - ((int) brkval);
  }
  return freeValue;
}
```

토의

memoryFree 함수는 먼저 변수 freeValue를 선언한다. 이 변수는 이 함수에서 지역 변수로 쓰이므로 스택에 할당된다. 관리되는 메모리managed memory에는 스택과 힙이라고 부르는 두 가지 주요 영역이 있다. 스택은 사용 가능 메모리의 끝부분에 자리 잡고 있으며, 스케치가 함수를 호출하면 스택 사용량이 늘어난다(메모리의 아래쪽을 향해). 스택 메모리는 함수를 호출하고 지역 변수를 저장하는 일에 사용된다. 함수 실행이 완료되면 스택 메모리가 해제되어 스택 사용량이 줄어든다. 힙은 사용할 수 있는 메모리의 시작 부분에 자리 잡고 있으며, 스케치(또는 라이브러리)가 메모리를 할당할 때 (예: String 객체를 생성할 때) 힙 사용량이 늘어난다(메모리의 위쪽을 향해). 스택은 힙 쪽으로 커지고 힙은 스택 쪽으로 커진다.

따라서 스택과 힙 사이의 거리를 (바이트 단위로) 안다면 아두이노에서 사용할 수 있는 메모리량을 알 수 있다. freeValue(& freeValue)의 주소는 사용 가능 메모리 중 마지막 바이트(스택 시작)의 주소다. 시스템 변수인 __brkval은 힙에 현재 할당된 것이 없는 한 사용 가능 메모리의 첫 번째 바이트(일명 힙의 끝) 주소를 포함한다. 이번 경우에서는, 이게 0(널)이며, 힙의 앞쪽 부분에 해당하는 메모리에 그 밖의 것들이 많이 있기 때문에 도움이 되지 않는다. 그러나 __malloc_heap_start라는 다른 시스템 변수가 있어 힙 시작 주소를 제공한다. 힙이 비어 있음(0)을 알고 있으면 __malloc_heap_start를 대신 사용하자.

여러분이 freeValue를 가지고 그러하듯이 __brkval이나 __mal loc_heap_start를 &와 같이 취할 필요가 없다. __brkval 및 __malloc_heap_start에는 주소를 포함하는 것이 담당 작업인 숫자들이 들어 있는 반면, freeValue는 우리가 관심 있어 하는 주소에 대한 정숫값이 들어 있기 때문이다. __malloc_heap_start 및 __brkval이 어디서 나온 것인지가 궁금할 수도 있을 텐데, 이것들은 컴파일 과정에서 생성된 것이며, 여러분이 작성한 스케치에서 일종의 심볼로 사용할 수 있다. __malloc_heap_start를 모든 스케치에서 자동으로 사용할 수 있지만, __brkval에 액세스하려면 extern 선언이 필요하다.

ARM의 경우에는 스케치가 조금 더 간단하다. ARM을 제외하면 일반적인 아이디어는 똑같아서 여러분은 sbrk 함수를 사용할 수 있는데, 이 함수는 메모리를 관리하기 위한 저수준 함수다. 0을 인수로 지정해 이 함수를 호출하면 비어 있는 RAM 공간이 시작되는 주소를 반환한다. freeValue의 주소와 sbrk(0)의 반환값 사이의 거리(바이트)를 통해 사용 가능 RAM을 알 수 있다. sbrk를 char 형식 포인터로 선언하므로 스케치는 이를 int형 포인트로 캐스팅하여 freeValue가 가리키는 주소에 있는 값에서 빼야 한다. 다음에 나오는 스케치는 정규표현식 형태로 캐스팅을 할 수 있게 하는 [(int *)]보다는 reinterpret_cast를 사용하는데, 이는 reinterpret_cast가 특정 구성들에서 안전하지 않은 것으로 여겨질 수 있는 변환들을 사용할 수 있게 해주기 때문이다.

```
/*
 * ARM에 대한 사용 가능 메모리 스케치.
 */

void setup()
{
  Serial.begin(9600);
}
  void loop()
{
  Serial.println(memoryFree()); // 사용할 수 있는 메모리를 프린트한다.
  delay(3000);
}

// 스케치를 컴파일할 때 빌드 과정에 생성된 변수.
extern "C" char *sbrk(int incr); // 사용 가능 RAM의 시작 주소를 얻기 위해 0을 사용해 호출한다.

// 사용할 수 있는 RAM의 양을 반환하는 함수
int memoryFree()
{
  int freeValue; // 이게 스택에 할당된 가장 최신 객체가 될 것이다.
  freeValue = &freeValue - reinterpret_cast<int*>(sbrk(0));

  return freeValue;
}
```

코드가 실행될 때 코드에서 사용하는 바이트 수가 변경된다. 보유 중인 메모리보다 더 많이 쓰이지 않게 하는 것이 중요하다. 프로그램이 실행됨에 따라 스택과 힙이 커진다. 이 두 영역이 서로 충돌하면 메모리가 부족한 상황이 되어 버린다. 힙을 많이 사용하면 힙이 파편화되어 구멍이 생길 수 있다. 이 레시피에 표시된 방법은 이러한 구멍을 고려하지 않으므로 알려 주는 양보다 조금 더 많은 메모리가 필요할 수 있다.

RAM 메모리가 소비되는 주요 이유는 다음과 같다.

- 상수를 초기화하거나 프리프로세서 매크로를 정의할 때:

```
#define ERROR_MESSAGE "an error has occurred"
```

- 전역 변수를 선언할 때:

```
char myMessage[] = "Hello World";
```

- 함수를 호출할 때:

```
void myFunction(int value)
{
  int result;
  result = value * 2;
  return result;
}
```

재귀 함수(자체를 호출하는 함수)를 만들 때 중첩 수준이 너무 깊거나 지역 변수가 많은 경우에는 스택 사용량이 아주 많아질 수 있다.

- 동적으로 메모리를 할당할 때:

```
String stringOne = "Arduino String";
```

아두이노의 String 클래스는 동적 메모리를 사용해 문자열을 위한 공간을 할당한다. 해법에 나오는 코드 맨 위에 다음 줄을 추가하고,

```
String s = "\n";
```

loop 코드 안에 있는 delay 바로 앞에 다음 줄들을 추가해 이를 확인할 수 있다.

```
s = s + "Hello I am Arduino\n";
Serial.println(s); // 문자열 값을 출력한다.
```

루프를 통해 매번 문자열의 크기가 증가함에 따라 메모리 값이 감소하는 것을 볼 수 있다. 스케치를 아주 오래 실행하면 메모리가 고갈된다. 그러므로 테스트용 애플리케이션이 아니라면 문자열을 끊임없이 늘리려고 하지 말아야 한다.

지속적으로 확장되는 값을 생성하는 이 같은 코드를 작성하면 확실히 메모리가 부족해질 것이다. 코드가 실행될 때 보드의 메모리 기능들을 초과하지 않게 하기가 매우 어려우므로 코드가 실행되는 동안 일부 매개변수를 기반으로 변수의 개수를 서로 다르게 하여 동적으로 생성하는 코드를 작성하지 않도록 주의해야 한다.

상수 및 전역 변수는 종종 라이브러리에서도 선언되므로 이를 알지 못할 수도 있지만 여전히 RAM을 사용한다. 예를 들어, Serial 라이브러리에는 들어오는 직렬 데이터에 사용되는 128바이트 전역 배열이 있다. 이것만으로도 오래된 아두이노 168 칩에 있는 전체 메모리 분량 중 1/8을 소비한다.

함께 보면 좋은 내용

메모리 사용에 관한 기술적인 개관(https://oreil.ly/IgnwF).

레시피 17.3 프로그램 메모리 내의 수치 저장과 인출

문제

상수 숫자 데이터가 많아서 이를 RAM에 할당하고 싶지 않다.

해법

프로그램 변수(아두이노 프로그램을 저장하는 데 사용되는 플래시 메모리)에 숫자 변수를 저장하자.

이 스케치는 인간이 지닌 시각의 비선형 감도에 맞춰 LED 색이 바래게 한다. RAM이 아닌 프로그램 메모리의 256개 값 테이블에 사용할 값을 저장한다.

스케치는 레시피 7.2를 기반으로 한다. 배선도 및 LED 구동에 대한 설명은 7장을 참고하자. 이 스케치를 실행하면 3번 핀의 LED와 비교해 5번 핀의 LED에서 밝기가 부드럽게 변경된다.

```
/*
 * ProgmemCurve 스케치.
 * 프로그램 메모리 테이블을 사용해 선형을 지수 출력으로 변환한다.
 */

#include <avr/pgmspace.h> // PROGMEM에 필요
```

```
// PROGMEM 테이블에 필요하다.
// i 값을 0 ~ 255로 생성한다. -> x=round(pow(2.0, i/32.0) - 1);
const byte table[]PROGMEM = {
    0,   0,   0,   0,   0,   0,   0,   0,   0,   0,   0,   0,   0,   0,   0,   0,
    0,   0,   0,   1,   1,   1,   1,   1,   1,   1,   1,   1,   1,   1,   1,   1,
    1,   1,   1,   1,   1,   1,   1,   1,   1,   1,   1,   2,   2,   2,   2,   2,
    2,   2,   2,   2,   2,   2,   2,   2,   2,   2,   3,   3,   3,   3,   3,   3,
    3,   3,   3,   3,   3,   3,   4,   4,   4,   4,   4,   4,   4,   4,   4,   5,
    5,   5,   5,   5,   5,   5,   6,   6,   6,   6,   6,   6,   6,   7,   7,
    7,   7,   7,   8,   8,   8,   8,   8,   9,   9,   9,   9,   9,  10,  10,  10,
   10,  11,  11,  11,  11,  12,  12,  12,  12,  13,  13,  13,  14,  14,  14,  15,
   15,  15,  16,  16,  16,  17,  17,  18,  18,  18,  19,  19,  20,  20,  21,  21,
   22,  22,  23,  23,  24,  24,  25,  25,  26,  26,  27,  28,  28,  29,  30,  30,
   31,  32,  32,  33,  34,  35,  35,  36,  37,  38,  39,  40,  40,  41,  42,  43,
   44,  45,  46,  47,  48,  49,  51,  52,  53,  54,  55,  56,  58,  59,  60,  62,
   63,  64,  66,  67,  69,  70,  72,  73,  75,  77,  78,  80,  82,  84,  86,  88,
   90,  91,  94,  96,  98, 100, 102, 104, 107, 109, 111, 114, 116, 119, 122, 124,
  127, 130, 133, 136, 139, 142, 145, 148, 151, 155, 158, 161, 165, 169, 172, 176,
  180, 184, 188, 192, 196, 201, 205, 210, 214, 219, 224, 229, 234, 239, 244, 250
};

const int rawLedPin = 3;       // 이 LED에는 원시 값들이 제공된다.
const int adjustedLedPin = 5;  // 이 LED는 테이블로부터 도출된다.

int brightness = 0;
int increment = 1;

void setup()
{
  // analogWrite로 구동되는 핀을 출력용으로 선언하지 않아도 된다.
}

void loop()
{
  if (brightness > 254)
  {
    increment = -1; // 255에 도달한 다음에는 카운트를 줄여 나간다.
  }
  else if (brightness < 1)
  {
    increment = 1; // 0으로 다시 떨어진 후에는 카운트를 늘려 나간다.
  }
  brightness = brightness + increment; // 늘림(부호가 마이너스이면 줄임).

  // 휘도 값을 LED들에 써넣는다.
  analogWrite(rawLedPin, brightness); // 이게 원래 값이다.
  int adjustedBrightness = pgm_read_byte(&table[brightness]); // 조정된 값.
  analogWrite(adjustedLedPin, adjustedBrightness);

  delay(10); // 단계당 10ms가 걸리므로 온전히 켜졌다가 꺼지는
             // 각 단계 변화(step change)에 걸리는 시간은 2.55초라는 말이 된다.
}
```

토의

일반적으로 반복되는 값 범위를 계산하기 위해 복잡한 식을 사용해야 한다면 값을 미리 계산해 값을 코드의 값 테이블(일반적으로 배열)에 포함하는 것이 바람직하다. 이렇게 하면 코드가 실행될 때 값을 반복적으로 계산하는 데 필요한 시간이 절약된다. 이 방법의 단점은 이러한 값을 RAM에 배치하는 데 필요한 메모리와 관련이 있다. RAM은 아두이노에서 제한되며, 훨씬 더 큰 프로그램 메모리 공간을 사용해 상숫값을 저장할 수 있다. 이것은 많은 수의 배열이 있는 스케치에 특히 유용하다.

스케치 상단에서 테이블은 다음 표현식으로 정의된다.

```
const byte table[]PROGMEM = { 0, . . .
```

PROGMEM은 값이 RAM이 아닌 프로그램 메모리에 저장된다는 것을 컴파일러에게 알려 준다. 아두이노 우노상의 스케치에서 PROGMEM을 삭제하려 한다면 전역 변수 사용 내용을 알려 주는 풍선 도움말이 13바이트에서 269바이트로 표시된다(단, pgm_read_byte가 PROGMEM 없이는 제대로 작동하지 않기 때문에 스케치가 작동하지 않는다). 나머지 표현식은 일반적인 배열을 정의하는 것과 비슷하다(2장을 참고하자).

PROGMEM을 사용하는 데 필요한 하위 레벨 정의는 파일 이름에 포함된다.

pgmspace.h 및 스케치에는 다음이 포함된다.

```
#include <avr/pgmspace.h>
```

'avr'이 이 헤더 파일의 경로에 있지만, 이게 AVR 보드와의 하위 호환성을 위해 들어 있는 것이기 때문에 여러분은 이것을 32비트 아키텍처에 계속 포함시킬 수 있다. 구현 내용은 조금 더 단순하며, 실제로 PROGMEM은 ARM 기반(SAM, SAMD) 보드에서 비어 있게 정의된다. ARM 컴파일러는 일반적으로 const로 선언된 데이터 구조를 프로그램 메모리에 저장하기 때문이다. ARM 기반 보드에서 다음에 나오는 코드를 setup()에 추가해 위치를 확인할 수 있다.

```
Serial.begin(9600);
while(!Serial); // 레오나르도 보드 및 32비트 보드용
Serial.print("Address of table: 0x");
Serial.println((int)&table, HEX);
```

표시된 값이 0x0000과 0x3FFFF 사이이면 프로그램 메모리에 저장된다. 테이블 선언에서 const를 제거하고 스케치를 실행하면 훨씬 더 상위인 주소(0x2000000 이상)에 저장되어 있음을 알 수 있다.

페이드fade(점점 사라짐)를 균일하게 보일 수 있도록 휘도brightness(밝기)를 조정하기 위해 이 레시피는 레시피 7.2에서 사용되는 LED 출력 코드에 다음 라인을 추가한다.

```
int adjustedBrightness = pgm_read_byte(&table[brightness]);
analogWrite(adjustedLedPin, adjustedBrightness);
```

조정된 휘도 변수는 프로그램 메모리에서 읽은 값에서 설정된다. gm_read_byte(&table[brightness]);라는 표현식은 brightness로 주어진 인덱스 위치에서 table 배열의 항목 주소를 반환한다는 뜻이다.

함께 보면 좋은 내용

에이다프룻이 제조한, 아두이노용 메모리들에는 아두이노 메모리 작업에 유용한 통찰력과 기술이 많이 반영되어 있다.

플래시 메모리에 문자열을 저장하기 위해 아두이노 1.0에 도입된 기술을 알고 싶다면 레시피 17.4를 참고하자.

레시피 17.4 프로그램 메모리 내의 문자열 저장과 인출

문제

문자열이 너무 많아서 RAM을 너무 많이 사용한다. 메뉴 프롬프트나 디버깅 명령문 같은 문자열 상수를 RAM과 프로그램 메모리로 옮기려고 한다.

해법

이 스케치는 프로그램 메모리에 문자열을 작성하고 F("text") 같은 표현식을 사용해 해당 값을 시리얼 모니터에 프린트한다. 사용할 수 있는 RAM의 양을 프린트하는 기술을 레시피 17.2에서 설명했다. 이 스케치는 ARM 메서드와 AVR 메서드를 결합한다. ARM 보드나 AVR 보드가 아닌 보드를 사용한다면 이 스케치가 올바르게 컴파일되지 않을 수 있다.

```
/*
 * 프로그램 메모리(플래시 메모리)에 문자열을 써넣는 스케치.
 */

void setup()
{
  Serial.begin(9600);
```

```
}

void loop()
{
  Serial.println(memoryFree()); // 사용할 수 있는 메모리를 프린트한다.
  Serial.println(F("Arduino")); // 문자열을 프린트한다.
  delay(1000);
}


#ifdef __arm__
// 스케치를 컴파일할 때 빌드 프로세스에서 생성된 변수.
extern "C" char *sbrk(int incr); // 사용 가능 RAM의 시작 주소를 알기 위해 0을 사용해 호출한다.
#else
extern int *__brkval; // 힙(즉 0)에 할당된 마지막 주소를 가리키는 포인터.
#endif

// 사용할 수 있는 RAM의 양을 반환하는 함수.
int memoryFree()
{
  int freeValue; // 이게 스택에 할당된 최신 객체가 될 것이다.

  #ifdef __arm__
  freeValue = &freeValue - reinterpret_cast<int*>(sbrk(0));
  #else
  if((int)__brkval == 0) // 힙이 비어 있다면 힙을 사용하기 시작한다.
  {
    freeValue = ((int)&freeValue) - ((int)__malloc_heap_start);
  }
  else // 힙이 비어 있지 않으면 마지막 힙 주소를 사용한다.
  {
    freeValue = ((int)&freeValue) - ((int)__brkval);
  }
  #endif

  return freeValue;
}
```

토의

RAM과 관련해 말하자면, 특히 문자열이라는 것은 마치 배고픈 사람처럼 메모리 용량을 잡아먹는다. 각 문자는 바이트를 사용하므로 많은 단어로 이뤄진 문자열들이 스케치에 들어 있으면 RAM이 너무 많이 사용될 수 있다. F("text") 표현식에 텍스트를 끼워 넣어서 쓰면 RAM이 아니면서 RAM보다 용량이 훨씬 더 큰 플래시 메모리에 해당 텍스트가 저장된다.

문자열 앞에서 F를 제거하면, 사용할 수 있는 메모리의 양이 적어도 AVR에서 사용하는 것보다 적어지게 된다. ARM 컴파일러가 작업을 최적화하는 방법에 따라서는 F 표현식 없이 문자열을 플래시에 넣을 수도 있을 것이다.

함께 보면 좋은 내용

웹 페이지 문자열을 저장하는 데 사용되는 플래시 메모리에 관한 사례를 레시피 15.13에서 찾아보자.

레시피 17.5 수 대신 #define/const 사용

문제

어떤 값이 상숫값이라는 점과 이 값이 최적화될 수 있는 값이라는 점을 컴파일러에게 알려 주어 RAM 사용량을 최소화하려고 한다.

해법

스케치 전반에 걸쳐 어떤 값이 상숫값 형태로만 쓰인다면 이러한 값을 선언할 때는 const를 사용하자. 예를 들어,

```
int ledPin = 2;
```

대신에 아래를 사용하자.

```
const int ledPin = 2;
```

토의

우리는 종종 코드의 다른 영역에서 상숫값을 사용하려고 한다. 숫자만 써넣겠다고 생각하는 것은 아주 나쁘다. 나중에라도 사용된 값을 변경하기 위해 코드 전체에 흩어져 있는 숫자를 일일이 다 바꿔야 하는 문제가 생기게 되고, 이런 문제는 해결하기 어렵기 때문이다. 따라서 이름을 붙인 참조를 사용하는 것이 제일 바람직하다.

상숫값을 정의하는 방법은 세 가지다.

```
int ledPin = 2;        // 변수로 선언했는데, 이에 따라 RAM을 소모하게 한다.
const int ledPin = 2; // 상수는 RAM을 사용하지 않는다.

#define ledPin LED_BUILTIN // 정의에 따르면 프리프로세서는
                           // ledPin을 LED_BUILTIN의 값으로 대체한다.
pinMode(ledPin, OUTPUT);
```

처음 두 표현식은 비슷해 보이지만, const라는 용어는 컴파일러가 ledPin을 일반 변수로 취급하지 않게 구성한다. 일반 int와 달리 const가 변경되지 않게 보장받기 위해 RAM이 const 값을 보유하게 예약되어 있지 않다. 컴파일러는 마치 여러분이 작성한 것과 아주 똑같은 코드를 생성한다.

```
pinMode(2, OUTPUT);
```

즉, 스케치가 ledPin을 상수인 것처럼(예: 여러분이 이 값을 결코 수정할 일이 없는 것처럼) 사용한다면 여러분이 const를 추가하지 않아도 컴파일러는 이러한 점을 인식하고 최적화해 방금 본 코드를 생성할 가능성이 크다.

오래전에 나온 아두이노용으로 작성한 코드에서는 상수를 정의하기 위해 #define을 사용한 경우가 종종 있었지만, #define보다는 const가 더 나은 선택지다. const 변수에는 **형식**type이 지정되어 있으므로 이에 따라 컴파일러는 해당 형식에 적합하지 않게 변수를 사용하는 것은 아닌지를 검증해 알려 줄 수 있다. 컴파일러는 const 변수의 범위에 대한 C 언어 규정도 준수한다. #define 값은 스케치의 모든 코드에 영향을 미치며, 이는 여러분이 의도한 것보다 오히려 더 많은 곳에 영향을 미칠 수 있다. const에는 익숙한 구문을 사용한다는 장점도 있다.

#define으로 시작되는 문장에서는 등호를 사용하지 않으며 문장의 끝에 세미콜론이 없다. 이에 대한 한 가지 예외는 컴파일러가 하나 이상의 #define 값들을 기반으로 코드를 무시하거나 포함하는, 코드의 조건부 컴파일을 수행해야 하는 경우다(레시피 17.6 참고).

함께 보면 좋은 내용
프리프로세서에 관해 더 알고 싶다면 이번 장의 '소개' 부분을 참고하자.

레시피 17.8 조건부 컴파일

문제
여러분은 코드를 여러 버전으로 만들어 선택적으로 컴파일하고 싶다. 예를 들어, 디버깅하거나 다른 보드로 실행해야 할 때 이전과 다르게 작동하는 코드가 필요할 수 있다.

해법
프리프로세서를 목표로 하는 조건문을 사용해 스케치 작성 방법을 제어할 수 있다.

이번 예제에서는 레시피 5.6에 나오는 스케치를 사용해 DEBUG가 정의된 경우에만 일부 디버그 명령문을 표시하게 할 것이다.

```
/*
 * Pot_Debug 스케치.
 * 포텐쇼미터의 위치에 의해 설정된 속도로 LED를 깜박인다.
 * DEBUG가 정의되어 있다면 디버그용으로는 시리얼 포트를 사용한다.
 */

const int potPin = 0;  // 포텐쇼미터용 입력 핀을 선택한다.
const int ledPin = 13; // LED용 입력 핀을 선택한다.

int val = 0; // 센서에서 오는 값을 저장하는 변수다.

#define DEBUG

void setup()
{
  Serial.begin(9600);
  pinMode(ledPin, OUTPUT); // ledPin을 출력용으로 선언한다.
}

void loop()
{
  val = analogRead(potPin);   // 팟의 전압을 읽는다.
  digitalWrite(ledPin, HIGH); // ledPin을 켠다.
  delay(val);                 // 팟 값에 따라 설정하는 깜박임 속도.
  digitalWrite(ledPin, LOW);  // ledPin을 끈다.
  delay(val);                 // 같은 주기에 맞춰 LED를 끈다.
#if defined DEBUG
  Serial.println(val);
#endif
}
```

토의

이 레시피는 컴파일 과정이 시작될 때 사용되는 프리프로세서를 사용해 컴파일할 코드를 변경한다. 스케치는 DEBUG가 정의되어 있는지를 테스트하고, 정의되어 있으면 파일에 디버깅 출력이 통합된다. #symbol로 시작하는 표현식은 코드가 컴파일되기 전에 처리된다. 프리프로세서를 자세히 알고 싶다면 이번 장의 '소개' 부분을 참고하자.

IDE에서 선택한 컨트롤러 칩을 기반으로 조건부 컴파일을 수행할 수 있다. 예를 들어, 다음에 나오는 코드는 추가 아날로그 핀을 읽는 메가 보드용으로 컴파일할 때 코드를 다른 모양으로 생성한다.

```
/*
 * ConditionalCompile 스케치.
 * 이 스케치는 조건부 정의를 사용해 컨트롤러 칩을 인식한다.
 */

int numberOfSensors;
int val = 0; // 센서에서 오는 값을 저장하는 변수다.

void setup()
{
Serial.begin(9600);

#if defined(AVR_ATmega2560)    // IDE에서 메가를 선택하면 정의된다.
  numberOfSensors = 16;        // 메가에 있는 아날로그 입력의 개수.
  #pragma message ("Using 16 sensors")
#else                          // 메가 보드가 아니라면 표준 보드 중 하나라고 가정한다.
  numberOfSensors = 6;         // 표준 아두이노 보드에 있는 아날로그 입력의 개수.
  #pragma message ("Using 6 sensors")
#endif

  Serial.print("The number of sensors is ");
  Serial.println(numberOfSensors);
}

void loop()
{
  for(int sensor = 0;
  sensor < numberOfSensors;
  sensor++)
  {
    val = analogRead(sensor); // 센서값을 읽는다.
    Serial.print(sensor);
    Serial.print(": ");
    Serial.println(val);      // 값을 표시한다.
  }
  Serial.println();
  delay(1000); // 판독 사이에 1초 간씩 지연한다.
}
```

#pragma 지시자_{directive}가 있으면 IDE 하단의 출력 영역에 메시지가 표시된다.

```
C:\Sketches\conditional.ino:15:40: note: #pragma message: Using 16 sensors
           #pragma message ("Using 16 sensors")
                            ^
```

함께 보면 좋은 내용

C 프리프로세서에 대한 기술 정보(https://oreil.ly/kh_XU).

18

컨트롤러 칩 하드웨어 사용

레시피 18.0 소개

아두이노 플랫폼에서는 사용하기 쉬운 함수 호출 기능들을 사용해 복잡한 저수준 하드웨어 함수들을 감추기 때문에 여러분은 프로그램을 쉽게 작성할 수 있다. 그러나 어떤 애플리케이션에서는 이처럼 친숙한 접근 기능을 사용하지 못하고 하드웨어 수준에서 함수를 호출해야 할 때가 있는데, 그렇게 하는 것이 필요한 기능을 얻기 위한 유일한 방법이거나 더 높은 성능이 필요해서다. 이번 장에서는 아두이노 프로그래밍 환경을 통해 완전히 노출되지 않은 하드웨어 기능에 액세스하고 사용하는 방법을 보여 준다.

레지스터 값들을 바꾸면 일부 아두이노 함수들(예: millis)의 행태가 바뀔 수 있다. 이번 장에서 설명하는 저수준 기능들을 사용하면서도 코드가 올바르게 작동하게 하려면 조심스럽게 다뤄야 하고, 주의를 기울여야 하며, 테스트해 보아야 한다.

하드웨어를 자세하게 알아보기 전에 이해해야 할 네 가지 주요 하드웨어적인 기능이 있다. **레지스터** register는 마이크로컨트롤러에서 동작을 변경하는 데 사용할 수 있는 것으로, 메모리 내의 특정 부분(즉, 특정 위치)을 말한다. 여러분이 레지스터라는 기능이 아닌 그 밖의 하드웨어 기능들을 다뤄야 할 때면 종종 레지스터들을 사용해서 그러한 기능들을 구성해야 할 것이다. **인터럽트**interrupt는 일반적으로 외부 이벤트에 대한 응답으로 마이크로컨트롤러에 의해 생성된 신호로서, 어떤 일이 발생했을 때 아두이노 스케치가 즉시 응답할 수 있게 한다. **타이머**timer는 미리 결정된 지연시간이 지난 후에 신호를 생성하거나, 지정한 지속시간에 따라 신호를 반복해서 생성할 수 있게 한다. 인터럽트와 마찬가지로 타이머에 응답해 스케치에서 작업을 수행할 수 있다. 여러분은 이미 **아날로그 핀**analog pin 과 **디지털 핀**digital pin을 사용해 왔지만, 이번 장에 나오는 레시피에서는 이것들을 훨씬 빠른 속도로 사용하는 방법을 보여 준다.

레지스터

레지스터라고 하는 것은 하드웨어 메모리 중에 특정한 위치에 놓인 메모리를 나타내는 변수다. 칩은 레지스터들을 사용해 하드웨어 함수를 구성하거나 하드웨어 연산 결과를 저장한다. 레지스터에 들어 있는 내용을 스케치로 읽고 쓸 수 있다. 레지스터 값을 변경하면 하드웨어 작동 방식이나 상태(예: 핀 출력)가 변경된다. 일부 레지스터는 수치(타이머가 계산할 숫자)를 나타낸다. 레지스터를 사용하면 하드웨어 상태(예: 핀 상태나 인터럽트가 발생한 상태)를 제어하거나 알릴 수 있다. 코드에서는 레지스터의 이름을 사용해 해당 레지스터를 참조하며, 이러한 점이 마이크로컨트롤러용 데이터시트에 문서화되어 있다. 레지스터 값을 잘못 설정하면 스케치가 제대로 작동하지 않는 경우가 많으므로 관련 문서를 참고해 레지스터를 적절하게 사용하고 있는지를 주의 깊게 확인하자.

인터럽트

인터럽트는 컨트롤러 칩이 스케치의 정상적인 흐름을 멈추게 한 다음, 현재 처리 중인 작업을 계속하기 전에 즉시 주의를 기울여야 할 일부터 처리할 수 있게 하는 신호다. 아두이노의 코어core(핵심) 소프트웨어는 인터럽트를 사용해 직렬 포트에서 들어오는 데이터를 처리하고, delay 함수와 millis 함수에 필요한 시간을 유지하며, attachInterrupt 함수를 트리거한다. Wire나 Servo 같은 라이브 러리들은 이벤트가 발생했을 때 인터럽트를 사용하므로 이벤트가 발생했는지 여부를 코드가 지속적으로 확인하지 않아도 되게 한다. **폴링**polling이라고 부르기도 하는 이 연속 검사 과정이 스케치의 논리를 복잡하게 할 수 있다. 이럴 때 인터럽트는 지속시간이 아주 짧은 신호를 감지하기 위한, 신뢰할 만한 방법이 될 수 있다. 레시피 18.2는 인터럽트를 사용해 디지털 핀이 상태를 변경했는지 확인하는 방법을 설명한다.

첫 번째 인터럽트 처리가 완료되기도 전에 다시 인터럽트가 두 번 이상 발생할 수 있다. 예를 들어, 동시에 두 개의 스위치를 눌렀을 때 각기 다른 인터럽트를 생성한다. 첫 번째 스위치의 인터럽트 핸들러는 두 번째 인터럽트가 시작되기 전에 작업을 완료해야 한다. 인터럽트 루틴이 지나치게 많은 시간을 쓴다면 다른 인터럽트 핸들러가 지연되거나 이벤트가 누락될 수 있으므로 인터럽트 루틴은 간단해야 한다.

아두이노에서는 인터럽트를 한 번에 하나씩 할 수 있게 서비스한다. 아두이노는 발생한 인터럽트를 처리하는 동안 보류 중인 인터럽트를 일시 중단시킨다. 인터럽트를 처리하는 코드(인터럽트 핸들러 또는 인터럽트 서비스 루틴)는 유지 중인 인터럽트가 지나치게 지연되지 않도록 할 만큼 간단해야 한다. 인터럽트 루틴이 지나치게 많은 시간을 쓴다면 다른 인터럽트 핸들러가 이벤트를 놓칠 수 있다. 인터럽트 핸들러에서는 LED 깜박임이나 직렬 프린트처럼 비교적 오랜 시간이 걸리는 작업을 피해야 한다. 이러한 활동을 수행해야 하는 경우에 인터럽트 핸들러에 전역 플래그를 설정하고 나서 해당 플래그를 사용해 기본 루프에서 작업을 수행하도록 코드에 지시할 수 있다.

타이머

아두이노 우노(및 ATmega328 기반 호환 보드)에는 시간 기반 작업을 관리하기 위한 세 개의 하드웨어 타이머가 있다(메가에는 여섯 개). 아두이노의 여러 함수가 타이머를 사용한다.

Timer0

millis와 delay에서 사용하며, 또한 5번 핀과 6번 핀의 analogWrite에서 사용한다.

Timer1

analogWrite 9번 핀과 10번 핀용 함수들. 또한, Servo 라이브러리를 사용해 서보를 구동한다.

Timer2

3번 핀과 11번 핀에서 analogWrite 함수가 사용한다.

Servo 라이브러리는 동일한 타이머를 9번 핀과 10번 핀에서 analogWrite용으로 쓰므로 Servo 라이브러리를 사용한다면 이러한 핀에서는 analogWrite를 사용할 수 없다.

메가에는 16비트 타이머 세 개가 더 있으며, analogWrite에서 다른 핀 번호를 사용한다.

Timer0

analogWrite 4번 핀과 13번 핀상의 함수들.

Timer1

analogWrite 11번 핀과 12번 핀상의 함수들.

Timer2

analogWrite 9번 핀과 10번 핀상의 함수들.

Timer3

analogWrite 2, 3, 5번 핀상의 함수들.

Timer4

analogWrite 6, 7, 8번 핀상의 함수들.

Timer5

analogWrite 45, 46번 핀상의 함수들.

 아두이노 와이파이 Rev2와 아두이노 나노 에브리 같은 megaAVR 기반 보드들에서는 모두 우노나 메가 같은 ATmega 기반 보드와는 다른 타이머 시스템을 사용한다. 마이크로칩(Microchip)이 만든 이 애플리케이션 노트(https://oreil.ly/7H4WW)는 megaAVR에서 타이머가 구현되는 방법을 설명한다. ARM 기반 아두이노 보드들은 Timer Counter(TC)와 Timer Counter for Control Applications(TCC)라고 하는 두 가지 설비를 기반으로 완전히 다른 접근법을 써서 타이머를 처리한다. 다음에 나오는 애플리케이션 노트들에서는 SAMD 칩들에 대한 각 항목을 다룬다.

Timer Counter(TC) 드라이버(https://bit.ly/2NUIoIV)와 Timer Counter for Control Applications(TCC) 드라이버((https://bit.ly/3rc3yka)에 대한 애플리케이션 노트들.

에이다프룻이 아닌 외부 사용자가 누구든지 이 라이브러리를 사용할 수 있게 지원하지는 않지만, 에이다프룻은 깃허브(https://oreil.ly/ccQXc)에 Adafruit_ZeroTimer 라이브러리를 게시해 두었는데, 여기에는 SAMD21(ARM Cortex-M0 코어)과 SAMD51(Arm Cortex-M4 코어) 플랫폼상의 3, 4, 5번 타이머 제어 모듈에 대한 래퍼 코드가 포함되어 있다.

타이머는 **타임베이스**timebase라고 하는 시간 발생원time source의 펄스를 세는 카운터다. 타이머 하드웨어는 타이머가 횟수를 세는 데 사용하는 모드를 결정하게 프로그래밍할 수 있는 8비트 디지털 카운터나 16비트 디지털 카운터로 구성된다. 가장 일반적인 모드는 아두이노 보드상의 타임베이스에서 나오는 펄스를 세는 모드인데, 16㎒ 펄스는 62.5ns(62.5나노초)마다 반복되며, 이 정도 속도는 많은 타이밍 애플리케이션이 감당하기에는 너무 빠르기 때문에 타임베이스 속도를 **프리스케일러**prescaler(사전 계수 조정기, 사전 환산기)라고 부르는 분할기divider를 사용해 줄인다. 예를 들어, 타임베이스를 8로 나누면 각 카운트count(계수)의 지속시간이 0.5㎲(0.5마이크로초)로 늘어난다. 이 정도 속도도 여전히 빠른 것으로 여기게 될 애플리케이션이라면 그 밖의 프리스케일prescale(사전 계수 조정, 사전 환산, 사전 눈금 조정) 값을 사용할 수 있다(표 18-1 참고).

타이머 작동은 레지스터에 보유된 값에 의해 제어되며 아두이노 코드로 읽고 쓸 수 있다. 이 레지스터에 있는 값들을 사용해 타이머 주파수(각 카운트 사이의 시스템 타임베이스 펄스 수)와 카운트하는 메서드(위, 아래, 위 및 아래 또는 외부 신호 사용)를 설정한다.

타이머 레지스터에 대한 개요는 다음과 같다(n은 타이머 번호임).

타이머 카운터 제어 레지스터 A(Timer Counter Control Register A, TCCRnA)

운전모드를 결정한다.

타이머 카운터 제어 레지스터 B(Timer Counter Control Register B, TCCRnB)

프리스케일 값을 결정한다.

타이머 카운터 레지스터(Timer Counter Register, TCNTn)

타이머 카운트를 포함한다.

출력 비교 레지스터 A(Output Compare Register A, OCRnA)

이 카운트에서 인터럽트를 트리거할 수 있다.

출력 비교 레지스터 B(Output Compare Register B, OCRnB)

이 카운트에서 인터럽트를 트리거할 수 있다.

타이머/카운터 인터럽트 마스크 레지스터(Timer/Counter Interrupt Mask Register ,TIMSKn)

인터럽트 트리거 조건을 설정한다.

타이머 / 카운터 0 인터럽트 플래그 레지스터(Timer/Counter 0 Interrupt Flag Register, TIFRn)

트리거 조건이 발생했는지 여부를 나타낸다.

표 18-1은 타이머 정밀도를 설정하는 데 사용되는 비트 값의 개요다. 레지스터의 함수를 더 알고 싶다면 이들이 사용되는 레시피별로 설명되어 있다.

표 18-1 타이머 프리스케일 값(16㎒ 클록)

프리스케일 계수	CSx2, CSx1, CSx0	정밀도	오버플로 시간	
			8비트 타이머	16비트 타이머
1	B001	62.5ns	16µs	4.096ms
8	B010	500ns	128µs	32.768ms
64	B011	4µs	1,024µs	262.144ms
256	B100	16µs	4,09µs	1048.576ms
1,024	B101	64µs	16,384µs	4194.304ms
	B110	외부 클록, 하강 에지(falling edge, 하강 모서리)		
	B111	외부 클록, 상승 에지(rising edge, 상승 모서리)		

모든 타이머는 64의 프리스케일 값으로 초기화된다.

나노초 단위의 정밀도는 CPU 주기(1개의 CPU 사이클에 대한 시간)에 프리스케일 값을 곱한 것과 같다.

아날로그 핀과 디지털 핀

5장에서는 디지털 핀과 아날로그 핀을 읽고 쓰는 표준 아두이노 함수들을 설명했다. 이번 장에서는 아두이노의 읽기 함수 및 쓰기 함수를 사용할 때보다 핀을 더 빠르게 제어하게 하고 성능을 향상시키기 위해 아날로그 메서드들을 변경해 사용하는 방법을 설명한다.

이번 장에 나오는 일부 코드를 이해하기는 이 책의 다른 레시피에 나온 코드보다 이해하기가 더 어렵다. 아두이노 구문을 넘어 기본 하드웨어에 더 가깝기 때문이다. 이러한 레시피들에서는 칩에 있는, 간결하게 이름을 붙인 레지스터를 직접 다루게 되며, 비트 시프팅bit shifting(비트 자리이동, 비트 자리옮김)과 비트 마스킹bit masking(비트 자리가림, 비트 마스크 연산)을 사용해 비트를 조작한다. 이렇게 복잡한 면이 있지만, 성능과 기능이 향상된다는 이점도 있다.

함께 보면 좋은 내용

하드웨어 리소스 개요(https://oreil.ly/lqHdZ).

Timer1(https://oreil.ly/r8kPe)과 Timer3(https://oreil.ly/Q0hIS) 라이브러리들.

타이머와 PWM에 관한 자습서(https://bit.ly/3vZMFvM).

마이크로칩 ATmega328 데이터시트(https://bit.ly/3fljZHD).

타이머를 구성하고 사용하는 방법에 대한 마이크로칩 애플리케이션 노트(https://oreil.ly/AEs0V).

인터럽트에 관해 기술한 위키백과 항목(https://oreil.ly/BIVfo).

데이터의 EEPROM 메모리 내 저장

문제

전력이 꺼져도 보존해야 할 값을 저장하려고 한다.

해법

EEPROM 라이브러리를 사용해 EEPROM 메모리에서 값을 읽고 쓴다. 이 스케치는 EEPROM에서 읽은 값을 사용해 LED를 깜박이고 시리얼 모니터를 사용해 값을 변경할 수 있다.

```
/*
 * Delay 없는 Blink를 기반으로 하는 EEPROM에 대한 스케치.
 * EEPROM을 사용해 깜박임 값들을 저장한다.
 */
```

```
#include <EEPROM.h>

// 이 값들이 EEPROM에 저장된다.
const byte EEPROM_ID = 0x99; // EEPROM에 유효한 데이터가 있는지를 식별하는 데 사용한다.
byte ledPin = LED_BUILTIN;    // LED 핀.
int interval = 1000;          // 깜박임 사이 간격(밀리초(ms) 단위).

// 저장할 필요가 없는 변수들.
int ledState = LOW;         // LED를 설정하는 데 사용한다.
long previousMillis = 0;  // LED가 업데이트된 최근 시간을 저장한다.

// EEPROM 주소를 식별하는 데 사용하는 상수들.
const int ID_ADDR = 0;         // ID를 저장하는 데 사용할 EEPROM 주소.
const int PIN_ADDR = 1;        // 핀을 저장하는 데 사용할 EEPROM 주소.
const int INTERVAL_ADDR = 2; // 간격을 저장하는 데 사용할 EEPROM 주소.

void setup()
{
  Serial.begin(9600);
  byte id = EEPROM.read(ID_ADDR); // EEPROM으로부터 첫 바이트를 읽어 온다.
  if(id == EEPROM_ID)
  {
    // 읽은 id 값이 EEPROM에 기록할 때 저장한 값과 일치한다면 여기로 온다.
    Serial.println("Using data from EEPROM");
    ledPin = EEPROM.read(PIN_ADDR);
    byte hiByte = EEPROM.read(INTERVAL_ADDR);
    byte lowByte = EEPROM.read(INTERVAL_ADDR+1);

    interval = word(hiByte, lowByte); // 레시피 3.15에서 word 함수를 참고하자.
  }
  else
  {
    // ID를 찾지 못하면 여기로 와서 기본 데이터를 써넣는다.
    Serial.println("Writing default data to EEPROM");

    EEPROM.write(ID_ADDR,EEPROM_ID); // ID를 기록해 유효 데이터를 가리키게 한다.
    EEPROM.write(PIN_ADDR, ledPin);  // 핀을 EEPROM에 저장한다.

    byte hiByte = highByte(interval);
    byte loByte = lowByte(interval);

    EEPROM.write(INTERVAL_ADDR, hiByte);
    EEPROM.write(INTERVAL_ADDR+1, loByte);
  }
  Serial.print("Setting pin to ");
  Serial.println(ledPin,DEC);
  Serial.print("Setting interval to ");
  Serial.println(interval);

  pinMode(ledPin, OUTPUT);
}
```

```
void loop()
{
  // the BlinkWithoutDelay 예제 스케치와 똑같은 코드다.
  if (millis() - previousMillis > interval)
  {
    previousMillis = millis(); // LED를 마지막으로 깜박인 시간을 저장한다.
    // LED가 꺼져 있으면 켜고, 켜져 있으면 끈다.
    if (ledState == LOW)
      ledState = HIGH;
    else
      ledState = LOW;
    digitalWrite(ledPin, ledState); // ledState 값을 사용해 LED를 설정한다.
  }
  processSerial();
}


  // Serial Monitor에서 지속시간 또는 핀값을 가져오는 함수다.
  // i 다음에 오는 값은 간격이고, p는 핀 번호다.
  int value = 0;

void processSerial()
{
  if(Serial.available())
  {
    char ch = Serial.read();
    if(ch >= '0' && ch <= '9') // 0 ~ 9 중 하나인 아스키 문자인가?
    {
      value = (value * 10) + (ch - '0'); // 그렇다면 값을 누산한다.
    }
    else if (ch == 'i') // 간격인가?
    {
      interval = value;
      Serial.print("Setting interval to ");
      Serial.println(interval);
      byte hiByte = highByte(interval);
      byte loByte = lowByte(interval);
      EEPROM.write(INTERVAL_ADDR, hiByte);
      EEPROM.write(INTERVAL_ADDR+1, loByte);
      value = 0; // 숫자들의 다음 시퀀스에 대비할 수 있게 0으로 재설정한다.
    }
    else if (ch == 'p') // 핀 번호인가?
    {
      ledPin = value;
      Serial.print("Setting pin to ");
      Serial.println(ledPin,DEC);
      pinMode(ledPin, OUTPUT);
      EEPROM.write(PIN_ADDR, ledPin); // 핀을 EEPROM에 저장한다.
      value = 0; // 숫자들의 다음 시퀀스에 대비할 수 있게 0으로 재설정한다.
    }
  }
}
```

시리얼 모니터를 연다. 스케치가 시작되면 스케치가 이전에 EEPROM에 저장된 값을 사용하고 있는지, 아니면 처음으로 스케치가 시작되는지 여부를 알려 준다.

여러분은 스케치가 취해야 할 행동을 가리키는 문자를 숫자 뒤에 추가할 수 있다. 예를 들어, 숫자와 문자를 입력해 값들을 변경할 수 있다. 숫자 뒤에 문자 i가 있으면 깜박임 간격이 변경된다. 숫자 뒤에 p가 있으면 LED의 핀 번호가 변경된다.

토의

아두이노에는 전원이 꺼져도 값을 저장하는 EEPROM 메모리가 있다. 아두이노 우노에는 1,024바이트가 있고, 메가에는 4K바이트가 있다. 아두이노 우노 와이파이 R2 및 나노 에브리에는 256바이트의 EEPROM 메모리만 있다. 대부분의 ARM 기반 보드에는 EEPROM 메모리가 없다.

스케치는 EEPROM 라이브러리를 사용해 EEPROM 메모리에서 값을 읽고 쓴다. 라이브러리가 스케치에 포함되면 메모리에 액세스하는 EEPROM 객체를 사용할 수 있다. 라이브러리는 읽고 쓰고 지우는 방법을 제공한다. EEPROM.clear( )는 모든 EEPROM 메모리를 지우므로 이 스케치에서 사용되지 않는다.

EEPROM 라이브러리를 사용하려면 읽거나 쓰려는 메모리의 주소를 지정해야 한다. 즉, 값에 액세스할 때 올바른 주소에서 값을 얻을 수 있게 각 값이 작성된 위치를 추적해야 한다. 값을 쓰려면 EEPROM.write(address, value)를 사용하자. 주소는 0 ~ 1,023(우노인 경우)이며, 값은 단일 바이트다. 값을 읽으려면 EEPROM.read(address)를 사용하자. 해당 메모리 주소에 있는 바이트의 내용이 반환된다.

스케치는 EEPROM에 세 가지 값을 저장한다. 저장된 첫 번째 값은 EEPROM이 이전에 유효한 데이터로 쓰였는지를 식별하기 위해 설치 시에만 사용되는 ID 값이다. 저장된 값이 예상한 값과 일치하면 EEPROM에서 다른 변수를 읽어 스케치에 사용한다. 일치하지 않으면 스케치가 보드에서 아직 실행되지 않았으므로(그렇지 않으면 ID가 기록되었을 것이므로) ID 값을 포함한 기본값들이 기록된다.

스케치는 직렬 포트를 모니터링하고, 수신된 새 값이 EEPROM에 기록된다. 스케치는 ID 값을 EEPROM 주소 0에, 핀 번호를 주소 1에, 구간 시작을 위한 2바이트를 주소 2에 저장한다. 다음 줄은 핀 번호를 EEPROM에 쓴다. ledPin 변수의 크기가 1바이트이므로 단일 EEPROM 주소를 저장하기에 알맞다.

```
EEPROM.write(PIN_ADDR, ledPin); // 핀을 EEPROM에 저장한다.
```

interval의 데이터 형식이 int이므로 값을 저장하려면 2바이트의 메모리가 필요하다.

```
byte hiByte = highByte(interval);
byte loByte = lowByte(interval);

EEPROM.write(INTERVAL_ADDR, hiByte);
EEPROM.write(INTERVAL_ADDR+1, loByte);
```

앞에 나온 코드는 값을 두 개의 연속 주소에 저장된 두 바이트로 분할한다. EEPROM에 추가할 변수를 이 2바이트 뒤에 오는 주소에 배치해야 한다.

다음은 EEPROM에서 int 형식 변수를 다시 작성하는 데 사용되는 코드다.

```
ledPin = EEPROM.read(PIN_ADDR);

byte hiByte = EEPROM.read(INTERVAL_ADDR);
byte lowByte = EEPROM.read(INTERVAL_ADDR+1);

interval = word(hiByte, lowByte);
```

word 표현을 사용해 2바이트에서 정수를 만드는 방법을 더 알고 싶다면 3장을 참고하자.

EEPROM을 더 복잡하게 사용하려면 저장되는 위치에 대한 맵을 작성해 두 개 이상인 값이 같은 주소를 사용하지 않게 하고, 여러 바이트 값이 다른 정보를 덮어쓰지 않게 하는 것이 바람직하다.

함께 보면 좋은 내용

레시피 3.14에서는 16비트 값이나 32비트 값을 바이트로 변환하는 방법을 자세히 다룬다.

레시피 18.2 핀 상태 변경 시 동작 자동화

문제

핀의 상태를 지속적으로 점검하며 어떤 동작을 해야 할 때를 기다리기보다는 디지털 핀값이 바뀔 때 어떤 동작이 이뤄지기를 바란다.

해법

이 스케치는 2번 핀의 펄스를 모니터링하고 지속시간을 배열에 저장한다. 배열이 채워지면(32개의 펄스가 수신된 경우에는) 각 펄스의 지속시간이 시리얼 모니터에 표시된다.

 아두이노 MKR 제품군에 속한 보드를 사용하고 있다면 배선과 코드를 모두 변경하여 4번 디지털 핀을 사용하자.

```
/*
 * Interrupts 스케치.
 * 결선도(connection diagram)에 대해서는 레시피 10.1을 참고하자.
 */
const int pin = 2; // 수신기가 연결되어 있는 핀.
const int numberOfEntries = 32; // 이 수를 편리한 값으로 설정한다.

volatile unsigned long microseconds;
volatile byte idx = 0;
volatile unsigned long results[numberOfEntries];

void setup()
{
  pinMode(pin, INPUT_PULLUP);
  Serial.begin(9600);
  // 핀의 인터럽트를 사용해 변화를 관찰한다.
  attachInterrupt(digitalPinToInterrupt(pin), analyze, CHANGE);
  results[0]=0;
}

void loop()
{
  if(idx >= numberOfEntries)
  {
    Serial.println("Durations in Microseconds are:");
    for(byte i=0; i < numberOfEntries; i++)
    {
      Serial.print(i);
      Serial.print(": ");
      Serial.println(results[i]);
    }
    idx = 0; // 분석을 다시 시작한다.
  }
  delay(1000);
}

void analyze()
{
  if(idx <numberOfEntries)
  {
    if(idx> 0)
    {
      results[idx] = micros() - microseconds;
    }
    idx = idx + 1;
  }
  microseconds = micros();
}
```

적외선 수신기 모듈이 있다면 레시피 10.1의 배선을 사용해 적외선 리모컨에서 펄스 폭을 측정할
수 있다. 또한, 레시피 6.12에 나오는 결선을 사용해 로터리 인코더의 펄스를 측정하거나 스위치를

2번 핀(레시피 5.1 참고)에 연결해 누름 버튼으로 테스트할 수 있다.

토의

setup에서 attachInterrupt(digitalPinToInterrupt(pin), analyze, CHANGE);를 호출하면 스케치는 인터럽트를 다룰 수 있게 된다. 호출할 때는 첫 번째 인수로 초기화할 인터럽트를 지정한다. 주어진 핀의 실제 인터럽트는 보드마다 다르므로 스케치에서 인터럽트값을 하드코딩하는 대신에 digitalPinToInterrupt 함수를 사용해 핀을 결정해야 한다.

다음 매개변수로는 인터럽트 이벤트가 발생할 때 호출할 함수(인터럽트 핸들러라고도 함)를 지정한다. 이번 스케치에서는 analyze를 지정한다.

마지막 매개변수로는 인터럽트를 트리거할 대상을 지정한다. CHANGE는 핀 레벨이 변경될 때를 의미한다(로우에서 하이로, 또는 하이에서 로우로 이동). 그 밖의 선택지는 다음과 같다.

HIGH

핀이 하이high일 때(듀에, 제로, MKR ARM 보드에서만).

LOW

핀이 로우low일 때.

RISING

핀이 로우에서 하이로 바뀌어 갈 때.

FALLING

핀이 하이에서 로우로 바뀌어 갈 때.

인터럽트들을 사용하는 코드를 읽을 때 스케치가 인터럽트 핸들러를 직접 호출하는 것이 아니기 때문에 스케치의 값이 언제 변경되는지가 애매할 수 있다는 점에 유념하자. 인터럽트 조건이 발생할 때 인터럽트 핸들러가 호출된다.

이 스케치에서 메인 loop는 index 변수를 확인해 인터럽트 핸들러가 모든 항목을 설정했는지를 살펴본다. loop 내의 어떤 것도 index 값을 바꾸지 않는다. 인터럽트 조건이 발생했을 때(2번 핀의 상태가 변경되었을 때) index는 analyze 함수 내에서 변경된다. index 값은 마지막 상태가 변경된 이후의 시각을 results 배열의 다음 슬롯으로 저장하는 데 사용된다. 시간은 현재 시각에서 마지막으로 변경된 시각을 마이크로초(μs) 단위에 맞춰 빼서 계산한다. 그리고 나서 현재 시각이 마지막으로 변경된 시각으로 저장된다(12장에서는 millis 함수를 사용해 경과 시간을 얻는 이 메서드를 설명한다. 여기서 micros는 경과 시간을 밀리초 단위가 아닌 마이크로초 단위에 맞춰 얻기 위해 사용한다).

인터럽트 함수에서 변경된 변수는 volatile(휘발성)로 선언되며, 이를 통해 (인터럽트 핸들러에 의해) 언제든지 값이 바뀔 수 있다는 점을 컴파일러가 알게 한다. volatile 키워드를 사용하지 않으면 컴파일러는 인터럽트 핸들러가 실수로 덮어쓸 수 있는 레지스터에 값을 저장할 수 있다. 이를 방지하기 위해 volatile 키워드를 사용해서 레지스터가 아닌 RAM에 값을 저장하게 컴파일러에 지시하는 것이다.

인터럽트가 트리거될 때마다 index 값이 증가하고 현재 시각이 저장된다. 시차$_{\text{time difference}}$가 계산되어 배열에 저장된다(index가 0일 때 인터럽트가 처음 트리거되는 경우는 제외). 항목 수가 최대가 되면 루프의 내부 블록이 실행되고 모든 값을 직렬 포트에 프린트한다.

함께 보면 좋은 내용

레시피 6.12에는 로터리 인코더의 움직임을 감지하는 데 사용되는 외부 인터럽트의 예가 있다.

레시피 18.3 일정 주기 작업 수행

문제

주기적으로 어떤 일을 하게 하고 싶지만, 그 주기를 이루는 각 구간이 경과했는지를 굳이 코드로 지속해서 점검하고 싶지는 않다. 차라리 간단한 인터페이스를 사용해 주기를 설정해 두었으면 한다.

해법

라이브러리를 사용하면 타이머를 아주 쉽게 사용할 수 있다. uTimerLib 라이브러리는 일정한 주기로 펄스를 생성할 수 있다. 라이브러리 매니저를 사용해 이 라이브러리를 설치할 수 있다. 다음에 나오는 스케치는 시리얼 모니터를 사용해 설정할 수 있는 속도로 내장형 LED를 깜박인다.

```
/*
 * uTimerLib를 사용하는 타이머 펄스.
 * 직렬 입력에서 설정된 속도로 온보드 LED를 펄스한다(박동하게 한다).
 */

#include "uTimerLib.h"

const int pulsePin = LED_BUILTIN;

int period = 100; // 밀리초(ms) 단위로 주기를 나타낸다.
volatile bool output = HIGH; // 펄스 핀의 상태.

void setup()
{
  pinMode(pulsePin, OUTPUT);
```

```
    Serial.begin(9600);
    TimerLib.setInterval_us(flash, period/2 * 1000L);
}

void loop()
{
  if(Serial.available())
  {
    int period = Serial.parseInt();
    if (period)
    {
      Serial.print("Setting period to ");
      Serial.println(period);
      TimerLib.setInterval_us(flash, period/2 * 1000L);
    }
  }
}

void flash()
{
  digitalWrite(pulsePin, output);
  output = !output; // 출력을 반전한다.
}
```

토의

시리얼 모니터를 사용해 원하는 주기에 해당하는 숫자를 밀리초(ms) 단위에 맞춰 입력하고 리턴 키나 엔터 키를 눌러 스케치로 송신하자. 그러면 스케치는 parseInt를 사용해 숫자를 읽고 수신된 값을 2로 나눠서 켬/끔 상태의 지속시간을 계산한다(주기는 켬 시간과 끔 시간의 합이므로 사용할 수 있는 가장 작은 값은 2다). LED가 아주 빠르게 깜박이면 사람이 보기에는 마치 깜박이지 않는 것처럼 보일 수 있다는 점에 유념하자. TimerLib.setInterval_us는 간격을 마이크로초로 지정하기 때문에 우리는 주기(밀리초로 지정)에 1,000을 곱한다.

 우노 같은 ATmega 기반 보드에서 이 라이브러리는 Timer2를 사용하므로 3번 핀과 11번 핀(아두이노 메가의 경우에는 9번 핀과 10번 핀)에서 analogWrite의 작동을 인터럽트한다. 이 글을 쓰는 시점에서 uTimerLib은 다른 타이머 아키텍처를 사용하는 메가 AVR 칩을 기반으로 하는 아두이노 우노 와이파이 Rev 2 또는 아두이노 나노 에브리에서는 작동하지 않는다. uTimerLib는 SAM(아두이노 듀에), SAMD21(에이다프룻 및 스파크펀의 제로 및 M0 보드), ESP8266 등을 포함한 여러 32비트 플랫폼을 지원한다.

이 라이브러리를 사용하면 간격이 경과했을 때 호출할 함수의 이름과 타이밍 간격을 제공해 타이머를 사용할 수 있다.

```
TimerLib.setInterval_us(flash, period/2 * 1000L);
```

이 라이브러리로 타이머를 설정한다. 첫 번째 매개변수는 타이머가 해당 시간의 끝에 도달할 때 호출하는 함수다(이 레시피에서는 함수의 이름이 flash다). 두 번째 매개변수는 타이머가 실행되는 시간(마이크로로초 단위)이다.

레시피 18.2에서와 같이 스케치 코드는 동작을 수행하기 위해 함수를 직접 호출하지 않는다. 시간 설정이 끝날 때마다 타이머가 호출하는 flash 함수에서 LED가 켜지고 꺼진다. 코드는 직렬 메시지를 루프 처리하고 이를 기반으로 타이머 설정을 변경한다.

레지스터에 직접 액세스하기보다 라이브러리를 사용해 타이머를 제어하기가 훨씬 더 쉽다. 다음 내용은 이 라이브러리가 ATmega에서 내부적으로 하는 일을 개관할 수 있게 한 것이다. 타이머는 어떤 값에 이를 때까지 끊임없이 값을 세고, 그 값에 도달했다는 신호를 보낸 다음, 값을 다시 세는 식으로 작업한다. 각 타이머에는 카운트 빈도를 결정하는 프리스케일러가 있다. 프리스케일러는 시스템의 타임베이스를 1, 8, 64, 256, 1,024 같은 인수로 나눈다. 프리스케일 계수prescale factor(사전 환산 계수, 사전 할증 계수, 사전 배율)가 낮을수록 수를 더 자주 세게 되어 타임베이스가 최대 계수에 빠르게 도달한다. 수를 얼마나 빨리 셀지, 어떤 값에 이를 때까지 셀지를 조합하면 타이머용 시간이 나온다. Timer2는 8비트 타이머인데, 이는 0부터 다시 세기 시작해서 255까지 세어 갈 수 있다는 뜻이다(메가의 타이머 1, 3, 4, 5는 16비트를 사용하며, 최대 65,535까지 계산할 수 있다).

AVR의 경우에, 4,095μs 이상인 간격에 대해서 라이브러리는 다음에 나오는 프리스케일 계수를 사용한다. 16㎒ 아두이노 보드에서 각 CPU 사이클의 길이는 62.5ns(62.5나노초)이며, 이를 프리스케일 계수인 64로 나눈 경우에는 각 타이머 카운트는 4,000 나노초(62.5 * 64 = 4,000ns, 즉 4μs)다.

함께 보면 좋은 내용

uTimerLib 깃허브 저장소(https://oreil.ly/Gl-BL).

레시피 18.4 타이머 펄스 폭 설정과 지속시간 설정

문제

아두이노가 지정한 지속시간과 폭에 맞춰 펄스를 생성하기를 원한다.

해법

이 스케치는 9번 핀의 Timer1 PWM을 사용해 1㎒ ~ 1㎐의 주파수 범위 내에서 펄스를 생성한다. 이 스케치에서 사용하는 라이브러리는 아두이노 우노, 메가, 레오나르도와 몇 가지 틴시 보드만 지원한다. 보드에서 이 라이브러리에 사용할 수 있는 핀을 확인하려면 이 아두이노 페이지(https://oreil.ly/oQTjQ)를 참고하자.

```
/*
 * 펄스 폭 지속시간 스케치.
 * 펄스의 주기와 폭을 설정한다.
 */

#include <TimerOne.h>

const int outPin = 9; // 핀 번호. 틴시 3.x에서는 3~4, 아두이노 메가에서는 11~13.

long period = 40; // 40μs 주기(25KHz).
long width = 20;   // 20μs, 50% 사용률(duty cycle, 동작책무주기, 듀티 사이클).

void setup()
{
  Serial.begin(9600);
  pinMode(outPin, OUTPUT);
  Timer1.initialize(period); // timer1 10000μs로 초기화한다.
  int dutyCycle = map(width, 0,period, 0,1023);
  Timer1.pwm(outPin, dutyCycle); // 출력 핀의 PWM.
}

void loop()
{
}
```

토의

스케치 상단에서 주기 값을 설정해 펄스 주기를 1 ~ 100만μs 사이의 값으로 설정한다. 폭 값을 설정해 펄스 폭을 주기보다 작은 마이크로초 단위의 값으로 설정할 수 있다.

스케치는 Timer1 라이브러리(https://oreil.ly/ULGGe)를 사용한다.

Timer1은 16비트 타이머다(0에서 65,535까지). 아두이노 우노에서는 analogWrite가 9번 핀과 10번 핀을 제어하는 데 사용하는 것과 동일한 타이머를 쓴다(따라서 해당 핀들에서는 이 라이브러리와 analogWrite를 동시에 사용할 수는 없다). 스케치는 period(단주기)와 pulseWidth(펄스 폭)라는 이름을 부여한 변수들의 값으로 주어진 주기와 펄스 폭을 사용해 9번 핀에서 펄스를 생성한다.

OCR1A 및 OCR1B는 아두이노 코어 소프트웨어에 포함된 코드에 정의된 상수다(OCR은 출력 비교 레지스터를 나타냄).

AVR에서 Timer1 라이브러리는 다양한 레지스터를 사용한다. 아두이노 하드웨어에 있는 다양하고 많은 하드웨어 레지스터는 일반적으로 스케치에 필요하지 않다(사용하기 쉽게 한 아두이노 명령들에서는 실제 레지스터 이름이 드러나지 않는다). 그러나 아두이노 명령이 제공하지 않는 기능을 얻기 위해 하드웨어에 직접 액세스해야 한다면 이러한 레지스터에 액세스해야 한다. 레지스터에 관해 더 알고 싶다면 마이크로칩Microchip이 작성한 칩 데이터시트를 보자. ARM 기반 틴시 보드에서 고급 개념은 거의 동일하지만, ARM은 펄스를 생성하기 위해 완전히 다른 방식을 사용한다.

ICR1(타이머 1의 입력 비교 레지스터)은 펄스 주기를 결정한다. 이 레지스터에는 타이머의 최대 카운트로 사용되는 16비트 값이 들어 있다. 타이머의 카운트가 이 값에 도달하면 리셋되어 타이머는 0부터 다시 세어진다. 이 레시피 해법에 나오는 스케치에서 각 카운트에 $1\mu s$가 걸리고, ICR1 값은 1000으로 설정되고, 각 카운트 주기의 지속시간은 $1,000\mu s$이다.

OCR1A(또는 사용하려는 핀에 따라 OCR1B)는 Timer1의 출력 비교 레지스터다. 타이머 카운트가 이 값에 도달하면(그리고 타이머가 현재 PWM 모드에 있음) 출력 핀이 로우로 설정되어 펄스 폭을 결정한다. 예를 들어, 각 카운트에 $1\mu s$가 걸리고 ICR1 값이 1000으로 설정되고 OCR1A가 100으로 설정되면 출력 핀은 $100\mu s$ 동안 HIGH가 될 것이고, $900\mu s$ 동안 LOW(총 주기는 $1,000\mu s$)가 될 것이다.

각 카운트의 지속시간은 아두이노 컨트롤러 타임베이스 주파수(일반적으로 16㎒)와 프리스케일 값에 의해 결정된다. 프리스케일 값이란 타임베이스를 나눌 때 쓴 값이다. 예를 들어, 64라는 프리스케일 값을 사용하면 타임베이스는 $4\mu s$가 된다.

주기를 지정해(Timer1.initialize(period);) Timer1 라이브러리를 초기화할 수 있다. 이 주기를 지나게 되면 펄스 폭이 표현된다. Timer.pwm 기능을 사용해 사용률duty cycle(동작책무주기)을 0에서 1,023 사이의 값으로 설정해 펄스 폭을(직접적으로) 설정한다. 이는 analogWrite를 사용하는 방법과 아주 똑같다(레시피 7.2 참고). 차이점은 Timer1을 사용해 단주기를 제어할 수 있다는 것이다. 따라서 $20\mu s$에 해당하는 펄스 간격을 균등하게 나누려면 사용률이 50%인 $40\mu s$ 간격이 제공된다. 스케치를 통해 단주기 및 펄스 폭을 지정할 수 있으며, map 함수를 사용해 0과 1,023 사이의 값을 계산해 Timer1.pwm()에 전달한다. $40\mu s$에 해당하는 단주기는 25㎑(1,000,000/40)에 해당한다.

함께 보면 좋은 내용

데이터시트에 대한 링크 및 타이머에 대한 기타 참조 사항을 알고 싶다면 677쪽에 나오는 '함께 보면 좋은 내용'을 참고하자.

펄스 발생기 제작

문제

아두이노에서 펄스를 생성해 시리얼 모니터에서 그 특성을 제어하려고 한다.

해법

다음에 나오는 스케치는 레시피 18.4를 개선한 버전으로, 직렬 포트의 주파수, 단주기, 펄스 폭, 사용률을 구성할 수 있게 한 것이다.

```
/*
 * Configurable Pulse Generator(구성 가능 펄스 발생기) 스케치.
 */
#include <TimerOne.h>

const char SET_PERIOD_HEADER = 'p';
const char SET_FREQUENCY_HEADER = 'f';
const char SET_PULSE_WIDTH_HEADER = 'w';
const char SET_DUTY_CYCLE_HEADER = 'c';
const int outPin = 9; // 핀 번호. 틴시 3.x에서는 3~4, 아두이노 메가에서는 11~13.

long period = 40; // 40μs 주기(25 ㎑).
int duty = 512;    // 사용률의 범위는 0 ~ 1023이므로 512는 50% 사용률에 해당한다.

void setup()
{
  Serial.begin(9600);
  pinMode(outPin, OUTPUT);
  Timer1.initialize(period); // timer1을 1000μs로 초기화한다.
  Timer1.pwm(outPin, duty);  // 출력 핀의 PWM.
}

void loop()
{
  processSerial();
}

void processSerial()
{
  static long val = 0;

  if(Serial.available())
  {
    val = Serial.parseInt(); // 첫 번째 수를 찾는다.
    if (val)
    {
      char ch = Serial.read();
```

```
      switch(ch)
      {
      case SET_PERIOD_HEADER:
        period = val;
        Serial.print("Setting period to ");
        Serial.println(period); Timer1.setPeriod(period); Timer1.pwm(outPin, duty);
        show();
        break;
      case SET_FREQUENCY_HEADER:
        if(val > 0)
        {
          Serial.print("Setting frequency to ");
          Serial.println(val);
          period = 1000000 / val;
          Timer1.setPeriod(period);
          Timer1.pwm(outPin, duty);
        }
        show();
        break;
      case SET_PULSE_WIDTH_HEADER:
        if(val < period && val > 0)
        {
          long width = val;
          Serial.print("Setting Pulse width to ");
          Serial.println(width);
          duty = map(width, 0,period, 0,1023);
          Timer1.pwm(outPin, duty);
        }
        else
          Serial.println("Pulse width too long for current period");
        show();
        break;
      case SET_DUTY_CYCLE_HEADER:
        if(val > 0 && val < 100)
        {
          Serial.print("Setting Duty Cycle to ");
          Serial.println(val);
          duty = map(val, 0,99, 0,1023);
          Timer1.pwm(outPin, duty);
          show();
        }
      }
    }
  }
}

void show()
{
  Serial.print("The period is ");
  Serial.println(period);
  Serial.print("Duty cycle is ");
  Serial.print(map(duty, 0,1023, 0,99));
```

```
  Serial.println("%");
  Serial.println();
}
```

토의

이 스케치는 레시피 18.4를 기반으로 하며 주파수, 주기, 펄스 폭, 그리고 사용률에 대한 백분율을
수신하고 설정하기 위해 명령을 해석하기 위한 직렬 코드가 추가되었다. 4장에서는 변수 val을 누
산하는 데 사용되는 기술을 설명한 다음, 명령 문자를 기반으로 원하는 매개변수로 사용한다.

여러분은 지시사항을 직렬포트에 프린트하려면 이 함수를 추가하고 setup이나 show에서 호출하면
된다.

```
void instructions()
{
  Serial.println("Send values followed by one of the following tags:");
  Serial.println(" p - sets period in microseconds");
  Serial.println(" f - sets frequency in Hz");
  Serial.println(" w - sets pulse width in microseconds");
  Serial.println(" c - sets duty cycle in %");
  Serial.println("\n(duty cycle can have one decimal place)\n");
}
```

함께 보면 좋은 내용

레시피 18.4를 참고하자.

데이터시트에 대한 링크 및 타이머에 대한 기타 사항에 대해서는 677쪽에 나오는 '함께 보면 좋은
내용'을 참고하자.

레시피 18.6 타이머의 PWM 주파수 변경

문제

analogWrite와 함께 사용하는 PWM_{Pulse Width Modulation}(펄스 폭 변조) 주파수를 늘리거나 줄여야 한
다고 하자(7장 참고). 예를 들어, 여러분이 모터 속도를 제어하기 위해 analogWrite를 사용 중인데
PWM 주파수가 너무 높아서 윙윙거리는 소리가 나거나, 여러분이 LED들을 가지고 멀티플렉싱을
하고 있는데 PWM 주파수가 너무 낮은 바람에 불이 이상하게 켜진다고 해보자.

해법

이럴 때 여러분은 레지스터 값을 한 개 변경해 PWM 주파수를 조정할 수 있다. 레지스터 값과 관련 주파수가 표 18-2에 표시되어 있다. 이 해법이 아두이노 우노 같은 **ATmega** 기반 보드에서는 먹히지만 ARM 기반 보드에서는 먹히지 않는다.

표 18-2 PWM 조정 값

Timer0(우노의 5번 핀과 6번 핀, 메가의 4번 핀과 13번 핀)		
TCCR0B 값	**프리스케일 계수(나눔수)**	**주파수**
32(1)	1	62500
33(2)	8	7812.5
34	**64**	**976.56**
35	256	244.14
36	1,024	61.04

Timer1(우노의 9번 핀과 10번 핀, 메가의 11번 핀과 12번 핀)		
TCCR1B 프리스케일 값	**프리스케일 계수(나눔수)**	**주파수**
1	1	31372.55
2	8	3921.16
3	**64**	**490.2**
4	256	122.5
5	1,024	3.64

Timer2(우노의 11번 핀과 3번 핀, 메가의 9번 핀과 10번 핀)		
TCCR2B 값	**프리스케일 계수(나눔수)**	**주파수**
1	1	31372.55
2	8	3921.16
3	32	980.39
4	**64**	**490.2**
5	128	245.10
5	256	122.55
7	1,024	30.64

모든 주파수는 헤르츠 단위이며, 16㎒인 시스템 타임베이스를 가정한다. 기본 프리스케일 계수인 64는 굵게 표시된다.

이 스케치를 사용하면 시리얼 모니터에서 타이머 주파수를 선택할 수 있다. 표 18-2의 왼쪽 열에 있는 값을 사용해 1에서 7까지의 숫자를 입력하고, Timer0에는 **a** 문자, Timer1에는 **b**, Timer2에는 **c** 를 사용해 다음과 같이 입력하자.

```
/*
 * PWM 주파수 스케치를 설정하자.
 * 주파수는 직렬 포트를 통해 설정된다.
 * 1 ~ 7 숫자에 이어 나오는 a, b, c로 Timer1, Timer2, Timer3의 주파수를 조절한다.
 */

const byte mask = B11111000; // 프리스케일 계수 값들이 아닌 비트들을 마스킹한다.
int prescale = 0;

void setup()
{
  Serial.begin(9600);
  analogWrite(3,128);
  analogWrite(5,128);
  analogWrite(6,128);
  analogWrite(9,128);
  analogWrite(10,128);
  analogWrite(11,128);
}

void loop()
{
  if(Serial.available())
  {
    char ch = Serial.read();
    if(ch >= '1' && ch <= '7') // ch가 유효한 숫자인가?
    {
      prescale = ch - '0';
    }
    else if(ch == 'a' && prescale) // timer 0;
    {
      TCCR0B = (TCCR0B & mask) | prescale;
    }
    else if(ch == 'b' && prescale) // timer 1;
    {
      TCCR1B = (TCCR1B & mask) | prescale;
    }
    else if(ch == 'c' && prescale) // timer 2;
    {
      TCCR2B = (TCCR2B & mask) | prescale;
    }
  }
}
```

 delay와 millis를 사용할 때 부정확한 타이밍을 만들어 내기 때문에 Timer0(5번 핀과 6번 핀에서 analogWrite가 쓰임)의 주파수를 바꾸는 일을 피해야 한다.

토의

이 스케치에서 아날로그 핀들에 LED들만 연결한 경우에는 PWM 속도를 변경해도 휘도가 눈에 띄게 변경되지 않는다. 여러분은 켬/끔 시간의 비율을 바꾸고 있는 것이 아니라 LED들이 켜지고 꺼지는 속도를 변경하는 중이다. 그래도 잘 모르겠고 PWM을 더 알고 싶다면 7장을 참고하자.

TCCR*n*B 레지스터를 설정해 타이머의 PWM 주파수를 변경한다. 여기서 **n**은 레지스터 번호다. 메가 보드에서는 3 ~ 5번 타이머로 쓸 수 있는 TCCR3B, TCCR4B, TCCR5B가 있다.

 타이머의 모든 아날로그 출력(PWM) 핀에서는 동일한 주파수를 사용하므로 타이머 주파수를 변경하면 타이머의 모든 출력 핀에 영향을 미칠 것이다.

함께 보면 좋은 내용

데이터시트에 대한 링크 및 타이머에 대한 그 밖의 사항을 알고 싶다면 677쪽에 나오는 '함께 보면 좋은 내용'을 참고하자.

틴시 3.x 보드는 PWM 주파수를 Hz 단위로 지정할 수 있는 analogWriteFrequency 함수를 지원한다. 이 PJRC 페이지(https://oreil.ly/b_57C)를 참고하자.

레시피 18.7 펄스 개수 세기

문제

핀에서 발생하는 펄스 개수를 세려고 한다. 이 개수를 세는 일을 소프트웨어적으로 처리하면서 시간을 쓰기보다는 하드웨어만으로 하고 싶다.

해법

Timer1 하드웨어에 내장된 펄스 카운터pulse counter(펄스 계수기)를 사용하자. 이 기술은 우노 같은 ATmega 기반 보드에서 작동한다.

```
/*
 * HardwareCounting 스케치.
 *
 * 168/328에서 5번 핀을 사용한다.
 */
```

```
const int hardwareCounterPin = 5; // 내부 시계에 고정된 입력 핀.
const int ledPin              = LED_BUILTIN;

const int samplePeriod = 1000; // 밀리초(ms) 단위의 샘플링 주기
unsigned int count;

void setup()
{
  Serial.begin(9600);
  pinMode(ledPin, OUTPUT);
  // 하드웨어 카운터 설정(자세한 내용을 알고 싶다면 ATmega 참고).
  TCCR1A=0; // 타이머/카운터 제어 레지스터 A를 리셋한다.
}

void loop()
{
  digitalWrite(ledPin, LOW);
  delay(samplePeriod);
  digitalWrite(ledPin, HIGH);

  // 세기 시작한다.
  bitSet(TCCR1B, CS12); // 카운터 클록의 소스는 외부 핀이다.
  bitSet(TCCR1B, CS11); // 상승 모서리(rising edge)상의 클록.
  delay(samplePeriod);

  // 세기를 마친다.
  TCCR1B = 0;
  count = TCNT1;
  TCNT1 = 0; // 하드웨어 카운터를 재설정한다.
  if(count > 0)
    Serial.println(count);
}
```

토의

직렬 수신 핀(0번 핀)을 입력 핀(우노의 5번 핀)에 연결해 이 스케치를 테스트할 수 있다. 전송된 각 문자는 카우트가 늘어난다는 점을 보여야 한다. 특정 증가 내용은 문자의 아스키 값을 나타내는 데 필요한 펄스 횟수에 따라 달라진다(직렬 문자는 시작 펄스와 중지 펄스 사이에 끼워져 있음을 명심하자). 흥미로운 문자 패턴들은 다음과 같다.

```
'u'= 01010101
'3'= 00110011
'~'= 01111110
'@'= 01000000
```

아두이노 보드가 두 개인 경우라면 이번 장에 나온 레시피들에서 펄스 생성기 스케치 중 하나를 실행하고 펄스 출력(9번 핀)을 입력에 연결할 수 있다. 펄스 발생기_pulse generator_ 또한 Timer1(우노 및 ATmega328 기반의 다른 보드에서 유일한 16비트 타이머)을 사용하므로 단일 보드를 사용해 기능을 결합할 수 있다.

 하드웨어 펄스를 셀 때는 하드웨어 내에 내부적으로 배선함으로써 변경할 수 없게 한 핀을 사용한다. 아두이노 우노에서는 5번 핀을 사용하자. 메가에서는 47번 핀에 있는 Timer5를 사용한다. TCCR1A를 TCCR5A로 변경하고 TCCR1B를 TCCR5B로 변경하자.

타이머의 TCCR1B 레지스터는 세는 동작을 제어하고, 0으로 설정하면 세는 동작이 중지된다. loop 코드 내에서 사용된 값들은 입력 핀에 놓인 펄스들의 상승 모서리에서 세어 나갈 수 있게 한다. TCNT1은 카운트 값을 누적하는, 아두이노 코어 코드에 선언된 Timer1 레지스터다.

loop에서 현재 카운트는 초당 한 번 프린트된다. 5번 핀에서 펄스가 감지되지 않으면 값은 0이 될 것이다.

함께 보면 좋은 내용

FreqCount 라이브러리(https://oreil.ly/wBTES)는 이 레시피에서 논의된 방법을 사용한다.

핀 상태가 변경될 때 인터럽트를 사용해 조치를 취할 수 있다. 레시피 18.2를 참고하자. 데이터시트에 대한 링크 및 타이머에 대한 기타 사항은 677쪽에 나오는 '함께 보면 좋은 내용'을 참고하자.

레시피 18.8 펄스 정밀 측정

문제

펄스 간 주기를 측정하거나 펄스의 켬 시간과 끔 시간의 지속시간을 측정하려고 한다. 가능한 한 정확하게 측정해야 하므로 인터럽트 핸들러(레시피 18.2)로 인해 측정이 지연되면 안 되는 이유가 있는데, 지연될 경우 측정에 영향을 미치기 때문이다.

해법

Timer1 하드웨어에 내장된 하드웨어 펄스 측정 기능을 사용하자. 이 해법에서는 AVR에 특화된 설비들을 사용하며, 아두이노 우노 같은 ATmega 기반 보드들에서만 작동한다.

```
/*
 * InputCapture 스케치.
```

```
 * 타이머 하드웨어를 사용해 168/328의 8번 핀에 있는 펄스를 측정한다.
 */

/* 흥미로운 아스키 비트 패턴들.
 * u 01010101
 * 3 00110011
 * ~ 01111110
 * @ 01000000
 */

const int inputCapturePin = 8; // 내부 타이머에 고정된 입력 핀.
const int ledPin = LED_BUILTIN;

const int prescale = 8;          // 프리스케일 계수(각 틱은 16MHz에서 0.5μs).
const byte prescaleBits = B010; // 표 18-1이나 데이터시트를 보자.

// 카운터 틱당 시간을 나노초 단위에 맞춰 계산한다.
const long precision = (1000000/(F_CPU/1000.0)) * prescale;

const int numberOfEntries = 64;    // 측정할 최대 펄스 개수.
const int gateSamplePeriod = 1000; // 샘플 주기를 밀리초(ms) 단위로 지정한다.

volatile byte index = 0; // 저장한 판독값들을 가리키는 인덱스.
volatile byte gate = 0;  // 0은 캡처(capture, 파악) 중지, 1은 캡처 실행을 뜻한다.
volatile unsigned int results[numberOfEntries]; // 이게 16비트 값이라는 점에 유념하자.

/* ICR 인터럽트 벡터 */
ISR(TIMER1_CAPT_vect)
{
  TCNT1 = 0; // 카운터를 리셋한다.
  if(gate)
  {
    if(index != 0 || bitRead(TCCR1B, ICES1) == true) // 상승 모서리에 대해 대기한다.
    { // 하강 모서리가 감지되었다.
      if(index < numberOfEntries)
      {
        results[index] = ICR1; // 입력 캡처 값을 저장한다.
        index++;
      }
    }
  }
  TCCR1B ^= _BV(ICES1); // 다른 모서리를 트리거하게 비트를 토글한다.
}

void setup()
{
  Serial.begin(9600);
  pinMode(ledPin, OUTPUT);
  pinMode(inputCapturePin, INPUT); // ICP 핀(아두이노의 8번 디지털 핀)을 입력으로 한다.
  TCCR1A = 0 ;                      // 정상적으로 세는 모드.
  TCCR1B = prescaleBits ;           // 프리스케일 비트들을 설정한다.
  TCCR1C = 0;
```

```
  bitSet(TCCR1B,ICES1);              // 초기 입력 캡처.
  bitSet(TIFR1,ICF1);                // 보류 값을 지운다.
  bitSet(TIMSK1,ICIE1);              // 활성화.

  Serial.println("pulses are sampled while LED is lit");
  Serial.print(precision); // 각 틱의 지속시간을 밀리초(ms) 단위에 맞춰 알린다.
  Serial.println(" microseconds per tick");
}

// 이 루프는 마지막 두 번째에서 감지된 펄스 지속시간을 프린트한다.
void loop()
{
  digitalWrite(ledPin, LOW);
  delay(gateSamplePeriod);
  digitalWrite(ledPin, HIGH); index = 0;
  gate = 1; // 샘플링을 활성화한다.
  delay(gateSamplePeriod);
  gate = 0; // 샘플링을 비활성화한다.
  if(index > 0)
  {
    Serial.println("Durations in Microseconds are:");
    for(byte i=0; i < index; i++)
    {
      long duration;
      duration = results[i] * precision; // 나노초 단위로 나타낸 펄스 지속시간.
      if(duration > 0)
      {
        Serial.println(duration / 1000); // 마이크로초 단위로 나타낸 지속시간.
        results[i] = 0; // 다음 번에 읽을 수 있게 값을 지운다.
      }
    }
    index = 0;
  }
}
```

토의

이 스케치는 Input Capture(입력 캡처)라는 타이머 설비를 사용해 펄스 지속시간을 측정한다. 16비트 타이머만 이 기능을 지원하며, 아두이노 우노나 호환 보드의 8번 핀에서만 작동한다.

 Input Capture는 하드웨어 제품 내부에 배선함으로써 변경할 수 없게 한 핀을 사용한다. 우노에서 8번 핀을, 메가에서 48번 핀을 사용하자(Timer1 대신에 Timer5 사용).

Input Capture 기능을 컨트롤러 칩 하드웨어에서 완전히 구현하므로 인터럽트 처리에 시간이 낭비되지 않기 때문에 이 기술은 매우 짧은 펄스(수십 마이크로초 미만)에서 더 정확하다.

스케치에서는 1초마다 측정(0이 아닌 경우)할 수 있게 한 게이트 변수를 사용한다. 측정이 활성화되었음을 나타내는 LED가 켜진다. 입력 캡처 인터럽트 핸들러는 최대 64개의 펄스 전환에 대한 펄스 지속시간을 저장한다.

TCCR1B 타이머 레지스터의 ICES1비트에 의해 타이머 측정을 트리거하는 모서리 부분이 결정된다.

```
TCCR1B ^= _BV(ICES1);
```

윗줄은 하이 펄스와 로우 펄스의 지속시간이 측정되도록 핸들러를 트리거하는 모서리를 토글한다.

횟수가 타이머의 최댓값보다 높으면 오버플로를 모니터링해 카운트 범위를 확장하기 위해 변숫값을 늘리게 할 수 있다. 다음에 나오는 코드는 카운터가 오버플로할 때 overflow라는 이름을 지닌 변수를 늘린다.

```
volatile int overflows = 0;

/* 오버플로 인터럽트 벡터 */
ISR(TIMER1_OVF_vect) // 입력 펄스가 감지되지 않았다면 여기로 오게 된다.
{
  overflows++;          // 오버플로 카운트를 늘린다.
}
```

다음과 같이 setup 내에 있는 코드를 변경하자.

```
TIMSK1 = _BV(ICIE1);   // 1번 타이머에 대한 입력 캡처 인터럽트를 쓸 수 있게 한다.
TIMSK1 |= _BV(TOIE1); // 이 줄을 추가해 오버플로 인터럽트를 쓸 수 있게 한다.
```

함께 보면 좋은 내용

데이터시트에 대한 링크, 그리고 타이머에 대한 그 밖의 사항을 알고 싶다면 677쪽에 나오는 '함께 보면 좋은 내용'을 참고하자.

레시피 18.9 아날로그 값 간이 측정

문제

정확도를 낮추지 않으면서도 가능한 한 재빨리 아날로그 값을 읽으려고 한다.

해법

샘플링 빈도sampling frequency를 결정하는 레지스터 값을 변경해 analogRead의 샘플링률sampling rate(표본추출 비율, 표집 비율)을 높일 수 있다. 이 스케치는 아두이노 우노 같은 ATmega 기반 보드에서 작동한다.

```
/*
 * 샘플링률 스케치.
 * analogRead의 샘플링률을 높인다.
 */
const int sensorPin = 0; // 수신기가 연결되어 있는 핀.
const int numberOfEntries = 100;

unsigned long microseconds;
unsigned long duration;
int results[numberOfEntries];

void setup()
{
  Serial.begin(9600);
  while(!Serial); // 레오나르도에 필요.

  // 표준 analogRead 성능(프리스케일 = 128).
  microseconds = micros();
  for(int i = 0; i < numberOfEntries; i++)
  {
    results[i] = analogRead(sensorPin);
  }
  duration = micros() - microseconds;

  Serial.print(numberOfEntries);
  Serial.print(" readings took ");
  Serial.println(duration);

  // 고속 클록으로 실행하기(프리스케일을 16으로 설정).
  bitClear(ADCSRA,ADPS0);
  bitClear(ADCSRA,ADPS1);
  bitSet(ADCSRA,ADPS2);
  microseconds = micros();
  for(int i = 0; i < numberOfEntries; i++)
  {
    results[i] = analogRead(sensorPin);
  }
  duration = micros() - microseconds;

  Serial.print(numberOfEntries);
  Serial.print(" readings took ");
  Serial.println(duration);
}
```

```
void loop()
{
}
```

16㎒ 아두이노에서 스케치를 실행하면 다음과 비슷한 출력이 생성된다.

```
100 readings took 11308
100 readings took 1704
```

토의

analogRead는 판독을 완료하는 데 약 110μs가 걸린다. 이는 더 높은 범위의 오디오 주파수 캡처와 같이 빠르게 변하는 값에 충분하지 않을 수 있다. 스케치는 표준 아날로그 판독 시간을 마이크로 초 단위로 측정하고 나서 ADC를 사용해 타임베이스를 조정함으로써 더 빠르게 변환한다. 16㎒ 보드를 사용하면 타임베이스 속도가 125㎑에서 1㎒로 늘어난다. 타임베이스 변경으로 개선되지 않은 아두이노 analogRead 기능에 약간의 오버헤드가 있기 때문에 실제적인 성능 향상이 여덟 배보다 약간 모자라게 이뤄진다. 113μs에서 17μs로 시간이 단축되었으므로 유효하게 개선된 셈이다.

ADCSRA 레지스터는 ADC를 구성하는 데 사용되며, 스케치에 설정된 비트(ADPS0, ADPS1, ADPS2)는 ADC 클록 나눔수divisor를 16으로 설정한다.

함께 보면 좋은 내용

마이크로칩이라는 회사에서는 ADC의 성능 측면을 자세히 설명한 애플리케이션 노트(https://oreil.ly/Irr3s)를 제공한다.

제로 및 호환 장치 같은 ARM 기반 아두이노 보드에서 analogRead는 AVR보다 조금 더 느리다. AnalogReadFast 라이브러리는 AVR의 analogRead보다 약 다섯 배, 아두이노 같은 SAMD21 기반 보드들보다 약 스무 배 더 빠르게 읽을 수 있다. 이것을 라이브러리 매니저에서 설치할 수 있으며, 이 깃허브 페이지(https://oreil.ly/sz7C9)에서 찾을 수 있다.

레시피 18.10 배터리 소모 줄이기

문제

일정 시간이 경과하거나 외부 이벤트가 발생할 때까지 아두이노를 종료해 애플리케이션에서 사용하는 전력을 줄이려고 한다.

해법

이 해법은 우노, 메가, 제로, 에이다프룻 M0 보드, 레오나르도를 지원하고 틴시 3.X를 부분 지원하는, 에이다프룻의 SleepyDog 라이브러리를 사용한다.

```
/*
 * 저전력 스케치.
 * 에이다프룻의 SleepyDog 라이브러리를 사용해 전력 사용량을 줄인다.
 */
#include <Adafruit_SleepyDog.h>

void setup()
{
  Serial.begin(9600);
  pinMode(LED_BUILTIN, OUTPUT);
}

void loop()
{
  digitalWrite(LED_BUILTIN, HIGH);
  int sleepTimeMillis1 = Watchdog.sleep(500);

  digitalWrite(LED_BUILTIN, LOW);
  int sleepTimeMillis2 = Watchdog.sleep(500);

// Native USB를 사용해 레오나르도 및 다른 보드에서
// USB 연결을 복원한다.
#if defined(USBCON) && !defined(USE_TINYUSB)
  USBDevice.attach();
#endif

  Serial.print("Slept for ");
  Serial.print(sleepTimeMillis1);
  Serial.print("ms and ");
  Serial.print(sleepTimeMillis2);
  Serial.println("ms");
  delay(100); // 전송하는 데 필요한 시간을 시리얼 버퍼에 부여한다.
}
```

 아두이노 제로나 MKR 시리즈 같은 M0 기반 보드에서 이것을 사용하면 처음 전원을 끈 후에 보드에 대한 USB 연결을 복원하지 못할 수 있다. 보드를 다시 리플래시해야 한다면 리셋 버튼을 빠르게 두 번 클릭해 부트로더 모드로 전환할 수 있다(스케치가 이 모드에서 실행되지 않음).

토의

아두이노 우노는 9V 알칼리성 배터리를 수 주 안에 소모할 것이다. 애플리케이션의 동작을 일정 시간 동안 대기 상태로 둘 수 있다면 상당한 전력 절감 효과를 얻을 수 있는데, 미리 설정해 둔 시간

동안 아두이노 하드웨어를 절전 모드로 전환할 수 있으며, 이렇게 하면 절전 모드 중에 칩의 전력 소비량을 1%의 100분의 1 미만으로(약 15mA에서 약 0.001mA로) 줄일 수 있다.

이 레시피에서는 라이브러리를 사용해 하드웨어 절전 기능에 쉽게 접근한다. 절전 시간은 15 ~ 8,000ms(즉, 8초)이다. 더 오랫동안 절전 상태로 두려면 원하는 시각에 이를 때까지 지연 간격을 반복하면 된다.

```
unsigned long longDelay(long milliseconds)
{
  unsigned long sleptFor = 0;
  while(milliseconds > 0)
  {
    if(milliseconds > 8000)
    {
      milliseconds -= 8000;
      sleptFor + = Watchdog.sleep(8000);
    }
    else
    {
      sleptFor += Watchdog.sleep(milliseconds);
      break;
    }
  }
  return sleptFor;
}
```

간격마다 라이브러리는 요청된 절전 주기를 기본 하드웨어에서 지원하는 절전 시간에 가장 가까운 값이 되게 어림round(올림 또는 내림)한다. 예를 들어, 여러분이 AVR에 8,600ms를 요청한다면 8,000ms를 받게 되겠지만, 두 번째에서는 500ms가 AVR에서 유효한 절전 주기이고 그 다음이 1,000ms이기 때문에 여러분은 500ms를 받게 될 것이다. 특정 구현에 대해서는 이 .cpp 파일(https://oreil.ly/taz_O)을 참고하자.

절전 모드에서 컨트롤러 칩의 전력 소모를 줄일 수 있지만, 배터리에서 가능한 한 오래 실행하려고 할 경우에는 칩이 절전 모드일 때 전류를 끄는 비효율적인 전압조정기, 풀업 저항기나 풀다운 저항기, LED나 그 밖의 부품 같은 외부 부품을 통해 전류 드레인current drain(전류 방출)을 최소화해야 한다.

함께 보면 좋은 내용

narcoleptic(기면성) 라이브러리(https://oreil.ly/Rrkp1)를 사용하면 일정 주기 동안 절전하게 할 수 있으며, 보드가 특정 핀에 입력을 수신할 때까지 절전하게 할 수도 있다. 그러나 이것은 AVR 기반 보드에서만 작동한다.

아두이노 Low Power(저전력) 라이브러리는 ARM SAMD 기반 보드들과 나노 33 BLE 및 나노 33 BLE 센스 같은 NRF52 기반 보드들에서 절전 모드를 지원한다. 이 라이브러리를 라이브러리 매니저를 사용해 설치할 수 있고, 아두이노 페이지(https://oreil.ly/e-nil)에서 자세한 정보를 찾을 수 있다.

초저전력 작동 사례를 알고 싶다면 Lab3 페이지(https://oreil.ly/agdmy)를 참고하자.

레시피 18.11 디지털 핀 간이 설정

문제

아두이노의 digitalWrite 명령으로 활성화된 것보다 훨씬 빠르게 디지털 핀을 설정하거나 지워야 한다.

해법

아두이노 digitalWrite는 안전하고 사용하기 쉽게 핀을 설정하고 제거하는 방법을 제공하지만, 컨트롤러 하드웨어에 직접 액세스하는 것보다 30배 이상 느리다. 디지털 핀을 제어하는 하드웨어 레지스터의 비트를 직접 설정해 핀을 설정하고 지울 수 있다.

이 스케치는 직접 하드웨어 I/O를 사용해 모스 부호(arduino라는 단어에 대한 모스 부호)를 약 1㎒로 조정된 AM 라디오로 송신한다. 여기에 사용된 기술은 아두이노의 digitalWrite보다 30배 더 빠르다.

```
/*
 * Morse 스케치.
 *
 * 1MHz에서 AM 라디오 반송파를 송신하는 데 사용되는 직접 포트 I/O.
 */

const int sendPin = 2;

const byte WPM = 12; // 분당 워드 개수로 나타내는 송신 속도.
const long repeatCount = 1200000 / WPM; // 카운트에 따라 닷/대시 지속시간이 정해진다.
const byte dot = 1;
const byte dash = 3;
const byte gap = 3;
const byte wordGap = 7;
byte letter = 0; // 송신할 글자.

char *arduino = ".- .-. -.. ..- .. -. ---";
void setup()
{
  pinMode(sendPin, OUTPUT);
  Serial.begin(9600);
}
```

```
void loop()
{
  sendMorse(arduino);
  delay(2000);
}

void sendMorse(char * string)
{
  letter = 0 ;
  while(string[letter]!= 0)
  {
    if(string[letter] == '.')
    {
      sendDot();
    }
    else if(string[letter] == '-')
    {
      sendDash();
    }
    else if(string[letter] == ' ')
    {
      sendGap();
    }
    else if(string[letter] == 0)
    {
      sendWordGap();
    }
    letter = letter+1;
  }
}

void sendDot()
{
  transmitCarrier(dot * repeatCount);
  sendGap();
}

void sendDash()
{
  transmitCarrier(dash * repeatCount);
  sendGap();
}

void sendGap()
{
  transmitNoCarrier(gap * repeatCount);
}

void sendWordGap()
{
  transferNoCarrier(wordGap * repeatCount);
```

```
}
void transmitCarrier(long count)
{
  while(count--)
  {
    bitSet(PORTD, sendPin);
    bitSet(PORTD, sendPin);
    bitSet(PORTD, sendPin);
    bitSet(PORTD, sendPin);
    bitClear(PORTD, sendPin);
  }
}
void transmitNoCarrier(long count)
{
  while(count--)
  {
    bitClear(PORTD, sendPin);
    bitClear(PORTD, sendPin);
    bitClear(PORTD, sendPin);
    bitClear(PORTD, sendPin);
    bitClear(PORTD, sendPin);
  }
}
```

전선의 한쪽 끝을 2번 핀에 연결하고 다른 쪽 끝을 1㎒(1,000㎑)로 조정된 중파 AM 라디오의 안테나 근처에 배치하자.

토의

스케치는 1㎒ 신호를 생성해 이 주파수에 맞춰진 AM 라디오에서 수신할 수 있는 점dot과 줄dash로 표시된 소리를 생성한다. 주파수는 무선 신호를 생성하기 위해 핀을 HIGH 및 LOW를 설정하는 bitSet 및 bitClear 명령의 지속시간에 의해 결정된다. bitSet 및 bitClear는 함수가 아닌 **매크로** macro다. 매크로는 실행 가능 코드(이 경우에는 주어진 sendPin 값을 사용해 PORTD라는 레지스터 내의 1개 비트를 변경하는 코드)를 대신한다.

디지털 0 ~ 7번 핀은 PORTD라는 레지스터에 의해 제어된다. PORTD의 각 비트는 디지털 핀에 해당한다. 8 ~ 13번 핀이 PORTB 레지스터에 있으며 14 ~ 19번 핀은 PORTA 레지스터에 있다. 스케치는 bitSet 및 bitClear 명령을 사용해 포트의 비트를 설정하고 지운다(레시피 3.12 참고). 각 레지스터는 최대 8비트를 지원한다(모든 비트가 아두이노 핀에 해당하는 것은 아님). 2번 핀 대신에 아두이노 13번 핀을 사용하려면 PORTB를 다음과 같이 설정하고 지워야 한다.

```
const int sendPin = 13;

bitSet(PORTB, sendPin - 8);
bitClear(PORTB, sendPin - 8);
```

PORTB 레지스터의 0번 비트가 8번 핀을 제어하고, 1번 비트는 9번 핀을 제어하는 식으로 이어져 5번 비트가 13번 핀을 제어하므로 핀값에서 8을 뺀다.

bitSet를 사용해 비트를 설정하고 지우는 일을 아두이노 컨트롤러의 단일 명령으로 할 수 있다. 16 ㎒ 아두이노에서는 이렇게 하는 데 62.5 나노초가 걸린다. 이 방법이 digitalWrite를 사용하는 경우보다 약 30배 더 빠르다.

스케치의 전송 함수들은 실제로는 레지스터 비트를 설정하고 지우는 데 쓰는 시간보다는 횟수를 기억하는 변수를 업데이트하고 확인하는 데 쓰는 시간이 더 많다. 따라서 transferCarrier 함수에는 bitSet 명령은 네 개지만 bitClear 명령은 오직 한 개뿐이다. bitClear 명령이 더 필요하지 않은 이유는 count 변수를 업데이트하고 확인하는 데 시간이 걸리기 때문이다.

레시피 18.12 프로그래머 기반 스케치 업로드

문제

부트로더 대신에 프로그래머programmer를 사용해 스케치를 AVR 기반 아두이노(예: 우노)에 업로드하게 하려고 한다. 어쩌면 여러분은 가장 짧은 업로드 시간을 원하거나, 부트로딩bootloading에 적합한 컴퓨터에 직렬연결이 여러분에게 없거나, 일반적으로 부트로더bootloader를 위해 예약된 공간을 정상적으로 사용해 스케치에 사용할 수 있는 프로그램 메모리를 늘리고 싶어 할 수도 있다.

해법

외부에 있는 ISPin-system programmer(인시스템 프로그래머)를 아두이노 프로그래밍 ICSPIn-Circuit Serial Programming(인-서킷 직렬 프로그래밍) 커넥터에 연결하자. 아두이노와 함께 사용하게 설계된 프로그래머에는 그림 18-1과 같이 6핀 ICSP 커넥터에 연결되는 6핀 케이블이 있다.

프로그래머의 1번 핀(일반적으로 다른 전선과 다른 색상으로 표시)이 ICSP 커넥터의 1번 핀에 연결되어 있는지를 확인하자. 프로그래머에는 아두이노 보드에 전력을 공급할 수 있는 스위치나 점퍼가 있을 수 있다. 아두이노의 전력이 올바르게 공급되게 프로그래머의 지침을 읽자.

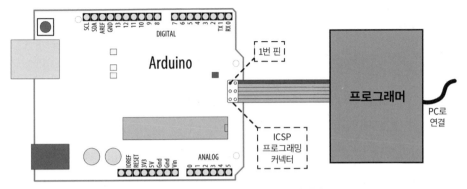

그림 18-1 프로그래머를 아두이노에 연결

Tools 메뉴(AVRISP, AVRISPII, USBtinyISP, Parallel 프로그래머 또는 Arduino as ISP)에서 여러분의 프로그래머를 선택하고, 올바른 아두이노 보드가 선택되어 있는지 다시 확인하자. File 메뉴에서 Upload Using Programmer(프로그래머를 사용해 업로드하기)를 선택해 업로드를 수행하자.

토의

다양한 디버깅 옵션, 저렴한 자체 빌드 키트를 제공하고 추가 아두이노 보드를 사용해 이 기능을 수행하는 전문 개발자를 대상으로 하는 고가의 장치를 포함해 다양한 프로그래머가 있다. 프로그래머는 기본 USB 장치일 수도 있고, 직렬 포트인 경우도 있다. 장치 설명서를 확인해 장치의 종류를 확인하여 드라이버를 설치해야 하는지를 알아보자.

 프로그래머가 하드웨어 방식 직렬 포트를 사용하지 않기 때문에 업로드 중에 아두이노의 직렬 Rx LED 나 Tx LED가 깜박이지 않는다.

프로그래머를 사용해 업로드하면 부트로더 코드가 칩에서 제거된다. 이로 인해 부트로더가 차지하는 공간을 확보할 수 있고, 스케치 코드를 위한 공간이 더 확보된다. ISP가 연결된 상태에서 Tools ➡ Burn Bootloader를 선택해 부트로더 코드를 복원하자.

함께 보면 좋은 내용

아두이노를 ISP 프로그래머로 변환하는 코드는 ArduinoISP(https://oreil.ly/f-C0p)라는 스케치 예제에서 찾을 수 있다. 스케치에 들어 있는 주석들에서 사용할 연결부들을 설명한다.

레시피 18.13을 참고하자.

적합한 하드웨어 프로그래머는 다음과 같다.

- USBtinyISP(https://oreil.ly/TsYk9)
- 마이크로칩 AVRISP mkII(https://oreil.ly/8J8Ym)

레시피 18.13 아두이노 부트로더 교체

문제

아두이노 우노 같은 AVR 기반 보드에서 부트로더를 교체하려고 한다. 보드를 통해 프로그램을 업로드할 수 없고 부트로더가 작동하지 않는 것 같다. 또는 이전 부트로더를 고성능 부트로더나 그 밖의 기능을 지닌 부트로더로 교체하려고 한다.

해법

레시피 18.12에서 설명한 대로 프로그래머를 연결하고 선택하자. 올바른 보드를 선택했는지 다시 확인하고 Tools(도구) 메뉴에서 Burn Bootloader(부트로더 굽기)를 클릭하자.

IDE에 'Burning bootloader to I/O board(this may take a minute)…'라는 메시지가 나타난다. 상태 표시등이 있는 프로그래머는 부트로더가 보드에 기록되고 있음을 나타낸다. 우노에서는 보드가 프로그래밍될 때 내장형 LED가 깜박여야 한다(13번 핀이 ICSP 신호 핀 중 하나에 연결됨). 문제가 해결되지 않으면 'Done Loading Bootloader'라는 메시지가 나타난다.

프로그래머를 분리하고 IDE를 통해 코드를 업로드해 부트로더가 작동하는지 확인하자.

토의

부트로더는 칩에서 실행되는 작은 프로그램으로, 칩이 켜질 때마다 IDE가 보드에 코드를 업로드하려고 하는지 여부를 확인하기 위해 간단한 검사를 수행한다. 그렇다면 부트로더가 칩의 코드를 인계받아 직렬 포트를 통해 새 코드로 교체한다. 부트로더가 업로드 요청을 감지하지 못하면 이미 보드에 있는 스케치 코드에 대한 제어 권한을 포기한다.

직렬 프로그래머를 사용한 경우에는 레시피 1.4에 설명한 대로 직렬 포트를 아두이노 보드의 올바른 포트로 다시 전환해야 한다.

함께 보면 좋은 내용

빌 웨스트필드Bill Westfield가 유지 관리하는 옵티로더Optiloader(https://oreil.ly/47ZV5)에서는 부트로더를 업데이트하거나 설치하는 또 다른 방법을 제시한다. 옵티로더에서는 ISP 프로그래머로 연결된 아두이노를 사용하지만, 모든 부트로더는 아두이노 스케치 코드에 들어 있다. 이것은 옵티로더가 장착된 아두이노는 전력이 공급될 때 외부 컴퓨터 없이 다른 칩을 자동으로 프로그래밍할 수 있다는 의미가 된다. 이 코드는 칩을 식별하고 올바른 부트로더를 칩에 로드한다.

옵티부트Optiboot(https://oreil.ly/RMXZt)는 사용할 수 있는 스케치 크기를 늘리고, 스케치 업로드 속도를 향상시키며, 수많은 다른 기능을 지원하는 아두이노 부트로더의 업그레이드 형태다. 일반적으로 보드에 옵티부트를 직접 설치하지 않는다. 보드 매니저를 사용해 설치하고 나서 Tools ➡ Burn Bootloader를 사용해 플래시할 수 있는 옵티부트 기반 아두이노 코어 목록은 옵티부트의 README 파일을 참고하자.

레시피 18.14 PC나 맥에서 마우스 커서 옮기기

문제

여러분은 마우스 커서를 움직여 아두이노가 컴퓨터의 애플리케이션과 상호작용하기를 원한다. 아마도 여러분은 아두이노 정보에 대한 응답으로 마우스 위치를 옮기고 싶은 것일 수도 있다. 예를 들어, 포텐쇼미터나 넌처크(레시피 13.6 참고) 같은 입력 장치를 아두이노에 연결하고 PC에서 실행되는 프로그램에서 마우스 커서의 위치를 제어한다고 가정한다.

해법

아두이노 제로, 에이다프룻 메트로 M0 익스프레스, 스파크펀 레드보드 터보 같은 ARM 기반 보드들과 레오나르도 같은 ATmega32u4 기반 보드들은, 내장된 Mouse 라이브러리를 사용하면 마우스 포인터가 컴퓨터 화면에 USB 마우스의 포인터처럼 나타날 수 있다. 이 Mouse 라이브러리는 우노나 직접적으로 호환되는 보드들에서는 작동하지 않는다. 다음은 두 포텐쇼미터의 위치를 기준으로 마우스 커서를 옮기는 스케치다.

두 개의 포텐쇼미터 중(레시피 5.6 참고) 하나는 4번 아날로그 입력에(A4) 배선하고, 나머지 하나는 5번 아날로그 입력에(A5) 배선한다. 레시피 5.2에 설명한 대로 스위치를 디지털 2번 핀에 연결해 마우스 왼쪽 버튼으로 작동하고 나서 스케치를 실행한다.

```
/*
 * 마우스 에뮬레이션 스케치.
 * 마우스 라이브러리를 사용해 USB 마우스 장치를 에뮬레이션한다.
 */

#include "Mouse.h"
```

```
const int buttonPin = 2;  // 왼쪽 클릭.
const int potXPin = A4;   // 팟들에 대한 아날로그 핀들.
const int potYPin = A5;

int last_x = 0;
int last_y = 0;

void setup()
{
  Serial.begin(9600);
  pinMode(buttonPin, INPUT_PULLUP);

  // 초기 포텐쇼미터 좌표를 얻는다. 범위는 -127 ~ 127.
  last_x = (512 - (int) analogRead(potXPin)) / 4;
  last_y = (512 - (int) analogRead(potYPin)) / 4;

  Mouse.begin();
}

void loop()
{
  // 현재 좌표를 얻는다.
  int x = (512 - (int) analogRead(potXPin)) / 4;
  int y = (512 - (int) analogRead(potYPin)) / 4;

  Serial.print("last_x: ");
  Serial.println(last_x);
  Serial.print("last_y: ");
  Serial.println(last_y);
  Serial.print("x: ");
  Serial.println(x);
  Serial.print("y: ");
  Serial.println(y);

  // 포텐쇼미터를 근거로 삼아 이동거리를 계산한다.
  int xDistance = last_x - x;
  int yDistance = last_y - y;

  // 포텐쇼미터가 최종적으로 알려진 좌표를 업데이트한다.
  last_x = x;
  last_y = y;

  // X나 Y가 3보다 더 많이 이동했다면 옮긴다.
  if (abs(xDistance) > 3 || abs(yDistance) > 3)
  {
    Serial.print("x move: ");
    Serial.println(xDistance);
    Serial.print("y move: ");
    Serial.println(yDistance);
    Mouse.move(xDistance, yDistance, 0);
  }
```

```
    // 마우스 버튼을 눌렀다면,
    if (digitalRead(buttonPin) == LOW)
    {
      if(! Mouse.isPressed(MOUSE_LEFT))
      {
        Mouse.press(MOUSE_LEFT); // 클릭한다.
      }
    }
    else
    {
      if (Mouse.isPressed(MOUSE_LEFT))
      {
        Mouse.release(MOUSE_LEFT); // 해제.
      }
    }
    Serial.println();
    delay(10);
}
```

토의

컴퓨터에서 실행되는 애플리케이션을 제어하는 이 기술은 구현하기 쉽고 USB 마우스를 지원할
수 있는 모든 운영체제에서 작동해야 한다. x축이나 y축에서 이동 방향을 반전해야 하는 경우라면
xDistance나 yDistance의 부호를 바꾸면 된다.

```
Mouse.move(-xDistance, -yDistance, 0);
```

 Mouse 객체가 사라지면 보드를 다시 프로그래밍하기가 어렵게 된다. 이럴 때 대부분의 ARM 기반 보드
에서는 버튼을 두 번 클릭하면 부트로더 모드가 된다.

함께 보면 좋은 내용

Mouse 라이브러리에 대한 레퍼런스(https://oreil.ly/eWRLE).

아두이노의 Joystick 라이브러리(https://oreil.ly/r6szG)를 사용하면 ATmega32u4 기반 보드들에서
USB 조이스틱을 모방할 수 있다.

MIDIUSB 라이브러리(https://oreil.ly/T9P2w)를 사용하면 ATmega32u4 기반 보드들이나 ARM 보드
들에서 USB MIDI 장치를 모방할 수 있다.

내장된 Keyboard 라이브러리(https://oreil.ly/EN4Mo)를 사용하면 ATmega32u4 기반 보드들이나

ARM 보드들에서 USB 키보드를 모방할 수 있다.

HID 라이브러리(https://github.com/NicoHood/HID)를 사용하면 다양한 USB 장치를 모방할 수 있다.

APPENDIX

A

전자 부품

전자 부품을 처음 사용해 보는 경우라면 이 책에 나오는 다양한 레시피에 필요한 기본 부품이 다 들어 있는 초보자용 스타터 키트를 구입하면 된다. 여기에는 일반적으로 가장 널리 쓰는 저항기, 커 패시터, 트랜지스터, 다이오드, LED, 스위치가 들어 있다.

인기 있는 것 중 일부를 예로 들면 다음과 같다.

- 아두이노 입문용 키트Arduino Starter Kit(https://oreil.ly/oy3YA).

- 아두이노 키트로 입문하기Getting Started with Arduino Kit(https://oreil.ly/zhPCi).

- 스파크펀 틴커 키트SparkFun Tinker Kit(https://oreil.ly/akaI4).

- 에이다프룻 메트로엑스 클래식 키트Adafruit MetroX Classic Kit(https://oreil.ly/jSRPU).

- ARDX: 아두이노용 스타터 키트ARDX: The starter kit for Arduino(https://oreil.ly/rwakd).

그림 A-1에 나오는 개별 부품들을 따로 구입할 수도 있다. 그리고 그림 다음에는 일반적인 전자 부품을 간략하게 설명하는 내용이 나온다.

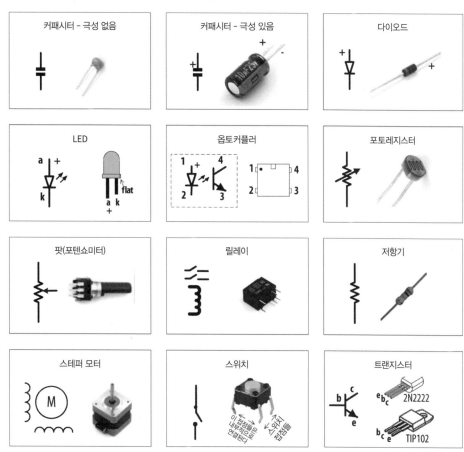

그림 A-1 흔히 쓰는 부품을 도식으로 표현

커패시터

커패시터capacitor(축전기)는 짧은 시간 동안 전하를 저장하며, 전기 신호의 딥dip(강하, 신호의 오목한 부분) 및 스파이크spikes(극파, 신호가 돌출된 부분)를 걸러내기 위해(부드럽게 만들기 위해) 디지털 회로에 사용된다. 가장 일반적으로 사용되는 커패시터는 비편광 세라믹 커패시터다. 그러한 예로 디커플링(노이즈 스파이크들을 줄이는 일)에 사용되는 100nF 디스크 커패시터를 들 수 있다. 전해 커패시터 electrolytic capacitor(전해질 축전지)는 일반적으로 세라믹 캡보다 더 많은 전하를 저장할 수 있으며, 전력 공급장치 및 모터 회로 같은 고전류 회로에 사용된다. 전해 커패시터는 일반적으로 분극화되어 있으며, 음극 레그(마이너스 부호로 표시)를 접지(또는 양극 레그보다 전압이 낮은 지점)에 연결해야 한다. 8장에는 모터 회로에서 커패시터를 사용하는 방법을 보여 주는 예가 들어 있다.

다이오드

다이오드diode(이극소자, 2극관)는 전류가 한 방향으로만 흐르게 하고, 그 방향으로 흐르는 것을 차단한 다음에 다시 다른 방향으로 흐르게 한다. 대부분의 다이오드는 캐소드cathode(음극) 끝을 나타내기 위한 대역(그림 A-1 참고)이 있다.

1N4148 같은 다이오드들은 아두이노 디지털 핀에 사용되는 레벨level(준위)과 같은 레벨인 저전류 애플리케이션에 사용할 수 있다. 1N4001 다이오드는 더 높은 전류(최대 1A)에 적합하다.

집적회로

ICIntegrated Circuits(집적회로)에는 칩 하나와 여러 개의 전자부품이 함께 패키징packaging(포장)되어 들어있다. IC는 수천 개의 트랜지스터를 포함하는 아두이노 컨트롤러 칩처럼 복잡할 수도 있고, 단지 두 개의 반도체를 포함하고 있는 옵토아이솔레이터optical isolator(광분리기, 광절연기, 광단로기) 부품(10장에서 사용한 적이 있음)처럼 간단할 수 있다. 어떤 IC(아두이노 칩 등)는 정전기에 민감하게 반응하므로 조심스럽게 다뤄야 한다.

키패드

키패드keypad는 수를 나타내는 숫자를 입력할 수 있게 한 스위치들의 행렬이다. 5장을 참고하자.

LED

LEDLight-Emitting Diode(발광다이오드)는 전류가 장치를 통해 흐를 때 빛을 내는 다이오드다. LED가 다이오드이므로 전류를 한 방향으로만 전도한다. 7장을 참고하자.

모터(직류)

모터motor(전동기)는 전기 에너지를 물리적 운동으로 변환한다. 대부분의 소형 직류(DC) 모터는 전압에 비례하는 속도를 내며, 모터를 가로지르는 전압의 극성을 바꾸면 모터가 움직이는 방향이 바뀐다. 대부분의 모터에는 아두이노 핀이 제공하는 것보다 더 많은 전류가 필요하며, 모터를 구동하려면 트랜지스터 같은 부품이 필요하다. 8장을 참고하자.

옵토커플러

옵토커플러optocoupler(광결합기)를 옵토아이솔레이터optoisolator(광단로기, 광분리기)라고도 부르는데, 이는 장치들을 서로 전기적으로 분리되게 한다. 이런 식으로 격리isolation하면 서로 다른 전압 크기로 작동하는 장치를 안전하게 함께 사용할 수 있다. 10장을 참고하자.

포토셀(포토레지스터)

포토셀photocell(광전지)은 빛에 따라 저항이 변하는 가변 저항기, 즉 포토레지스터photoresistor(광저항기)다. 6장을 참고하자.

피에조

피에조Piezo는 펄스 발생 시 소리를 발생시키는 소형 세라믹 트랜스듀서transducer(진동자)다. 피에조는 분극화되어 있으며, 양극positive(정극)을 나타내는 빨간색 선과 접지할 면을 나타내는 검은색 선이 있을 수 있다. 9장을 참고하자.

포텐쇼미터(팟)

포텐쇼미터potentiometer(전위차계)의 줄임말은 팟pot이며, 가변 저항기다. 두 개의 외부 단자는 고정 저항기 역할을 한다. 와이퍼(즉, 슬라이더)라고 부르는 이동 가능 접점이 저항기를 가로질러 이동해 중앙 단자와 양면 사이에 가변 저항을 생성한다. 5장을 참고하자.

릴레이

릴레이relay(계전기)는 전자적 스위치다. 스위치와 전기적으로 분리된 릴레이 코일의 전압에 따라 회로가 열리거나 닫힌다. 대부분의 릴레이 코일에는 아두이노 핀이 제공하는 것보다 더 많은 전류가 필요하므로 릴레이를 구동하려면 트랜지스터가 필요하다. 8장을 참고하자.

저항기

저항기resistor(레지스터, 저항)는 전류 흐름에 저항한다. 저항기를 통해 흐르는 전압은 저항값에 비례해 전류를 제한한다('옴의 법칙' 참고). 저항기에 보이는 색 띠로 저항값을 나타낸다. 7장에는 LED와 함께 사용할 저항 선택에 관한 정보가 들어 있다.

솔레노이드

솔레노이드solenoid는 전력이 공급될 때 직선 운동을 한다. 솔레노이드는 코일을 통해 전류를 통과할 때 생성되는 자기장에 의해 움직이는 금속 코어를 가지고 있다. 8장을 참고하자.

스피커

스피커speaker(확성기)는 다이어프램diaphragm(즉, 스피커의 깔때기 모양 부분)을 움직여 소리를 만들어 낸다. 다이어프램은 오디오 주파수 전기 신호를 다이어프램에 연결된 와이어 코일로 전송해 구동된다. 9장을 참고하자.

스테퍼 모터

스테퍼 모터stepper motor는 제어 펄스에 응답해 특정 각도만큼 회전한다. 8장을 참고하자.

스위치

스위치switch(개폐기)는 전기 회로를 만들고 차단한다. 이 책에 나오는 많은 레시피에서는 촉각 스위치tactile switch라고 알려진 일종의 누름 버튼 스위치를 사용한다. 촉각 스위치에는 버튼을 누를 때 서로 연결되는 접점이 두 쌍 있다. 이것들이 서로 배선되어 있으므로 쌍 중 어느 한 개를 사용할 수 있다. 누르면 접촉하는 스위치를 평상시 열림Normally Open, NO 스위치라고 한다. 5장을 참고하자.

트랜지스터

트랜지스터transistor는 디지털 회로에서 고전류나 고전압을 켜는 데 사용된다. 아날로그 회로에서 트랜지스터는 신호를 증폭하는 데 사용된다. 트랜지스터의 베이스를 거쳐 흐르는 작은 전류는 컬렉터와 이미터를 통해 더 큰 전류가 되어 흐른다.

최대 0.5암페어(500㎃) 정도의 전류의 경우에는 2N2222 트랜지스터가 널리 사용된다. 최대 5A 전류에는 TIP120 트랜지스터를 사용할 수 있다.

LED 및 모터와 함께 사용되는 트랜지스터의 예는 7장과 8장을 참고하자.

함께 보면 좋은 내용

기본 전자 장치를 더 포괄적으로 다루는 내용을 알고 싶다면 xvii쪽의 '참고 서적'에 나오는 도서 목록에 기재된 도서들을 참고하자.

B

계통도와 데이터시트 사용

계통도schematic diagram(개요도)라고도 부르는 **회로도**circuit diagram(회선도)는 전자 회로의 부품 및 연결을 설명하는 표준 방법이다. 부품을 아이콘 기호로, 부품 간의 연결을 선으로 나타낸다.

부록 A에 실린 그림 A-1은 계통도에서 흔히 볼 수 있는 부품과 해당 부품을 나타낼 때 사용하는 기호다. 그림 B-1은 레시피 8.8의 계통도이며, 계통도에 사용되는 일반적인 기호를 보여 준다.

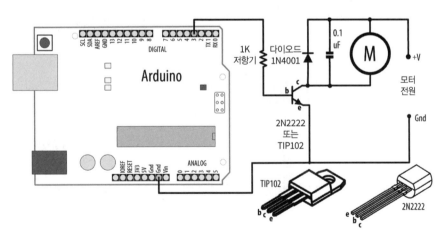

그림 B-1 전형적인 계통도

회로도는 회로의 연결을 나타내지만 물리적인 배치를 실제 모양으로 나타낸 그림은 아니다. 언뜻 보기에는 계통도보다는 배선을 물리적으로 나타낸 도면이나 사진이 이해하기 쉬운 것처럼 보일 수 있지만, 회로가 복잡해지면 각 배선이 어디에서 어디로 연결되는지를 제대로 파악하기 어렵게 된다.

회로도는 일종의 지도와 같은 역할을 한다. 회로도에 나오는 스타일과 기호에 익숙해지면 자신이 하는 일에 더 집중할 수 있다. 예를 들어, 입력은 일반적으로 왼쪽에, 출력은 오른쪽에 둔다. 0V, 즉 접지 연결은 일반적으로 상단이 전원인 단순 회로의 하단에 표시된다.

여기에 사용된 저항기 및 커패시터 같은 부품에는 극성이 없으므로 어느 방향으로든 연결할 수 있다. 트랜지스터나 다이오드 및 집적 회로는 극성이 있으므로 각 리드를 식별하고 계통도에 맞춰 연결해야 한다.

그림 B-2는 브레드보드breadboard(빵판)를 사용해 연결했을 때 배선이 어떻게 보이는지를 보여 준다. 이 도면은 전자 회로 도면을 구현하는 프릿징Fritzing(https://fritzing.org)이라는 도구를 사용해 제작되었다.

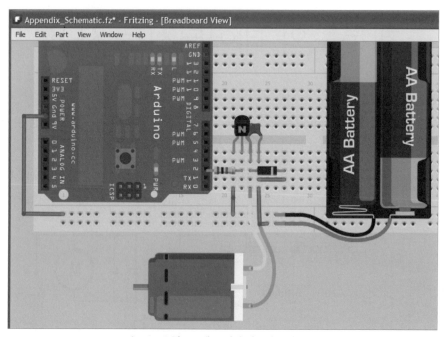

그림 B-2 그림 B-1에 표시된 회로의 물리적 배치

작업을 개별 단계로 나누면 회로도를 보면서 작업용 브레드보드를 쉽게 연결할 수 있다. 그림 B-3은 브레드보드 구성의 각 단계가 회로도와 어떻게 관련되어 있는지를 보여 준다. 표시된 회로는 레시피 1.6의 회로다.

이 레시피에서는 10킬로옴 저항기(색띠의 색이 갈색과 검정색과 주황색) 한 개와 광 의존 저항기(LDR) 한 개를 사용한다.
계통도와 물리적 연결 간의 관계를 다음 그림에서 볼 수 있다.

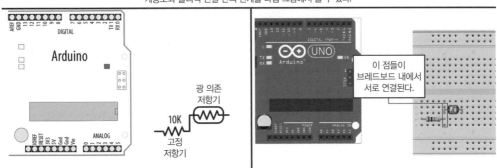

10K 저항기와 광 의존 저항기를 브레드보드에 꽂는 일부터 한다. 각 부품의 한쪽 면을 서로 연결한다.

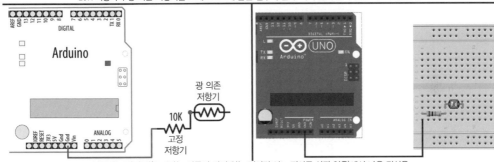

아두이노 접지 핀(Gnd라는 이름이 써져 있는 핀이면 어느 핀이든 상관 없음)에서 나온 전선을
10K 레지스터의 한쪽(LDR에 연결되지 않은 쪽)에 연결한다.

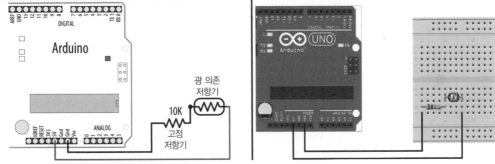

아두이노의 5V 핀에서 나온 선을 LDR의 한쪽(10K 저항기에 연결되지 않은 쪽)에 연결한다.

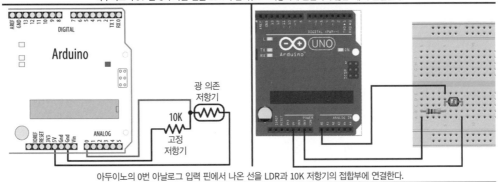

아두이노의 0번 아날로그 입력 핀에서 나온 선을 LDR과 10K 저항기의 접합부에 연결한다.

그림 B-3 계통도에 맞춰 브레드보드를 사용하는 모양

데이터시트를 읽는 방법

데이터시트datasheet란, 부품 제조업체가 장치의 기술적 특성을 요약해서 만든 설명서를 말한다. 데이터시트에는 장치의 성능 및 사용에 결정적인 역할을 하는 정보가 들어 있다. 예를 들어, 장치가 작동하는 데 필요한 최소 전압 및 안정적으로 견딜 수 있는 최대 전압이 있다. 데이터시트에는 각 핀의 기능에 대한 정보와 더불어 장치를 사용하는 방법에 대한 조언도 있다.

LCD처럼 더 복잡한 장치라면 데이터시트에서는 장치를 초기화하고 장치와 상호작용하는 방법도 다룬다. 아두이노 컨트롤러 칩처럼 아주 복잡한 장치의 모든 기능을 설명하려면 수백 쪽 분량의 설명서가 필요할 것이다.

데이터시트는 설계 기술자용으로 작성된 것으로, 일반적으로 아두이노 프로젝트에서 대부분의 장치를 작동시키는 데 필요한 것보다 훨씬 많은 정보가 들어 있다. 엄청난 기술 정보 분량에 겁먹지 말자. 일반적으로 첫 두 쪽에서 중요한 정보를 찾을 수 있다. 일반적으로 장치의 연결이 기호와 일치하는 방법을 표시하기 위해 회로도 기호가 표시된다. 이 페이지에는 일반적으로 장치(또는 장치 제품군)에 대한 일반적인 설명과 해당 장치의 용도가 나와 있다.

그 다음 페이지에는 일반적으로 장치의 전기적 특성에 대한 표가 나온다.

장치가 필요한 범위 내에 있는지 확인하기 위해 장치가 처리하게 설계된 최대 전압 및 최대 전류에 대한 정보를 찾자. 부품을 표준 아두이노 보드에 직접 연결하려면 장치가 +5V에서 작동해야 한다. 아두이노의 핀에서 직접 전력을 공급받으려면 40mA 이하의 전류로 작동할 수 있어야 한다.

일부 부품이 3.3V에서 작동하게 설계되었으므로 이것을 5V 아두이노 보드에 연결하면 고장이 날 수 있다. 이러한 장치는 3.3V 공급장치에서 실행되도록 설계된 보드(예: MKR 시리즈, 아두이노 제로나 그 밖의 ARM 기반 보드들 같은 ARM Cortex-M0 기반 보드들)에서 사용하거나 스파크펀 BOB-08745와 같은 로직 레벨 컨버터를 사용하자. 로직 레벨을 변환하는 일을 더 알고 싶다면 여기(https://oreil.ly/waiXi)에서 확인할 수 있다.

스위칭을 위한 트랜지스터 선택 및 사용하기

아두이노 우노의 출력 핀은 최대 40mA의 전류를 처리하게 설계되었으며, 이는 $\frac{1}{25}$A에 해당한다. 다른 보드의 정격rate은 이보다 훨씬 낮을 수 있다. 예를 들어, 우노 와이파이 Rev 2 보드의 정격은 20mA이고 제로 보드의 정격은 7mA다. 여러분은 트랜지스터를 사용해 더 큰 전류를 스위칭switching(개폐)할 수 있다. 이번 단원에서는 트랜지스터를 선택하고 사용하는 일에 필요한 지침을 제공한다.

아두이노 프로젝트에서 가장 일반적으로 사용되는 트랜지스터는 바이폴라 트랜지스터bipolar transistor(양극성 트랜지스터, 극성이 두 개인 증폭기)다. 이 트랜지스터는 NPN 형태와 PNP 형태로 나뉘는데, 이 형식에 따라 전류 흐름의 방향을 정해진다. NPN 형식은 아두이노 프로젝트에 더 일반적으로 쓰이며, 이 책의 레시피에서 설명한 적이 있다. 최대 0.5암페어(500mA) 정도인 전류의 경우에는 2N2222 트랜지스터가 널리 사용된다. TIP120 트랜지스터는 최대 5암페어인 전류에 널리 사용된다.

그림 B-1은 모터 구동에 사용되는 아두이노 핀에 연결된 트랜지스터의 예를 보여 준다. 트랜지스터를 사용하는 일에 관한 레시피는 8장을 참고하자.

트랜지스터 데이터시트에는 일반적으로 설계 담당 기술자를 위한 정보가 담겨 있으며, 대부분 아두이노 애플리케이션용 트랜지스터들을 선택하는 일과는 관련이 없다. 표 B-1은 여러분이 꼭 찾아보아야 할 가장 중요한 파라미터를 보여 준다(표시된 값은 일반적인 범용 트랜지스터에 대한 것임). 제작 공차manufacturing tolerances(제작 허용오차)로 인해 동일한 부품을 사용할지라도 배치 방식에 따라 성능이 달라지므로 데이터시트는 일반적으로 부품마다 다를 수 있는 매개변수의 최솟값, 통상값, 최댓값을 나타낸다.

여러분이 찾아보아야 할 사항은 다음과 같다.

컬렉터-이미터 전압

트랜지스터가 제어하는 회로의 전력 공급장치 전압보다 높은 전압에서 작동하게 정격을 설정하자. 정격이 더 큰 트랜스지스터를 선택해도 아무런 문제가 없다.

컬렉터 전류

트랜지스터가 처리하게 설계된 절대 최대 전류다. 필요한 정격보다 정격이 최소 25% 더 높은 트랜지스터를 선택하는 것이 바람직하다.

DC 전류 이득

출력 전류를 전환하기 위해 트랜지스터의 베이스를 통해 흐르는 데 필요한 전류량을 결정한다. 출력 전류(트랜지스터가 스위칭하는 부하를 통해 흐르는 최대 전류)를 이득gain으로 나누면 베이스를 통해 흐르는 전류량이 된다. 옴의 법칙(저항 = 전압 / 전류)을 사용해 아두이노 핀을 트랜지스터의 베이스에 연결하는 저항의 값을 계산하자. 예를 들어, 바라는 컬렉터collector(집전기) 전류가 1A이고 이득이 100라면 트랜지스터의 베이스를 통해 흐르는 전류는 최소 0.01A(10mA)여야 한다. 5V 아두이노인 경우라면 5 / .01 = 500Ω이다(500Ω은 표준 저항값이 아니므로 470Ω이 좋은 선택이다).

컬렉터-이미터 포화 전압

이것은 트랜지스터가 완전히 작동할 때의 컬렉터 전압 정격이다. 이것은 일반적으로 1V 미만이지만 LED나 직렬 장치를 구동하기 위해 직렬 저항기를 계산할 때 중요할 수 있다.

표 B-1 주요 트랜지스터 데이터시트 사양의 예

최대 정격 절댓값				
파라미터	기호	정격	단위	설명
컬렉터-이미터 전압	Vceo	40	볼트(V)	컬렉터와 이미터 간 최대 전압
컬렉터 전류	Ic	600	mA 또는 A	트랜지스터가 처리할 수 있도록 설계한 최대 전류

전기적 특성				
DC 전류 이득	Ic	90@10mA		10mA 전류 흐름을 보일 때의 이득
	Ic	50@500mA		500mA 전류흐름을 보일 때의 이득
컬렉터-이미터 포화 전압	Vce	0.3@100mA	볼트(V)	다양한 전류에서 컬렉터 및 이미터의 전압 강하
	(sat)	1.0@500mA	볼트(V)	

회로 구축 및 연결

회로를 만들 때 부품을 연결하는 방법은 다양하다. 특히 프로토타입prototype(시제품)을 제작하는 단계에서는 납땜이 필요하지 않은 브레드보드를 사용하는 것이 일반적이다. 회로를 구축할 때 회로에 전력을 공급해야 하며, 전력에 맞춰 전력 변동을 관리해야 한다. 이 부록에서는 브레드보드의 기본 사항을 설명하고 전력 공급장치 작업에 대한 요령을 제공한다.

브레드보드 사용

브레드보드를 사용하면 연결부를 납땜하지 않고도 신속하게 회로용 시제품을 만들어 볼 수 있다. 그림 C-1은 브레드보드의 예를 보여 준다.

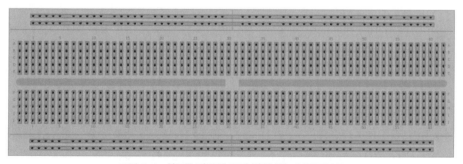

그림 C-1 회로를 만들어 보기 위해 쓰는 브레드보드

브레드보드는 다양한 크기와 구성으로 공급된다. 가장 간단한 종류는 플라스틱 덩어리에 격자 형태로 구멍을 낸 것들이다. 내부에는 짧은 줄의 구멍 사이에 전기 연결을 제공하는 금속 스트립 strip(띠판)이 있다. 서로 다른 두 부품의 레그leg(다리)를 같은 행에 밀어넣으면 전기적으로 서로 연결된다. 보드의 중심선을 따라 수로channel처럼 깊고 길게 파여 있는 부분은 연결부들이 거기서 끊어진다는 점을 가리키며, 이는 이 부분의 양쪽에 레그들을 각기 밀어 넣게 되면 이 레그들이 서로 전기적으로 연결되지 않는다는 의미가 된다.

일부 브레드보드에는 브레드보드 면적 중 대부분을 차지하면서 격자 모양을 이루고 있는 구멍들과 분리된, 보드의 긴 쪽 변을 따라 구멍들이 두 가닥으로 나 있다. 구멍들에는 보드의 내부 길이에 맞게 늘어진 스트립이 연결되어 있으며, 이것으로 공통 전압을 연결한다. 스트립은 일반적으로 +5V와 접지가 쌍으로 엮여 있다. 이 스트립들을 레일rail(철로)이라고도 하며, 보드의 여러 부품이나 점 전원을 연결할 수 있게 한다.

브레드보드는 프로토타이핑에 적합하지만 몇 가지 제한이 있다. 연결부는 밀착되고 일시적이므로 납땜 연결만큼 신뢰할 수 없다. 회로에 간헐적으로 문제가 생긴다면 브레드보드의 연결 상태가 잘못되었기 때문일 수 있다.

외부전력 공급장치와 배터리를 연결하고 사용하기

아두이노는 USB 리드가 아닌 외부전력원으로부터 전력을 공급받을 수 있다. USB 연결이 제공할 수 있는 것보다 더 많은 전류가 필요하거나(최대 USB 전류는 500mA, 일부 USB 허브는 100mA만 공급) 스케치를 업로드한 다음에 컴퓨터에 연결하지 않고 보드를 실행할 수 있다.

아두이노 우노 보드에는 외부전력을 연결하기 위한 소켓이 있다. 이게 AC 전력 공급장치일 수도 있고 배터리 팩일 수도 있다.

 이러한 세부 사항은 우노를 쓰느냐 아니면 메가 보드를 쓰느냐에 따라 달라진다. 그 밖의 아두이노 보드 및 호환 보드는 보드를 역방향 연결로부터 보호하지 않거나 외부 전원을 사용하게 자동 전환해 더 높은 전압을 받아들이지 않을 수 있다. 그 밖의 보드를 사용한다면 전원을 연결하기 전에 확인하자. 그렇지 않으면 보드가 손상될 수 있다.

AC 전력 공급장치를 사용하는 경우에 7 ~ 12V 사이의 DC 전압을 생성하는 전력 공급장치가 필요하다. 최소한 필요한 전류를 다 공급하는 전력 공급장치를 선택하자(필요한 전류보다 높은 전류를 사용한다면 문제가 없다). 벽에 붙은 사마귀 모양으로 된 전력 공급장치는 두 가지 광범위한 유형, 즉 조정된 유형과 조정하지 않은 유형으로 전력을 공급한다. 정전압 전원regulated power supply(조정된 전력 공급장치)에는 지정된 전압을 유지하는 회로가 있으므로 아두이노와 함께 사용하는 것이 바람직하다. 비정전압 전원

unregulated power supply(비조정 전력 공급장치)은 더 낮은 전류에서 작동할 때 더 높은 전압을 생성하며, 아두이노 같은 저전류 장치를 구동할 때 때때로 정격 전압의 두 배를 생성할 수 있다. 12V보다 높은 전압은 아두이노의 전압조정기를 과열시킬 수 있으며, 간헐적으로 작동하게 하거나 보드를 손상시킬 수 있다.

배터리 전압도 7 ~ 12V 범위에 있어야 한다. 배터리 전류의 단위는 mAh(배터리가 1시간 안에 공급할 수 있는 밀리암페어의 양)이다. 정격이 500mAh인 배터리(일반 알카라인 9V 배터리)는 25mAh의 아두이노 보드에서 약 20시간 지속된다. 여러분의 프로젝트에서 50mA를 소비하면 배터리 수명이 절반으로 줄어 약 10시간이 된다. 보드에서 사용하는 전류량은 여러분이 주로 사용하는 장치(예: LED나 그 밖의 외부 부품)가 무엇인가에 따라 달라진다. 우노 보드는 사용하기 쉽고 튼튼하게 설계되었지만, 배터리에 연결해 저전력인 상태로 사용하도록 최적화된 것은 아니다. 배터리 소모를 줄이는 방법에 대한 조언을 레시피 18.10에서 볼 수 있다.

전력 공급장치의 양극(+) 연결부를 아두이노 전원 플러그의 중앙 핀에 연결해야 한다. 우노나 메가에서 잘못된 방식으로 연결해도 보드가 끊어지지는 않지만, 연결 방향을 바꾸기 전까지는 작동하지 않는다. 이 보드는 외부전력 공급장치가 연결되어 있음을 자동으로 감지해 보드에 전력을 공급한다. 여러분은 여전히 USB 리드를 꽂을 수 있으므로 직렬 통신 및 코드 업로드는 여전히 작동한다.

커패시터를 디커플링용으로 사용

디지털 회로는 신호를 빠르게 스위칭하며, 이로 인해 전력 공급장치의 전압이 변동되어 회로가 올바르게 작동되지 않을 수 있다. 올바르게 설계된 디지털 회로는 디커플링 커패시터decoupling capacitor(차단용 커패시터)를 사용해 이러한 변동을 걸러낸다. 디커플링 커패시터들은 커패시터의 리드를 가능한 한 짧게 유지한 상태에서 회로 내에 있는 각 IC의 전원 핀에 연결되어야 한다. 0.1μF인 세라믹 커패시터는 디커플링에 적합하지만, 그 값은 중요하지 않다(허용오차가 20%여도 괜찮다).

유도성 부하가 있는 스너버 다이오드 사용

유도성 부하inductive load는 내부에 선을 감은 코일이 있는 장치다. 유도성 부하로는 모터, 솔레노이드 및 릴레이 등이 있다. 전선으로 된 코일에서 전류 흐름이 중단되면 전기 스파이크가 발생한다. 이 전압은 +5V보다 높을 수 있으며, 아두이노 핀과 같은 민감한 전자 회로를 손상시킬 수 있다. 스너버 다이오드snubber diode(완충 다이오드, 완충기 역할 2극 소자)는 전압 스파이크를 접지로 전도하여 이를 방지한다. 부록 B의 그림 B-1은 모터를 구동할 때 전압 스파이크를 억제하는 데 사용되는 스너버 다이오드의 예를 보여 준다.

교류 선로전압으로 작업하기

벽면에 붙여 쓰는 콘센트에서 교류 선로전압AC line voltage(교류 선간전압)으로 작업할 때 가장 먼저 고려해야 할 것은 작업을 피할 수 있는지 여부다. 이 전압을 나타내는 전기에 회로를 잘못 연결해 사용하면 회로가 고장이 날 뿐만 아니라 사용자를 죽일 정도로 위험하다. 교류 선로전압이 올바르게 절연되어 있지 않다면 사용자가 만든 것을 사용하는 것은 위험하다.

주전원 전압mains voltage(메인 전압)으로 작동하도록 제조된 장치의 컨트롤러를 해킹하거나, 교류 선로전압을 제어할 수 있게 하는 마이크로컨트롤러와 함께 사용하도록 설계된 장치를 사용하는 것이 주전원 전압 자체로 작동하는 경우보다 더 안전하다(그리고 종종 더 쉽다). 이렇게 하기 위한 예로, 외부 장치들을 제어하는 방법을 다룬 레시피들이 10장에 나온다.

소프트웨어 문제 해결

코드를 작성하고 수정하다 보면 어떤 이유로든 작동되지 않는 코드가 나오는 경우가 있다(이렇게 되는 원인을 일반적으로 버그라고 부른다). 소프트웨어 문제에는 크게 컴파일되지 않는 코드, 컴파일하고 보드에 업로드하지만 원하는 대로 동작하지 않는 코드라는 두 가지 영역이 있다.

컴파일되지 않는 코드

Verify(확인) 버튼(체크박스)이나 Upload(업로드) 버튼을 클릭했는데도 코드가 컴파일되지 않는 경우가 있다(1장을 참고하자). 이는 아두이노 소프트웨어 창의 하단에 있는 검은색 콘솔 영역에 빨간색 에러 메시지로 표시되며, 컴파일에 실패한 특정 지점이 있다면 코드에 노란색으로 강조 표시된다. 종종 코드 문제가 생기는 줄은 강조 표시된 줄 바로 앞줄인 경우가 흔하다. 콘솔 창의 에러 메시지 error message는 코드를 컴파일하고 링크하는 데 사용되는 명령줄 프로그램에 의해 생성된다(빌드 과정에 관해 더 알고 싶다면 레시피 17.1 참고). 초보일 때는 이 메시지를 이해하기가 어려울 수 있다.

아두이노 프로그래밍을 처음 접하는 사람들이 가장 흔히 저지르는 에러 error(오류) 중 하나는 줄 끝에서 세미콜론을 생략하는 것이다. 이렇게 되면 그 다음 줄에 무엇이 나오는가에 따라서 에러 메시지가 다양하게 나타날 수 있다. 이러한 코드를 예로 들면 다음과 같다.

```
void loop()
{
```

```
    digitalWrite(ledPin, HIGH) // <- 이것을 보면 세미콜론이 빠졌다.
    delay(1000);
}
```

다음과 같은 에러 메시지가 나타난다.

```
In function 'void loop()':
error: expected ';' before 'delay
```

덜 분명한 에러 메시지는 다음과 같다.

```
expected ',' or ';' before 'void'
```

원인은 비슷하지만 상수 뒤에 세미콜론이 없으면 이 조각과 같이 앞에 에러 메시지가 나타난다.

```
const int ledPin = LED_BUILTIN // <- 버그: 상수 뒤편에 세미콜론이 빠졌다.
void loop()
```

에러 메시지와 줄 강조 표시를 결합하면 에러가 발생한 영역을 면밀히 검사할 수 있다.

흔한 에러를 또 하나 들자면 단어의 철자가 틀린 경우를 들 수 있는데, 이렇게 되면 결과적으로 단어를 인식하지 못하게 된다. 여기에는 대문자를 잘못 지정하는 경우도 포함된다. 예를 들어, LedPin과 ledPin은 서로 다르다. 다음 코드를 보자.

```
const int ledPin = LED_BUILTIN;
digitalWrite(LedPin, HIGH); // <- 버그: 대문자가 서로 다르다.
```

이 코드에서는 다음과 같은 에러 메시지가 나타난다.

```
note: suggested alternative: 'ledPin':
error: 'LedPin' was not declared in this scope
```

이에 대한 해법은 제안된 내용을 보면 알 수 있듯이, 변수를 선언할 때와 아주 똑같은 철자와 대문자를 사용하는 것이다.

함수 호출 시에는 매개변수의 형식과 매개변수의 개수를 서로 정확히 일치하게 주어야 한다(레시피 2.10 참고). 다음 코드를 보자.

```
digitalWrite(ledPin); // <- 버그: 두 번째 매개변수가 누락되었다.
```

이 코드는 다음과 같은 에러 메시지를 생성한다.

```
error: too few arguments to function 'void digitalWrite(uint8_t, uint8_t)'
error: at this point in file
```

IDE에서 커서는 스케치 내에 에러가 있는 줄을 가리킨다.

반환 형식이 없는 스케치 함수는 에러를 만들어 낸다. 다음 코드를 보자.

```
loop() // <- 버그: 루프에 반환 형식이 없다.
{
}
```

이 코드는 다음과 같은 에러를 산출해 낸다.

```
expected constructor, destructor, or type conversion before ';' token
```

빠뜨린 반환 형식을 써 주면 에러를 바로잡을 수 있다.

```
void loop() // <- 함수 이름 앞에 반환 형식이 나온다.
{
}
```

두 번째 '/'가 누락된 이 코드처럼 주석을 기입한 형태가 잘못된 경우도 있다.

```
digitalWrite(ledPin, HIGH); / LED를 켠다(버그: //가 빠졌다)
```

이 코드에서는 다음과 같은 에러가 생긴다.

```
error: expected primary-expression before '/' token
```

코드의 범위를 작게 잡아 작업하면서 정기적으로 코드를 검증하고 컴파일하는 것이 바람직하다. 스케치가 컴파일되었는지 확인하기 위해 업로드할 필요는 없다. IDE에서 Verify(확인) 버튼을 클릭하면 그만이다. 문제를 빨리 알아차릴수록 문제를 고치기가 더 쉬워질 뿐만 아니라 다른 코드에 끼치는 영향을 줄일 수 있다. 에러가 한 가지인 코드는 에러가 여러 개 있는 코드의 큰 부분보다 고치기가 훨씬 더 쉽다.

컴파일되었지만 예상한 대로 작동하지 않는 코드

스케치가 에러 없이 컴파일되면 큰 성취감을 느끼게 되지만, 구문이 정확하다는 것이 여러분이 기대하는 대로 실행된다는 점을 의미하지 않는다.

이런 문제는 보통 더 미묘해서 소프트웨어와 하드웨어를 따로 떼어서 생각해 보아야 한다. 이제 여러분은 소프트웨어와 하드웨어가 상호작용하는 세계에 들어섰다. 하드웨어 문제와 소프트웨어 문제를 따로 떼어 내어 생각해야 한다. 하드웨어가 제대로 작동하는지를 주의 깊게 점검하자(부록 E 참고).

> ### 서로 연동되는 하드웨어와 소프트웨어에서 생기는 문제 해결하기
>
> 어떤 문제는 소프트웨어 에러나 하드웨어 에러로 인해 발생하지 않고 소프트웨어와 하드웨어가 서로 연동되어 동작하기 때문에 생긴다.
>
> 이러한 문제들 중 가장 흔한 예를 하나 들자면, 회로를 어떤 핀 한 개에 연결한 다음에 소프트웨어에서 다른 핀을 가지고 읽거나 쓰는 경우를 들 수 있다. 이 경우에 하드웨어와 소프트웨어를 따로따로 보면 문제가 없지만, 함께 놓고 보면 이 둘은 작동하지 않는 셈이 된다. 이 문제를 해결하기 위해 하드웨어나 소프트웨어를 변경할 수 있다. 소프트웨어에서 핀을 변경하거나 스케치에 선언된 핀 번호로 연결부를 옮기자.

하드웨어가 연결되어 올바르게 작동한다고 확신한다면 스케치 디버깅의 첫 번째 단계는 코드를 주의 깊게 읽고 사용한 논리를 검토하는 것이다. 하던 일을 잠시 멈추고 여러분이 작성한 내용을 신중히 생각하는 것이, 바로 코드로 뛰어들어 디버깅 코드를 추가하는 것보다 훨씬 더 빠르고 더 생산적으로 문제를 바로 잡는 방법이다. 여러분이 방금 작성한 코드에서 잘못된 추론을 찾기가 어려울 수는 있다. 이럴 때는 컴퓨터에서 한 발 떨어져 있으면 스트레스를 거듭 받는 일로부터 벗어날 수 있을 뿐만 아니라 문제 해결 능력도 다시 커진다. 컴퓨터 앞으로 다시 돌아왔을 때 여러분은 코드를 새롭게 볼 수 있게 될 것이고, 이로 인해 이전에는 보이지 않던 에러의 원인이 톡 튀어나오게 되는데, 이런 일은 흔하게 벌어진다.

그래도 문제가 해결되지 않으면 다음 기술로 넘어가자. 시리얼 모니터를 사용해 프로그램이 실행될 때 스케치의 값이 어떻게 변경되고 코드의 조건부 단원이 실행되는지를 확인하자. 4장에서는 아두이노 직렬 프린트 문을 사용해 컴퓨터에 값을 표시하는 방법을 설명한다.

문제를 해결하려면 코드 실행 시에 실제로 어떤 일이 발생하는지를 확인해야 한다. 스케치의 Serial.print( ) 줄은 실행 중인 코드 부분과 변숫값을 표시할 수 있다. 이 문장은 일시적이므로 문제를 해결한 후에는 제거해야 한다. 다음 스케치는 아날로그 값을 읽으며, 레시피 5.6에 나오는 해법을 기반으로 한다. 스케치는 가변 저항기의 설정에 따라 깜박임 속도를 바꿔야 한다(이 작동 방식에 관해 더 알고 싶다면 레시피 5.6에 나오는 '토의' 부분을 참고하자). 스케치가 예상대로 작동하지 않으

면 serial.print( ) 문을 사용해 아날로그 핀에서 읽은 값을 표시해 소프트웨어가 올바르게 작동하는지를 확인할 수 있다.

```
const int potPin = A0;
const int ledPin = LED_BUILTIN;
int val = 0;

void setup()
{
  Serial.begin(9600); // <- Serial을 초기화하기 위해 이것을 추가한다.
  pinMode(ledPin, OUTPUT);
}

void loop()
{
  val = analogRead(potPin); // 팟의 전압을 읽는다.
  Serial.println(val);      // <- 읽은 값을 표시하기 위해 이것을 추가한다.
  digitalWrite(ledPin, HIGH);
  delay(val);
  digitalWrite(ledPin, LOW);
  delay(val);
}
```

팟(가변 저항기)의 값이 바뀌었는데도 시리얼 모니터에 표시된 값이 0에서 1,023으로 변하지 않으면 하드웨어 문제일 수 있다. 팟에 결함이 있거나 올바르게 배선되지 않았을 수 있다. 값이 변경되었지만 LED가 깜박이지 않으면 LED가 올바르게 배선되지 않은 것일 수 있다.

E

하드웨어 문제 해결

배선을 제대로 하지 않으면 부품이 고장 날 수 있으므로 하드웨어 문제는 소프트웨어 문제보다 즉각적이면서도 더 심각한 결과를 초래할 수 있다. 가장 중요한 요령을 하나 들자면, **연결하거나 연결을 변경할 때 항상 전력을 차단하고 전원 장치에 연결하기 전에 작업을 다시 확인하는 것이다.**

회로를 만들거나 고칠 때는 아두이노에서 전원을 떼어 놓자.

전력을 공급하는 일은 회로를 테스트할 때 처음으로 할 일이 아니라 마지막으로 할 일이다.

회로가 복잡하다면 한 번에 조금씩만 만들어 나가자. 복잡한 회로는 종종 아두이노의 핀에 연결된 여러 개의 개별 회로 요소로 구성된다. 이런 경우라면 한 조각만큼만 먼저 만들고, 그런 다음에 한 번에 한 조각씩 검증해 나가자. 할 수만 있다면 아두이노가 제공하는 예제용 스케치나 아두이노 놀이터에 실려 있는 작업용 스케치를 사용해 각 요소를 시험해 보자. 각 요소를 개별적으로 테스트하면 복잡한 프로젝트가 작동하는 데 걸리는 시간이 일반적으로 훨씬 더 줄어든다.

이 부록에 나오는 일부 기술의 경우에는 멀티미터가 필요하다(볼트, 전류 및 저항기를 읽을 수 있는 저가형 디지털 미터가 적합하다).

배선을 주의 깊게 검사하고, 빌드하려는 회로와 일치하는지 확인하는 것이 가장 효과적인 테스트 방법이다. 전원을 올바른 방식으로 연결하면서, +5V가 0V에 우연히 연결되거나 부품의 레그leg(다리)가 닿지 않아야 하는 곳에 닿는 바람에 단락회로로 만들어 버리는 일이 없게 각별히 주의하자.

아두이노 핀에 연결된 장치가 얼마만큼의 전류를 소비하는지 잘 모르겠다면 핀에 장치를 연결하기 전에 멀티미터를 사용해 시험해 보자. 회로가 40mA(와이파이 Rev2나 나노 에브리에서는 20mA이고, 대부분의 ARM 기반 보드들에서는 7mA다)를 초과하면 아두이노의 핀이 손상될 수 있다. 멀티미터를 사용하는 방법을 더 알고 싶다면 이 비디오 자습서 및 PDF(https://oreil.ly/ lUVo9)를 참고하자.

아두이노 핀 대신에 양극positive 전력 공급장치에 연결해 출력 회로(LED 또는 모터)를 시험해 볼 수 있다. 장치가 작동하지 않으면 장치에 결함이 있거나 올바르게 배선되지 않은 것일 수 있다.

테스트를 해본 결과 장치가 정상인 것으로 보이는 데도 핀에 연결하고 코드를 실행할 때 예상된 동작이 이뤄지지 않으면 핀이 손상되었거나 소프트웨어에 문제가 있는 것이다.

디지털 출력 핀을 테스트하려면 저항기 하나를 사용해 LED를 연결해 보거나(7장을 참고하자), 멀티미터를 연결해 전압을 읽고 해당 핀에서 깜박임 스케치를 실행하자. 멀티미터에서 LED가 깜박이지 않거나 0V와 5V 사이(또는 3.3V 보드의 3.3) 사이에서 점프하지 않으면 출력 핀이 손상되었을 수 있다.

실수로 전원 선을 접지에 연결하는 식으로 배선하지 않게 주의하자. USB로 전력을 공급받는 보드에서 이런 일이 일어나면 모든 조명이 꺼지고 보드가 무응답 상태가 된다. 이 보드에는 USB 포트에서 과도한 전류가 흐르지 않게 컴퓨터를 보호하는 **폴리퓨즈**polyfuse라는 부품이 있다. 너무 많은 전류를 소비하면 '트립trip(정지)'되어 보드의 전원이 나간다. USB 허브에서 보드를 분리함으로써 보드를 리셋할 수 있다(컴퓨터를 다시 시작해야 할 수도 있음). 전원을 다시 연결하기 전에 회로를 점검해 결함이 있는 배선을 찾아 수리하자. 그렇지 않은 채로 다시 연결하면 폴리퓨즈가 다시 트립된다.

여전히 문제에 봉착한 상태인가?

생각해 낼 수 있는 모든 방법을 시도한 후에도 여전히 프로젝트가 작동하지 않을 수 있다. 아두이노나 이와 비슷한 보드를 사용하는 사람을 알고 있다면 도움을 요청할 수 있다. 그렇게 하지 못하는 상황이라면 인터넷, 특히 아두이노 포럼 사이트(https://www.arduino.cc)를 사용하자. 다양한 경험을 지닌 사람들이 질문하고 지식을 공유할 수 있는 곳이다. 프로젝트와 관련된 정보를 찾으려면 포럼 검색란(상단 오른쪽 상단 모서리에 있음)을 사용하자. 관련 사이트는 아두이노에 대한 사용자 제공 정보를 위한 위키인 아두이노 플레이그라운드Playground다.

검색으로 필요한 정보가 검색되지 않으면 아두이노 포럼에 질문을 게시해 볼 수 있다. 포럼은 매우 활발하며 질문을 명확하게 하면 빠른 답변을 얻을 수 있다.

질문을 잘하려면 질문에 들어가는 포럼 부분을 찾아낸 다음에 해결하려는 특정 문제를 반영하는 스레드 제목을 선택하자. 한 번에 한 곳에만 게시하자. 답변해 줄 가능성이 큰 사람은 새로운 게시물이 있는 주제를 모두 확인해 볼 것이므로 게시물을 여러 번 올리면 사람들을 화나게 해 도움을 받기 힘들게 된다.

문제점과 이를 해결하기 위해 수행한 단계를 설명하자. 왜 그런 일이 일어나고 있다고 생각하는지 설명하는 것보다 어떤 일이 일어나는지 설명하는 것이 바람직하다. 관련 코드를 모두 포함하되, 문제와 관련이 없는 코드가 포함되지 않은 간결한 테스트 스케치를 작성하자. 문제가 아두이노 보드의 외부 장치나 부품과 관련이 있다면 데이터시트에 대한 링크를 게시하자. 배선이 복잡하면 연결 방식을 보여 주는 그림이나 사진을 게시하자.

디지털 핀과 아날로그 핀

표 F-1과 F-2는 아두이노 우노 보드와 메가 보드의 디지털 핀들과 아날로그 핀들을 보여 준다. '아두이노' 열은 ATmega168/328용이고, '메가' 열은 ATmega1280/2560용이다.

'포트' 열에는 핀에 사용된 실제 포트들이 나열되어 있다. 포트에 직접 기록하여 핀을 설정하는 방법을 레시피 18.11에서 자세히 다룬다. 18장의 '소개' 부분에서 타이머를 사용하는 방법을 자세히 다룬다. 표는 다음 내용을 보여 준다.

- USART RX는 하드웨어 방식 직렬 수신이다.
- USART TX는 하드웨어 방식 직렬 전송이다.
- Ext Int는 외부 인터럽트다(인터럽트 번호가 뒤따름).
- PWM TnA/B는 타이머 n의 펄스 폭 변조(analogWrite) 출력이다.
- MISO, MOSI, SCK 및 SS는 SPI 제어 신호다.
- SDA 및 SCL은 I2C 제어 신호다.

표 F-1 인기 있는 아두이노 보드에 공통 아날로그 핀과 디지털 핀을 할당

	아두이노 168/328			아두이노 메가(0~19번 핀들)		
디지털 핀	포트	아날로그 핀	용법	포트	아날로그 핀	용법
0	PD 0		USART RX	PE 0		USART0 RX, Pin Int 8
1	PD 1		USART TX	PE 1		USART0 TX
2	PD 2		Ext Int 0	PE 4		**PWM** T3B, INT4
3	PD 3		**PWM** T2B, Ext Int 1	PE 5		**PWM** T3B, INT5
4	PD 4			PG 5		**PWM** T0B
5	PD 5		**PWM** T0B	PE 3		**PWM** T3A
6	PD 6		**PWM** T0A	PH 3		**PWM** T4A
7	PD 7			PH 4		**PWM** T4B
8	PB 0		입력 캡처	PH 5		**PWM** T4C
9	PB 1		**PWM** T1A	PH 6		**PWM** T2B
10	PB 2		**PWM** T1B, SS	PB 4		**PWM** T2A, Pin Int 4
11	PB 3		**PWM** T2A, MOSI	PB 5		**PWM** T2A, Pin Int 5
12	PB 4		SPI MISO	PB 6		**PWM** T2A, Pin Int 6
13	PB 5		SPI SCK	PB 7		**PWM** T2A, Pin Int 7
14	PC 0	0		PJ 1		USART3 TX, Pin Int 10
15	PC 1	1		PJ 0		USART0 RX, Pin Int 9
16	PC 2	2		PH 1		USART2 TX
17	PC 3	3		PH 0		USART2 RX
18	PC 4	4	I2C SDA	PD 3		USART1 TX, Ext Int 3
19	PC 5	5	I2C SCL	PD 2		USART1 RX, Ext Int 2

표 F-2 메가(Mega) 핀을 추가로 할당

	아두이노 168/328			아두이노 메가(0~19번 핀)			
디지털 핀	포트	용법	디지털 핀	포트	아날로그 핀	용법
20	PD 1	I2C SDA, Ext Int 1	45	PL 4		**PWM** 5B
21	PD 0	I2C SCL, Ext Int 0	46	PL 3		**PWM** 5A
22	PA 0	Ext Memory addr bit 0	47	PL 2		T5 external counter
23	PA 1	Ext Memory bit 1	48	PL 1		ICP T5
24	PA 2	Ext Memory bit 2	49	PL 0		ICP T4
25	PA 3	Ext Memory bit 3	50	PB 3		SPI MISO
26	PA 4	Ext Memory bit 4	51	PB 2		SPI MOSI

표 F-2 메가(Mega) 핀을 추가로 할당(계속)

아두이노 168/328			아두이노 메가(0~19번 핀)			
디지털 핀	포트	용법	디지털 핀	포트	아날로그 핀	용법
27	PA 5	Ext Memory bit 5	52	PB 1		SPI SCK
28	PA 6	Ext Memory bit 6	53	PB 0		SPI SS
29	PA 7	Ext Memory bit 7	54	PF 0	0	
30	PC 7	Ext Memory bit 15	55	PF 1	1	
31	PC 6	Ext Memory bit 14	56	PF 2	2	
32	PC 5	Ext Memory bit 13	57	PF 3	3	
33	PC 4	Ext Memory bit 12	58	PF 4	4	
34	PC 3	Ext Memory bit 11	59	PF 5	5	
35	PC 2	Ext Memory bit 10	60	PF 6	6	
36	PC 1	Ext Memory bit 9	61	PF 7	7	
37	PC 0	Ext Memory bit 8	62	PK 0	8	Pin Int 16
38	PD 7		63	PK 1	9	Pin int 17
39	PG 2	ALE Ext Mem	64	PK 2	10	Pin Int 18
40	PG 1	RD Ext Mem	65	PK 3	11	Pin Int 19
41	PG 0	Wr Ext Mem	66	PK 4	12	Pin Int 20
42	PL 7		67	PK 5	13	Pin Int 21
43	PL 6		68	PK 6	14	Pin Int 22
44	PL 5	PWM 5C	69	PK 7	15	Pin Int 23

표 F-3에는 인기 있는 아두이노 칩들에 사용되는 핀들을 보여 주는 타이머 모드들이 나와 있다.

표 F-3 타이머 모드

타이머	아두이노 168/328	메가
Timer0 모드(8비트)	Fast PWM	Fast PWM
Timer0A analogWrite 핀	6번 핀	13번 핀
Timer0B analogWrite 핀	5번 핀	4번 핀
Timer 1 (16비트)	위상 교정 PWM	위상 교정 PWM
Timer1A analogWrite 핀	9번 핀	11번 핀
Timer1B analogWrite 핀	10번 핀	12번 핀
Timer 2 (8비트)	위상 교정 PWM	위상 교정 PWM
Timer2A analogWrite 핀	11번 핀	10번 핀
Timer2B analogWrite 핀	3번 핀	9번 핀

표 F-3 타이머 모드(계속)

타이머	아두이노 168/328	메가
Timer 3 (16비트)	N/A	위상 교정 PWM
Timer3A analogWrite 핀		5번 핀
Timer3B analogWrite 핀		2번 핀
Timer3C analogWrite 핀		3번 핀
Timer 4 (16비트)	N/A	위상 교정 PWM
Timer4A analogWrite 핀		6번 핀
Timer4B analogWrite 핀		7번 핀
Timer4C analogWrite 핀		8번 핀
Timer 5 (16비트)	N/A	위상 교정 PWM
Timer5A analogWrite 핀		46번 핀
Timer5B analogWrite 핀		45번 핀
Timer5C analogWrite 핀		Pin 44

이 아두이노 컨트롤러 칩에 대한 내용을 데이터시트에서 자세히 살펴볼 수 있다.

- 우노 호환 보드들(ATmega328)에 대한 데이터시트(https://oreil.ly/Y-12D)

- 메가(ATmega2560) 데이터시트(https://oreil.ly/uf2QD)

아스키와 확장 문자 세트

아스키ASCII는 정보 교환을 위한 미국 표준 부호 체계를 말한다. 컴퓨터에서 문자와 숫자를 나타내는 가장 일반적인 방법이다. 각 문자는 숫자로 표시된다. 예를 들어, 문자 A에 해당하는 숫자는 65이고, 문자 a에 해당하는 숫자는 97이다(소문자는 대문자보다 32만큼 더 크다).

32 미만인 값에 해당하는 부호를 제어 코드control code라고 하며, 초기 컴퓨터 터미널 장치를 제어하기 위한 인쇄 불가능 문자로 정의된다. 아두이노 애플리케이션을 위한 가장 일반적인 제어 코드는 표 G-1에 나열되어 있다.

표 G-1 일반적인 아스키 제어 코드

10진수	16진수	이스케이프 부호	설명
0	0x0	'\0'	널 문자(C 문자열을 끝내는 데 사용됨)
9	0x9	'\t'	탭
10	0xA	'\n'	라인피드
13	0xD	'\r'	캐리지리턴
27	0x1B		이스케이프

표 G-2에는 프린트할 수 있는 아스키 문자의 10진 값과 16진 값이 나와 있다.

표 G-2 아스키 테이블

문자	10진수	16진수	문자	10진수	16진수	문자	10진수	16진수
Space	32	20	@	64	40	`	96	60
!	33	21	A	65	41	a	97	61
"	34	22	B	66	42	b	98	62
#	35	23	C	67	43	c	99	63
$	36	24	D	68	44	d	100	64
%	37	25	E	69	45	e	101	65
&	38	26	F	70	46	f	102	66
'	39	27	G	71	47	g	103	67
(	40	28	H	72	48	h	104	68
)	41	29	I	73	49	i	105	69
*	42	2A	J	74	4A	j	106	6A
+	43	2B	K	75	4B	k	107	6B
,	44	2C	L	76	4C	l	108	6C
−	45	2D	M	77	4D	m	109	6D
.	46	2E	N	78	4E	n	110	6E
/	47	2F	O	79	4F	o	111	6F
0	48	30	P	80	50	p	112	70
1	49	31	Q	81	51	q	113	71
2	50	32	R	82	52	r	114	72
3	51	33	S	83	53	s	115	73
4	52	34	T	84	54	t	116	74
5	53	35	U	85	55	u	117	75
6	54	36	V	86	56	v	118	76
7	55	37	W	87	57	w	119	77
8	56	38	X	88	58	x	120	78
9	57	39	Y	89	59	y	121	79
:	58	3A	Z	90	5A	z	122	7A
;	59	3B	[	91	5B	{	123	7B
<	60	3C	\	92	5C	|	124	7C
=	61	3D	]	93	5D	}	125	7D
>	62	3E	^	94	5E	~	126	7E
?	63	3F	_	95	5F			

128자를 초과하는 문자는 영문자가 아닌 문자이거나 특수 기호이며, 표 G-3에 표시된 문자를 사용해 직렬 모니터에 표시된다.

표 G-3 확장 문자

	Dec	Hex		Dec	Hex		Dec	Hex		Dec	Hex
€	128	80	Space	160	A0	À	192	C0	à	224	E0
	129	81	¡	161	A1	Á	193	C1	á	225	E1
,	130	82	¢	162	A2	Â	194	C2	â	226	E2
ƒ	131	83	£	163	A3	Ã	195	C3	ã	227	E3
„	132	84	¤	164	A4	Ä	196	C4	ä	228	E4
…	133	85	¥	165	A5	Å	197	C5	å	229	E5
†	134	86	¦	166	A6	Æ	198	C6	æ	230	E6
‡	135	87	§	167	A7	Ç	199	C7	ç	231	E7
^	136	88	¨	168	A8	È	200	C8	è	232	E8
‰	137	89	©	169	A9	É	201	C9	é	233	E9
Š	138	8A	ª	170	AA	Ê	202	CA	ê	234	EA
‹	139	8B	«	171	AB	Ë	203	CB	ë	235	EB
Œ	140	8C	¬	172	AC	Ì	204	CC	ì	236	EC
	141	8D		173	AD	Í	205	CD	í	237	ED
Ž	142	8E	®	174	AE	Î	206	CE	î	238	EE
	143	8F	¯	175	AF	Ï	207	CF	ï	239	EF
	144	90	°	176	B0	Ð	208	D0	ð	240	F0
'	145	91	±	177	B1	Ñ	209	D1	ñ	241	F1
'	146	92	²	178	B2	Ò	210	D2	ò	242	F2
"	147	93	³	179	B3	Ó	211	D3	ó	243	F3
"	148	94	´	180	B4	Ô	212	D4	ô	244	F4
•	149	95	µ	181	B5	Õ	213	D5	õ	245	F5
–	150	96	¶	182	B6	Ö	214	D6	ö	246	F6
—	151	97	·	183	B7	×	215	D7	÷	247	F7
~	152	98	¸	184	B8	Ø	216	D8	ø	248	F8
™	153	99	¹	185	B9	Ù	217	D9	ù	249	F9
š	154	9A	º	186	BA	Ú	218	DA	ú	250	FA
›	155	9B	»	187	BB	Û	219	DB	û	251	FB
œ	156	9C	¼	188	BC	Ü	220	DC	ü	252	FC

표 G-3 확장 문자(계속)

	Dec	Hex		Dec	Hex		Dec	Hex		Dec	Hex
	157	9D	½	189	BD	Ý	221	DD	ý	253	FD
ž	158	9E	¾	190	BE	Þ	222	DE	þ	254	FE
Ÿ	159	9F	¿	191	BF	ß	223	DF	ÿ	255	FF

이 스케치를 사용해 시리얼 모니터에서 전체 문자 세트를 볼 수 있다.

```
/*
 * 1에서 255까지의 문자를 표시한다.
 */
void setup()
{
  Serial.begin(9600);
  while(!Serial); // 레오나르도 보드나 32비트 기반 보드에 필요한 부분.
  for(int i=1; i < 256; i++)
  {
    Serial.write(i);
    Serial.print(", dec: ");
    Serial.print(i, DEC);
    Serial.print(", hex: ");
    Serial.println(i, HEX);
  }
}

void loop()
{
}
```

LCD(11장 참고) 같은 일부 장치는 128 이상인 문자에 대해 다른 기호를 사용할 수 있으므로 장치의 데이터시트를 확인하여 지원되는 실제 문자를 확인하자.

찾아보기